Handbuch Freizeitwissenschaft

Handbuch Freizeitwissenschaft

Herausgegeben von
Rainer Hartmann, Renate Freericks und Dieter Brinkmann

DE GRUYTER
OLDENBOURG

ISBN 978-3-11-133699-2
e-ISBN (PDF) 978-3-11-133794-4
e-ISBN (EPUB) 978-3-11-133840-8

Library of Congress Control Number: 2024939714

Bibliografische Information der Deutschen Nationalbibliothek
Die Deutsche Nationalbibliothek verzeichnet diese Publikation in der Deutschen Nationalbibliografie;
detaillierte bibliografische Daten sind im Internet über http://dnb.dnb.de abrufbar.

www.degruyter.com

Vorwort

Der gesellschaftliche Wandel schreitet in einem stetig zunehmenden Tempo voran. Mit ihm verändern sich auch die Rahmenbedingungen und Forschungsansätze in der Wissenschaft – es werden permanent neue Fragen aufgeworfen, die eine wissenschaftliche Beschäftigung und die Suche nach praxisbezogenen Lösungen erfordern. Vor diesem Hintergrund war es dringend notwendig, auch die Inhalte und Ansätze der Freizeitwissenschaft einer aktuellen Prüfung zu unterziehen und einen neuen, gegenwartsbezogenen und gleichzeitig in die Zukunft gerichteten Ansatz derselben zu erarbeiten. Wesentliche Kennzeichen der Freizeitwissenschaft sind Ihre Interdisziplinarität und – zumindest an der Hochschule (für Angewandte Wissenschaften) Bremen – der ausgeprägte Praxisbezug. Wissenschaftlich kann dabei u. a. auf Erkenntnisse aus der Pädagogik, der Psychologie, der Soziologie, dem Management und Marketing, der Politik, den Medienwissenschaften, den Kulturwissenschaften und nicht zuletzt der Ökologie zurückgegriffen werden.

Das erste Handbuch zur Freizeitwissenschaft von Renate Freericks, Rainer Hartmann und Bernd Stecker aus dem Jahr 2010 wurde einem kompletten Relaunch unterzogen und im Ergebnis ist ein neues Konzept, das den heutigen gesellschaftlichen Anforderungen gerecht wird, entstanden. Mit im neuen Herausgebendenteam ist Dieter Brinkmann. Zudem sind verschiedene Autoren aus entsprechenden Wissenschaftsdisziplinen hinzugezogen worden, um das fachliche Portfolio des vorliegenden Bandes auf eine breite Basis zu stellen. Dabei spielen – im Sinne einer ganzheitlichen und nachhaltigen Betrachtung – sozialwissenschaftliche, wirtschaftswissenschaftliche und auch ökologische Betrachtungen eine wesentliche Rolle. Denn die möglichen Fragestellungen, mit denen sich die Freizeitwissenschaft beschäftigt, sind sehr breit gefächert:
- Welche Bedeutung hat die freie Zeit für die Lebensqualität der Menschen?
- Kann man in der Freizeit etwas lernen und seine Kompetenzen erweitern?
- Wie können Freizeitangebote attraktiv gestaltet und vermarktet werden?
- Welche Auswirkungen haben Freizeitaktivitäten auf die Umwelt und die Gesellschaft, und wie lassen sich positive Effekte maximieren und negative minimieren?
- Wie verändern Medien die Freizeitnutzung?
- Wie verändert sich die Freizeit(-gestaltung) im Laufe der Zeit und was kommt in Zukunft auf uns zu?
- …

In der wissenschaftlichen Auseinandersetzung mit der Freizeit geht es um die Begriffsbestimmung der Freizeit, um die Formulierung von Zielen und Leitideen, um die inhaltliche Ausgestaltung der Freizeit und um die Ableitung von möglichen Handlungsfeldern. Und das vor dem Hintergrund gesellschaftlicher Megatrends und Entwicklungen wie der Arbeitszeitverkürzung, der Wohlstandssteigerung, der Bildungsexpansion sowie einer zunehmenden Individualisierung und Mediatisierung. Mit dem Bedeutungszuwachs der Freizeit hat sich auch ein beachtlicher Freizeitmarkt entwickelt. Freizeitange-

https://doi.org/10.1515/9783111337944-202

bote sind für Deutschland nicht nur ein enormer Wirtschaftsfaktor, der für mehr als fünf Millionen Arbeitsplätze sorgt, sondern auch ein großer Wachstumsmarkt mit Zukunftschancen. Dabei stellen die Nachfragenden oder auch Konsumierenden von Freizeit-Dienstleistungen angesichts ausgeprägter Erfahrungen und pluraler Lebensstile immer höhere Ansprüche an die Anbietenden derselben, oder sie werden einfach gleich zu Mitgestaltenden (Prosumern).

Das vorliegende Handbuch zeichnet die Entwicklung und den Stand der Freizeitwissenschaft in Deutschland nach. Es führt in die wesentlichen Grundlagen der Freizeitwissenschaft und Freizeitforschung ein (Kapitel 1). Darüber hinaus wird die Relevanz verschiedener gesellschaftlicher Entwicklungen für die Freizeit thematisiert (Kapitel 2). Dazu zählen übergeordnete Megatrends, die Nachhaltigkeit, Mediatisierung und Digitalisierung sowie Individualisierung und Wertewandel. Ein wesentlicher Aspekt der Kategorie Freizeit ist deren freie Verfügbarkeit. Dementsprechend werden auch Entwicklungen, Bereiche und Motive des freiwilligen Engagements in diesem Buch betrachtet. Im nächsten Abschnitt des Buches geht es um die Pädagogik und Psychologie der Freizeit (Kapitel 3). Im Rahmen der Freizeitpädagogik werden didaktische Ansätze, das Lernen und das Erleben von Freizeit thematisiert. Zudem beschäftigt sich das Kapitel mit Motiven und Verhalten in der Freizeit.

Betrachtet man das Angebot und die Nachfrage von Freizeitdienstleistungen als Markt, bedarf es auch einer Management- und Marketingperspektive (Kapitel 4). Das Freizeitangebot, das für (potenzielle) Nachfragende organisiert wird (z. B. Sport- oder Kulturangebote) bedarf einer strukturierten Organisation. Es geht dabei u. a. um die Erstellung von ökonomischen und organisatorischen Rahmenbedingungen, um Freizeit zu ermöglichen, sowie die Steuerung der Prozesse, die zu konkreten Freizeitdienstleistungen führen. Dazu gehören auch politische und (raum)planerische Vorbereitungen, wenn es z. B. um den Bau von Freizeitanlagen geht (Kapitel 5).

Auf der Basis der vorigen Kapitel werden die wichtigsten Handlungsfelder der Freizeitwissenschaft für die Praxis – vorwiegend im Außerhaus-Bereich – betrachtet (Kapitel 6). Diese treten häufig in einer Kombination miteinander auf, z. B. wenn es um die Mediennutzung in der Freizeit bzw. beim Reisen, im Kulturbereich oder in der Natur geht. Diese Handlungsfelder orientieren sich an den häufigsten Freizeitaktivitäten der Deutschen: der Mediennutzung, dem Reisen, dem Sport und der Gesundheit, der Kultur, dem Aufenthalt in der Natur (im Sinne einer Freizeitökologie) sowie dem Konsum beim Shopping oder dem Gastronomiebesuch.

Final wird die Zukunft einer Freizeitgesellschaft 4.0 skizziert und anhand der Befragung von Absolvent:innen ein Blick auf die Chancen von Freizeitwissenschaftler:innen auf dem Arbeitsmarkt geworfen.

Dieses Handbuch ist als Grundlagenlektüre für Studierende der Freizeitwissenschaft und deren Begleitwissenschaften konzipiert. Zudem soll es allen fachlich Interessierten als Einstieg dienen, um sich mit verschiedenen Ansätzen und Konzepten einer interdisziplinären Freizeitwissenschaft vertraut zu machen.

Unser Dank gilt allen Mitautoren für Ihre wertvollen Beiträge zu diesem Handbuch. Zudem bedanken wir uns bei Carolin Behrendt für das Korrekturlesen des Manuskriptes und bei Finja Schmidt für das Korrekturlesen und für die Unterstützung bei der Gestaltung von Abbildungen für das Buch.

Bremen, Mai 2024
Prof. Dr. Rainer Hartmann, Prof. Dr. Renate Freericks, Dr. Dieter Brinkmann

Inhalt

1 Entwicklung und Stand der Freizeitwissenschaft

Renate Freericks

Freizeitwissenschaft hat sich als sozialwissenschaftliche Disziplin in den 1950er- bzw. 1970er Jahren etabliert, wenngleich sich auch schon Ende des 19. Jh. und Anfang des 20. Jh. vermehrt freizeittheoretische und empirische Auseinandersetzungen ausmachen lassen (vgl. Carius/Gernig 2010: 70 f.). Insbesondere Freizeitprobleme von Arbeiter:innen, jungen erwerbstätigen Männern oder Frauen, wurden vor dem Hintergrund der Industrialisierung thematisiert (vgl. u. a. Klatt 1929/1971). Die organisierte Freizeit für die Massen, begleitet von einer institutionalisierten Freizeitforschung im Dritten Reich, sieht Götz (2007) als Anlass für die verstärkte (ideologiekritische) freizeitwissenschaftliche Reflexion in der Nachkriegszeit. Tokarski (1992) sieht den Beginn der Freizeitwissenschaft so auch in den 1950er Jahren. Die Institutionalisierung und Verbreitung der Freizeitwissenschaft in Lehre und Forschung an deutschen Hochschulen und externen Instituten vollzog sich jedoch erst ab den 1970er Jahren.

An verschiedenen Universitäten, wie in Bielefeld, Hamburg und Göttingen, wurden an erziehungswissenschaftlichen Fakultäten Schwerpunkte für Freizeitpädagogik etabliert. In kurzer Folge wurden externe Forschungsinstitute wie z. B. das B.A.T. Freizeitforschungsinstitut (später umbenannt in Stiftung für Zukunftsfragen) in Hamburg und das Institut für Freizeitwissenschaft in Bielefeld (ab 2002 in Bremen) gegründet. Anfang der 1990er entstand dann an der Deutschen Sporthochschule Köln das Institut für Freizeitwissenschaft mit einer primären konzeptionellen Ausrichtung auf (Freizeit- und Breiten-)Sport, eingebettet „in den Gesamtzusammenhang von Freizeit in allen ihren Ausprägungen und Perspektiven [...]. Freizeitwissenschaft wird damit als eine der sportwissenschaftlichen Disziplinen angesehen" (Tokarski 1992: 176 f.).

1998 wurde im damaligen Fachbereich Sozialwesen (heute: Fakultät für Gesellschaftswissenschaften) an der Hochschule Bremen der Internationale Studiengang Angewandte Freizeitwissenschaft gegründet. Er weist mit seinem interdisziplinären Ansatz ein Alleinstellungsmerkmal in Deutschland auf.[1] Unterstützt wurde die curriculare Entwicklung von dem Erasmus-Projekt „angewandte Freizeitwissenschaft" (vgl. Popp 1996). Wissenschaftlich begleitet wurde die Etablierung von der Kommission Pädagogische Freizeitforschung der Deutschen Gesellschaft für Erziehungswissenschaft (DGfE). Wesentlich erscheint vor dem Hintergrund einer globalisierten und ausdifferenzierten Welt die interdisziplinäre Betrachtung des Wissenschaftsgegenstands Freizeit. Mit anderen Worten, die Freizeit wird mehrperspektivisch aus Sicht verschiedener Wissenschaftsdisziplinen, insbesondere der sozial- und wirtschaftswissenschaftlichen Fächer analysiert.

---

1 Die universitären freizeitpädagogischen Studiengänge wurden Anfang der 2000er Jahre im Zuge umfassender Strukturreformen in der deutschen Hochschullandschaft eingestellt.

https://doi.org/10.1515/9783111337944-001

1.1 Ein interdisziplinärer Wissenschaftsansatz

Ihre Grundlage hat die Freizeitwissenschaft in der Freizeitpädagogik, einer Teildisziplin der Erziehungswissenschaft (vgl. Kap. 3). Bereits vor mehr als fünf Jahrzehnten wurde die Freizeit als pädagogisches Handlungsfeld mit besonderen Merkmalen entdeckt. Im Mittelpunkt standen die freizeitdidaktischen Herausforderungen angesichts der offenen Angebotsstrukturen und dem Teilnahmeprinzip der Freiwilligkeit in der Freizeit. In der wissenschaftlichen Auseinandersetzung ging es vor allem um die Begriffsbestimmung der Freizeit, um die Formulierung von Zielen und Leitideen, um die inhaltliche Ausgestaltung der Freizeit und um die Abgrenzung der Handlungsfelder. Gesellschaftliche Entwicklungen wie Arbeitszeitverkürzung, Wohlstandssteigerung, Bildungsexpansion und Individualisierung haben diese Entwicklung befördert. Mit dem gesellschaftlichen Bedeutungszuwachs der Freizeit hat sich zudem ein beachtlicher Freizeitmarkt entwickelt. Freizeit ist für Deutschland nicht nur ein enormer Wirtschaftsfaktor, sondern auch ein Wachstumsmarkt mit Zukunftschancen (vgl. Kap. 6). Bereits vor rd. 20 Jahren war jede/r sechste Arbeitnehmer:in im Freizeitsektor beschäftigt mit steigender Tendenz (vgl. Opaschowski/Pries/Reinhardt 2006: 2). Man denke hier nur an die Medien- und Veranstaltungsbranche. Zur Freizeitwirtschaft gehören sowohl der Konsumgüter- und Dienstleistungsbereich als auch der Investitionsgütersektor, wenngleich der Dienstleistungssektor als Arbeitsmarkt im Zentrum für die Freizeitwissenschaftler:innen steht. Zum Versorgungskonsum hat sich mit der Wohlstandssteigerung und zunehmender Erlebnisorientierung der Erlebniskonsum gesellt. Die Konsumierenden stellen angesichts ausgeprägter Freizeiterfahrungen und pluraler Freizeit- und Lebensstile immer höhere Anforderungen an die Freizeitanbietenden, die sich zunehmend auch in einem nachhaltigen Konsum ausdrücken (vgl. Kap. 2.2). Die Angebote in der Freizeit haben sich seither vervielfacht und immer weiter ausdifferenziert. Es besteht seit jeher ein hoher Führungs- und insbesondere Fachkräftebedarf. Der Fachkräftemangel in der Freizeitbranche (z. B. Gastronomie, Freizeitparks) hat sich verstärkt nach der Corona-Pandemie gezeigt (vgl. Freericks/Brinkmann/Theile 2019). Gesellschaftliche Umbrüche und Krisen zeigen aber auch Grenzen des Wachstums auf. Managementansätze und Nachhaltigkeitsdiskurse nehmen insofern in der Freizeitwissenschaft einen bedeutenden Raum ein. Während Umwelt/Ökologie und Freizeit (vgl. u. a. Opaschowski 1985) aber auch Freizeitgeografie (vgl. u. a. Wolf/Jurczek 1986) bereits in den 1980ern Einzug in die Freizeitwissenschaft hielten, erfolgte eine Erweiterung um wirtschaftliche Grundlagen und Ansätze vor allem seit den 1990ern (vgl. u. a. Opaschowski 1995).

Es zeigt sich, Freizeitwissenschaft basiert auf einem interdisziplinären Wissenschaftsansatz. Grundlagen für die Erkenntnisse werden aus verschiedenen Wissensgebieten gezogen. Diese Arbeitsweise ist in zahlreichen anderen Wissenschaften anzutreffen, wie u. a. auch in der Tourismuswissenschaft (vgl. Müller 2002, Freyer 2005) oder der sozialen Arbeit (vgl. Engelke/Spatschek/Borrmann 2016). Wichtige Bezugswissenschaften für die Analyse der Freizeit sind: Pädagogik, Soziologie, Psychologie, Wirtschaftswissenschaft, Politik, Ökologie/Nachhaltigkeit. Darüber hinaus sind auch Jura, Geografie, Architektur/Planung und Sozialmedizin zu nennen (vgl. Abb. 1.1). Ein Anspruch auf Vollständigkeit wird hier nicht erhoben, doch zeigt die Aufzählung der häufigsten Bezugsdisziplinen der Freizeitwissenschaft, dass andere Wissenschaftsgebiete unter bestimmten Fragestellungen zur Lösung von Freizeitproblemen beitragen können. Deutlich wird dies insbesondere beim Blick auf die verschiedenen Handlungsfelder der Freizeit. Rechtliches und geografisches Wissen ist bei der Planung von Freizeitangeboten, wie z. B. im Kultur- und Tourismusbereich von hoher Relevanz. Architektonische und raumplanerische Aspekte werden bei der Gestaltung von Freizeitorten und -einrichtungen nicht nur funktional, sondern auch im Hinblick auf die Schaffung einer Wohlfühlatmosphäre immer wichtiger. Sozialmedizinisches Wissen ist vor allem bei der Planung von sport- und gesundheitsbezogenen Angeboten relevant. Grundlegendes Wissen um politische Strukturen und gesellschaftspolitische Herausforderungen erscheinen fürs Freizeithandeln konstitutiv.

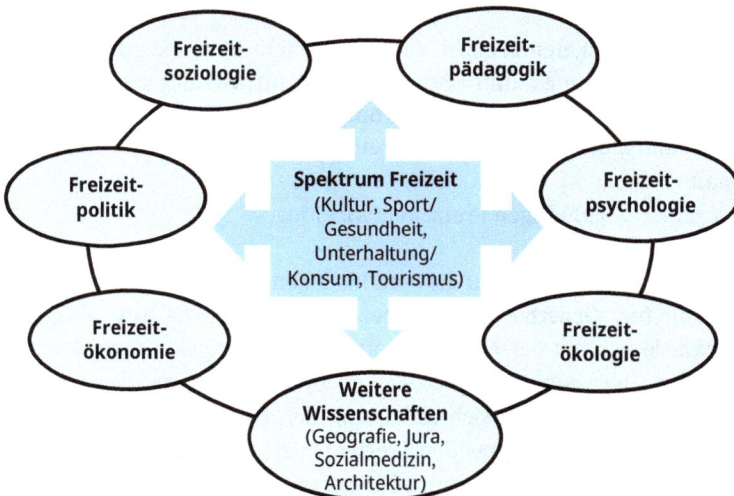

Abb. 1.1: Freizeitwissenschaft interdisziplinär (Quelle: eigene Darstellung).

Als sog. „Mutterdisziplin" bzw. Leitdisziplin (Freyer 2005: 61) kann historisch gesehen die Freizeitpädagogik bzw. die sozialwissenschaftliche Betrachtung der Freizeit bezeichnet werden, die die wesentlichen Grundlagen der Freizeitwissenschaft (Begriffsbestimmungen, Theorien, Konzepte, Werte) erarbeitet hat. Durch die erweiterten sozialwissenschaftlichen Analysen (vgl. die Studien des IFKA e.V., Bremen oder der Stiftung für Zukunftsfragen, Hamburg) und die notwendige Orientierung der Freizeitpädagogik am Markt liegen inzwischen auch übergreifende, ganzheitliche bzw. interdisziplinäre Antworten der Freizeitwissenschaft vor (vgl. Carius/Gernig 2010).

Aus systematischer Perspektive – auch mit Blick auf die Entwicklungen in anderen Ländern und die Freizeit selbst – müssen die unterschiedlichen disziplinären Zugänge als gleichberechtigt angesehen werden. Im Kontext einer angewandten Freizeitwissenschaft sind jedoch eine pädagogische und ökonomische Freizeitwissenschaft aufgrund ihrer nicht nur analytischen, sondern auch handlungsorientierten Anteile unverzichtbar (vgl. Fromme 2001: 67). Freizeitwissenschaft wird mit Blick auf die Praxisorientierung und Praxisnähe als eine Angewandte Wissenschaft verstanden.

Eine völlige Abgrenzung von anderen Wissenschaften und vor allem ein Verschließen im „Elfenbeinturm der Wissenschaft" vor der sich ständig im Wandel befindenden Freizeitpraxis bzw. Freizeitwelt – wie es Müller (2002: 71) auch für die benachbarte Tourismuswissenschaft postuliert – ist wenig zweckmäßig. Im Gegenteil, die Freizeitwissenschaft kann als ein sehr positives Beispiel für eine fächerübergreifende, interdisziplinäre und angewandte Wissenschaft bezeichnet werden.

Als Hintergründe für die Entwicklung des interdisziplinären Wissenschaftsansatzes sind anzuführen:
– die Ausdifferenzierung des Freizeitfeldes über Kultur, Events, Shopping, Medien, Sport, Gesundheit, Tourismus
– die Ausweitung von der lokalen Freizeit im Wohnumfeld über die zunehmende Freizeitqualität (Dienstleistungs- und Umweltqualität, Infrastrukturentwicklung, Lebensqualität) bis hin zur mobilen Freizeit (Tourismus)
– die zunehmende Marktorientierung im Bereich Freizeit und Bedeutung der Freizeitwirtschaft
– die Anforderung einer nachhaltigen Freizeitentwicklung

Die Freizeitwissenschaft wurde mit Blick auf die verschiedenen Handlungsfelder auch als „Spektrumswissenschaft" (vgl. Opaschowski 1997) bezeichnet. Als solche bzw. als Querschnittsdisziplin befasst sie sich mit der Analyse und Synthese der Spektren der Freizeit (Kultur, Gesundheit, Sport, Tourismus etc.) mit dem Ziel der Förderung von Lebensqualität (Opaschowski 2008a: 323). Sie befasst sich zudem mit den Problembereichen in den verschiedenen, sich zunehmend überlappenden Freizeitfeldern, wie Medien, Sport, Gesundheit, Kultur, Event und Tourismus. Eine transdisziplinäre, integrative Arbeit mit den sich in den letzten Jahrzehnten parallel entwickelten Nachbarschaftsdisziplinen wie Medien-/Kommunikationswissenschaft/Medienpädagogik, Sportwissenschaft/-pädagogik, Gesundheitswissenschaft/-pädagogik, Kulturwissenschaft/-pädagogik, Eventmanagement, Stadt-/Raumplanung, Tourismuswissenschaft/-geografie/-management erscheint selbstverständlich. Gesellschaftliche Megatrends wie Digitalisierung, Gesundheit und Eventisierung/ Erlebnisorientierung spiegeln sich direkt in den Freizeitaktivitäten und Freizeitangeboten wie auch in den strategischen Konzepten der Anbietenden wider, wie z. B. im Erlebnismarketing. Sport, Events und mediale Aktivitäten haben in den letzten Jahren einen regelrechten Boom erfahren. Es kommt daher nicht von ungefähr, warum diesen Themen in diesem Buch besondere Aufmerksamkeit geschenkt wird, sei es als grundlegende theoretische Ansätze (vgl. Kap. 2) oder/und als Handlungsfelder der Freizeitwissenschaft (vgl. Kap. 6).

1.2 Ziel und Gegenstand

Kernziel der Freizeitwissenschaft ist es, die Lebensqualität der Einwohner:innen und Tourist:innen zu fördern, gemäß dem Slogan „add value to your life". Der Begriff der Lebensqualität geht auf die Diskussion der 1970er-Jahre um die „Grenzen des Wachstums" zurück (vgl. Bericht Club of Rome 1972). Vor dem Hintergrund der sich bereits damals abzeichnenden ökologischen Probleme wurde in Wissenschaft und Politik die Frage diskutiert, „inwieweit Wachstums- und Konsumsteigerungen noch zu einer Erhöhung des menschlichen Wohlbefindens beitragen können" (Müller 2002: 39). Das Wort Lebensqualität gründet in seiner Bedeutung auf den britischen Ökonomen Pigou, der in seiner Veröffentlichung über die Wohlfahrtsökonomie bereits im Jahr 1920 erstmals den Begriff „quality of life" (Pigou 1920: 14) verwendete. Verbreitung erlangte der Begriff in den 1960/70er Jahren. Kritisiert wurde der Verlust qualitativer, lebenswerter Aspekte des Lebens im Wettlauf um die Produktivitätssteigerung (vgl. Galbraith 1964). Jay W. Forrester (1969) schließlich formulierte als erster quantifizierbare Indikatoren der Lebensqualität, auf die sich auch im Bericht des Club of Rome ausdrücklich bezogen wird.[2]

   „Dieser Prozess der Neujustierung um das Verständnis von Wohlstand als Ziel gesellschaftlicher Entwicklung dauert bis heute an" (Morgenroth 2018: 12). Verwiesen sei hier auf den Bericht der Enquete-Kommission des 17. Deutschen Bundestags „Wachstum-Wohlstand-Lebensqualität" (Deutscher Bundestag 2013) sowie auf die „UN-Resolution 65/309 vom 9. Juli 2011, in welcher die gesellschaftliche Entwicklung in den Dienst des universellen Ziels von Glück (Happiness) und Wohlbefinden (Well Being) der Menschen gestellt wird" (Morgenroth 2018: 12). Vorteil des Begriffs Lebensqualität ist, dass er sich sowohl auf Gesellschaft als Ganzes wie auch auf soziale Räume (z. B. Stadt, Land), soziale Gruppen (z. B. ältere Menschen) und einzelne Individuen anwenden lässt.

   Das Konstrukt Lebensqualität soll über den bloßen materiellen Wohlstand im Sinne von Lebensstandard hinausweisen und auch das Wohlbefinden des Menschen erfassen. Mit anderen Worten, die Lebensqualität, das Wohlbefinden des Menschen, hängt sowohl von der Befriedigung materieller als auch immaterieller Bedürfnisse ab. Assoziiert wird der Begriff aus einer mehr verstandesmäßigen Bewertung heraus mit Zufriedenheit und aus einer eher emotionalen und subjektiven Betrachtung mit Glück (vgl. Opaschowski 1997). Das Konstrukt Lebensqualität verweist darauf, dass Gewinn- und Konsumsteigerung nicht automatisch mit einer Steigerung der Zufriedenheit und des Glücks für den Einzelnen einher geht. So zeigen auch neuere Studien, dass wachsendes Einkommen nicht gleichzusetzen ist mit wachsendem Wohlstand

---

2 Interessant erscheint in diesem Kontext, dass der Begründer des Club of Rome bereits in den 1980ern den Bedeutungszuwachs des Lebensbereichs Freizeit als einen der wichtigsten Zukunftstrends und als eine der großen Herausforderungen für die Lebensqualität der Menschen im 21. Jh. beschrieben hat (Peccei 1984: 4).

oder mehr Lebensqualität (vgl. Opaschowski 2008 und 2015; Schäfer/Brinkmann 2018). Zur Bestimmung der Lebensqualität gilt es sowohl materielle und objektiv messbare Indikatoren (Einkommen, Wohnen, Gesundheitsversorgung, Bildungseinrichtungen, Sonnenstunden im Jahr etc.) als auch immaterielle und subjektive Indikatoren (kulturelle und soziale Teilhabechancen, soziale Kontakte etc.) zu erfassen. Bereits in den 1980ern wies Ronald Inglehart mit seiner europaweit beachteten Studie auf einen Wandel von materialistischen Werten wie Sicherheit und Ordnung hin zu postmaterialistischen Werten wie Freiheit, Mitbestimmung, Glück, Schutz der Umwelt u. a. hin (vgl. Inglehart 1989).

Für die Freizeitwissenschaft ist ein umfassender Lebensqualitätsbegriff von hohem Wert, da mit ihm der Zeitwohlstand als ein immaterieller Wert der Lebensqualität (vgl. Rinderspacher 2002) im Sinne erfüllter Zeit in den Blick genommen werden kann (vgl. Kap. 1.6). Eine erfüllte Freizeit bzw. Zeit trägt entscheidend zum Wohlbefinden bzw. zur Lebensqualität bei. Sowohl sozialwissenschaftliche und zeitpolitische Konzepte und Diskussionen um eine Work-Life-Balance[3] (z. B. Deutsche Gesellschaft für Zeitpolitik, DGfZP) als auch Ausprägungen eines gesunden und nachhaltigen Lebensstils sind hier zu verorten. Ansätze zur Gesundheitsförderung im Kontext einer ganzheitlichen Gesundheits- und Wellnessbildung (vgl. Nahrstedt 2008: 24 ff.) zielen auf eine Stärkung des Wohlbefindens und eine Förderung der Lebensqualität. Zudem verweist letzteres mit Anknüpfung an ein wertorientiertes Qualitätsverständnis (vgl. Rosa 2016) auf eine bedürfnisorientierte, ästhetische und zugleich ethisch verantwortbare inhaltliche Ausgestaltung der Freizeit bzw. des Lebens in unserer entwickelten Erlebnisgesellschaft (vgl. Freericks/Brinkmann 2018).

Darüber hinaus deutet der Lebensqualitätsansatz unmittelbar auf die Gegenstandsbereiche der Freizeitwissenschaft. Gegenstand der Freizeitwissenschaft sind (1) die Freizeit im Wohnumfeld, (2) die mobile Freizeit im Tourismus und (3) die Freizeitqualität.

Ersteres deutet bereits auf den im Rahmen der Lebensqualitätsdiskussion nicht unwichtigen Lebensbereich der Wohnqualität und Wohnumfeld-Qualität hin. Vor dessen Hintergrund u. a. zahlreiche Freizeitinfrastrukturmaßnahmen aus den 1980er Jahren in Städten zu verstehen sind (z. B. Begegnungszentren in Stadtteilen). Die hohe Relevanz dieses Bereichs zeigt sich auch darin, dass der Großteil der täglichen und wöchentlichen Freizeit in der Wohnung – man denke nur an den Medienkonsum – und im Wohnumfeld verbracht werden (Kultureinrichtungen, Soziokulturelle Zentren, Sporteinrichtungen, Parks etc.).

Aber auch die Lebensqualität der Tourist:innen, die Atmosphäre des Urlaubsortes, die Qualität der Customer Journey etc. sind Gegenstand der Freizeitwissenschaft. Sie soll jedoch hier in diesem Buch weitgehend außer Acht gelassen werden. Es liegen

---

3 Der im Alltagssprachgebrauch gängige Begriff der Work-Life-Balance wird hier zwar angeführt, ist aber durch die Gegenüberstellung von Work und Life kritisch zu betrachten. Denn auch die Arbeit gehört zum Leben. Mit Blick auf die Lebenszeit und alle gleichberechtigt nebeneinander stehender Lebenszeitbereiche könnte eher von (Lebens-)Zeitbalance gesprochen werden.

zu den im engeren Sinne touristischen Fragestellungen bereits umfangreiche Veröffentlichungen vor. Nicht außer Acht gelassen werden soll hier jedoch das Reisen als wichtige Freizeitaktivität (Mobilität in der Freizeit) und als Handlungsfeld der Freizeitwissenschaft (vgl. Kap. 6.2). Ausflüge, Tages- oder Wochenendtouren, Veranstaltungsbesuche tragen wesentlich zum Wohlbefinden bei, was als grundlegendes Motiv für Freizeitaktivitäten bezeichnet werden kann. Zudem sind es Beispiele für ein Aufeinandertreffen von Einwohner:innen und Tourist:innen auf dem Freizeitmarkt, deren beider Interessen und Wünsche es zu erfüllen gilt.

Mit dem dritten Gegenstandsbereich, der Freizeitqualität, wird wie oben bereits erwähnt ein direkter Bezug zum Lebensqualitätsansatz aufgezeigt. Gemeint ist hier neben dem grundlegenden Faktor der infrastrukturellen Qualität des Wohnumfeldes insbesondere ein attraktives Angebot und die soziale und kulturelle Teilhabe aller zu gewährleisten sowie eine nachhaltige und gesunde Lebensweise zu fördern. Die individuelle Zeitautonomie gilt es zu stärken, mit dem Ziel erfüllter Zeit. Das Recht auf ein schönes Leben für alle, so könnte man in Anlehnung an Gerhard Schulze (1992) formulieren, ist der Anspruch. Neben der quantitativen Steigerung des Konsumangebots in den letzten Jahrzehnten muss heute insbesondere eine qualitative Steigerung des Freizeit- und Kulturangebots erfolgen. Die wirtschaftliche Wertschöpfung im Freizeitbereich ist ein Zugang, gesellschaftliche Leitthemen wie Gender, Diversity, Inklusion müssen jedoch im Kontext der Forschung zu Lebensstilen und sozialer Ungleichheit die freizeitwissenschaftliche Theoriediskussion und Konzeptentwicklung für die Freizeitpraxis begleiten. Bereits Anfang der 2000er hat Nobert Meder (2008) Inklusion als zentralen Handlungsansatz der Freizeitpädagogik formuliert. Partizipation und Teilhabe für alle an der Freizeit muss der Maßstab des pädagogischen Handelns sein. In dem Maße, wie die Schere zwischen Arm und Reich weiter auseinanderdriftet, werden Diskurse um eine sozialgerechte Freizeit bedeutender. Die Zahl derer, die aufgrund von Arbeitslosigkeit und unsteter Beschäftigungsverhältnisse am Existenzminimum leben, ist bereits heute erschreckend hoch. Längst wird von einer Zweiklassengesellschaft gesprochen (vgl. Opaschowski et al. 2006; Opaschowski 2015). Integrative Konzepte, die die soziale und kulturelle Teilhabe aller und das Streben nach Lebensqualität unterstützen, gilt es zu entwickeln. Anknüpfungspunkte an neue Ansätze der Gemeinwesenarbeit in der sozialen Arbeit (vgl. Wendt 2024) und an frühe Ansätze der Soziokultur in der Freizeitpädagogik scheinen hier auf. Als aktuelles Beispiel lässt sich die Studie „Die Bibliothek als soziokulturelles Zentrum der erlebnisorientierten Wissensgesellschaft" (Freericks/Brinkmann 2023) anführen. Der Wandel der Bibliotheken hin zu soziokulturellen Begegnungsorten verweist auf ein innovatives Handlungsfeld der sozialen Arbeit und der Freizeitwissenschaft.

Die Menschen in ihrer Autonomie und Selbstbestimmung zu stärken und zu unterstützen zur Förderung von Wohlbefinden und Lebensqualität sind Leitprinzipien beider anwendungsorientierten Wissenschaften. Während Freizeitwissenschaft sich im Kontext der gesellschaftlichen Wohlstandsentwicklung etablierte und sich vordergründig[4] auf die Möglichkeiten und Chancen eines guten Lebens in der Freizeit fokussierte, hat die Soziale Arbeit die sozialen Problemlagen als Ausgangspunkt ihrer theoretischen und praktischen Auseinandersetzung, wie sich u. a. in der Hilfeleistung für sozial benachteiligte Menschen zeigt (z. B. Arbeit der Kinder- und Jugendhilfe). Die offene Kinder- und Jugendarbeit ist von jeher ein Feld, in dem soziale Arbeit und Freizeitpädagogik gemeinsam agieren. Es ist ein Handlungsfeld, in dem den Adressat:innen Freizeitangebote gemacht werden (z. B. medienpädagogische oder theaterpädagogische Angebote), sie aber auch selbst aktiv werden können und sie sich frei und ohne Zwänge oder Verpflichtungen entwickeln und ihre Autonomie erproben können. Handlungsleitend ist für die Soziale Arbeit und die Freizeitwissenschaft, insbesondere mit Blick auf die krisenhaften Entwicklungen in der Gesellschaft, kreative Lösungsansätze zu entwickeln.

Darüber hinaus zeigt sich vor dem Hintergrund der aktuellen Diskussionen zur Bedeutung des lebenslangen Lernens und der Betonung der wichtigen Ressource Bildung in Deutschland – nicht ohne Blick auf die Migrationsproblematik und den demografischen Wandel – wie wesentlich als Faktor von Freizeit- bzw. Lebensqualität Lernen und Bildung in der Freizeit sind. Die klassischen Bildungseinrichtungen können die vielfältigen gesellschaftlichen Herausforderungen nicht mehr allein meistern (Klimawandel, Digitalisierung, Globalisierung, Nachhaltigkeit etc.). Längst haben sich eine Vielzahl neuer erlebnisorientierter und außerschulischer Lernorte in der Freizeit entwickelt (Science Center, Umweltbildungszentren, Schülerlabore etc.) (vgl. Beyer et al. 2020; Freericks et al. 2005). Die stärkere subjektive Aneignung von Welt und die Erweiterung von Erfahrungsmöglichkeiten in informellen Lernräumen erscheint als „eine gewisse Gegenkraft zu einer hyperdynamischen Moderne mit ihrer Beschleunigung und Entfremdung. Eine wertorientierte Entwicklung von Lebensstilen und Konsummustern arbeitet zudem den globalen Krisen entgegen und schafft neue, nachhaltige Perspektiven in einer Postwachstumsgesellschaft" (Brinkmann/Freericks 2018: 257). Infomelles Lernen könnte gar ein innovativer Indikator für die Bestimmung von Lebensqualität in einer Stadt bzw. Region sein. Einzelne messbare Indikatoren können z. B. Weiterbildungsmöglichkeiten generell, Angebote der (informellen) Gesundheitsbildung und der musisch-kulturellen Bildung, Wissenswelten und ihre Programme, weitere erlebnisorientierte Lernorte, Bibliotheken, Jugendhäuser oder Kulturzentren sein. Während die Anzahl der Einrichtungen und die Programme sowie die Besuchendenquoten statistisch erfassbar erscheinen, wird es schwieriger, die Qualität lernförderlicher Strukturen, etwa im Sinne freizeitgemäßer und attraktiver Bildungsangebote, einzuschätzen. Gleichermaßen stellt eine bedeutsame subjektive Wertschätzung aus Sicht der Bevölkerung die Messung von Lebensqualität im Freizeitsektor vor große Herausforderungen. So

---

4 Es finden sich von Anfang an aber auch sozialorientierte und freizeitpolitische Konzepte, wie z. B. zur Freizeit von Arbeitslosen (Jahoda/Lazarsfeld/Zeisel 1982; Kruppa 1984) oder zu Freizeit und Reisen beeinträchtigter Menschen (Wilken 2015).

wird z. B. ein vielfältiges kulturelles Leben in einer Stadt hochgeschätzt, wenngleich die Teilnahmequote an klassischen Kulturangeboten im Vergleich eher gering ausfällt.

1.3 Begriffsbestimmung und Entstehung der Freizeit

Eine kurze und recht allgemein formulierte Definition von Freizeitwissenschaft sagt aus: Freizeitwissenschaft ist die „Gesamtheit der wissenschaftlichen Erkenntnisse von Freizeit und deren Rahmenbedingungen" (Agricola 1996: 59). Etwas umfassender lässt sich formulieren: Freizeitwissenschaft befasst sich mit der Analyse und systematischen Erforschung der Gesamtheit der Erscheinungsformen der Freizeit, ihrer Folgen und Randbedingungen. Carius und Gernig, die sich im Rahmen ihrer veröffentlichten Diplomarbeit (2010) ausführlich mit der Frage „Was ist Freizeitwissenschaft?" auseinandergesetzt haben, folgern etwas komplexer und mit Blick auf Forschungsmethodik, Legitimation und Zielstellung:

> Freizeitwissenschaft ist die Wissenschaft von der Struktur, den Inhalten, Funktionen und der Entwicklung der Freizeit sowie ihren Ausprägungen und Rahmenbedingungen in den Bereichen Mensch, Gesellschaft, Umwelt. Die multidisziplinär entstandene Disziplin analysiert mit vorwiegend sozialwissenschaftlicher Methodik die vielfältigen Aspekte und legitimiert sich über die hohe persönliche und gesellschaftliche Bedeutung der Freizeit. Ihr Anspruch ist, einen Beitrag zur Verbesserung der Lebensqualität sowie zur Befähigung zum zukunftsfähigen Umgang mit Erscheinungsformen und Problemen der Freizeit zu leisten (Carius/Gernig 2010: 129).[5]

Durch Aufzählung einzelner Elemente der Freizeit (Struktur, Inhalt ...) geraten jedoch die vielfältigen Erscheinungsformen der Freizeit und ihre komplexen Verflechtungen aus dem Blick. Zudem fehlt mit Fokussierung auf Mensch, Gesellschaft, Umwelt die freizeitwirtschaftliche Perspektive. Der wachsende Freizeit- und Konsummarkt mit seinen sowohl positiven wie auch negativen Auswirkungen, aber auch der Arbeitsmarkt Freizeit ist Gegenstand wissenschaftlicher Analysen. So lässt sich folgern: Freizeitwissenschaft befasst sich mit der Analyse und systematischen Erforschung der Gesamtheit der Erscheinungsformen der Freizeit, ihrer Folgen und Randbedingungen im Bereich Mensch, Gesellschaft, Umwelt und Wirtschaft. Es wird hier ein sehr weites Verständnis von Gesellschaft und Umwelt zugrunde gelegt, insofern als auch sozialökologische, technologische und gesellschaftspolitische Zusammenhänge gemeint sind.

Doch was heißt in diesem Kontext Freizeit? Voraussetzung für die Entwicklung einer Freizeitpädagogik und in Folge einer Freizeitwissenschaft war die Entstehung der Freizeit (vgl. Kap. 1.3.3). Die Freizeit näher zu bestimmen, scheint um einiges schwieriger und komplexer zu sein als den Gegenstand der Freizeitwissenschaft.

---

5 Zu Ansätzen einer wissenschaftstheoretischen Bestimmung der Freizeitwissenschaft siehe auch Carius/Gernig (2010).

1.3.1 Freizeit-Arbeitszeit

Freizeit ist ein modernes Phänomen, sie ist das Produkt einer neuen zeitlichen Organisation des Alltags. „Der Freizeitbegriff verweist auf eine spezifische Form arbeitsfreier Zeit, die es so in vormoderner bzw. vorindustrieller Zeit nicht gegeben hat, und basiert – im Unterschied zu älteren Formen (wie der Muße in antiken und Feudalgesellschaften)[6] – auf einer klaren raum-zeitlichen Trennung von Arbeit und sonstigem Leben sowie einer strengen zeitlichen Regelung und auch Begrenzung der Erwerbsarbeit" (Fromme 2001: 610). Das heutige allgemeine Freizeitverständnis geht insofern zurück auf ein dialektisches Verhältnis von Arbeit und Freizeit, basierend auf einem grundlegenden Wandel des Arbeitsbegriffs und des Zeitbewusstseins (vgl. Giesecke 1983; Huck 1982). Arbeit wird im Unterschied zu früheren Gesellschaften (u. a. abhängig vom Lehnsherrn im Mittelalter, der Vorherrschaft von Kirche und Kaisertum, der Ständeordnung) als abhängige Erwerbsarbeit über den sich entwickelnden Arbeitsmarkt in einer kapitalistischen Wirtschafts- und Gesellschaftsordnung geregelt. Das Zeitbewusstsein hat sich mit der historisch-gesellschaftlichen Entwicklung von einer organischen Zeitordnung (in primitiven Stammesgesellschaften oder bei Jägern und Sammlern) über ein zyklisches (Landwirtschaft und Markttage) zu einem linearen (frühe Hochkulturen) und abstrakten Zeitsystem (kapitalistisch-industrielle Entwicklung) gewandelt (vgl. Rinderspacher 1985). Die Maxime „Zeit ist Geld" mit der zugrundeliegenden Gewinnmaximierung und Wachstumsorientierung beschreibt recht gut die Zeitverwendung in Form der „infinitesimalen Verwendungslogik der Zeit", d. h. „einer fortschreitenden Erhöhung der Nutzungsdichte von Zeitintervallen" (Rinderspacher 1985: 65). Temposteigerungen, Beschleunigung sind weitere Ausdrucksformen unseres heutigen gesellschaftlichen Zeitbewusstseins bzw. unserer Zeitkultur (vgl. Rosa 2005).

Freizeit erscheint vor diesem Hintergrund zunächst negativ als eine Art Restkategorie, die nach Abzug der Erwerbsarbeitszeit übrigbleibt. „Freizeit bestimmt sich in einer Gesellschaft, deren zentrale Kategorie immer noch die Arbeit ist, negativ: sie gilt als eine Art Rest [...]; ihre Freiheit ist zunächst eine Freiheit von Arbeit und sonst nichts" (vgl. Habermas 1971: 105). Dumazedier (1974) erweitert diese dualistische Betrachtung von Arbeitszeit und Freizeit um die so genannte Halbfreizeit. Gemeint ist damit die Zeit, die für physiologische Notwendigkeiten (Schlafen, Essen, Erholung etc.) aufgewendet wird. Nahrstedt (1975) unterscheidet zwischen einem engen und einem weiten Freizeitbegriff: Der enge Freizeitbegriff bezieht sich auf die eigentliche, effektive Freizeit. Gemeint ist die Zeit, die die größte individuelle Dispositionschance eröffnet, die unter den gegebenen gesellschaftlichen Bedingungen möglich ist. Freizeit ist demnach alle Zeit, in der freie Selbstbestimmung möglich ist. Der weite Freizeitbegriff meint hingegen alle freie Zeit außerhalb der Erwerbsarbeitszeit und bezieht sich insofern auf die effektive und Halbfreizeit. Mit dieser Differenzierung wird eine erste

---

6 Zu Vorläufern/Vorbegriffen der Freizeit siehe Prahl (2002).

positive, qualitative Bestimmung der Freizeit möglich. Freizeit ist in diesem Sinne nicht nur frei von Arbeit, sondern auch frei für etwas, für Hobbys, für Museumsbesuche oder übergreifender formuliert für Selbstbestimmung. Mit der Differenzierung in Halbfreizeit und eigentliche Freizeit wird zudem signalisiert, dass auch nichterwerbstätige Personen bestimmten Notwendigkeiten, Zwängen und Verpflichtungen in der freien Zeit ausgesetzt sind.

Über die Abgrenzung eines negativen (Abwesenheit von Arbeit) und positiven Freizeitbegriffs (Zeit frei von Abhängigkeit und Zwang und für Selbstverwirklichung) hinaus führt Opaschowski (1976a: 24) in Anlehnung an Dahrendorfs Freiheitsbegriff von 1959 den problematischen und assertorischen Freizeitbegriff an. Die beiden Begriffe sollen die Unterscheidung zwischen dem möglichen und dem tatsächlichen Freizeitverhalten deutlich machen. Diese Differenzierung erscheint insbesondere mit Blick auf freizeitpolitische Forderungen relevant. Während ersterer lediglich im Sinne infrastruktureller Veränderungen einen Raum für freie Zeit schafft, wird beim assertorischen Freizeitbegriff nach Beseitigung von Zwängen etc. auch die Unterstützung des Einzelnen zur Wahrnehmung seiner Selbstverwirklichungschancen im Sinne einer „bedürfnisorientierten Politik" zur politischen Aufgabe erklärt (vgl. Kap. 5.1). Dieses freizeitpolitische Verständnis findet sich nur bedingt in späteren freizeitwissenschaftlichen Auseinandersetzungen und kaum eine Entsprechung in einer sog. Freizeitpolitik, wenngleich freizeitpädagogisches Handeln immer auch ein Aufzeigen von infrastrukturellen Problemen und Veränderungen im Sinne der Daseinsvorsorge (z. B. Schwimmbäder, Sporthallen) oder Kulturentwicklung sowie eine Begleitung neuer innovativer Entwicklungen war und ist. Die Unterstützung und Begleitung von Einzelnen und Gruppen zur Förderung ihrer Mündigkeit und eines emanzipierten Eintretens für ihre Rechte und Wünsche war immer auch ein zentrales demokratisches Ziel der Freizeitpädagogik und spiegelt sich in dem Leitziel Emanzipation (vgl. Nahrstedt 1975, 1990) wie in dem Begriff der Teilhabe wider.

Insgesamt zeigt der wissenschaftliche Freizeitdiskurs der 1960er/1970er-Jahre, dass die ersten theoretischen Versuche zur Bestimmung der Freizeit sich alle mehr oder weniger mit dem Verhältnis von Freizeit und Arbeit auseinandersetzen. So lassen sich weitere Ansätze anführen, die Freizeit im deutlichen Kontrast zur Arbeit definieren (Kontrasttheorie), und andere, die Freizeit als arbeitsähnlichen Lebensbereich beschreiben (Kongruenztheorie). Einige wenige Ansätze versuchen Freizeit und Arbeit im Ansatz als unabhängige Lebensbereiche zu bestimmen und sich auf eine Funktion von Freizeit zu fokussieren. So wird die Freizeit z. B. als Zeit für Erholung (Erholungstheorie) oder als Kompensationszeit (Kompensationstheorie) oder Konsumzeit (Konsumtheorie) beschrieben (vgl. Opaschowski 1976; Tokarski 2001). Letztlich erfolgt auch hier wieder ein Rückbezug zur Arbeit. Und zwar insofern als sich das Individuum in der Freizeit von der anstrengenden Arbeit erholen oder kompensatorischen Tätigkeiten nachgehen soll, wie z. B. bei der Bewegung an der frischen Luft, einem kreativen Hobby, um so einen Ausgleich zur bewegungsarmen oder eintönigen Arbeit zu schaffen. Grundsätzlich greift die dualistische Sichtweise von Arbeit und

Freizeit jedoch zu kurz, zumal nicht alle Bevölkerungsgruppen einer Erwerbsarbeit nachgehen und im Zuge der massiven Arbeitszeitverkürzungen seit dem 19. Jh. Freizeit längst einen bedeutenden eigenständigen Lebensbereich beschreibt.

Darüber hinaus verweisen Schmitz Scherzer und Tokarski (1985) auf die Problematik der subjektiven Bestimmung von Freizeit, insbesondere in Forschungskontexten. So scheint es für das jeweilige Individuum nicht immer einfach, die verschiedenen Tätigkeiten im Alltag als Freizeit zu bestimmen. Während das eine Individuum die Teilnahme an einem Sprachkurs als Freizeitbeschäftigung wertet, ist dies für das andere Individuum möglicherweise eine verpflichtende Tätigkeit mit Blick auf das berufliche Fortkommen. Auch mag jemand Gartenarbeit als lästige Notwendigkeit oder als entspannende Freizeitaktivität bestimmen. Es bedarf insofern einer Begriffsbestimmung, die die Schwierigkeiten der Freizeitbestimmung auf inter-individueller Ebene umgeht und von einer nur arbeitspolaren Begriffsbestimmung der Freizeit abrückt. Die Definition von Opaschowski (vgl. 1976, 1990) zeichnet sich hier als eine Lösung ab, nicht die Freizeit, sondern die gesamte Lebenszeit wird als Ansatz gewählt.

1.3.2 Freizeit – Lebenszeit – Zeitautonomie

Die Definition von Freizeit, auf die sich die Freizeitwissenschaft und insbesondere die Freizeitforschung weitgehend verständigt hat, ist die von Opaschowski (1990). Opaschowski unterteilt die gesamte Lebenszeit in drei Zeitbereiche: Determinationszeit, Obligationszeit und Dispositionszeit.

> Je nach vorhandenem Grad an freier Verfügbarkeit über Zeit und entsprechender Wahl-, Entscheidungs- und Handlungsfreiheit lässt sich die gesamte Lebenszeit als Einheit von drei Zeitabschnitten kennzeichnen:
> – der frei verfügbaren, einteilbaren und selbstbestimmbaren Dispositionszeit
> (= „Freie Zeit" – Hauptkennzeichen: Selbstbestimmung);
> – der verpflichtenden, bindenden und verbindlichen Obligationszeit
> (= „Gebundene Zeit" – Hauptkennzeichen: Zweckbestimmung);
> – der festgelegten, fremdbestimmten und abhängigen Determinationszeit
> (= "Abhängige Zeit" – Hauptkennzeichen: Fremdbestimmung) (Opaschowski 1990: 86)

Wesentlich erscheint als Bewertungsmaßstab der drei Zeitbereiche der Grad an freier Verfügbarkeit über Zeit und die Wahl-/Entscheidungs- und Handlungsfreiheit. Die Verwendung des Begriffs „freie Zeit" statt Freizeit lässt nur scheinbar den Gegensatz aufheben, da letztlich beide Begriffe weiterhin synonym verwendet werden. Zur Determinationszeit zählen alle Pflichtzeiten, wie z. B. auch die Schulzeiten. In späteren Arbeiten wird auch wieder die Arbeitszeit hier angeführt. Zumindest insofern als sie nicht in Zukunft einen höheren Grad an Selbstbestimmung zulässt (vgl. Opaschowski 1996). Die Obligationszeit umfasst eher notwendige als freie Tätigkeiten. Gemeint sind hier z. B. Behördengänge, Arztbesuche, Essensverpflegung, Hygienetätigkeiten. Sie können z. T. in Bezug auf Lage und Dauer selbstbestimmt werden und sie lassen sich z. T. mit anderen Aktivitäten kombinieren, z. B. beim Bügeln fernsehen oder im Wartezimmer beim Arzt Zeitschriften lesen. Die Dispositionszeit – zuvor auch „eigentliche" Freizeit genannt – ist die Zeit mit einem sehr hohen bis hohen Grad an Freiheit über die Zeit (vgl. Nahrstedt 1975). Sie ist der Zeitraum, der auch im Alltagsverständnis für selbstbestimmte Tätigkeiten zur Verfügung steht.

Diese Begriffsbestimmung wird zum einen dem demokratischen Anspruch gerecht, alle Bevölkerungsgruppen einzubeziehen, also auch jene, die keiner Erwerbsarbeit nachgehen, wie z. B. Schüler:innen und Rentner:innen. Und zum anderen wird vor dem Hintergrund der massiven Arbeitszeitverkürzungen seit Ende des 19. Jh. dem enormen Bedeutungszuwachs der Freizeit als eigenständigem Lebensbereich Rechnung getragen.

Müller knüpft hier an: Freizeit „ist jener Teil der Lebenszeit, der sich durch einen hohen bis sehr hohen Grad an individueller Entscheidungs- und Handlungsfreiheit auszeichnet" (Müller 2002: 41). Als Erweiterung wird zudem das „Konzept der Zeitautonomie" angeführt (vgl. Müller 2002 nach Kramer 1990: 34). Es stellt den Versuch dar, alle Zeit bzw. alle Tätigkeiten nach dem Grad der Autonomie zu strukturieren losgelöst von der Dichotomie von Arbeitszeit und Freizeit. Mit anderen Worten auch Berufe können einen unterschiedlichen Grad an Zeitautonomie haben und subjektive Unterschiede können Berücksichtigung finden. So kann Freizeit zwar generell mit einem hohen bis sehr hohen Grad an Zeitautonomie assoziiert werden, aber es kann auch selbst gewählt und entschieden oder durch externe Faktoren der Autonomiegrad relativiert sein, wie z. B. bei einem Workshop oder einem Kreativkurs. Auf einer Fünfer-Skala mit den Extremen „vollständig fremdbestimmte Zeit" und „vollständig autonome Zeit" lassen sich die Zeitabschnitte und alle Tätigkeiten entsprechend einstufen (vgl. Abb. 1.2). In der Freizeitforschung haben sich die drei- bzw. fünfstufige Einteilung bewährt. Auch werden entsprechende Aktivitätenlisten oder Aktivitätsbereiche in Umfragen vorgegeben. Auffällig ist, dass insbesondere der Anteil an "Obligationszeit" (Betreuungsleistungen, (KI-)Technik, Fortbildungen) zugenommen hat (vgl. Kap. 1.4). Das subjektive Erleben von Zeitnot (vgl. Müller-Wichmann 1984, 2004) und Zeitbindung (vgl. Benthaus-Apel 1995) spiegelt sich hier wider.

Diese Begriffsbestimmung wird nicht nur dem demokratischen Anspruch gerecht, alle Bevölkerungsgruppen einzubeziehen (Schüler:innen, Rentner:innen etc.) und die Arbeitszeitverkürzung seit Ende des 19. Jh. zu berücksichtigen, sondern trägt auch der Zeitflexibilisierung in unserer Gesellschaft Rechnung. Flexible Arbeitszeitmodelle können nach Dauer (z. B. Teilzeit), Lage (z. B. Gleitzeit) und Verteilung (z. B. Zeitkonten, Vertrauensarbeit) variieren. Flexibilisierungsmodelle finden sich auch in der Weiterbildung: Kursformen können unterschiedlich in Lage, Dauer, Gestalt sein. Flexiblere Öffnungszeiten und Zeiten im Verkehr sind ein weiteres Beispiel. Die Flexibilisierung ermöglicht eine autonomere Zeit- bzw. Lebensgestaltung mit einer höheren Wahl- und Entscheidungsfreiheit. Durch neue digitale (mobile) Entwicklungen erscheint die Freiheit noch größer zu werden. Streamingdienste in der Freizeit ermöglichen uns zeitlich-räumlich aber auch inhaltlich eine sehr hohe Wahlfreiheit.

Vollständig fremdbestimmte Zeit

Determinationszeit

sehr geringe Zeitautonomie
(Zeitpunkt und Dauer weitgehend festgelegt,
z. B. Militär, Schule)

relativ geringe Zeitautonomie
(z. B. abhängige Beschäftigung, Betreuung)

Obligationszeit

mittlere Zeitautonomie
(z. B. Schlafen, Vereinsarbeit, freischaffende
Erwerbsarbeit)

relativ hohe Zeitautonomie
(z. B. Veranstaltungsbesuch, Treffen, Fernsehen)

Dispositionszeit

sehr hohe Zeitautonomie
(z. B. Lesen, Video, CD-Musikhören)

Vollständig autonome Zeit

Abb. 1.2: Freizeit und Zeitautonomie (Quelle: eigene Darstellung in Anlehnung an Opaschowski 1990 und Müller 2002).

New Work Modelle wie Remote-Arbeit und Homeoffice-Arbeit, die seit der Corona-Pandemie vielerorts bereits Standard sind, bieten nicht nur zeitliche Flexibilität, sondern auch Ortsunabhängigkeit. Zudem entfallen Wegezeiten zum Arbeitsplatz und die Vereinbarkeit von Familie und Beruf wird erleichtert. Neue Konzepte wie offene Büros, Hierarchieabbau durch Beteiligungsstrukturen, hybride Arbeitsmodelle und Workation-Modelle werden erprobt. Die Grenzen zwischen Arbeit und Freizeit verwischen immer mehr. Das Ziel eines guten und sinnerfüllten Lebens macht nicht an der Grenze von Arbeit oder Freizeit halt, zumal es auch Berufe mit einem höheren Grad an Selbstbestimmung gibt. Es zeigt sich zunehmend, Wohlbefinden und sich Wohlfühlen ist nicht mehr nur ein Anspruch an die Freizeit, sondern zunehmend auch an die Arbeit. Gesundheitsförderungsprogramme im Rahmen des betrieblichen Gesundheitsmanagement sind nur ein Ausdruck davon, inwiefern Arbeitgeber:innen dem (wenn auch eher aus ökonomischem Eigennutz) entgegenkommen. Mit dem Konzept der Lebenszeit und Zeitautonomie wird zunehmend die (Lebens-)Zeit in den Mittelpunkt freizeitpädagogischer und freizeitwissenschaftlicher Analysen gerückt (zum zeittheoretischen Ansatz vgl. Nahrstedt 1990; Freericks 1996 und Kap. 1.6.2).

Nur ein geringer Prozentsatz der Erwerbstätigen arbeitet noch zur so genannten Normalarbeitszeit (Montag bis Freitag je acht Stunden). Untersuchungen zeigen, bereits in den 1990ern waren drei Viertel der Erwerbstätigen in flexiblen Arbeitszeitstrukturen beschäftigt (vgl. Abb. 1.3). Zudem arbeiten immer weniger Menschen in festen bzw. langfristigen Anstellungen. Im Gegenteil: Flexibilität und Mobilität werden sowohl als Schlüsselkompetenzen am Arbeitsmarkt als auch von Arbeitnehmer:innen je nach Lebensphase gefordert.

befristet (7%)

> 41 Std. (15%)

Teilzeit (15%)

Gleitzeit (19%)

Schicht (19%)

Sonntag mind.
gelegentlich (23%)

Samstag mind.
gelegentlich (78%)

Normalarbeitszeit
Höchstens (24 %)

Mindestens (76 %)
**Von der Norm abweichende
Arbeitszeiten**

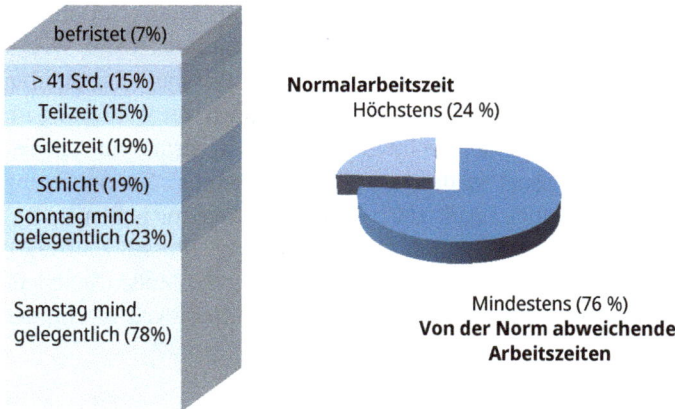

Abb. 1.3: Normalarbeitszeit und abweichende Arbeitszeiten (Quelle: Garhammer 1994: 64).

Aktuelle Statistiken (Destatis 2024a) zeigen, dass in den letzten drei Jahrzehnten die Teilzeitarbeit enorm zugenommen hat (von 2,56 Mio. 1991 auf 4,65 Mio. 2019), wenngleich in den letzten zehn Jahren kaum Veränderungen festzustellen sind. Als Hauptgrund für Teilzeitarbeit wird die Betreuung Angehöriger genannt. Das Arbeiten am Samstag und/oder Sonntag ist ebenfalls angestiegen. Vor allem in der Land-/Forst-/Fischereiwirtschaft (58,2 Mio. am Samstag, 43,8 Mio. am Sonntag) und im Dienstleistungsgewerbe (27,6 Mio. am Samstag, 14,7 Mio. am Sonntag) ist der Anteil hoch. Im Vergleich dazu erscheint die Wochenendarbeit im produzierenden Gewerbe recht gering (14,6 Mio. am Samstag, 6,3 Mio. am Sonntag). In beinahe allen Branchen ist mittlerweile Gleitzeit möglich. Hinzukommen insbesondere seit der Corona-Pandemie Homeoffice und New Work-Modelle. Zeitliche und räumliche Freiheiten nehmen zu. Freizeit-Arbeit-Lebenszeit mit dem Grad der Zeitautonomie zu bestimmen, erscheint als ein praktischer und pragmatischer Ansatz.

Doch soll an dieser Stelle nicht unerwähnt bleiben, dass in einigen wissenschaftlichen Analysen der antike Begriff der Muße zur weiteren auch kulturphilosophischen Bestimmung der Freizeit herangezogen wird. War in früheren Gesellschaften die Muße nur dem Adel und höher gestellten Persönlichkeiten in Politik und Gesellschaft vorbehalten, kann sie nun den meisten Bevölkerungsgruppen zu Teil werden (vgl. Nahrstedt 1989). Bereits seit dem 18. Jh., verbunden mit dem beträchtlichen Anstieg des Wirtschaftsbürgertums (Unternehmer, Händler) „und durch die Verselbständigung des Bildungsbürgertums (Gelehrte, Schriftsteller, Anfänge der Massenmedien)" (Prahl 2002: 97), bröckelte das Mußemonopol der einst herrschenden Klasse. Es setzte sich fortan eine klassentypische Differenzierung von Muße und Kultur durch (Adel, Bürgertum, Handwerker/einfaches Volk), die bis in die Neuzeit wirkte. Eine Abgrenzung von Hochkultur und Volkskultur findet sich teils heute noch. Mit dem Reformationszeitalter und der Formulierung eines rigiden Arbeitsethos (Luther) wird jedoch die Muße als Müßiggang oder Trägheit verpönt.

Mit dem „Geist des Protestantismus" (Arbeit als individuelles Lebensziel, prädestiniert durch Gottes Gnade, Leistungsaufforderung an alle Menschen) begann nach Max Weber der europäische Kapitalismus, demnach Zeitvergeudung zur schwersten aller Sünden wird (Weber 1973: 166). Freizeit als mußevolles Tätigsein wie auch als Müßiggang im Sinne von Nichtstun (vgl. Freericks 2013) könnte im 21. Jh. wieder Ausdruck einer neuen Zeitkultur werden. Muße und Müßiggang wieder zu erlernen erscheint als Voraussetzung für das Erleben von Zeitwohlstand (vgl. Leder 2007: 60 ff.). Schriften zur hohen Bedeutung der schöpferischen Pause (Klatt 1922), zum Lob des Müßiggangs (Russell 2002/1957), zum Recht auf Faulheit (Lafargue 1998) und zur Wiederentdeckung der Muße (Nahrstedt 1989) betonen den eigenständigen und für die Lebenszufriedenheit positiven Wert freier Zeit.

1.3.3 Entstehung der Freizeit

Opaschowski knüpft zwar nicht an den Mußebegriff an, doch sieht er die ersten Ansätze zur Entstehung der modernen Freizeit in der Reformationszeit des 16. Jh. Freizeit entstand als Folge einer religiös-kirchlichen Revolution. Sie ist in einer Zeit entstanden, in der die Berufsarbeit als „göttliche Berufung' zum pflichtgemäßen Selbstzweck des Lebens wurde" (Opaschowski 1976: 20 f.). Der totalitäre Anspruch auf religiöse Beherrschung und Verpflichtung des gesamten Lebens löste nach Opaschowski als eine Art Gegenreaktion beim Menschen das Bedürfnis nach einer nicht reglementierten, privaten und freien Gegenwelt aus. Die Gegenpole öffentliche Pflicht, Fremdbestimmung und Zwang auf der einen Seite und private Neigung, Selbstbestimmung und Freiheit auf der anderen Seite führten schließlich zu einer strikten Trennung von privater und öffentlicher Zeit. Der Ausspruch „Müßiggang ist aller Laster Anfang" geht auf diese Phase zurück, der bis heute zumindest bei einem Teil der älteren Bevölkerung ein schlechtes Gewissen bei Ausübung einer nicht als „sinnvoll" erachteten Freizeittätigkeit zum Ausdruck bringt. Mit der protestantischen Berufsethik und dem modernen Kapitalismus änderte sich auch die Qualität der Arbeit. Das bisherige Mußemonopol der Adeligen wurde abgelöst von einer neuen „bürgerlichen Freiheit der Arbeit". Arbeit galt nicht mehr als sozialer „Makel". Die feudale Abhängigkeit wird nun ersetzt durch eine neue Abhängigkeit vom (Arbeits-)Markt. Und selbst in der Zeit der Nicht-Arbeit wird durch Konsum der Produktion gedient. Der Entfremdung in und durch die Arbeit wird als Folge später dann auch die Selbstbestimmung in der Freizeit gegenübergestellt.

Folgen wir Nahrstedts gut begründetem Ansatz zur Entstehung der Freizeit, so entstand „die Freizeit durch die Aufklärungsbewegung seit der zweiten Hälfte des 18. Jh. [...], die durch die Industrialisierung seit der zweiten Hälfte des 19. Jh. aber erst eine umfassende soziale Verbreitung erlangen konnte" (1972: 17). Mit dem Konzept der Aufklärung wird an der „europäischen Freiheitsidee" (Nahrstedt 1990: 83) angeknüpft, die einen positiven Kern hat. In dem Wort Freizeit ist das Moment der Freiheit der Zeit begründet. Die Freiheit über die Zeit ist für Nahrstedt das bestimmende Element der Freizeit. Die Idee der Freiheit wird mit der modernen Freizeit in ein zeitformales Konzept transformiert. Zugleich ist sie damit im Vergleich zu älteren Modellen auch demokratisiert worden. War die Freiheit der Zeit zunächst auf die bürgerliche Freiheit bezogen, so wurde sie im weiteren Verlauf der Geschichte auf die Arbeiter:innen und dann auf alle Gruppen in industrialisierten Ländern übertragen (vgl. Nahrstedt 1974: 13). Die Förderung der Fähigkeit zur selbstbestimmten freien Gestaltung der Freizeit wird von ihm in erziehungswissenschaftlicher Perspektive denn auch als zentrales Lernziel formuliert. Leitziel sind mündige, emanzipierte Bürger:innen. Während hier ein politischer Freiheitsbegriff zugrunde liegt, wird heute mit dem Streben nach subjektivem Wohlbefinden eher die Freiheit eines individuellen Lebensstils zum Ausdruck gebracht.

Giesecke (1983) knüpft insofern an Nahrstedt an, als er die Entstehung der modernen Freizeit in der Industrialisierung im 19. Jh. verortet. Er vertritt einen sozialpolitischen und eher pragmatischen Ansatz. Erst mit den sozialpolitischen Errungenschaften der Gewerkschaften im Kampf um Arbeitszeitverkürzung (Kampf um den Acht-Stunden-Arbeitstag), bessere Arbeitsbedingungen und Entlohnung gewinnen auch Arbeiter:innen Freizeit. Mit der industriellen Arbeit erfolgte zudem eine klare räumliche Trennung zwischen Wohn- und Arbeitsbereich und damit zwischen Arbeitszeit und moderner Freizeit. Bei 52 Arbeitswochen mit 80-90 Stunden, einem Arbeitstag von sechzehn bis achtzehn Stunden (Frauen und Kinder zwölf bis vierzehn Stunden) an sechs oder sieben Tagen in der Woche und entlohnt nur mit dem Existenzminimum blieb bis in die Mitte des 19. Jh. lediglich Zeit „für lange Heimwege, kärgliche Nahrungsaufnahme, dringendste Hygiene und etwas Schlaf" (Prahl 2002: 98). Unter elenden Wohn- und Lebensbedingungen hatte die ständig wachsende Zahl an Industriearbeiter:innen keine Freizeit.

Dass sich die Arbeitszeiten langsam verringerten, hatte nicht nur sozialpolitische, sondern auch ökonomische Gründe. Mit zunehmender Technisierung konnten Arbeitskräfte ersetzt und Abläufe intensiviert werden. Die Unternehmer:innen erkannten, dass statt kurzfristiger Ausbeutung eine langfristige intensive Nutzung der Arbeitskraft effizienter sei. Zudem nahm der Bedarf an Investitionsgütern ab und dem Konsumgütermarkt wurde mehr Beachtung geschenkt. Wer jedoch konsumieren soll, braucht auch freie Zeit dazu. Mit anderen Worten ging die Arbeitszeitverkürzung auch mit einer Ausweitung des Konsumsektors einher. Ab Mitte des 19. Jh. wurden schrittweise die täglichen Arbeitszeiten verringert, die Sonntagsarbeit abgeschafft und teilweise die Samstagsarbeit verkürzt. Aber erst nach dem Ersten Weltkrieg wurde der Acht-Stunden-Arbeitstag und der verkürzte Samstag auch formal durchgesetzt.

In den Jahren 1955/56 erfolgte schrittweise die Einführung der Fünf-Tage-Woche, womit sich auch die Wochenendfreizeit für alle entwickeln konnte. Im Jahr 1965 begann die Umsetzung der 40-Stundenwoche als Normalarbeitszeit (ohne Berücksichtigung von Überstunden und Kurzarbeit). 1985 lag die durchschnittliche Arbeitszeit bei 39,8 Stunden (vgl. Opaschowski/Pries/Reinhard 2006: 19). Die wöchentliche Arbeitszeit variiert leicht je nach Branche. So liegt sie im öffentlichen Dienst mittlerweile bei 38,5 Stunden und im Einzelhandel bei 37,5 Stunden (seit 1991). Bei 35 Stunden liegt aktuell die wöchentliche Arbeitszeit in der Metall- und Elektroindustrie und in der Holz- und Sägeindustrie. Im Metall-Handwerk gilt je nach Branche die 36- oder 37-Stunden-Woche. In der Textil- und Bekleidungsindustrie liegt die wöchentliche Arbeitszeit aktuell bei 37 Stunden (vgl. IG Metall 2024). Laut dem Statistischen Bundesamt liegt nach Erfassung der tatsächlich geleisteten Wochenarbeitszeit aller Erwerbstätigen in Deutschland die durchschnittliche wöchentliche Arbeitszeit bei 34,7 Stunden. Zu beachten ist hierbei jedoch, dass der Wert wesentlich vom Anteil der Teilzeitarbeit abhängt. Die durchschnittliche wöchentliche Teilzeitarbeit liegt bei 20,8 Stunden und die Vollzeitarbeit bei 40,4 Stunden (vgl. Destatis 2024b). Die Zahlen verdeutlichen die eher geringen Verkürzungen der Wochenarbeitszeit in den letzten 50 bzw. 60 Jahren im Vergleich zu den massiven Arbeitszeitverkürzungen in der ersten Hälfte des 20. Jh.

1.4 Umfang und Funktionen von Freizeit

Nicht nur die Verlängerung der Tages- und Wochenfreizeit hat mit der Verkürzung der wöchentlichen Arbeitszeit zu einem beachtlichen Anstieg der Freizeit geführt, sondern auch die Verlängerung der Jahres- und Lebensfreizeit. Im 19. Jh. hatten die Arbeitnehmer:innen keinen Urlaub. Der gesetzliche Urlaubsanspruch wurde mit einem Umfang von fünf Tagen im Jahr 1910 eingeführt und lag im Jahr 1970 bei 21 Tagen im Jahr. Seit den 1990ern liegt er bei rd. sechs Wochen im Jahr (Opaschowski/Pries/Reinhard 2006: 27), hinzukommen noch im Durchschnitt 10,5 Feiertage im Jahr (variiert zwischen 10 und 12 Tagen je nach Bundesland). Das heißt, die deutschen Arbeitnehmer:innen haben 40,5 freie Tag im Jahr. Beeindruckend ist vor allem die Entwicklung der Lebensfreizeit. Verbesserte Lebensbedingungen und Lebensweisen sowie medizinischer Fortschritt haben zu einem kontinuierlichen Anstieg der Lebenserwartung geführt. Laut dem Statistischen Bundesamt steigt sie im Durchschnitt pro Jahr um zwei Monate. Die durchschnittliche Lebenserwartung liegt derzeit bei 81 Jahren (Statista 2024), die Prognose für 2040 liegt bei durchschnittlich 84 Jahren. Zudem haben verkürzte Schul-/Ausbildungszeiten und frühere Verrentungen Anfang der 2000er-Jahre die Lebensfreizeit erhöht. Das durchschnittliche Renteneintrittsalter lag 2022 bei 64,4 Jahren. Im Vergleich zu 1997/98 hat es sich um zwei Jahre erhöht. Vor dem Hintergrund des demografischen Wandels wurde die Rentenaltersgrenze auf 65,8 Jahre angehoben. Gleichzeitig hat aber auch die Zahl derer, die früher in Rente gehen wollen (Altersteilzeit), zugenommen.

Wir verbringen demnach mehr als die Hälfte unseres Lebens in freier disponibler Zeit. Abb. 1.4 zeichnet eindrucksvoll die Entwicklung nach, auch wenn es sich neben der linearen Regressionsberechnung teils um Schätzungen handelt und leichte Abweichungen möglich sind. So werden sich durch weitere technische und

	Damals (um 1900)	Früher (um 1980)	Gestern (um 2000)	Heute (um 2020)	Morgen (um 2040)
Lebenszeit davon ...	→ ca. 440.000 Stunden → ⌀ 50 Jahre	→ ca. 610.000 Stunden → ⌀ 70 Jahre	→ ca. 690.000 Stunden → ⌀ 80 Jahre	→ ca. 710.000 Stunden → ⌀ 81 Jahre	→ ca. 740.000 Stunden → ⌀ 84 Jahre
Obligationszeit (Grundbedürfnisse)	→ 180.000 Stunden	→ 255.000 Stunden	→ 270.000 Stunden	→ 290.000 Stunden	→ 310.000 Stunden
Determinationszeit (Beruf und Schule)	→ 150.000 Stunden	→ 75.000 Stunden	→ 70.000 Stunden	→ 60.000 Stunden	→ 40.000 Stunden
Dispositionszeit (frei verfügbar)	→ 110.000 Stunden	→ 280.000 Stunden	→ 350.000 Stunden	→ 360.000 Stunden	→ 390.000 Stunden

Abb. 1.4: Freizeitanteil in der Lebenszeit (Quelle: eigene Darstellung als Weiterführung von Popp 2005: 240[7]; Opaschowski 1998: 26).

digitale Entwicklungen in den nächsten 20 Jahren vermehrt Online-Dienste ins Private verlagern (wie Onlinebanking, Onlinebuchungen von Urlaub und Freizeitangeboten, online Routenplanungen, online Einkäufe etc.). Eingesparte Wegezeiten werden durch den Zeitverbrauch im Umgang mit der Technik wieder aufgezehrt. Auch werden – ob aufgrund neuer sozialer Werteorientierungen oder fehlender Serviceeinrichtungen – Betreuungsleistungen und Care-Aufgaben zunehmen, wodurch die Obligationszeit weiter ansteigen wird. Abzuwarten bleibt, ob durch vermehrtes mobiles Arbeiten im Homeoffice die fehlenden Wegezeiten zu Buche schlagen werden. Nach der Corona-Pandemie wurden zunächst in vielen Bereichen die Homeoffice-Zeiten zurückgenommen, in einigen Bereichen wie z. B. im öffentlichen Dienst haben sie sich auf ein bis zwei Tage die Woche eingependelt. In zumindest staatlichen Schulen und Hochschulen wurde der Präsenzunterricht wieder zum Standard.

Die Diskussionen um Arbeitszeitverkürzung und -flexibilisierung sowie neue Arbeitsformen ebben nicht ab. Die IG Metall fordert aktuell die 30-Stunden-Woche bei vollem Lohnausgleich. Mehr als 40 Unternehmen in Deutschland erproben demnächst wissenschaftlich begleitet die Vier-Tage-Woche, nachdem die Studienergebnisse aus England zur Vier-Tage-Woche breit rezipiert wurden und die befürchteten Rückgänge von Produktivität und Wirtschaftswachstum aufgrund von Arbeitsverdichtung und weniger Krankheitsfälle ausblieben. Doch gibt es auch viele Skeptiker vor allem auf

---

7 Die Prognose von Popp (2005) für das Jahr 2020 wurde hier leicht angepasst, da die zugrunde gelegte prognostizierte Lebenserwartung von durchschnittlich 84 Jahren (730.000 Stunden) 2020 nicht erreicht wurde. Als Grund könnten die Corona-Pandemie oder andere Berechnungsgrundlagen angeführt werden.

Seiten der Wirtschaft (vor allem der Industrie) und Politik, die nicht nur das Wirtschaftswachstum und die internationale Konkurrenzfähigkeit gefährdet sehen, sondern auch das Aufrechterhalten des erreichten Wohlstands in Deutschland. Fehlende Fach- und Führungskräfte angesichts des demografischen Wandels seien nicht allerorts durch künstliche Intelligenz ersetzbar.

Die Digitalisierung in der Arbeitswelt lässt Prognosen einer weiteren Zunahme von Freizeit erreichbar erscheinen. Bereits in den 1980er Jahren formulierte der Soziologe Ralf Dahrendorf „der Gesellschaft geht die Arbeit aus" als Perspektive für die Industriegesellschaft und hatte die enormen Produktivitätsfortschritte auf der Basis der Automatisierung und neue Fertigungsprozesse vor Augen (vgl. Freericks 2019). Kohle und Stahl als Leitindustrien für Deutschland waren im Niedergang begriffen, und die erste Energiekrise hatte die westliche Welt tiefgreifend erschüttert. Das vorherrschende Wachstumsmodell wurde zumindest parziell in Frage gestellt. Eine breite Debatte über Arbeitszeitverkürzung und die sinnvolle Verwendung der neu gewonnenen Freizeit folgte. Geschichte wiederholt sich nicht, dennoch gibt es offensichtliche Parallelen zur heutigen Entwicklung. Die intelligenten Maschinen der nächsten Generation werden nicht so sehr im Industriesektor, sondern im Dienstleistungsbereich, bei den einfachen Tätigkeiten, bei Service, Beratung und Verkauf, in den Verwaltungen und Banken oder Beratungseinrichtungen für eine „Freisetzung" von Mitarbeitenden sorgen. Die Logik des Wirtschaftswachstums und die unbestreitbaren Vorteile automatisierter Systeme werden für einen beschleunigten Strukturwandel sorgen. Immer mehr Menschen werden daher viel Freizeit haben, nicht immer freiwillig. Aber ihre beruflichen Positionen werden verschwinden, so wie sich in früheren Zeiten, klassische Industrieberufe aufgelöst haben. Neue Berufsbilder im IT-Bereich und eine auf den digitalisierten Wandel bezogene Weiterqualifizierung werden diese Entwicklung nicht aufhalten. Der digitalisierten Gesellschaft steht daher eine neue Diskussion über die Zeitverwendung, den Sinn des Lebens und die Gestaltung von Lebensqualität ins Haus. Aus den engagiert geführten Debatten der 1980er-Jahre und den angedachten utopischen Modellen für ein „Leben in freier Zeit" (Nahrstedt 1990) lassen sich Hoffnungen für die Steuerung des Wandels gewinnen.

Digitale Technologien und internetbasierte Anwendungen werden in fast allen Branchen und Berufen wichtig und durchziehen zunehmend alle Lebensbereiche. Über die konkreten mittel- bis langfristigen Beschäftigungseffekte durch den Einsatz von künstlicher Intelligenz (KI) herrscht derzeit noch erhebliche Unsicherheit. Laut einer viel zitierten Studie an der University Oxford aus dem Jahr 2013 (vgl. Frey/Osborne 2017), in der 702 verschiedene Berufe in Amerika analysiert wurden, werden mit der Digitalisierung 47 % der Berufe bis 2030 wegfallen. Die Schätzungen in Deutschland sind vergleichbar. Je nach Berufssegment wird gar von einem Wegfall von 80 % ausgegangen. So hält der deutsche Stifterverband fest, es lassen sich für 80 % der heutigen Grundschüler:innen keine verlässlichen Aussagen über ihre zukünftigen Berufe und Tätigkeiten treffen. Aus der globalen Delphibefragung der Bertelsmannstiftung (vgl. Daheim/Wintermann 2016) geht u. a. hervor, dass 2050 weltweit mit einer Arbeitslosigkeit von 24 % zu rechnen sei. Neue Arbeit entstünde insbesondere „in den Sektoren Freizeit, Erholung und Gesundheit, in technologienahen Feldern und mit neuen Berufsbildern vom Empathie-Interventionist bis zum Algorithmen-Versicherer [...]. Es bilden sich Arbeitsbereiche und Berufe heraus, die geprägt sind von ureigenen menschlichen Fähigkeiten wie Empathie oder Kreativität" (Daheim/Wintermann 2016: 10). Immer wahrscheinlicher mutet es an, dass der größte Teil der Bevölkerung in 2040 keiner klassischen Erwerbsarbeit mehr nachgehen wird. Bereits heute zeichnet sich mit dem World Wide Web eine Entgrenzung von Arbeit durch Flexibilisierung von Arbeitszeit und Arbeitsort ab. Unternehmensgrenzen und Arbeitshierarchien verschwimmen durch den Einsatz von Crowdworking, Crowdsourcing etc. Die möglichen negativen Folgen, wie ständige Erreichbarkeit oder Vermischung von Privat- und Arbeitszeit, aber auch mögliche positive Effekte, wie die Gestaltungsmöglichkeit einer individuellen Work-Life-Balance werden diskutiert. Wichtige Aufgabe der Freizeitwissenschaft wird es sein, diesen digitalen Umbruch zu begleiten.

Laut dem Freizeit-Monitor (vgl. Stiftung für Zukunftsfragen 2023) liegt aktuell die durchschnittliche Freizeit an Werktagen bei 3:55 Stunden (vgl. Abb. 1.5). Abweichungen vom Durchschnittswert zeigen sich je nach Lebensphase, nach Geschlecht, Einkommen und Stadt-/Landbewohnenden. Rentner:innen verfügen mit knapp fünf Stun-

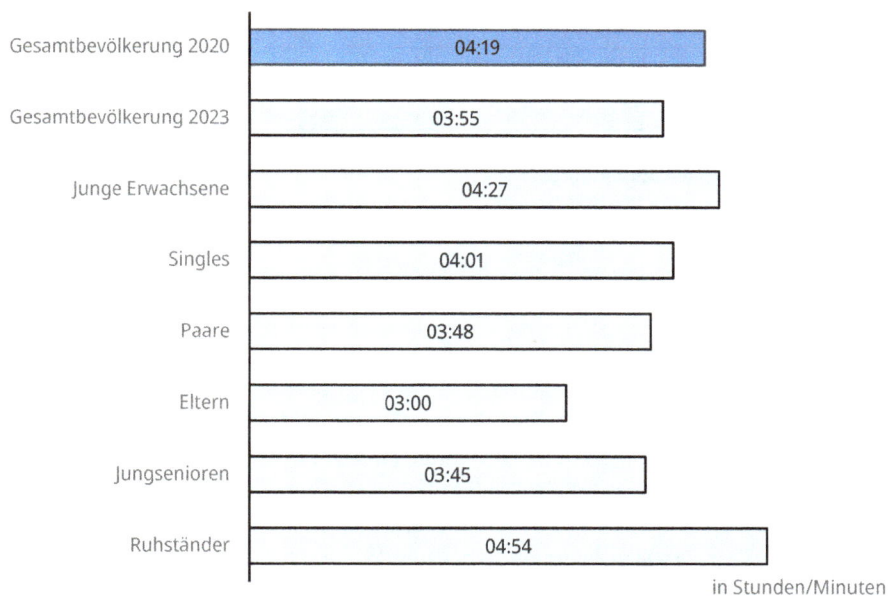

Wie viel Freizeit haben die Bundesbürger?
Repräsentativbefragung von 2.000 Personen. Ab 18 J. in Deutschland, Jul. / Aug. 2023
www.stiftungfuerzukunftsfragen.de

Abb. 1.5: Freizeitumfang an Werktagen (Quelle: Stiftung für Zukunftsfragen 2023).

den über die meiste freie Zeit und am wenigstens die Eltern mit drei Stunden. Frauen, Besserverdiener:innen und Landbewohner:innen verfügen über weniger Freizeit als Männer, Geringverdiener:innen und Stadtbewohner:innen (vgl. Abb. 1.6). Ungleichverteilungen bei Haus- und Betreuungsarbeit, mehr Arbeitsstunden und längere Wegezeiten können Gründe angeführt werden.

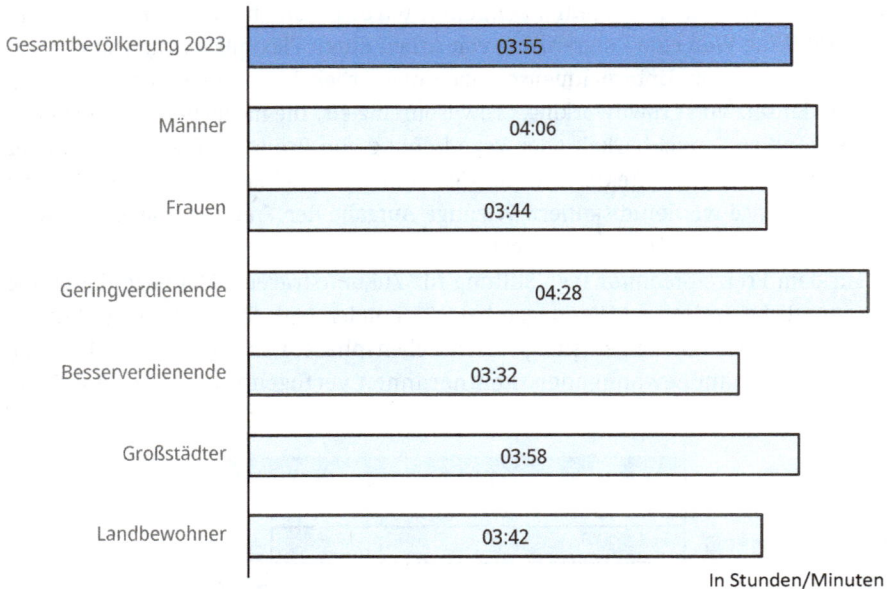

Gesamtbevölkerung 2023 — 03:55
Männer — 04:06
Frauen — 03:44
Geringverdienende — 04:28
Besserverdienende — 03:32
Großstädter — 03:58
Landbewohner — 03:42

In Stunden/Minuten

Wie viel Freizeit haben die Bundesbürger?
Repräsentativbefragung von 2.000 Personen. Ab 18 J. in Deutschland, Jul. / Aug. 2023
www.stiftungfuerzukunftsfragen.de

Abb. 1.6: Freizeitumfang nach soziodemografischen Merkmalen (Quelle: Stiftung für Zukunftsfragen 2023).

Die Differenz von ca. einer halben Stunde zum ersten Corona-Jahr 2020 (4:19 Stunden, vgl. Abb. 5) wird vor allem mit weniger Homeoffice (im Vergleich zu den kompletten Schließungen über mehrere Monate in Einrichtungen und Firmen) und in Folge der wieder angestiegenen Wegezeiten erklärt. Zudem haben die Verpflichtungen wieder zugenommen, wie Supermarkteinkäufe oder auch Trainingsstunden im Verein etc. Vermutet wird, dass angesichts der angespannten Arbeitsmarksituation zunächst keine Zunahme der Freizeit zu erwarten ist (vgl. Stiftung für Zukunftsfragen 2023), sondern sich die durchschnittliche Freizeit am Werktag zunächst wieder wie in den Jahren zuvor bei rd. vier Stunden einpendeln wird. Wie sich jedoch mittel- und langfristig die Digitalisierung hin zu einer Vollautomatisierung in Betrieben auswirken wird und wie veränderte Werte und Lebensziele die Entwicklung beeinflussen werden, gilt es auch weiterhin kritisch zu beobachten und zu begleiten.

Die letzte Zeitverwendungserhebung aus dem Jahr 2022 des Statistischen Bundesamtes und der Landesämter[8] (vgl. Destatis 2024c) zeigt eine höhere durchschnittliche tägliche Freizeit von gut sechs Stunden. 11,5 Stunden werden täglich für Schlafen/Essen/Körperpflege verwendet und 25,5 Stunden wöchentlich für unbezahlte Arbeit wie Haushalt und Care-Arbeit. Die Abweichung zum Freizeitwert der Stiftung für Zukunftsfragen lässt sich u. a. damit erklären, dass sich der Durchschnittswert bei der Zeitverwendungsstudie nicht nur auf Werktage bezieht und z. T. auch eine andere Zuordnung der zweckgebundenen und freien Tätigkeiten erfolgt. So werden u. a. Wegezeiten und freizeitorientierte Bildung mit zur Erwerbsarbeit/Bildung gerechnet. Freiwilliges Engagement wird der unbezahlten Arbeit und nicht der Freizeit zugeordnet. Dennoch ist die Erhebung sehr aufschlussreich, da sie durch den Zeitvergleich zum vorherigen Erhebungszeitraum generelle Veränderungen in der Zeitverwendung der Bevölkerung aufzeigen kann (vgl. Abb. 1.7). Zudem wird mit der Erfassung der unbezahlten Arbeit deutlich, wie hoch nach wie vor die Gender Care Gap[9] ist. Sie lag im Jahr 2022 bei 43,8 %. Frauen leisten insofern am Tag im Schnitt eine Stunde und 17 Minuten mehr unbezahlte Arbeit als Männer. 2012/2013 lag die Gender Care Gap bei 52,4 %. Die Differenz zwischen Frauen und Männern bei der unbezahlten Arbeit wurde im Zeitvergleich zwar kleiner, ist aber doch immer noch sehr hoch.

Die Grundstruktur der Zeitverwendung ist fast gleich geblieben. Innerhalb der Kategorien lassen sich jedoch leichte Veränderungen festhalten. 2022 wurden im Durchschnitt (bezogen auf alle Personen ab 10 Jahren) pro Tag 18 Minuten weniger für Erwerbstätigkeit und Bildung aufgewendet als zehn Jahre zuvor. Begründet wird dies vor allem auch hier mit den geringeren Wegezeiten durch Homeoffice.

Demgegenüber wurden durchschnittlich sieben Minuten mehr für Freizeitaktivitäten und für persönliche Grundbedürfnisse als in 2012/2013 aufgewendet. Die unbezahlte Arbeit stieg im Schnitt um sechs Minuten, hier wurde besonders die Kinderbetreuung genannt.

Mit der quantitativen Bedeutungszunahme der Freizeit wuchs auch die qualitative Bedeutung der Freizeit. Diente die wenige von Arbeit freie Zeit zu Beginn der Industrialisierung noch weitgehend der Funktion der Erholung und Regeneration der Arbeitskraft, so konnte sich mit der Zunahme der Freizeit auch die Positivbestimmung der Freizeit als Zeit, die „frei für etwas" ist, weiter durchsetzen. Als Leitziel wurde die Selbstbestimmung und Emanzipation (vgl. Nahrstedt 1990; Opaschowski 1996)

---

8 Die Zeitverwendungserhebung wird alle 10 Jahre durchgeführt. Basis sind 10.000 Haushalte mit rd. 20.000 Personen (alle im Haushalt ab 10 Jahren), die sich freiwillig beteiligen und über drei festgelegte Tage ein detailliertes Tagebuch (zehn Minuten Einteilung, mehr als 170 Tätigkeiten, neun übergeordnete Kategorien wie u. a. Erwerbsarbeit, unbezahlte Arbeit, Schlafen/Essen/Körperpflege, Medienzeit, Treffen mit Familie/Freunden/Bekannten, Sport, Hobby) führen.
9 Gender Care Gap meint den erfassten zeitlichen Unterschied der Sorgearbeit/Care-Arbeit von Frauen im Vergleich zu den Männern.

Durchschnittliche Zeitverwendung
Personen ab 10 Jahren,
in Stunden pro Tag und in %

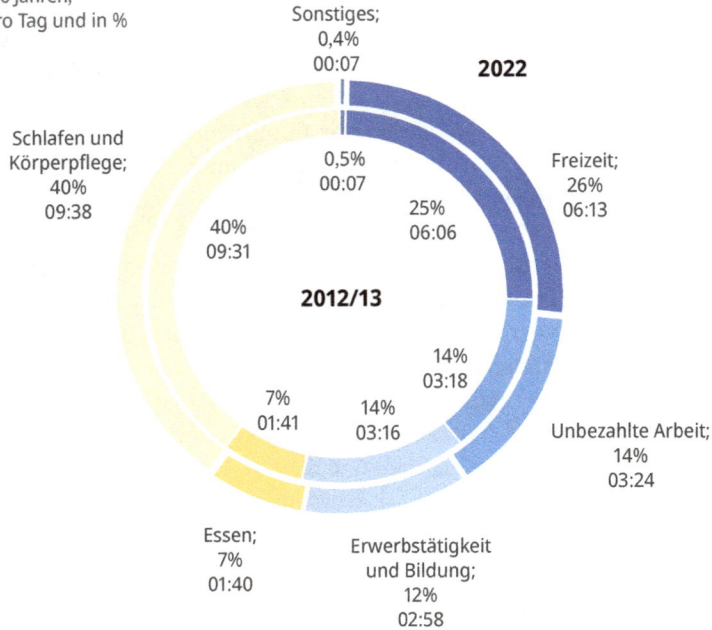

Sonstiges;
0,4%
00:07

2022

Schlafen und
Körperpflege;
40%
09:38

0,5%
00:07

Freizeit;
26%
06:13

25%
06:06

40%
09:31

2012/13

14%
03:18

7%
01:41

14%
03:16

Unbezahlte Arbeit;
14%
03:24

Essen;
7%
01:40

Erwerbstätigkeit
und Bildung;
12%
02:58

Abb. 1.7: Durchschnittliche Zeitverwendung (Quelle: Destatis 2024c).

bestimmt. Als weitere zentrale Funktionen der Freizeit lassen sich nennen: Freizeit als Eigenzeit, Freizeit als Sozialzeit und Freizeit als Bildungszeit.

Freizeit als Eigenzeit meint, sich Zeit für sich selbst zu nehmen, für persönliche Zeiten der Entspannung und Ruhe, aber auch des Nichtstuns und des sich Wohlfühlens beim Nachgehen subjektiver Interessen. Der Wellnessboom seit den 1990er Jahren hat genau hier angeknüpft. Mit Entspannungsmassagen, Beauty-Kursen, Sauna, Fitness- und Gesundheitsangeboten geht es zunächst einmal um Verwöhnprogramme, ganz nach dem Motto „Sie haben es sich verdient". Und schließlich dient es auch der eigenen Gesundheitsförderung. Insbesondere in zeitpolitischen Diskursen wird das Recht auf Eigenzeit postuliert (vgl. Mückenberger 2011). Eine Zeit, in der ich autonom Handeln kann. Gemeint ist aber auch, insbesondere in der familialen Lebensphase auf Zeiten für die Partnerschaft und für sich selbst zu achten.

Freizeit als Sozialzeit bezieht sich auf gesellige und unterhaltende Aktivitäten mit Freund:innen Familie, Kollegium, wie aber auch auf Engagement für die Gemeinschaft. Ob gemeinsames Kochen, ein Spieleabend zu Hause, ein Restaurant- bzw. Kneipenbesuch oder ein Konzertbesuch, wesentlich ist die gemeinsame Zeit, das gemeinsame Erlebnis. Der Mensch ist ein soziales Wesen und benötigt Austausch, Anregung und Anerkennung. Engagement für andere in der Freizeit stärkt zudem das Selbstwertgefühl und ist gerade in heutiger Zeit mehr denn je gefragt. Inwieweit dies heute in Präsenz oder auch virtuell über die sozialen Medien stattfindet, sei dahingestellt. Beides hat seine Berechtigung und bietet Chancen fürs Miteinander. Forschungen zeigen aber auch, dass nach der Corona-Pandemie Begegnungsorte und Gemeinschaft wieder wichtiger zu werden scheinen (vgl. Freericks/Brinkmann 2023).

Freizeit als Bildungszeit umfasst weiterbildende und kulturelle Aktivitäten im Sinne eines lebenslangen Lernens und kultureller, geselliger Bildung. Während Weiterbildung als organisiertes Lernen in Form von beruflicher Bildung (z. B. Sprachkurse, EDV-Kurse) und freizeitbezogener Bildung (z. B. Gesundheits- oder Kreativkurse) in der Freizeit zumeist in Weiterbildungseinrichtungen und geregelt nach dem Weiterbildungsgesetz stattfindet, sind kulturelle und gesellige Bildung im Sinne von Allgemeinbildung meist in Freizeit- und Kultureinrichtungen verortet, wie z. B. in Museen, Theatern, Science Centern oder Jugendzentren. Sie muss aber nicht an Institutionen gebunden sein, sondern kann auch informell an Orten wie z. B. Nationalparks und Cafés stattfinden oder über Medien vermittelt sein.

Die Funktionen der Freizeit lassen sich in Anlehnung an andere Autor:innen noch erweitern. Doch zeigt sich hier oftmals eher eine Orientierung an einzelnen bzw. gebündelten Freizeitaktivitäten. Opaschowski (1995: 52 ff.) nennt auf Basis von Umfrageergebnissen zu den Freizeitaktivitäten zusätzlich die Konsumzeit (z. B. ins Kino gehen, Shoppen gehen), die Aktivzeit (z. B. Hobbys, Gartenarbeit) und die Medienzeit (Fernsehen, Zeitung/ Zeitschriften lesen, Radio hören). Sie scheinen jedoch eher quer zu den bereits genannten Funktionen zu liegen. So kann Erholung oder Entspannung auch parallel zum Radio hören oder beim Lesen eines guten Buches erfolgen bzw. sogar die Entspannung besonders befördern. Eigenzeit kann auch in Gartenarbeit oder Pflegen eines Hobbys zum Ausdruck kommen. Eigenzeit ist nicht nur Passivzeit. Und das Konsumieren einer Massage kann sehr wohl mit Wohlfühlzeit verbunden sein. Vielmehr zeigt sich seit einigen Jahren, dass mit der zunehmenden Erlebnisorientierung in unserer Gesellschaft der Erlebniskonsum an Bedeutung gewonnen hat (vgl. Opaschowski 2008b). Es geht nicht mehr nur um den einfachen Konsum, sondern um das Erlebnis beim Kinobesuch oder beim Shopping, sonst könnten wir den Film auch zu Hause streamen oder den Einkauf online erledigen. Zudem fließt als Schwierigkeit der Abgrenzung der Aktivitäten eine subjektive Komponente ein. Denn letztlich hängt das, was als Freizeit bestimmt wird, auch vom subjektiven Erleben ab. Und die Praxis zeigt, Betreuungs-, Pflegezeiten oder berufliche Fortbildung werden eher nicht als Freizeit empfunden.

Systematisch lassen sich mit Blick auf die historisch-gesellschaftliche Entwicklung und die Bedeutung von Freizeit insbesondere Freizeit als Medienzeit und Freizeit als Erlebniszeit als weitere wichtige Freizeitfunktionen, zusätzlich zu den genannten vier Kernfunktionen, abgrenzen. Wenngleich auch sie teils quer zu den anderen Funktionen liegen. Mit der Digitalisierung und der Erlebnisorientierung haben (digitale) Medien und Erlebnisse jedoch solch einen zentralen Wert in der Freizeit erhalten, dass sie alle anderen Funktionen z. T. überstrahlen im Sinne einer Bestärkung bzw. Aufwertung. Wesentliche Funktion von Freizeit ist es, positive Erlebnisse zu haben, im

Sinne erfüllter Zeit, ob in Eigen-, Sozial-, Bildungs- oder Medienzeit. Medienzeit selbst nimmt einen großen Teil unserer Freizeit ein, sei es in Form von Medienkonsum oder aktiver Anwendung (vgl. Kap. 3). Es entstehen zunehmend hybride Verknüpfungen von Erlebnis, Konsum und Lernen/Bildung (vgl. Freericks/Brinkmann 2005).

1.5 Freizeit als System

Nach der Betrachtung der Funktionen von Freizeit soll nun der Versuch einer systemischen Betrachtung von Freizeit erfolgen, um deren Komplexität und Verwobenheit mit der Umwelt sowie mit deren einzelnen Elementen und Beziehungen untereinander zu demonstrieren. Die systemische Analyse dient der Erfassung und Handhabbarmachung der Komplexität der realen Welt (vgl. Luhmann 2024), indem der Fokus auch auf die Subsysteme und einzelne Elemente gelegt werden kann. Und sie bietet Unterstützung für einen ganzheitlichen Analyse- und Handlungsansatz.

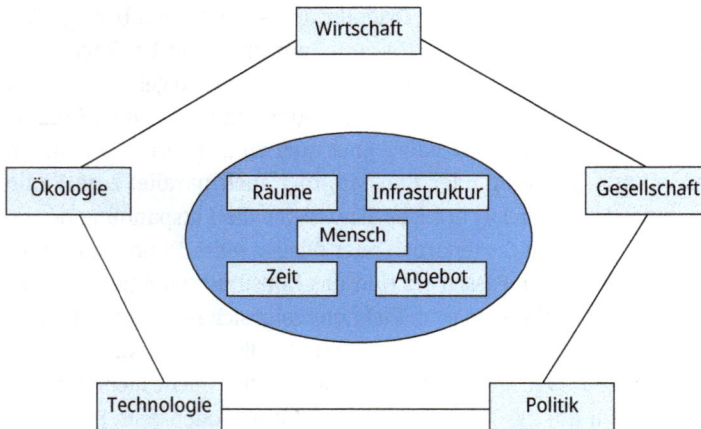

Abb. 1.8: System Freizeit (Quelle: eigene Darstellung).

Im Zentrum des Freizeitsystems und damit der freizeitwissenschaftlichen Analyse steht der Mensch mit seinem Freizeitverhalten, seinen -bedürfnissen, -motiven und Freizeitaktivitäten (vgl. Abb. 1.8). Mit anderen Worten geht es um die Frage, was sucht und macht der Mensch in seiner Freizeit, wie zufrieden oder auch unzufrieden ist er? Inwieweit lassen sich nach soziodemografischen Merkmalen nach Lebensphase oder im Zeitverlauf Unterschiede im Freizeitverhalten ausmachen? Gibt es unterschiedliche Einstellungen, Werteorientierungen bzw. Lebensstile? Wie können seine Selbstbestimmung und Autonomie gestärkt und seine Lebensqualität gefördert werden? Hierzu gilt es, als zentrale Elemente des Systems das inhaltliche Angebot und die verschiedenen Strukturen in den Blick zu nehmen. Welche Freizeitangebote und -einrichtungen, wie

Museen, Theater, Fitnessstudios, Events mit entsprechenden Programmen gibt es? Reicht das Angebot aus oder ist bereits ein Sättigungsgrad festzustellen? Werden wichtige gesellschaftliche Themen aufgegriffen? Besteht die Möglichkeit zur Partizipation und zum freiwilligen Engagement? Wie attraktiv sind das Angebot und das Programm?

Zur allgemeinen Infrastruktur gehören u. a. das Verkehrs- und Versorgungsnetz sowie Einrichtungen des täglichen Bedarfs. Sie sind Grundlage einer funktionierenden Freizeitinfrastruktur. Zur Infrastruktur gehören aber auch freizeitbezogene Einrichtungen der kommunalen Daseinsvorsorge wie Schwimmbäder, Bibliotheken oder Parkanlagen. Sie bieten Möglichkeitsräume für grundlegende Bedürfnisse wie Erholung, Begegnung und Aktivität und sind Aufgabe kommunaler Planungsprozesse. Die zentralen Elemente Raum und Zeit verweisen auf die notwendige Analyse und Gestaltung der räumlichen und zeitlichen Strukturen der Freizeit. Es gilt sowohl funktionale als auch attraktive und neue Erlebnisorte und -räume zu entwickeln und zu analysieren. Wo findet Freizeit statt, welche räumlichen Bedarfe gibt es, welche Orte und Räume werden nachgefragt? Inwieweit sind sie erreichbar und zugänglich für alle? Welche Anforderungen werden an sie gestellt? Wie müssen sie inszeniert werden? Bei den zeitlichen Strukturen geht es zum einen um die Dauer, die zeitliche Lage und Gestalt des Freizeitangebots. Aber auch grundsätzlich um den Freizeitumfang insgesamt. Wann sind optimale Öffnungs- und Angebotszeiten und zwar sowohl mit Blick auf Nachfrage- als auch Angebotsseite? Zum anderen geht es auch darum wie verträglich die Angebotsstrukturen mit anderen zeitlichen Bedürfnissen und Verpflichtungen sind. Denn handlungsleitendes Ziel ist immer das Wohlbefinden und das Erleben erfüllter Zeit.

Die Vernetzung der Kernelemente der Freizeit mit den umgebenden Teilsystemen erscheint offensichtlich, sie stehen in gegenseitiger Wechselwirkung zueinander. Gesellschaftliche Werte und Normen, ob in Hinblick auf Zeitkultur, Lebensorientierungen oder Megatrends beeinflussen das Freizeitverhalten und umgekehrt. Flexibilisierung bzw. Entgrenzung von Zeit- und Raumstrukturen stellen uns vor neue Gestaltungsherausforderungen. Eventisierung, Demografischer Wandel und Digitalisierung wirken sich auf unser Verhalten und den Markt aus. Ein vielfältiges Freizeitangebot für ältere Menschen und neue digitale Angebote wie Streamingdienste finden entsprechenden regen Absatz. Innerhäusige digitale Freizeitaktivitäten könnten an Gewicht weiter zunehmen und zugleich das Bedürfnis nach Gemeinschaft und geselligem Erleben.

Wirtschaftliche Krisen aber auch die Energiekrise und der Klimawandel führen zu Unsicherheiten und Ängsten. Weniger Geld im Geldbeutel führt zu weniger Konsumausgaben und das vor dem Hintergrund einer steigenden sozialen Ungleichheit in der Gesellschaft. Inwieweit die Wirtschaft durch freizeitbezogene Investitionen, aber vor allem auch die Politik durch direkte (Steuergesetze und Verordnungen) oder indirekte Maßnahmen regulierend eingreift, hat Auswirkungen auf unsere Freizeit. Große Freizeitanlagen von Privatinvestor:innen finanziert, wie Freizeitparks oder Erlebnisbäder (z. B. Europapark Rust, Spreewelten), bieten ein – wenn auch zumeist kostspieliges – Freizeiterlebnis. Am Beispiel maroder Straßen und Brücken, dem Renovierungsstau in

Schwimmbädern und Bildungseinrichtungen bis hin zur Schließung zeigen sich nicht nur die leeren staatlichen Kassen, sondern auch die negativen Folgen für unsere Freizeitinfrastruktur und Wohn- bzw. Freizeitqualität. Hier sind (freizeit-)politische Interventionen nötig. Freizeitwissenschaftliche Analysen aber auch Lösungsvorschläge und innovative Konzepte könnten hier steuernd wirken. Verordnungen, Gesetze aber auch Fördergelder und politische Rahmungen können die nachhaltige Raumplanung und damit auch die Teilhabe aller fördern, wie z. B. durch die Vorgabe barrierefreier Bauweise oder durch die Unterstützung von Programmen zur Umsetzung von Diversity, Inklusion und Nachhaltigkeit.

Ökologie im Sinne von natürlichen Faktoren (Wasser, Luft, Landschaft zur Erholung) und intakter Natur, aber auch Umweltschutz, bis hin zu Umweltsensibilisierung und nachhaltigen Bildung beeinflussen und steuern ebenso unser Freizeitverhalten und -empfinden. Flächennutzungspläne sowie der Umbau oder auch Neubau von Freizeiteinrichtungen sind auf ihre Freizeiteignung und Nachhaltigkeit zu prüfen (vgl. Kap. 5). Negative Auswirkungen von Freizeitverhaltensweisen und Konsumangeboten sind kritisch zu beobachten.

Technologie kann Besuchserlebnisse steigern, Abläufe rationalisieren und personalisierte Angebote fördern. Mit Augmented und Virtual Reality (erweitere und virtuelle Realität) können Besuchserlebnisse z. B. in Ausstellungen gesteigert und ausgeweitet werden (z. B. mit 360 Grad Filmen und Touren oder durch Online-Kurse vor oder nach dem Besuch). 5G-Konnektivität erhöht die Geschwindigkeit des mobilen Internets und erleichtert den Einsatz mobiler Technologie wie Smartphones, ob unterwegs bei Ausflügen oder beim Besuch von Events und Freizeiteinrichtungen zum Laden von Apps und Informationen sowie zur Kommunikation und Ticketbuchung. KI kann mit Chatbots den Besuchendenservice stärken und mit Big Data personalisierte Angebote und Analysen erstellen. Schließlich kann mit nachhaltiger Technologie wie dem Einsatz erneuerbarer Energien z. B. in Freizeitanlagen und mit nachhaltiger Mobilität (E-Autos, nachhaltiger Treibstoff für Busse) ein Beitrag zum Umweltbewusstsein geleistet werden.

Das systemische Modell zeigt die komplexe Verwobenheit und vielfältigen Beziehungen der Elemente und Teilsysteme der Freizeit. Es bietet aber auch einen Ansatzpunkt den Fokus der freizeitwissenschaftlichen Analyse nur auf einen Teilbereich zu legen, um konkrete Handlungsansätze, Strategien und Konzepte für Management, Planung/Politik und Pädagogik zu entwickeln.

1.6 Theoretische Ansätze

Der folgende Abschnitt beinhaltet einen kurzen Blick auf vier zentrale freizeitwissenschaftliche Theorieansätze: der bildungstheoretische, der zeittheoretische, der raumbezogene und der erlebnisorientierte Ansatz.

1.6.1 Bildungstheoretischer Ansatz

Lernen und Bildung sind grundlegende Themen der pädagogischen Freizeitforschung und -wissenschaft. In den ersten freizeitpädagogischen Ansätzen stand vor allem der Lernbegriff im Fokus der Theorieentwicklung. Es wird von einem sehr weiten Lernverständnis und einem konstruktiven Lernbegriff ausgegangen (u. a. Siebert 2003). Lernen ist nicht gleichzusetzen mit belehren oder dem Aufnehmen von Informationen, sondern ist ein aktiver, konstruktiver Prozess, der dem Individuum die eigene Lebenswelt erschließen lässt. Interessen, Emotionen und Kontexte spielen dabei eine wesentliche Rolle und führen zu pluralen und individuellen Lernwegen und -ergebnissen. Der Begriff Pädagogik im Sinne von Erziehung (von Kindern und Jugendlichen) greift zu kurz, wenn man auch das Lernen bzw. die Bildung im Erwachsenenalter und höherem Alter, also das lebenslange Lernen und die allgemeine Persönlichkeitsbildung im Blick hat. Zudem geht es im Kontext von Selbstbestimmung und Autonomie in der Freizeit vor allem um ein freiwilliges und selbstgesteuertes Lernen (vgl. Brinkmann 2000). Der Ansatz einer Freizeitbildung gilt als „fünfte Säule" des Bildungssystems neben Schulbildung, Berufsbildung, Hochschulbildung sowie Weiterbildung und ist nach wie vor Inspiration für Praxisprojekte und Forschungsvorhaben. Sie wird als weitgehend „entsäulte" Säule verstanden (Nahrstedt et al. 1994: 1), da sie nur eine geringe Verschulung und Formalisierung aufweist, was nicht heißt, dass sie ohne Institutionalisierung auskommt (z. B. Soziokulturelle Zentren, Museen, Science Center, Zooschulen). Die jeweils eigene Logik in den einzelnen Bildungssystemen gilt es bei einer Zusammenarbeit und Überschneidung der Bereiche zu beachten (vgl. Abb. 1.9). Als Beispiel sei hier eine Studienreise genannt, die Weiterbildungsträger:innen veranstalten. Die Studienreise findet zwar im Freizeitkontext statt, doch gelten auch die Regularien des Weiterbildungsgesetzes mit festgelegter Anzahl an Unterrichtseinheiten und Teilnehmenden.

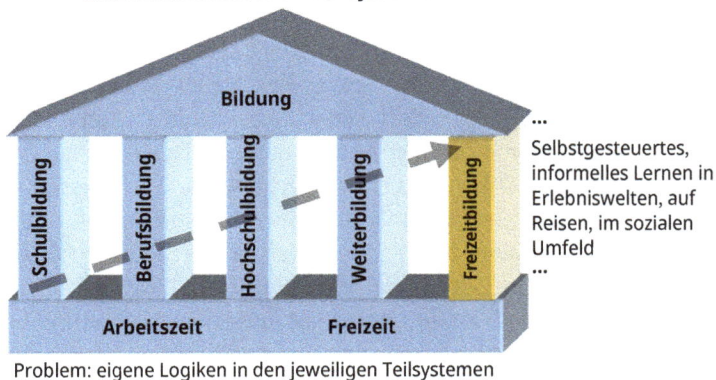

Eine Brücke zwischen Teilsystemen

Problem: eigene Logiken in den jeweiligen Teilsystemen

Abb. 1.9: Freizeitbildung (Quelle: eigene Darstellung in Anlehnung an Nahrstedt et al. 1994: 1).

Freizeit wird dabei in dreifacher Weise als Lern- bzw. Bildungszeit konzipiert (Freericks/Brinkmann 2005a). In der Bildung für die Freizeit gilt es notwendige Fähigkeiten zur Gestaltung der Freizeit zu erlernen. Dabei kann aus pädagogischer Sicht ein normativer oder auch ein eher adressatenorientierter Ansatz gewählt werden. Geht es auf der einen Seite um die Förderung eines „sinnvollen" und kultivierteren Freizeitverhaltens, so werden auf der anderen Seite eher offenere Ziele wie die Fähigkeit zur Selbstbestimmung formuliert (vgl. Fromme 2001a). Allgemein gilt, subjektiv befriedigende und „sinnvolle" Freizeitmuster müssen gelernt werden. Jede neue Freizeitaktivität (z. B. Stand-up-Paddling) zieht Einführungskurse, Trainings, Programme für Fortgeschrittene nach sich, ist mit Lernen und Üben, Verfeinern und eine Annäherung an Standards verbunden. Ohne Bildung kein Erlebnis und kein Zugang zu bestimmten Freizeitaktivitäten (Segeln, Tauchen, Fliegen etc.). Darüber hinaus kann Freizeitbildung verwoben sein mit freiwilligem bürgerschaftlichem Engagement, kann auf eine Partizipation im Stadtteil und auf die unmittelbare Mitgestaltung von Lebensqualität zielen. Zugleich entwickeln sich vielfältige selbstorganisierte Freizeitszenen (z. B. Repaircafés, Musikevents), die das kulturelle Leben einer Stadt ausmachen (vgl. Freericks/Brinkmann 2018).

Bildung in der Freizeit betont die Notwendigkeit freier Zeit als elementare Voraussetzung für Lernen und Bildung. Zeitfenster für die Teilnahme an Bildungsangeboten sind nicht nur persönlich, sondern auch gesellschaftlich wichtig (vgl. Nahrstedt/Brinkmann/Kadel 1997). Teile der beruflichen Weiterbildung, aber vor allem freizeitkulturelle und politische Weiterbildung finden in der Freizeit statt. Es werden Bildungsangebote konzipiert und der/die Einzelne wird zur Angebotsteilnahme ermutigt bzw. angeregt. Unterscheiden lassen sich hier die „planmäßigen", eher schulähnlichen Angebote (die meisten Angebote der Erwachsenen- und Weiterbildung finden in der Freizeit statt) und die offeneren Bildungsangebote, die durch selbstbestimmtere Formen gekennzeichnet sind und einen eigenen Typus der Pädagogik der Freizeit präsentieren (z. B. in Museen, auf Reisen, Lehrpfaden). Die vorhandene Freizeit, viele Freizeitorte und Freizeitsituationen (z. B. Freizeitparks, Freizeitbäder) können für ein Lernen aktiviert und entwickelt werden. Die neueren Konzepte des informellen Lernens setzen hier an.

Der Freizeitkontext stellt besondere Anforderungen an die Gestaltung der Bildungsangebote. Die freizeitgemäße Bildung hat als drittes Anspruchskriterium in den letzten Jahrzehnten enorm an Bedeutung zugenommen. Es bezieht sich auf die methodische und didaktische Gestaltung des Angebots. Wesentliche Aspekte wie Selbstbestimmung, Verständigung über Ziele, Inhalte und Zeiten, aber auch Offenheit und Veränderbarkeit von Freizeitsituationen müssen in integrierten Angeboten der Freizeitbildung erhalten bleiben. Es geht im Unterschied zur schulischen Didaktik um ein stärker handlungsorientiertes und emotionales Lernen mit allen Sinnen (ähnlich der Erlebnispädagogik). Grundmotive der Freizeit wie Spaß und Geselligkeit dürfen nicht vernachlässigt werden. Freizeitgemäße Bildung zielt auf „eine Inszenierung von anregenden ‚Räumen', in denen sich Bildungserlebnisse ereignen können" (Nahrstedt et al. 1994: 20). Freizeitgemäße Bildung, so die bildungspolitische Hoffnung, soll auch

Interesse wecken, Bildungsbarrieren abbauen helfen und individuelle Bildungswege eröffnen.

Es geht bei der Freizeitbildung nicht um eine pädagogische Vereinnahmung, sondern vielmehr um die Entwicklung geeigneter Begleit-/Unterstützungskonzepte. Auf das informelle Lernen in der Freizeit wird mit Blick auf die hohe Bedeutung in der Freizeitwissenschaft und der Aktualität des Themas in Wissenschaft und Politik in Kapitel 3 gesondert eingegangen.

Die Chancen einer Freizeitbildung werden bezogen auf Bildung in folgenden Punkten gesehen:
- Dynamisierung von Lernorten: viele Freizeitorte können zu Lernorten werden
- Flexibilisierung von Lernzeiten: starre Öffnungszeiten, Kurszeiten werden aufgelöst
- Versinnlichung von Lernformen: viel Sinne werden angesprochen
- Veralltäglichung von Lerninhalten: Themen aus dem Alltag werden aufgegriffen
- Demokratisierung von Lernzielen: Offenheit und Selbststeuerung gewinnen an Gewicht
- Aufgreifen komplexer Motivstrukturen: auch Motive wie Erholung, Unterhaltung, Kommunikation und Konsum werden aufgegriffen

Bezogen auf die Freizeit wurden folgende Chancen erkannt:
- Entprivatisierung von Freizeit: stärkere Teilnahme am öffentlichen Leben
- Anschluss an gesellschaftlich relevante Prozesse: Aufgreifen von wichtigen Themen, Fragen, Problemen
- Aktivierung von Bildungskernen: Aufgreifen von Themen aus der Freizeitsituation heraus
- Inszenierung von Lernsituationen: Schaffung integrierter Angebote mit animativer Ausstrahlung
- Intensivierung von Lernprozessen: stärkere Entwicklung der Freizeit als Lernraum

Der Ansatz der Freizeitbildung zeichnet ein tragfähiges Modell für weiterführende Ansätze und Konzepte des informellen Lernens und der informellen Bildung (vgl. Dohmen 2001, 2002) und kann nahtlos an die Diskussionen der „Entgrenzung des Lernens" anschließen (vgl. Kirchhöfer 2004, 2005). Das Phänomen der „Entgrenzung des Lernens" in der Wissensgesellschaft geht einher mit einer anhaltenden Krise des formalen Bildungssystems und seinen Schwierigkeiten, zu einer zukunftsorientierten Entwicklung beizutragen. Lernen findet insofern nicht mehr nur in formalen Bildungseinrichtungen statt, sondern in den Mittelpunkt der Betrachtung rücken Einrichtungen und Orte, in denen hybride Mischformen von Lernen, Erleben und Konsum das Angebot prägen (vgl. Kap. 1.6.3).

Zugrunde gelegt werden kann zunächst ein struktureller Bildungsbegriff, der von Norbert Meder (2007) in die freizeitwissenschaftliche Diskussion eingebracht wurde. Kennzeichnend ist ein weiter Rahmen für vielfältige Erfahrungen mit einer anregenden Umwelt, eingebettet in den Kontext von Gemeinschaften mit dem Ziel eines „entwickelten Weltverhältnisses". In Anlehnung an Luhmann definiert er Bildung als ein dreifaches Verhältnis (Meder 2007: 120):

1. „des Einzelnen zu den Sachen und Sachverhalten in der Welt
2. des Einzelnen zu dem oder den anderen in der Gemeinschaft (in dem Sozialen)
3. des Einzelnen zu sich selbst in Vergangenheit, Gegenwart und Zukunft (in der Zeit)"

Gemeinschaften formen mit ihren kulturellen Mustern, Werten und Möglichkeiten das Weltverhältnis des Einzelnen mit. „Das Bildungsverhältnis kann sich nur im Rahmen von Kultur entwickeln. Bildung und Kultur sind korrelativ" (Meder 2007: 123). Bezogen auf die Relationen von Freizeit, Bildung und Lebensqualität lässt sich folgern, Lebensqualität bestimmt sich als Verhältnis des Individuums zur jeweiligen Gemeinschaft und den Sachverhalten der Lebenswelt, wobei sowohl objektive Maßstäbe als auch subjektive Wahrnehmungen eine Rolle spielen. Freizeit ist neben anderen zeitlichen Lebensbereichen ein wesentlicher Bereich, in dem sich das Verhältnis zu den Sachen und zur Gemeinschaft herausbildet.

Während sich der strukturelle Bildungsbegriff eher auf das kontingente Ergebnis des Dreifach-Verhältnisses bezieht, ist der Lernbegriff auf den Prozess der Veränderung bezogen. „Lernen ist der Prozess eines Einzelnen, durch den das dreifache Bildungsverhältnis aufgrund von Interaktionen mit der Umwelt oder Reaktionen auf eine Situation im Modus der Aneignung, d. h. im Modus einer Beziehung auf sich, relativ dauerhaft neu entsteht oder verändert wird, wobei deterministische Entwicklung auszuschließen ist. Deterministische Entwicklungen sind Änderungen, die durch angeborene Reaktionsweisen, Reifungsvorgänge oder vorübergehende Zustände des Organismus (Ermüdung, Rausch oder ähnliches) bedingt sind" (Meder 2007: 131). Wesentlich erscheint hierfür auch die Möglichkeit des Erfahrungmachens. Das heißt, bezogen auf die Lebensqualität einer Stadt oder Region ließe sich im Umkehrschluss folgern, dass auch ein Anregungsraum (objektive Kultur) zu entwickeln ist, der durch vielfältige Lernmöglichkeiten und Förderung von Lernprozessen eine Veränderung des dreifachen Bildungsverhältnisses ermöglicht (vgl. Freericks/Brinkmann 2018: 256).

Da der strukturelle Bildungsbegriff inhaltlich wenig gefüllt erscheint, sei an dieser Stelle in Ergänzung kurz an die soziologische Diskussion mit dem Kernbegriff der „Resonanz" (Rosa 2016) angeknüpft. Die Stärkung der „Qualität der Weltbeziehung" (Rosa 2016: 19) wird als eine Art Gegenkraft zu der hyperdynamischen Moderne mit ihrer Beschleunigung und Entfremdung formuliert. Resonanz erscheint als wertorientiertes Bildungsziel. Hartmut Rosa (2016) sieht einen starken Bezug zur Lebensqualität, gleichwohl er sich auch durchaus kritisch zum Lebensqualitätsdiskurs äußert (zu ressourcenorientiert, an Steigerungslogik angepasst). Resonanz ist eine wertorientierte Antwort auf die permanenten Beschleunigungstendenzen postmoderner Gesellschaften. Lernförderliche Strukturen werden implizit mitgedacht.

1.6.2 Zeittheoretischer Ansatz

Freizeit findet heute in einer hochgradig flexibilisierten und beschleunigten Gesellschaft statt. Starre Zeitstrukturen der Gesellschaft lösen sich immer mehr auf und es hat sich vor dem Hintergrund pluraler Lebensstile eine neue Zeitkultur in der Gesellschaft entwickelt (vgl. Garhammer 1994), die sich in allen Lebensbereichen in einer hohen Flexibilität und Beschleunigung äußert. Vor dem Hintergrund von Pluralisierung und Flexibilisierung in der Gesellschaft rückte seit den 1990ern zunehmend die Zeit in den Mittelpunkt freizeitwissenschaftlicher Analysen. Dies zeigt sich zum einen in der erweiterten Freizeitdefinition (vgl. Kap. 1.3.2) und zum anderen in einer grundlegenden Auseinandersetzung mit dem komplexen Zeitbegriff. Das folgende Modell zeigt die Komplexität von Zeit in Bezug auf Individuum, Gesellschaft und Organismus und versucht die Kernbegriffe der Wissenschaftsdisziplinen dazu in Beziehung zu setzen (vgl. Abb. 1.10).

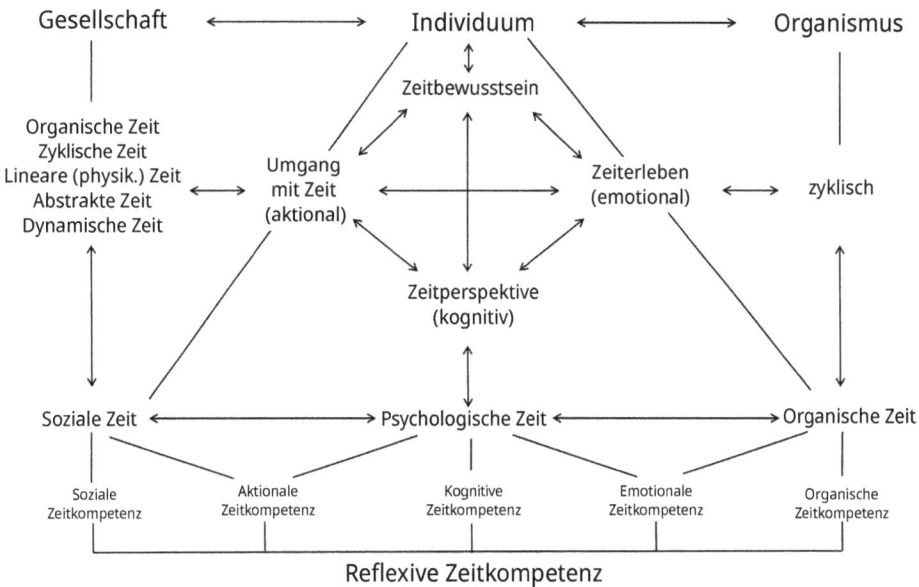

Abb. 1.10: Zeit-Zeitkompetenz (Quelle: Freericks 1996: 49).

Wesentlich erscheint, dass Zeit als soziales Konstrukt verstanden wird. Im Zuge des historischen Entwicklungsprozesses der Gesellschaft (Jäger/Sammler, Agrarwirtschaft, Industrie, Automatisierung) haben sich vier gesellschaftliche Zeitsysteme entwickelt: organisches, zyklisches, lineares, abstraktes Zeitsystem (Rinderspacher 1985). Sie sind nach wie vor alle existent, wenngleich die herrschenden Zeitsysteme die lineare und abstrakte Zeit in unserer hochtechnisierten Gesellschaft sind. Ergänzt wurde von

Nahrstedt (1990) die dynamische Zeit. Der Begriff spiegelt die hohe Dynamik flexibilisierter und beschleunigter Gesellschaften wider, so auch die Notwendigkeit zum dynamischen Wechsel zwischen den vier Zeitsystemen. Umso schneller Prozesse laufen, desto weniger sind sie im Voraus planbar. „Dauer, Sequenz, Rhythmus und Tempo von Handlungen, Ereignissen und Bindungen [werden] erst im Vollzug, und das heißt: in der Zeit selbst entschieden" (Rosa 2012: 365). Philosoph:innen und Sozialwissenschaftler:innen sprechen hier von einer Verzeitlichung der Zeit. Die mobilen Medien erleichtern uns in postmodernen Gesellschaften ein spontanes, kurzfristiges und situatives Entscheiden und Handeln. Das Zeitbewusstsein des Individuums setzt sich zusammen aus dem Wechselspiel der drei Komponenten: Zeiterleben, Zeitperspektive und Umgang mit Zeit (vgl. Plattner 1990 und Kap. 3). Es steht über das Handeln mit der Gesellschaft und über das Wahrnehmen biologischer Zeitrhythmen mit dem Organismus in Wechselwirkung. Die Figur des „flexiblen Spielers" (vgl. Hörning/Ahrens/Gerhard 1997) könnte das Zeitmuster bzw. der Zeitstil der Zukunft sein. Der „Spieler", der die Herausforderung der Beschleunigung und Entgrenzung von Zeit spielerisch annimmt und situativ entscheidet und plant. Der beschleunigte Wandel mit der Schrumpfung der Gegenwart, verkürztem Zeithorizont und Unsicherheiten fordert geradezu zu einer situativen Zeitpraxis heraus. Technische Neuerungen werden genutzt oder abgeschaltet, so wie es für die Situation und die eigenen Präferenzen sinnvoll erscheint. Kommunikation findet online oder Face-to-Face je nach Bedarf und Nutzen statt. Entscheidungen werden trotz eines gewissen Unsicherheitsfaktors getroffen, sie können ja auch kurzfristiger wieder geändert werden. Erfüllte Zeit bzw. Wohlbefinden wird hierbei als Ziel einer reflexiven Zeitkompetenz formuliert. Zeitkompetenz meint die Fähigkeit und Bereitschaft, selbstbestimmt und eigenverantwortlich die Lebenszeit zu gestalten.

Paradoxerweise nehmen die Klagen über die Zeit trotz Flexibilisierung, neuer Zeitfreiheiten und zunehmendem Zeitwohlstand in der Gesellschaft zu, und die Forderungen an die Politik nach einem Recht auf „eigene Zeit" werden immer lauter (vgl. Mückenberger 2012). Rosa (2012) versucht diesen Widerspruch von Zeitnot und Zeit im Überfluss mit seiner gegenwartssoziologischen Studie zur sozialen Beschleunigung zu entschlüsseln. Er unterscheidet drei Formen der Beschleunigung: die technologische Beschleunigung, die Beschleunigung des sozialen Wandels und die Beschleunigung des Lebenstempos.

Die technische Beschleunigung zeigt sich vor allem in ihren Auswirkungen auf die Kommunikation, die Produktion und den Transport. Produkte können ungeheuer schnell hergestellt werden, womit auch ein ständiges Veralten und Überholtwerden der Gegenstände verbunden ist (z. B. Laptops, Smartphones). Zudem fördert der schnellere Produktionsprozess das Wegwerfen statt Reparieren und damit auch die geringe Bindung an die Gegenstände, und es stützt natürlich den Alltags- und Freizeitkonsum. Die Auswirkungen auf Transport und Kommunikation sind offensichtlich. So ist das Auto schneller als die Kutsche und die E-Mail schneller als der Brief. Raumdistanzen können einfacher überwunden werden, das Raum-Zeitbewusstsein verändert sich. Es lässt sich von einer Entgrenzung von Raum und Zeit sprechen. Das Internet ermöglicht immer kürzere Zeitabstände in der Kommunikation. Im Prinzip können wir mit den digitalen

Medien jeden Punkt auf dem Globus in Bruchteilen einer Sekunde erreichen. Diese positiven Veränderungen der Kommunikationsstrukturen gehen aber auch mit einem veränderten sozialen Erwartungshorizont einher. So erwarten wir auch eine höhere Reaktionsfrequenz und ständige Erreichbarkeit. Konnte die Antwort auf einen Brief auch schon mal ein bis zwei Wochen dauern, wird die Reaktion auf eine E-Mail doch in der Regel unverzüglich, zumindest am Folgetag erwartet. Leicht ist es auch, eine Erinnerungsmail zu senden und der Druck schnell zu reagieren wird erhöht. Wird mit dem beschleunigten Transportwesen im Wesentlichen unser Raumverhältnis verändert, so wird mit der schnelleren Produktion vor allem unsere Beziehung zu den Dingen und mit der Beschleunigung der Kommunikation unsere Beziehung zu den Menschen verändert. Und alle drei Beschleunigungen haben schließlich unsere Beziehung zur Zeit selbst verändert (Rosa 2012: 171). Rosa spricht daher auch von der Entfremdung (vom Raum, von den Dingen, den eigenen Handlungen, gegenüber der Zeit, den Menschen und schließlich gegenüber sich selbst) als zentralem gesellschaftlichen Problem in der Spätmoderne (vgl. Rosa 2013).

Die Beschleunigung des sozialen Wandels drückt sich vor allem im schnelleren Arbeitsplatzwechsel, im schnelleren Wechsel von Lebenspartner:innen, Wohnorten, Smartphones, Gewohnheiten oder Vorlieben aus. Flexibilität und Mobilität am Arbeitsmarkt werden zunehmend erwartet. 30 Jahre bei einem/einer Arbeitgeber:in, wie wir es noch von unseren Vätern bzw. Großvätern kennen, wird immer mehr zur Seltenheit. Zugleich werden stabile soziale Beziehungen geringer, wie uns u. a. die steigenden Scheidungsraten belegen. Das Auflösen bzw. brüchig werden traditionaler, verlässlicher Beziehungen wurde bereits von Beck (1986) in seinem Buch „Die Risikogesellschaft" als Folge von Modernisierungsprozessen beschrieben. Eine Ausdifferenzierung und Pluralisierung familialer Lebensformen und die Bedeutung von Lebensabschnittspartner:innen werden postuliert. Individualisierung und Pluralisierung fördern das Bewusstsein individuell gestaltbarer Zeit, es entstehen aber auch zunehmend Ängste und Unsicherheiten angesichts einer ungewissen und offenen Zukunft. Langfristige Planungen und Gewissheiten aus vergangenen Erfahrungen werden immer schwieriger und unzuverlässiger, und sie fördern die Erfahrung des beschleunigten Wandels im Sinne der Gegenwartsschrumpfung. Auch die neuen digitalen Medien tragen zu einer Dynamisierung der Arbeitsplatzstrukturen und der sozialen Beziehungsstrukturen bei.

Eine Beschleunigung des Lebenstempos zeigt sich nach Rosa (2012) vor allem in der Verkürzung oder Verdichtung von Handlungsepisoden. Gemeint ist z. B. die Verkürzung von Schlaf- oder Essenszeiten oder das Ausführen mehrerer Tätigkeiten gleichzeitig. Fast Food, Power Yoga oder Multitasking sind hier u. a. die Erscheinungsformen. Wir können entweder die Handlungen schneller ausführen oder die Pausen und Leerzeiten zwischen den Tätigkeiten verringern und die Tätigkeiten simultan ausführen. Technische Geschwindigkeitssteigerung hat letztlich eine weitere Steigerung des Lebenstempos als Resultat knapper Zeitressourcen zur Folge. Hier zeigt sich einmal mehr das zeitökonomische Handlungsprinzip in unserer „Tempogesellschaft" (Jäckel 2012). Die gewonnene Zeit wird unvermittelt in die nächste Tätigkeit gesteckt, dafür sollte ja die Zeit gewonnen werden. Begleitet wird diese Beschleunigung auch von einer Entgrenzung von Zeit und Raum (s. o.). So verwischen u. a. auch die Grenzen zwischen Arbeitszeit und Freizeit, und Lernen findet lebenslang überall statt. Auch hierzu tragen wesentlich die digitalen Medien bei. Mittels mobilem Internet und der Miniaturisierung der Informations- und Kommunikationsmedien (Notebooks, Smartphones etc.) sind wir ohne Probleme jederzeit und überall erreichbar. Hier wird bereits deutlich: Die Verknappung der Zeitressourcen mit ihrer Beschleunigung des Lebenstempos und der Entgrenzung von Zeit und Raum schlägt sich subjektiv in der Empfindung von Zeitnot, Zeitdruck und Zeitstress nieder (vgl. Kap. 3). Es scheint, dass der Mensch bzw. die Gesellschaft neue Umgangsweisen und Strategien für die Beschleunigung und Entgrenzung von Zeit finden muss. Konzepte der Entschleunigung (vgl. Reheis 2003) in einzelnen Bereichen können hilfreich sein sowie ein werteorientiertes Handeln, auch um wieder Selbstwirksamkeit, Resonanz und eine Qualität der Weltbeziehungen zu erfahren (vgl. Rosa 2016). Ein generelles Anhalten durch politische Verordnungen erscheint eher unwahrscheinlich, denken wir nur an die technische Beschleunigung. Zudem ist festzuhalten, dass der Mensch die Beschleunigung selbst antreibt, sie hat auch eine produktive Funktion.

Zeitflexibilisierung und Beschleunigung ermöglichen eine stärkere Ausrichtung an den zeitlichen Bedürfnissen und Nachfragestrukturen, nicht zuletzt durch die zunehmende Digitalisierung der Gesellschaft. Das Internet, die Erreichbarkeit auch außerhalb realer Öffnungszeiten hat so manche zeitlichen Prozesse optimiert (z. B. Behördengänge). Die Anpassung der Angebotsstrukturen an die zeitlichen Bedarfe wird als zentrale zeitpolitische Forderung formuliert (vgl. Mückenberger 2012). Das Recht auf eigene Zeit bedeutet insofern auch, dass Einzelne mit ihren zeitlichen Bedürfnissen und Präferenzen auf die Angebotszeiten Einfluss nehmen können. Optimale Zeitfenster aus Angebots- und Nachfrageperspektive lassen sich ermitteln (vgl. Nahrstedt/Brinkmann/Kadel 1997). Anfang der 2000er wurde ein entsprechender Forschungsansatz, die Zeitmusterforschung entwickelt (vgl. Dollase/Hammerich/Tokarski 2000). Am Beispiel einer Weiterbildungseinrichtung lässt sich der Einsatz als komplexes Steuerungs- und Analyseinstrument verdeutlichen (vgl. Abb. 1.11).

Einerseits wird von den Planer:innen zukunftsfähiger Freizeitangebote ein hohes Maß an Flexibilität verlangt. Die Zeitgestalt der Angebote spielt eine zentrale Rolle (Dauer, Lage und Gestalt des Angebots). Die Zeitpräferenzen des Einzelnen sind zu berücksichtigen und optimale Zeitfenster als Analyse- und Steuerungsinstrument einzusetzen. Insbesondere bei der Planung und dem Managen von Freizeitprojekten und Events kommt der professionellen Zeitkompetenz eine hohe Bedeutung zu (vgl. Freericks 2003). Unterschiedliche individuelle Zeitpräferenzen potenzieller Besucher:innen bzw. Teilnehmer:innen müssen ebenso analysiert und berücksichtigt werden wie zahlreiche interne Planungsfaktoren der Einrichtung bzw. Angebotsseite und externe Einflussgrößen. Eine einseitige Betrachtung aus betriebsökonomischer Perspektive mit Blick auf Effizienz und Wirtschaftlichkeit reicht hier nicht aus. Dienstleitungen müssen der Lebensqualität der Nutzenden im Alltag gerecht werden. Das heißt auch Zeithaben

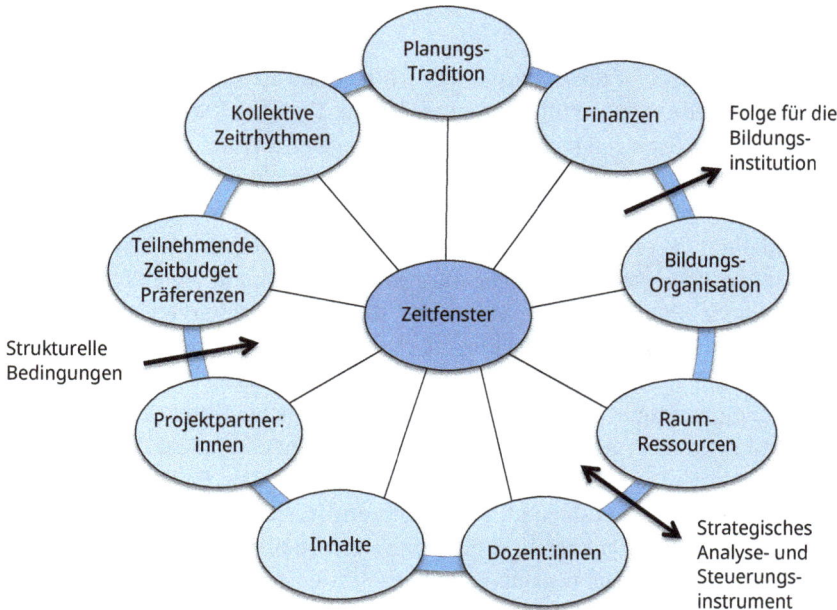

Abb. 1.11: Zeitfenster im Wechselverhältnis mit anderen Planungsfaktoren (Quelle: Nahrstedt et al. 1997: 91).

für die Pflege und Kommunikation mit älteren pflegebedürftigen Menschen oder eine Verlangsamung der Taktzeiten öffentlicher Verkehrsbetriebe, um auch dem Fortbewegungsbedarf und der Mobilität der in Zukunft immer höheren Zahl älterer Menschen gerecht zu werden (vgl. Rinderspacher 2009).

Zeiten verantwortungsvoll zu gestalten, sowohl in individueller wie gesellschaftspolitischer und planerischer Sicht, stellt eine große Herausforderung dar. Die individuellen Kompetenzen zu stärken und Qualifizierung und Unterstützung für Unternehmen im Umgang mit Zeit anzubieten, sind als Aufgaben der Freizeitwissenschaft zu formulieren. Arbeitgebende könnten ihren Beschäftigten positive Umgangsweisen mit Zeit vorleben. Lebensqualität im Sinne erfüllter Zeit heißt letztlich auch das Zulassen einer Wertebalance bzw. Zeitbalance. Zeiten des Nichtstuns und des mußevollen Tätigseins sowie Zeiten der aktiven Herausforderung müssen gewährleistet sein. Umso mehr Freiheit und Kompetenz Einzelne in der Gestaltung ihren Zeit erfahren, umso höher wird die Lebenszufriedenheit sein. Schließlich kann die Freizeitwissenschaft durch kritische Analysen und Entwicklung von Lösungsansätzen zeitpolitische Entscheidungen mit befördern.

1.6.3 Raumbezogener Ansatz

Ebenso wie die Zeit ist der Freizeitraum ein wichtiger Ansatz in der Freizeitwissenschaft. Auf die Bedeutung des Wohnumfeldes für die Freizeit- bzw. Lebensqualität
wurde bereits kurz eingegangen (vgl. Kap. 1.2). Ein anregendes Wohnumfeld und ein an
den Bedarfen der Bewohner:innen angepasstes Angebot trägt zur Lebensqualität eines
Ortes bei. Unterschiedliche (freizeit-)infrastrukturelle Bedingungen z. B. in ländlichen
Räumen und Städten lassen sich aufgrund geringer Bevölkerungsdichte feststellen. Zu
erwähnen ist hier z. B. die unterschiedliche Ausstattung und Anbindung im öffentlichen
Personennahverkehr (Bus und Bahn), die sowohl für die Erreichbarkeit von Freizeit-
und Kultureinrichtungen bzw. Veranstaltungen als auch der Arbeitsstätte relevant ist.
Aber auch ein in der Regel geringeres und nicht so vielfältiges kulturelles Angebot ist in
ländlichen Räumen auszumachen. Bürgerschaftliches Engagement und Selbstorganisation hat daher oftmals einen höheren Stellenwert in ländlichen Räumen. Topografische
Karten liefern uns einen Überblick über die Infrastruktur (Straßen, Radwege, Wohnfor-
men, Geschäfte, Bildungs- und Gesundheitseinrichtungen etc.), die Landschaft (Seen,
Wälder, Grünflächen etc.), die Lage und Verteilung von Industrie, Gewerbe wie auch
von Freizeit- und Kultureinrichtungen. Statistische Daten zur Bevölkerungsstruktur
und zur Verteilung unterstützen raumbezogene Analysen mit dem Blick auf Ungleich-
verteilung, soziale Brennpunkte etc. Kommunale Förderprogramme wie WiN-Projekte
(Wohnen in Nachbarschaften – Soziale Stadtentwicklung) setzen hier an, um über soziokulturelle Projekte benachteiligte Stadtteile zu stärken. Ziel ist die Verbesserung alltägli-
cher Wohn- und Lebensbedingungen in benachteiligten Quartieren, die Entwicklung von
Engagement und Mitwirkung von Bewohner:innen und die Zusammenarbeit lokaler
Akteur:innen zu stärken. Während hier die Entwicklung zur lebenswerten Stadt im Mittelpunkt steht, geht es im Rahmen der Regionalentwicklung und -förderung mit der Bildung regionaler Bündnisse und Netzwerke vielfach um die wirtschaftliche Stärkung
des ländlichen Raums. LEADER-Projekte[10] lassen sich anführen, aber auch konkrete
Netzwerke wie das WIR!-Bündnis Elbe Valley (gefördert vom BMBF), die durch Vernetzung der Gemeinden und Begleitung von Projekten mit Fokus auf „Neue Arbeit, Neu
Wege, Neues Wohnen" auf die innovative, nachhaltige Entwicklung der Region zielen.

Der raumbezogene Ansatz findet sich zudem in (Freizeit-)Bildungsprojekten.
Ein neuer Typus außerschulischer Lernorte hat sich in den letzten Jahren entwic-
kelt. Sie ergänzen das schulische, formale Lernen und sind neue institutionelle
Partner:innen. Außerschulische Lernorte werden aus der Perspektive der Schul-/
Lehrerbildung als „topographisch bestimmbare Lokalitäten jenseits des Schulhauses (de-
finiert), die über ein Lernpotenzial verfügen, so dass schulisch intendiertes Lernen und

---

10 Die Abkürzung „LEADER" steht für die französische Bezeichnung „Liaison Entre Actions de Déve-
loppement de l'Économie Rurale" (übersetzt: „Verbindung zwischen Tätigkeiten zur Entwicklung der
Wirtschaft im ländlichen Raum").

unterrichtlich geplantes Lernen stattfinden kann" (Wils/Kuske-Janßen/Wilsdorf 2020: 25 in Anlehnung an Karpa/Lübbecke/Adam 2015: 7 f.). Als Beispiel lassen sich Schüler:innenlabore an Hochschulen mit Fokussierung auf MINT-Fächer und Geografie (Stichwort Nachhaltigkeit) nennen, aber auch Lernorte, wie kleinere lokal ausgewiesene Musiklabore/-werkstätten, Museen, Science Center oder Brandlands wie die Autostadt Wolfsburg, die ein vom niedersächsischen Kultusministerium anerkannter außerschulischer Lernort ist. Während hier ein eher engeres Verständnis von außerschulischen Lernorten vorliegt, kann in einem weiten Sinne ein Lernort außerhalb des Klassenzimmers im Prinzip alles sein, ein Wald, eine Obstwiese etc. Die Anregungsqualität für das Lernen der Kinder macht diesen Ort als außerschulischen Lernort interessant. Es ist ein Ort der Lebenswelt, der von der Schule ausgehend besucht wird und für weitere Aktivitäten im Klassenraum oder auch im Gemeinwesen und auch mit der Nutzung anderer Medien verschränkt sein kann und durch Erklärungen der Lehrer:innen gedeutet werden kann.

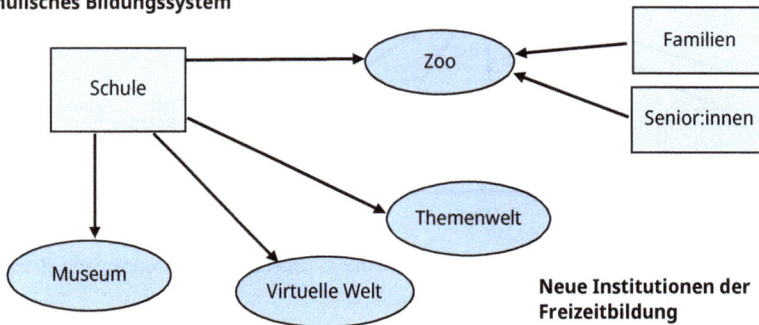

Abb. 1.12: Ein Verhältnis zweier Institutionen (Quelle: Freericks 2011: 12).

In einem systemischen Sinne lässt sich bei der Betrachtung außerschulischer Lernorte von einer Brücke zwischen verschiedenen Teilsystemen des Gesamtsystems Bildung sprechen (vgl. Abb. 1.12). Auf der einen Seite ist dabei das schulische Bildungssystem mit seinen formalen Strukturen (Lehrpläne, Prüfungen usw.) auszumachen. Auf der anderen Seite geht es um Lerngelegenheiten und Orte in der Lebenswelt oder dem sozialen Umfeld, zu denen auch die Freizeit mit ihren Angeboten und Strukturen gehört. Für einen Teil der schulischen Aktivitäten außerhalb des Klassenraums gilt heute daher: Es geht um das Verhältnis zweier Institutionen mit ihren jeweils eigenen Logiken – Institutionen des schulischen Bildungssystems und Institutionen der Freizeitbildung mit einem Ansatz des erlebnisorientierten, stark emotional fundierten Lernens. Ein Charakteristikum dieser Beziehung ist auch, dass Schüler:innen die neuen Institutionen der Freizeitbildung nicht ausschließlich für sich nutzen können. Sie sind in der Regel eine Nutzendengruppe unter anderen. Familienbesuche sowie

Einzel- und Gruppenbesuche von Erwachsenen und Älteren spielen in den Einrichtungen ebenfalls eine wichtige Rolle. Betrachtet man die genutzten außerschulischen Lernorte in der Freizeit genauer, so lassen sich heute eine Vielfalt neuer Institutionen bzw. Orte der Freizeitbildung ausmachen. Mit der Entgrenzung des Lernens haben sich erlebnisorientierte Lernorte der Wissensgesellschaft entwickelt (vgl. Nahrstedt et al. 2002).

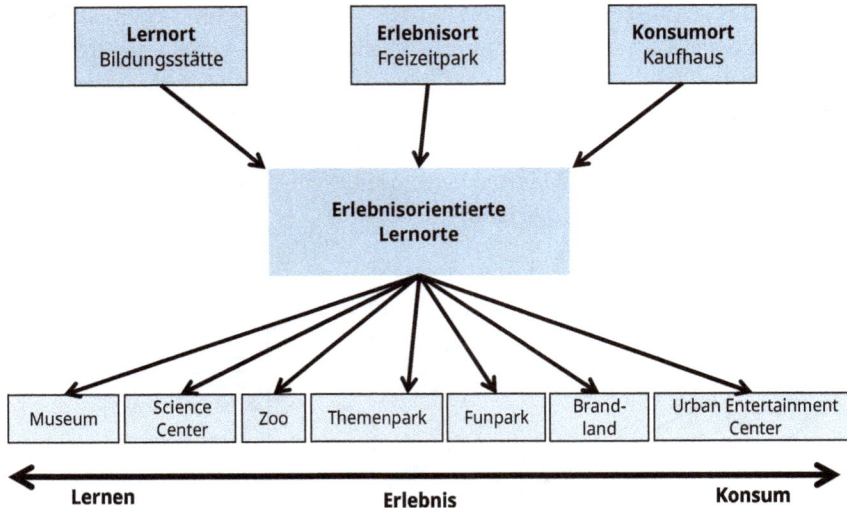

Abb. 1.13: Erlebnisorientierte Lernorte – Entgrenzung des Lernens (Quelle: Freericks/Brinkmann 2005: 107 in Anlehnung an Nahrstedt et al. 2002: 13).

Typisch für erlebnisorientierte Lernorte sind folgende Charakterisierungen:
– Lernorte außerhalb genuiner Bildungsinstitutionen
– hybride Formen zwischen Bildung und Unterhaltung
– Inszenierung als komplexe Erfahrungsfelder
– selbstgesteuerte Erkundung durch die Nutzenden
– Integration realer und medialer Angebote
– Teil einer „Experience Economy"

Eine breite Klammer vom Museum bis zum Urban Entertainment-Center erscheint sinnvoll, um die Lernmöglichkeiten im Freizeitsektor außerhalb genuiner Bildungsinstitutionen insgesamt zu umreißen (vgl. Abb. 1.13). Sie umfasst Angebote und Strukturen im Schnittfeld von Lernen, Unterhaltung und Konsum – also vielfach hybride Formen. Sie können insgesamt als eine sich entwickelnde neue Infrastruktur für das lebensbegleitende, selbstgesteuerte Lernen im Freizeitsektor angesehen werden. Sie integrieren reale und mediale Angebote und sind Teil einer wachsenden „Experience Economy" (vgl. Pine/Gilmore 1999).

Es gibt inzwischen eine enorm hohe Dichte an thematischen Lern-Erlebniswelten. Dies zeigt sich beispielsweise im Projekt „Pädagogische Landkarte" des Landschaftsverbandes Westfalen-Lippe, das relevante außerschulische Lernorte für NRW in einer Übersicht darstellte. Es wurden bis zum Jahr 2020 mehr als 1.300 Lernorte erfasst. Über diese pädagogische Landkarte sollten Kitas, Schulen und andere Bildungseinrichtungen mit den erlebnisorientierten Lernorten zueinander finden. Bildungspläne können mit einer kurzen Beschreibung der Lernangebote von Museen, Naturschutzzentren etc. miteinander abgeglichen werden. Leider wurde das Online-Portal aus strukturellen, inhaltlichen, technischen und finanziellen Gründen zum Ende des Jahres 2020 eingestellt.

Durch Kooperation und Vernetzung können sich jedoch Lern- bzw. Bildungslandschaften entwickeln (Wils/Kuske-Janßen/Wilsdorf 2020), die in einer topografischen Bildungskarte systematisch erfasst insbesondere für Lehrkräfte und deren Bildung Orientierung bieten kann. Das Einzelvorhaben „Lernlandschaft Sachsen"[11] ist ein interdisziplinäres Projekt (Fachdidaktiken Chemie, Physik, Deutsch, Geschichte), in dem außerschulische Lernorte für ein fächerübergreifendes Lernen und das gewonnene Netzwerk für die Lehrer:innenbildung erschlossen werden sollen. Das Verstehen komplexer Themen kann durch regionale oder überregionale thematische Lernortnetzwerke (mittels Besuchen, Workshops, Arbeitsforen, Online-Plattformen) unterstützt werden.

Die Netzwerkorientierung scheint bereits in früheren Bildungsprojekten und in diesem Zusammenhang entwickelten Konzepten auf: „Lernen im sozialen Umfeld" und „Lernende Region". Beim Konzept „Lernende Region" ging es Ende der 1990er mit einer abgestimmten Weiterbildungslandschaft und kooperativer Partnerschaften um erste Modernisierungsprojekte für die vorwiegend beruflich orientierte Weiterbildung. Ab dem Jahr 2000 erfolgte mit dem Aktionsprogramm „Lebensbegleitendes Lernen für alle" (BMBF) auch eine institutionelle Förderung für die Bildung von Weiterbildungsverbünden. Es wurden in Folge insgesamt 73 Lernnetzwerke in Deutschland gebildet (vgl. Böttcher 2008). Hervorzuheben ist unter dem Aspekt des informellen Lernens auch die Bildung von „Lernzentren" (in 13 Lernnetzwerken). In Zusammenarbeit mit sozialen Einrichtungen wurden lebensweltnahe Orte für besondere Zielgruppen (benachteiligte Jugendliche, Migrant:innen) geschaffen. „Die lernende Region erscheint dabei als eine für Transformationen offene und die persönliche Weiterbildung und Weiterentwicklung stützende Struktur" (Freericks/Brinkmann 2018: 261). Auch Jahre nach Ende der Förderperiode lässt sich festhalten, vernetzte Organisationen und soziale Netzwerke haben ein hohes Potenzial für gemeinsame Problemlösungen. „Lern- und Bildungsnetzwerke reagieren auf die räumlichen Ausgangsbedingungen und stärken

---

11 Das Einzelvorhaben „Lernlandschaft Sachsen" ist Teil des Maßnahmenpakets „Synergetische Lehrerbildung im exzellenten Rahmen" der TU Dresden, gefördert vom BMBF im Rahmen der Qualitätsoffensive Lehrer:innenbildung.

somit den Zusammenhang zwischen Raum und Bildung, zwischen räumlicher Struktur und lernender Struktur [...]" (Reupold/Strobel/Tippelt 2009: 578).

Der zweite Ansatz „Lernen im sozialen Umfeld" knüpft an die wirtschaftlichen und sozialen Umbrüche in den neuen Bundesländern in Folge der Wiedervereinigung in den 1990ern an. Eine vielfältige „Lernkultur" mit Einbindung des Freizeitsektors soll die Resilienz von Gemeinschaften erhöhen und sie angesichts umfassender gesellschaftlicher Wandlungsprozesse (Deindustrialisierung in Ostdeutschland, Entwertung bisheriger Kompetenzen und Alltagsmuster) stärken. Vermutet wird auch ein Transfer auf andere Tätigkeitsfelder. In diesem von der Arbeitsgemeinschaft für Betriebliche Weiterbildungsforschung e.V. (ABWF) geförderten Ansatz scheinen Arbeit und Lernen zu verschmelzen (vgl. Kirchhöfer 2004). Viele der sog. Schlüsselkompetenzen können auch im sozialen Umfeld bzw. in der Freizeit erworben worden sein. Neue Institutionalformen (Lernorte) im Freizeitsektor (z. B. Informations-/Medienzentren, Erlebniswelten, Reisen) wurden ermittelt, die über das Wohnumfeld als bisher anerkanntem sozialen Umfeld hinaus relevant werden (vgl. Nahrstedt/Theile/Diedrichsen 2003: 3). Die neuen Lernorte verdienen Anerkennung in einer entgrenzten Lernlandschaft, Freizeit und Beruf können ein wechselseitiges Verhältnis eingehen, sie können innovativ aufeinander wirken und beide weiterhin Lebenssinn anbieten (vgl. Nahrstedt/Theile/Diedrichsen 2003: 5). Vermuten ließe sich, dass dieser sozialräumliche Ansatz im Zuge des radikalen Wandels zu einer digitalen Dienstleistungsgesellschaft (Arbeitsplatzverlust durch Roboter und KI, digitale Steuerung von Produktionsprozessen, breiter Einsatz von VR- und AR-Technologie, Veränderung von Mobilität etc.) in absehbarer Zeit noch einmal Bedeutung bekommt.

Ein weiterer für die Analyse von Freizeitangeboten relevanter Ansatz mit Raumbezug ist die Theorie der „Dritten Orte" („Third Places"). Sie geht auf den amerikanischen Politikwissenschaftler Ray Oldenburg zurück und stellt die Entwicklung der Lebensqualität in Städten und Stadtteilen in den Mittelpunkt (vgl. Oldenburg 1999). Der „Dritte Ort" steht für Treffpunkte im öffentlichen Raum und bezeichnet nach Oldenburg einen dritten Lebensbereich neben der eigenen Wohnung (erster Ort) und der Arbeitsstätte (zweiter Ort). Er entwickelt damit eine Art Freizeittheorie vom Raum und der Funktion des Raumes und nimmt vor allem die alltagsnahen Begegnungsorte in den Blick, in denen eine nachbarschaftliche Vergemeinschaftung denkbar erscheint. Der kleine Laden, die Tankstelle, der Buchladen, der Friseur oder die Bibliothek und das Kulturzentrum. Der Ansatz wurde gerade in den letzten Jahren im Kulturbereich stark rezipiert und hat beispielsweise zu innovativen Konzepten für öffentliche Bibliotheken beitragen. Darüber hinaus dient er als metaphorischer Ankerpunkt für die Förderung von Begegnungsräumen im ländlichen Raum.

Die Idee von Ray Oldenburg wird gespeist von einer Defizitanalyse des modernen Städtebaus, insbesondere der Vorstadtsiedlungen amerikanischer Großstädte. Die Beobachtung einer Verödung und eines Abbaus von Sozialbeziehung, Gemeinsinn und Engagement erinnert stark an die Analysen in Deutschland in den 1970er Jahren, die beispielsweise in den Aufschrei des Deutschen Städtetages „Rettet unsere Städte jetzt" mündeten. Hier gibt es eine nachvollziehbare Brücke zur „neuen Kulturpolitik", wie sie von Hermann Glaser, Hilmar Hoffmann und anderen eingeleitet wurde. Angesichts einer fehlgeleiteten Modernisierung und Funktionalisierung wurde zu der Zeit ebenfalls um eine Wiedergewinnung von Lebensqualität gerungen.

Verschiedene Strukturprinzipien kennzeichnen nach Ray Oldenburg interessante Dritte Orte (1999: 20 ff.): Sie bieten einen „Rückzugsraum" und stehen für eine Entlastung von alltäglichen Verpflichtungen und Zwängen (Beruf, Familie). Sie ermöglichen informelle Kontakte auf „neutralem Grund", auf dem sich alle wohlfühlen können. Eine „Statusorientierung" und eine bestimmte Zwecksetzung spielen eine geringere Rolle als in anderen sozialen Zusammenhängen. Die Gestaltung ist einfach gehalten, und auch von den Nutzer:innen wird keine „große Show" erwartet. Die Hauptaktivität ist eine unverbindliche Konversation, und eine gesellige Unterhaltung erscheint typisch. Die Stimmung ist spielerisch leicht. Ein Zugang ist einfach möglich, eben durch eine räumliche Nähe im Wohnumfeld, weite Nutzungszeiten und geringe soziale Barrieren. Die regelmäßigen Nutzer:innen tragen die Dritten Orte, aber auch neue Besucher:innen können integriert werden. Für Ray Oldenburg gibt es viele Ähnlichkeiten mit den Charakteristika eines „persönlichen Heims". Typisch erscheint eine Art „Erdung" und Verwurzelung. Der Ort strahlt Wärme und Freundlichkeit aus und bietet Potenzial für eine psychische und soziale Regeneration. Die Metapher des „Wohnzimmers" ist daher in die Rezeption des Ansatzes eingegangen und steht für einen angenehmen Wohlfühlort.

Insgesamt geht es Oldenburg (1999) um die gesellschaftspolitische Funktion Dritter Orte im Sinne eines „Community Building". Ein stärkerer Zusammenhalt in einer ansonsten zersplitterten, individualistischen Gesellschaft ist das Ziel. Viele einzelne Funktionen sind mit dieser Grundausrichtung verbunden: u. a. die Stärkung der nachbarschaftlichen Kontakte, die Integration neuer Bewohner:innen in das Quartier, die Bildung von Freizeitinteressengruppen, die Förderung der Selbstorganisation im Sinne einer aktiven Freizeitgestaltung und des Zusammenhalts von jüngeren und älteren Generationen. Erkennbar ist die positive Sicht auf die Potenziale der Freizeit. Eine Parallele finden diese funktionalen, systemischen Überlegungen in den Ideen der Soziokultur und der Gemeinwesen orientierten Sozialen Arbeit.

Das Designbüro „includi" aus Groningen unter der Leitung von Aat Vos steht für eine Rezeption der Grundideen von Ray Oldenburg und eine (freizeit-)architektonische Umsetzung zu einem partizipativen Gestaltungsprozess mit Beteiligten aus den Kultureinrichtungen und interessierten Nutzer:innen. In einem Grundlagenwerk unter dem Titel „How to create a relevant public space" mit vielen Bezügen zu Theoriebausteinen und zahlreichen Praxisbeispielen entwirft Aat Vos einen Rahmen für die räumliche Gestaltung von „Dritten Orten" mit den Aspekten „people", „place", „experience", „product" und „future" als assoziative Leitideen (vgl. Vos 2017). Einige aktuelle Neukonzeptionen von öffentlichen Bibliotheken stützen sich auf eine Zusammenarbeit mit dem Designbüro.

1.6.4 Erlebnisorientierter Ansatz

Dieter Brinkmann

Als Referenzrahmen für die erwünschten positiven Wirkungen von Freizeitaktivitäten spielt der Begriff „Erlebnis" eine zentrale Rolle. Er taucht auch auf in den Diagnosen zum gesellschaftlichen Wandel in westlichen Gesellschaften und ist vor mehr als 30 Jahren prominent in der Kultursoziologie als „Erlebnis-Gesellschaft" eingeführt und diskutiert worden (vgl. Schulze 1992). In der Analyse der postmodernen Dienstleistungsökonomie spielt der Begriff Erlebnis als ein angestrebtes Produkt mit hoher Wertschätzung ebenfalls eine große Rolle, wie die beiden Ökonomen Pine und Gilmore in einer Studie zur Entwicklung einer „Experience Economy" zeigen konnten (vgl. Pine/Gilmore 1999). Gleichwohl gibt es keine umfassende Theorie zum Erlebnis, eher sind es einzelne Bausteine, die Ansätze der Freizeitbildung und ein Lernen mit allen Sinnen im außerschulischen Sektor stützen können. Bedeutsam sind sie darüber hinaus für ein fundiertes Erlebnismarketing (vgl. Kap. 4).

Obwohl in der Psychologie zu verorten, bleibt der Erlebnisbegriff unbestimmt und ist ein unsicherer Ankerpunkt für die Analyse von Freizeitstrukturen und die Planung von Freizeitangeboten. Alles ist heute ein Erlebnis, lautet die nüchterne Bilanz bei der Betrachtung von Werbebotschaften: Kultur, Reisen, Events u. v. m. Bei einer Recherche in einschlägigen psychologischen Handbüchern zeigt sich jedoch eine auffällige Leerstelle. Was ist überhaupt ein Erlebnis? Kann man darauf Lernen und Erfahrung aufbauen? Führt die Verbindung von Bildung und Unterhaltung zu einem gewünschten Lern-Erlebnis? Erst in historisch-philosophischen Wörterbüchern findet sich Grundlegendes zum Erlebnisbegriff (vgl. Cramer 2017). Betont werden die Unmittelbarkeit, das sinnliche Erleben, das Herausgehobensein aus dem Alltag, die Bezüge zu vorherigen Erfahrungen und Erinnerungen sowie die Verarbeitung von Erlebnissen in Erzählungen, damit sie überhaupt individuell verfügbar werden. Erst ein tiefergehendes Verständnis der Prozesse würde eine strategische Nutzung ermöglichen, wie sie für Themenwelten im Freizeitsektor mit dem Begriff „State of mind" als psychisches Erlebnisprodukt von Kurt Grötsch in die Diskussion eingebracht wurde (vgl. Grötsch 2001). Bei der Analyse von Freizeit-Erlebniswelten als neue Lernorte der Wissensgesellschaft wurde beispielsweise folgende Rahmung erarbeitet: „Erlebnisse sind herausragende Episoden in der bewussten Wahrnehmung eigener Empfindungen und Gefühlszustände [...]. Zum Erlebnis wird ein Ereignis aber nicht zuletzt durch verstehendes Nachdenken über das Erleben und einem Ausdruck des Erlebnisses, z. B. in Form von Erzählungen" (Nahrstedt et al. 2002: 88).

Vermutet werden kann, dass der Wunsch nach positiven Erlebnissen einem Grundbedürfnis von Menschen entspricht, „ihrem Wunsch nach Aneignung von Welt: Gemeinschaft, Begegnung und Geselligkeit, körperliche und ästhetische und vielleicht auch religiöse Erfahrung" (Nahrstedt et al. 2002: 9). Durch Freizeitangebote wie Events, Themenparks oder Reisen werden Erlebnisbedürfnisse in massenhaft verfügbare Formen übersetzt. Aus singulären Abenteuern für Eliten früherer Gesellschaften werden rational durchgeplante Arrangements für viele, die jedoch trotzdem individuelle Erfahrungen, Überraschung und emotionale Kicks ermöglichen sollen – ein Paradox der modernen Erlebnis-Gesellschaft. Das Ziel solcher Arrangements für Erlebnisse sollten nach Grötsch (2001) „erinnerbare Gefühlszustände" sein, die über momentane Empfindungen hinausgehen und tief im emotionalen Gedächtnis von Besucher:innen verankert werden. Emotionen sind also das wenig greifbare Produkt einer Freizeitdienstleistungsökonomie. Ohne eine intensive Beteiligung von Besucher:innen ist das schwer herstellbar. Ein solcher Zugang erscheint auch als Brücke zu einer „erlebnisorientierten Pädagogik", die über ein Lernen mit Kopf, Herz und Hand neue Formen der Freizeitbildung bereitstellen möchte.

Erlebnisorientierung als gesellschaftliches Phänomen
Der gesellschaftliche Aufstieg des Erlebnisbegriffs kann mit der Entwicklung der Industriegesellschaft zu einer postmodernen Dienstleistungsgesellschaft in Verbindung gebracht werden. „Die Geschichte des Erlebnisbegriffs setzt mit der ‚romantischen' Kritik von Rousseau am Beginn der sich abzeichnenden Industriegesellschaft im 18. Jahrhundert an" (Nahrstedt et al. 2002: 90). In der sich entwickelnden Geisteswissenschaft des 19. Jh. wird dann der Erlebnisbegriff als „nacherlebendes Verstehen" weiter gepflegt und ausgearbeitet und ist eingeflossen in alternative Ansätze einer Reformpädagogik und einer ersten erlebnispädagogischen Praxis zu Beginn des 20. Jh. Erlebnisse erfahren im Verlauf der Diskussion eine grundlegende Wertschätzung für Bildungsprozesse, wie die Arbeit von Waltraut Neubert „Das Erlebnis in der Pädagogik" aus dem Jahr 1930 eindrucksvoll verdeutlicht – neu herausgegeben in den Schriften zur Erlebnispädagogik (vgl. Neubert 1990). Auch der Begründer der modernen Freizeitpädagogik, Fritz Klatt, setzte Ende der 1920er Jahre bei seinen Bildungsangeboten im Volkshochschulheim Prerow auf sinnliche Erlebnisse als Ergänzung zu diskursorientierten Lernformen. Die Teilnehmenden einer typischen Lehrerfortbildung machen Gymnastik am Strand, gehen baden, unternehmen Wanderungen in der Dünenlandschaft, diskutieren jeden Nachmittag zwei Stunden über ihren Beruf und aktuelle Themen und sie zeichnen. Die kreativen Angebote, ebenso wie die körperlichen Übungen im Freien waren wichtig für die Balance und die „Freisetzung der individuellen Kräfte des Einzelnen" (vgl. Klatt 1929).

Eine gesellschaftliche Ausweitung des Erlebnisbegriffs zeichnet sich seit den 1980er Jahren in Deutschland ab, wie von Horst W. Opaschowski und Wolfgang Nahrstedt für die Freizeit diskutiert. Nach einer erholungsorientierten Freizeitphase bis in die 1950er Jahre und einer überwiegend konsumorientierten Freizeitphase in den 1960er und 1970er Jahren wird Freizeit ab den 1980er Jahren angesichts des gestiegenen Wohlstands für viele und neuer zeitlicher Spielräume zu einer Zeit für ein intensives, bewusstes Leben und Erleben. Die Entwicklung eines eigenen Freizeitlebensstils wird bedeutsam und trägt zu einer Pluralisierung und Ausdifferenzierung von sozialen Milieus bei (vgl. Nahrstedt et al. 2002: 97). Diagnostiziert wird eine „Ästhetisierung des Alltagslebens" (vgl. Fromme/Freericks 1997). Als ein Grundlagenwerk erweist sich in diesem Zusammenhang die kultursoziologische Analyse von Gerhard Schulze (1992).

Der gesellschaftliche Überfluss führt nach Schulze zu einer um sich greifenden „Erlebnisorientierung", die weit über die Freizeit im Engeren hinausreicht. Mehr Menschen als früher verbinden den Sinn ihres Lebens mit Erlebnissen, widmen sich, sofern sie es sich leisten können, einem Projekt des „schönen Lebens" und versuchen, durch die Gestaltung äußerer Bedingungen positive innere Gefühlszustände, eben Erlebnisse, hervorzurufen. „Innenorientierte Lebensauffassungen" haben im Kontext des sozialen Wandels gegenüber der Bewältigung äußerer Problemlagen an Bedeutung gewonnen. Eine solche Erlebnisorientierung birgt Unsicherheiten und ein Enttäuschungsrisiko. Unter der Vorgabe „Erlebe dein Leben!" fragen sich mehr Menschen als früher „Was wollen wir eigentlich? Welche Erlebnisse suchen wir? Und war das jetzt wirklich das angestrebte Gefühl?" Gefordert scheint eine eigentümliche Erlebnisrationalität der Akteur:innen, die planend auf das subjektive Erleben Einfluss nimmt und die Suche nach eindrucksvollen Situationen vorantreibt. „Erlebnisorientierung ist die unmittelbarste Form der Suche nach Glück. Als Handlungstypus entgegengesetzt ist das Handlungsmuster der aufgeschobenen Befriedigung, kennzeichnend etwa für das Sparen, das langfristige Liebenswerben, den zähen politischen Kampf, für vorbeugendes Verhalten aller Art, für hartes Training, für ein arbeitsreiches Leben, für Entsagung und Askese" (Schulze 1992: 14).

Das Leben insgesamt, nicht nur die Märkte für Produkte und Dienstleistungen, gerät unter die Vorgaben der Ästhetisierung. Glückshoffnungen werden im Rahmen dieses Handlungsmusters nicht auf eine ferne Zukunft gerichtet. Erwartet wird stattdessen ein unmittelbarer Gegenwert, wenn man Zeit, Geld und Aktivitäten investiert. Auch das Verhältnis zu Produkten und Dienstleistungen hat sich verändert, geprägt von einer Warenwelt im Überfluss. Von größerer Bedeutung ist nun der Erlebniswert (die Ästhetik) nicht nur die Zweckmäßigkeit. Und mehr noch: „Das ganze Leben schlechthin ist zum Erlebnisprojekt geworden. Zunehmend ist das alltägliche Wählen zwischen Möglichkeiten durch den bloßen Erlebniswert der gewählten Alternative motiviert: Konsumartikel, Essgewohnheiten, Figuren des politischen Lebens, Berufe, Partner, Wohnsituationen, Kind oder Kinderlosigkeit" (Schulze 1992: 13).

Die Vorstellungen vom schönen Leben können dabei durchaus unterschiedlich sein, wie die weitere Analyse von Schulze zeigt. Alltagsästhetische Schemata, Bildungsstand und Alter differenzieren die Erlebnisbedürfnisse. Unterscheiden lassen sich ein Hochkulturschema, orientiert an Kontemplation, ein Trivialschema, das eher auf Gemütlichkeit ausgerichtet ist, und ein Spannungsschema, das auf Action orientiert erscheint. Integriert werden die verschiedenen Aspekte in fünf Erlebnismilieus: Dem „Niveaumilieu" sind eher die Älteren mit höherer Bildung zugeordnet. Ihre kulturellen Interessen sind stark auf Einrichtungen und Angebote der Hochkultur ausgerichtet: Konzert, Museum, Oper, Theater. Demgegenüber sind die Älteren mit geringer Bildung eher in einem „Harmoniemilieu" zu finden. Sie präferieren u. a. verschiedene Unterhaltungsangebote des Fernsehens, interessieren sich für Volksmusik und Schlager. Einem

„Integrationsmilieu" werden Ältere mit mittlerer Bildung zugeordnet. Sie zeigen teilweise eine Nähe zum Hochkulturschema, teilweise aber auch zu den alltagsästhetischen Mustern des Trivialschemas. Das „Selbstverwirklichungsmilieu" ist gekennzeichnet durch jüngere Akteur:innen mit mittlerer oder höherer Bildung. Sie haben eine Präferenz für eine unkonventionelle Kulturszene, schätzen Kleinkunst, Konzerte und Theater und verbinden Bedürfnisse nach Action und nach Kontemplation. Das „Unterhaltungsmilieu" umfasst schließlich Jüngere mit geringer Bildung. Sie zeigen starkes Interesse an Action im Sport, besuchen Rock- und Popkonzerte und gehen gern ins Kino oder in die Kneipe im Stadtteil (vgl. Schulze 1992: 278 ff.).

Orientierungspunkt für eine erweiterte Dienstleistungsgesellschaft
Einen weiteren Makrorahmen für die Analyse und die Planung von Erlebnisangeboten liefert das Modell der amerikanischen Ökonomen Pine und Gilmore. Die Entstehung einer „Experience Economy" wird dabei als bisher höchste Stufe der ökonomischen Wertschöpfungskette und einer Weiterentwicklung der Dienstleistungsgesellschaft gesehen. Als ein neues Produkt erscheint die Anregung von erinnerbaren Erlebnissen im Individuum (Pine/Gilmore 1999: 22). Das jeweilige Angebot ist differenziert auf die Nutzer:innen zugeschnitten und bringt eine höhere Wertschöpfung für Unternehmen mit sich als der Verkauf von Produkten oder einfachen Dienstleistungen (vgl. Kap. 4). Zum Ansatz „Experiences" schreiben die Autoren: „The newly identified offering of experiences occurs whenever a company intentionally uses services as a stage and goods as props to engage an individual. While commodities are fungible, goods tangible, and services intangible, experiences are memorable" (Pine/Gilmore 1999: 11 f.).

Entsprechende Inszenierungen finden sich in Themenparks, in Erlebnisbädern oder auch bei bestimmten Events. Ein typisches Beispiel sind die thematisierten Hotels in großen Freizeit- und Themenparks, wie dem Europa-Park in Rust, mit ihrer besonderen Atmosphäre. Immer geht es um mehr als guten Service, um überraschende Eindrücke und Emotionen. Produkte und Dienstleistungen werden in eine Inszenierung eingebunden, und die Besucher:innen sollen einmalige Erfahrungen machen können. Eintauchen in vielgestaltige Erlebnis-Arrangements aus aktiven und passiven Formen mit kognitiven und emotionalen Zugängen ist ein typisches Muster. Die Verbindung mit vielfältigen Themen, z. B. im Rahmen einer musealen Vermittlungsarbeit, ist denkbar. In diesem Sinne hat der Ansatz Eingang gefunden in die Untersuchung von „erlebnisorientierten Lernorten". Auch die zuletzt von Pine und Gilmore in ihrem Buch diskutierte Variante „Guide Transformations" erscheint interessant für die Analyse von Prozessen der Freizeitbildung (vgl. Kap. 3.3).

Eine Anlehnung an eine Theaterinszenierung mit Bühnenbild, engagierten Akteur:innen und einer in sich stimmigen Performance wird für die Umsetzung von erlebnisorientierten Angeboten vorgeschlagen. Arbeit in einer Experience Economy folgt daher eigenen Regeln und erfordert neue Kompetenzen. Eine wachsende Erlebnisökonomie bedient dabei die Erlebnisbedürfnisse eines breiten Publikums, und insgesamt steigen die Erfahrungen im Umgang mit den erlebnisorientieren Inszenierungen.

Insgesamt fraglich ist jedoch: Inwieweit trägt eine Erlebnisorientierung in wirtschaftlich schwieriger werdenden Zeiten? Bleibt der Ansatz relevant, trotz anhaltender Krisen, einer verschärften Diskussion um die Grenzen des Wachstums oder einer zunehmenden Digitalisierung in vielen gesellschaftlichen Bereichen? Auf einem Kontinuum von innenorientierten Lebensauffassungen und außenorientierten Problembewältigungen für das alltägliche Überleben könnten sich erkennbare Verschiebungen ergeben. Stärke und Grenzen von Milieus könnten sich verändern, Ausgrenzung von ärmeren Bevölkerungsgruppen aus stark konsumorientierten Formen der Freizeit ist ein relevantes Thema. Gleichwohl erscheint das Bedürfnis nach schönen Erlebnissen und einer Auszeit vom Alltag eine bleibende Größe für das gewünschte Freizeiterleben. Es motiviert Menschen an Freizeitangeboten ganz unterschiedlicher Art teilzunehmen, gesellige und kulturelle Angebote wahrzunehmen oder auf Reisen zu gehen.

1.7 Freizeitforschung

Dieter Brinkmann

Eine empirische Fundierung der Freizeitwissenschaft, gespeist aus verschiedenen Disziplinen, war immer schon wichtig. Freizeitforschung als Kern einer empirischen Annäherung an das Phänomen Freizeit, seine Ausprägungen, Bedingungen und Folgen ist im besten Sinne Sozialforschung. Es ist ein bleibender Anspruch an die zukunftsorientierte Bearbeitung von Freizeitthemen. Nicht zuletzt geht es um eine Verfügbarkeit über freie Zeit und soziale Ungleichheiten in der Zeitverwendung. Die Teilhabe an Programmen der Freizeit, die damit verbundenen Lern- und Bildungsmöglichkeiten und die Veränderung der Freizeitkultur angesichts des sozialen Wandels fordern die Forschung über und für die Freizeit ebenfalls heraus. Typisch erscheint heute ein Methodenmix aus qualitativen und quantitativen Ansätzen und eine Verortung in der kritischen Methodendiskussion. Je nach Fragestellung und Kontext bieten sich unterschiedliche Zugänge aus dem sozialwissenschaftlichen Fundus und ihre Kombinationen an (vgl. Kap. 4.3). Dabei stellt sich die Frage: Ist Freizeitforschung eher durch bestimmte Inhalte und Fragestellungen gekennzeichnet oder wird sie durch besondere methodische Ansätze geprägt? Kritisch zu berücksichtigen ist zudem, dass Forschungsergebnisse nicht unabhängig von den eingesetzten Methoden sind und in unterschiedlichen Phasen der Freizeitwissenschaft eigene Präferenzen für Ansätze und Methoden erkennbar werden. Im Blick sind hier Studien zur Zeitverwendung, explorative Projekte der qualitativen Freizeitforschung, Ansätze der Freizeitbildungsforschung, zukunftsorientierte Gesellschaftsstudien und Freizeitelemente der Jugend-, Milieu- und Medienforschung.

1.7.1 Zeitverwendung und Zeitmuster

„Wie nutzen Menschen ihre Zeit?" ist die Kernfrage für Studien zur Zeitverwendung. Aus der Sicht der Betroffenen könnte man auch formulieren: „Wo bleibt die Zeit?" Mit diesem Problemfeld befassen sich seit 1991/92 große Zeitbudgetstudien in Deutschland, durchgeführt vom Statistischen Bundesamt. Die Untersuchungen stützen sich vor allem auf eine Tagebuchmethode. Die Teilnehmer:innen werden gebeten, ihre Aktivitäten in bestimmten Zeitrastern (zuletzt zehn Minuten) zu dokumentieren. Einbezogen werden Wochentage und Wochenendtage sowie verschiedene Zeitabschnitte im Jahresverlauf. Daneben werden verschiedene Randbedingungen, z. B. gleichzeitig verfolgte Nebenaktivitäten sowie die beteiligten Partner:innen erfasst. Außerdem werden allgemeine Einschätzungen zur subjektiven Zufriedenheit mit der Zeitverwendung und mögliche Wünsche an die Zeitgestaltung erhoben. Das angestrebte Verhältnis von Arbeit und Freizeit und die Bilanzierung der Zeit für die Familie kommen hier zur Sprache. Die Zeitbudgetdaten auf der Basis einiger Tausend Tagebücher liefern ein aggregiertes Bild der Zeitverwendung einer Gesellschaft. Sie werden in Stunden und Minuten für bestimmte Aktivitäten und differenziert nach verschiedenen Bevölkerungsgruppen ausgewiesen. Damit zeigen sich empirisch bestehende Ungleichheiten in den Zeitpotenzialen, und weiterführende Analysen zur Entwicklung der Zeitverwendung im internationalen Vergleich werden möglich (vgl. Statistisches Bundesamt 2015). Erste Ergebnisse der jüngsten Zeitbudgetstudie aus dem Jahr 2022 werden im Kapitel „Umfang und Funktionen der Freizeit" aufgegriffen (Kap. 1.4).

Aus der Sicht der Freizeitforschung ergeben sich durch die Zeitbudgetstudien interessante Basisdaten. Die Zeitbudgetstudien liefern darüber hinaus die empirische Grundlage für eine genderbezogene Ungleichheitsforschung (vgl. Beckmann 2015). Für verschiedene Freizeitaktivitäten, wie z. B. die Nutzung von kulturellen Angeboten und den Medienkonsum, das freiwillige Engagement und die Zeit für soziale Kontakte, lassen sich auf der Basis der Zeitverwendungsdaten Schwerpunkte und Nutzungsprofile herausarbeiten. Der große Umfang der Medienzeit wird dabei deutlich, ebenso wie die relativ geringe Bedeutung außerhäusiger Kulturaktivitäten (vgl. Statistisches Bundesamt 2016). Auf individuelle Fälle lassen sich die Daten allerdings nicht herunterbrechen. Sie zeigen eher bestimmte Muster der Zeitverwendung im Tagesverlauf für unterschiedliche Haushaltstypen oder verschiedene Bevölkerungsgruppen auf.

In einer Variante der Zeitmusterforschung wird besonderes Gewicht auf die Reihenfolge von Aktivitäten gelegt. Es werden ideale und tatsächliche Muster unterschieden. Hierdurch lassen sich noch etwas genauer als bei einer rein quantitativen Bilanzierung von Zeitanteilen typische Umgangsweisen mit der Ressource Zeit nachzeichnen, und es werden „Zeitfenster" für eine Abstimmung von Angebot und Nachfrage in den Blick genommen (vgl. Kap. 1.6.2). Auf eine anfängliche Diskussion dieses innovativen Ansatzes folgten aber keine breit angelegten Studien. Gleichwohl ist das Konzept nach wie vor wichtig zur Analyse von Planungsprozessen und zur Anpassung von Angebotszeiten an die Bedürfnisse von Nutzer:innen. Teilweise kann die Zeitmusterforschung auch auf der Basis der Zeitbudgetdaten betrieben werden (vgl. Narstedt/ Brinkmann/Kadel 1997; Dollase/Hammerich/Tokarski 2000).

Eine Bilanzierung der Attraktivität ausgewählter Freizeitaktivitäten führt über allgemeine Zeitverwendungsstudien hinaus. Die Stiftung für Zukunftsfragen verfolgt seit vielen Jahren mit dem „Freizeitmonitor" diesen standardisierten Ansatz in repräsentativen Studien. Gefragt wird nach der Häufigkeit bestimmter Freizeitaktivitäten. Dabei kommen einfache Skalen zum Einsatz wie „täglich, mehrmals in der Woche, etwa einmal in der Woche, etwa einmal im Monat, mehrmals im Jahr, vielleicht einmal im Jahr, seltener oder nie". Dieser Ansatz ermöglicht durch die dahinterstehenden repräsentativen Stichproben eine grobe Abschätzung von Aktivitätsprofilen in der Freizeit für verschiedene Altersgruppen oder Menschen mit unterschiedlichem Bildungshintergrund. Deutlich wird auch an diesen Freizeitdaten, wie stark die Mediennutzung die Freizeit durchzieht. Durch den kürzeren Erhebungsrhythmus erscheinen die Daten des Freizeitmonitors etwas aktueller als die Zeitbudgetdaten des Statistischen Bundesamtes. Für einen begrenzten Kreis von Aktivitäten gibt es damit Abschätzungen zur Verbreitung der Nutzungsmuster in der Bevölkerung. Die Freizeit ist aus der Sicht der quantitativen Freizeitforschung vielfältig. Viele einzelne Aktivitäten werden aber nur von Minderheiten verfolgt. Die standardisierte regelmäßige Erhebung zu Freizeitaktivitäten ermöglicht, wie bei den Zeitbudgetstudien, einen Trendvergleich über mehrere Jahre und kann dazu dienen, einen allgemeinen gesellschaftlichen Wandel nachzuzeichnen (Stiftung für Zukunftsfragen 2023).

1.7.2 Freizeitbildungsforschung

Aus der Tradition der erziehungswissenschaftlich fundierten Freizeitforschung hat sich über konzeptionelle Studien, Projekte der Handlungsforschung und eine sozialwissenschaftliche Begleitung neuer Lernorte im außerschulischen Sektor eine Freizeitbildungsforschung geformt. Sie nimmt verschiedene Freizeitsituationen in den Blick und stellt die Frage: „Kann man hier etwas lernen?" In den handlungsorientierten Projekten unter dem Dach des Vorhabens „Konzepte freizeitorientierter Weiterbildung", durchgeführt mit zahlreichen Praxispartner:innen, wird deutlich: Freizeit und Bildung lassen sich zu integrierten Konzepten verschmelzen. Freizeitsituationen können durch Bildungselemente bereichert werden, und der Impuls von Spaß und Unterhaltung lässt sich auch für die Attraktivität von Bildungsangeboten in der Freizeit nutzen (vgl. Nahrstedt et al. 1994). In erlebnisorientierten Lernorten der Wissensgesellschaft (wie Themenwelten und Science Centern) zeigen sich die Potenziale des Ansatzes Freizeitbildung. Die Erkenntnisse der Freizeitbildungsforschung fußen dabei auf einer teilnehmenden Beobachtung in einem weiten Spektrum von erlebnisorientierten Lernorten. Hinzu kommen Befragungen auf der Angebots- und Nachfrageseite (vgl. Nahrstedt et al. 2002). Freizeitbildungsforschung erscheint theoriebasiert mit der Erziehungswissenschaft als Ausgangspunkt und empirisch fundiert durch qualitative, erkundende und anwendungsorientierte Ansätze. Im Blick ist dabei die Analyse neuer außerschulischer Lernorte, ihrer Möglichkeiten und Strukturen. Ansätze der Besuchendenforschung fließen hier ein, ebenso wie eine Betrachtung von Institutionen und Netzwerken im außerschulischen Bildungsbereich. Insofern ist Freizeitbildungsforschung mehrperspektivisch angelegt. Qualitative Zugänge und einfache standardisierte Erhebungen sollen sich hierbei ergänzen. Die Analysen haben sich dabei nach einer ersten Phase der phänomenologischen Betrachtung auf eine Optimierung zugrundeliegender Lernszenarien, die Herausarbeitung von elementaren Gestaltungsaspekten und eine Evaluation der Lernerfolge gerichtet (vgl. Freericks et al. 2005 und Kap. 3.3).

Die Studie „Didaktische Modelle für außerschulische Lernorte" stellt z. B. vielfältige Grundformen für ein Lernen in Freizeitsituationen und Freizeit-Erlebniseinrichtungen zusammen. Sie analysiert ebenso komplexe Modelle, wie eine inszenierte Themenwelt oder ein netzwerkartiges Lern-Event. Dabei wird davon ausgegangen, dass zum einen bekannte Unterrichtsmodelle an das Freizeitarrangement angepasst werden. Aus einem darbietenden Unterricht in schulischen Zusammenhängen wird eine unterhaltsame Show in der Erlebniswelt. Zum anderen ist erkennbar, dass erlebnisorientierte Lernorte eigene, originäre Formen hervorbringen und ihre Stärken im Rahmen von Arrangements zur Selbsterkundung oder Mitwirkungsmöglichkeiten neuer Art ausspielen können. Über die Gestaltung von „didaktischen Feindimensionen", wie Medieneinsatz oder die emotionale Beteiligung der Lernenden, können ganz unterschiedlich profilierte Lernräume geschaffen werden (vgl. Freericks/Brinkmann/Wulf 2017 und Kap. 3.2).

Freizeitbildungsforschung erscheint heute mehr denn je gefragt, um eine Bildung für nachhaltige Entwicklung zu stützen, die Integration von globalen Nachhaltigkeitszielen in vielen außerschulischen Lernorten voranzutreiben und insgesamt von der Freizeit her einen Beitrag zur gesellschaftlichen Transformation zu leisten.

1.7.3 Explorative Freizeitforschung

Eine Reihe von empirischen Projekten an der Hochschule Bremen aus den letzten Jahren verfolgte einen erkundenden empirischen Ansatz. In den Blick genommen wurde dabei der Wandel von verschiedenen Kultur- und Freizeiteinrichtungen, die damit verbundene Veränderung von Erlebnismöglichkeiten sowie neue Strukturen der Interaktion und Partizipation. Ebenso aufgegriffen wurden die Tendenzen im Berufsfeld Freizeit. Qualitative Forschungsmethoden bestimmen das jeweilige Design.

Die Studie „Erlebnisbad 2030" dokumentiert den Strukturwandel der Bäderlandschaft. Sie zeigt die steigende Bedeutung einer „emotionalen Thematisierung" und das damit verbundene Innovationspotenzial. Zu den Grundfunktionen eines Bades kommt eine Inszenierung mit historischen, kulturellen oder naturnahen Elementen hinzu. Damit verbundene Grenzüberschreitungen sind Ausdruck einer wachsenden Erlebnisorientierung. Die Entwicklungen schaffen so einen attraktiven Rahmen für eine „informelle Gesundheitsförderung" und den „Bildungsraum Erlebnisbad" (vgl. Freericks/ Brinkmann/Theile 2016).

Die Untersuchung „Wissenswelten 3.0" ist den Auswirkungen der Digitalisierung auf die Angebotsstrukturen und die Lernmöglichkeiten im Museum im Sinne von Interaktion und Partizipation gewidmet. Digitale Inszenierungsmöglichkeiten verändern zunehmend die Szenografie der Ausstellungen, lassen sie interaktiver und emotionaler werden. Zugleich erscheinen die „Wände des Museums" durchlässiger für eine Beteiligung der Besuchenden, und es entwickeln sich eigene Medienwelten um das Museum herum. Trends und Gegentrends sowie eine offensichtliche Digitalisierungslücke bestimmen die Entwicklung der Museumslandschaft (vgl. Freericks/Brinkmann/Theile 2018).

„Freizeit- und Themenparks im Umbruch" ist eine erkundende Studie, in der es um die Veränderung des Berufsfeldes und die Kompetenzanforderungen an Fach- und Führungskräfte geht. Hypothesen für einen konzeptionellen Umgang mit multidimensionalen gesellschaftlichen Umbruchprozessen, wie einer Heterogenisierung des Publikums, die Digitalisierung und Eventisierung des Freizeitsektors oder die Sicherheit bei Großveranstaltungen, stehen dabei im Mittelpunkt. Erkennbar ist eine Ausdifferenzierung der Berufsbilder in komplexeren Anlagen und die Entwicklung neuer Geschäftsbereiche (Medien, Event, Resort). Chancen für Hochschulabsolvent:innen in einem abgestuften Qualifikationsmodell sind damit durchaus gegeben, sollten aber auch nicht überschätzt werden (vgl. Freericks/Brinkmann/Theile 2019).

Das Projekt „Die Bibliothek als soziokulturelles Zentrum der erlebnisorientierten Wissensgesellschaft" umreißt den Strukturwandel zu einem Begegnungsraum mit vielfältigen Freizeitmöglichkeiten. Die traditionellen Funktionen einer Bibliothek, die mit der kostengünstigen Ausleihe von Medien verbunden sind, verlieren an Bedeutung. Die Bibliothek wird vielmehr ein soziokultureller Raum, ein „Dritter Ort" (Oldenburg 1999) mit einem Wohlfühlangebot und verschiedenen Optionen für eine aktive Freizeitgestaltung. Die Programmarbeit einer Bibliothek wird breiter und das Spektrum pädagogischer Ansätze erweitert sich: Kultur- und Medienpädagogik, sozialraumorientierte Arbeit im Stadtteil u. v. m. (vgl. Freericks/Brinkmann/Herfort 2023). Die Abb. 1.14 zeigt die Strukturdimensionen der neuen Bibliothek mit digitaler Servicestruktur und einem partizipativen Ansatz.

Übergreifend für den Ansatz der explorativen Freizeitforschung ist die Verwendung qualitativer Methoden zu nennen. Hierzu gehören leitfadengestützte Expert:innengespräche mit Vertreter:innen der Angebotsseite sowie eigene Erkundungen vor Ort und eine (zeitlich begrenzte) Teilnahme an den Arrangements für Besucher:innen. Sie ist gekennzeichnet durch ihren alltagsnahen Gegenstand und den Fokus auf mögliche Strukturveränderungen. Die leitende Fragestellung im Blick werden die Erkenntnisse zu Entwicklungstendenzen und Entwicklungsperspektiven verdichtet. Eine explorative Freizeitforschung ist dabei theoriebasiert, aber zugleich offen für die beobachtbaren Veränderungen der Freizeitpraxis in verschiedenen Feldern und Branchen. Sie liefert spannende Momentaufnahmen zu den Auswirkungen allgemeiner gesellschaftlicher

Strukturdimensionen der neuen Bibliothek

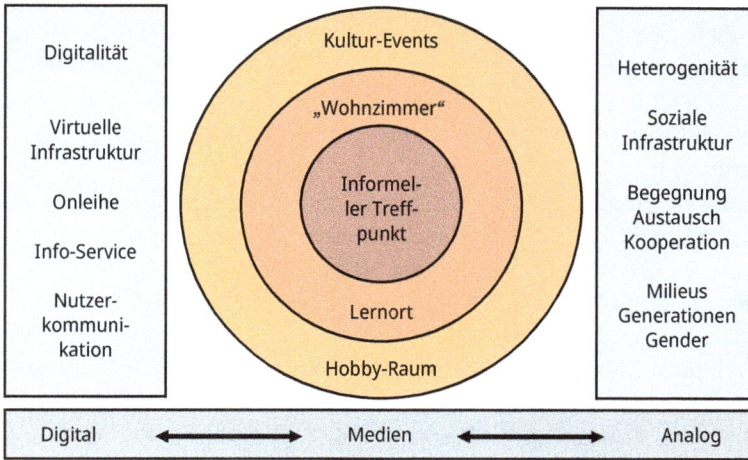

Abb. 1.14: Strukturdimensionen der neuen Bibliothek (Quelle: Freericks/Brinkmann/Herfort 2023: 23).

Veränderungen, wie Erlebnisorientierung, Digitalisierung oder der Bedeutung von Sozialräumen. Sie ist fundiert in den Praxiserfahrungen und Deutungen der Akteur:innen, geht aber in den thesenartigen Zuspitzungen und Trendaussagen über einzelne Fallbeispiele hinaus.

1.7.4 Freizeitforschung als Zukunftsforschung

Bereits in der explorativen Freizeitforschung zeigt sich der Anspruch, Trends zu erkennen und ein wenig in die Zukunft der Freizeit zu schauen. „Wie wird sich die Gesellschaft in den nächsten Jahren weiterentwickeln?" ist die Leitidee von zahlreichen Projekten und Studien, die u. a. von der Stiftung für Zukunftsfragen unternommen wurden. Eine erste übergreifende Bilanzierung versucht der Sammelband „Zukunft : Freizeit : Wissenschaft" zu leisten und stellt Aspekte wie „Individuum und Gesellschaft", „Lebensqualität" und „Ökonomie" als zentrale Themenbereiche eines zukunftsorientierten Denkens in der Freizeitwissenschaft heraus (vgl. Popp 2005). Mögliche, wahrscheinliche und wünschenswerte Zukünfte des Phänomens Freizeit werden hier wie auch in aktuelleren Publikationen kritisch in den Blick genommen und im Lichte des allgemeinen gesellschaftlichen Wandels analysiert. Die konkreten Themen sind vielfältig, umfassen die Lebensqualität in der Stadt der Zukunft, die Perspektiven für einen Erlebniskonsum, die Digitalisierung aller Lebensbereiche und die steigende Mediennutzung. Nicht zuletzt geht es um Reiseformen der Zukunft oder das freiwillige Engagement in unterschiedlichen Bereichen (vgl. Popp/Reinhardt 2015).

Im Rahmen der Zukunftsforschung kommen durchaus bekannte hermeneutische Forschungsmethoden, verschiedene Formen der quantitativen und qualitativen Befragung sowie Szenario-Techniken und Zukunftswerkstätten als ein partizipatives Verfahren zum Einsatz. Eine spezifische Methodik der zukunftsorientierten Freizeitforschung erscheint nicht erkennbar. Als ein wichtiges empirisches Material werden „Zukunftsbilder aus dem Alltag der Bürger" angesehen, die mit einer freizeitwissenschaftlichen Grundlagenforschung konfrontiert und auf ihre Plausibilität hin geprüft werden sollen (vgl. Popp/Reinhardt 2015).

Die Basis für eine zukunftsorientierte Freizeitforschung lieferten in Deutschland über viele Jahre vor allem die Beiträge von Horst W. Opaschowski. Sie greifen zurück auf die repräsentativen Bevölkerungsbefragungen der Stiftung für Zukunftsfragen (früher BAT Freizeit-Forschungsinstitut). „Deutschland 2030", eine letzte große Veröffentlichung mit Zukunftsprognosen, zeigt dabei die Verschränkung verschiedener gesellschaftlicher Entwicklungen. Freizeit ist eingebettet in den allgemeinen Wertewandel, die Veränderungen von Rahmenbedingungen und gesellschaftlichen Dynamiken. Die verschiedenen Kapitel wie „Wohlstand neu denken", „Die Arbeitswelt 2030", „Die Konsumwelt 2030" und weitere zeigen die empirische Orientierung an datenbasierten Trends. Zugleich wird eine normative Ausrichtung in den Interpretationen und Schlussfolgerungen deutlich. Zwischen diesen beiden Polen changieren die nicht selten populärwissenschaftlich gehaltenen Zuspitzungen (vgl. Opaschowski 2008b). Ein zukunftsorientierter Diskurs innerhalb der Freizeitwissenschaft zeigt sich auch in den Dokumentationen zum Bremer Freizeitkongress. Unter den Stichworten „Erlebnis – Gemeinschaft – Transformation" finden sich beispielsweise berufsfeldbezogene Analysen für Freizeit und Tourismus (vgl. Freericks/ Brinkmann 2021).

Die Festlegung auf bestimmte Entwicklungstendenzen ist jedoch vergleichsweise riskant. Womit kaum eine Prognose gerechnet hat: Globale Krisen, die Corona-Pandemie, Krieg in Europa, Inflation und Energiekrise bringen einfache Modelle der Freizeitprojektion ins Wanken. Gleichwohl ließen sich langfristige Herausforderungen identifizieren. Hierzu gehört sicherlich, die Nachhaltigkeit von Freizeiteinrichtungen und Programmen zu stärken, den produktiven Umgang mit einer heterogener werdenden Bevölkerung zu ermöglichen und insgesamt den Freiraum Freizeit zu sichern. Freizeitforschung als Trendverlängerung in die Zukunft kann dafür allein nicht genügen. Sie ist auf die Aufnahme von Expert:innenwissen wie auch eine Diskussion mit unterschiedlichen Bevölkerungsgruppen angewiesen. Globale Megatrends, beispielsweise die Digitalisierung, spielen hier ebenso mit hinein wie Initiativen und Projekte, die ein Gelingen von Anpassungen und Innovationen aufzeigen können.

1.7.5 Freizeitforschung als Teil von Jugend- und Milieustudien

Freizeitforschung steckt in vielen Ansätzen der Sozialforschung, in der Kultur- und Medienforschung, in Untersuchungen zum Wertewandel und zu Veränderungen von jugendlichen Lebensstilen und Milieus. „Wie ticken Jugendliche?" ist die Leitfrage einer Untersuchung von jugendlichen Lebenswelten auf der Basis eines Sinus-Milieu-Ansatzes. Hierbei spielen die Freizeitaktivitäten der Jugendlichen ebenso eine wichtige Rolle wie Wertvorstellungen, die in eine Gestaltung des eigenen Lebensumfeldes einfließen und mögliche Perspektiven bestimmen. Die Basis ist ein theoretisch fundiertes Lebensweltmodell. Davon ausgehend gibt es eine mehrperspektivische Erkundung mit ausführlichen Interviews, Selbstbeschreibungen der Jugendlichen in Aufsätzen und eine Dokumentation der jeweiligen Jugendzimmer als ein selbst gestaltetes Lebensumfeld (vgl. Calmbach et al. 2020).

Der Blick auf die Freizeit ist hier in eine hermeneutisch inspirierte, ganzheitliche Analyse von jugendlichen Lebenswelten integriert. Wertorientierungen, Lebensstile und ästhetische Präferenzen spielen dabei eine wichtige Rolle. Zugleich werden Indikatoren für die soziale Lage (wie Bildung oder familiärer Hintergrund) berücksichtigt. Kulturelle Orientierungen, Freizeitkonsum und Mediennutzung sind konkrete Themen, die in der Studie aufgegriffen werden und neben schulischen und beruflichen Perspektiven Einblick in die Vorstellungswelt der 14- bis 17-Jährigen in Deutschland geben. Die ganz verschiedenen Aspekte wurden in einem Diskussionsprozess zu Clustern (Milieus) verdichtet. Ähnliche Wertvorstellungen und eine vergleichbare Positionierung in einer Bildungshierarchie kennzeichnen die verschiedenen Milieus. Die Ergebnisse können nicht zuletzt dafür genutzt werden, um in Freizeitsituationen unterschiedliche soziale Milieus anzusprechen und in Freizeitprogramme zu integrieren.

Ähnlich dem Milieu-Ansatz liefert die bekannte Reihe der Shell-Jugendstudien Einblick in die Lage und die Wertvorstellungen der jungen, nachwachsenden Generation. Hier sind es die 12- bis 25-Jährigen, die sich im Rahmen der repräsentativen Studie zu Wort melden können. Im Mittelpunkt stehen ihre Sichtweisen auf Politik und Gesellschaft, Beteiligungsmöglichkeiten und Engagement sowie das eigene Wertesystem. Freizeit wird als „Raum zur Selbstentfaltung und sozialen Integration" beleuchtet. Implizit spielen hier Vorstellungen über den Stellenwert der Freizeit für ein erfülltes Leben mit hinein. Darüber hinaus sind wesentliche Freizeitaktivitäten wie Sport, Kreativität, Geselligkeit und natürlich die Mediennutzung im Blick. Hervorgehoben wird die Abhängigkeit der Aktivitäten von der sozialen Herkunftsschicht, und es wird eine „Freizeit-Typologie" mit unterschiedlichen Profilen herausgearbeitet: die „Medienfokussierten", die „Familienorientierten", die „Geselligen" und die „kreativ-engagiert Aktiven". Die Basis für die Analysen bildet ein Methodenmix aus einer repräsentativen Befragung und vertiefenden Interviews mit einer kleinen Zahl von Jugendlichen (vgl. Albert et al. 2019).

Ein drittes Beispiel für die integrierte Betrachtung von Freizeitaspekten sind die Studien zur Mediennutzung des „Medienpädagogischen Forschungsverbundes Südwest". In regelmäßig durchgeführten, repräsentativen Überblicksuntersuchungen wird dabei das Medienverhalten von Kindern, Jugendlichen und in Familien behandelt. Ein zentraler Aspekt ist die Mediennutzung in der Freizeit, die Ausstattung mit Geräten und Programmen sowie die Zeitmuster der Beschäftigung mit verschiedenen Formaten und Angeboten. Zugleich werden andere (nicht mediale) Freizeitaktivitäten, wie Freunde treffen, Familienunternehmungen oder Sport erfasst. Die Bedeutung der Freizeit als Medienzeit rückt in den Studien des Forschungsverbundes ins Zentrum der Analyse. Über entsprechende Kennziffern und Nutzungsmuster werden Medienaspekte genauer als in allgemeinen Freizeitstudien in den Blick genommen. Durch die standardisierte Vorgehensweise lassen sich zudem die Entwicklungen der letzten 25 Jahre nachzeichnen (vgl. Feierabend et al. 2022). Weitere Einzelstudien für verschiedene Altersgruppen ergeben insgesamt ein breites Spektrum an medienbezogenen Freizeitdaten. Seit Kurzem ist auch eine Studie zur Mediennutzung von Menschen ab 60 Jahren verfügbar (SIM-Studie 2021) (vgl. Rathgeb/Doh 2022).

1.7.6 Angewandte Freizeitforschung im Rahmen von Besuchendenstudien

Freizeitforschung stützt sich insgesamt auf ein vielfältiges Spektrum an qualitativen und quantitativen Ansätzen der Sozialforschung. Auf der einen Seite geht es um Überblicksdaten zu Freizeitmustern, Freizeitaktivitäten und Entwicklungen in bestimmten Freizeitfeldern. Auf der anderen Seite stehen eine tiefergehende Erkundung von Veränderungsprozessen in den Angebotsstrukturen, beispielsweise der Freizeitbildung, und neu zu bestimmender Perspektiven für eine nachhaltige Entwicklung der Lebensqualität im Mittelpunkt. Hinzu kommt eine Besuchendenforschung mit quantitativer oder qualitativer Methodik und pragmatischer Ausrichtung an den Zielvorstellungen einzelner Institutionen und Auftraggeber:innen. Sie spielt für die Beteiligung von Nutzer:innen an der Gestaltung von Programmen in der Freizeit eine wichtige Rolle. Dabei geht es um eine anwendungsorientierte Verwendung der Daten für die Planung, um eine organisierte Rückmeldung für Programmveranstalter:innen, die Identifizierung von Interessen und Servicebedürfnissen sowie nicht zuletzt um die adäquate Ansprache von bestimmten Gruppen. Eine gute Methodenkenntnis auf der Seite des Freizeitmanagements erscheint gefordert, um entsprechende Studien selbst durchführen zu können oder in Zusammenarbeit mit Freizeitforschungsinstituten umzusetzen (vgl. Kap. 4.3). Eine angemessene Berücksichtigung der Ansätze in der fachbezogenen Aus- und Weiterbildung für den Bereich Freizeit und Tourismus ist dafür erforderlich. Hinweise für die Gestaltung eigener Projekte gibt es beispielsweise im Kulturbereich (vgl. Deutscher Museumsbund e.V. 2019).

1.8 Literatur

Agricola, Sigurd (1996): Freizeit-ABC: 4000 Freizeitbegriffe aus Umgangssprache, Freizeitberuf, Wissenschaft und ihre Erklärung. Schriftenreihe der Deutschen Gesellschaft für Freizeit. Bd. 82. Erkrath: DGF.

Albert, Mathias; Hurrelmann, Klaus; Quenzel, Gudrun (2019): Jugend 2019. Eine Generation meldet sich zu Wort. Weinheim, Basel: Beltz.

Beck, Ulrich (1986): Risikogesellschaft. Auf dem Weg in eine andere Moderne. Frankfurt a. M.: Suhrkamp.

Beckmann, Sabine (2015): Herrschaftszeiten – Genderdimensionen von Zeitverwendung und Zeitwohlstand. In: Freericks, Renate; Brinkmann, Dieter (Hrsg.): Handbuch Freizeitsoziologie. Wiesbaden: Springer Fachmedien, S. 211–232.

Benthaus-Apel, Friederike (1995): Zwischen Zeitbindung und Zeitautonomie: Eine empirische Analyse der Zeitverwendung und Zeitstruktur der Werktags- und Wochenendfreizeit. DUV Sozialwissenschaft. Wiesbaden: DUV.

Beyer, Lena et al. (Hrsg.) (2020): Orte und Prozesse außerschulischen Lernens erforschen und weiterentwickeln. Tagungsband zur 6. Tagung Außerschulische Lernorte. Münster u. a.: LIT Verlag.

Böttcher, Petra (2008): Das Programm „Lernende Regionen-Förderung von Netzwerken". In: Klein, Birgit; Wohlfahrt, Ursula (Hrsg.): Die Lernenden Regionen in NRW. Ergebnisse und Impulse für die Bildungspraxis. Bielefeld: Bertelsmann, S. 14–23.

Brinkmann, Dieter (2000): Moderne Lernformen und Lerntechniken in der Erwachsenenbildung. Formen selbstgesteuerten Lernens. Bielefeld: IFKA (Institut für Freizeitwissenschaft und Kulturarbeit).

Brinkmann, Dieter; Freericks, Renate (2017): Informelles Lernen in der Freizeit. In: Zeitschrift für Pädagogik, 38 (3), S. 780–800.

Calmbach, Marc et al. (2020): Wie ticken Jugendliche? 2020. Lebenswelten von Jugendlichen im Alter von 14 bis 17 Jahren in Deutschland. Bonn: Bundeszentrale für politische Bildung.

Carius, Florian; Gernig, Björn (2010): Was ist Freizeitwissenschaft? Konzeption – Entwicklungsstand – weltweiter Vergleich. Diplomarbeit. Shaker Verlag: Aachen.

Club of Rome (1972): Die Grenzen des Wachstums. Stuttgart: Deutsche Verlagsanstalt.

Cramer, Konrad (2017): Erleben, Erlebnis. In: Ritter, Joachim; Gründer, Karlfried; Gabriel, Gottfried (Hrsg.): Historisches Wörterbuch der Philosofie online. Basel: Schwabe Verlag. https://doi.org/10.24894/HWPh.934.

Daheim, Cornelia; Wintermann, Ole (2016): 2050. Die Zukunft der Arbeit. Ergebnisse einer internationalen Delphi-Studie des Millennium Project. Gütersloh: Bertelsmannstiftung.

Destatis (2024a): flexible Arbeitszeiten. Abgerufen am 12.02.2024 von https://www.destatis.de/DE/Themen/Arbeit/Arbeitsmarkt/Qualitaet-Arbeit/Dimension-3/flexible-arbeitszeiten.html.

Destatis (2024b): wöchentliche Arbeitszeit. Abgerufen am 12.02.2024 von https://www.destatis.de/DE/Themen/Arbeit/Arbeitsmarkt/Qualitaet-Arbeit/Dimension-3/woechentliche-arbeitszeitl.html.

Destatis (2024c): Zeitverwendungserhebung 2022. Abgerufen am 04.03.2024 von https://www.destatis.de/DE/Themen/Gesellschaft-Umwelt/Einkommen-Konsum-Lebensbedingungen/Zeitverwendung/_inhalt.html.

Deutscher Bundestag (Hrsg.) (2013): Schlussbericht der Enquete-Kommission „Wachstum, Wohlstand, Lebensqualität - Wege zu nachhaltigem Wirtschaften und gesellschaftlichem Fortschritt in der Sozialen Marktwirtschaft". Drucksache 17/133300. Abgerufen am 12.02.2024 von http://www.bpb.de/shop/buecher/schriftenreihe/175745/schlussbericht-der-enquete-kommission.

Deutscher Museumsbund e.V. (Hrsg.) (2019): Hauptsache Publikum! Besucherforschung für die Museumspraxis. Berlin.

Dohmen, Günther (2001): Das informelle Lernen. Die internationale Erschließung einer bisher vernachlässigten Grundform menschlichen Lernens für das lebenslange Lernen aller. Bonn: Bundesministerium für Bildung und Forschung.

Dohmen, Günther (2002): Informelles Lernen in der Freizeit. In: Spektrum Freizeit, 24 (1), S. 18–27.

Dollase, Rainer; Hammerich, Kurt; Tokarski, Walter (Hrsg.) (2000): Temporale Muster. Die ideale Reihenfolge der Tätigkeiten. Wiesbaden: VS Verlag für Sozialwissenschaften.

Dumazedier, Joffre (1974): Sociology of Leisure. Amsterdam, New York: Elsevier.

Engelke, Ernst; Spatschek, Christian; Borrmann, Stefan (2016): Die Wissenschaft Soziale Arbeit. Werdegang und Grundlagen. 4. Aufl., Freiburg: Lambertus Verlag.

Feierabend, Sabine et al. (2022): JIM-Studie 2022. Jugend, Information, Medien: Basisuntersuchung zum Medienumgang 12- bis 19-Jähriger. Stuttgart: Medienpädagogischer Forschungsverbund Südwest.

Forrester, Jay W. (1969): Urban Dynamics. Cambridge/Mass.: The M.I.T. Press.

Freericks, Renate (1996): Zeitkompetenz. Ein Beitrag zur theoretischen Grundlegung der Freizeitpädagogik. Baltmannsweiler: Schneider Verlag Hohengehren.

Freericks, Renate (2003): Pädagogik der Freizeit & Zeitmanagement. In: Popp, Reinhold; Schwab, Marianne (Hrsg.): Pädagogik der Freizeit. Baltmannsweiler: Schneider Verlag Hohengehren, S. 27–43.

Freericks, Renate (2011): Außerschulische Lernorte: Typologie und Entwicklungsstand. In: Freericks, Renate; Brinkmann, Dieter (Hrsg.): Zukunftsfähige Freizeit. Analysen-Perspektiven-Projekte. 1. Bremer Freizeitkongress. Tagungsband. Bremen: IFKA, S. 11–22.

Freericks, Renate (2013): Zeiten gestalten. Vom Glück des Nichtstuns oder nutze die Zeit. In: Freericks, Renate; Brinkmann, Dieter (Hrsg.): Lebensqualität durch Nachhaltigkeit? Analysen-Perspektiven-Projekte. 2. Bremer Freizeitkongress. Tagungsband. Bremen: IFKA, S. 83–97.

Freericks, Renate (2019): Freizeitgesellschaft 4.0. In: Freericks, Renate; Brinkmann, Dieter (Hrsg.): Digitale Freizeit 4.0. Analysen-Perspektiven-Projekte. 5. Bremer Freizeitkongress. Tagungsband. Bremen: IFKA, S. 31–46.

Freericks, Renate; Brinkmann, Dieter (2005) (Hrsg.): Erlebnisorientierte Lernorte, Möglichkeiten und Grenzen. In: Freericks, Renate; Brinkmann, Dieter; Theile, Heike (Hrsg.): Nachhaltiges Lernen in Erlebniswelten? Modelle der Aktivierung und Qualifizierung. Tagungsdokumentation. Bremen: IFKA, S. 107–132.

Freericks, Renate; Brinkmann, Dieter (2005a): Freizeit und Bildung in inszenierten Erlebnisräumen. In: Popp, Reinhold (Hrsg.): Zukunft: Freizeit: Wissenschaft. Forschung Urstein GmbH. Bd. 6. Wien: LIT Verlag, S. 331–348.

Freericks, Renate; Brinkmann, Dieter (2018): Freizeit – Bildung – Lebensqualität: Zur Bedeutung des Indikators „Informelles Lernen". In: Schäfer, Gabriele; Brinkmann, Dieter (Hrsg.): Lebensqualität als postmodernes Konstrukt. Bremen: IFKA, S. 251–275.

Freericks, Renate; Brinkmann, Dieter (Hrsg.) (2021): Erlebnis – Gemeinschaft – Transformation. Berufsfeld Freizeit und Tourismus im Umbruch: Sammelband zum 6. Bremer Freizeitkongress. Bremen: IFKA.

Freericks, Renate; Brinkmann, Dieter; Theile, Heike (2016): Erlebnisbad 2030. Analyse der Entwicklungen und Trends der Freizeit- und Erlebnisbäder. Bremen: IFKA.

Freericks, Renate; Brinkmann, Dieter; Theile, Heike (2018): Wissenswelten 3.0. Eine explorative Untersuchung von Entwicklungsmöglichkeiten im Bereich der wissenschaftsorientierten Ausstellungs- und Bildungshäuser – mit besonderem Fokus auf Trends der Digitalisierung und einem Wandel des Lernverhaltens. Bremen: IFKA.

Freericks, Renate; Brinkmann, Dieter; Theile, Heike (2019): Freizeit- und Themenparks im Umbruch. Berufsfeldorientierte Fallstudien zu den Herausforderungen im 21. Jahrhundert. Bremen: IFKA. PDF unter http://nbn-resolving.de/urn:nbn:de:gbv:46-00107587-17.

Freericks, Renate; Brinkmann, Dieter; Herfort, Jana (2023): Die Bibliothek als soziokulturelles Zentrum der erlebnisorientierten Wissensgesellschaft. Bremen: IFKA.

Freericks, Renate; Brinkmann, Dieter; Wulf, Denise (2017): Didaktische Modelle für außerschulische Lernorte. Bremen: IFKA.

Freericks, Renate et al. (2005): Projekt Aquilo. Aktivierung und Qualifizierung erlebnisorientierter Lernorte. Bremen: IFKA.

Frey, Carl B.; Osborne, Michael A. (2017): The future of employment: How susceptible are jobs to computerisation? In: Technological Forecasting and Social Change, 114, S. 254–284.

Freyer, Walter (2005): Ganzheitliche Tourismuswissenschaft oder ‚disziplinierte' Tourismusökonomie? In: Popp, Reinhold (Hrsg.): Zukunft: Freizeit: Wissenschaft. Forschung Urstein GmbH. Bd. 6. Wien: LIT Verlag, S. 59–82.

Fromme, Johannes (2001): Die Stellung des Pädagogischen in der Freizeitwissenschaft. In: Spektrum Freizeit, 23 (2), S. 60–68.

Fromme, Johannes (2001a): Freizeitpädagogik. In: Otto, Hans-Uwe; Thiersch, Hans (Hrsg.): Handbuch Sozialarbeit/Sozialpädagogik. 2. Völlig neu überarbeitete Auflage. Neuwied/Kriftel: Luchterhand, S. 610–629.

Fromme, Johannes; Freericks, Renate (Hrsg.) (1997): Freizeit zwischen Ethik und Ästhetik. Herausforderungen für die Pädagogik, Politik und Ökonomie. Neuwied: Luchterhand.

Galbraith, John K. (1964): Die industrielle Gesellschaft. München, Zürich: Droemer Knaur.

Garhammer, Manfred (1994): Balanceakt Zeit. Berlin: Ed. Sigma.

Giesecke, Hermann (1983): Leben nach der Arbeit. München: Juventa Verlag.

Götz, Konrad (2007): Freizeit-Mobilität im Alltag oder Disponible Zeit, Auszeit, Eigenzeit – warum wir in der Freizeit raus müssen. Berlin: Duncker & Humblot.

Grötsch, Kurt (2001): Psychologische Aspekte von Erlebniswelten. In: Hinterhuber, Hans H. (Hrsg.): Industrie-Erlebnis-Welten. Berlin: Schmidt, S. 69–82.

Habermas, Jürgen (1971): Soziologische Notizen zum Verhältnis von Arbeit und Freizeit (1958). In: Giesecke, Hermann (Hrsg.): Freizeit- und Konsumerziehung. 1. Aufl. 1968, 2. Aufl. Göttingen: Vandenhoek & Ruprecht, S. 105–122.

Hörning, Karl H.; Ahrens, Daniela; Gerhard, Anette (1997): Zeitpraktiken. Experimentierfelder der Spätmoderne. Frankfurt a. M.: Suhrkamp.

Huck, Gerhard (1982): Freizeit als Forschungsproblem. In: Huck, Gerhard (Hrsg.): Sozialgeschichte der Freizeit. 2. Aufl., Wuppertal: Hammer, S. 7–17.

IG Metall: Arbeitszeit. Abgerufen am 23.02.2024 von https://www.igmetall.de/tarif/tariflexikon/ arbeitszeit2.

Inglehart, Ronald (1989): Kultureller Umbruch. Wertewandel in der westlichen Welt. Frankfurt: Campus Verlag.

Jäckel, Michael (2012): Zeitzeichen. Einblicke in den Rhythmus der Gesellschaft. Edition Soziologie. Weinheim/Basel: Beltz Juventa.

Jahoda, Marie; Lazarsfeld, Paul F.; Zeisel, Hans (1982): Die Arbeitslosen von Marienthal, Frankfurt a. M.: Suhrkamp.

Karpa, Dietrich; Lübbecke, Gwendolin; Adam, Bastian (2015): Außerschulische Lernorte – Theoretische Grundlagen und praktische Beispiele. In: Karpa, Dietrich; Lübbecke, Gwendolin (Hrsg.): Außerschulische Lernorte. Theorie, Praxis und Erforschung außerschulischer Lerngelegenheiten (=Theorie und Praxis der Schulpädagogik, Bd. 31). Immenhausen: Prolog Verlag, S. 7–28.

Klatt, Fritz (1922): Die schöpferische Pause. Jena: Eugen Diederichs Verlag.

Klatt, Fritz (1929): Freizeitgestaltung. Stuttgart: Silberburg.

Klatt, Fritz (1971): Gestaltung der freien Zeit des arbeitenden Menschen (1929). In: Giesecke, Hermann (Hrsg.): Freizeit- und Konsumerziehung. 2. Aufl. Göttingen: Vandenhoek & Ruprecht, S. 178–187.

Kirchhöfer, Dieter (2004): Lernkultur Kompetenzentwicklung. Begriffliche Grundlagen. Hrsg. V. Arbeitsgemeinschaft für betriebliche Weiterbildungsforschung e.V.: Berlin.

Kirchhöfer, Dieter (2005): Informelles Lernen in der Freizeit. In: Freericks, Renate; Brinkmann, Dieter; Theile, Heike (Hrsg.): Nachhaltiges Lernen in Erlebniswelten? Tagungsdokumentation. Bremen: IFKA, S. 123–132.

Kramer, Bernhard (1990): Freizeit - Politik - Perspektiven. Unter besonderer Berücksichtigung der Konzepte von Parteien und Verbänden in der Schweiz. Bern: FIF.

Kruppa, Adolf (1984): Erzwungene Freizeit. Freizeitpolitik für Arbeitslose? Osnabrücker Studien. Bd. 7. Frankfurt a. M.: Publik Forum Verlagsgesellschaft.

Lafargue, Paul (1998): Das Recht auf Faulheit. Wiederlegung des Rechts auf Arbeit von 1848. Grafenau: Trotzdem Verlag.

Leder, Susanne (2007): Neue Muße im Tourismus – eine Untersuchung von Angeboten mit den Schwerpunkten Selbstfindung und Entschleunigung. Schriftenreihe Paderborner geographische Studien zu Tourismusforschung und Destinationsmanagement. Dissertation: Universität Paderborn.

Luhmann, Niklas (2024): Einführung in die Systemtheorie. Hrsg. Von Dirk Baecker. 9. Aufl. Heidelberg: Carl Auer Verlag.

Meder, Norbert (2007): Der Lernprozess als performante Korrelation von Einzelnen und kultureller Welt. Eine bildungstheoretische Explikation des Begriffs. In: Spektrum Freizeit, Heft 1/2, S. 119–135.

Meder, Norbert (2008): 30 Jahre Freizeitpädagogik. In: Spektrum Freizeit, Heft 1/2, S. 199–211.

Morgenroth, Olaf (2018): Theoretische Zugänge. Lebensqualität - eine moderne Antwort auf die alte Frage nach dem guten Leben? In: Schäfer, Gabriele; Brinkmann, Dieter (Hrsg.): Lebensqualität als postmodernes Konstrukt. Soziale, gesundheitsbezogene und kulturelle Dimensionen. Bremen: IFKA. S. 11–31.

Mückenberger, Ulrich (2011): Time abstraction, temporal policy and the right to one's own time. In: KronoScope, Heft 1/2, S.66–97.

Mückenberger, Ulrich (2012): Lebensqualität durch Zeitpolitik – Wie Zeitkonflikte gelöst werden können. Berlin: Editon Sigma.

Müller-Wichmann, Christiane (1984): Zeitnot. Untersuchungen zum Freizeitproblem und seiner pädagogischen Zugänglichkeit, Weinheim: Beltz.

Müller-Wichmann, Christiane (2004): Mythos Freizeit. Über die Zunahme der privaten Alltagsarbeit. In: Schröter, Klaus; Setzwein, Monika (Hrsg.): Zwischenspiel: Festschrift für Hans Werner Prahl zum sechzigsten Geburtstag. Kiel: Götzelmann, S. 79–103.

Müller, Hansruedi (2002): Freizeit und Tourismus. Eine Einführung in Theorie und Politik. Berner Studien zu Freizeit und Tourismus. Heft 41, 9. Aufl., Bern: FIF.

Nahrstedt, Wolfgang (1972): Die Entstehung der Freizeit. (Faksimile 2001. Bielefeld: IFKA.) Göttingen: Vandenhoeck & Ruprecht.

Nahrstedt, Wolfgang (1974): Freizeitpädagogik in der nachindustriellen Gesellschaft. 2 Bde. Neuwied, Darmstadt: Luchterhand.

Nahrstedt, Wolfgang (1975): Freizeitberatung. Animation zur Emanzipation? Göttingen: Vandenhoeck & Ruprecht.

Nahrstedt, Wolfgang (1989): Die Wiederentdeckung der Muße. Freizeit und Bildung in der 35-Stunden-Gesellschaft. Baltmannsweiler: Schneider Verlag Hohengehren.

Nahrstedt, Wolfgang (1990): Leben in Freier Zeit. Darmstadt: Wiss. Buchgesellschaft.

Nahrstedt, Wolfgang (2008): Von Medical Wellness zu Cultural Wellness. Wellnessbildung als neue Herausforderung für Freizeitwirtschaft, Tourismuspolitik und Gesundheitswissenschaft. Zur Optimierung der Lebensqualität diesseits und jenseits der Märkte. In: Spektrum Freizeit, Heft 1/2, S. 24–53.

Nahrstedt, Wolfgang et al. (1994): Bildung und Freizeit. Bielefeld: IFKA.

Nahrstedt, Wolfgang; Brinkmann, Dieter; Kadel, Vera (Hrsg.) (1997): Neue Zeitfenster für Weiterbildung? Bielefeld: IFKA.

Nahrstedt, Wolfgang et al. (2002): Lernort Erlebniswelt. Neue Formen informeller Bildung in der Wissensgesellschaft. Bielefeld: IFKA

Nahrstedt, Wolfgang; Theile, Heike; Diedrichsen, Nicole (2003): Typologisierung unterschiedlicher neuer Institutionalformen (Lernorte) im sozialen Umfeld. Projektbericht. Bielefeld: IFKA.

Neubert, Waltraut (1990): Das Erlebnis in der Pädagogik. Zuerst erschienen 1930. Schriften, Studien und Dokumente für Erlebnispädagogik, Bd. 7. Lüneburg: edition erlebnispädagogik.

Oldenburg, Ray (1999): The great good place. Cafés, coffee shops, bookstores, bars, hair salons, and other hangouts at the heart of a community. Cambridge, Mass.: Da Capo Press.

Opaschowski, Horst W. (1976): Pädagogik der Freizeit. Bad Heilbrunn/Obb.: Klinkhardt.

Opaschowski, Horst W. (Hrsg.) (1976a): Freizeit als gesellschaftliche Aufgabe. Konzepte und Modelle. Düsseldorf: DGF, S. 19–25.

Opaschowski, Horst, W. (1985): Freizeit und Umwelt. Der Konflikt zwischen Freizeitverhalten und Umweltbelastung. Bd. 6 der B.A.T. Schriftenreihe zur Freizeitforschung. Hamburg: B.A.T.

Opaschowski, Horst W. (1990): Pädagogik und Didaktik der Freizeit. 2. Aufl.. Opladen: Leske & Budrich.

Opaschowski, Horst W. (1995): Freizeitökonomie. Marketing von Erlebniswelten. Opladen: Leske + Budrich.

Opaschowski, Horst W. (1996): Pädagogik der freien Lebenszeit. 3. völlig bearb. Aufl. Opladen: Leske & Budrich.

Opaschowski, Horst W. (1997): Einführung in die Freizeitwissenschaft. 3.akt. u. erw. Aufl., Opladen: Leske + Budrich.

Opaschowski, Horst W. (1998): Leben zwischen Muß und Muße. Die ältere Generation: Gestern. Heute. Morgen. Hamburg: Germa Press.

Opaschowski, Horst W. (1999): Umwelt. Freizeit. Mobilität. Konflikt und Konzepte. 2te völlig neu bearbeit. Aufl. Von Ökologie von Freizeit und Tourismus. Opladen: Leske + Budrich.

Opaschowski, Horst W. (2006): Das Moses Prinzip. Die 10 Gebote des 21. Jahrhunderts. Gütersloh: Gütersloher Verlagshaus.

Opaschowski, Horst W. (2008): Zur Lebensqualität im 21. Jahrhundert. In: Spektrum Freizeit, Heft 1/2, S. 54–57.

Opaschowski, Horst W. (2008a): Einführung in die Freizeitwissenschaft. 5. Aufl., Wiesbaden: VS Verlag.

Opaschowski, Horst W. (2008b): Deutschland 2030. Wie wir in Zukunft leben. Gütersloh: Gütersloher Verlagshaus.

Opaschowski Horst W. (2015): Vom Wohlleben zum Wohlergehen. Zukunftsperspektiven von Wohlstand und Lebensqualität. In: Freericks, Renate; Brinkmann, Dieter (Hrsg.): Handbuch Freizeitsoziologie. Wiesbaden: Springer Verlag, S. 85–107.

Opaschowski, Horst W.; Pries, Michael; Reinhardt, Ulrich (2006): Freizeitwirtschaft. Die Leitökonomie der Zukunft. Hamburg: LIT Verlag

Peccei, Aurelio (1984): Einführung. In: Der Weg ins 21. Jahrhundert. Berichte an den Club of Rome. München: Molden.

Pigou, Arthur C. (1920): The Economics of Welfare. 1st ed. London: Palgrave Macmillan.

Pine, B. Joseph; Gilmore, James H. (1999): The experience economy. Work is theatre & every business a stage. Boston, Mass.: Harvard Business Scholl Press.

Plattner, Ilse (1990): Zeitbewusstsein und Lebensgeschichte - Theoretische und methodische Überlegungen zur Erfassung des Zeitbewusstseins. Heidelberg: Asanger Verlag.

Popp, Reinhold (1996): Das Erasmus-Projekt "angewandte Freizeitwissenschaft (international, interdisziplinär & innovativ)". In: Spektrum Freizeit, 18 (2/3), S. 272–274.

Popp, Reinhold (2005): Zukunft: Freizeit: Wissenschaft. Forschung Urstein GmbH. Bd. 6. Wien: LIT Verlag.

Popp, Reinhold; Reinhardt, Ulrich (2015): Zukunft der Freizeit. Repräsentativ erhobene Zukunftsbilder auf dem Prüfstand. In: Freericks, Renate; Brinkmann, Dieter (Hrsg.): Handbuch Freizeitsoziologie. Wiesbaden: Springer VS, S. 109–142.

Prahl, Hans-Werner (2002): Soziologie der Freizeit. Paderborn: Ferdinand Schöningh.

Prahl, Hans-Werner (2015): Geschichte und Entwicklung der Freizeit. In: Freericks, Renate; Brinkmann, Dieter (Hrsg.): Handbuch Freizeitsoziologie. Wiesbaden: Springer VS Verlag, S. 3–27.

Rathgeb, Thomas; Doh, Michael (2022): SIM-Studie 2021. Senior:innen, Information, Medien. Stuttgart: Medienpädagogischer Forschungsverbund Südwest.

Reheis, Fritz (2003): Entschleunigung. Abschied vom Turbokapitalismus. München: Riemann Verlag.

Reupold, Andreas; Strobel, Claudia; Tippelt, Rudolf (2009): Vernetzung in der Weiterbildung. Lernende Regionen. In: Tippelt, Rudolf; Hippel, Aiga von (Hrsg.): Handbuch Erwachsenenbildung, Weiterbildung. Wiesbaden: VS, Verlag für Sozialwissenschaften, S. 569–581.

Rinderspacher, Jürgen P. (1985): Gesellschaft ohne Zeit. Individuelle Zeitverwendung und soziale Organisation der Arbeit. Frankfurt a. M.: Campus Verlag.

Rinderspacher, Jürgen P. (1987): Auf dem Weg in die Rund-um-die-Uhr-Gesellschaft? In: Hesse, Joachim J.; Zöpel, Christoph (Hrsg.): Neuorganisation der Zeit. Forum Zukunft. Bd. 2. Baden-Baden: Nomos Verlagsgesellschaft, S. 97–124.

Rinderspacher, Jürgen P. (Hrsg.) (2002): Zeitwohlstand. Ein Konzept für einen anderen Wohlstand der Nation. Berlin: Ed. Sigma.

Rinderspacher, Jürgen (2009): Zeiten der Pflege: Eine explorative Studie über individuelles Zeitverhalten und gesellschaftliche Zeitstrukturen in der häuslichen Pflege. Berlin, Münster u. a.: LIT Verlag.

Rosa, Hartmut (2005): Beschleunigung. Die Veränderung der Zeitstrukturen in der Moderne. 1. Aufl. Berlin: Suhrkamp.

Rosa, Hartmut (2012): Beschleunigung. Die Veränderung der Zeitstrukturen in der Moderne. 9. Aufl. Frankfurt a. M.: Suhrkamp Verlag.

Rosa, Hartmut (2013): Beschleunigung und Entfremdung. Bonn: bpb.

Rosa, Hartmut (2016): Resonanz. Eine Soziologie der Weltbeziehung. Berlin: Suhrkamp.

Russell, Bertrand (2002): Lob des Müßiggangs. Erstmals 1957. Übersetzung von E. Fischer-Wernecke. München: Taschenbuch Verlag.

Schäfer, Gabriele; Brinkmann, Dieter (Hrsg.) (2018): Lebensqualität als postmodernes Konstrukt. Soziale, gesundheitsbezogene und kulturelle Dimensionen. Bremen: IFKA.

Schmitz Scherzer, Reinhard; Tokarski, Walter (1985): Freizeit. Stuttgart: Teubner.

Schulze, Gerhard (1992): Die Erlebnisgesellschaft. 2. Aufl., Frankfurt a. M.: Campus.

Schulze, Gerhard (2000): Die Erlebnisgesellschaft – Kultursoziologie der Gegenwart. 8. Aufl., Studienausgabe. Frankfurt a. M.: Campus.

Siebert, Horst (2003): Didaktisches Handeln in der Erwachsenenbildung: Didaktik aus konstruktivistischer Sicht. 4. Aktualis. U. erw. Aufl. Hermann Luchterhand Verlag: Neuwied.

Statista (2024): Lebenserwartung. Renteneintrittsalter. Abgerufen am 20.02.2024 von https://de.statista.com.

Statistisches Bundesamt (2015): Wie die Zeit vergeht. Ergebnisse zur Zeitverwendung in Deutschland 2012/2013. Wiesbaden.

Statistisches Bundesamt (2016): Zeitverwendung für Kultur und kulturelle Aktivitäten in Deutschland. Sonderauswertung der Zeitverwendungserhebung 2012/2013. Wiesbaden.

Stiftung für Zukunftsfragen (2023): Freizeit-Monitor. 05.09.2023. Abgerufen am 10.11.2023 von https://www.freizeitmonitor.de/2023/wie-viel-freizeit-haben-die-bundesbuerger/.

Tokarski, Walter (1992): Freizeitwissenschaft. In: Spektrum Freizeit, 14 (2), S. 176–177.

Tokarski, Walter (2001): Freizeitpsychologie. In: Wenninger, Gerd (Hrsg.): Lexikon der Psychologie. Bd. 2, Heidelberg: Spektrum Akad. Verlag, S. 76–71.

Vos, Aat (2017): How to create a relevant public space. Rotterdam: nai010 publishers.

Weber, Max (1973): Die protestantische Ethik und der Geist des Kapitalismus. Tübingen: Mohr.

Wendt, Peter-Ulrich (2024): Lehrbuch Soziale Arbeit im Gemeinwesen. Weinheim/Basel: Beltz Juventa.

Wilken, Udo (2015): Freizeit für alle – barrierefrei. In: Freericks, Renate; Brinkmann, Dieter (Hrsg.): Handbuch Freizeitsoziologie. Wiesbaden: Springer VS Verlag, S. 467–487.

Wils, Josef-Tobias; Kuske-Janßen, Wiebke; Wilsdorf, Robert (2020): Vernetzung in der Lernlandschaft Sachsen. Fächer vernetzen – außerschulische Lernorte charakterisieren – Lernpotentiale nutzen. In: Beyer, Lena et al.: Orte und Prozesse außerschulischen Lernens erforschen und weiterentwickeln. Münster u. a.: LIT Verlag, S. 25–40.

Wolf, Klaus; Jurczek, Peter (1986): Geografie der Freizeit und des Tourismus. Stuttgart: Ulmer Verlag.

2 Relevanz gesellschaftlicher Entwicklungen für die Freizeit

In diesem Abschnitt soll auf übergeordnete gesellschaftliche Entwicklungen eingegangen werden, die als Basiskategorien eine wichtige Bedeutung für die Freizeitwissenschaft und -gestaltung einnehmen. Zu Beginn wird der Trendbegriff und die übergeordneten Trends mit einem wesentlichen Bezug zum Themenkomplex dieses Buches kurz dargestellt. Es folgen Vertiefungen zu den Themenbereichen Nachhaltigkeit, Digitalisierung/Mediatisierung, Individualisierung und Kultur.

2.1 Megatrends und ihre Relevanz für die Freizeit

Rainer Hartmann

Trends sind Veränderungsbewegungen oder Wandlungsprozesse, die in den unterschiedlichsten Bereichen des Lebens zu finden sind. Sie sind nur sinnvoll zu verwenden, wenn sie auf einer zeitlichen Achse (Verlauf und Dynamik) und einer Ebenen-Logik (Tiefe und Durchdringung) richtig dimensioniert und eingeordnet werden. Dabei können folgende Trendkategorien unterschieden werden (Horx 2010 und Zukunftsinstitut 2022):

– **Metatrends** sind übergeordnete Trends, die sich aus mehreren unterschiedlichen Entwicklungen ergeben und keinen Zyklen unterliegen. Sie beziehen sich auf natürliche Veränderungen wie Evolutionsprozesse oder Klimaveränderungen und haben die größte Reichweite mit einem Zyklus von Jahrhunderten oder Jahrtausenden (Beispiele: Klimawandel oder industrielle Revolution).

– **Megatrends** – als zweite Kategorie – wirken sich auf globaler Ebene aus, sind jedoch weniger langfristig als Metatrends. Sie haben einen deutlichen Einfluss auf alle Lebensbereiche der Menschen. Megatrends sind komplexe und kontextualisierte Trends, weshalb sie sich besonders gut für die Prognostik eignen (siehe weiter unten).

– **Soziokulturelle Trends** sind mittelfristige Veränderungsprozesse, die ihren Ursprung in sozialen Prozessen haben. Dabei stehen Lebensstile und Einstellungen von Menschen, Wertorientierungen, Bedürfnisstrukturen und Wünsche, die den sozialen Wandel prägen, im Fokus. Diese machen sich auch stark in den Konsum- und Produktwelten bemerkbar. Sie dauern rd. 10–15 Jahre an (Beispiel: Wellness).

– **Technologietrends** bauen auf Entwicklungen in den Basistechnologien wie der Digitalisierung auf. Sie beziehen sich auf mittelfristige und branchenspezifische Entwicklungen (Beispiel: selbstfahrende Autos).

https://doi.org/10.1515/9783111337944-002

- **Konsumtrends** haben eine Wirkungsdauer von ca. fünf Jahren und beschreiben kurzfristige Veränderungen im allgemeinen Konsumverhalten der Menschen. Sie werden durch mediale Einflüsse verstärkt (Beispiel: Pokémon GO).
- **Branchentrends** haben wie Konsumtrends eine relativ kurze Zeitdauer und sind Entwicklungen, die besonders in einer Branche dominant sind (Beispiel: E-Mountainbikes).
- **Zeitgeist- und Modetrends** sind in der Regel von kurzer Dauer und verschwinden nach einer Saison. Sie beeinflussen die Menschen nur flüchtig und oberflächlich und sind oft das Produkt von gesteuerten Marketingstrategien (Beispiel: Fast Fashion).
- **Mikrotrends** sind Stil-Entwicklungen im Bereich des Designs oder der Konsum- und Lebensweltphänomene. Sie sind ähnlich charakterisiert wie Zeitgeist- oder Modetrends, wirken aber noch spezifischer und kurzfristiger, z. B. als Produktinnovationen (Recycling-Reisedecke o. ä.).

Setzt man die zeitliche Achse und die Ebenen-Logik in Beziehung zueinander ergibt sich ein zweidimensionales Trendraster (vgl. Abb. 2.1).

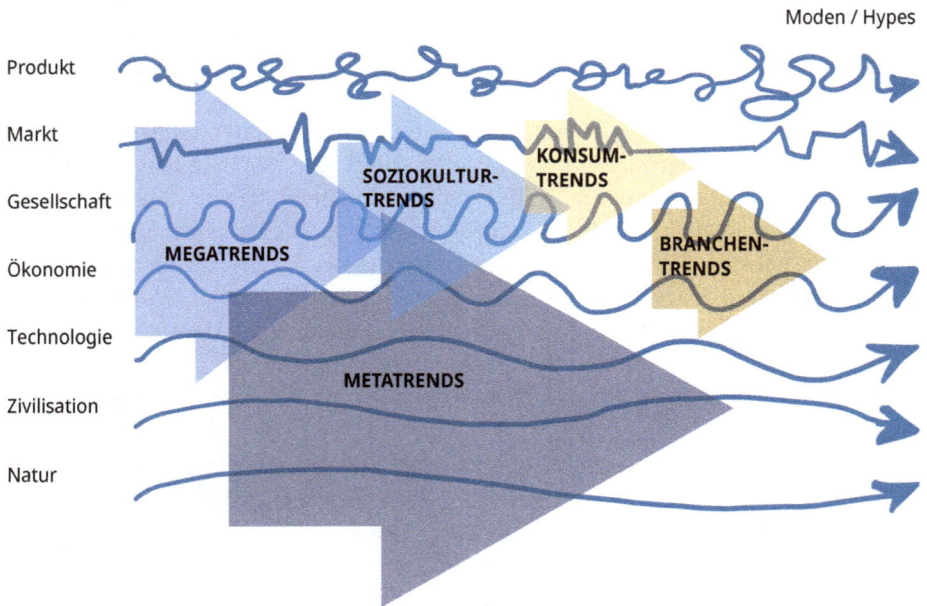

Abb. 2.1: Trendraster nach Horx (2010).

Um gesellschaftliche Trends, die sich auch auf das Freizeitverhalten der Menschen auswirken, frühzeitig ausmachen zu können, ist ein Verständnis zugrundeliegender Tiefenströmungen gesellschaftlichen Wandels notwendig – den Megatrends. Sie beschreiben epochale gesellschaftliche Veränderungen, die jeden Einzelnen betreffen. Megatrends zeigen die relevanten und für die Zukunft prägenden Tendenzen und Richtungen an. Sie haben eine Dauer von mindestens 50 Jahren, Auswirkungen auf alle Lebensbereiche (Ubiquität) und sind prinzipiell globale Phänomene (Globalität). Megatrends sind vielschichtig und mehrdimensional, sie lassen sich nicht auf eine einzelne Ursache zurückführen (Komplexität) (vgl. Zukunftsinstitut 2018b).

Der Zukunftsforscher Matthias Horx und das Zukunftsinstitut haben zwölf miteinander vernetzte Megatrends herausgearbeitet, die auch in der Wissenschaft eine allgemeine Anerkennung als Basis für zukunftsgerichtete Entwicklungen erfahren. Einige dieser Megatrends haben eine besondere Bedeutung für die Freizeit(wissenschaft) und werden daher in dieser Publikation vertiefend beleuchtet. Andere haben als wesentliche Strömungen gesellschaftlichen Wandels zwar ebenfalls einen Einfluss auf den Freizeitbereich, sollen jedoch aufgrund der Begrenztheit dieses Buches nur kursorisch aufgeführt werden (s. u.).

Relevante Megatrends für die Zukunft der Freizeitgestaltung, die in diesem Buch vertieft werden (Zukunftsinstitut 2018a und 2023), sind:

– **INDIVIDUALISIERUNG**: Lebensbiografien sind heute nicht mehr linear und stringent, sondern mehrphasig und wechselhaft. Die Selbstverwirklichung innerhalb einer einzigartig gestalteten Individualität ist das zentrale Kulturprinzip, das sich auch in der Freizeitgestaltung widerspiegelt. Es wird durch die Zunahme persönlicher Wahlfreiheiten und individueller Selbstbestimmung angetrieben und die Bedeutung neuer Gemeinschaften wächst (vgl. Kap. 2).
– **GESUNDHEIT**: Als zentrales Lebensziel prägt dieser Megatrend sämtliche Lebensbereiche, Branchen und Unternehmen. Gesundheit hat sich als fundamentaler Wert tief in unserem Bewusstsein verankert, ist zum Leitmotiv für hohe Lebensqualität geworden und definiert ganze Lebensstile, die sich v. a. in der Freizeit entfalten (vgl. Kap. 6).
– **NEO-ÖKOLOGIE**: Das Wertesystem der Nachhaltigkeit reicht inzwischen in alle Bereiche unseres Alltags hinein, sowohl beruflich als auch in der Freizeit. Es prägt die Gesellschaft, die Kultur, die Politik und das gesamte Wirtschaftssystem fundamental neu aus. Umweltbewusstsein und Nachhaltigkeit entwickeln sich zunehmend vom individuellen Lifestyle und Konsumtrend zur gesamtgesellschaftlichen Bewegung (vgl. Kap 2 und 6).
– **KONNEKTIVITÄT**: Das Prinzip der Vernetzung auf Basis digitaler Infrastrukturen ist das dominante Grundmuster des gesellschaftlichen Wandels unserer Zeit. Vernetzte Kommunikationstechnologien verändern unser Leben, Arbeiten und unsere Freizeit grundlegend. Die größte Auswirkung dieses Wandels liegt im Sozialen: Moderne Technologien und digital organisierte Dienstleistungen beeinflussen unsere Lebensweisen und Lebenswelten nachhaltig (vgl. Kap. 2, 3 und 6).
– **WISSENSKULTUR**: Unser Wissen über die Welt und die Art und Weise, wie wir mit Informationen umgehen verändert sich rasant. Beschleunigt durch den Megatrend Konnektivität wird Bildung digitaler. In dezentralen Strukturen werden

enorme Mengen an Wissen generiert, es entstehen neue Formen des Lernens und Forschens. Dabei verliert Wissen zunehmend seinen elitären Charakter und wird zum Gemeingut. Verbunden damit ist die Notwendigkeit eines lebenslangen Lernens, um sich immer wieder an neue Situationen und Kompetenzen anpassen zu können (vgl. Kap. 3).

– **MOBILITÄT**: Veränderungen durch neue Produkte und Services sowie die sich wandelnde Nutzung von Verkehrsmitteln führen zu einer mobilen Weltgesellschaft. In einer vernetzten (Wissens-)Gesellschaft verliert das Auto zunehmend seine Bedeutung als Statusobjekt, und der Straßen- und Parkraum für Autos wird zugunsten der Radwege und Bürgersteige reduziert. Neben der Nachhaltigkeit als Leitmotiv wird auch in der Freizeit und im Tourismus zunehmend auf Qualität und Erlebnis gesetzt. Diese neuen Bedürfnisse prägen die Freizeit- und Reisebranche immer stärker (vgl. Kap. 6).

Weitere Megatrends, die für die Zukunft der Freizeitgestaltung von mehr oder weniger starker übergeordneter Bedeutung sind und in diesem Buch in den Kapiteln 1, 3 und 7 zur Sprache kommen, sind (vgl. Zukunftsinstitut 2018a und 2023):

– **Globalisierung:** Sie ist sehr eng verbunden mit der Konnektivität und der Mobilität. Im virtuellen Raum des Internets rückt die Welt eng zusammen und es bilden sich globale Kulturen aus. Gleichzeitig entsteht mit der Globalisierung ein neues Bewusstsein für den Wert des Regionalen: Die Identität von Regionen wird im Wissen um die globalen Unterschiede und Gemeinsamkeiten wieder stärker geprägt. Lokale Gemeinschaften im Wohnumfeld erfahren eine neue Wertschätzung (vgl. Kap. 1).

– **Gender Shift:** Tradierte soziale Rollen, die Männern und Frauen in der Gesellschaft zugeschrieben werden, verlieren an gesellschaftlicher Verbindlichkeit. Rollenzuschreibungen werden aufgeweicht und das Geschlecht bestimmt weniger über den Verlauf individueller Biografien. Die Rollenverteilung zwischen Männern und Frauen wird neu ausgehandelt (berufliche Selbstverwirklichung, neue Beziehungs- und Familienmodelle etc.).

– **Silver Society:** Der demografische Wandel führt dazu, dass viele Gesellschaften im globalen Norden älter werden und die Älteren mehr werden. Gleichzeitig bleiben die Menschen länger gesund. Eine völlig neue Lebensphase nach dem bisherigen Rentenalter entsteht und bietet Raum für eine neue Vielfalt an Lebensstilen im hohen Alter. Ältere Menschen bleiben in ihrem Leben länger selbständig und in ihrer Freizeit aktiv.

– **New Work:** Unter dem Einfluss von Digitalisierung und Postwachstumsbewegungen befindet sich das Verständnis von Arbeit grundlegend im Wandel. Die kapitalistisch geprägten Vorstellungen von Karriere und Erfolg, die mit harten Faktoren wie Einkommenshöhe und Status gekoppelt sind, treten in den Hintergrund. An ihrer Stelle treten Werte, die mit weichen Faktoren wie Sinnhaftigkeit, Gestaltungsmöglichkeiten und Vereinbarkeit von Beruf und Privatleben (inkl. Freizeit) verbunden sind (vgl. Kap. 1 und 3).

– **Urbanisierung:** Immer mehr Menschen leben weltweit in Städten und machen sie zu den wichtigsten Lebensräumen der Zukunft. Im urbanen Raum spitzen sich die wichtigsten Fragestellungen der Gegenwart zu: der Kampf gegen den Klimawandel, die Frage nach sozialer Gerechtigkeit oder die Zukunft der Arbeit und der Mobilität (s. o.). Gleichzeitig entsteht in diesen Spannungsfeldern enormes Entwicklungspotenzial.

– **Sicherheit:** Es ist eine paradoxe Entwicklungsdynamik, dass das Empfinden für Risiken und Gefahren zunimmt, wir jedoch de facto – bezogen auf den globalen Norden – in der sichersten aller Zeiten leben. Diese Sicherheit führt offenbar dazu, dass wir Unsicherheitsgefühle intensiver wahrnehmen.

Die Hauptaufgabe der **Trendforschung** ist die Beobachtung der gegenwärtigen Lebenswelt. Veränderungen in allen Bereichen der Gesellschaft sollen erkannt und schon aus ersten Anzeichen soziokulturelle Verschiebungen ausgemacht werden. Trends werden dabei nicht vorhergesagt, denn diese finden in der Gegenwart statt. Nicht die Prognose, sondern die Identifikation derselben steht im Vordergrund der Trendforschung. Dabei ist es wichtig, einen Trend nicht losgelöst zu betrachten, sondern im Sinne des systemischen Denkens Muster zu erkennen und einzelne Ereignisse in Verbindung miteinander zu setzen. Durch die Fortschreibung aktueller Veränderungen können allerdings Prognosen über die zukünftige Entwicklung gestellt werden. Nach dem Beobachten von bereits erkannten Trends (Monitoring) und der ungerichteten Suche nach Hinweisen in unterschiedlichen Medien (Scanning) folgt die Benennung der Veränderung (Naming). Erst die Namensgebung macht den Trend schließlich sichtbar (Zukunftsinstitut 2018b).

Die Trendforschung wird häufig kritisiert und ihr die Wissenschaftlichkeit abgesprochen, da die Ergebnisse und der Forschungsprozess häufig nicht nachvollziehbar sind. Es bestehe die Gefahr der Selbstreferenzialität, d. h. die Tendenz, nur solche Trends zu beachten oder zu verstärken, die den eigenen Interessen oder Erwartungen entsprechen. Auch die Gefahr der Manipulation oder Ideologisierung wird gesehen: Trendforschung könne Trends für eigene Zwecke nutzen oder sie erfinden, um bestimmte Ziele zu verfolgen. Nicht zuletzt bestünde auch die Gefahr der Oberflächlichkeit, d. h. sich nur auf kurzlebige Erscheinungen zu konzentrieren, ohne deren tieferliegende Ursachen oder Folgen zu berücksichtigen (vgl. Rust 2009: 16 ff.).

Literatur

Horx, Matthias (2010): Trend-Definition. Abgerufen am 11.03.2024 von https://www.horx.com/Zukunftsfor
schung-2010/02-M-03-Trend-Definitionen.pdf.
Rust, Holger (2009): Zukunftsillusionen. Kritik der Trendforschung. Wiesbaden: VS Verlag für
Sozialwissenschaften.
Zukunftsinstitut (2018a): Abgerufen am 11.03.2024 von https://www.kfv.at/die-zukunft-der-
freizeitgestaltung/.
Zukunftsinstitut (2018b): Abgerufen am 11.03.2024 von https://www.zukunftsinstitut.de/zukunftsthemen/
trendforschung.
Zukunftsinstitut (2022): Abgerufen am 11.03.2024 von https://www.zukunftsinstitut.de/zukunftsthemen/
trends-grundlagenwissen.
Zukunftsinstitut (2023): Abgerufen am 11.03.2024 von https://www.zukunftsinstitut.de/blog-megatrends.

2.2 Nachhaltigkeit

Rainer Hartmann und Bernd Stecker

Das 1972 erschienene Buch „Die Grenzen des Wachstums. Bericht des Club of Rome zur Lage der Menschheit" von Dennis und Margret Meadows gilt als Ur-Studie zur nachhaltigen Entwicklung (vgl. Meadows und Meadows 1972). Sie stellten klar heraus, dass die natürlichen Ressourcen nur begrenzt zur Verfügung stehen und der von Menschen gemachte Klimawandel kaum noch aufzuhalten ist. Es setzte sich die Erkenntnis durch, dass wir heute nicht auf Kosten zukünftiger Generationen leben dürfen. Doch es sollte fast 20 Jahre dauern, bis das Thema auf der Ebene der Vereinten Nationen ganz oben auf der Tagesordnung stand. Inzwischen kommt niemand mehr am Thema Nachhaltigkeit vorbei und es gibt unzählige Publikationen zur Aufklärung, Information und mit Handlungsoptionen für die Zukunft. Zum 50-jährigen Jubiläum der „Grenzen des Wachstums" hat der Club of Rome renommierte Wissenschaftler:innen aufgefordert, ein „Genesungsprogramm für unsere krisengeschüttelte Welt" vorzulegen (vgl. Club of Rome 2022).

Die Grundlage für den Begriff bzw. das Leitbild einer nachhaltigen Entwicklung lieferte 1987 der **Brundtland-Bericht** „Unsere gemeinsame Zukunft" der Weltkommission für Umwelt und Entwicklung (vgl. WCED 1987). Demnach entspricht Nachhaltige Entwicklung den Bedürfnissen der heutigen Generation, ohne die Möglichkeiten künftiger Generationen zu gefährden, ihre eigenen Bedürfnisse zu befriedigen. Sie stellt somit einen Generationenvertrag dar. Entscheidend ist die gegenseitige Abhängigkeit der drei Dimensionen der Nachhaltigkeit, d. h. gleichzeitig und gleichberechtigt nebeneinander wirtschaftlichen Wohlstand zu ermöglichen, für sozialen Ausgleich zu sorgen und die natürlichen Lebensgrundlagen für zukünftige Generationen zu erhalten. Damit werden die planetaren Grenzen der Erde, neben dem Leben in Würde für alle, im Nachhaltigkeitskonzept zu Leitplanken des politischen Handelns.

Auf der **UN-Konferenz für Umwelt und Entwicklung 1992 in Rio de Janeiro** bekannte sich die internationale Staatengemeinschaft schließlich erstmals zum Leitbild der Nachhaltigen Entwicklung. Man verpflichtete sich damit u. a., die wachsende soziale Kluft zwischen globalem Norden und Süden zu begrenzen sowie die natürlichen Lebensgrundlagen besser zu schützen und verabschiedete die „Agenda 21", das Aktionsprogramm für das 21. Jh. (vgl. Strasdas 2017: 15 f.).

Im Jahr 2015, zwei Dekaden später, führten die UN mit der **Agenda 2030** den sog. Rio-Prozess und den Prozess der Millenniumentwicklungsziele (MDG) unter dem Begriff „Transformation zu nachhaltiger Entwicklung" zusammen. Mit den 17 Nachhaltigkeitszielen, den **Sustainable Development Goals (SDG)** (vgl. Abb. 2.2), hat sich die Weltgemeinschaft erstmals auf einen universalen und alle drei Nachhaltigkeitsdimensionen einschließenden Katalog von Zielen geeinigt, der maßgeblich für die globale Umsetzung von Nachhaltigkeit sein soll (vgl. Strasdas 2017: 15 f.).

Aus einer **institutionellen Perspektive** erstreckt sich der Ansatz der nachhaltigen Entwicklung prinzipiell über alle Ebenen des integrierten Managements von Freizeitunternehmen und -destinationen und muss eine Vielzahl von Stakeholdern, d. h. Anspruchs- bzw. Interessensgruppen, die von der Wert- oder auch Schadschöpfung des Unternehmens betroffen sind, integrieren. Das beginnt mit der Erstellung eines Leitbildes/einer Vision (normativ), setzt sich über das Konzept fort (strategisch) und mündet schließlich in der konkreten Umsetzung von Maßnahmen (operativ). Auf allen Ebenen des Angebots gibt es inzwischen vielfältige Leistungen, um den Ansprüchen der Bevölkerung und von Reisenden nach ökologisch und sozial verträglichen Angeboten gerecht zu werden (vgl. Hartmann 2018: 70 ff.). Entsprechend dieser Betrachtung ist der Nachhaltigkeit eine vierte Dimension zuzurechnen, die genau diese Integration von Zielen und Interessen koordiniert und steuert (vgl. auch Strasdas 2017 und Abb. 2.3).

Vor allem in Ländern des globalen Nordens kommt dem Freizeitbereich in der Diskussion um die Förderung einer nachhaltigen Entwicklung eine Schlüsselrolle zu, da er besonders dort für die **Lebensqualität** von elementarer Bedeutung ist und ein Großteil der Bevölkerung über viel Freizeit verfügt. In der Freizeit kristallisieren sich Konsummuster als mehr oder weniger nachhaltige Lebensstile besonders deutlich heraus. So hat die steigende Nachfrage nach und der Konsum von Freizeitgütern und erlebnisbezogenen Dienstleistungen in den vergangenen Jahrzehnten zu teilweise erheblichen ökologischen, sozialen und ökonomischen Konflikten geführt. Diese werden insbesondere durch den Bau und Betrieb von Freizeitinfrastruktur sowie durch unzählige Freizeitaktivitäten der Menschen ausgelöst und laufen damit dem Prinzip der Nachhaltigkeit zuwider. Jedoch kann sich die Freizeit auch positiv auf Umwelt, Wirtschaft und Gesellschaft auswirken. Sie stellt z. B. den Kernbereich der informellen Bildung für mehr Nachhaltigkeit dar und bietet einen Interaktionsraum zum Ausprobieren einer neuen Zeitkultur der Muße und Entschleunigung (vgl. Kap. 1 und 3). Somit kann der Freizeitsektor auch einen Beitrag zur Entfaltung nachhaltiger Entwicklungsprozesse und damit zu mehr Lebensqualität leisten (vgl. Stecker 2018: 277).

Abb. 2.2: Die Sustainable Development Goals (SDG) der Vereinten Nationen (Quelle: Presse- und Informationsamt der Bundesregierung 2019).

Nachhaltige Entwicklung

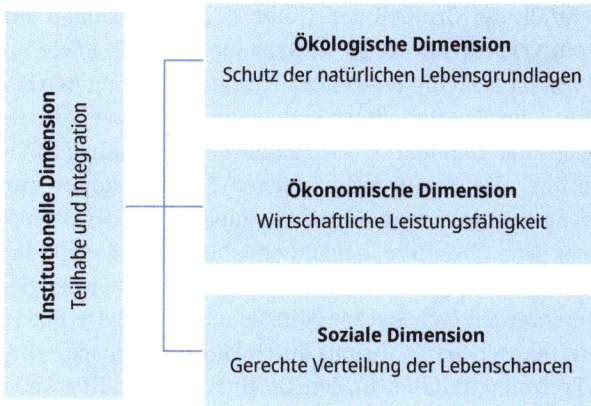

Abb. 2.3: Dimensionen der Nachhaltigkeit (Quelle: eigene Darstellung).

Die **Freizeitwirtschaft** gehört inzwischen weltweit zu einem der größten Wirtschaftszweige. Sie ist eine Querschnittsbranche, die einen engen Bezug zu Freizeitaktivitäten aufweist und/oder durch das Ausgabeverhalten der Nachfrage nach Gütern, Dienstleistungen und Erlebnissen in der Freizeit gekennzeichnet ist. Dazu gehören Medien und Unterhaltung, Einzelhandel, Gastronomie, Gesundheit, Fitness, Sport, Tourismus und Transport, Kultur und Bildung, spezielle Hobbies und soziales Engagement. Die Freizeitwirtschaft ist ökonomisch betrachtet ein sehr bedeutender Sektor. Der Anteil der Konsumausgaben der privaten Haushalte in Deutschland für Freizeit, Unterhaltung und Kultur an den gesamten Konsumausgaben lag von 1991 bis 2022 immer zwischen 9,5 und 11 % (vgl. Destatis 2023). Dementsprechend kommt ihm auch eine enorme gesamtgesellschaftliche Bedeutung für die Förderung einer nachhaltigen Entwicklung zu.

2.2.1 Freizeit und ökologische Nachhaltigkeit

Legt man zur Priorisierung und Bewertung der **negativen Umweltauswirkungen** des Freizeitsektors die Kriterien räumliche und zeitliche Reichweite der Auswirkungen zu Grunde, dann ist sein Beitrag zu den Emissionen klimawirksamer Gase und somit zum globalen Treibhauseffekt und Klimawandel an erster Stelle zu nennen. Treibhausgase (THG) entstehen vor allem bei Verbrennungsprozessen durch das Freisetzen von Kohlendioxid (CO_2). Mit einem Anteil von ca. 90 % ist Kohlendioxid mit Abstand Hauptverursacher bei den THG in Deutschland, das zwar als eines der wenigen Länder weltweit seine CO_2-Emissionen gegenüber dem Basisjahr 1990 (1.251 Mio. t) bis zum Jahr 2022 auf rd. 746 Mio. t reduzieren konnte (-40,4 %), das Minderungsziel von minus 40 % bis zum Jahr 2020 dennoch verfehlt hat (vgl. UBA 2023). Fast die gesamten CO_2-Emissionen sind auf die stationäre und mobile Verbrennung fossiler Brennstoffe zurückzuführen. Mit rd. 34 % entfällt der Großteil der Treibhausgas-Emissionen auf die Energiewirtschaft, gefolgt vom Verkehr mit rd. 20 %, Gebäude mit 15 % sowie Industrie mit rd. 22 % (vgl. UBA 2023). Da auch die Freizeitbranche zum Bau und Betrieb von Infrastruktur, zur Herstellung von Freizeitgütern sowie zur Ausübung zahlreicher Freizeitaktivitäten Energie aus der stationären oder mobilen Verbrennung fossiler Brennstoffe nutzt, trägt sie über die damit verbundenen THG-Emissionen zur Klimakrise bei. Zwar lässt sich der jeweilige freizeitinduzierte Anteil an den o. g. Verursachersektoren im Einzelnen nicht genau beziffern, doch konnte bereits zu Beginn der 2000er Jahre für den gesamten Freizeitbereich ein Anteil von 17 % am Primärenergieverbrauch Deutschlands bilanziert werden (vgl. Stecker 2010: 260). Auf globaler Ebene wird geschätzt, dass allein die Freizeitbranche Tourismus durch Personentransport, Beherbergung, Verpflegung und Freizeitaktivitäten in den Destinationen mittlerweile ca. 8 % der weltweiten CO_2-Emissionen verursacht (vgl. Kompetenzzentrum Tourismus des Bundes 2022: 11 f.). Rund drei Viertel dieser Emissionen können hierbei den klimaschädlichsten Arten der Fortbewegung, dem Flug- und Autoverkehr, zugerechnet werden (vgl. Stecker 2016: 298). In Deutschland hat der Freizeitverkehr einen Anteil von 28 % am gesamten Wegeaufkommen und 34 % der Verkehrsleistung im Personenverkehr. Insgesamt werden mit dem Auto 57 % aller Wege und 75 % aller Personenkilometer zurückgelegt (vgl. BMDV 2018). Auch im Bereich der Freizeitinfrastruktur gibt es zahlreiche sehr energieaufwändige Angebote: Freizeit- und Erlebnisparks, Bade-/Saunalandschaften, Sportstadien, Shopping-Center, Indoor-Skihallen etc. benötigen erhebliche Energiemengen. Beispielsweise hat der Snow-Dome Bispingen einen Stromverbrauch von 2,7 Mio. kWh pro Jahr. Und das ist im Vergleich zum Jahr 2015 mit 7,6 Mio. kWh sogar fast eine Drittelung. Dieser Energieverbrauch entspricht trotz der Einsparungen noch immer dem von mehr als 500 Vier-Personen-Haushalten. Laut Betreiber soll dort zukünftig jedoch nur noch Strom aus erneuerbaren Energien genutzt werden (vgl. Laue 2023). Damit würde die Anlage ihren Beitrag zu den Emissionen klimawirksamer Gase erheblich reduzieren.

An zweiter Stelle der durch den Freizeitsektor ausgelösten negativen Umweltauswirkungen sind der **Flächenverbrauch** und die **Bodenversiegelung** sowie die Gefährdung oder gar der **Verlust von Biodiversität** zu nennen. Gegenwärtig wächst die Siedlungs-, Gewerbe-, Verkehrs- und Erholungsfläche in Deutschland um mehr als 50 ha pro Tag. Das Ziel der Deutschen Nachhaltigkeitsstrategie ist es, den Flächenverbrauch bis 2030 auf unter 30 ha pro Tag zu reduzieren. Dieser Flächenverbrauch geht zu fast 50 % mit einer Bodenversiegelung einher (vgl. BMUV 2023). Durch den hohen Flächenbedarf für den Bau von Freizeitinfrastruktur (z. B. Sportstätten, Freizeit- und Erlebnisparks, Parkplätze) werden nicht nur naturnahe Flächen verbraucht bzw. versiegelt, sondern dies kann auch zu einer Veränderung oder gar Zerstörung von Biotopen führen. Der Living Planet Report 2022 ist die bisher umfassendste Studie des WWF zu Trends der globalen Biodiversität und der Gesundheit unseres Planeten. Demnach sind die weltweiten Tierpopulationen (Säugetier-, Vogel-, Amphibien- und Fischarten) seit 1970 um durchschnittlich 69 % gesunken (vgl. WWF 2022). Als Ursachen werden die Klimakrise, Landnutzungsänderung, Umweltverschmutzung, Übernutzung natürlicher Ressourcen sowie das Einschleppen gebietsfremder Arten genannt. Es lassen sich etliche Beispiele anführen, die belegen, dass auch der Freizeitsektor in allen genannten Kategorien ein mehr oder weniger starker Mitverursacher ist. So wurden z. B. allein im letzten Jahrhundert rd. 20 % der Sanddünen an der deutschen Nord- und Ostküste vor allem durch den Bau von Freizeit- und Tourismusinfrastruktur zerstört; Brutvögel werden in ihrer natürlichen Umgebung durch konzentrierte Besuchendenströme gestresst. Der einst geschlossene alpine Bergwald, Lebensraum unzähliger Pflanzen- und Tierarten, ist mittlerweile für den Wintersport durch die Anlage von Skipisten, Sessel- und Schleppliften sowie der notwendigen Ver- und Entsorgungsinfrastruktur in vielen Regionen der Alpen gerodet und stark zerschnitten. Dies führt nicht nur zu verstärkter Bodenerosion, sondern auch zu Konzentrationen beim Reh- und Rotwild in den verbliebenen, fragmentierten Lebensräumen. Zudem ist häufig die empfindliche Grasnarbe der planierten Bergwiesen und Pisten stark angegriffen und die Artenvielfalt der Magerwiesen durch Düngung erheblich reduziert (vgl. Müller 2007). Snowboarder:innen, Skifahrer:innen, Mountain-Biker:innen, Bergsteiger:innen und Gleitschirmflieger:innen dringen in die letzten alpinen Rückzugs- und Schutzgebiete von seltenen Tier- und Pflanzenarten ein. Dabei stören sie die Tiere, die durch häufige Flucht ihr Brutgeschäft unterbrechen müssen oder lebensnotwendige Energiereserven verlieren. Aber nicht nur in der Tierwelt gefährden Freizeitaktivitäten die Biodiversität, sondern auch in der Pflanzenwelt. Ein Beispiel ist das naturverträglich anmutende Felsenklettern. In den einzelnen Teilbiotopen einer Felswand haben sich sehr spezialisierte Pflanzengesellschaften entwickelt, die an ganz bestimmte biotische und abiotische Umweltbedingungen angepasst sind. Diese werden durch Tritt- und Griffschäden sowie durch das Einbringen von Magnesium, welches Kletter:innen für einen besseren Halt an den Felswänden verwenden, in ihrer Existenz gefährdet. Zudem kommt es zu Störungen der Fauna durch Lärm und die physische Anwesenheit von Menschen. Gerade geschützte, an Felsen brütende Vogelarten wie der Uhu oder der seltene Wanderfalke können dabei so stark gestört werden, dass sie ihren Brutplatz aufgeben. Somit kann das Felsenklettern bei mangelnder Steuerung eine Gefährdung für die Biodiversität in den betroffenen Gebieten darstellen (vgl. Müller 2007: 305). In vielen Natursportarten setzen sich die Akteur:innen inzwischen mit diesen Problemen auseinander und entwickeln Leitbilder für eine naturverträgliche Ausübung ihrer Freizeitbetätigungen (vgl. Sobek/ Bielig/Graaff 2019). Ein gutes Beispiel ist die Broschüre „Klettern und Naturschutz" des Deutschen Alpenvereins (DAV 2015).

Weitere negative Umweltauswirkungen, die durch Freizeitinfrastruktur und -aktivitäten hervorgerufen werden, sind **Wasserverschwendung und/oder -verschmutzung, Lärm, Lichtverschmutzung** und **hohe Abfallmengen** (z. B. Veranstaltungsmüll, ausgediente Sportbekleidung und -geräte). Der Wasserbedarf von Freizeitparks und Badelandschaften gilt als Mitverursacher von hohen Verbrauchsmengen. Auch Großveranstaltungen benötigen für die vielen Besuchenden erhebliche Mengen Wasser zum Betrieb der sanitären Anlagen. Naturgebundene Freizeitaktivitäten wie der Wintersport (Produktion von Kunstschnee) oder Sportanlagen (Beregnung von Spielflächen, Golfplätzen) sind ebenfalls auf große Mengen Wasser angewiesen (vgl. Müller 2007: 118). Lärmquellen, die dem Freizeitbereich zugeordnet werden können, sind u. a. Freizeitparks, Musik- und Sportveranstaltungen sowie Straßen- und Flugverkehr. Hinzu kommt die Verwendung von Musikabspielgeräten über Kopfhörer. Eine dauerhafte Störung durch Lärm, die über den Belästigungs- bzw. Schädigungsbereich von 70 dB(A) hinausgeht, ist mit schädlichen gesundheitlichen Auswirkungen verbunden (vgl. UBA 2019: 20).

Der Freizeitsektor kann sich aber auch **positiv** auf eine ökologisch nachhaltige Entwicklung auswirken. So gilt die Förderung und Nutzung regenerativer Energien als eine entscheidende Maßnahme zur Reduzierung der für den Treibhauseffekt und den Klimawandel verantwortlichen CO_2-Emissionen. Eine Vielzahl von Freizeiteinrichtungen nutzt inzwischen zum Betrieb ihrer Anlagen Strom aus erneuerbaren Energiequellen. Nicht selten bietet gerade Freizeitinfrastruktur eine geeignete „Plattform" zu ihrer Förderung. So stellen etwa die Dächer von Beherbergungsbetrieben, Restaurants und Sporthallen geeignete Installationsflächen für Photovoltaik-Anlagen dar. Ein konkretes Beispiel ist das Weserstadion in Bremen. Mit der eigenen Photovoltaik-Anlage werden dort ca. 650.000 kWh Strom pro Jahr produziert. Der darüber hinaus gehende Strombedarf wird zu 100 % durch Ökostrom gedeckt (vgl. SV Werder Bremen 2023).

Freizeit und Erholung sind auch ein wichtiges **Motiv für die Erhaltung von Natur- und Kulturlandschaften**. Daraus leitet sich auch eine Verpflichtung des Staates ab, entsprechende Großschutzgebiete für die Bevölkerung auszuweisen, was wiederum zum Erhalt der Biodiversität beiträgt. So ist neben dem Artenschutz die Sicherung und Entwicklung von Erholungs- und naturnahen Erlebnisräumen sogar gesetzlich verankert. Das Bundesnaturschutzgesetz (BNatSchG) schreibt z. B. im § 24 Absatz 2 vor, dass Nationalparke auch „der naturkundlichen Bildung und dem Naturerlebnis der Bevölkerung" und Biosphärenreservate auch „der Bildung für eine nachhaltige Entwicklung" (BNatSchG § 25 Absatz 2) dienen sollen. Ferner sollen Naturparke eingerichtet werden, weil diese sich „wegen ihrer landschaftlichen Voraussetzungen für die Erholung besonders eignen und in diesen ein nachhaltiger Tourismus angestrebt wird" (BNatSchG § 27 Absatz 1). Inzwischen gibt es in Deutschland 16 Nationalparke, 17 Biosphärenreservate und 105 Naturparke. Damit sind rd. 32 % der Fläche Deutschlands in diesen Schutzgebietskategorien gesichert (vgl. BfN 2018). Umweltökonomen argumentieren bei der Erholung in der Natur auch mit wirtschaftlichen Argumenten. Sie haben inzwischen Methoden entwickelt, wie der monetäre Wert dieser Ökosystemleistung berechnet wird und deren Ergebnisse wiederum die politische Debatte über den Wert des Naturschutzes befördern kann. Dass Natur eine Herzensangelegenheit der Deutschen ist, zeigen auch die Ergebnisse der Naturbewusstseinsstudie: Für 89 % gehört Natur zu einem guten Leben dazu und für ebenso viele bedeutet Natur Gesundheit und Erholung. 90 %

der Befragten geben an, dass es sie glücklich macht, in der Natur zu sein. Da die meisten Menschen diesen Bedürfnissen insbesondere in der Freizeit nachgehen, können entsprechende Naturerlebnisse auch zu mehr Naturschutz und Umweltsensibilisierung führen (vgl. BMUV und BfN 2023). Denn wer nicht lernt wie Natur lebt, kann auch nicht verstehen was ihre Gefährdung verursacht. Selber erleben, selber ertasten, selber begreifen weckt dagegen Empfindungen, die nicht durch Medien oder Bücher vermittelt werden können.

2.2.2 Freizeit und soziokulturelle Nachhaltigkeit

Im Vergleich zu den durch den Freizeitsektor verursachten ökologischen Problemen sind die **negativen soziokulturellen Auswirkungen** auf eine nachhaltige Entwicklung oft schwieriger zu erfassen. Dennoch kann auch für den Freizeitbereich soziales Konfliktpotenzial benannt werden. So hat sich die Gesundheit gefährdender Stress mittlerweile zu einem gesamtgesellschaftlichen Phänomen entwickelt, das nicht nur auf Arbeit, Schule und Familie begrenzt, sondern auch in der Freizeit allgegenwärtig ist. Rosa (2005: 11) merkt an: „Das Tempo des Lebens hat zugenommen und mit ihm Stress, Hektik und Zeitnot, obwohl wir auf nahezu allen Gebieten des sozialen Lebens mithilfe der Technik enorme Zeitgewinne durch Beschleunigung verzeichnen können. Wir haben keine Zeit, obwohl wir sie im Überfluss gewinnen." Rosa versucht dieses Paradoxon der modernen Welt zu erklären, seiner „geheimen Logik auf die Spur zu kommen" (Rosa 2005: 11) und dessen beunruhigende Konsequenzen für unsere Zukunft aufzuzeigen. Die Ursachen für **Freizeitstress** liegen demnach u. a. in der Vielfalt und der unüberschaubaren Fülle von Freizeitangeboten (vgl. Kap. 3). Unter Konsumstress versteht man in diesem Zusammenhang das beinahe zwanghafte Konsumieren von Gütern, welchem sich das Individuum kaum entziehen kann. Erlebnisstress meint dagegen den gesellschaftlichen Druck, etwas Spektakuläres erleben zu müssen, in möglichst kurzer Zeit möglichst viel zu sehen und diese Erlebnisse über soziale Medien zu teilen. Schließlich unterliegt das Individuum dem Kontaktstress, d. h. es muss den Erwartungen und Bedürfnissen von Freund:innen, Familie und Arbeitgeber:innen gerecht werden. Hierbei wird dann häufig die Reflektion über die eigenen Bedürfnisse vernachlässigt. Somit liegt das größte Defizit der Freizeit mittlerweile darin, zur Ruhe zu kommen (vgl. Opaschowski 1997 und Kap. 3). Dem eigentlichen Ruhebedürfnis des Menschen wird die Betriebsamkeit entgegengestellt, sodass es kaum oder wenig Erholungsphasen gibt und so kein Stressausgleich stattfinden kann (vgl. Lesch/Geißler/Geißler 2021; Rosa 2013).

Weitere negative soziokulturelle Auswirkungen der Freizeit sind auf die **massenhafte Nutzung bestimmter Erholungsräume** zurückzuführen. Bei zeitlich und lokal besonders hohem Aufkommen von Besuchenden kann es in Spitzenzeiten allein durch ihre hohe zahlenmäßige Präsenz zu Belastungen psychischer Art kommen – ein Phänomen, dass auch für den sog. Overtourism eine Rolle spielt (vgl. Hartmann 2018: 69). Dabei treffen mancherorts auch unterschiedliche Wertemuster und Verhaltensweisen z. B. von städtischen Besuchenden und ländlicher Bevölkerung oder unterschiedlicher Kulturen oder Religionen aufeinander. Dies kann von temporären Konflikten bis hin zu unerwünschten Akkulturationserscheinungen führen (vgl. Beyer 2017: 217 f.). Die möglichen Auswirkungen hängen auch davon ab, ob die lokale Bevölkerung bei der Planung und Entwicklung von Freizeitangeboten einbezogen wurde (Partizipation) und damit von seinem Selbstbestimmungsrecht Gebrauch machen konnte. Damit hängt auch die kulturelle Identität zusammen, die umso mehr beeinträchtigt sein kann, je stärker die regionale Kunst und Kultur im Freizeitangebot verdrängt oder kommerzialisiert wird. Traditionelle Lebensformen können durch neue dominante Freizeitformen sogar komplett zerstört werden. Freizeitinfrastruktur in Form einer nicht angepassten oder überdimensionierten Architektur kann zu ästhetischen Beeinträchtigungen des Landschaftsbildes führen. Zum Beispiel ragt der Snow Dome Bispingen monströs aus der sonst flachen und beschaulichen Heidelandschaft heraus und ist weithin sichtbar. Häufig kommt es auch zwischen unterschiedlichen Nutzendengruppen zu Konflikten. Beispielsweise zwischen Wandernden und Mountainbike-Fahrer:innen, wenn sie den gleichen Raum für ihre Freizeitbedürfnisse beanspruchen (vgl. Sobek/Bielig/Graaff 2019).

Aber auch im soziokulturellen Bereich kann die Freizeit als wichtiger Lebensbereich **positive Wirkungen** im Hinblick auf eine nachhaltige Entwicklung induzieren. Einen ganz wesentlichen Aspekt stellt hierbei die **informelle Bildung** dar, denn 70 % dessen, was wir im Leben lernen, findet außerhalb genuiner Bildungsinstitutionen (Schulen oder Universitäten) und damit überwiegend in der Freizeit statt (vgl. Dohmen 2001 und Kap. 3). In den letzten Jahren hat sich eine große Anzahl von Lernorten bzw. wissensorientierten Erlebniswelten (u. a. Science Center, Zoos, Freizeit- und Erlebnisparks) etabliert, die vielfältige Potenziale und Interaktionsräume für informelles Lernen gerade auch zum Thema Nachhaltigkeit bieten. Dabei steht das ganzheitliche Lernen im Vordergrund, also das Lernen mit Kopf, Herz und Hand. Auf diese Weise können z. B. Verhaltensmuster in den Bereichen Umweltsensibilisierung, soziale Kompetenzen oder Teamfähigkeit eingeübt werden (vgl. Freericks/Brinkmann/Wulf 2017). Während der UN-Dekade zur Bildung für nachhaltige Entwicklung wurde vielfach betont, dass dabei gerade der Freizeit eine besondere Rolle zufällt, da hier die unterschiedlichsten Menschen außerhalb der formalen Bildungseinrichtungen erreicht werden können. Darüber hinaus engagieren sich zahlreiche Menschen in vielfältiger Weise freiwillig in der Freizeit in Bereichen wie Sport und Bewegung, Kultur, Musik u. a., was nicht nur zu einer Stärkung des Gemeinschaftsgefühls, sondern auch insgesamt zur Förderung sozialer Kompetenzen beiträgt. Der Anteil der Menschen über 14 Jahren in Deutschland, die sich in ihrer Freizeit freiwillig engagieren, liegt seit 2014 bei rd. 40 % (vgl. BMFSFJ 2021: 9).

Ein weiterer positiver Aspekt besteht in dem großen **Interesse vieler Menschen an Kultur**, welches vor allem in der Freizeit befriedigt wird. Dieses Interesse kann beispielsweise den Erhalt und Schutz von Kulturdenkmälern fördern oder auch zu einer Stärkung bzw. Wiederbelebung regionaler Kunst, Kultur und Identität beitragen. Zudem werden in der Freizeit auch Interaktionsräume zum Ausprobieren einer

gesundheitsfördernden Zeitkultur der Muße und Entschleunigung wahrgenommen. Dies kann im Rahmen vielfältiger Freizeitaktivitäten erfolgen, die von den Deutschen sehr häufig ausgeübt werden. Dazu zählen u. a. Radio bzw. Musik hören (ggf. entspannt in einer Hängematte), Zeit mit Familie und/oder Partner:in verbringen (ggf. auf einer erholsamen Wanderung), seinen Gedanken nachgehen (ggf. beim Joggen) oder sich in Ruhe pflegen (zu Hause oder im Spa) (vgl. Stiftung für Zukunftsfragen 2023). Da die in unserer heutigen Leistungsgesellschaft noch immer stark verankerte protestantische Arbeitsethik bewussten und gelebten Müßiggang jedoch häufig (noch) als Laster bewertet und sogar als eine persönliche Schwäche des Individuums auslegt, ist in dieser Hinsicht noch viel Überzeugungsarbeit zu leisten. Denn Entschleunigung und Muße werden nicht selten zu Unrecht die gesellschaftliche Anerkennung verweigert, liegen doch gerade hierin noch ungenutzte Potenziale sowohl für die Erhaltung der Leistungsfähigkeit der Gesellschaft als auch für die Sicherung ihrer Gesundheit und Lebensqualität (vgl. Stecker 2018).

2.2.3 Freizeit und ökonomische Nachhaltigkeit

Grundlegendes Ziel der ökonomischen Nachhaltigkeit ist die Sicherung des Wirtschaftssystems und die Befriedigung der Grundbedürfnisse der Menschen. Übertragen auf den Freizeitsektor bedeutet dies, dass er zu einer dauerhaften, bedürfnisorientierten und Ressourcen schonenden wirtschaftlichen Entwicklung beitragen soll. Eine mögliche **negative ökonomische Auswirkung beim Ausbau** der Freizeitinfrastruktur sind hohe Investitionen, die zu einer Überschuldung führen können. Insbesondere wenn die öffentliche Hand einen Großteil solcher Investitionen tragen muss, führt dies häufig zu einer langfristigen Verschuldung von Landes- oder kommunalen Haushalten. Es bleibt immer die Unsicherheit, ob sich die Vorleistungen bezahlt machen, denn der Markt der Freizeitangebote ist sehr schnelllebig und hart umkämpft (vgl. Stecker 2010: 275). Prominente Investitionsruinen mit Freizeitbezug sind der Space Park Bremen 2004 (Land Bremen, 170 Mio. €) oder der Nürburgring im Jahr 2009 (Rheinland-Pfalz, 330 Mio. €) (vgl. WiWo 2014).

Nicht selten ist auch die Arbeit in den Berufen der Freizeitbranche relativ schlecht bezahlt und zeitlich unattraktiv. So sind z. B. viele der Arbeitsplätze in Freizeitparks von Saisonalität gekennzeichnet. Zudem handelt es sich häufig um niedrig qualifizierte und Teilzeitarbeitsplätze. Diese geringfügigen Beschäftigungen führen dazu, dass viele Menschen damit nicht ihren Lebensunterhalt bestreiten können. Die FVW überschrieb ihre Gehaltsanalyse in Bezug auf Berufe in Touristik und Freizeit im Frühjahr 2020 mit „Tourismus bleibt Flop-Branche" (vgl. Beyer 2017: 227; Sander 2020).

Doch der Freizeitsektor erzeugt auch **positive Wirkungen** auf eine nachhaltige wirtschaftliche Entwicklung. Neben einer Verbesserung des Freizeitwertes und der Lebensqualität gehen von der Freizeitbranche auch wichtige Impulse für die Sicherung des wirtschaftlichen Wohlstands aus. Entscheidend sind hierbei die regionale

Wertschöpfung und die Schaffung von Einkommen und Beschäftigung. Zusätzliche Multiplikatoreffekte auf vor- und nachgelagerte Wirtschaftssektoren wie Handwerk, Landwirtschaft oder Kommunikation können diese positiven wirtschaftlichen Effekte noch verstärken, sodass die gesamte Regionalwirtschaft und die Bevölkerung davon profitieren. Zudem wird durch die große Bandbreite und Vielfalt von Freizeitunternehmen vor allem jungen Menschen bei guter Ausbildung die Chance auf eine zukunftsfähige Beschäftigung eröffnet (vgl. Stecker 2018).

Schließlich kann gerade der Freizeitsektor auch eine Vorreiterrolle bei der Förderung eines nachhaltigen und maßvollen Konsums einnehmen. Als Grundlage eines solchen Ressourcen schonenden Konsums gilt das sog. Suffizienzprinzip, das neben dem Vorsorge-, Effizienz-, Partnerschafts- und Konsistenzprinzip zu den fünf handlungsleitenden Grundprinzipien nachhaltiger Entwicklung gehört (vgl. Stecker 2010: 250 ff.). Hinter diesem Prinzip steht die Frage, ob das Konsumniveau vertretbar und Verteilungsgerechtigkeit gewährleistet ist, also keiner zu viel konsumiert und alle genug haben. Es beinhaltet damit auch einen freiwilligen Verzicht, denn auch erzielte Effizienzgewinne können durch verändertes Konsumverhalten in Form von vermehrtem Konsum wieder kompensiert werden. Um dies zu verhindern, wird ein Lebensstil gefordert, der zunehmend mit dem Begriff der „neuen Wohlstandsmodelle" verknüpft wird, in denen mehr Lebensqualität nach dem Motto „besser leben statt mehr haben" im Vordergrund steht (vgl. Stecker 2018). Da bei vielen Menschen mittlerweile der Wunsch nach einer nachhaltigeren Lebensweise zu beobachten ist, bietet gerade der Freizeitbereich sehr viele Potenziale zum Einüben und Ausprobieren nachhaltiger Konsummuster.

Um den Verbraucher:innen eine Handlungsgrundlage und Orientierungshilfe zu geben, veröffentlicht der Rat für Nachhaltige Entwicklung beispielsweise jährlich einen **nachhaltigen Warenkorb**, der konkrete Impulse für Konsumentscheidungen gibt: Die Qualitätssiegel und Label in dieser Broschüre erfüllen ein Mindestmaß an Transparenz und Glaubwürdigkeit und bieten Orientierung auf der Suche nach nachhaltigen Produkten, viele davon aus dem Bereich der Freizeitwirtschaft. Die Empfehlungen reichen dabei vom täglichen Einkauf bis zu den seltenen und großen Anschaffungen. So bedeutet nachhaltig zu konsumieren in der Freizeit letztlich, bewusster und weniger zu kaufen. Und wenn die Nutzungszeit eines Freizeitgutes schließlich zu Ende geht, darüber nachzudenken, ob es jemand anders gut gebrauchen könnte. Auch die gemeinsame Nutzung von langlebigen Verbrauchsgütern durch mehrere Haushalte oder Personen, sei es der Rasenmäher oder das Auto, reduziert insgesamt den Ressourcenverbrauch. All das stärkt letztlich auch den gesellschaftlichen Zusammenhalt (vgl. RENN 2023).

In der folgenden Übersicht werden die tendenziell positiven und negativen Auswirkungen des Freizeitsektors auf die drei klassischen Dimensionen der Nachhaltigkeit zusammengestellt (vgl. Tab. 2.1).

Diese Zusammenschau ermöglicht einen sehr anschaulichen Zugang zum Verständnis einer nachhaltigen Freizeitentwicklung und -gestaltung, deren prinzipielles Ziel es sein muss, negative Wirkungen zu minimieren und positive Wirkungen zu maximieren. Dabei sind immer alle drei Dimensionen gleichermaßen zu adressieren,

Tab. 2.1: Mögliche positive und negative Auswirkungen des Freizeitsektors auf eine nachhaltige Entwicklung (Quelle: Stecker 2018: 292; Hartmann 2018: 40).

Dimension	Tendenziell positive Wirkungen	Tendenziell negative Wirkungen
Ökologie	– Gibt Anreize zum Einsatz regenerativer Energien – Trägt durch den Schutz intakter Natur- und Kulturlandschaften zur Erhaltung der Biodiversität bei – Naturgenuss/Erholung in der Natur leistet als kulturelle Ökosystemleistung einen Beitrag zum Naturschutz – Fördert die Umweltsensibilisierung – Trägt zur Finanzierung von Naturschutz und Schutzgebieten bei	– Hoher Energieverbrauch und Emissionen beschleunigen den Klimawandel – Flächenverbrauch und Bodenversiegelung vermindern die Biodiversität – Erzeugt hohen Wasserverbrauch und führt zu Wasserverschmutzung – Sorgt für erhöhte Abfallmengen – Steigert die Luftverschmutzung und Feinstaubentwicklung – Verantwortet Lärmbelastung und Lichtverschmutzung
Soziokultur	– Leistet einen Beitrag zu Muße und Entschleunigung – Fördert Integration und kulturellen Austausch – Stärkt das Gemeinschaftsgefühl und die soziale Kompetenz – Trägt zum Erhalt regionaler Kultur bei und fördert regionale Identität – Unterstützt die Qualifizierung, Aus- und Fortbildung und das Informelle Lernen	– Erzeugt Beschleunigung und Freizeitstress – Provoziert soziale Spannungen und Konflikte zwischen verschiedenen Nutzendengruppen – Beeinträchtigt seine Umgebung ästhetisch negativ – Führt zu Kommerzialisierung regionaler Kunst und Kultur
Ökonomie	– Trägt zum wirtschaftlichen Wohlstand bei – Schafft Einkommen und Arbeitsplätze – Bewirkt Multiplikatoreffekte auf andere Wirtschaftssektoren – Trägt zum Ausbau der Infrastruktur bei und schafft regionale Entwicklungsimpulse – Kann ressourcenschonenden Konsum initiieren	– Sorgt für die Gefahr der Überschuldung bei Investitionen für Freizeitinfrastruktur – Erwirkt nur geringfügige Beschäftigungen – Führt zum Anstieg der Verbrauchenden- und Bodenpreise – Verleitet zu unreflektiertem, maßlosem Konsum von Freizeitgütern (Ressourcenverbrauch)

denn Erfolge bei einzelnen Kriterien dürfen nicht zu Lasten anderer gehen, um die notwendige Balance von Umwelt, Gesellschaft und Wirtschaft zu wahren. Zudem sind alle relevanten Akteur:innen der Freizeitwirtschaft und -politik auf lokaler, regionaler und nationaler Ebene einzubinden, um die Verantwortung zwischen Planungsebenen sinnvoll teilen, auftretende Widersprüche besser ausleuchten und notwendige Kurskorrekturen verhandeln zu können.

2.2.4 Herausforderungen, Lösungsstrategien und Steuerungsinstrumente

Negative Auswirkungen zu minimieren und positive zu maximieren klingt viel einfacher, als dies tatsächlich in der Praxis der Fall ist. Denn die Freizeitbranche ist mit zwei grundsätzlichen Problemen konfrontiert. Erstens ist die **Dienstleistungs- bzw. Wertschöpfungskette im Freizeitsektor** sehr lang. Alle Teilsegmente nachhaltig zu entwickeln bzw. zu gestalten, stellt eine der größten Herausforderungen dar. Denn dazu müssten eine Vielzahl von Akteur:innen (Veranstalter:innen, Transportunternehmen, Beherbergungs- und Gastronomiebetriebe, Anbieter:innen von Freizeitinfrastruktur und -aktivitäten, lokale Behörden usw.) einbezogen und deren nicht selten divergierende Interessen ausgeglichen werden. Die vielfältigen Handlungsfelder in der Freizeit machen aber gerade eine enge Kooperation und Abstimmung der verschiedenen Akteur:innen und Interessengruppen zwingend notwendig. Zweitens muss eine nachhaltige Freizeitentwicklung einen **ganzheitlichen Ansatz verfolgen** und zahlreiche Rahmenbedingungen, Einflussfaktoren und Wechselwirkungen berücksichtigen und dabei sowohl die lokale, die regionale als auch die globale Ebene (siehe z. B. Klimakrise) im Blick haben (vgl. Stecker 2016: 303).

Den politischen Entscheidungstragenden sowie den diversen Akteur:innen der Freizeitwirtschaft steht ein breites Spektrum an **Steuerungsinstrumenten** zur Verfügung, die für die dringend gebotene Reform des Freizeitsektors in Richtung einer nachhaltigen Entwicklung genutzt werden können (vgl. Kap. 5 und Abb. 2.4). So kann der Staat z. B. über das **Ordnungsrecht** in Form von bestimmten Ge- und Verboten sowie fiskalischen Eingriffen Einfluss auf die Kostenstruktur der Nachfrage- und Angebotsseite nehmen. Insbesondere im Hinblick auf den wachsenden Beitrag des Freizeitsektors zum Treibhauseffekt und Klimawandel muss der Staat regulierend eingreifen, indem u. a. fossile Energieträger verteuert und klimaschädliche Emissionen mit einem Preis belegt werden. Dadurch könnten Anreize auch für die Freizeitwirtschaft gesetzt werden, in effiziente Technologien zu investieren und klimafreundlichere Produkte anzubieten. Auch für einen besseren Schutz der Biodiversität und die Reduktion des Flächenverbrauchs können ordnungsrechtliche Maßnahmen im Einzelfall ökologisch sehr treffsicher eingesetzt werden. Dies betrifft z. B. naturschutzrechtliche Regelungen zum Betreten der freien Flur oder den verstärkten Einsatz der Landschaftsplanung, um z. B. freizeitinduzierte Landnutzungen gezielter an den jeweiligen Naturraum anzupassen und die Zonierung von Landschaftsbereichen abgestufter Nutzungsintensität zu begründen (vgl. UBA 2021).

Ein sparsamer Umgang mit der Ressource Wasser in der Freizeit ließe sich über gestaffelte Trinkwasserpreise und adäquate Abwasser- bzw. Abfallgebühren erreichen. Darüber hinaus kann die Freizeitwirtschaft durch eine ganze Reihe von **technischen Möglichkeiten** der energetischen Effizienzsteigerung und des verstärkten Einsatzes regenerativer Energien beachtliche CO_2-Minderungspotenziale bei Verkehrsmitteln, Freizeitinfrastruktur und -aktivitäten realisieren (s. o.). Auch können Verbraucher bei anerkannten Anbieter:innen (z. B. atmosfair) nicht nur die durch

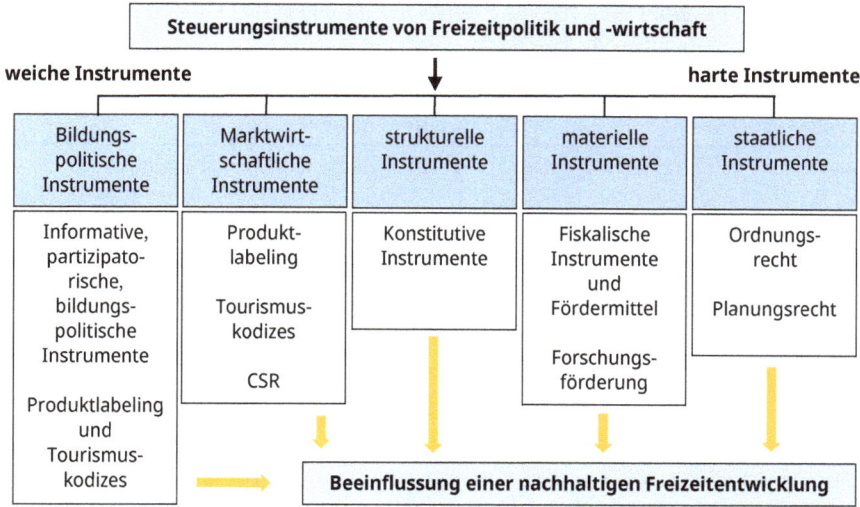

Abb. 2.4: Steuerungsinstrumente für eine nachhaltige Freizeitentwicklung (Quelle: Stecker 2018: 294).

ihre Urlaubsreise verursachten Treibhausgasemissionen freiwillig kompensieren, sondern auch die Organisator:innen von Sport- oder Musikevents nutzen inzwischen dieses Instrument, um ihre Veranstaltungen klimafreundlicher zu gestalten. Die so generierten Mittel werden dann für CO_2-Einspar- und Klimaschutzprojekte in Ländern des globalen Südens eingesetzt.

Ein marktwirtschaftliches Instrument stellen **Gütesiegel und Zertifizierungslabel** dar. Es gibt eine Vielzahl solcher Zertifizierungen mit unterschiedlicher Reichweite, Durchschlagskraft und Qualität. Grundlage sind meistens formalisierte Bewertungssysteme aus Kriterien und Indikatoren, anhand derer Nachhaltigkeitsleistungen der Freizeitwirtschaft gemessen und zertifiziert werden können (vgl. RENN 2023; Brot für die Welt 2023).

Der inflationäre Gebrauch des Begriffes Nachhaltigkeit und eine entsprechende Verwirrung der Menschen, welche Siegel und Zertifikate denn nun glaubhaft seien, unterstreicht das Problem der **konkreten Bewertung, Messung** und darauffolgenden Umsetzung einer nachhaltigen Entwicklung. Es gibt zwar einen internationalen Konsens über die zu beachtenden Kriterien, um das Ziel der Nachhaltigkeit auf Destinationsebene zu erreichen (vgl. GSTC 2020), aber bei der weiteren Konkretisierung, welches die geeigneten Indikatoren sind, um die Kriterien vor Ort qualitativ oder quantitativ zu erfassen und nach ihrem Erfüllungsgrad zu überprüfen, sowie bei der Frage nach verlässlichen und allgemein akzeptierten Normen zur Bewertung der Indikatoren fehlt es noch an wissenschaftlich gesicherten (Grundlagen-)Studien. Die komplexen Zusammenhänge und Wirkungskreisläufe, die jede Destination ausmachen, sind kaum mit einem allgemeingültigen System von Indikatoren abzudecken. Zudem bedarf es für jede Destination aufgrund ihrer Individualität einer spezifischen

Herangehensweise bei der Bilanzierung der Nachhaltigkeit (vgl. Hartmann und Stecker 2018: 51 ff. und die folgende Textbox).

Nachhaltigkeitsbilanzierung in Freizeit- und Tourismusdestinationen

Der notwendige erste Schritt einer Nachhaltigkeitsbilanzierung für Destinationen ist, die Ziele einer
nachhaltigen Freizeit- und Tourismusentwicklung zu definieren und in einem konsistenten Zielsystem
zusammenzuführen. Dabei können grundsätzlich vier Hauptzielbereiche unterschieden werden:
(1) Nachweis eines wirkungsvollen Nachhaltigkeitsmanagements, (2) Maximierung des sozialen und
ökonomischen Nutzens für die lokale Bevölkerung und Minimierung der negativen Auswirkungen,
(3) Maximierung des Nutzens für Bevölkerung, Gäste und das kulturelle Erbe und Minimierung der
negativen Auswirkungen und (4) Maximierung des Nutzens für die Umwelt und Minimierung der
negativen Auswirkungen (vgl. GSTC 2020).

Im zweiten Schritt erfolgt die Ableitung von Kriterien für eine nachhaltige Freizeit- und
Tourismusentwicklung. Diese beschreiben, welche Maßnahmen anzustreben sind, damit die gesetzten
Ziele erreicht werden können. In einem dritten Schritt werden den Kriterien Indikatoren zugeordnet,
deren Funktion es ist, die Kriterien mit quantitativen oder qualitativen Parametern erfassen zu können.
Sie sind der Maßstab zur Beurteilung, ob bzw. inwieweit die Kriterien erfüllt sind und somit den zuvor
definierten Hauptzielen gefolgt wird. Indikatoren sind also Messgrößen zur Bewertung eines Ist-Zustands
und sollen bestenfalls das Zielsystem vollständig abbilden. Wichtig für die Entscheidung, ob ein Indikator
berücksichtigt wird oder nicht, ist die Frage der Verfügbarkeit entsprechender Daten, der Ansprechbarkeit
von Expert:innen und der Eindeutigkeit der Kriterien.

Die Erfassung der Indikatoren erfolgt mit verschiedenen Methoden im Rahmen eines
mehrdimensionalen Prozesses (Triangulation). Insgesamt besteht das Untersuchungsdesign aus einem
Mix von Primär- und Sekundäranalysen, zu denen sowohl qualitative Leitfadeninterviews mit Expert:innen,
quantitative Befragungen von Einheimischen und Tourist:innen sowie Beobachtungsbögen zählen, um
Merkmalsausprägungen von Indikatoren direkt vor Ort zu erfassen. Zur Messung und finalen Beurteilung
der einzelnen Indikatoren ist es notwendig, Referenzwerte im Sinne von Standards bzw. Normen zu
definieren, um eine entsprechende Einstufung in Erfüllungsgrade und somit letztendlich eine Bewertung
vornehmen zu können. Die Zusammenschau der Indikatoreinstufungen erlaubt im nächsten Schritt eine
Überprüfung und Bewertung der einzelnen Kriterien, indem jeweils eine Beurteilung ihres
Erfüllungsgrades erfolgt.

Das ausführliche, alle Kriterien und denkbaren Indikatoren einschließende Prozedere der
Nachhaltigkeitsbilanzierung bringt einen sehr hohen Kosten- und Zeitaufwand der Datenerhebung mit
sich. Vor allem bedarf es einer umfangreichen und zeitintensiven Erhebung und Untersuchung einer
Destination vor Ort. Häufig kann man jedoch schon anhand einer Reihe von systemrelevanten
Kernindikatoren feststellen, wie hoch der Erfüllungsgrad der nachhaltigen Entwicklung ist. Das reicht
zumindest aus, um die Dringlichkeit und Reichweite einer Implementierung von nachhaltigem Tourismus
zu prognostizieren und entsprechende strategische Weichenstellungen in einer Destination vorzunehmen
(vgl. Hartmann/Stecker 2018, 2021).

Im Rahmen sog. CSR-Berichte (CSR = Corporate Social Responsibility) können Unternehmen der Freizeitbranche wiederum ihren Beitrag zu einer nachhaltigen Entwicklung
dokumentieren, indem sie über gesetzliche Vorgaben hinaus soziale und ökologische
Verantwortung in ihrem Kerngeschäft übernehmen. Schließlich kommt der (Aus-)Bil-
dung für eine nachhaltige Entwicklung im Freizeitsektor entscheidende Bedeutung zu.
Denn nur wer die Fähigkeit besitzt, Probleme nicht nachhaltiger Entwicklung zu erken-

nen und Wissen über geeignete Lösungsansätze anwenden zu können, wird später auch im Berufsleben entsprechend handeln können. Für den formellen Bildungsbereich kommt eine Statusanalyse der Ausbildungssituation im Freizeit- und Tourismusbereich an deutschen Berufs- und Hochschulen allerdings zu dem Schluss, dass noch deutliche Defizite in Bezug auf eine ganzheitliche Ausbildung bestehen. Immerhin befassen sich aber zunehmend Studiengänge systematisch mit dem Thema Nachhaltigkeit (vgl. Stecker/Gernig 2011 und Kap. 7).

Letztlich wird es ohne tiefgreifende Änderungen unseres Freizeitverhaltens und einen Verzicht auf endloses Wachstum keine langfristig tragfähige Lösung für die Branche geben. Wir dürfen die Verantwortung für eine nachhaltige Gestaltung unserer Freizeit nicht nur der Politik, Wirtschaft und Wissenschaft überlassen. Viel wichtiger ist, dass jede/r Einzelne sich den Wirkungen und Folgen seines/ihres Handelns in der Freizeit bewusst wird und daraus folgerichtig eine Bereitschaft zur Änderung des Verhaltens erwächst.

Das Dilemma des nachhaltigen Konsums ist, dass es häufig erhebliche Diskrepanzen zwischen dem Bewusstsein der Konsument:innen und ihren tatsächlichen Kaufentscheidungen gibt (**Attitude-Behaviour-Gap**). Das Grundproblem des nachhaltigen Konsums – nicht nur in der Freizeit – liegt darin, dass die sozial-ökologische Qualität der Produkte in Konkurrenz zu anderen Merkmalen, allen voran dem Preis, steht. Je nach primärem Kaufmotiv, erfüllen andere Produkte die Wünsche der Kund:innen dann besser. Die Kaufbarrieren für nachhaltige Produkte sind Marktforschungen zufolge für viele zu hoch. Die Ursachen für die Diskrepanz zwischen dem ökologischen Bewusstsein und den tatsächlichen Kaufentscheidungen können sehr unterschiedlich sein (vgl. Balderjahn 2021: 218 ff.):

– Wenn nachhaltige Freizeitangebote oder -produkte teurer sind als herkömmliche Konkurrenzprodukte (Preisbarrieren).
– Wenn durch nachhaltiges Freizeitverhalten liebgewordene Gewohnheiten verändert oder ganz aufgegeben werden müssen (Gewohnheitsbarrieren) – das betrifft z. B. die ökologisch bedenklichen Fernreisen.
– Wenn das Bedürfnis, sich in der Freizeit nachhaltig zu verhalten, in Konkurrenz zu anderen Bedürfnissen steht (z. B. Konsum- oder Komfortwünsche), die das eigene Wohl betreffen (Egoismusbarrieren).
– Wenn beim nachhaltigen Freizeitverhalten Unbequemlichkeiten entstehen (Bequemlichkeitsbarrieren) – z. B. die Wahl eines langsameren Verkehrsmittels (Zug anstatt Flieger) oder der Verzicht auf bedenkliche Luxusprodukte.
– Wenn Unsicherheiten über die soziale oder ökologische Qualität eines Freizeitangebotes vorliegen (Unsicherheitsbarrieren) – manchmal sind die Unterschiede zwischen nachhaltigen und nicht nachhaltigen Freizeitangeboten nicht auf den ersten Blick erkennbar (faire Bezahlung, Nutzung regenerativer Energien etc.).
– Wenn den Informationen zur Nachhaltigkeit der angebotenen Leistung misstraut wird (Vertrauensbarrieren) – z. B. wenn Anbietende sehr unterschiedliche Frei-

zeitangebote im Sortiment haben, die z. T. deutlich erkennbar nicht nachhaltig sind (Beispiel: https://www.jochen-schweizer.de).

2.2.5 Fazit und Ausblick

Freizeit braucht Nachhaltigkeit, um Freizeit- und Erholungsräume zu erhalten und die Lebensqualität zu sichern. Umgekehrt benötigt Nachhaltigkeit aber auch die Freizeit, weil diese – im Gegensatz zur nicht frei verfügbaren Arbeitszeit – vielfältige Potenziale und Interaktionsräume bietet, um nicht nur eine neue Zeitkultur der Muße und Entschleunigung, sondern auch nachhaltigere Konsumstile ausprobieren und einüben zu können. Dennoch ist und bleibt die Gestaltung positiver Wechselwirkungen zwischen Freizeit und Nachhaltigkeit eine mühsame Gratwanderung, die bei strikter Beachtung ethischer Handlungsmaximen tatsächlich zu einer ökologisch und soziokulturell verträglichen Entwicklung beitragen kann. Aufgrund der eingangs skizzierten Wachstumsdynamik des Freizeitsektors kann dieser aber auch eine nicht nachhaltige Entwicklung befördern.

2.2.6 Literatur

Balderjahn, Ingo (2021): Nachhaltiges Management und Konsumentenverhalten. 2. vollst. überarb. Aufl., München: UVK.
Beyer, Dörte (2017): Soziale und kulturelle Herausforderungen im Tourismus. In: Rein, Hartmut; Strasdas, Wolfgang (Hrsg.): Nachhaltiger Tourismus. München: UVK, S. 205–239.
BfN – Bundesamt für Naturschutz (2018): Gebietsschutz/Großschutzgebiete. Abgerufen am 14.12.2023 von https://www.bfn.de/themen/gebietsschutz-grossschutzgebiete.html.
BMDV – Bundesministerium für Digitales und Verkehr (2018): Mobilität in Deutschland – MiD. Ergebnisbericht. Abgerufen am 14.12.2023 von https://bmdv.bund.de/SharedDocs/DE/Anlage/G/mid-ergebnisbericht.pdf?__blob=publicationFile#page=3undzoom=auto,-86,666.
BMFSFJ – Bundesministerium für Familie, Senioren, Frauen und Jugend (Hrsg.) (2021): Freiwilliges Engagement in Deutschland. Zentrale Ergebnisse des Fünften Deutschen Freiwilligensurveys (FWS 2019). Berlin.
BMUV – Bundesministerium für Umwelt, Naturschutz, nukleare Sicherheit und Verbraucherschutz (2023): Flächenverbrauch nimmt weiter zu. Abgerufen am 13.12.2023 von https://www.bmuv.de/pressemitteilung/flaechenverbrauch-nimmt-weiter-zu.
BMUV und Bundesamt für Naturschutz (BfN) (Hrsg.) (2023): Naturbewusstsein 2021. Bevölkerungsumfrage zu Natur und biologischer Vielfalt. Berlin.
Brot für die Welt (2023): Wegweiser durch den Labeldschungel 2023. Abgerufen am 15.12.2023 von https://www.tourism-watch.de/artikel/wegweiser-durch-den-labeldschungel-2023/.
Club of Rome (Hrsg.) (2022): Earth for All. Ein Survivalguide für unseren Planeten. Der neue Bericht an den Club of Rome, 50 Jahre nach »Die Grenzen des Wachstums«. München: Oekom.
Destatis (2023): Anteil der Konsumausgaben der privaten Haushalte in Deutschland für Freizeit, Unterhaltung und Kultur an den gesamten Konsumausgaben von 1991 bis 2022. Abgerufen am

11.12.2023 von https://de.statista.com/statistik/daten/studie/296793/umfrage/anteil-der-ausgaben-fuer-freizeit-kultur-in-deutschland-an-den-konsumausgaben/.

DAV – Deutscher Alpenverein (2015): Klettern und Naturschutz. Leitbild zum naturverträglichen Klettern in Deutschland. München.

Dohmen, Günther (2001): Das informelle Lernen. Die internationale Erschließung einer bisher vernachlässigten Grundform menschlichen Lernens für das lebenslange Lernen aller. Hrsg.: Bundesministerium für Bildung und Forschung. Bonn.

Freericks, Renate; Brinkmann, Dieter; Wulf, Denise (2017): Didaktische Modelle für außerschulische Lernorte. Bremen: Institut für Freizeitwissenschaft und Kulturarbeit (IFKA).

GSTC (Global Sustainable Tourism Council) (2020): Global Sustainable Tourism Criteria for Destinations (GSTC-D) v2.0. Abgerufen am 15.12.2023 von http://www.gstcouncil.org/gstc-criteria/gstc-destination-criteria/.

Hartmann, Rainer (2018): Marketing in Tourismus und Freizeit. 2. Aufl., München: UVK.

Hartmann, Rainer; Stecker, Bernd (2018): Nachhaltigkeitsbilanzierung im Tourismus: Entwicklung von Kernindikatoren im Städtetourismus. In: Mosedale, Jan; Voll, Frieder (Hrsg.): Nachhaltigkeit und Tourismus: 25 Jahre nach Rio – und jetzt? Studien zur Freizeit- und Tourismusforschung, Bd. 14. Mannheim: MetaGIS-Systems, S. 51–61).

Hartmann, Rainer; Stecker, Bernd (2021): Entwicklung spezifischer Indikatoren zur Nachhaltigkeitsbilanzierung in Kreuzfahrtdestinationen. In: Freericks, Renate; Brinkmann, Dieter (Hrsg.): Erlebnis – Gemeinschaft – Transformation. Berufsfeld Freizeit und Tourismus im Umbruch. 6. Bremer Freizeitkongress. Bremen: IFKA, S. 211–239.

Kompetenzzentrum Tourismus des Bundes (Hrsg.) (2022): Auf dem Weg zur Klimaneutralität bis 2045: Wissen und Strategien für Klimaschutz im Tourismus in Deutschland – Themenschwerpunkt Klimaschutz und Nachhaltigkeit. Salzgitter und Hamburg: Project M GmbH.

Laue, Lars (2023): Snow-Dome Bispingen: Leere Wintersporthalle wird auch bei Hochsommerhitze betrieben – die Gründe. Abgerufen am 15.12.2023 von https://www.kreiszeitung.de/lokales/niedersachsen/keine-option-snow-dome-bispingen-im-sommer-abtauen-ist-92462159.html.

Lesch, Harald; Geißler, Karlheinz A.; Geißler, Jonas (2021): Alles eine Frage der Zeit. Warum die »Zeit ist Geld«-Logik Mensch und Natur teuer zu stehen kommt. München: Oekom.

Meadows, Dennis; Meadows, Donella (1972): Die Grenzen des Wachstums. Club of Rome. Bericht des Club of Rome zur Lage der Menschheit. Reinbek: Rowohlt TB-V.

Müller, Hansruedi (2007): Tourismus und Ökologie. Wechselwirkungen und Handlungsfelder. 3. überarbeite Aufl., München: Oldenbourg.

Opaschowski, Horst W. (1997): Einführung in die Freizeitwissenschaft. 3. akt. u. erw. Aufl., Opladen: Leske + Budrich.

RENN – Regionale Netzstellen Nachhaltigkeitsstrategien (2023): Der nachhaltige Warenkorb. Abgerufen am 14.12.2023 von https://www.nachhaltiger-warenkorb.de/.

Rosa, Hartmut (2005): Beschleunigung. Die Veränderung der Zeitstrukturen in der Moderne. Suhrkamp Taschenbuch Wissenschaft.

Rosa, Hartmut (2013): Beschleunigung und Entfremdung: Entwurf einer kritischen Theorie spätmoderner Zeitlichkeit. Frankfurt a. M.: Suhrkamp Verlag.

Sander, Evelyn (2020): Gehaltsanalyse. Tourismus bleibt Flop-Branche. Abgerufen am 14.12.2023 von https://www.fvw.de/counter/karriere/gehaltsanalyse-tourismus-bleibt-flop-branche-206279.

Sobek, Tilman; Bielig, Norman; Graaff, Nico (2019): Bewusstsein und Verantwortung für einen sorgsamen Umgang mit dem Natur-, Freizeit- und Erholungsraum in Deutschland. In: Sand, Manuel (Hrsg.): Outdoor – Mensch – Natur. Adventuremanagement in Theorie und Praxis. München: UVK Verlag. S. 39–46.

Stecker, Bernd (2018): Freizeit, Nachhaltigkeit und Lebensqualität – Ein zukunftsfähiger Dreiklang? In: Schäfer, Gabriele; Brinkmann, Dieter (Hrsg.): Lebensqualität als postmodernes Konstrukt. Bremen: IFKA. S. 277–300.

Stecker, Bernd (2016): Tourismus. In: Ott, Konrad; Voget-Kleschin, Lieske; Dierks, Jan (Hrsg.): Handbuch Umweltethik. Stuttgart/Weimar: Verlag J. B. Metzler, S. 297–304.

Stecker, Bernd (2010): Ökologie und Nachhaltigkeit in der Freizeit. In: Freericks, Renate; Hartmann, Rainer; Stecker, Bernd (Hrsg.): Freizeitwissenschaft. Handbuch für Pädagogik, Management und nachhaltige Entwicklung. München: Oldenbourg. S. 240–352.

Stecker, Bernd; Gernig, Björn (2011): Ausbildung für nachhaltigen Tourismus – Eine Analyse tourismusbezogener Studiengänge an deutschen Hochschulen. In: Natur und Landschaft – Zeitschrift für Naturschutz und Landschaftspflege, 86 (12), S. 548–552.

Stiftung für Zukunftsfragen (2023): Freizeit-Monitor 2023. Abgerufen am 13.12.2023 von https://www.frei zeitmonitor.de/2023/alle-freizeitaktivitaeten-im-ueberblick/.

Strasdas, Wolfgang (2017): Einführung Nachhaltiger Tourismus. In: Rein, Hartmut; Strasdas, Wolfgang (Hrsg.): Nachhaltiger Tourismus. München: UVK, S. 13–44.

SV Werder Bremen GmbH und Co KG aA (2023): Klimaschutz braucht klare Ziele. Abgerufen am 06.12.2023 von https://www.werder.de/nachhaltigkeit/soziales-1/klimaschutz/.

UBA – Umweltbundesamt (2019): Position // Juli 2019. WHO-Leitlinien für Umgebungslärm für die Europäische Region. Lärmfachliche Bewertung der neuen Leitlinien der Weltgesundheitsorganisation für Umgebungslärm für die Europäische Region. Dessau-Roßlau.

UBA (2021): UM-LANDSTADT/WELTSCHONEND. Nachhaltige Verflechtung von Wohnen, Arbeiten, Erholung und Mobilität. Dessau-Roßlau.

UBA (2023): Treibhausgas-Emissionen. Abgerufen am 16.12.2023 von https://www.umweltbundesamt.de/themen/klima-energie/treibhausgas-emissionen.

WCED – World Commission on Environment and Development (1987): Unsere gemeinsame Zukunft. Der Brundtland-Bericht an die Weltkommission für Umwelt und Entwicklung (deutsche Fassung).

WiWo – Wirtschaftswoche (2014): Fehlinvestitionen. Die größten Investitionsruinen Deutschlands. Abgerufen am 11.12.2023 von https://www.wiwo.de/politik/deutschland/fehlinvestitionen-die-groessten-investitionsruinen-deutschlands/6468050.html.

WWF – World Wide Fund for Nature (2022): Living Planet Report 2022. Abgerufen am 11.12.2023 von https://livingplanet.panda.org/en-GB/.

2.3 Mediatisierung und Digitalisierung

Christopher Könitz

Der Medienentwicklung wohnt eine gewisse Beschleunigung inne. Anfang der 1980er Jahre gab es in Deutschland nur das öffentlich-rechtliche Fernsehen und Computer waren ein kostenintensives Nischenphänomen für Technikenthusiasten, welche damals noch als „Computer Freaks" bezeichnet wurden. Bereits ein Jahrzehnt später gab es neben dem öffentlich-rechtlichen Fernsehen das Privatfernsehen und der Personal Computer wurde immer mehr auch zu einem Breitenphänomen, welches sich durch die aufkommende Nutzung des Internets schnell verbreitete. Mitte der 2000er gab es bereits die Plattformen YouTube und Facebook und der Begriff Web 2.0 wurde geprägt (vgl. O'Reilly 2005). 2007 erschien das erste iPhone und machte das Internet für die Hosentasche populär. Es kann inzwischen das Smart Home steuern. Die Adaptionsrate neuer Technologien, Geräte und Plattformen hat sich beschleunigt.

Medien in der Freizeit sind daher zwar kein neues Phänomen, aber durch die Digitalisierung hat sich die Entstehung neuer und die Transformation bestehender Freizeitfelder und Freizeitphänomene beschleunigt. Damit verbunden sind Begriffe wie mobiles Internet, Smartphones oder digitale Ökosysteme, welche wiederum die Grundlage für digitale Breitenphänomene bilden, die Gesellschaft, Bildung und Freizeit beeinflussen. Häufig ist nicht abzusehen, welche Entwicklungen durch neue technologische Möglichkeiten entstehen, da hier durch das Internet dynamische und algorithmisch beeinflusste Phänomene entstehen. Jedoch lässt sich konstatieren, dass Medien und die Digitalisierung einen Einfluss auf die gesellschaftliche Entwicklung haben. Daher sollen im Folgenden die Begriffe der Mediatisierung und der Digitalisierung im Kontext der Freizeitwissenschaft dargestellt werden.

2.3.1 Mediatisierung von Freizeitfeldern

Was ist Mediatisierung?
Mediatisierung ist ein Metaprozess des gesellschaftlichen Wandels. Hierbei wird von einer Ausweitung der Kommunikation über Medien ausgegangen, welcher eine räumliche, zeitliche und soziale Entgrenzung innewohnt. Im Verständnis von Krotz sind jedoch nicht Medien, sondern Menschen und deren medial-kommunikatives Handeln der Ausgangspunkt für diesen Wandel (vgl. Krotz 2012: 45). Um die Komplexität des Mediatisierungsbegriffs zu erfassen, differenziert Krotz (2012: 48 ff.) die Funktionsweisen der Mediatisierung über

- die Ausdifferenzierung von Kommunikation in Typen und Formen,
- die Ausdifferenzierung von Medienbezügen,
- die Ausdifferenzierung von Medienumgebungen,
- die Ausdifferenzierung von Medienbedingungen in mediatisierten Lebenswelten,
- den Wandel des Lesens und andere Mediennutzungsformen,
- die Mediatisierung und der Wandel der Medien und
- die Mediatisierung des gesellschaftlichen Mesobereichs.

Historisch lassen sich mit Blick auf die Mediatisierung drei große Wellen ausmachen, welche zu **Mediatisierungsschüben** geführt haben. Diese zeichnen sich durch einen grundlegenden Wandel der Medienumgebungen aus, welcher mit einem Wandel der Mediencharakterzüge und der Medienbeziehungen einhergehe (vgl. Couldry/Hepp 2023: 54). Im Rückblick auf die letzten 600 Jahre machen Hepp und Couldry (2023: 57 ff.) drei Mediatisierungsschübe aus:
1. Die Mechanisierung, welche vor allem mit der Drucktechnologie und den verbundenen Medien Buch, Flugblatt und Zeitschrift einherging. Jedoch wird hervorge-

hoben, dass durch die mechanische Uhr, Eisenbahnen und Fabriken und der Notwendigkeit der Literalität eine breite Öffentlichkeit erzeugt wurde.

2. Die Elektrifizierung, welche Medien wie die Telegrafie, das Radio und das Fernsehen hervorbrachte. Damit einhergehend kam es zur Entwicklung von breiteren technologischen Netzwerken, wie das Stromnetz, Kabelnetze oder Richt- und Rundfunknetze. Damit verbunden ist auch das Entstehen der Gleichzeitigkeit der persönlichen Kommunikation durch den Telegrafen und das Telefon sowie eine orts- und zeitunabhängige Verdichtung translokaler Kommunikationsräume.

3. Die Digitalisierung, welche die Medien Computer, Internet und Mobiltelefone hervorbrachte, welches eine ubiquitäre Konnektivität, insbesondere hinsichtlich Daten und deren Verarbeitung, ermöglichte.

Letztlich lässt sich Mediatisierung nicht allein betrachten, sondern tritt mit den Metaprozessen Kommerzialisierung, Individualisierung und Globalisierung auf (vgl. Krotz 2012: 51). Hierbei stelle die Kommerzialisierung den Ausgangspunkt für die anderen Metaprozesse dar und diese Metaprozesse seien in wechselseitiger Verstärkung verschränkt. Dies macht es auch letztlich schwierig, diese Metaprozesse isoliert zu betrachten und erfordert einen Blick auf die hervorgebrachten Phänomene (vgl. Hepp/ Hartmann 2010: 12 f.).

Hinsichtlich des Mediatisierungsbegriffs lassen sich modernisierungstheoretische Anschlüsse ausmachen. In „Konsequenzen der Moderne" beschreibt der Soziologe Anthony Giddens (1997) die Mechanismen der Modernisierung. Auf der einen Seite schreitet aufgrund der raumzeitlichen Entbettung der Individuen eine Erosion tradierter Strukturen (z. B. Glaube oder Dorfsitten) voran, die zur Folge hat, dass diese nicht mehr aufrechterhalten werden können. Auf der anderen Seite werden in diesem Prozess tradiertes Wissen und Vertrauen hinterfragbar. Er konstatiert, dass das Vertrauen und Wissen sich in ein institutionalisiertes Vertrauen in Form von symbolischen Zeichen (u. a. Geld) und Expertensystemen gewandelt habe (vgl. Giddens: 37 f.). Moderne Institutionen würden reflexive Elemente beinhalten, da sie neue Erkenntnisse gegenüber alten Wissensbeständen reflektieren müssten. Es gäbe eine Steigerung der Rationalität, die wiederum zu einem positivistischen Denken (d. h. es gibt absolute Wahrheiten) geführt habe, welches die Reflexivität überstrahle (vgl. Giddens: 60 f.). Hierbei interpoliert er diese Entwicklungen und stellt ähnlich wie der Bildungsphilosoph Jürgen Mittelstraß in seinem Aufsatz „Bildung und ethische Maße" (Mittelstraß 2002) fest, dass Reflexivität nötig sei, um sich in einer kontingenten Moderne zu orientieren, die instabiles und unbeständiges Wissen hervorbringe. In diesem Zusammenhang spricht Giddens von einer reflexiven Moderne (vgl. Giddens 1997: 66). Rückgeführt auf den Metaprozess Mediatisierung bedeutet dies, dass es sich nicht nur um eine Steigerung des Medienanteils im Alltag handelt, sondern moderne Subjekte und Institutionen vor Orientierungsherausforderungen gestellt werden. Dies betrifft gleichsam auch den Bereich der Freizeit.

Konsequenzen der Mediatisierung für die Freizeit

Mit Blick auf die expansiven medialen Angebote lässt sich konstatieren, dass auch die Freizeit zunehmend medial geprägt ist. Hierbei stellen Hagenah und Gilles (2012) in einer Querschnittsstudie von 1986–2007 fest, dass die Einführung der privaten TV-Sender zwischen 1989–1992 und die Verbreitung des Internets ab 1998 zu starken Anstiegen in der Nutzung dieser Medien führten und sich darauf neue Mediennutzungsplateaus bildeten. Bemerkenswert ist hierbei die Feststellung, dass diese verstärkte Mediennutzung weniger vom Bildungsgrad oder dem Einkommen abhängig sei, sondern von der verfügbaren Freizeit (vgl. Hagenah/Gilles 2012: 69 f.). Mit Blick auf die Zunahme digitaler Medien und der Digitalisierung des Fernsehens hin zu Streaming-Diensten, Mediatheken und Smart-TV lassen sich neue Formen der Anschlusskommunikation mittels Live-Abstimmungen über das Internet (vgl. Sutter 2017: 34 f.) oder koorientiertes Fernsehen via Second Screen ausmachen (vgl. Göttlich/Heinz/Herbers 2017: 17 f.).

Im Kontext der Handlungsfelder der Freizeitwissenschaft ergeben sich hierbei Herausforderungen und Potenziale. Insbesondere durch die Corona-Lockdowns haben sich in diesem Bereich bestimmte Felder im verstärkten Maße digitalisiert bzw. digitalisieren müssen und gehören ebenfalls zur neuen postpandemischen Normalität. Anhand der Beispiele Museen und Sport sollen im Folgenden kursorisch die Entwicklungen der Mediatisierung in der Freizeit aufgezeigt werden.

Beispiel Museen

In der explorativen Studie „Wissenswelten 3.0" wurde festgestellt, dass sich Ausstellungs- und Bildungshäuser auf Grund der schnellen medialen Veränderung der Gesellschaft, hin zu einer digital geprägten Erlebnisgesellschaft, unterschiedlich entwickeln würden. Hierbei wurde beobachtet, dass es zum einen Pionier:innen gäbe, welche neue mediale szenografische Konzepte umsetzten und eher konservative Skeptiker:innen, welche an klassischen Konzepten festhielten (vgl. Freericks/Brinkmann/Theile 2018: 21).

Freizeitparks stehen hierbei vor ähnlichen Herausforderungen. Digitalisierung betrifft die gesamte Visitor Journey, wie die Buchung eines Tickets von Zuhause aus, bis hin zur Foto- und Videodokumentation als Mitbringsel (vgl. Brinkmann/Freericks 2021: 141). Dieser Trend einer zunehmenden Mediatisierung wurde durch die Corona-Pandemie beschleunigt. Eine Umfrage über die Auswirkungen der Corona-Pandemie auf Museen vom Network of European Museum Organisations (NEMO), bei der 650 Museen teilgenommen haben, zeigte, dass ein Großteil (92 %) während der Pandemie schließen musste (vgl. NEMO 2020: 2). Hierbei zeigte sich, dass die meisten Museen ihre Social Media-Präsenz erhöhten und zudem im verstärkten Maße virtuelle Touren und Ausstellungen online anboten. Gleichzeitig stiegen auch die Besuchendenzahlen auf den Online-Präsenzen der Museen stark an (vgl. NEMO 2020: 5 f.). Ein ähnliches Bild zeigte eine Umfrage des International Council of Museums (ICOM) mit über 1.600 befragten Einrichtungen: Durch die Pandemie wurden Online-Ausstellungen, Live-Events, Wettbewerbe und in einem sehr starken Maße Social Media während und nach dem Lockdown ausgebaut (vgl. ICOM 2020: 10 ff.). Die Mediatisierung von Museen in Form der Digitalisierung wird sich auch in Zukunft fortsetzen. Im aktuellen Leitfaden „Standards für Museen" vom deutschen Museumsbund (2023: 4) wird im Kontext der gesellschaftlichen Anschlussfähigkeit u. a. konstatiert, dass die Gesellschaft dynamischer, komplexer, digitaler und vernetzter werde. Als Folge wird darin für den gesellschaftlichen Auftrag der Arbeit von Museen festgehalten, dass „die gezielte Förderung des digitalen Transformationsprozesses zu einer Kultur der Digitalität" (Deutscher Museumsbund 2023: 9) eine Voraussetzung dafür sei. Hierbei wird auch deutlich gemacht, dass die Digitalisierung als Form der Mediatisierung kein Selbstzweck sei und vor allem gesellschaftliche Zielstellungen verfolge.

Beispiel Sport
Der Sport ist ein weiteres prominentes Freizeitfeld, welches durch Mediatisierung geprägt ist. Dohle und Vowe konstatieren, dass Sport und Sportarten sich an der Logik der Massenmedien orientieren würden. Hierbei erzielen Sportler:innen, Vereine und Sportarten durch Medienberichterstattungen höhere Einnahmen u. a. durch den Verkauf von Übertragungsrechten (vgl. Dohle/Vowe 2017: 33). Zur Identifikation der Mediatisierung des Sports entwerfen Dohle und Vowe eine „Mediatisierungstreppe". Diese reicht vom Umbau von Stadien mit großen TV-Studios, welche mit vielen Einstellungen eine Sportveranstaltung einfangen kann, bis hin zu einer Änderung von Sportregeln, wie z. B. beim Tischtennis. Dort wurden die Spielsätze verkürzt, um die Dramatik und Spannung zu steigern. Zudem wurden die Bälle vergrößert, so dass diese langsamer und besser sichtbar für Zuschauer:innen sind. Jedoch ist der Prozess der Mediatisierung des Sports nicht einseitig oder zwangsläufig. Es gäbe eine „Sportifizierung der Medien", wie z. B. Rankings und Wettkämpfe in der politischen Berichterstattung. Zudem würden Veränderungen in den Sportarten nicht einfach hingenommen. Im Fußball verstünden sich einflussreiche Fangruppen z. B. als Korrektiv zu Mediatisierungs- und Ökonomisierungstendenzen (vgl. Dohle/Vowe 2017: 33 ff.).

Während des Corona-Lockdowns haben sich die Digitalisierung und Entkörperlichung des Sports bei Kindern und Jugendlichen beschleunigt (vgl. Neuber 2022: 10). Generell wurde in dieser Zeit auch ein Anstieg der Zuschauer:innen von eSports-Events festgestellt.[1] Auch das Aufkommen von generativer KI in jüngster Zeit hat Auswirkungen auf den Fußball. So gibt es in den unteren Ligen bereits erste durch KI verfasste Fußballberichte, welche aufgrund der geringen Reichweite und einer Homogenität in diesem Feld zu einer medialen Öffentlichkeit verhelfen (vgl. Osterhaus 2020).

---

1 Hierbei schauten in Deutschland 48 % der Befragten mehr eSport-Übertragungen an. In anderen EU-Ländern war dieser Prozentsatz sogar noch höher (vgl. Statista 2020). Gleichzeitig konnte auch der Umsatz im eSport gesteigert werden (vgl. Kicker 2022).

Die Mediatisierung der Mediatisierung

Neben diesen physischen Freizeitaktivitäten findet auch eine Weiterentwicklung von medialen Freizeitangeboten statt. Ein klassisches Beispiel hierfür ist das Fernsehen. In den ersten Jahrzehnten des Fernsehens wurde vor allem bestehende Kultur in Form von Theater, Film, Literatursendungen und -verfilmungen genutzt und somit in ein neues Medium transformiert. Hickethier bezeichnet diese Form der Mediatisierung als Intermedialität, in welcher ein Medium auf das andere verweise und gleichzeitig mediale Differenzierungen und Adaptionen hervorbringe. Daher sei das Fernsehen bereits eine Mediatisierung der zweiten oder dritten Art (vgl. Hickethier 2010: 88). In dieser technologisch induzierten quantitativen Ausbreitung mediatisierter Kultur sieht Hickethier ein Umschichten der Kulturen in immer wieder neue mediale Formen. Dies habe zur Folge, dass gesellschaftlich identitätsstiftende Erzählungen immer wieder neu formuliert würden und diese an die Anforderungen der gesellschaftlichen Selbstverständigung angepasst werden können. Insofern sieht Hickethier auch in der Digitalisierung eine Erweiterung der kulturellen Angebotsmengen und Angebotsvarianten, welche auch mediale Veränderungen und Neugestaltungen mit sich bringen würden (vgl. Hickethier 2010: 93 ff.). Die besondere neue Qualität der Digitalisierung als Mediatisierung der Mediatisierung betrachtet Jörissen. Hierbei konstatiert er im Kontext der digitalen Medialität, dass eine digitale Reproduktion eines Gemäldes mehr sei als ein bloßes Abbild. Vielmehr müsse man auch die damit hervorgerufene Möglichkeitsstruktur in den Blick nehmen, da das digitalisierte Bild z. B. zur Kommentierung, zur Manipulation oder zum Remix in einer digital vernetzten Sphäre genutzt werden könne (vgl. Jörissen 2014: 507). Vor diesem Hintergrund sollen nun die Begriffe der Digitalisierung und Digitalität im Kontext von Freizeit näher betrachtet werden.

2.3.2 Digitalisierung der Freizeit

Die Digitalisierung beschreibt zunächst die Einführung von Computern zum Bewältigen bestimmter Aufgaben, wie Automatisierungstechnik oder Buchhaltung. Computer in der Freizeit sind seit den späten 1970er Jahren anzutreffen. In diesem Zeitraum erschien der Atari 2600 als reine Spielkonsole, die sich über 30 Mio. Mal verkaufte. Kurz darauf, im Jahr 1982, erschien der Commodore 64. Dieser erschwingliche, technisch noch stark limitierte und dennoch einfach zu bedienende Computer wurde über 12,5 Mio. Mal verkauft und zu einem sichtbaren Phänomen der aufkommenden Hobby-Computer-Szene. Bemerkenswert ist hierbei, dass dieser auch an den heimischen Fernseher angeschlossen werden konnte (vgl. Fromme 2015: 438). Im Zuge der immer günstiger werdenden Personal Computer (PC), die gleichzeitig immer leistungsfähiger wurden, entwickelte sich Anfang der 1990er Jahre eine Multimedia-Welle. Interaktive Video- und Tonaufnahmen sowie komplexere und aufwändige 2D- und 3D-Spiele konnten mittels CD-Technologie viele Haushalte erreichen. Im Bereich des PC hatten sich ausgehend von IBM-kompatiblen Modellen Computer mit Windows etabliert. So wurden allein 1995 über 60 Mio. PC verkauft (vgl. Dernbach und Siering 2020). Im Bereich der Spielekonsolen konnte insbesondere Sony mit der PlayStation ab 1994 über 102 Mio. Geräte verkaufen und machte das Thema Konsolenspiele durch entsprechende erwachsene Themen und elektronische Musik von populären Musiker:innen in den Spielen auch bei jungen Erwachsenen beliebt.

Ein Jahr nach dem Erscheinen von Windows 95 wurde der Internet Explorer Bestandteil des Betriebssystems und damit Ausdruck für das aufkommende World Wide Web. Diese erste populäre Form fußte vor allem auf HTML und bot größtenteils statische Inhalte, die jeder relativ einfach erstellen konnte. Damit einhergehend kam es zu einer ersten Welle des E-Commerce und der Notwendigkeit der Auffindbarkeit von Inhalten im Internet. Schließlich kamen Suchmaschinen wie Yahoo und später Google auf, welche dieses Problem lösten (vgl. Couldry/Hepp 2023: 65 f.).

Web 2.0 stellte einen fundamentalen Wandel dar, da das Web als Plattform konzipiert wurde (vgl. O'Reilly 2005). Dank Datenbanken und entsprechenden Webtechnologien verlagerte sich das Geschehen von Einzelseiten auf soziale Netzwerke und Portale. Interessant ist hierbei, dass die Definition des Web 2.0 vor allem von einem Wandel des Geschäftsmodells hin zu einer Folksonomy[2] ausging. Ein Ausdruck dieser Idee findet sich auch im Aufkommen digitaler Markplätze wie den App-Stores und geschlossenen Systemen wie dem Apple AppStore oder der sozialen Netzwerke MySpace und Facebook (vgl. Meinel/Asjoma 2021: 22). Ab 2007 wurden durch das iPhone Smartphones populär und damit das Internet und Apps in der Hosentasche. Gleichzeitig durchdrang damit das Internet den beruflichen Alltag und die Freizeit. Dies zeigt sich auch in den Verkaufszahlen. Während sich PC-Verkäufe 2023 bei 242 Mio. Geräten einpendelten, wurden im gleichen Jahr über 1,2 Mrd. Smartphones verkauft (vgl. Sokolov 2024). Mit Blick auf diese kursorische Darstellung der technischen Entwicklung und Verbreitung von digitalen Endgeräten lassen sich für deren Popularisierung und Durchsetzung folgende Faktoren ausmachen (vgl. Fromme 2015: 44 f.):

–   Verkleinerung von Bauteilen bei gleichzeitiger Leistungssteigerung
–   der relative Preisverfall von Geräten und Diensten
–   die Vereinfachung der Bedienbarkeit
–   die Bereitstellung von Anwendungen, welche den Privatgebrauch attraktiver machten

Dabei haben digitale Medien die Eigenschaft, dass sie Subsumierungsmedien sind. Durch die Digitalisierung von analogen Inhalten und deren Überführung in ein manipulierbares binäres Format werden Medien zusammengeführt, welche vorher getrennt waren (vgl. Fromme 2015: 439). Die im Kontext der Fernsehgeschichte oben erwähnte

---

2 Folksonomy beschreibt nach O'Reilly die Wandlung von Online-Angeboten weg von einer statischen Taxonomie hin zu einem dynamischen und individuellen Tagging von Inhalten durch die Nutzer:innen. Damit wird Partizipation zum Teil der Nutzungs- und Geschäftsmodelle des Web 2.0 (vgl. O'Reilly 2005).

Intermedialität wird damit komplexer. Dieser Umstand wird unter dem Begriff der Convergence Culture (vgl. Jenkins 2008) bzw. der Medienkonvergenz diskutiert.

2.3.3 Digitalität

Unter dem Begriff der Digitalität werden die kulturellen bzw. gesellschaftlichen Implikationen der Digitalisierung gefasst. Dies zeigt sich insbesondere an den drei Merkmalen der Digitalität, welche Stalder (2016: 97 ff.) ausführt:

1. Die Referenzialität bezieht sich auf die Transformation von mit Bedeutungen versehenen Materialien, welche verwendet werden, um neue Bedeutungen zu schaffen. Es geht hierbei also um referenzielle Verfahren, wie Remix, Remake oder Hommage, die dies herstellen. Hier wird auch ein Bezug zur Remix- bzw. Convergence Culture deutlich. Denn durch das Digitalisieren von Inhalten im Zusammenspiel mit dem Social Web können neue Bedeutungslagerungen entstehen. Dies zeigt sich beispielsweise in Memes, welche bestimmte kulturelle Phänomene verweisen und diese meist humoristisch umdeuten.

2. Mit dem Merkmal der Gemeinschaft meint Stalder vor allem gemeinschaftliche Formationen, die einen interpretativen Rahmen erstellen, bewahren und verändern. Hierbei kommt der Kommunikation dieses Rahmens eine besondere Bedeutung zu, um jene Prozesse und Praxen zu konstituieren (vgl. Stalder 2026: 137).

3. Das Merkmal der Algorithmizität bezieht sich einerseits auf die Notwendigkeit, große Datenmengen zu bewältigen, und andererseits diese Datenmengen zu nutzen, um die Algorithmen weiterzuentwickeln. Praktisch bedeute dies, dass durch Algorithmen Ordnungen als Metastrukturen erstellt werden (vgl. Stalder 2016: 183 f.). Gleichsam verweist dieser Aspekt auch auf die medialen Dispositive, welche mit der Digitalisierung einhergehen.

In diesem Sinne lassen sich zunächst ähnliche argumentative Linien zwischen der Mediatisierung und der Digitalität ausmachen. Diese liegen vor allem im Fokus auf kommunikative und kulturelle Praxen und weniger auf den technischen Eigenschaften der Medien. Eine ähnliche Rahmung nimmt Missomelius (2022: 22) vor: Er spricht im Kontext der Digitalisierung von einer Kultur des Binären. Durch die Einführung des Begriffs der Binärisierung nimmt Missomelius Bezug auf die binäre Konstitution des Digitalen. Letztlich hebt auch er hervor, dass dieser Prozess an bestehende Praxen anschließt: „Binärisierungsprozesse sind insofern eher transformativ, als dass die Mehrheit der binären Medien bzw. ihre Funktionen nicht erstmals auftreten, sondern auf bereits existierende Einzelmedien sowie Praktiken Bezug nehmen".

Mediatisierung und Digitalität in der Freizeitwissenschaft verweisen damit auf den Umstand, dass sich die Kultur und damit die Praxen der Freizeit dahingehend verändern. Dieser Prozess ist weitreichend, da er mit Bedeutungstransformationen, neuen Formen der Gemeinschaft und einer Algorithmisierung der Freizeitangebote einhergeht. Dies bedeutet auch, dass der Zugang zu (medialen) Freizeitangeboten voraussetzungsvoller werden kann.

Die Digitalisierung und das Internet sind heutzutage eng miteinander verwoben. Ob Smart-TV, Smart-Home, PC oder Spielekonsole: Immer mehr wird das Internet obligatorischer Bestandteil der Nutzungserfahrung. Damit verbunden ist das Phänomen des **Digital Divide**. Hierbei geht es um eine Spaltung der Gesellschaft auf Grund des Zugangs zum Internet. Es lassen sich mehrere Ebenen ausmachen, welche in den letzten Jahren in der medienpädagogischen Diskussion Eingang fanden:

– Die erste Ebene, auch „zero level digital divide" genannt, bezieht sich auf die infrastrukturellen und technischen Spaltungen, welche sich aus der technischen Beschaffenheit des Internets ergeben. Neben der Priorisierung von Diensten für bestimmte Personen und Personengruppen kann diese Form des Digital Divide auch zu geolokalisierten Blockaden oder Filter-Blasen führen (vgl. Verständig/Klein/Iske 2016: 52).

– Der „first level digital divide" umfasst den Zugang von Einzelpersonen zu digitalen Endgeräten und dem Internet. Diese Ebene bezieht sich daher vor allem auf die materielle bzw. finanzielle Ebene. Hierbei gibt es nicht nur eine Trennung hinsichtlich des Gerätebesitzes, sondern auch eine Trennung hinsichtlich technischer Merkmale wie z. B. Kameraqualität oder Datenvolumen. Insofern beeinflusst diese Ebene letztlich auch die Qualität der digitalen Teilhabe (vgl. Fink/Kenny 2003: 2).

– Der „second level digital divide" bezieht sich auf die individuellen Fähigkeiten und Kompetenzen bei der Nutzung digitaler Medien (vgl. Hargittai 2002: 15).

– Der „third level digital divide" bezieht sich auf die Nutzungsweise mit Blick auf die persönlichen Ziele. Diese Form des Digital Divide fokussiert die Effektivität der Nutzung und hat einen utilitaristischen Charakter. Hierbei ist vor allem auch der Bildungsgrad ein wesentlicher Faktor, wenn es beispielsweise darum geht politische Ziele zu erreichen (vgl. van Deursen/Helsper 2015: 32). Damit verbunden eröffnen Fink und Kenny (2003: 2) neben der zweckvollen Nutzung durch den „impact of use" eine weitere Ebene: die finanzielle und ökonomische Reichweite.

Die Konsequenzen des Digital Divide sind für Einzelpersonen also nicht immer sofort sichtbar. Jedoch gibt es damit verbundene Phänomene, welche auch Freizeitaktivitäten und -angebote betreffen können. Ein bekanntes Phänomen sind Content-, Aktivitäts- und Filterblasen, welche algorithmisch entstehen können (vgl. Thimm 2020: 3 f.). Hierbei sehen Nutzer:innen auf Basis von bestimmten Nutzungsweisen des Internets und ortsbasierten Vorschlägen nur bestimmte Angebote. Ein Beispiel hierfür sind Streamingdienste wie Netflix, welche auf Basis des Standortes der Nutzer:innen bestimmte Inhalte vorhalten bzw. nicht anzeigen. Hierbei spielen vor allem die national ausgehandelten Nutzungsrechte und legislative Voraussetzungen eine wesentliche Rolle.

Als Reaktion darauf können Nutzer:innen ein subversives Freizeitverhalten an den Tag legen, indem diese z. B. VPN-Clients nutzen, um Beschränkungen zu umgehen. Eine weitergehende Form ist das sog. Hacking, mit dem meist der Code von Programmen manipuliert wird, damit technische Beschränkungen umgangen werden (vgl. Verständig/Stricker 2023: 330). Im Kontext von Video- und Computerspielen wird dies genutzt, um den Kopierschutz oder den Onlinezwang von Spielen zu umgehen oder um in Spielen zu cheaten. Eine weitaus kreativere Form in diesem Bereich ist das sog. Modding. Hier werden Computerspiele verändert, um neue Funktionen in das Spiel zu bringen oder vollkommen neue Spiele zu erschaffen (sog. Total Conversions). Diese Praxis ist größtenteils eine Freizeitaktivität und die Nutzer:innen teilen ihre Mods über kollaborative Plattformen wie GitHub (vgl. Unger 2014; Abend/Beil 2017).

Diese Beispiele zeigen, dass die Digitalisierung keinesfalls zu einer vollkommenen Abhängigkeit von Anbieter:innen führen muss. Aber die Vorrausetzungen in Form von Wissen und Medienkompetenzen steigen. Insofern soll nun dieser Aspekt, der auch für Anbieter:innen von Freizeitangeboten relevant ist, um neue Zielgruppen zu erschließen oder die Zielgruppe zu erweitern, beleuchtet werden.

2.3.4 Konsequenzen der Medialität für Freizeitangebote

Mediatisierung macht Freizeitangebote voraussetzungsvoller. Die Nutzer:innen müssen über bestimmte Medienkompetenzen verfügen, um mediale Freizeitangebote zu nutzen. Hierbei wird die Frage nach den Zielgruppen und deren mediales Vorwissen für die Gestaltung von Angeboten elementar. Mit Blick auf das komplexe Phänomen des Digital Divide lassen sich hierbei nicht nur Unterscheidungen bzw. Spaltungen nach Altersgruppen und Lebensphasen ausmachen. Digital Natives, also jüngere Menschen, die mit digitalen Medien groß geworden sind, sind keinesfalls in einem kritischen oder tiefergehenden Sinne medienkompetent; jedoch lassen sich mit Blick auf die Lebensphase eine kreative und mediale Auseinandersetzung mit der Welt ausmachen (vgl. Lange 2020: 20). Formelle und informelle schulische und außerschulische Angebote sind hierbei Wege, um jüngeren Menschen vor allem auch den kritischen Umgang mit Medien zu vermitteln. In der Schule wird dies zum Teil in spezifischen Fächern wie Medienbildung oder Informatik getan (vgl. Breier 2011). Daneben gibt es auch die Tendenz in klassischen Schulfächern wie Deutsch und Mathematik bereits ab dem Primarbereich auch Medienkompetenzen zu vermitteln (vgl. LIS Bremen 2024).

In der Erwachsenenbildung werden ebenfalls medienpädagogische Angebote von einer Vielzahl von Institutionen angeboten, wie Volkshochschulen, Landesmedienanstalten, Kirchen oder Vereinen. Hierbei werden diese Angebote im Spannungsfeld von unterschiedlichen pädagogischen Aufträgen, gesellschaftlichem Bedarf und Interessen der Teilnehmenden bestimmt (vgl. von Hippel 2011: 693). Hinsichtlich der Mediatisierung kommen neben institutionellen Angeboten auch zunehmend digitale Angebote zum Einsatz. YouTube-Tutorials, Selbstlernkurse oder Sprach-Apps ermöglichen es jüngeren und erwachsenen Menschen orts-, zeit- und sozial unabhängig für die eigenen Interessen zu lernen. Hierbei sind ältere Menschen keinesfalls medienabstinent.

Dies zeigt sich in zahlreichen Beiträgen und Studien über die sog. „Silver Surfer" (vgl. Belliger 2017). Hierbei ist festzuhalten, dass die Lern- und Bildungspotenziale der Medienaneignung und -nutzung durchaus einem aktiven Altern zuträglich sind und das Morbiditäts- und Mortalitätsrisiko senken können (vgl. Kruse 2011: 831 f.). Fehlende Medienkompetenzen können durch eine hohe Eigenmotivation auf Grund des Mehrwerts des Internets aufgefangen werden (vgl. Morrison 2015). Hierzu zählen der Austausch mit ähnlich alten Menschen, die Websuche, die digitale Kommunikation mit der Familie und ein „altersloses Surfen" auf Grund einer jüngeren Selbstwahrnehmung (vgl. Fittkau/Harms 2012: 54 f.). Generell sind Medienkompetenzen eng verwoben mit der Mediatisierung und der Sozialisation der Menschen als lebenslange Prozesse. Hierzu konstatieren Fromme, Iske und Marotzki (2011: 7), dass Sozialisation immer auch medial erfolge und Medialität in alle Sozialisationsprozesse eingeschrieben sei.

Die Herausforderung für Freizeitangebote besteht in der medialen Heranführung der unterschiedlichen Zielgruppen, so dass diese an den Freizeitangeboten partizipieren können. Durch die Bandbreite möglicher mediatisierter Angebote lässt sich eine Vielzahl von möglichen Wegen ausmachen. Bei rein digitalen Angeboten ist ein Tutorial in Videoform oder interaktiv eine Möglichkeit, die Nutzer:innen auf das Freizeitangebot vorzubereiten. Dies passiert inzwischen häufig in Videospielen, aber auch in Social Media Apps wie TikTok. Bei medial angereicherten Freizeitangeboten, welche eine physische Präsenz erfordern, kann insbesondere bei nicht geführten Angeboten, wie Museen oder Freizeitparks, auf mediale Vermittlungsformen wie Videos gesetzt werden. Bei geführten Angeboten hingegen sollten digitale Komponenten explizit erklärt werden, um die Nutzung zu verbessern. Mit Blick auf die unterschiedlichen Medienkompetenzen, ist die Mediennutzung und -gestaltung für digitale Medien in den jeweiligen Freizeitfeldern eine wesentliche Voraussetzung für einen grundsätzlichen Zugang (vgl. Baacke 1997: 99).

Damit verbunden können mediale Freizeitangebote auch reflexive Potenziale entfalten. Dieser Umstand wird vor allem unter dem Begriff der **Medienbildung** diskutiert. Hierbei bezieht sich der Bildungsbegriff auf eine (mediale) Transformation von Selbst- und Weltverhältnissen. Insofern grenzt sich dieses Verständnis von einem instrumentellen bzw. kompetenzorientierten Medienbildungsbegriff dahingehend ab, als dass es nicht um das Lernen oder die Medienaneignung geht, sondern um individuelle und nicht steuerbare transformative Prozesse. Im Kontext der Strukturalen Medienbildung existieren vier lebensweltliche Dimensionen der Orientierung, welche Medien und deren Nutzung hervorbringen können (vgl. Jörissen/Marotzki 2009: 39 f.):

– Wissensbezug: Medien können bestehende Wissensformationen herausfordern. Insofern stellt diese Dimension die Frage nach den Grenzen des eigenen Wissens und wie damit umgegangen wird. Im Kontext der medienpädagogischen Diskussion um das Web 2.0 und der Wissensaggregation auf Plattformen wie Wikipedia stellen Iske und Marotzki (2010: 150) fest, dass der Umgang mit Wissen und dessen

Generierung einen reflexiven, heuristischen, spielerischen, kreativen und kollaborativen Zug bekäme.

- Handeln: Mediales Handeln ist keineswegs neutral, sondern ist auch immer eine Frage der inneren Haltung und der eigenen moralischen Vorstellungen. Diese können durch digitale Medien, in Form von Social Media Beiträgen oder Erfahrungen in Computerspielen, in vielfacher Weise herausgefordert werden.
- Grenzen: Es stellt sich die Frage, was rational erfasst werden kann. Hierbei geht es auch um mediale Fremdheitserfahrungen, die nicht immer aufgelöst werden können und damit ein reflexives Potenzial besitzen. So haben viele audiovisuelle Social Media Apps die Möglichkeit, eigene Bild- und Filmaufnahmen durch Filter und Schnittfunktionen zu verfremden.
- Biografie: Medien können z. B. in Form von Filmen biografische Aspekte darstellen. Gleichzeitig können diese dargestellten Lebens- und Selbstentwürfe auch Reflexionsfolien für die eigene Biografie sein (vgl. Jörissen/Marotzki 2009: 31). Im Kontext von Computerspielen können Spieler:innen Rollen und damit verbundene Lebensentwürfe übernehmen oder erstellen und damit andere biografische Erfahrungen in einem geschützten Rahmen machen. Hierbei wird deutlich, dass die Dimensionen Wissen, Handeln und Grenzbezug insbesondere im Computerspiel in den Biografiebezug einfließen (vgl. Könitz 2022: 326 f.).

Die Mediatisierung und die damit verbundene Digitalisierung können zu einer verstärkten Auseinandersetzung mit sich Selbst und der Welt beitragen. Mediatisierte Freizeit und mediale Artikulationen dieser werden damit auch zu einem besonderen Ort der Persönlichkeitsbildung. Hierbei liegen in medialen Selbstentäußerungen, Selbstverfremdung oder in der Übernahme von Rollen besondere reflexive Potenziale.

Zusammenfassend ist die Mediatisierung ein tiefgreifender und bereits langanhaltender Prozess, der insbesondere kulturelle und soziale Veränderungen beschreibt. Hinsichtlich der mediatisierten Freizeitangebote lässt sich historisch konstatieren, dass die Mediatisierung keinesfalls in einen Verlust einer besonderen „Aura" mündet (vgl. Benjamin 2003: 13). Vielmehr ist es eine Umschichtung der Kulturen – und damit auch der Freizeit – in immer wieder neue mediale Formen (vgl. Hickethier 2010: 93), welche durch eine immer stärker netzförmige und digitale Gesellschaft hervorgerufen wird. Freizeit an sich wird damit zu einem komplexen und medialen Phänomen. Insofern sind auch traditionelle nicht digitale Freizeitfelder zunehmend mediatisiert und kommerzialisiert. Damit wird Freizeit nicht nur analytisch, sondern auch für die Nutzer:innen von Freizeitangeboten herausfordernder. Insofern sollten bei der Gestaltung von medialen Freizeitangeboten auch mediendidaktische Überlegungen einbezogen werden, um möglichst vielen Menschen mit unterschiedlichen Hintergründen die Partizipation an diesen Angeboten zu ermöglichen.

2.3.5 Literatur

Abend, Pablo; Beil, Benjamin (2017): Spielen in mediatisierten Welten – Editor-Games und der Wandel der zeitgenössischen Digitalkulturen. In: Krotz, Friedrich; Despotović, Cathrin; Kruse, Merle-Marie (Hrsg.): Mediatisierung als Metaprozess: Transformationen, Formen der Entwicklung und die Generierung von Neuem. Wiesbaden: Springer Fachmedien, S. 303–321. https://doi.org/10.1007/978-3-658-16084-5_14.

Baacke, Dieter (1997): Medienpädagogik. Berlin, Boston: Walter de Gruyter. https://doi.org/10.1515/9783110938043.

Belliger, Andréa (2017): Hilfe, die Silver Surfer kommen!? Die Generation 60 + und ihr verändertes Kommunikationsverhalten im Web. In: Pfannstiel, Mario A.; Da-Cruz, Patrick; Mehlich, Harald (Hrsg.): Digitale Transformation von Dienstleistungen im Gesundheitswesen II: Impulse für das Management. Wiesbaden: Springer Fachmedien, S. 227–240. https://doi.org/10.1007/978-3-658-12393-2_15.

Benjamin, Walter (2003): Das Kunstwerk im Zeitalter seiner technischen Reproduzierbarkeit: drei Studien zur Kunstsoziologie. Frankfurt a. M.: Suhrkamp.

Breier, Norbert (2011): Informatische Bildung und Medienbildung im Fächerkanon. In: Meyer, Torsten; Tan, Wey-Han; Schwalbe, Christina; Appelt, Ralf (Hrsg.): Medien & Bildung: Institutionelle Kontexte und kultureller Wandel. Wiesbaden: VS Verlag für Sozialwissenschaften, S. 255–263. https://doi.org/10.1007/978-3-531-92082-5_16.

Brinkmann, Dieter; Freericks, Renate (2021): Freizeit- und Themenparks im Umbruch – eine Berufsfeldanalyse mit Blick auf aktuelle Herausforderungen. In: Freericks, Renate; Brinkmann, Dieter (Hrsg.): Erlebnis – Gemeinschaft – Transformation. Berufsfeld Freizeit und Tourismus im Umbruch. 6. Bremer Freizeitkongress. Bremen: Institit für Freizeitwissenschaft und Kulturarbeit (IFKA). https://doi.org/10.26092/elib/546.

Couldry, Nick; Hepp, Andreas (2023): Geschichte als Mediatisierungsschübe. In: Couldry, Nick; Hepp, Andreas (Hrsg.): Die mediale Konstruktion der Wirklichkeit: Eine Theorie der Mediatisierung und Datafizierung. Wiesbaden: Springer Fachmedien, S. 47–74. https://doi.org/10.1007/978-3-658-37713-7_3.

Dernbach, Christoph; Siering, Peter (2020): "Start Me Up": Windows 95 löste vor 25 Jahren den PC-Boom aus. Abgerufen am 18.02.2024 von https://www.heise.de/news/Start-Me-Up-Windows-95-loeste-vor-25-Jahren-den-PC-Boom-aus-4875101.html.

Deutscher Museumsbund (2023): Leitfaden. Standards für Museen. Abgerufen am 18.02.2024 von https://www.museumsbund.de/wp-content/uploads/2023/07/dmb-leitfaden-standards-fuer-museen-online.pdf.

Dohle, Marco; Vowe, Gerhard (2017): Mediatisierung des Sports. Mediatisierung des Fußballs!? In: Ihle, Holger; Meyen, Michael; Mittag, Jürgen; Nieland, Jörg-Uwe (Hrsg.): Globales Mega-Event und nationaler Konfliktherd: Die Fußball-WM 2014 in Medien und Politik. Wiesbaden: Springer Fachmedien, S. 31–45. https://doi.org/10.1007/978-3-658-16197-2_2.

Fink, Carsten; Kenny, Charles J. (2003): W(h)ither the Digital Divide? In: Info, 5 (6), S. 15–24. https://doi.org/10.1108/14636690310507180.

Fittkau, Susanne; Harms, Ann-Kathrin (2012): Silver Surfer – Profile, Nutzungsverhalten und -bedürfnisse. In: Kampmann, Birgit; Keller, Bernhard; Knippelmeyer, Michael; Wagner, Frank (Hrsg.): Die Alten und das Netz: Angebote und Nutzung jenseits des Jugendkults. Wiesbaden: Gabler Verlag, S. 52–69. https://doi.org/10.1007/978-3-8349-6921-7_3.

Freericks, Renate; Brinkmann, Dieter; Theile, Heike (2018): Wissenswelten 3.0: eine explorative Untersuchung von Entwicklungsmöglichkeiten im Bereich der wissenschaftsorientierten Ausstellungs- und Bildungshäuser – mit besonderem Fokus auf Trends der Digitalisierung und einem Wandel des Lernverhaltens. Bremen: IFKA. https://doi.org/10.26092/elib/145.

Fromme, Johannes (2015): Freizeit als Medienzeit. Wie digitale Medien den Alltag verändern. In: Freericks, Renate; Brinkmann, Dieter (Hrsg.): Handbuch Freizeitsoziologie. Wiesbaden: Springer Fachmedien, S. 431–466. https://doi.org/10.1007/978-3-658-01520-6_17.

Fromme, Johannes; Iske, Stefan; Marotzki, Winfried (2011): Zur konstitutiven Kraft der Medien – Einleitung. In: Fromme, Johannes; Iske, Stefan; Marotzki, Winfried (Hrsg.): Medialität und Realität: Zur konstitutiven Kraft der Medien. Wiesbaden: VS Verlag für Sozialwissenschaften, S. 7–12. https://doi.org/10.1007/978-3-531-92896-8_1.

Giddens, Anthony (1997): Konsequenzen der Moderne. 2. Aufl., Frankfurt a. M.: Suhrkamp.

Göttlich, Udo; Heinz, Luise; Herbers, Martin R. (2017): „Einleitung: Ko-Orientierung in der Medienrezeption. Praktiken der Second-Screen-Nutzung". In: Göttlich, Udo; Heinz, Luise; Herbers, Martin R. (Hrsg.): Ko-Orientierung in der Medienrezeption: Praktiken der Second Screen-Nutzung. Wiesbaden: Springer Fachmedien, S. 1–6. https://doi.org/10.1007/978-3-658-14929-1_1.

Hagenah, Jörg; Gilles, David (2012): Über die Mediatisierung der Freizeit: Wie und in welchen sozialen Gruppen die Medienpräferenz der Deutschen seit der Einführung des dualen Rundfunksystems gestiegen ist. In: Stegbauer, Christian (Hrsg.): Ungleichheit: Medien- und kommunikationssoziologische Perspektiven. Wiesbaden: VS Verlag für Sozialwissenschaften, S. 57–72. https://doi.org/10.1007/978-3-531-94213-1_4.

Hargittai, Eszter (2002): Second-Level Digital Divide: Differences in People's Online Skills. In: First Monday, 7 (4). https://doi.org/10.5210/fm.v7i4.942.

Hepp, Andreas; Hartmann, Maren (2010): Mediatisierung als Metaprozess: Der analytische Zugang von Friedrich Krotz zur Mediatisierung der Alltagswelt. In: Hartmann, Maren; Hepp, Andreas (Hrsg.): Die Mediatisierung der Alltagswelt. Wiesbaden: VS Verlag für Sozialwissenschaften, S. 9–20. https://doi.org/10.1007/978-3-531-92014-6_1.

Hickethier, Knut (2010): Mediatisierung und Medialisierung der Kultur. In: Hartmann, Maren; Hepp, Andreas (Hrsg.): Die Mediatisierung der Alltagswelt. Wiesbaden: VS Verlag für Sozialwissenschaften, S. 85–96. https://doi.org/10.1007/978-3-531-92014-6_6.

van Deursen, Alexander J. A. M.; Helsper, Ellen J. (2015): The Third-Level Digital Divide: Who Benefits Most from Being Online? In: Communication and Information Technologies Annual, 10. Studies in Media and Communications. Emerald Group Publishing Limited, S. 29–52. https://doi.org/10.1108/S2050-206020150000010002.

von Hippel, Aiga (2011): Erwachsenenbildung und Medien. In: Tippelt, Rudolf; von Hippel, Aiga (Hrsg.): Handbuch Erwachsenenbildung/Weiterbildung. Wiesbaden: VS Verlag für Sozialwissenschaften, S. 687–706. https://doi.org/10.1007/978-3-531-94165-3_42.

ICOM – International Council of Museums (2020): Museums, Museum Professionals and CORONA. Abgerufen am 18.02.2024 von https://www.ne-mo.org/fileadmin/Dateien/public/NEMO_documents/NEMO_Corona_Survey_Results_6_4_20.pdf.

Iske, Stefan; Marotzki, Winfried (2010): Wikis: Reflexivität, Prozessualität und Partizipation. In: Bachmair, Ben (Hrsg.): Medienbildung in neuen Kulturräumen. VS Verlag für Sozialwissenschaften, S. 141–151.

Jenkins, Henry (2008): Convergence Culture: Where Old and New Media Collide. Updated and with A new afterword. New York, NY: New York Univ. Press.

Jörissen, Benjamin (2014): Digitale Medialität. In: Wulf, Christoph; Zirfas, Jörg (Hrsg.): Handbuch Pädagogische Anthropologie. Wiesbaden: Springer VS, S. 503–513. https://doi.org/10.1007/978-3-531-18970-3_46.

Jörissen, Benjamin; Marotzki, Winfried (2009): Medienbildung – Eine Einführung: Theorie – Methoden – Analysen. 1. Aufl. UTB, Stuttgart.

Kicker (2022): Wachstum trotz Corona: Milliarden-Umsatz im eSport. Abgerufen am 18.02.2024 von https://www.kicker.de/wachstum-trotz-corona-milliarden-umsatz-im-esport-887691/artikel.

Könitz, Christopher (2022): Die Darstellung von künstlichem Leben im Computerspiel: Konstruktionsprinzipien von Bildungspotenzialen im Kontext einer komparativen Methodologie. In:

MedienPädagogik: Zeitschrift für Theorie und Praxis der Medienbildung. https://doi.org/10.21240/mpaed/diss.ck.X.

Krotz, Friedrich (2012): Von der Entdeckung der Zentralperspektive zur Augmented Reality: Wie Mediatisierung funktioniert. In: Krotz, Friedrich; Hepp, Andreas (Hrsg.): Mediatisierte Welten: Forschungsfelder und Beschreibungsansätze. Wiesbaden: VS Verlag für Sozialwissenschaften, S. 27–55. https://doi.org/10.1007/978-3-531-94332-9_2.

Kruse, Andreas (2011): Bildung im Alter. In: Tippelt, Rudolf; von Hippel, Aiga (Hrsg.): Handbuch Erwachsenenbildung/Weiterbildung. Wiesbaden: VS Verlag für Sozialwissenschaften, S. 827–840. https://doi.org/10.1007/978-3-531-94165-3_50.

Lange, Jochen (2020): Medienkompetenz als unbekannte Praxis. Ethnographische Perspektiven auf Digital Natives. In: Zeitschrift für Grundschulforschung, 13 (1), S. 15–29. https://doi.org/10.1007/s42278-019-00068-1.

LIS Bremen (2024): Lehrpläne Primarstufe. Abgerufen am 18.02.2024 von https://www.lis.bremen.de/schulqualitaet/bildungsplaene/primarstufe-15222.

Meinel, Christoph; Asjoma, Maxim (2021): Eine kurze Geschichte des Internets. In: Meinel, Christoph; Asjoma, Maxim: Die neue digitale Welt verstehen: Internet und WWW für alle. Berlin, Heidelberg: Springer, S. 18–23. https://doi.org/10.1007/978-3-662-63701-2_3.

Missomelius, Petra (2022): Bildung – Medien – Mensch: Mündigkeit im Digitalen. In: Eckert. Die Schriftenreihe, Bd. 151. Göttingen: V&R unipress.

Mittelstraß, Jürgen (2002): Bildung und ethische Maße. In: Die Zukunft der Bildung, S. 151–170. Frankfurt a. M.

Morrison, Renee (2015): Silver Surfers Search for Gold: A Study Into the Online Information-Seeking Skills of Those Over Fifty. In: Ageing International, 40 (3), S. 300–310. https://doi.org/10.1007/s12126-015-9224-4.

NEMO – Network of European Museum Organisations (2020): Survey on the Impact of the CORONA Situation on Museums in Europe. Abgerufen am 18.02.2024 von https://www.ne-mo.org/fileadmin/Dateien/public/NEMO_documents/NEMO_Corona_Survey_Results_6_4_20.pdf.

Neuber, Nils (2022): Kinder- und Jugendsport ‚nach' Corona. In: Forum Kinder- und Jugendsport, 3 (1), S. 7–12. https://doi.org/10.1007/s43594-022-00057-w.

O'Reilly, Tim (2005): What Is Web 2.0. Abgerufen am 18.02.2024 von https://www.oreilly.com/pub/a/web2/archive/what-is-web-20.html.

Osterhaus, Stefan (2020): Wenn künstliche Intelligenz die Sportberichte schreibt. Abgerufen am 18.02.2024 von https://www.deutschlandfunkkultur.de/amateurfussball-wenn-kuenstliche-intelligenz-die-100.html.

Sokolov, Daniel (2024): Smartphone-Verkauf: iPhones stoßen Samsung vom Thron. Abgerufen am 18.02.2024 von https://www.heise.de/news/Smartphone-Verkauf-iPhones-stossen-Samsung-vom-Thron-9599502.html.

Stalder, Felix (2016): Kultur der Digitalität. Originalausgabe Edition. Berlin: Suhrkamp Verlag.

Statista (2020): Pandemie hat positiven Einfluss auf E-Sport-Zuschauerzahl. Abgerufen am 18.02.2024 von https://de.statista.com/infografik/23760/auswirkungen-der-corona-pandemie-auf-esport-zuschauerzahlen/.

Sutter, Tilmann (2017): Kommunikation über Fernsehen im Internet. Social TV als Anschlusskommunikation. In: Göttlich, Udo; Heinz, Luise; Herbers, Martin R.: Ko-Orientierung in der Medienrezeption: Praktiken der Second Screen-Nutzung. Wiesbaden: Springer Fachmedien, S. 29–46. https://doi.org/10.1007/978-3-658-14929-1_3.

Thimm, Caja (2020): Diskussionsfelder der Medienpädagogik: Hate Speech, Fake News, Filter Bubbles & demokratische Öffentlichkeit. In: Sander, Uwe; von Gross, Friederike; Hugger, Kai-Uwe: Handbuch Medienpädagogik. Wiesbaden: Springer Fachmedien, S. 1–7. https://doi.org/10.1007/978-3-658-25090-4_84-1.

Unger, Alexander (2014): Wenn Spieler Spiele umschreiben. In: Hugger, Kai-Uwe: Digitale Jugendkulturen. Wiesbaden: Springer Fachmedien, S. 69–87. https://doi.org/10.1007/978-3-531-19070-9_4.

Verständig, Dan; Klein, Alexandra; Iske, Stefan (2016): Zero-Level Digital Divide: neues Netz und neue Ungleichheiten. In: Siegen: Sozial: Analysen, Berichte, Kontroversen (SI:SO) 21 (1), S. 50–55. Abgerufen am 18.02.2024 von https://dspace.ub.uni-siegen.de/handle/ubsi/1197.

Verständig, Dan; Stricker, Janne (2023): Hacking Inequality: In fünf Schritten zu etwas mehr Bildungsgerechtigkeit. In: MedienPädagogik: Zeitschrift für Theorie und Praxis der Medienbildung 52, S. 319–339. https://doi.org/10.21240/mpaed/52/2023.02.16.X.

2.4 Individualisierung und Wertewandel

Dieter Brinkmann

Freizeit als Lebenszeitmodell der postindustriellen Gesellschaft ist von Individualität und einem dynamischen Wertewandel gekennzeichnet. Das Ausleben individueller Interessen und die Selbstpräsentation über Freizeitaktivitäten und Vorlieben ist zum Muster für viele geworden. Mit dazu beigetragen hat ein gestiegenes individuelles Zeitbudget und die Ausbreitung von Selbstentfaltungswerten. Als treibender Faktor wird ein Wertewandelschub in den 1960er und 1970er Jahren in den westlichen Gesellschaften angesehen. Hinzu kommt eine abnehmende Bindung an soziale Klassen und ein größerer Freiraum für die Gestaltung individueller Lebensmodelle. Allgemein wird die Veränderungsdynamik in postmodernen Gesellschaften von der Kultursoziologie als „Singularisierung" beschrieben. Die Tendenz umfasst viel mehr als individuelle Lebensentwürfe und Orientierungen, sondern bezieht sich auch auf Produkte, Serviceleistungen und gesellschaftliche Perspektiven. Von einer Ausrichtung auf standardisierte Güter, Leistungen und Erlebnisangebote geht die Entwicklung hin zu besonderen Angeboten und individuell ausgestalteten Nutzungsoptionen (vgl. Reckwitz 2019).

2.4.1 Die Entdeckung des Wertewandels

Der amerikanische Soziologe Ronald Inglehart gilt als ein Entdecker des Wertewandels in den westlichen Gesellschaften. Er stellte in den 1970er Jahren eine Verschiebung von Werte-Prioritäten in der jüngeren Generation fest und berichtete in seinem Buch „Kultureller Umbruch" über den tiefgreifenden Wandel einer „silent revolution". Als ein lang anhaltender Mega-Trend in den westlichen Ländern wurde eine Verschiebung von materialistischen zu postmaterialistischen Werten erkennbar. „Die Wertvorstellungen in den westlichen Gesellschaften haben sich signifikant verschoben; während früher materielles Wohlergehen und physische Sicherheit ganz im Vordergrund standen, wird heute mehr Gewicht auf Lebensqualität gelegt" (Inglehart 1989: 12). Während materialistische Werte sich auf die Aufrechterhaltung von Sicherheit und Ordnung, eine stabile wirtschaftliche Entwicklung oder Preisstabilität beziehen, bekommen bei einer postmaterialistischen Orientierung die Entwicklung hin zu einer humaneren Gesellschaft, die Ausweitung von Mitsprachemöglichkeiten am Arbeitsplatz und bei der Gestaltung der Lebenswelt sowie eine größere Selbstentfaltung des Individuums mehr Gewicht (vgl. Inglehart 1989: 101).

Die Theorie des Wertewandels stützt sich dabei auf zwei grundlegende Hypothesen:

Die **Mangelhypothese**: Die Werte eines Menschen haben einen starken Bezug zu seinem sozioökonomischen Umfeld. Besonders wertvoll erscheinen Dinge, die knapp sind. In wirtschaftlich schlechten Zeiten ist das Überleben zentral. Genug zu essen zu haben und Sicherheit vor Bedrohungen sind wichtiger als eine ästhetische Befriedigung. Im Zuge der allgemeinen Wohlstandsentwicklung wurden materielle Werte weniger wichtig, bekommen aber durch aktuelle Krisen wieder einen neuen Aufschwung. Es zeigen sich sog. „Periodeneffekte", die den lang anhaltenden Wandel überlagern und durch wirtschaftliche Einbrüche, Inflation und Arbeitslosigkeit hervorgerufen werden. In Krisenzeiten steigt in allen Generationen die materialistische Orientierung.

Die **Sozialisationshypothese**: Werteprioritäten haben eine relative Stabilität und wechseln nicht unmittelbar mit sich verändernden Lebensumständen. Die grundlegenden Wertvorstellungen werden in der Jugendzeit gebildet und mit durchs Leben genommen. Ein Wandel von Werten in der Gesellschaft erfolgt daher in langen Wellen. Jüngere, bereits im Wohlstand aufgewachsene Generationen lösen ältere Generationen mit ihren eher konservativen Wertesystemen ab. Eine Zunahme materialistischer Werte im Lebensverlauf ist dagegen in den breit angelegten Kohortenanalysen in zahlreichen westlichen Ländern nicht erkennbar.

In einem Artikel aus dem Jahr 2008 zieht Inglehart 35 Jahre nach den ersten Veröffentlichungen zu seinen Hypothesen noch einmal Bilanz und sieht sich in seinen grundlegenden Annahmen bestätigt (vgl. Inglehart 2008). Waren in den 1970er Jahren postmaterialistisch eingestellte Menschen in den westlichen Industrieländern noch eine kleine Minderheit, so berichtet Inglehart, dass in seinen Studien aus dem Jahr 2006 in Westeuropa inzwischen etwas mehr Postmaterialisten als Materialisten anzutreffen sind. In den USA sind es sogar doppelt so viele Postmaterialisten als Materialisten. Trotz teilweise schwierigerer wirtschaftlicher Bedingungen geht der langanhaltende Trend weiter.

Die Folgen der Werteverschiebungen waren vielseitig. Binnen weniger Jahre änderten sich die Einstellungen zur Arbeit, zur politischen Mitgestaltung im Gemeinwesen, zu Familie, Sexualität, Geschlechterrollen und Kindererziehung. Ebenso haben sich religiöse Überzeugungen stark gewandelt. Freizeit erfährt im Kontext des Wertewandels eine Aufwertung als besonderer gesellschaftlicher Raum, in dem

- Werte mit ausgebildet werden, beispielsweise im Rahmen von freizeitkulturellen Angeboten für Jugendliche,
- Bedürfnisse nach Selbstentfaltung und Mitgestaltung der Lebenswelt gelebt werden können
- und vielfältige Erlebnis- und Konsumwelten zu einer Ausbildung individueller Lebensstile beitragen.

Das Bedürfnis nach Mitgestaltung der Gesellschaft zeigt sich auch in einem Anstieg des freiwilligen Engagements. Neben Phasen einer hedonistisch ausgerichteten Selbstverwirklichung, beispielsweise durch Formen des individualisierten Konsums, lassen sich ebenso politische Phasen im Kontext des Wertewandels ausmachen, die zu einem Engagement für mehr Lebensqualität und einer Veränderung der Verhältnisse gemeinsam mit anderen beitragen. Zu vermuten ist darüber hinaus, dass sich im Zuge des demografischen Wandels größere Gruppen von postmaterialistisch geprägten älteren Menschen herausbilden. Die aktive Gestaltung des Alters wird zum Programm einer vermehrt postmaterialistisch ausgerichteten Generation. Sie möchte in der ihr verbliebenen Zeit ihren Lebensträumen doch noch etwas näherkommen. Hieraus speist sich das Interesse an einem „Seniorenstudium" an der Universität, wie auch das Bedürfnis über Reisen noch einmal etwas von der Welt zu erfahren.

2.4.2 Wertewandel als anhaltender Trend?

Soziologische Beobachter:innen des Wertewandels konstatieren einen Wertewandelschub in den 1970er und 1980er Jahren (vgl. Klages 2002). Er ist offenbar global nachzuweisen und findet Eingang in empirische Dauerbeobachtungen in den westlichen Industrieländern. Danach zeigt sich eine teilweise Umkehrung. Für den Soziologen Stefan Hradil ist ein „Wandel des Wertewandels" bereits im Verlauf der 1990er Jahre gut erkennbar. Er spricht von einer „Pendelbewegung" oder „Zickzackbewegungen" in der Werteentwicklung (vgl. Hradil 2002). Wirtschaftlich schwierigere Zeiten bremsen den konsumorientierten Schub der Individualisierung. Aber auch die Anforderungen an eine ständige individuelle Orientierung, an Selbstverwirklichung und eigenen singulären Lebensmodellen führt in den nachwachsenden Jugendgenerationen durch Überdruss und Unsicherheiten zu einer Neubewertung von traditionellen Vorstellungen von einem guten Leben, von Sicherheit und Gemeinschaft, von Partnerschaft und Familie. Die Kluft zwischen den Generationen scheint zu schwinden, ablesbar an bevorzugten Erziehungszielen, und nicht nur wirtschaftliche Krisen lassen eine traditionelle Sicht auf Arbeit als Quelle für Lebenszufriedenheit und Glück wieder relevanter werden. Typischer als eine eindeutige Positionierung in einem dichotomen Modell von Materialist:innen und Postmaterialist:innen ist die Entwicklung von Mischformen. Helmut Klages geht in seinen Analysen von drei vorherrschenden Dimensionen aus: Pflicht- und Akzeptanz, hedonistisch-materialistische Selbstentfaltung und idealistische Selbstentfaltung. In der Kombination dieser Dimensionen bilden sich für ihn fünf Wertetypen mit ihren jeweiligen Eigenschaftsprofilen heraus: Konventionalisten, perspektivlose Resignierte, aktive Realisten, hedonistische Materialisten und nonkonforme Idealisten (vgl. Klages 2002: 644 f.).

Noch differenzierter gehen Milieustudien auf der Basis des Sinus-Milieumodells die unterschiedliche Orientierung von Menschen in Kombination mit ihrer sozialen Lage an (vgl. Barth et al. 2023). Dabei geht es um eine Identifizierung von „Gruppen Gleichgesinnter" mit relativ stabilen Wertvorstellungen und Alltagsmustern in Arbeit und Freizeit. „Im Rahmen der Sinus-Milieuforschung werden alle wichtigen Erlebnisbereiche empirisch untersucht, mit denen Menschen in ihrem Alltag zu tun haben. Entsprechend gruppieren die Sinus-Milieus Menschen, die sich in ihrer Lebensauffassung und Lebensweise ähneln. Grundlegende Wertorientierungen werden dabei ebenso berücksichtigt wie Alltagseinstellungen (zu Arbeit, Familie, Freizeit, Konsum, Medien etc.) und die soziale Lage" (Barth et al. 2023: 5). Insgesamt werden zehn unterschiedliche Milieus herausgestellt (vgl. Abb. 2.5). Auf einer Werteachse erfolgt durch entsprechende Indikatoren eine Positionierung in drei Kategorien „Tradition" mit einer Grundorientierung an Pflichterfüllung und Ordnung, „Modernisierung" mit Schwerpunkten bei Individualisierung, Selbstverwirklichung und Genuss sowie „Neuorientierung" mit noch stärker postmodern akzentuierten Wertemustern, die mit Multi-Optionalität und neuen Synthesen umschrieben werden. Unterschiedliche Milieus ergeben sich aus der Kombination der sozialen Lage (Ober-, Mittel- und Unterschicht) und den erfassten Grundorientierungen. Das Spektrum reicht von einem „Traditionellen Milieu" bis zu einem „Expeditiven Milieu" auf der anderen Seite der Werteachse (vgl. Barth et al. 2023: 13). Eine regelmäßige Anpassung an den soziokulturellen Wandel der Gesellschaft ist Bestandteil des Modells und ermöglicht eine lebensnahe Abbildung des anhaltenden Wertewandels. In die letzte Neustrukturierung aus dem Jahr 2021 sind beispielsweise

Sinus-Milieus® in Deutschland 2023
Soziale Lage und Grundorientierung

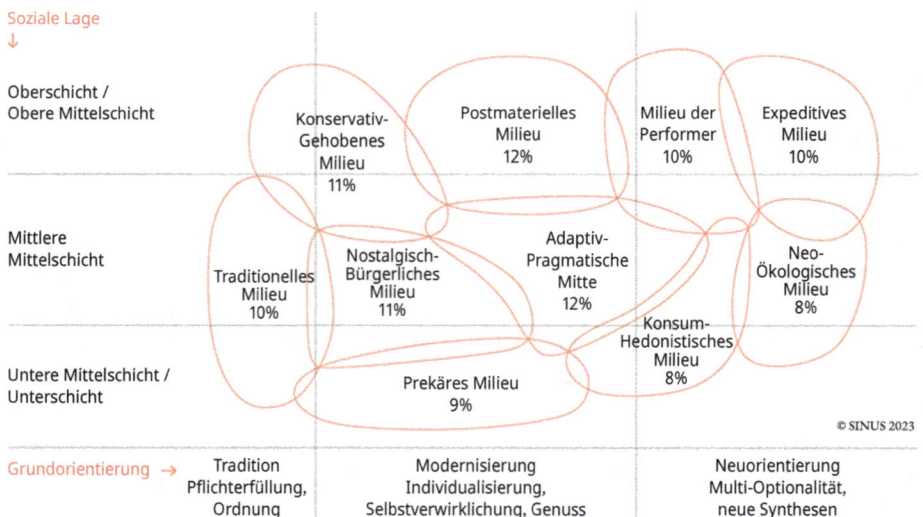

Abb. 2.5: Die Sinus-Milieus® in Deutschland 2023 (© SINUS-Institut) (Quelle: Borgstedt/Calmbach 2023: 34).

die „Flexibilisierung von Arbeit und Privatleben, die Erosion klassischer Familienstrukturen, die Digitalisierung des Alltags und die wachsende Wohlstandspolarisierung" eingeflossen (vgl. Barth et al. 2023: 15).

Die **Individualisierung** als eine große Bewegung in den westlichen Gesellschaften ist weder ein eindimensionaler noch ein zwingender Modernisierungsprozess, sondern muss als ein Wechselspiel von Trend und Gegentrend analysiert werden. Auch Opaschowski stellt Anfang des 21. Jh. einen Trend zu einer Wertesynthese fest. Traditionelle „Pflicht- und Akzeptanzwerte" wie Fleiß, Höflichkeit, Pflichterfüllung und Gehorsam finden bei der jüngeren Generation der unter 30-Jährigen wieder etwas mehr Zustimmung. Selbstentfaltungswerte wie Offenheit, Kontaktfähigkeit, Kritikfähigkeit und Spontaneität bleiben wichtig, verlieren aber ihre herausragende Dominanz. Die Perspektive ist offenbar ein neuer „Wertemix" zwischen Selbstentfaltung und Leistungsorientierung oder eine „Wertebalance" (vgl. Opaschowski 2008: 588 ff.). Die Orientierung an Lebensqualität zeigt sich angesichts von Krisen und Unsicherheit auch in einer Neubewertung sozialräumlicher Nähe und Gemeinschaft mit Familie und Freund:innen.

Freizeit wird als individuell gestaltbare Zeit erlebt. Sie ist heute mit weniger gesellschaftlichen Bindungen verbunden als noch in der frühen Bundesrepublik und ihrer industriegesellschaftlichen Moderne. Agieren in selbst gewählten Strukturen ist typisch. Lebensqualität ist verbunden mit Selbstentfaltung und individuellem Lebensglück. Insofern gelten die breit anerkannten Diagnosen einer Freisetzung aus traditionellen Bindungen und Strukturen und einer Zunahme der Autonomie des Individuums, wie sie von Ulrich Beck in seinen Gesellschaftsanalysen zugespitzt wurden, nach wie vor. Allerdings trägt die Herauslösung von Biografien und der Verlust von traditionellen Sicherheiten bezogen auf Handlungswissen, Glauben und Normen auch zu einer Ausweitung der „Risikogesellschaft" für viele bei (vgl. Beck 1986). Individualisierung erscheint im Lichte dieser Analysen als ein ambivalenter Prozess, der möglicherweise durch bestimmte Freizeitstrukturen und Freizeitprogramme mit aufgefangen werden kann. Die Sensibilität für Diversität und das Bestreben, Räume für eine Inklusion ganz unterschiedlicher Bevölkerungsgruppen anzubieten, korrespondieren heute nach wie vor mit der von Beck diagnostizierten Freisetzung aus konventionellen gesellschaftlichen Strukturen. Die parallel zum Wertewandel sich entwickelnde „Kulturelle Bildung" hat mit ihren Formen die Motive der Partizipation, der Selbstfindung und der eigenen kreativen Verwirklichung aufgegriffen (vgl. Keuchel 2017). Neue Einrichtungstypen wie die „Soziokulturellen Zentren" sind entstanden und traditionelle Kultureinrichtungen haben versucht, ihre Schwellen für weniger bildungsorientierte soziale Milieus zu senken und „Kultur für alle" möglich zu machen.

2.4.3 Erlebnisorientierung und Lebensglück

Ebenfalls auf die 1990er Jahre verweisen die Diagnosen einer „Erlebnisgesellschaft" (vgl. Schulze 1992). „Innenorientierte Lebensauffassungen, die das Subjekt selbst ins

Zentrum des Denkens und Handelns stellen, haben außenorientierte Lebensauffassungen verdrängt" (Schulze 1992: 35). Es geht nach Schulze vielen Menschen um ein „Projekt des schönen Lebens". Daran ist eine bestimmte Erlebnisrationalität geknüpft, verbunden mit der Wahl von Produkten sowie einer Suche nach stimulierenden Ereignissen und Umgebungen. Lebenswege der/des Einzelnen werden vielfältiger, alltagsästhetische Schemata und soziale Milieus der Gleichgesinnten und Gleichempfindenden spielen eine größere Rolle. Die Suche nach inspirierenden Erlebnissen durchzieht heute die Freizeit in vielfältiger Weise. Sie motiviert zu weiten Reisen ebenso, wie zum Engagement im Rahmen von Hobbys und kulturellen Aktivitäten. Selbstverständlich erscheint heute die Freizeit als Teil einer Erlebnisgesellschaft, in der die Suche nach Glück individuell eine größere Rolle spielt als noch in der konventionellen Industriegesellschaft. Hinzu kommt, wie Reckwitz (2019) in seinen Analysen zum Ausdruck bringt, eine Orientierung an Besonderheiten, an Authentizität und Emotionen.

> Singularisierung bezeichnet diesen Prozess, in dem die Individuen nicht nach dem Gleichförmigen und Standardisierten streben, sondern nach dem Individuellen, dem Besonderen und Nichtaustauschbaren. – vom besonderen Wohnviertel bis zur maßgeschneiderten beruflichen Tätigkeit. Entfaltung findet das spätmoderne Subjekt nur im Singulären, in dem, was als singulär erfahren wird. Und nur was als singulär erlebt wird (und nicht als massenhaft und standardisiert), scheint authentisch (Reckwitz 2019a: 215).

Zumindest für die neue akademisch gebildete Mittelschicht erscheint „Selbstverwirklichung" als ein erstrebenswerter Lebensentwurf. Damit verbunden ist eine Betonung von positiven Emotionen. „Die traditionsreiche Wahrnehmung einer Riskanz der Gefühle, denen man sich nicht leichtsinnig hingeben sollte, ist in der Spätmoderne fast vollständig einer Kultur positiver Emotionen gewichen. Gelebte Emotionalität, jedenfalls in ihrer erfreulichen, lustvollen Form, ist stattdessen ins Zentrum der spätmodernen Lebensform gerückt" (Reckwitz 2019a: 205).

In einer individuellen Erlebnisorientierung und in der Suche nach einmaligen Glücksgefühlen setzt sich offenbar der allgemeine Trend der Individualisierung fort. Zugleich zeigen sich auf gesellschaftlicher Ebene neue Ausgrenzungs- und Spaltungstendenzen. Eine auf Luxuskonsum zielende Selbstentfaltung ist für die unteren sozialen Schichten unerschwinglich, und auch die traditionellen Mittelschichten müssen sich auf einen Wohlstandsverlust und wachsende Unsicherheiten einstellen. Die neue Mittelschicht der Kreativen hingegen, die in die Erstellung von Erlebnisprodukten und singulären Freizeitevents eingebunden ist, hat es mit den Paradoxien einer Glückssuche zu tun. Mögliche Enttäuschungen und negative Gefühle sind nicht ausgeschlossen, die Anforderungen an Flexibilität und Mobilität sind hoch. Unter den Bedingungen der Individualisierung wird Teilhabe zur Aufgabe. Gleichgesinnte finden, Bindungen eingehen und pflegen. Posttraditionale Formen der Vergemeinschaftung bestimmen zunehmend die Freizeit, nicht nur familiäre Netzwerke oder räumliche Nachbarschaft. Szenebildung und eine Integration in bestimmten Milieus und Lebensstilgruppen wird wichtiger.

2.4.4 Neue Balancen für eine zukunftsfähige Entwicklung

Für die nachrückende Jugendgeneration Z zeichnet sich eine erneute Diskussion um eine angemessene Balance von arbeits- und freizeitorientierten Werten ab. Ihr wird bisweilen mangelndes berufliches Engagement und fehlende Arbeitsorientierung unterstellt. Beim genaueren Hinsehen zeigt sich jedoch eine hohe Leistungsbereitschaft und die gleichzeitige Orientierung an individuellen Erlebnissen und subjektiver Lebenserfüllung. Als empirische Basis kann hier auf die 18. Shell Jugendstudie verwiesen werden. Dokumentiert werden erstrebenswerte Lebensziele, normative Tüchtigkeitsideale und spezifische Haltungen gegenüber gesellschaftlichen und alltagspraktischen Fragestellungen. Aus den verschiedenen Wertorientierungen entsteht ein individueller „Wertekanon", der das eigene Handeln wie ein Kompass bestimmt (vgl. Albert et al. 2019: 103).

Zentral für die meisten Jugendlichen sind die Lebensziele „gute Freunde zu haben, die einen anerkennen und akzeptieren; einen Partner zu haben, dem man vertrauen kann und ein gutes Familienleben zu führen" (Albert et al. 2019: 105). Darin zeigt sich eine starke Orientierung an erfüllenden sozialen Beziehungen und Gemeinschaft, zugleich werden aber auch individuelle Entfaltungsaspekte betont. Lebensgenuss und soziale Einbindung erscheinen nicht als Widerspruch. Eine Teilhabe an vielfältigen Freizeit- und Kulturangeboten ist vielen wichtig. Neue Wertebalancen müssen gefunden werden. Die Suche nach Lebenssinn und individueller Lebenszufriedenheit geht in eine neue Runde. Lebensgenuss bedeutet für viele, „dass weder Beruf noch Freizeit entgrenzt werden sollen" (Albert et al. 2019: 107).

Die aktuelle Jugendgeneration wird als pragmatisch im Hinblick auf Anforderungen aus Alltag, Beruf und Gesellschaft beschrieben. Sie ist auch bereit, sich an Leistungsnormen zu orientierten. Zugleich stellen die Autor:innen eine stärkere Hinwendung zu Zukunftsfragen fest und beobachten eine steigende Politisierung. „Eine Generation meldet sich zu Wort" ist der Bericht überschrieben und verweist darauf, dass junge Menschen ihre Ansprüche artikulieren und sich mehr Gehör verschaffen wollen. „Insgesamt hat sich der Wertekanon von Jugendlichen insbesondere in den letzten Jahren zu einer stärkeren Betonung von idealistischen Orientierungen hin verändert". Eine „bewusste Lebensführung" stützt sich auch auf ein wachsendes „Umwelt-, Klima- und Gesundheitsbewusstsein". Insofern könnten sich die Ansprüche an Freizeitprogramme und Freizeitstrukturen deutlich verändern. Fragen der Nachhaltigkeit finden einen starken Widerhall in den Zukunftsperspektiven der Generation Z und werden auch auf Freizeitstrukturen und Erlebnismöglichkeiten bezogen (Albert et al. 2019: 113).

In seiner aktuellen Publikation „Besser leben statt mehr haben" zieht Horst W. Opaschowski (2023) eine kritische Bilanz der Konsumorientierung westlicher Gesellschaften. Demgegenüber gewinnt für ihn eine (neue) Wertorientierung an Bedeutung für eine zukunftsfähige Entwicklung. „Werte werden wieder wichtiger. Materielles tritt hinter Immaterielles wie Gesundheit, Sicherheit und soziale Geborgenheit zurück. Familie, Freunde und Nachbarn rücken in den Vordergrund. Und Zeit wird fast so wertvoll wie Geld" (Opaschowski 2023: 36 f.). Darin scheint ein neuer Postmaterialismus auf, verbunden mit Bescheidenheit und einem maßvollen Konsum als Lebensprinzip. Opaschowski reflektiert die aktuellen Schockwellen der Corona-Pandemie und vermutet einen neuen Schub in Richtung Gemeinschaftswerte und Sinnerfüllung. „Wohlstand wird in Pandemiezeiten zu einer Frage des persönlichen und sozialen Wohlergehens. Im Einzelfall kann Wohlstand auch bedeuten, weniger Güter zu besitzen und doch besser zu leben, weil mehr Wert auf qualitativen Wohlstand gelegt wird – auf Zeitwohlstand, Beziehungsreichtum und Sinnwachstum" (Opaschowski 2023: 43). Der Wohlstand einer Gesellschaft müsste auch auf eine ganzheitliche Weise bilanziert werden: ökonomischer, gesellschaftlicher, ökologischer und individueller Wohlstand, um Entwicklungen realistisch nachzeichnen zu können und Zukunftsperspektiven zu gewinnen. Lebensqualität ist mit kritischem Blick als ein postmodernes Konstrukt zu analysieren. Darauf weisen auch die Beiträge eines Sammelbandes zu sozialen, gesundheitsbezogenen und kulturellen Dimensionen hin (vgl. Schäfer/Brinkmann 2018). Objektive Rahmenbedingungen der Gesellschaft, wie soziale Absicherung, Einkommen und Freiheitsrechte, sind ebenso zu berücksichtigen wie subjektive Bewertungen im Sinne einer individuellen Lebenszufriedenheit. Die Forschung zum Empfinden von Lebensqualität und Glück verweist dabei auf ein Paradoxon in reichen Gesellschaften. Mit der Steigerung des materiellen Lebensstandards ist nicht zwingend eine Erhöhung der individuellen Lebenszufriedenheit verbunden. Postmaterialistische Werte spielen heute eine wesentliche Rolle für die Wahrnehmung der individuellen Lebensbedingungen. Eine Forschung zur Lebensqualität und ihrer Entwicklung erfordert daher einen multidimensionalen Ansatz.

Insgesamt zeichnet Opaschowski in seiner Studie „Besser leben statt mehr haben" ein optimistisches Bild möglicher Zukunftsentwicklungen. Eine krasse Individualisierung und ein unbeschränkter Hedonismus wird eingefangen durch eine neue Gemeinschaftsorientierung, durch freiwillige soziale Bindungen und prosoziales Handeln. Eine Wertepluralität erscheint kennzeichnend als Rahmen für die individuelle, auch von Unsicherheiten geprägte Sinnsuche. „Pflichtbewusste und Freiheitsliebende, Fortschrittliche und Verunsicherte prägen das Werteklima der nächsten Zeit" (Opaschowski 2023: 137).

Individualisierung, verbunden mit einem gesellschaftlichen Wertewandel, gehört zu den Megatrends mit großem Einfluss auf das Freizeiterleben, die Gestaltung von Freizeitangeboten und die Entwicklung einer besucher:innen-orientierten Freizeitinfrastruktur. Die Diskussion verschiedener Diagnosen zeigt, der Prozess ist keineswegs abgeschlossen. Er ist angesichts multipler globaler Krisen auch neu zu rahmen. Ein Lebensstil, der die Ressourcen für zukünftige Generationen mit im Blick hat und Aspekte der sozialen Gerechtigkeit berücksichtigt, erscheint mehr denn je gefordert. Für einen Teil der jüngeren Generation gehört dies bereits zur Agenda. Gesamtgesellschaftlich steht eine Neubewertung von Wohlstand und Wohlergehen mit Bezug zu globalen Entwicklungszielen noch aus.

2.4.5 Literatur

Albert, Mathias; Hurrelmann, Klaus; Quenzel, Gudrun (2019): Jugend 2019. Eine Generation meldet sich zu Wort. Weinheim, Basel: Beltz.

Barth, Bertram; Flaig, Berthold Bodo; Schäuble, Norbert; Tautscher, Manfred (Hrsg.) (2023): Praxis der Sinus-Milieus®. Gegenwart und Zukunft eines modernen Gesellschafts- und Zielgruppenmodells. 2nd ed. 2023. Wiesbaden: Springer Fachmedien Wiesbaden; Imprint Springer VS.

Beck, Ulrich (1986): Risikogesellschaft. Auf dem Weg in eine andere Moderne. Frankfurt a. M.: Suhrkamp.

Borgstedt, Silke; Calmbach, Marc (2023): Das neue Modell der Sinus-Milieus® für Deutschland. In: Barth, Bertram; Flaig, Berthold Bodo; Norbert Schäuble, Norbert; Tautscher, Manfred (Hrsg.): Praxis der Sinus-Milieus®. Gegenwart und Zukunft eines modernen Gesellschafts- und Zielgruppenmodells. 2nd ed. 2023. Wiesbaden: Springer Fachmedien Wiesbaden; Imprint Springer VS, S. 2–41.

Glatzer, Wolfgang; Habich, Roland; Mayer, Karl Ulrich (Hrsg.) (2002): Sozialer Wandel und gesellschaftliche Dauerbeobachtung. Wiesbaden: VS Verlag für Sozialwissenschaften.

Hradil, Stefan (2002): Vom Wandel des Wertewandels – Die Individualisierung und eine ihrer Gegenbewegungen. In: Glatzer, Wolfgang; Habich, Roland; Mayer, Karl Ulrich (Hrsg.): Sozialer Wandel und gesellschaftliche Dauerbeobachtung. Wiesbaden: VS Verlag für Sozialwissenschaften, S. 31–47.

Inglehart, Ronald (1989): Kultureller Umbruch. Wertwandel in der westlichen Welt. Frankfurt a. M.: Campus-Verlag.

Inglehart, Ronald (2008): Changing Values among Western Publics from 1970 to 2006. In: West European Politics, 31 (1-2), S. 130–146.

Keuchel, Susanne (2017): Wertewandel und kulturelle Bildung. Zur Notwendigkeit einer Kulturellen Bildung 3.0 in Zeiten gesellschaftlicher Transformation. In: Keuchel, Susanne; Kelb, Viola (Hrsg.): Wertewandel in der kulturellen Bildung. Perspektivwechsel kulturelle Bildung, Bd. 2. Bielefeld: transcript, S. 17–63.

Keuchel, Susanne; Kelb, Viola (Hrsg.) (2017): Wertewandel in der kulturellen Bildung. Perspektivwechsel kulturelle Bildung, Bd. 2. Bielefeld: transcript. Abgerufen am 12.02.24 von http://www.transcript-verlag.de/978-3-8376-3813-4.

Klages, Helmut (2002): Wertewandel. In: Greiffenhagen, Martin; Greiffenhagen, Sylvia; Neller, Katja (Hrsg.): Handwörterbuch zur politischen Kultur der Bundesrepublik Deutschland. 2. Aufl., Wiesbaden: VS Verlag für Sozialwissenschaften, S. 638–647.

Opaschowski, Horst W. (2008): Deutschland 2030. Wie wir in Zukunft leben. Gütersloh: Gütersloher Verlagshaus.

Opaschowski, Horst W. (2023): Besser leben statt mehr haben. Wie wir die Zukunft der nachfolgenden Generationen sichern. München: Kösel.

Reckwitz, Andreas (2019): Die Gesellschaft der Singularitäten. Zum Strukturwandel der Moderne. Berlin: Suhrkamp.

Reckwitz, Andreas (2019a): Das Ende der Illusionen. Politik, Ökonomie und Kultur in der Spätmoderne. Berlin: Suhrkamp.

Schäfer, Gabriele; Brinkmann, Dieter (Hrsg.) (2018): Lebensqualität als postmodernes Konstrukt. Soziale, gesundheitsbezogene und kulturelle Dimensionen. Bremen: Institut für Freizeitwissenschaft und Kulturarbeit (IFKA).

Schulze, Gerhard (1992): Die Erlebnis-Gesellschaft. Kultursoziologie der Gegenwart. 2. Aufl., Frankfurt a. M., New York: Campus.

2.5 Freiwilliges Engagement

Dieter Brinkmann

Freiwilliges Engagement in der Freizeit ist ein wichtiges Element für ein lebendiges Gemeinwesen, ermöglicht gesellschaftliche Teilhabe und stellt ein wichtiges Lernfeld für alle Beteiligten dar. Es ist ebenso bedeutsam für die Realisierung vielfältiger Freizeitangebote und den Erhalt von Freizeiteinrichtungen und Freizeitstrukturen. „Was kann man in der Freizeit bewegen?" ist ein wichtiges Moment für viele Engagierte, die sich für mehr Lebensqualität im Stadtteil, den Erhalt von Grünflächen, eine Betreuung von Kindern und Jugendlichen oder die Integration von Menschen mit Migrationshintergrund einsetzen. Im Rahmen einer Engagementförderung spielen Freizeitpolitik und eine partizipative Freizeitplanung eine wichtige Rolle (vgl. Kap. 5). Freizeitpädagogik bezieht sich darüber hinaus auf eine Gewinnung, Integration und Begleitung von Engagierten. Eine noch heute gültige Rahmung hat der Deutsche Bundestag mit seinem 2002 vorgelegten Bericht zum „Bürgerschaftlichen Engagement" vorgenommen (vgl. Enquete-Kommission 2002).

2.5.1 Rahmung durch das Konzept „Bürgerschaftliches Engagement"

Die Arbeit der Enquete-Kommission „Zukunft des Bürgerschaftlichen Engagements" kann als grundlegend für eine Betrachtung des Feldes angesehen werden. Der Begriff bürgerschaftliches oder freiwilliges Engagement als eine spezifische Tätigkeit wurde durch die Analysen geformt, die Vielfalt des Engagements konnte deutlich gemacht werden und erste, in den Bericht eingeflossene empirische Studien aus dem Jahr 1999 verdeutlichten den Umfang der Engagementbeteiligung in Deutschland (Freiwilligensurvey). Neben einer systematischen Bestandsaufnahme spielten für die Kommission Strategien und Maßnahmen für eine Förderung der freiwilligen, gemeinwohlorientierten Tätigkeit in unterschiedlichen Feldern ebenfalls eine ganz wesentliche Rolle.

Der gewählte Begriff „bürgerschaftlich" verweist auf einen gemeinsamen Bezugsrahmen der sehr unterschiedlichen Organisationen, Aktivitäten und Formen. Betont wird, dass ein Engagement in der Freizeit in Selbsthilfegruppen, Kulturinitiativen, Gemeinwesenarbeit oder Schule und Kindergarten eine individuelle Komponente umfasst (freiwillige, erfüllende Tätigkeit), aber auch eine starke gesellschaftliche Dimension hat (Stabilisierung von Gemeinschaften). Durch vielfältige Aktivitäten konstituiert sich eine Zivil- oder Bürgergesellschaft und steigt die Lebensqualität in einem lebendigen Gemeinwesen. Die Auswirkung auf die Teilhabe vieler und die Förderung eines demokratischen Gemeinwesens wird als hoch eingeschätzt.

> Als übergreifender Bezugsrahmen hat die Enquete-Kommission das Leitbild der Bürgergesellschaft gewählt – ein Gemeinwesen, in dem sich die Bürgerinnen und Bürger nach demokratischen Regeln selbst organisieren und auf die Geschicke des Gemeinwesens einwirken können.

Im Spannungsfeld von Markt, Staat und Familie wird Bürgergesellschaft überall dort sichtbar, wo sich freiwillige Zusammenschlüsse bilden, wo Teilhabe und Mitgestaltungsmöglichkeiten genutzt werden und Bürgerinnen und Bürger Gemeinwohlverantwortung übernehmen (Enquete-Kommission 2002: 6).

Wirtschaft und Staat sind aufgerufen, die vielfältigen Aktivitäten der Bürgergesellschaft zu stützen, so die gesellschaftspolitische Perspektive. Günstige Rahmenbedingungen für eine freiwillige Tätigkeit in Vereinen, Verbänden, Gewerkschaften, Parteien, Bürger:inneninitiativen und informellen Freizeitgruppen sollten geschaffen werden. Eine Pluralität des Engagements gilt es anzuerkennen und sichtbar zu machen. Engagement hat einen besonderen Eigensinn. „Es schafft Sozialkapital und gesellschaftlichen Zusammenhalt, ermöglicht Teilhabe und trägt gesellschaftliche Selbstorganisation. Schließlich verfügt bürgerschaftliches Engagement über ein Kritik- und Innovationspotenzial aus Laienkompetenz und Mitgestaltungsanspruch. Es stößt Lernprozesse in einer Bürgergesellschaft an und befindet sich selbst in ständigem Wandel" (Enquete-Kommission 2002: 38).

Auf den Bericht der Enquete-Kommission (2002: 38) geht auch die Abgrenzung des bürgerschaftlichen bzw. freiwilligen Engagements zurück:
– Bürgerschaftliches Engagement ist freiwillig,
– ist nicht auf materiellen Gewinn ausgerichtet,
– ist gemeinwohlorientiert,
– ist öffentlich bzw. findet im öffentlichen Raum statt und
– wird überwiegend gemeinschaftlich und kooperativ ausgeübt.

Für ein Engagement in der Freizeit besteht keine Dienstpflicht, es ist abzugrenzen von Honorartätigkeiten oder Freizeitberufen. Individuelle Interessen (Erfahrungen, Qualifikation) können jedoch heute mit einer plural verstandenen Gemeinwohlorientierung verbunden sein. Hinzu kommt, dass ein Engagement im privaten oder familiären Kreis nicht gemeint ist und dass das Engagement in und vielleicht für die Freizeit gemeinsam mit anderen verfolgt wird (z. B. in einer Kulturinitiative).

Es kann auch problematische Formen des Engagements geben. Sie werden als „unzivile Formen des Engagements" gekennzeichnet, die das Gemeinwesen nicht stützen, sondern zu sozialer und politischer Ausgrenzung, zu Gewalt, Intoleranz und Korruption tendieren. „Unzivile Formen des Engagements verstoßen gegen die Prinzipien der Öffentlichkeit, der Transparenz, der Meinungsfreiheit, der Gleichheit, der Solidarität und der Gewaltlosigkeit" (Enquete-Kommission 2002: 35). Sowohl Vorstellungen über eine gesellschaftliche Vielfalt als auch ein normativer Anspruch gehen also in den Engagementbegriff ein. In der aktuellen Welle des Freiwilligensurveys werden diese Aspekte gesondert aufgegriffen. Es werden zusätzlich Fragen zum Vertrauen in gesellschaftliche Institutionen und zur Einstellung gegenüber der Demokratie als Regierungsform gestellt.

2.5.2 Entwicklung des freiwilligen Engagements in Deutschland

Seit mehr als 20 Jahren liefert der „Deutsche Freiwilligensurvey" Daten zum freiwilligen Engagement in Deutschland. In regelmäßigen, bevölkerungsrepräsentativen Untersuchungen mit großen Stichproben werden Umfang und Struktur des Engagements dokumentiert. Der erste Survey wurde 1999 durchgeführt. Alle fünf Jahre erfolgte eine weitere Befragungswelle. Die aktuellen Daten stammen aus dem Freiwilligensurvey 2019 und basieren auf einer telefonischen Befragung von 27.000 Beteiligten (vgl. Simonson et al. 2021).

Interessant erscheint zunächst vor allem die Engagementquote, d. h. die Beteiligung an irgendeiner Form des Engagements und die längerfristige Übernahme von Funktionen und Verantwortung. Die Ergebnisse aus dem Jahr 2019 zeigen, dass 39,7 % der Befragten ab 14 Jahren mindestens eine freiwillige Tätigkeit ausüben. Gegenüber den ersten Untersuchungen im Jahr 1999 und den folgenden drei Wellen ist das Engagement um etwa zehn Prozentpunkte angestiegen. Der Vergleich zwischen den Jahren 2014 und 2019 zeigt, dass das Engagement auf einem hohen Niveau stabil geblieben ist. Der Freiwilligensurvey macht eine Differenzierung nach Bildung, Geschlecht, Altersgruppen, beruflichem Status und Regionen möglich. Auch unterschiedliche Felder für eine freiwillige Tätigkeit können betrachtet werden.

Unterschiede zwischen verschiedenen Bevölkerungsgruppen sind besonders stark beim Bildungsstand zu erkennen. Menschen mit hoher formaler Bildung sind sehr viel häufiger engagiert (51,1 %), während Menschen mit geringer Bildung sich wesentlich seltener aktiv beteiligen (26,3 %). Damit verbunden sind auch Unterschiede im beruflichen Status und bei der Einkommenssituation. Erwerbstätige sind stärker vertreten als Nicht-Erwerbstätige, und Menschen mit mittlerem und höherem Haushaltseinkommen zeigen ein stärkeres Engagement als Menschen mit geringem Einkommen. Die Engagementquoten von Befragten mit Migrationshintergrund sind deutlich geringer (27 %) als die Quoten für Befragte ohne Migrationshintergrund (44,4 %). Unterschiede zeigen sich auch bei den verschiedenen Altersgruppen. Menschen im jüngeren und mittleren Alter sind stärker engagiert als ältere Menschen. Dies bestätigt die früheren Strukturdaten. Erkennbar zurück gegangen sind jedoch die Unterschiede zwischen den Geschlechtern. Während in früheren Untersuchungen ein stärkeres Engagement bei den Männern erkennbar war, zeigen sich in den aktuellen Daten keine signifikanten Unterschiede mehr zwischen den Engagementquoten von Männern und Frauen. Bei den Frauen ist das Engagement deutlich angestiegen. Etwas zurückgegangen sind die regionalen Unterschiede, gleichwohl sind Differenzen erkennbar. Das Engagement in Westdeutschland ist insgesamt stärker als das Engagement in Ostdeutschland. Im ländlichen Raum sind mehr Menschen freiwillig aktiv als im städtischen Umfeld (vgl. Simonson et al. 2021: 11 ff.).

Insgesamt zeigen die vorliegenden Daten, dass ein Engagement aller noch keineswegs eingelöst werden kann. Dies hängt mit unterschiedlichen persönlichen Ressourcen und Voraussetzungen zusammen. Ebenso spielen aber engagementförderliche Strukturen und eine Absenkung von Barrieren eine wichtige Rolle.

2.5.3 Starke Engagementbereiche

Im Rahmen des Freiwilligensurveys werden 14 gesellschaftliche Engagementbereiche erfasst. Sie zeigen die Breite und Vielfalt der Tätigkeitsfelder (vgl. Simonson et al. 2021). Der größte Bereich ist „Sport und Bewegung". Hier sind 13,5 % der Befragten tätig. Vor allem jüngere Menschen und etwas mehr Männer als Frauen engagieren sich in diesem Sektor. Typisch sind verschiedene Aufgaben im Rahmen von Sportvereinen, wie die Leitung von Trainings- und Übungseinheiten und die Organisation von Veranstaltungen.

Ebenfalls von großer Bedeutung ist der Bereich „Kultur und Musik". Er ist in den letzten 20 Jahren stark gewachsen. Engagiert sind 8,6 % der Menschen in Deutschland. Männer und Frauen sind gleichermaßen vertreten, und es zeigt sich ein breites Altersspektrum. Hier geht es um die aktive Mitarbeit in einer Theater- oder Musikgruppe, einem Chor, einem Förderverein oder anderen kulturellen Vereinigungen.

Stark gewachsen gegenüber den ersten Befragungswellen ist auch das Engagement im „Sozialen Bereich". Hier sind aktuell 8,3 % der Befragten tätig. Erfasst wurden beispielsweise Tätigkeiten in einem Wohlfahrtsverband, in einer Hilfsorganisation (z. B. für Geflüchtete), in der Nachbarschaftshilfe oder einer Selbsthilfegruppe. Deutlich mehr Frauen als Männer engagieren sich in diesem Sektor und ein Schwerpunkt liegt im höheren Erwachsenenalter ab 50 Jahre.

Im Bereich „Schule und Kindergarten" engagieren sich 8,2 % der Menschen. Auch hier ist ein deutlicher Anstieg in den letzten 20 Jahren auszumachen. Klar erkennbar ist die höhere Beteiligung von Frauen (10,2 %), und ein Schwerpunkt liegt auf dem mittleren Erwachsenenalter (30 bis 49 Jahre). Ein Engagement in einem Förderverein, einer Elternvertretung oder bei bestimmten Freizeitangeboten hängt vermutlich mit der individuellen Lebensphase zusammen.

Zu den größeren Sektoren für ein Freiwilliges Engagement gehört ebenfalls der Bereich „Kirche und Religion". Der Anteil der beteiligten Menschen liegt hier bei 6,8 %. Deutlich mehr Frauen als Männer sind hier tätig. Bei den Altersgruppen gibt es eine große Bandbreite und kaum Unterschiede in der Engagementquote. Übernommen werden unterschiedliche Funktionen in der Kirchengemeinde. Seelsorge und Betreuung oder die Begleitung von Freizeitangeboten spielen eine Rolle.

Schließlich soll auf den Bereich „Freizeit und Geselligkeit" eingegangen werden. Hier liegt der Anteil der Engagierten bei 6,1 %. Er ist den letzten 20 Jahren relativ stabil geblieben. Etwas mehr Männer als Frauen engagieren sich im Rahmen von Kleingartenvereinen, Hobbygruppen oder Spieletreffs. Das Altersspektrum ist breit und zeigt nur geringe Unterschiede in der Engagementquote.

Weitere gesellschaftliche Bereiche, in denen sich viele Menschen engagieren, sind „Umwelt-, Natur- und Tierschutz" (4,1 %), die „außerschulische Jugendarbeit oder Bildungsarbeit für Erwachsene" (3,5 %), „Politik und politische Interessenvertretung" (2,9 %) und das Engagement in „Unfall- oder Rettungsdiensten oder der Freiwilligen Feuerwehr" (2,7 %). Insgesamt zeigen sich unterschiedliche Profile für ein Engagement bezogen auf Geschlecht und Alter bzw. Familiensituation. Erkennbar ist im Zeitvergleich auch die Wachstumsdynamik in einzelnen Sektoren in den letzten 20 Jahren (vgl. Simonson et al. 2021: 90 ff.).

2.5.4 Motive für ein Engagement

Freiwilliges Engagement wird durch ein unterschiedliches Spektrum an Motiven bestimmt. Für ein klassisches Ehrenamt spielten traditionell selbstlose, altruistische Motive eine wichtige Rolle. In den aktuellen vielfältigen Formen des Engagements zeigen sich sehr stark soziale und kommunikative Motive sowie das Bedürfnis die Gesellschaft mitzugestalten. Zugleich bietet das Engagement ein Lernfeld, in dem eigene Kompetenzen erweitert und Qualifikationen erworben werden können. Etwas für andere zu tun, selbst aber auch Spaß an der Tätigkeit in der Freizeit mit anderen zu haben, erscheint nicht als Widerspruch. „Für mich und für andere" könnte eine passende Metapher sein.

Im Rahmen des Freiwilligensurveys 2019 wurden neun verschiedene Motive für ein Engagement abgefragt. Deutlich hervor sticht die Freude an der Tätigkeit. Für 93,9 % der Befragten spielt „Spaß haben" eine ganz entscheidende Rolle. Hinzu kommen altruistische Motive, wie „anderen Menschen helfen", „etwas für das Gemeinwohl tun" und der Wunsch, die „Gesellschaft zumindest im Kleinen mitzugestalten". Ebenfalls relevant für einen überwiegenden Teil der Befragten ist das Bedürfnis über das Engagement „mit anderen Menschen zusammenzukommen" und „etwas zurück zu geben", weil man selbst Engagement erfahren hat. Eher selbstbezügliche Motive, wie „Qualifikationen erwerben" oder „Ansehen und Einfluss gewinnen" spielen nur für einen kleineren Teil der Befragten eine wichtige Rolle. Insbesondere jüngere Befragte zeigen sich interessiert, ihre Kompetenzen und Qualifikationen über ein freiwilliges Engagement zu erweitern. Sehr gering erscheint für alle Befragten das Interesse, über die Tätigkeit etwas hinzuverdienen zu wollen (vgl. Simonson et al. 2021: 119 ff.).

2.5.5 Zeitliche Strukturen

Thomas Gensicke diskutiert in seinem Beitrag für das Handbuch „Freizeitsoziologie" das Verhältnis von „Freizeit und Ehrenamt/freiwilliges Engagement". Bei der Betrachtung der eingesetzten Zeitanteile für ein Engagement und der Berücksichtigung von Engagementquoten kommt er zu dem Schluss, dass der zeitliche Einsatz für ein Engagement begrenzt ist und nur eine Minderheit ein zeitintensives Engagement betreibt. Freiwilliges Engagement lässt sich gut mit anderen Freizeitaktivitäten, den Aufgaben aus Haushalt und Beruf verbinden, zeigen die Daten aus den Freiwilligensurveys von 1999, 2004 und 2009. Dementsprechend könnten noch mehr Menschen für ein Engagement gewonnen werden. Die beruflichen Anforderungen und Veränderungen in der Zeitnutzung für Familie und Freizeit allgemein können jedoch die Treiber für einen Wandel in den Zeitstrukturen des Engagements darstellen und machen ein verbindliches Engagement mit hohem zeitlichen Umfang zunehmend schwerer (vgl. Gensicke 2015: 295).

Die aktuellen Analysen des Freiwilligensurveys 2019 lassen erkennen, dass der Umfang des Engagements in den letzten 20 Jahren insgesamt zurückgegangen ist. Der Anteil der Engagierten, die nur bis zu zwei Stunden pro Woche für eine Tätigkeit aufbringen, stieg von 50,8 % im Jahr 1999 auf 60 % im Jahr 2019. Im gleichen Zeitraum sank die Zahl der stark Engagierten mit einem Umfang der Tätigkeiten von sechs Stunden pro Woche und mehr von 23 % auf 17,1 %. Männer investieren etwas mehr Zeit in das freiwillige Engagement als Frauen. Im mittleren Erwachsenenalter ist das zeitliche Engagement vergleichsweise gering, während sich in der Altersgruppe der 65-Jährigen und Älteren mit 22,2 % der höchste Anteil der Befragten findet, die sich zeitintensiv engagieren. Auffällig ist auch, Menschen mit niedriger Bildung engagieren sich etwas eher in zeitintensiven Strukturen (vgl. Simonson et al. 2021: 152 ff.).

Typisch für ein freiwilliges Engagement ist, dass die Tätigkeit einmal pro Woche oder mehrmals im Monat ausgeübt wird (41,9 %). Der Vergleich über einen längeren Zeitraum offenbart, dass die „seltener" ausgeübten Tätigkeiten zugenommen haben. Die Anteile für eine tägliche Ausübung der Tätigkeit oder eine Aktivität mehrmals pro Woche gehen zeitgleich deutlich zurück. Dies könnte mit einem Wandel der Lebenslagen, der zunehmenden zeitlichen Belastungen in vielen Lebensbereichen und mit veränderten Zeitmustern angesichts vielfältiger Konsum- und Medienangebote zu tun haben. Das Interesse an projektartigen und eventbezogenen Formen des Engagements nimmt offenbar zu. Zusammen mit dem sinkenden Umfang des Engagements zeigt sich insgesamt ein Wandel in den Zeitmustern des freiwilligen Engagements in Deutschland.

2.5.6 Engagementförderung auf unterschiedlichen Ebenen

Freiwilliges Engagement in der Freizeit ist politisch gewollt und stützt nach allgemeiner Auffassung die demokratische Entwicklung im Gemeinwesen und den gesellschaftlichen Zusammenhalt. Daher haben sich unterschiedliche Strukturen der Engagementförderung entwickelt. Im Idealfall fließen sie in einer abstimmten Engagementstrategie zusammen. Nationale und regionale Kampagnen stützen die Entwicklung und regionale Freizeitforschung kann Bedarfe sichtbar machen.

In einem breiten Beteiligungsprozess wurde von 2022 bis 2023 eine Engagementstrategie für das Land Bremen entwickelt. Wichtige Ergebnisse sind in zehn Punkten zusammengefasst:

– Gesehen werden: Sichtbarkeit, Anerkennung und Wertschätzung. Dies gilt sowohl innerhalb von Organisationen als auch bezogen auf die Öffentlichkeit.
– Ein Fall für zwei: Freiwilligenarbeit braucht Ehren- und Hauptamt. Verlässliche Strukturen und eine Koordination des Engagements sind wichtig.
– Wissen weitergeben: Austausch-, Beratungs- und Qualifizierungsangebote. Das Engagement lebt von lebendigen Netzwerken und gezielte Angebote stützen die Qualität.
– Sicherheit schaffen: Förderung vereinfachen und verstetigen. Dies ermöglicht auch kleineren Organisationen die Gestaltung von Engagementprogrammen.
– Hürden abbauen: Freiwilliges Engagement ist offen für alle. Die Diversität der Gesellschaft sollte Berücksichtigung finden und Barrieren abgebaut werden.
– Synergien nutzen: Gemeinsame Orte schaffen. Denkbar wären neben vielen dezentralen Angeboten ein zentrales Haus des Engagements mit Räumen und Ressourcen.
– The Kids Are Allright: Junges Engagement fördern. Über vielfältige Informationsmöglichkeiten und attraktive Formate könnten Jüngere für ein Engagement gewonnen werden.
– Innovationen begrüßen: Neue Formen von Engagement. Verstärkt sollten zeit- und ortsunabhängige Engagementformate entwickelt werden.
– Aufholen: Engagement und Digitalisierung. Die digitalen Kompetenzen für eine Engagementförderung sollten weiterentwickelt werden.
– Das Neue fördern: Starthilfen für junge Initiativen. Beratungsstellen könnten insbesondere junge Initiativen in der Aufbau- und Gründungsphase unterstützen (vgl. Freie Hansestadt Bremen 2023: 18 f.).

Auf Anregung der Enquete-Kommission „Bürgerschaftliches Engagement" wurde im Jahr 2002 das „Bundesnetzwerk Bürgerschaftliches Engagement" (BBE) mit heute ca. 280 Mitgliedern aus unterschiedlichen gesellschaftlichen Bereichen, Politik und Wirtschaft gegründet. Ziel ist es nach wie vor, die Rahmenbedingungen für das freiwillige Engagement nachhaltig zu verbessern, die öffentliche Aufmerksamkeit für das freiwillige Engagement und die Anerkennung der erbrachten Leistungen voranzubringen. Unter dem Motto „Engagement macht stark!" veranstaltete das Netzwerk im Jahr 2023 die 19. Woche des bürgerschaftlichen Engagements. Im Rahmen der Kampagne werden herausragende Projekte ausgezeichnet, und es wird die Vielfalt des Engagements sichtbar gemacht. Darüber hinaus fördert das BBE den Austausch in verschiedenen Themenfeldern des Engagements, beispielsweise zu „Engagement und Inklusion", „Digitalisierung und Bürgerschaftliches Engagement" oder zu Nachhaltigkeitszielen. Nicht zuletzt ist das BBE auch in der Politikberatung tätig und setzt sich für eine „Bundes-Engagementstrategie" ein (vgl. BBE 2024).

Wichtige Schnittstellen für die Beratung von Interessierten an einem freiwilligen Engagement und die Unterstützung von Organisationen des bürgerschaftlichen Engagements auf lokaler Ebene stellen „Freiwilligen-Agenturen" dar. Sie beziehen sich auf die Bedürfnisse der (potenziell) Engagierten nach besserer Information über die Möglichkeiten des freiwilligen Engagements. Hier setzen Freiwilligen-Agenturen wie die Bremer Anlaufstelle für eine Engagementberatung in der Stadtbibliothek an und versuchen Bürger:innen mit ihren jeweiligen Interessen und Voraussetzungen mit Träger:innen für eine Freiwilligenarbeit zusammenzubringen. Eine digitale „Engagementbörse" macht zudem vorhandene Felder und Tätigkeiten sichtbar und unterstützt ebenso wie besondere Veranstaltungen mit vielen Beteiligten die Wahrnehmung des freiwilligen Engagements (vgl. Freiwilligen-Agentur Bremen 2024).

Engagementförderung kann sich auch auf eine praxisnahe kommunale Sozialforschung stützen. Dies zeigt der Bericht von Ute Fischer und Sina-Marie Levenig zu einem Projekt in Unna, in dem durch eine Netzwerkanalyse relevante Organisationen ermittelt wurden und im Rahmen einer breit angelegten Bürger:innenbefragung die Bedarfe für ein freiwilliges Engagement dokumentiert werden konnten. Dabei wurden viele Vorschläge für die Unterstützung, die Informationsmöglichkeiten und die Anerkennung gesammelt. Die Untersuchung zeigt: Engagement ernst nehmen ist wichtig. Unterschiede bestehen zwischen ländlichen und städtischen Sozialräumen, aber grundlegende Motive sind ähnlich: Freude an der Tätigkeit gemeinsam mit anderen, Menschen helfen und neue Kontakte finden. Auch in einem kleinen Rahmen zeigt sich: Wichtige Leistungen für die Gemeinschaft werden so von vielen Beteiligten erbracht, und Engagementförderung ist ein bedeutsames Feld für die Entwicklung eines Gemeinwesens. Die Autorinnen ziehen daher ein positives Fazit: „Um das bürgerschaftliche Engagement zu stärken, bedarf es vor allem eines: Man muss es zulassen. Bereitschaft und stille Reserven sind vorhanden. Die Gemeinden und ihre politischen und verwaltenden Verantwortlichen sollten den Eigensinn der Engagierten nicht fürchten, sondern sie wirken lassen und Ermöglichungsstrukturen schaffen, also etwa die nötige Infrastruktur für Engagement zur Verfügung stellen" (Fischer/Levenig 2021: 47). Hinzukommen sollten eine „Wertschätzung auf breiter Basis" und eine Stützung durch Ressourcen und Anerkennung.

Fallbeispiel Freilichtmuseum am Kiekeberg

Im Freilichtmuseum am Kiekeberg, südlich von Hamburg, gestalten mehr als 350 Freiwillige das Museum und sein erlebnisorientiertes Angebot zur lebendigen Darstellung der regionalen Geschichte mit. Insgesamt fließen so mehr als 20.000 Stunden im Jahr in die Museumsarbeit ein (vgl. Freilichtmuseum am Kiekeberg 2024). Die Beteiligung von freiwillig Engagierten ist Teil des eigenen Selbstverständnisses. „Bürgerschaftliches Engagement gehört seit vielen Jahrzehnten zu unserem Museum. Ohne ehrenamtliche Mitarbeiter wären die vielfältigen Aktivitäten des Freilichtmuseums und seiner Außenstellen nicht realisierbar" (Informationsblatt des Museums zum Ehrenamt 2017). Freiwillige helfen bei der Umsetzung von Großveranstaltungen und Kinderprogrammen, ermöglichen einen Erhalt der Anlagen und wirken mit bei der lebendigen Geschichtsdarstellung. Um den Museumsladen zu betreiben, wird für eine regelmäßige Mitarbeit bei Service und Verkauf geworben. Möglich ist auch ein Engagement bei der Gartengestaltung der historischen Anlagen sowie der Restauration alter Maschinen im Rahmen der Technik-AG. Freiwilliges Engagement erscheint hier als ein wesentlicher Baustein für ein erlebnisorientiertes Museum und dient auch einer Verankerung in der Region. Zugesichert werden im Rahmen des Freiwilligenmanagements feste Ansprechpartner:innen und eine Team-Gemeinschaft zusammen mit den hauptamtlichen Mitarbeiter:innen. Hinzu kommen exklusive Einblicke in die Museumsprojekte, ein freier Eintritt und individuelle Entwicklungsmöglichkeiten durch Fortbildungen. „Zeit spenden!" erscheint als ein Erfolgsmodell des Museums. Für ein Engagement wird gezielt auf der Internetseite des Museums geworben. Eine Anpassung an die individuellen Interessen und das jeweilige Zeitbudget wird signalisiert.

2.5.7 Freiwilliges Engagement und Zielgruppen

Freiwilliges Engagement richtet sich an unterschiedliche Zielgruppen. Die Inklusion von Menschen mit Behinderung oder mit Migrationshintergrund spielt eine Rolle, steht aber nicht im Zentrum des Engagements. Im Rahmen des Freiwilligensurveys 2019 wurde die primäre Ausrichtung der Aktivitäten erfragt (vgl. Simonson et al. 2021: 177 ff.). Die größte Zielgruppe für die Angebote sind Kinder und Jugendliche allgemein (50 % der Engagierten). Besonders bedeutsam sind auch Familien (39,2 %) und ältere Menschen (33,7 %). Speziell für Menschen mit Behinderung engagieren sich 15 % der Aktiven. An Menschen mit Migrationshintergrund wenden sich 16,1 %. Weitere Zielgruppen mit ähnlicher Größenordnung sind „Hilfe- und Pflegebedürftige" und „finanziell oder sozial schlechter gestellte Menschen". Speziell für „Geflüchtete und Asylsuchende" setzen sich 8 % der Engagierten ein. Eine rückblickende Betrachtung auf das Engagement in den letzten fünf Jahren (2014–2019) lässt erkennen, dass viele Menschen sich für Geflüchtete eingesetzt haben (etwa ein Viertel) und hier einen Beitrag zur Integration leisten konnten. Die Daten des Freiwilligensurveys zeigen aber auch, dass sich Menschen mit Migrationshintergrund deutlich seltener engagieren als Menschen ohne Migrationshintergrund.

Die Bremer Engagementstrategie plädiert dafür, strukturelle Barrieren in den Organisationen abzubauen und eine Sensibilität für soziale Ungleichheiten und Diskriminierung zu entwickeln. Die Vielfalt der Gesellschaft soll sich im Engagement widerspiegeln. Bisher noch unterrepräsentierte Gruppen könnten durch Fortbildungsangebote und Beratung ermutigt werden. Praktische Probleme der Kommunikation, der Barrierefreiheit von Räumlichkeiten und der Unterstützung von ärmeren Menschen durch eine Aufwandsentschädigung sollten angegangen werden (vgl. Freie Hansestadt Bremen 2023: 36 ff.).

2.5.8 Ausblick

Die Freizeit als ein Raum für freiwillige, gemeinwohlorientierte Aktivitäten gilt es im Sinne des bürgerschaftlichen Potenzials zu würdigen. Auch scheinbar wenig politische Formen des Engagements in geselligen Freizeitformen im Gemeinwesen konstituieren ein Stück der angestrebten Zivilgesellschaft mit, eröffnen Chancen für eine Teilhabe unterschiedlicher gesellschaftlicher Gruppen oder vermitteln einen Kompetenzgewinn bei der Selbstorganisation von lebensweltbezogenen Freizeitaktivitäten. Einer drohenden Spaltung der Gesellschaft (vgl. Krause/Gagné 2019) könnte so möglicherweise entgegengearbeitet werden. Die Förderung des freiwilligen Engagements gilt es als zentrales Moment einer zukunftsorientierten Freizeitpolitik weiter zu entwickeln.

2.5.9 Literatur

BBE – Bundesnetzwerk Bürgerschaftliches Engagement (2024): Themenfelder. Abgerufen am 29.02.2024 von https://www.b-b-e.de/themenfelder/.

Enquete-Kommission "Zukunft des Bürgerschaftlichen Engagements" (2002): Bürgerschaftliches Engagement: Auf dem Weg in eine zukunftsfähige Bürgergesellschaft. Deutscher Bundestag. Drucksache 14/8900. Abgerufen am 29.02.2024 von https://dserver.bundestag.de/btd/14/089/1408900.pdf.

Fischer, Ute; Levenig, Sina-Marie (2021): Bürgerschaftliches Engagement zwischen individueller Sinnstiftung und Dienst an der Gesellschaft: Empirische Ergebnisse aus dem Ruhrgebiet. In: Aus Politik und Zeitgeschichte, 71 (13–15), S. 42–47.

Freie Hansestadt Bremen, Senatorin für Arbeit, Soziales und Integration (Hrsg.) (2023): Bremer Engagementstrategie. Gute Rahmenbedindungen für Engagement in Bremen und Bremerhaven schaffen. Abgerufen am 29.02.2024 von https://www.freiwilligen-agentur-bremen.de/engagementstrategie.

Freilichtmuseum am Kiekeberg (2024): Unterstützung über Zeitspenden. Abgerufen am 29.02.2024 von https://www.kiekeberg-museum.de/en/unterstuetzen-sie-uns/.

Freiwilligen-Agentur Bremen (2024): Angebote und Aktivitäten. Abgerufen am 29.02.2024 von https://www.freiwilligen-agentur-bremen.de/.

Gensicke, Thomas (2015): Freizeit und Ehrenamt/freiwilliges Engagement. In: Freericks, Renate; Brinkmann, Dieter (Hrsg.): Handbuch Freizeitsoziologie. Wiesbaden: Springer Fachmedien Wiesbaden GmbH, 2015, S. 277–295.

Krause, Laura-Kristine; Gagné, Jérémie (2019): Die andere deutsche Teilung: Zustand und Zukunftsfähigkeit unserer Gesellschaft. Hrsg. v. More in Common e.V. Deutschland. Berlin.

Simonson, Julia; Kelle, Nadiya; Kausmann, Corinna; Tesch-Römer, Clemens (Hrsg.) (2021): Freiwilliges Engagement in Deutschland. Der Deutsche Freiwilligensurvey 2019. Berlin: Deutsches Zentrum für Altersfragen

3 Pädagogik und Psychologie der Freizeit

Renate Freericks

Freizeitpädagogik ist eine Teildisziplin der Erziehungswissenschaft. „Sie stellt disziplinär betrachtet [...] eine Spezialisierungsrichtung innerhalb einer plural gedachten Erziehungswissenschaft dar, die mit einer eigenen (alternativen) Pädagogik" auf individuelle und gesellschaftliche Problemlagen im Kontext von Freizeit reagiert (vgl. Fromme 2001: 610). Sie ist für einen speziellen Problembereich zuständig, der in den anderen speziellen oder allgemeinen „Pädagogiken" (vgl. Paschen 1997) nicht ausreichend thematisiert wird. Begründet wird sie insofern über den spezifischen Problembereich Freizeit wie auch als pädagogische Alternative insbesondere zur Schulpädagogik. Die Abgrenzung zur Schulpädagogik erfolgt u. a. über den Ansatz einer spezifischen Freizeitdidaktik (vgl. Opaschowski 1990). Freizeitsituationen erfordern ein besonderes pädagogisches Handeln. Um jedoch eine zu starre Abgrenzung der „Pädagogiken" zu vermeiden und auch eine gegenseitige Ergänzung und Befruchtung zu ermöglichen, schlagen Popp und Schwab (2005) vor, zukünftig von einer Pädagogik der Freizeit zu sprechen. Neuere Forschungen und Ansätze zu außerschulischen Lernorten und informellem Lernen sowohl in der Freizeitwissenschaft (vgl. Freericks et al. 2005) als auch in der Lehrer:innenbildung (vgl. Beyer et al. 2020) können zur Unterstützung angeführt werden.

Freizeitpsychologie greift vor allem auf existierende allgemeine psychologische Theorien zurück (Psychologie als Bezugsdisziplin), wie z. B. der Lern-, Motivations-, Entwicklungs- und Sozialpsychologie. Darüber hinaus hat sie in den letzten Jahrzehnten als Psychologie der Freizeit ihren Fokus auf das Freizeitverhalten, insbesondere die Freizeitaktivitäten und das (Frei-)Zeiterleben mit ihren Determinanten (Alter, Geschlecht, Lebensphasen etc.) gelegt.[1]

3.1 Entwicklung der Freizeitpädagogik

Die Entwicklung der Freizeitpädagogik ist direkt mit der Entwicklung von Freizeit verbunden. Mit der Entstehung größerer zeitlicher Freiräume in der Phase der Industrialisierung werden sowohl Chancen als auch Probleme der Freizeit thematisiert. Ein kurzer Blick in die Geschichte zeigt, dass bereits vor dem Ersten Weltkrieg erste Auseinandersetzungen mit der Gestaltung der Freizeit erfolgten. Es wurden vor allem zwei Bevölkerungsgruppen besonders in den Blick genommen: die Arbeiterschaft und die Jugend. Für erstere sollten vor allem alternative Angebote zum Alkoholkonsum im Wirtshaus erstellt werden. Der Jugend sollten vor allem im Sinne eines „erzieherischen"

---

[1] Verwiesen sei hier auf einige wenige ältere Veröffentlichungen zur Freizeitpsychologie in den 1970/ 80er Jahren (u. a. Schmitz Scherzer 1974; Opaschowski 1988, 1993).

https://doi.org/10.1515/9783111337944-003

Anspruchs Fähigkeiten zur Freizeitgestaltung vermittelt werden (vgl. Reulecke 1982; Giesecke 1983). In der Weimarer Republik setzen sich diese „Bewegungen" fort. Pädagogische Einrichtungen begannen verstärkt Freizeitangebote zur Verfügung zu stellen. Eine besondere Rolle kam hier den Jugendverbänden und -vereinen zu. Durch Freizeitgestaltung in der Gemeinschaft sollte implizit „sinnvolle" Freizeitgestaltung erlernt werden. Als ein weiterer freizeitpädagogisch relevanter Bereich ist die einsetzende Wanderbewegung vor allem junger Menschen zu nennen. Es fanden kurzeitpädagogische Maßnahmen in Landschulheimen, Jugendherbergen und Heimvolkshochschulen statt. Im gemeinsamen Erleben auf „Jugendfreizeiten" wurde ein eigener pädagogischer Wert erkannt. Die erlebnispädagogischen Kurzschulen Kurt Hahns spiegeln diesen Ansatz wider (vgl. Schwarz 1968). Sie verweisen zudem auf eine enge Beziehung zwischen den beiden handlungsorientierten Ansätzen der Freizeitpädagogik und der Erlebnispädagogik.

Fritz Klatt war es, der als erster das Lernpotenzial auf Freizeiten explizit zum Gegenstand freizeitpädagogischer Betrachtung erhob. Seine Erfahrungen beruhen auf der mehrjährigen Leitung eines Volkshochschulheims in Prerow auf der Ostseeinsel Darß. Die besondere Lernsituation fern der täglichen Berufszwänge der berufsgebundenen jungen Menschen ermöglichte ein Lernen in der Freizeit mit unterschiedlichen Lernzielen und -inhalten und einer besonderen Zeitstruktur. Er führte erstmals den Begriff der „Freizeiterziehung" ein (vgl. Klatt 1922, 1971), die jedoch nach wie vor dem Beruf bzw. der Arbeit dienen sollte. Mit der nationalsozialistischen Machtübernahme veränderten sich die Freizeitbedingungen grundsätzlich. Alle bisherigen demokratischen Bestrebungen und vielfältigen Bewegungen in der Freizeit kamen zum Erliegen. Es wurden kaum andere Organisationen neben der staatlichen NS-Gemeinschaft „Kraft durch Freude" (KdF, gegründet 1933) geduldet. Es erfolgte eine umfassende staatliche Kontrolle und Organisation der Freizeit im Sinne der NS-Ideologie. Bisherige Jugendorganisationen wurden aufgelöst oder gingen in die HJ (Hitler-Jugend) über. Da jedwedes demokratisches Freiheitsdenken damit vernichtet wurde, spricht Nahrstedt (1990: 105) hier von einer Pervertierung der Freizeitgestaltung und einer faktischen Vernichtung der Freizeitpädagogik.

Nach 1945 starteten die Diskussionen zur Freizeitpädagogik erneut. Die Weiterentwicklung nach dem Zweiten Weltkrieg soll hier kurz in Anlehnung an Nahrstedt (1990: 108 ff.) skizziert werden. Er zeichnet die Entwicklung in vier Phasen nach:
– Progressive Freizeitpädagogik (1945–1966)
– Emanzipatorische Freizeitpädagogik (1967–1979)
– Innovatorische Freizeitpädagogik (seit 1980)
– Postmoderne Freizeitpädagogik als Perspektive?

Die Progressive Phase ist gekennzeichnet von Wiederaufbau, Wirtschaftswunder und ersten Modernisierungen. Die Arbeitsorientierung steht im Zentrum, doch werden zunehmend aus der Freizeit heraus die traditionellen Wertorientierungen in Frage gestellt. Die Phase erscheint progressiv, da „schrittweise die Freizeit als eigenständiger

Ausgangspunkt für die Freizeitpädagogik entdeckt" wird (Nahrstedt 1990: 109). Freizeit wird als Erholungszeit, als Mußezeit und mit der expandierenden Freizeit- und Konsumindustrie auch als Konsumzeit diskutiert. In der emanzipatorischen Phase wurde vor allem eine politische Perspektive entwickelt. In Orientierung an den erziehungswissenschaftlichen Diskussionen wird der Emanzipationsbegriff der Kritischen Theorie rezipiert. Im Kontext von Systemkritik wird eine demokratische Freizeitpädagogik gefordert, die auch mögliche Entfremdungen in der Freizeit thematisiert und die Entwicklung von Handlungskompetenzen (z. B. Fähigkeit zur Option, zur Selbstbestimmung) fördert. Die Realität der Freizeitpraxis (z. B. Kinderspielplatzbewegungen, Bürgerbewegungen) und die Freizeitsozialisation als die Aneignung der Umwelt bzw. Lebenswelt wird zum Ausgangspunkt gewählt. Mit anderen Worten, die Lebenswelt jenseits des ökonomischen und staatlichen Systems steht im Zentrum. Animation und Soziokultur werden zu Leitbegriffen. Die empirischen Untersuchungen des BAT-Freizeit-Forschungsinstituts (jetzt: Stiftung für Zukunftsfragen) zeigen, der freizeitkulturelle (erlebnisorientierte) Lebensstil setzt sich immer mehr gegen die Arbeitszentrierung durch.

Die innovatorische Phase bezeichnet „die neue Aufgabe der Freizeitpädagogik, [...] an der Entwicklung freizeitorientierter Lebensstile und selbstorganisierter Freizeitkultur mitzuwirken" (Nahrstedt 1990: 128). Sie bringt selbst freizeitkulturelle Konzepte und Projekte hervor. Neben empirische Freizeitforschungen treten zunehmend handlungsorientierte Forschungsansätze. Freizeit wird für einen großen Teil der Bevölkerung zum zentralen Lebensbereich. Das (politische) Emanzipationsziel verliert seine Leitfunktion, wird aber nicht gänzlich verdrängt. „Lernpotentiale der Freizeit sollen aktiviert und dabei die Ziele Emanzipation, Mündigkeit und Demokratisierung sowie Abbau von neuer Entfremdung in der Freizeit in besonderer Weise verfolgt werden" (Nahrstedt 1990: 134). Das Lernziel wird durch kommerzielle und politische (bzw. kapitalistische) Interessen zunehmend konterkariert. Mit der angedeuteten postmodernen Phase verweist Nahrstedt auf grundlegende Veränderungsprozesse in Gesellschaft und Wissenschaft und auf erste Auseinandersetzungen mit postmodernen Theorieansätzen. Gesellschaftsdiagnosen wie Pluralisierung, Beliebigkeit und Vielfalt werfen die Frage auf, welche Folgen damit verbunden sind. Angebotsvielfalt und plurale Lebensstile (vgl. Schulze 1992, 2000; Cantauw 1995) verweisen u. a. auf neue Anforderungen an die Freizeitpädagogik bzw. Freizeitwissenschaft.[2] Zum einen lässt sich Unterstützungsbedarf bei Wahl- und Entscheidungsprozessen vor dem Hintergrund der Optionsvielfalt auf dem Erlebnismarkt nennen, zum anderen aber auch die Chance Einzelner, ihr „Projekt des schönen Lebens" selbstbestimmt zu gestalten.

In Anlehnung an Opaschowski (1990: 13) lassen sich die vier Entwicklungsphasen mit folgenden Slogans kurz zusammenfassen:

---

2 Zur Rezeption der Postmoderne in der Freizeitpädagogik siehe Fromme (1997).

- Erholungsorientierte Freizeitphase (1945 bis in die 1950er Jahre): „Arbeiten und sein Glück machen"
- Konsumorientierte Freizeitphase (1960er und 1970er Jahre): „Konsumieren und sein Vergnügen haben"
- Erlebnisorientierte Freizeitphase (1980er Jahre): „Erleben und einen eigenen Lebensstil finden"
- Muße-/zeitorientierte Phase (1990er Jahre): „Zur Ruhe kommen und Zeit für sich selber finden"

Sie stimmen weitgehend mit den Entwicklungsphasen nach Nahrstedt überein, wobei dieser den pädagogischen Bezug hervorhebt. Die Folgezeit der Entwicklung der Freizeitpädagogik kann nahtlos anknüpfen. Die anschließende Phase lässt sich als zeit- und sinnorientierte Phase (vgl. Freericks/Hartmann/Stecker 2010: 29) umschreiben. Vor dem Hintergrund von Pluralisierungs- und Beschleunigungsprozessen ist sie bis heute vom anhaltenden Streben nach Eigenzeit und Entschleunigung geprägt. Zunehmend wird in unserer entwickelten Erlebnisgesellschaft (vgl. Freericks/Brinkmann 2017) aber auch die Frage nach dem Lebenssinn gestellt. Die Erlebnisorientierung der Spaßgesellschaft (vgl. BAT-Freizeit-Forschungsinstitut 2001) bzw. der Erlebnisgesellschaft (vgl. Schulze 1992) wird nicht völlig abgelöst von neuer Bescheidenheit und Askese, sondern sie wird ergänzt um „neue" ethische Fragestellungen. Neben die Stelle der tradierten protestantischen Arbeitsethik und der Ästhetisierung des Alltagslebens mit einer konsumptiven Freizeitethik tritt eine „andere" Freizeitethik (vgl. Fromme/Freericks 1997). Sie ist u. a. gekennzeichnet durch soziale und ökologische Verantwortung und durch neue Verbindungen von Unterhaltung/Spaß, Konsum und Bildung. Ein neuer Typus außerschulischer bzw. erlebnisorientierter Lernorte hat sich entwickelt (vgl. Kap 1.6.3).

Die positiven Seiten der konsumptiven Freizeitethik wie beispielsweise „das Eigenrecht bzw. der Eigenwert des Schönen" (das Lustvolle als eine Art Menschenrecht) gilt es auch weiterhin zu stärken. Den negativen Seiten wie das Streben nach immer schneller – höher – weiter und damit auch einer Entwertung der Gegenwart gilt es jedoch entgegen zu wirken (vgl. Fromme/Freericks 1997: 87). Für die Freizeitpädagogik bzw. Freizeitbildung in pluralistischen Gesellschaften wird gefolgert: Pädagogik zielt weiterhin auf Bildung mit dem Anspruch auf Kultivierung (Überwindung von Roheit), aber im Sinne eines partikulären pädagogischen Anspruchs (keine Bevormundungsversuche, aber auch kein Zulassen von Ungerechtigkeiten; eine neue Bescheidenheit der Pädagogik). Wichtig werden zudem die Erweiterung des pädagogischen „Wissens" (Reflexion ggf. pädagogischer Vorurteile z. B. zum Medienverhalten), die Erweiterung der reflexiven Zeitkompetenz (Vermittlung anderer Zeitlogiken wie z. B. Muße) auf individueller und professioneller Ebene als Bildungsziel und die Erweiterung der Sprachspielkompetenz (Verständnis des Anderen, Neuen, Fremden) (Fromme/Freericks 1997: 92 f.). Eine Pluralität der Erfahrungsweisen und Sprachspiele erscheint in pluralistischen Gesellschaften als angemessenes Bildungsideal (vgl. Fromme 1997). Die „andere" Freizeitethik lässt sich in diesem Sinne zusammenfassend als der ästhetische Sinn für das Andere und den Anderen fassen. Mit anderen Worten stärkt die Freizeitpädagogik der Gegenwart ein vielfältiges, anregendes und serviceorientiertes Angebot für das subjektive erfüllte Erleben und Wohlbefinden Einzelner, gerahmt durch eine Werteorientierung im Kontext globaler Problemlagen und partizipativer Ansätze. Denn längst nicht alle haben Teil an den Angeboten des Erlebnismarkts. Auf mögliche politische Förderbedarfe aufmerksam zu machen, um Barrieren abzubauen und Benachteiligungen entgegenzuwirken, ist auch als Aufgabe einer Freizeitpädagogik in einer entwickelten Erlebnisgesellschaft festzuhalten. Mit Blick auf aktuelle Gesellschaftsdiagnosen (vgl. Reckwitz 2018; Rosa 2005, 2016) mit den Stichworten Singularitäten, Beschleunigung, Resonanz ließe sich die aktuelle Entwicklungsphase perspektivisch auch als zeit- und werteorientierte Phase umschreiben. Die Weiterentwicklung der Freizeitpädagogik zu einer weit gefassten „erlebnisorientierten Pädagogik' in einem breiten Spektrum pluraler Freizeitkontexte zeichnet sich ab" (Brinkmann 2022: 234). „Neue Sichtweisen aufzuzeigen, punktuelle Lernimpulse zu geben und einer strukturellen Benachteiligung von bestimmten Bevölkerungsgruppen im Kleinen entgegenzuarbeiten" (Brinkmann 2022: 250), sind auch in Zukunft wichtige Aufgaben. Zudem ist auch die digitale Entwicklung in den verschiedenen Freizeitsektoren zu berücksichtigen. Die entwickelte Erlebnisgesellschaft stellt mit ihren virtuellen Möglichkeiten die Freizeitpädagogik vor neue Herausforderungen. Digital optimierte Erlebnisarrangements und gesteigerte Interaktivität ermöglichen neue Lernchancen. Die Entwicklung digitaler Parallelwelten wie z. B. in der Museumarbeit gilt es zu begleiten. Die Ansprüche an die Medienkompetenz der Akteur:innen und die Entwicklung hybrider Angebote wächst. Eine weitere Annäherung an die Medienpädagogik zeichnet sich ab.

3.2 Didaktik der Freizeit

Während für die Entwicklung der Freizeitpädagogik die Bezugnahme auf gesellschaftstheoretische Ansätze (soziologische Makromodelle) und die Entwicklung von pädagogischen Strategien in diesem Kontext eine wesentliche Rolle spielen, konzentrieren sich didaktische Konzepte und Modelle auf die Analyse und Planung des Lerngeschehens bzw. der Lernsituationen. In älteren Veröffentlichungen werden vor allem die grundlegenden freizeitdidaktischen Strukturmerkmale (vgl. Opaschowski 1990) sowie die pädagogischen Handlungsformen (vgl. Giesecke 1997) bzw. Methoden analysiert. In der Studie „Didaktische Modelle außerschulischer Lernorte" (vgl. Freericks/Brinkmann/Wulf 2017) werden darüber hinaus konkrete Analysen zu eigenständigen erlebnisorientierten Lernformen und Ansätzen in den neuen hybriden Lern-Erlebniseinrichtungen (wie Themenwelten, Zoos und interaktiven Museen) vorgestellt. Untersuchungen zur Digitalisierung in diesen Lernorten weisen zudem auf weitere didaktische Herausforderungen hin (vgl. Freericks/Brinkmann/Theile 2018).

Leitend für das pädagogische Handeln in Freizeitkontexten ist die Berücksichtigung der grundlegenden didaktischen Strukturmerkmale von Freizeit. Opaschowski (1990) spricht hier auch von „animativer Freizeitdidaktik". Animation ist insofern für ihn nicht nur eine Handlungsform neben anderen, sondern auch ein handlungsleitendes Konzept[3]. Mit dem Konzept der animativen Didaktik werden in besonderer Weise die spezifischen Bedingungen und Merkmale von Freizeitsituationen erfasst. Er hat hierbei insbesondere die Entwicklungen der Soziokultur (auch freizeitkulturelle Breitenarbeit) in den Blick genommen. Ein Freizeitsektor, der vor dem Hintergrund neuerer soziokultureller und sozialpolitischer Diskurse zukünftig wieder einen größeren Stellenwert in der freizeitpädagogischen Arbeit einnehmen könnte.

Zu den Strukturmerkmalen gehören: Die Teilnahmebedingungen Erreichbarkeit, Offenheit und Aufforderungscharakter der Freizeitsituation bzw. des Angebots sind zu gewährleisten. Freie Zeiteinteilung, Freiwilligkeit der Teilnahme und Zwanglosigkeit müssen als Voraussetzungen der Beteiligung erfüllt sein. Den Teilnehmenden müssen Wahl-, Entscheidungs- und Initiativmöglichkeiten zur Verfügung stehen (vgl. Opaschowski 1990: 180). Das Merkmal Offenheit hat eine besondere Relevanz in der Freizeit. So lassen sich je nach situativem Kontext offene (z. B. Strandbad, Freizeitpark, Events, Angebote der offenen Kinder- und Jugendarbeit), teiloffene (z. B. Kurse, Workshops an der VHS) und nicht offene (geschlossene) Freizeitsituationen (z. B. Freizeitkontexte in der JVA, Psychiatrie) unterscheiden (vgl. Buddrus 1985). Besonders hohe Anforderungen der Planung und Gestaltung werden an die offenen Freizeitsituationen und -angebote gestellt. Sie bewegen sich per se auf dem Freizeitmarkt und konkurrieren mit all den anderen Angeboten. Offenheit bedeutet (in Anlehnung an Opaschowski 1990: 99)

– eine nicht genau einplanbare Teilnehmer:innenzahl,
– eine hohe Teilnehmer:innenfluktuation,
– Freiwilligkeit der Teilnahme, individuelle Verweildauer und Teilnahmeintensität,
– unterschiedliche Erwartungen, Interessen, unterschiedliche Altersgruppen und soziale Herkunft der Teilnehmenden sowie
– ständige Veränderungen der Situation durch spontane Bedürfnisse.

Bei der Planung von Festivals, Stadtteilfesten, Open-Air-Konzerten o. ä. kommen diese Aspekte besonders zum Tragen. Eine vorausschauende und strategische Planung, aber auch Erfahrungen der Veranstalter:innen können Orientierung und Sicherheit geben.

Nach Giesecke sind „Pädagogen [...] professionelle Lernhelfer'" (1997: 15), die Lernen für jede Altersgruppe ermöglichen. Mit anderen Worten unterstützen und begleiten sie das Lerngeschehen. Er unterscheidet fünf pädagogische Handlungsformen (Unterrichten, Informieren, Beraten, Arrangieren und Animieren), die unterschiedlich

---

[3] Eine ausführliche Auseinandersetzung mit den Animationsansätzen in Deutschland findet sich bei Michels (1996).

je nach Situation und beruflichem Kontext zum Einsatz kommen können. Insbesondere das Animieren und Arrangieren werden als Handlungsformen im Freizeitkontext hervorgehoben.

Unterrichten wird insbesondere im schulischen Kontext genutzt. Es werden „relativ komplexe Sachzusammenhänge in einem längeren Argumentationsprozess anderen" erklärt (Giesecke 1997: 79). Es besteht in der Regel ein Wissensgefälle zwischen Lehrenden und Lernenden. Es werden Lernziele festgelegt. Die Inhalte sind meist abstrakt und nicht unmittelbar an das Alltagsleben gebunden. Das Informieren hingegen ist immer auf die aktuelle Lebenssituation bezogen, denn „wir brauchen Informationen, um uns in einer Situation richtig, angemessen oder wunschgemäß verhalten zu können" (Giesecke 1997: 84). Entscheidungen basieren auf (Sach-)Informationen, die kurz und präzise vermittelt werden. Die Handlungsform Beraten bezieht auch (Sach-)Informationen ein, Beratungen sind jedoch individuell ausgerichtet. Die Ratsuche wie auch die Lösungsentscheidung gehen immer vom Ratsuchenden aus. Die Berater:innen zeigen lediglich mögliche Wege auf. Der Ansatz einer eigenen Freizeitberatung wurde in den 1980er Jahren entwickelt (vgl. Nahrstedt 1982). Freizeitberatung ist eine Form der persönlichen Gesprächsberatung bzw. -führung. Sie findet in offenen Beratungssituationen im Sinne informativer Beratung oder im Sinne persönlicher psychosozialer Beratung in Anlehnung an pädagogisch-psychologische Beratungsmethoden (Gesprächsberatung) statt (Abgrenzung zu Therapie/Behandlung, Heilverfahren). Der Beratungsvorgang verläuft in fünf Phasen:

– Bewusstmachung des Problems (Sammeln und Erörtern von Informationen)
– Strukturierung des Problems (Ordnen der Informationen)
– Ermittlung von Lösungsalternativen
– Bewertung (Gewichtung) der Lösungsalternativen
– Anregung zum Ergreifen der angemessensten Lösung (Entscheidungshilfe).

Freizeitberatung wird differenziert in: Angebotsberatung, Interessenberatung und Alltags-/Lebensstilberatung (vgl. Nahrstedt 1982). Ziel der Freizeitberatung ist die Unterstützung bei der Bewältigung von Freizeit- und Alltagsproblemen. Sie findet in der Regel nicht institutionalisiert, sondern im Rahmen eines Freizeitangebotes, in Freizeiteinrichtungen sowie anderer Beratungstätigkeit statt. Zum Teil wurde sie an der VHS in Form spielpädagogischer Beratungen in der Freizeitpraxis angewandt. Ein gewisser Institutionalisierungsgrad hat in der Kurgastbetreuung (Gästebetreuung) stattgefunden. Freizeit-/Zeit- und Lebensstilberatung findet heute häufig rund um Angebote des Gesundheitssektors statt (Wellness-/Gesundheitsberatung). In den USA sind die Ansätze stärker verbreitet (Leisure Counselling/Therapeutic Recreation). Neben weiterführenden Ansätzen in der Gesundheitsberatung/Gesundheitsförderung (in Kurorten, Wellnesshotels, im Betrieb) finden sich zudem Ansätze zur Zeitberatung (z. B. timesandmore – Institut für Zeitberatung) und mit Blick auf die Medienpädagogik auch die Medienberatung (z. B. Angebote der Landesmedienanstalten).

Beim Arrangieren geht es darum, Situationen so zu gestalten, dass Lernen ermöglicht wird. Dabei bleibt Lernenden überlassen, was und in welchem Umfang er/sie lernt. Es wird lediglich ein Möglichkeitsraum geschaffen. Das Arrangieren bzw. das Arrangement sind im Ansatz vergleichbar mit dem heute verwendeten Begriff der Inszenierung. Allerdings verweist er darüber hinausgehend auf die Gestaltung komplexer thematisierter und emotionaler Erfahrungsfelder (Szenografie). Es geht um die Inszenierung von Erlebnissen in Freizeit- und Wissenswelten (Museen etc.), auf Reisen und in Städten (vgl. Freericks et al. 2005). Themenorientierte Gästeführungen, die eine Stadt aus einer neuen Perspektive für Einwohner:innen und Besucher:innen emotional erlebbar machen, können hier u. a. angeführt werden. Gemeint ist eine anregende didaktische (z. B. dramaturgischer Aufbau, Ansatz des Storytelling) und räumliche Gestaltung (Farbe, Licht, Geruch, Material, Orientierung, Themeninseln etc.) im Sinne einer Wohlfühlatmosphäre, die zum Lernen und gemeinsamen Austausch anregt. Selbst etwas auszuprobieren und zu erkunden, eigene Erfahrungen zu sammeln, sich aktiv etwas aneignen macht das Lernen in Erlebnis-Lernorten interessant. Selbst etwas tun ist ein starker Antrieb für nachhaltig in Erinnerung bleibende Erlebnisse.

In Ergänzung zum Arrangieren richtet sich das Animieren auf den Versuch, andere zu bewegen, in einer gegebenen Situation Lernchancen zu nutzen. Animieren heißt vom Wortstamm so viel wie „beseelen", „Leben einhauchen" (vgl. Nahrstedt 1975). Animieren ist die Anregung zum aktiven Tun (vgl. Opaschowski 1979). Grundsätzlich kann zwischen personaler (Animateur:innen) und materialer Animation (Ausstellungsgegenstände, Schnupperangebote etc.) unterschieden werden. Gut arrangiert können also auch (interaktive) Objekte zur Auseinandersetzung animieren. Das Lerngeschehen profitiert jedoch in besonderer Weise auch von der persönlichen Ansprache der Lernenden bzw. der Besuchenden von Erlebnis-Lernorten. Der persönliche Bezug stützt eine intensive Auseinandersetzung mit dem Thema, ermutigt Ungewöhnliches auszuprobieren. Aus der Psychologie ist bekannt, wie wichtig die Person der Vermittler:innen für den erfolgreichen Lernprozess ist, wie z. B. für Einstellungsänderungen (vgl. Gast-Gampe 1993). Sympathieträger:innen, Personen in bestimmten Statusrollen inspirieren und motivieren uns. Je ausgeprägter die Vorbildfunktion oder die Identifikationsfigur, desto höher die Lernmotivation und nachhaltiger das Lernen. Giesecke (1997) grenzt die gesellige (Urlaubsanimation) und die pädagogische Animation voneinander ab. In erlebnisorientierten Lernorten erscheint eine strikte Trennung jedoch wenig ratsam, zumal die Besuchendenmotive wie Geselligkeit und Unterhaltung in der Freizeit bestimmend sind und diese Motive mit Blick auf eine freizeitgemäße Gestaltung der Lernsituation nicht vernachlässigt werden sollten.

Opaschowski führt als freizeitpädagogische Methoden die informative Beratung, die kommunikative Animation und die partizipative Planung an (vgl. Opaschowski 1990: 168 ff.). Letztere weist über die Handlungsformen von Giesecke hinaus und knüpft an die oben genannte Organisations- und Planungskompetenz an. So wird zum einen auf die Beteiligung der Adressat:innen in Freizeitlernsituationen verwiesen und zum anderen werden auch administrative, organisatorische und planerische Aufgaben in den Blick genommen (vgl. Nahrstedt 1982a). Vor dem Hintergrund einer stärkeren Bedeutung digitaler interaktiver Formate gewinnt die Planung partizipativer Formate eine neue Aktualität für das Lerngeschehen (Freericks/Brinkmann/Theile 2018). Sie können sich von Social Media-Berichterstattungen über Online-Tutorials zu einzelnen Themen und Online-Kursangeboten bis hin zu Online-Magazinen und multimedialen Lernplattformen erstrecken. Durch den weiteren Ausbau der digitalen Infrastruktur können zunehmend Wissensbestände (digitale Repräsentationen) in komplexen Datenbanken für unterschiedliche Akteur:innen (Besucher:innen, Nutzer:innen, Wissenschaftler:innen, Medienpartner:innen) zugänglich gemacht werden. Kreativwirtschaft und Citizen-Science-Projekte können hier anknüpfen.

In Lern-Erlebniseinrichtungen können die pädagogischen Handlungsformen in unterschiedlicher Weise und Gewichtung zum Zuge kommen. So finden wir z. B. mit der so genannten Zooschule im Zoo Osnabrück oder mit Roboterworkshops im Legoland auch eine Form des Unterrichtens. Die „Lernhelfer" im Universum Bremen („Scouts") und in der phaeno Wolfsburg („Phaenomen" und „Phaenowomen") geben Workshops, animieren und regen in den Ausstellungen zum Selbstausprobieren der Hands-on-Exponate an. Sie geben bei Bedarf Erklärungen oder führen auch kleinere Show-Events durch. Sie können auch bei individuellen Fragen oder Problemen beratend zur Seite stehen (z. B. besondere Angebote für spezielle Gruppen wie Schüler:innen, Senior:innen etc.). Beratungen im Sinne psychosozialer Probleme werden hier sicherlich weniger die Aufgabe sein (Zusatzkompetenz). Die interaktiven Exponate (Hands-on-Exponate) in der inszenierten, arrangierten Umgebung fördern das selbstgesteuerte informelle Lernen. Informationen am Eingang und an weiteren Stationen helfen bei der Orientierung in der Einrichtung. Entsprechend der Zielgruppen und gewünschten (Lern-)Effekte können die pädagogischen Handlungsformen eingesetzt werden. Mit Blick auf die partizipative Planung im Kontext digitaler Erfahrungsräume lassen sich darüber hinaus Unterstützungsformate, die über den besuchten Lernort hinaus gehen anbieten. Online-Kurse zur Vorbereitung oder Vertiefung des Besuchs, Podcasts oder weitere Formate können im Sinne einer Entgrenzung des Ortes das Lerngeschehen begleiten.

Es lassen sich fünf weitere Strategien zur Planung des selbstgesteuerten informellen Lernens in Erlebnis-Lernorten anführen (vgl. Freericks et al. 2005: 298):
– interaktive Erfahrungsfelder gestalten
– didaktische Konzepte in die Freizeit transformieren
– Events als Lernimpulse inszenieren
– ein größeres Zeitfenster für Lernen in den Blick nehmen
– mehr Lernorte und Partner:innen einbeziehen

Kernidee von erlebnisorientierten Lernorten ist die thematische Inszenierung. Der Ansatz, Erfahrungsfelder mit starker Handlungsorientierung und Beteiligung vieler Sinne zu schaffen, fließt hier ein. Was man im Museum normalerweise nicht darf, nämlich die Objekte anfassen und so vielleicht besser zu begreifen, wünschen sich viele Besucher:innen. Thematisierung und Emotionalisierung erscheinen als eine starke Seite von erlebnisorientierten Lernorten. Die emotional-sinnliche Ansprache und Aktivierung der Besucher:innen über sinnliche Elemente wie Fühl- und Hörstationen werden als attraktiv und lernförderlich eingeschätzt. Die damit verknüpften Erlebnisse bleiben stärker in Erinnerung. Emotionale Thematisierungen durchziehen in vielfältiger Weise die Lern-Erlebnislandschaften (z. B. Erlebniszoos, Themenparks, Erlebnisbäder, Erlebnismuseen). Am Beispiel der historischen Themenwelt im Auswandererhaus Bremerhaven lässt sich dies eindrücklich nachvollziehen, z. B. mit dem lebensgroßen Arrangement einer Abschiedsszene mit entsprechend historisch gekleideten Figuren, Koffern und der Anmutung eines Schiffsrumpfes. Eine emotional ansprechende große Szenerie mit Geräuschen, Gemurmel, Licht, Wind, Objekten – mehrere Sinneskanäle werden angesprochen. Auch der Erlebniszoo arbeitet mit einer emotionalen Thematisierung durch hautnahe Begegnungen mit Tieren und thematische Rahmungen (Länder, Kontinente, kulturelle Besonderheiten). Zu nennen sind auch eine Vielfalt von Sporterlebniswelten mit ihren musealen Inszenierungen und emotional berührenden Markenwelten. Kritisch sei an dieser Stelle erwähnt, dass durch solche emotionalen Szenarien auch konsumorientierte Haltungen in der Freizeit bedient und klischeehafte Vorstellungen verstärkt werden. Eine Pädagogik der Freizeit kann in diesem Rahmen aber auch thematische Impulse setzen und benachteiligten Gruppen eigene Zugänge ermöglichen (vgl. Brinkmann 2022).

Deutlich ist aber auch: Vermittlung in Freizeit-Lernorten kann sich auch auf einen Fundus der Pädagogik stützen und versuchen, didaktische Modelle in die Freizeit zu transformieren. Eine Vielfalt didaktischer Modelle ist Teil unserer Lernkultur und gibt Anregungen wie man Wissen an andere weitergeben kann. In seinem „Kleinen Handbuch didaktischer Modelle" listet Flechsig 20 Grundformen auf – von der Vorlesung bis zum Werkstattseminar – und wir erkennen auch in erlebnisorientierten Lernorten einiges davon wieder (vgl. Flechsig 1996). Aus den Analysen verschiedener außerschulischer Lernorte lassen sich zwei wesentliche didaktische Entwicklungen in außerschulischen Lernorten folgern (vgl. Freericks/Brinkmann/Wulf 2017). Einerseits werden traditionelle didaktische Modelle bzw. Lernformen transformiert und an den neuen Lernkontext angepasst. So gibt es auch in außerschulischen Lernorten unterrichtsähnliche Workshops oder Vorträge, jedoch erhalten sie eine unterhaltsame und spielerische Rahmung und werden mit dem weiteren Arrangement zu einem komplexeren Modell verknüpft. Andererseits entwickeln sich eigene originäre Modelle und Lernformen, die auf ein emotionales, selbstgesteuertes und in weiten Teilen informelles Lernen als Grundstruktur in außerschulischen Lernorten fußen. Zu nennen ist hier beispielsweise die Szenografie (inszenierte Themenwelt) mit großer Nähe zu künstlerischen Ansätzen (sinnliches, ästhetisches, scheinbar authentisches Arrangement, z. B. der Freizeitpark Rust oder die immersive van Gogh Ausstellung) oder die Inszenierung von Themen-Lernevents (komplex aufbereitetes Gesamtarrangement mit großer Reichweite; Vernetzung mehrerer Partner:innen, z. B. Lange Nacht der Sterne, Science-Days). Mit Unterstützung von

Projektpartner:innen und Medien lassen sich mit Freizeitevents Lernimpulse setzen und Angebote mit großer Anziehungskraft für ein breites Publikum gestalten.

Anhand von sechs didaktischen Feindimensionen (Freericks/Brinkmann/Wulf 2017: 18) lassen sich die Modelle genauer bestimmen: Der Grad der Mediatisierung (z. B. Videoprojektionen, interaktive Lernstationen oder Computersimulationen) zeigt, Erfahrungen in außerschulischen Lernorten können stark medial vermittelt oder unmittelbar sein. Unmittelbare Erfahrungen ermöglichen Szenarien in der Natur oder die Begegnung mit historischen Objekten. Das Design bzw. die Ästhetik kann dabei eher funktional oder auf das Erzählen von Geschichten ausgerichtet sein (z. B. das narrative Design im Auswandererhaus). Auch kann die Art der Wissensvermittlung eher strukturiert nach einer bestimmten Systematik oder im Rahmen der Selbststeuerung der Besucher:innen konstruktivistisch angelegt sein. Die Beteiligung der Lernenden kann eher rezeptiv oder aktiv erfolgen. Und schließlich erscheint der Grad der Selbststeuerung der Lernenden und ihre emotionale Involvierung wesentlich. Die Beteiligung am Lerngeschehen kann durch aktive Erkundung, Experimentieren, exemplarische Erforschung von Zusammenhängen oder auch die selbstgesteuerte interaktive Nutzung von Angeboten erfolgen. Differenzieren lässt sich zwischen einer eher unterhaltsamen Ausrichtung des Lernarrangements und einer auf emotionale Betroffenheit zielenden Involvierung. Durch Kombination der einzelnen Dimensionen entsteht ein einzigartiger Lern-Erlebnisraum. Die didaktische Gestaltung kann sich dabei sowohl auf angepasste traditionelle Ansätze der Vermittlung als auch auf originäre Möglichkeiten der vielfältigen Erlebnis-Lernwelten beziehen.

Für die didaktische Gestaltung von Lernszenarien in Lern-Erlebniseinrichtungen erscheint es zudem wichtig, ein größeres Zeitfenster zu betrachten. Nicht nur das Besuchserlebnis selbst bestimmt Art und Erfolg des Lernens in außerschulischen Settings, sondern auch Kontexte im Vorfeld und Möglichkeiten nach dem Besuch (z. B. Lernmaterialien zur Begleitung). Darüber hinaus erscheint es sinnvoll, in außerschulischen Lernorten Netzwerke für das Lernen zu schaffen, zu entwickeln und zu betreuen. Inszenierte Erfahrungsräume mit hohem Qualitätsanspruch können heute kaum noch von einer Einrichtung allein realisiert werden. Unterstützende auf der fachlichen Seite spielen hierbei eine wichtige Rolle, aber auch Marketing- und Medienpartner:innen. Insgesamt wächst so das Erfahrungsfeld für die Teilnehmer:innen, es gibt mehr Lernoptionen und es entwickelt sich idealerweise ein Lernen in Netzwerken. Vor und nach dem Besuch besteht die Möglichkeit, auf begleitende Medienangebote zuzugreifen. Die Vielfalt der Optionen für eine vertiefende Auseinandersetzung wird mit netzwerkartigen Strukturen erhöht.

Neben einer Orientierung an den genannten Strategien lassen sich auch weitere Anleihen bei dramaturgischen Konzepten aus Theater, Film und neuen Medien tätigen (vgl. Freericks/Brinkmann 2005a). In Anlehnung an Mikunda (2005) lassen sich folgende dramaturgische Prinzipen nennen. Sie beruhen auf Erkenntnissen der kognitiven Psychologie und sollen dazu beitragen, Erlebnisse zu optimieren. Sie erhöhen den Grad der Involviertheit der Besucher:innen bzw. Teilnehmer:innen, den sog.

AIME Wert (Amount of invested Mental Elaborations). Eine integrierte Umsetzung in erlebnisorientierten Lernorten kann die Entwicklung von Erlebnis-Lernräumen in der Freizeit weiter vorantreiben:

– Bildung innerer Ordnungsmuster und „Landkarten"
– Anknüpfung an vertraute Erzählmuster
– Unterstützung einer schnellen Imagebildung
– Anregung von individuellen Wirklichkeits-Konstruktionen über eine Erlebnis-Grammatik
– Anspielung auf Erfahrungen mit Erlebniswelten und Medien sowie ihre Spielregeln (Media-Literacy)
– Planung von Spannungsverläufen
– Beeinflussung des subjektiven Zeitempfindens (Kurzweiligkeit)

Aus den Ausführungen zu den didaktischen Merkmalen, Modellen und Strategien für Erlebnis-Lerneinrichtungen lassen sich zwei wesentliche allgemein-didaktische Prinzipien ableiten: das bekannte klassische didaktische Modell mit den drei Eckpunkten Inhalte, Lernende und Vermittelnde (Lehrende) (Diederich 1988: 256 f.) ist um die beiden Dimensionen Ort und Zeit als relevante und gestaltbare Bedingungen sowie um weitere Randbedingungen für gelingende Lernprozesse zu erweitern (vgl. Abb. 3.1). Die klassische Rolle Lehrender (in Schule und Unterricht) wandelt sich hier in die Rolle von Vermittelnden und Lernbegleitenden.

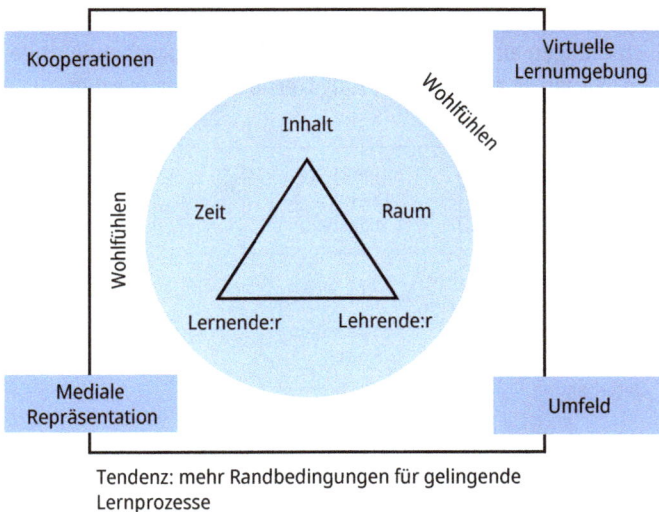

Abb. 3.1: Vom didaktischen Dreieck zum Vieleck (Quelle: Freericks 2024: 17 in Anlehnung an Freericks/Brinkmann/Wulf 2017: 14).

Mit einer gelingenden Didaktik wird der Lernort als gestalteter Raum (Szenografie) „zu einem emotional bedeutsamen erlebnis- und lernförderlichen Arrangement und umfasst in vielen Wissenswelten die Möglichkeit zur selbstgesteuerten Erkundung. [...]. Die verfügbaren Zeitfenster für die Nutzung von Lern-Erlebnis-Szenarien im außerschulischen Bereich gilt es ebenfalls zu berücksichtigen. In der Regel geht es um wenige Stunden oder einige Tage" (Brinkmann 2022: 242). Der/die Lernende kann weitgehend selbst entscheiden wie lange und intensiv er den Ort erkundet und sich mit den Inhalten auseinandersetzt. Letztlich erscheint das Wohlfühlen als eine grundlegende emotionale Komponente. Lern-Erlebnisorte, die Raum für Erlebnis, Lernen, Konsum, Begegnung und Austausch bieten, erfordern auch eine Einbindung des Umfeldes sowie eine Erweiterung der Kooperationen und Netzwerke, um ein vielfältiges zukunftsorientiertes Themenspektrum zu gewährleisten und eine Öffnung in den Stadtraum zu gewährleisten. Die neuen Lernorte sind Teil einer anregenden kreativen Stadt. Im Zuge der Digitalisierung muss aber auch ein Abwägen medialer Repräsentationen und die Einbindung virtueller Lernumgebungen berücksichtigt werden.

Insgesamt lässt sich der didaktische Lernkontext in Lern-Erlebniseinrichtungen als eine organisierte Erlebnisdidaktik fassen (vgl. Abb. 3.2). Lernerlebnisse zu gestalten ist das Ziel. Mischformen von Bildung und Unterhaltung im Sinne des Edutainments (vgl. Reinhardt 2005) und eine besondere Inszenierung sind kennzeichnend. Im Unterschied dazu ist die Unterrichtsdidaktik mit dem Ziel Bildung der vorherrschende Kontext in Schule und Weiterbildung. Für die Freizeit allgemein lässt sich mit dem Fokus auf Unterhaltung von einer ereignisgesteuerten situativen Didaktik sprechen. Je nach Situation, ob beim Spaziergang im Wald oder beim Treffen in der Kneipe, kann sich durch Nachfragen oder Nachschlagen ein Lernen ereignen. Durch entsprechende Angebote können aber auch in der Situation angelegte Bildungskerne aktiviert werden.

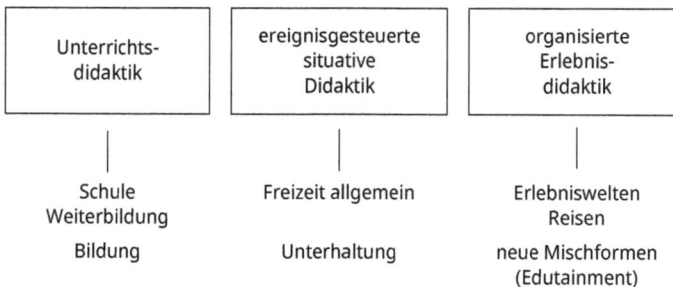

Unterrichts-didaktik	ereignisgesteuerte situative Didaktik	organisierte Erlebnis-didaktik
Schule Weiterbildung	Freizeit allgemein	Erlebniswelten Reisen
Bildung	Unterhaltung	neue Mischformen (Edutainment)

Abb. 3.2: Didaktische Lernkontexte im Vergleich (Quelle: Freericks 2011: 14).

In unserer entwickelten Erlebnisgesellschaft bedarf es ausgearbeiteter didaktischer Modelle für die Analyse des Lerngeschehens in Freizeit-Lernwelten und für die Gestaltung attraktiver Angebote der Freizeitbildung.

3.3 Informelles Lernen in der Freizeit(-pädagogik)

Der Ansatz der Freizeitbildung ist nach wie vor eine wesentliche Grundlage der Pädagogik der Freizeit. Seit dem Jahr 2000 werden verstärkt die Erlebnis-Lernwelten mit
ihren institutionalisierten Formen für das emotional fundierte, informelle Lernen in
der Freizeit in den Blick genommen. Informelles Lernen grenzt sich ab vom formalen,
planmäßigen Lernen in traditionellen Bildungseinrichtungen. Es ist der Oberbegriff
für mehr oder weniger bewusste als auch absichtliche, selbstgesteuerte Lernprozesse.
Etwa 70 % der Lernprozesse finden außerhalb genuiner Bildungsinstitutionen statt
(vgl. Dohmen 2001). In Erweiterung des Lernverständnisses geht es nicht nur um die
kognitive Verarbeitung von Informationen, sondern um ein Lernen mit Kopf, Herz
und Hand. Es besteht sowohl die Möglichkeit zur Wissenserweiterung als auch zum
Kompetenzerwerb und zu Einstellungsänderungen. Das informelle Lernen ist ein Lernen in der Freizeit, im sozialen Umfeld, im Ehrenamt oder auf Reisen. „Informelles
Lernen kann zwar unplanmäßig auch in Bildungsinstitutionen stattfinden (‚heimli-
ches Curriculum'), aber es ist sein Hauptcharakteristikum, dass es nicht durch Lehren
geleitet und nicht durch Lehrpläne, Prüfungsordnungen etc. bestimmt wird, sondern
sich unsystematisch und anlassbedingt im Erfahrungszusammenhang des Arbeits-
und Freizeitalltags, im Umgang mit den verschiedensten Menschen, Medien, Situationen, Problemen usw. entwickelt" (Dohmen 2002: 19). Dieses weite Verständnis von informellem Lernen gilt grundsätzlich auch für den Freizeitsektor. Zugleich ist aber
nicht von einer anregungsfreien und strukturlosen Freizeit auszugehen, insbesondere
angesichts einer z. T. marktförmig organisierten Freizeitwelt. „Für ein besseres Verständnis des vielfältigen informellen Lernens im Freizeitbereich lässt sich das differenzierte Freizeitangebot auf einem Kontinuum zwischen einem formalen und einem
informellen Lernen vorstellen" (Brinkmann/Freericks 2016: 149). Im Zuge der allgemeinen Begriffsdiskussionen zum informellen Lernen im Kontext des lebenslangen
Lernens wird seit geraumer Zeit in der Regel zwischen formalem, nonformalem und
informellem Lernen unterschieden (Overwien 2010). Zudem lässt sich „von einem
Spektrum von Bildungs-, Erziehungs- und Lernkonzepten sprechen, das zwischen den
Polen einer eher fremdbestimmten formalen Bildung auf der einen Seite und einer
ebenso wenig mit Wahlmöglichkeiten versehenen Sozialisation durch die gegebenen
Verhältnisse auf der anderen Seite liegt" (Brinkmann/Freericks 2016: 149). Folgende
Übersicht (Tab. 3.1) zeigt die differierenden Lernkonzepte in der Freizeitpraxis nach
unterschiedlichen Merkmalen, typischen Zielaspekten und subjektiver Wahrnehmung
der Akteuer:innen.

Auch in der Freizeit finden sich formalisierte Lernkonzepte. So sind z. B. manche
Hobbys, wie Segelfliegen oder Angeln, an bestimmte Zulassungen und Prüfungen gebunden. Zudem spielen neben der Zertifizierung auch curriculare Vorgaben eine Rolle.
Die Statusveränderung wird wahrgenommen, man ist jetzt Pilot:in oder Jugendleiter:in
mit entsprechenden Handlungsmöglichkeiten und Verantwortung. Organisierte Lernprozesse mit curricularen Programmen und institutionell verankert werden in einigen

Tab. 3.1: Differenzierung von Lernkonzepten mit Bezug zur Freizeitpraxis (Quelle: Brinkmann/Freericks 2016: 150).

Typ	Formales Lernen	Nonformales Lernen	Selbstgesteuertes informelles Lernen	Beiläufiges informelles Lernen	Sozialisation
Beispiele aus der Freizeitpraxis	Trainer:innenlizenz Fluglizenz Jugendlleiter:innencard Kletteranleitungsschein	Kulturelle Bildung Skikurs Tanzkurs Yogaschule	Skaterbahn Rockband Künstler:innentreff Ehrenamt	Themenwelt Museum Science-Event	Freizeit-Szene Freundesgruppe Internetforum Reisegruppe
Abgrenzungskriterium	Gesellschaftlich sanktionierter Wissenserwerb	organisiertes Lernen	Erfahrungsorientierte Aneignung	Erlebnisorientierte Aneignung	Lebensweltbezogene Integration
Typischer Zielaspekt	sich und andere nicht gefährden	effizienter Kompetenzerwerb	Reflexion über Ziele und Zielerreichung	emotional basierte Anregung	Resonanz im Wandlungsprozess
Subjektive Wahrnehmung	Statusveränderung	Kompetenzgewinn	Persönlichkeitsentwicklung	unterhaltsame Anregung	Orientierungsfähigkeit emotionale Akzeptanz

Ansätzen als nonformales Lernen bezeichnet und vom formalen Lernen abgegrenzt. Sie weisen auch eine klare Zielorientierung auf, sind aber nicht unbedingt an eine Zertifizierung gebunden. Im Fokus steht der Kompetenzerwerb bzw. -gewinn. Das selbstgesteuerte informelle Lernen scheint gänzlich anderen Grundsätzen zu folgen. Es kommt ohne einen starken institutionellen Rahmen aus und ist vor allem durch die bewusste Initiative und durch erfahrungsorientierte, reflektierte Aneignung der/des Lernenden bestimmt. Es kann als Beitrag zur Persönlichkeitsentwicklung wahrgenommen werden. Auch eine Unterstützung durch informelles pädagogisches Handeln ist vorstellbar (Reflexion ermöglichen, moderieren). Beim beiläufigen informellen Lernen entfällt die Zielgerichtetheit, aber die Akteur:innen bewegen sich in anregenden, lernfördernden Umgebungen, wie z. B. in vielfältigen Erlebnisszenarien in Museen, Themenwelten oder Zoos. Im Unterschied zur gezielten selbstgesteuerten Erfahrung geht es um eine erlebnisorientierte Aneignung im Sinne einer Interessenbildung und unterhaltsamen Anregung. Es kann nur begrenzt von nachhaltigen Wirkungen auf Alltag und Wissenserwerb ausgegangen werden. Durch Gestaltung von Lernszenarien und Lernarrangements wie z. B. in Themenwelten werden mögliche Lernprozesse gefördert. Die Freizeitpädagogik erscheint hier als eine „erlebnisorientierte Pädagogik". Bei der Sozialisation oder Freizeitsozialisation geht es weder um eine klare Zielorientierung noch um eine bewusste Wahrnehmung eigener Lernprozesse. Integriert in eine Freundesgruppe oder Freizeitszene zu sein, be-

dingt eine Anpassung an Gruppennormen und Übernahme von Rollen. Eine lebensweltbe-
zogene Integration zielt auf Resonanz im Sinne von Orientierung, emotionale Einbindung
und Akzeptanz. „Sozialisation betrifft auch funktionale Aspekte von Freizeiterlebniswelten. Intuitiv können sich Nutzer nach einiger Zeit in solchen Arrangements bewegen
und Erlebnisse gezielt ansteuern. Ähnlich ist die Mediensozialisation einzuschätzen"
(Brinkmann/Freericks 2016: 152). Pädagogisches Handeln erfolgt hier im Rahmen einer
akzeptierenden und aufsuchenden Pädagogik (z. B. offene Jugendarbeit), die als Soziali-
sationsagentur wahrgenommen werden kann.

Als ein Beispiel neuer Institutionalisierungen im Kontext nonformaler und informeller Lernprozesse soll im Folgenden die Entwicklung erlebnisorientierter Lernorte
in den Blick genommen werden. In einem Projekt des Instituts für Freizeitwissenschaft und Kulturarbeit (IFKA) wurde das informelle Lernen in erlebnisorientierten
Lernorten genauer untersucht. Das emotionale und selbstgesteuerte Lernen in diesen
erlebnisorientierten Lernorten wird als ein Schlüssel zum Bildungsraum der Wissensgesellschaft angesehen. Sie werden wichtig für eine „kategoriale bzw. elementare Bildung" und ein „exemplarisches Erleben". „Sie können Brücken schlagen zwischen
dem formellen und informellen Lernen" (vgl. Nahrstedt et al. 2002: 11 und Abb. 3.3),
individuelle Lernpfade von Emotion über Kognition zu Aktion eröffnen und die Kompetenzentwicklung auf unterschiedlichen Gebieten anregen.

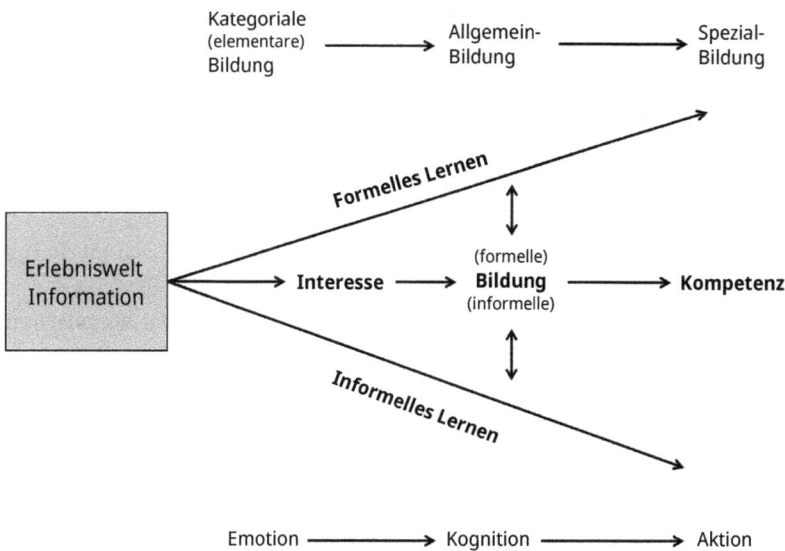

Abb. 3.3: Erlebniswelten als Schlüssel zum Bildungsraum (Quelle: Nahrstedt et al. 2002: 10).

Erlebnisse stimulieren das selbstgesteuerte Lernen und verschiedene Wissensbereiche der Gesellschaft werden heute durch besondere Freizeitarrangements und Lernszenarien repräsentiert. Die neuen Lernorte haben eine wachsende Bedeutung für die Entwicklung von Interessen und Allgemeinbildung. Dem aktiven Selbstlernen, dem Arrangement bzw. der Erlebnisinszenierung und der Unterstützung durch sog. „Lernhelfer" kommt die größte Bedeutung zu. Untersucht werden insgesamt die Chancen für ein erlebnisorientiertes Lernen in einer sich entwickelnden Wissensgesellschaft. Aber nicht nur Wissenschaft und Politik, sondern auch die Ökonomie hat zunehmend die Relevanz zur Förderung innovativer Lernangebote und neuer erlebnisorientierter Lernorte erkannt. Anbieter:innen von Erlebniswelten entdecken die Möglichkeiten des Edutainment-Markts (vgl. Reinhardt 2005). Die Überlegungen der Ökonomen Pine und Gilmore (1999) zur Entwicklung einer Experience Economy zeigen, dass guter Service heute nur die Basis für ein erfolgreiches Produkt im Freizeitdienstleistungssektor darstellt. Das erwünschte und angestrebte Ziel sind vielmehr positive Erlebnisse und Erinnerungen, etwas, das in den Besucher:innen selbst entsteht. Pine und Gilmore stellen am Ende ihres Buches selbst die Frage: „Was kommt nach Erlebnis?" Was kommt als neue Idee, als neuer Sektor für ökonomische Entwicklung? Die Figur, die sie dann präsentieren, ist noch weitaus pädagogischer als ihre bisherigen Überlegungen zu Erlebnismöglichkeiten. „Guide Transformations" meint offenbar, Menschen bei ihrem Veränderungsprozess zu begleiten und ihnen Erlebnisse und Unterstützung anzubieten, die sie für ihre Lernprozesse wünschen. Gedacht ist dabei ebenfalls an eine anhaltende, nachhaltige Wirkung von Erlebnissen. Wie immer man weitreichende Hoffnungen auf Veränderung durch Freizeiterlebnisse bewerten mag, Beobachtungen zeigen eine hohe Akzeptanz von Lernelementen und -szenarien in der Freizeit. Und dies könnte gar mit ausschlaggebend für Besuchsentscheidungen sein. Veränderung, Transformation und Lernen zu ermöglichen, ist auch eine Aufgabe des ökonomischen Systems, so lässt sich folgern, nicht nur des Staates (vgl. Abb. 3.4).

Die Vielfalt der realisierbaren Inszenierungen im Erlebnisraum lässt sich mit Bezug auf das von Pine/Gilmore (1999) vorgeschlagene Vierfeldermodell des Erlebnisraums kennzeichnen (Abb. 3.5). Szenarien können eher kognitiv oder emotional ausgerichtet sein und sie können eine eher passive oder eine aktive Beteiligung der Besucher:innen vorsehen. Die Kombination beider Dimensionen zeigt Perspektiven in vier Denkrichtungen, die unterschiedliche Schwerpunktsetzungen der Inszenierung ergeben. Kognitiv dominierte Ansätze zielen auf das Aufnehmen neuer Informationen, emotionale Szenarien ermöglichen das Eintauchen in Gefühlswelten. Eine emotionale Thematisierung von Parkteilen wie im Zoo Hannover oder eine besondere Nachtveranstaltung mit Beleuchtung, Essen und Theater ermöglichen neue ästhetische Erfahrungen. Die Besucher:innen sind eher als Zuschauer:innen beteiligt. Bei einer Vorführung im Science Center, wie z. B. einer Wissensshow, nehmen die Besucher:innen neue Eindrücke auf und beschäftigen sich auf unterhaltsame Weise mit etwas Neuem.

Szenarien können als weitere Dimension dieses Modells eine eher passive oder aktive Beteiligung der Besucher:innen vorsehen. Bei einer passiven Beteiligung sind die

Experience Economy:
Was kommt nach Erlebnis?

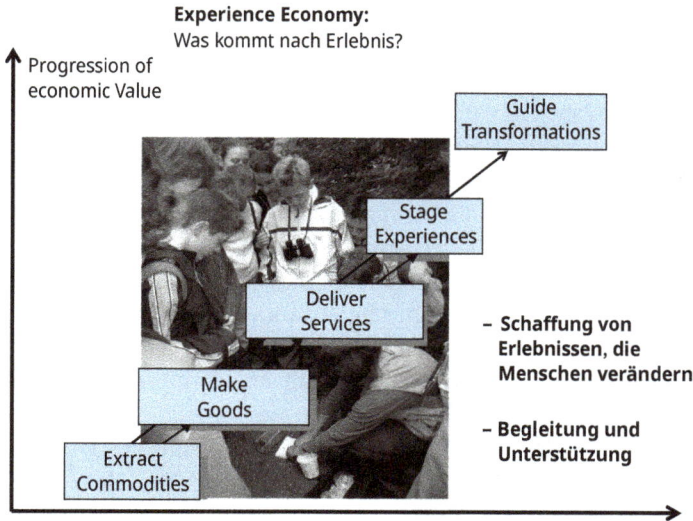

Abb. 3.4: Ökonomische Perspektive: „Guide Transformations" (Quelle: Freericks/Brinkmann 2005: 112 in Anlehnung an Pine/Gilmore 1999).

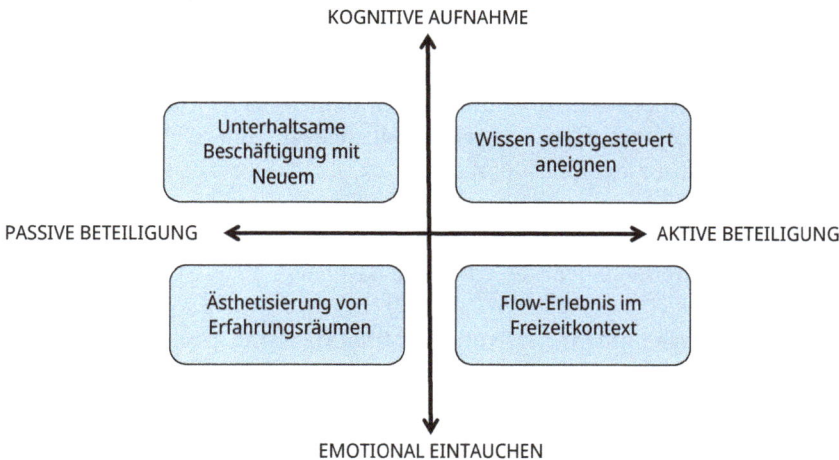

Abb. 3.5: Lernszenarien im Erlebnisraum (Quelle: Freericks et al. 2005: 312 in Anlehnung an Pine/Gilmore 1999).

Besucher:innen Betrachtende, Zuschauende und Publikum. Sie sind Flaneure in der Vielfalt des Angebots und nehmen hier und da neue Eindrücke wahr. Bei einer aktiven Beteiligung werden die Besucher:innen viel stärker in das Szenario einbezogen. Eine aktive Beteiligung und eine selbstgesteuerte Wissensaneignung fordern und fördern Lernstationen mit interaktiven Exponaten und handlungsorientierte Workshops. Hier setzen sich die Teilnehmer:innen mit Objekten und Angeboten auseinander. Sie bauen, probieren, testen, experimentieren und spielen. Eine Möglichkeit des Eintauchens in „neue Welten" bieten Arrangements mit starker emotionaler und aktionaler Beteiligung. Die Rampe im Lego-Testcenter (Legoland Günzburg), an der Fahrversuche mit selbstgebauten Lego-Autos unternommen werden können, ist ein Beispiel für Szenarien mit großer Eigendynamik und einem „Flow-Erleben". Es werden kleine Autos gebaut und ausprobiert. Eine Einrichtung zur Zeitmessung gibt unmittelbar nach der Fahrt eine Rückmeldung zur Geschwindigkeit. Dieses Arrangement hat eine interessante Eigendynamik, die mit dem Konzept „Flow" von Mihalyi Csikszentmihalyi (1975) erfasst werden kann. „Flow" meint ein Aufgehen in einer herausfordernden Tätigkeit, starke emotionale Beteiligung und eine hohe subjektive Erfüllung durch das Tun. Voraussetzung ist ein optimaler Bereich von Anforderungen und Können, klare Handlungsmöglichkeiten und eine unmittelbare Rückkopplung.

Gute, ergänzende Lernszenarien haben einen Bezug zur Erlebniswelt, sie sind nicht losgelöst von den Themen, Objekten, Möglichkeiten am Ort. Sie haben einen Bezug zu gesellschaftlichen Zukunftsfragen und zur Lebenswelt der Besucher:innen. Sie bereichern die Lern-Erlebnis-Situation, machen sie vielfältiger, interessanter und komplexer. Randbedingung ist auf jeden Fall die freiwillige Teilnahme und ein Gestaltungsspielraum für die Nutzer:innen. Ein formalisiertes Schulungsprogramm bleibt ausgeschlossen. Es gibt aber eine Modellierung des selbstgesteuerten Lernens. Es gibt Anregungen, unterschiedliche Zugänge und aktive Beteiligungsmöglichkeiten. Schließlich ermöglichen gute ergänzende Angebote auch eine Vernetzung von Erfahrungsmöglichkeiten, schlagen Brücken zu anderen Institutionen, Medien und Aktivitäten. Vier Gruppen von praktischen Szenarien lassen sich dabei gut unterscheiden:
- Arrangement, Lernstation, Beschilderung
- Lern-Event
- Personale Vermittlung: Animation, Show, Workshop
- Lern- und Lehrmaterialien (vorher, während, nachher)

In weiteren Forschungen zur Aktivierung und Qualifizierung erlebnisorientierter Lernorte wurden auch Ansatzpunkte für ein „nachhaltiges Lernen in Erlebniswelten" identifiziert (vgl. Freericks/Brinkmann 2005a, Freericks et al. 2005). Die Entwicklung und Erprobung informeller Lernszenarien in Erlebniswelten verdeutlicht, dass sich das Lernen in Freizeit-Lernwelten optimieren und qualifizieren lässt.

Nachhaltiges Lernen ist idealerweise bezogen auf gesellschaftliche Zukunftsfragen, eine individuelle Kompetenzentwicklung und die Eröffnung von Möglichkeiten für eine informelle Bildung. Ähnlich wie für die Weiterbildung diskutiert (vgl. Schüßler 2002), könnte nachhaltiges Lernen in erlebnisorientierten Lernorten Ansprüche auf zwei Ebenen umfassen, zum einen auf der Inhalts- und Zielebene und zum anderen auf der Ebene effektiver Gestaltung und Steuerung von Lernprozessen. Ein nachhaltiges Lernen (auch in Bezug auf die Ziele des Programms „Bildung für nachhaltige Entwicklung") kann sich auf folgende Aspekte fokussieren:

Inhalte/Ziele:
- die kritische und emotional fundierte Bildung für eine nachhaltige gesellschaftliche Entwicklung
- die Auseinandersetzung mit globalen Problemlagen
- die Gewinnung von Gestaltungskompetenz für die Zukunft

Wirkungen:
- die langfristige Speicherung von Lerninhalten und eine dauerhafte Wissenserweiterung
- den Transfer in den Alltag
- die Stärkung der Selbstlernkompetenz

Nachhaltiges Lernen grenzt sich dabei ab von einem negativen Zerrbild formaler Bildungsprozesse, bei dem nur für die jeweilige Prüfung gelernt wird (Zyklus: Pauken – Klausur – Vergessen). Vielmehr geht es bei der Optimierung der Lernprozesse in informellen Lernsettings darum, dass aus flüchtigen Erlebnissen bleibende Eindrücke werden, die wiederum in das Alltagshandeln eingehen. Daraus ergeben sich folgende Elemente eines nachhaltigen Lernens in Erlebniswelten:
- Wissen ist auch später noch für kreative Problemlösungen verfügbar.
- Ein aktives Lernverhalten wird beibehalten und gefestigt.
- Die Freude am Lernen wird geweckt und gestärkt.

Die Inhalts- und Zielebene kommt auch in Initiativen zum Ausdruck, die eine zukunftsorientierte, inhaltliche Veränderung des Bildungssystems vorantreiben. Die Programme einer „Bildung für nachhaltige Entwicklung" und die von den Vereinten Nationen verabschiedeten 17 Nachhaltigkeitsziele (Agenda 2030) sollen auch im Bereich des informellen Lernens mit ihren Leitideen des Ausgleichs zwischen den Generationen und der Berücksichtigung ökologischer, soziokultureller und ökonomischer Entwicklungsfaktoren breit vermittelt werden. Immerhin geht es, wenn man an den Klimawandel oder die demografische Entwicklung denkt, um einen grundlegenden Wandel von Einstellungen, Lebens- und Konsumstilen. Dies gelingt offenbar nicht oder nicht in der nötigen Geschwindigkeit und Breite über Schulen und organisierte Weiterbildung. Viele neue erlebnisorientierte Lernorte, wie z. B. das „Klimahaus 8° Ost" in Bremerhaven, haben daher hier einen inhaltlichen Schwerpunkt. Sie stellen eine sich entwickelnde Infrastruktur im Bereich der nachhaltigen Bildung dar.

Zu beachten sind im Zuge der Initiativen zur Optimierung von informellen Lernsettings jedoch auch die von Kirchhöfer formulierten kritischen Tendenzen, dass sich zum einen eine Kolonisierung von „Provinzen des informellen Lernens" durch professionalisierte Bildung und formeller Verschulung vieler Lebensbereiche vollziehen könnte und zum anderen es durch ein warenförmiges Lernangebot und zunehmenden technologischen und kommerziellen Anpassungsdruck zu einem „entfremdeten informellen Lernen" kommen könnte (Kirchhöfer 2002: 33 ff.).

Insgesamt zeichnet sich bezogen auf die erlebnisorientierten Freizeit-Lernorte ab, dass die Initiativen zur Optimierung der informellen Freizeitbildung zu einer Angebotsentwicklung auf verschiedenen Ebenen führt. Für das breite Publikum wird mittels einer vielgestaltigen Szenografie ein beiläufiges und selbstgesteuertes informelles Lernen geboten. Für spezifische Zielgruppen wie Schulklassen werden eher nonformale Lernformen mit Bezug zu Lehrplänen, Lernzielen und standardisierten Abläufen entwickelt. Chancen für ein informelles Lernen (Neugierde wecken oder Themen vertiefen, emotional berühren) ist als zusätzliche Dimension eines geplanten Workshop-Programms denkbar. Die Sorge um eine mögliche Vereinnahmung des informellen Lernens darf die vielfältigen sich entwickelnden neuen informellen Freizeit-Lernlandschaften und Vernetzungsbemühungen mit klassischen Bildungseinrichtungen nicht begrenzen. Sie bieten Chancen für ein Lernen in komplexeren Zusammenhängen und für ein emotional fundiertes Lernen. Wenn auch die Wissensgenerierung möglicherweise geringer ausfällt als in klassischen Lernsettings, so dürfen die Lernchancen für Kompetenzgewinn (Fertigkeiten, Fähigkeiten) und Veränderung von Einstellungen und Werten nicht unterschätzt werden.

3.4 Lernen und Lernmotivation

Zur Förderung eines anregenden (freizeitgemäßen) Lernens in der Freizeit lassen sich unterschiedliche psychologische Erkenntnisse aus der Lernforschung einbeziehen. Kenntnisse zur kognitiven Entwicklung wie grundlegendes Wissen über Lerntheorien, Lernmotivation und Lernveränderungen unterstützen die Entwicklung passender Lernszenarien für ein breites Spektrum an Teilnehmer:innen von Jung bis Alt. An dieser Stelle können nicht die komplexen Grundlagen der Entwicklungs- und Lernpsychologie dargestellt werden. Der Verweis auf einige Theorien und Erkenntnisse soll hier genügen. So verdeutlichen die vier Stufen der kognitiven Entwicklung des Kindes nach Piaget (1974) die Notwendigkeit, den jeweiligen Entwicklungsstand des Kindes bei der Gestaltung von Lernangeboten zu berücksichtigen, um Über- oder auch Unterforderungen zu vermeiden. Ein Aspekt der im Freizeitkontext von besonderer Bedeutung ist. So erleichtern z. B. anschauliche Zugänge das Verständnis neuer Themenkomplexe nicht nur für Kinder.

Kenntnisse zu Lernveränderungen werden nicht zuletzt mit Blick auf den demografischen Wandel relevant. Ältere Theorien zum Altern, die ein generelles Nachlassen der Fähigkeiten mit dem Alternsprozess feststellten, wie z. B. die Defizittheorie des Alterns, wurden mittlerweile mehrfach widerlegt. Ansätze wie die Bonner Theorie des Alterns, die inter- und intraindividuelle Unterschiede betonen (vgl. Thomae 1983; Lehr 1983a, b), und kompetenzorientierte Ansätze (vgl. Stehr 1992) bestimmen wesentlich die Diskussionen um Alternsprozesse und lebenslanges Lernen. Wesentlich erscheint hier, dass mit dem Älterwerden kein genereller Abbau zu konstatieren ist, sondern vielmehr Veränderungen verbunden sind, auf die mit entsprechenden Konzepten reagiert werden kann. So fällt es Älteren oftmals schwerer, hochkomplexe neue Sachverhalte in kurzer Zeit aufzunehmen. Eine einfache, nachvollziehbare Struktur der Inhalte, anschauliche Präsentationen, eine ungestörte, angenehme Atmosphäre und Wiederholungen sind nur einige der Erkenntnisse und Anregungen für ein Lernen bis ins hohe Alter.

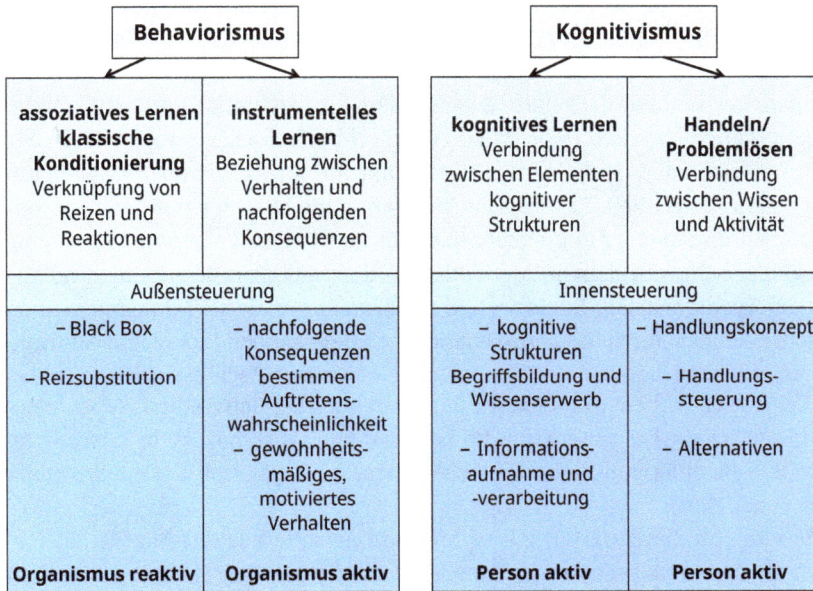

Behaviorismus		Kognitivismus	
assoziatives Lernen klassische Konditionierung Verknüpfung von Reizen und Reaktionen	**instrumentelles Lernen** Beziehung zwischen Verhalten und nachfolgenden Konsequenzen	**kognitives Lernen** Verbindung zwischen Elementen kognitiver Strukturen	**Handeln/ Problemlösen** Verbindung zwischen Wissen und Aktivität
Außensteuerung		Innensteuerung	
– Black Box – Reizsubstitution	– nachfolgende Konsequenzen bestimmen Auftretenswahrscheinlichkeit – gewohnheitsmäßiges, motiviertes Verhalten	– kognitive Strukturen Begriffsbildung und Wissenserwerb – Informationsaufnahme und -verarbeitung	– Handlungskonzept – Handlungssteuerung – Alternativen
Organismus reaktiv	**Organismus aktiv**	**Person aktiv**	**Person aktiv**

Abb. 3.6: Lerntheorien im Überblick (Quelle: eigene Darstellung).

Die Abb. 3.6 gibt einen Überblick über die grundlegenden behavioristischen und kognitiven Lerntheorien (vgl. u. a. Zimbardo 1995; Edelmann 1986). Gestalter:innen und Manager:innen von Erlebnislernorten machen sich die Kenntnis um konditioniertes Verhalten bzw. assoziatives, instrumentelles und kognitives Lernen in vielfacher Weise zu Nutze. Sei es durch Verwendung von Signalfarben oder -tönen zur Lenkung von Besucher:innen oder zur Einhaltung von Sicherheitsregeln oder durch den Einsatz bestimmter Reize wie Farben und Gerüche, um das Kaufverhalten und das Wohlbefinden zu steuern. Intensive Erlebnisse, die im Gedächtnis verhaften, sollen positive Assoziationen hervorrufen. Im Idealfall läuft bereits bei einem Stichwort ein ganzer „Film" von Assoziationen ab, die den Gast zum Wiederholungsbesuch anregen oder den Bekanntheitsgrad für potenzielle Besucher:innen erhöhen. Lagepläne etc. knüpfen an die kognitiven Strukturen, den so genannten „cognitive maps" an. Informationen und neues Wissen zu verarbeiten und zu reflektieren kann durch emotionales Erleben verstärkt werden (vgl. Kap. 1.6.4). Interaktive Exponate fördern das handlungsorientierte, aktive Lernen. Insbesondere in der Freizeit hat das Lernen am Modell und das Lernen am Erfolg (instrumentelles Lernen) eine hohe Bedeutung. In der

Freizeit geht es nicht nur um Wissensaneignung, sondern auch um Kompetenzerweiterung oder Einstellungs- bzw. Verhaltensänderungen.

Mit neurobiologischer und -psychologischer Forschung (vgl. Spitzer 2002) wird auch der Bedeutung des emotionalen Lernens und der emotionalen Kompetenz stärker nachgegangen. Insbesondere in Freizeiterlebniswelten, in denen der Besuch und die Teilnahme an zusätzlichen Lernangeboten auf Freiwilligkeit beruht, kommt dem emotionalen (emotionsgesteuerten) Lernen und damit dem intrinsisch motivierten Lernen eine hohe Bedeutung zu (vgl. Theile 2005). Die Motivation, also die Bereitschaft zu einem bestimmten Verhalten, wie hier dem Lernen, wird durch ein komplexes Bedingungsgefüge geprägt. Dabei wird zwischen intrinsischer und extrinsischer Motivation unterschieden. Intrinsische Motivation meint, sich einer Tätigkeit um ihrer selbst willen zu widmen. Extrinsische Motivation meint, sich einer Tätigkeit aufgrund äußerer Anreize und der Konsequenzen wegen zu widmen (gute Noten, Belohnung etc.). Insbesondere die intrinsische Motivation fördert das Besuchserlebnis und die Bewertung der Lernszenarien. Intrinsisch motivierte, interessierte Teilnehmer:innen an Lernaktionen können durch das Lernszenario eine Interessen- und somit eine Motivationsverstärkung erhalten. So kann z. B. die Teilnahme an einem Technikworkshop im Legoland als Verstärker wirken. Annahme ist eine spiralförmige Entwicklung: Motivation/ Interesse an Legotechnik, Besuchserlebnis im Legoland und Workshop, mehr Interesse an Technik, weitere Beschäftigung mit Legotechnik oder auch generell Computertechnik (vgl. Freericks et al. 2005).

In Anlehnung an Slavin (2003) gilt es folgende Aspekte aus der Motivationsforschung auch bei der Gestaltung von informellen Lernangeboten in Freizeit-Lernwelten zu berücksichtigen:
- Interesse wecken, Problemspannung aufbauen
- Neugier aufrechterhalten
- unterschiedliche Präsentationsmodi nutzen
- Hilfe, eigene Zielsetzung zu entwickeln
- Anpassung der Lernaufgabe an Adressat:innen
- enthusiastische Vermittler:innen
- Klare Erwartungen an das Lernergebnis formulieren
- Feedback (oft, klar, sofort)
- Nutzen des Lernens verdeutlichen

Im Rahmen des selbstgesteuerten, informellen Lernens erscheinen Zielerreichungen eher als kleine Erfolgserlebnisse und „Aha"-Effekte; wesentlich ist, dass Lernende über das Ziel und die Erwartung an das Lernergebnis selbst entscheiden. Feedback kann z. B. bei interaktiven Exponaten durch kleine Bestätigungs-Features erfolgen, ansonsten liegt alles in der Hand der/des Lernenden. Aufgabe des Lernszenarios bzw. der Freizeit-Lernwelt ist es, Interesse zu wecken, den Nutzen aufzuzeigen und falls die Neugier nicht bereits befriedigt wurde, Interesse für eine weitere Auseinandersetzung mit dem Thema aufrechtzuerhalten.

Wie die Lernmotivation weiter gesteigert werden kann, ist in der Pädagogischen Psychologie im Rahmen der Motivationsforschung umfassend untersucht worden. Die Erkenntnisse bzw. „Tipps" lassen sich wie gezeigt auf das Lernen in Freizeitsituationen übertragen und konkretisieren (vgl. Dollase 2005). Weitere Hinweise lassen sich aus der Unterrichtsforschung sowie der Beeinflussungs- und Überzeugungsforschung ziehen. Zudem geben Kenntnisse aus der Sättigungsforschung Hinweise zu Grenzen der Attraktivitätssteigerung, die in die Konsum- und Marktforschung auch bereits Eingang gefunden haben. Wesentlich ist eine Konkretisierung der Ansätze, bezogen auf die jeweiligen situativen, inhaltlichen und personalen Gegebenheiten des erlebnisorientierten Lernorts. Deutlich wird, ein interdisziplinärer Zugang, gemeinsam mit Expert:innen aus der Psychologie, Pädagogik, dem Design, der Architektur und dem Management, steigert die Gestaltungsmöglichkeiten und -chancen eines professionellen und attraktiven Lernangebots in der Freizeit.

Bezüglich der Attraktivität von Freizeitsettings und somit auch von Lernszenarien in den Freizeiterlebniswelten verweist Schober (1993) auf die hohe Bedeutung der Atmosphäre. Ob es sich hierbei um echte, authentische Orte bzw. Szenarien oder um unechte, nicht authentische (künstliche Erlebniswelten) handelt, ist nicht das Kriterium der Bewertung in postmodernen „Welten" (vgl. Vester 1993).

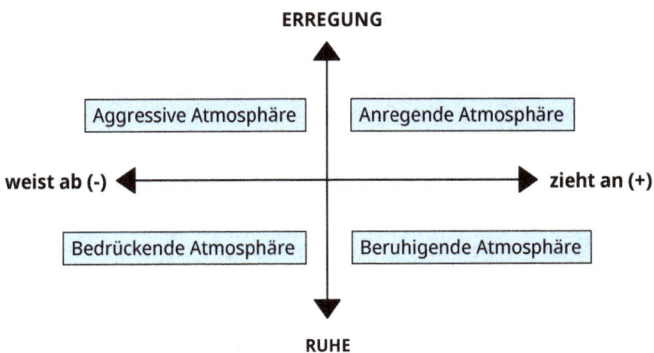

Abb. 3.7: Bestimmung der Atmosphärenart (Quelle: eigene Darstellung in Anlehnung an Schober 1993: 120).

Schober unterscheidet vier Atmosphärenarten: aggressive Atmosphäre (z. B. überfüllte Orte mit viel Lärm), anregende Atmosphäre (z. B. beeindruckende interessante Orte), bedrückende Atmosphäre (z. B. monotone funktionale Bauten) und beruhigende Atmosphäre (z. B. Ruheorte) (vgl. Abb. 3.7). Die positiven Atmosphärenfelder gilt es mittels verschiedener Atmosphärenträger (z. B. Formen, Farben, Gerüche, kontrastierende Elemente) zu fördern und negative Störungen der Atmosphäre zu verhindern. Der entsprechende Einsatz kann, wie wir aus der Architektur und der Designgestaltung wissen, lernförderlich wirken und eine Wohlfühlatmosphäre schaffen (vgl. Vos 2017 und Kap. 1.6.3).

Insgesamt zeigt sich, Lernen hat eine relevante Bedeutung in postmodernen Freizeiträumen der Wissensgesellschaft. Es bereichert und qualifiziert die Erlebnisdimension. Die Akzeptanz beim Publikum als eine Option unter anderen ist hoch. Und die Bereitschaft ist gegeben, auch intensive Lernszenarien wie Workshops zu nutzen. Vor allem für Kinder werden die Szenarien von den Besucher:innen als lernförderlich eingeschätzt. Bei einer etwas anderen Ausrichtung, dass zeigen die Erfahrungen im Museum, ist jedoch auch eine stärkere Relevanz für das lebensbegleitende Lernen im Erwachsenenalter anzunehmen. Eine weitere Aktivierung und Qualifizierung von informellen Lernmöglichkeiten in Freizeiterlebniswelten ist möglich. Sie greift Anknüpfungspunkte der jeweiligen Freizeitsituation auf, weitet aber auch den Blick durch symbolische Verweise und eine Aufbereitung zukunftsrelevanter Themen: Bildung für eine nachhaltige Entwicklung erscheint u. a. in vielfältigen Formen möglich. Grenzüberschreitende Kooperationen, Lern-Netzwerke und ungewöhnliche Erfahrungsräume nutzen die postmoderne Vielfalt und auch die Lust des Publikums auf neue Anregungen und Eindrücke. Die Ausgestaltung informeller Lernräume in der Freizeit erscheint insgesamt noch keineswegs abgeschlossen.

3.5 Freizeit und Erleben

Im Folgenden soll der Blick stärker auf den Einzelnen und die soziale Gruppe gerichtet werden. Wie erleben sie Freizeit? Und was heißt eigentlich Erleben bzw. Erlebnis? Welche Rolle spielt das emotionale Erleben für die Ausübung von Freizeitaktivitäten. Jedem Menschen scheint als grundlegendstes aller Bedürfnisse das basale Streben nach Wohlfühlen und Wohlbefinden (Well Being) innezuwohnen, mit dem Ziel persönlicher Lebensqualität. Doch was zeichnet eine erfüllte, glückliche Zeit aus? Welche Zeitprobleme lassen sich ausmachen? Und wie kann ihnen begegnet werden?

Damit rücken phänomenologische und psychologische Betrachtungen der Freizeit stärker in den Mittelpunkt, aber auch die konkrete Frage nach dem Zeiterleben. Die Ausführungen zum Lernen in der Freizeit haben bereits verdeutlicht, dass Lernangebote als etwas Zusätzliches und zumeist Positives, Qualitätssteigerndes in der Freizeit erscheinen. Lernen ist aber nicht das zentrale Motiv in der Freizeit. Im Mittelpunkt stehen das Erleben bzw. das positive Erlebnis im Sinne von Well Being.

3.5.1 Erleben und Erlebnis

Erleben ist etwas Subjektives und Individuelles. Erleben beschreibt die rezeptive Seite der Interaktion von Mensch und Umwelt, also wie der Mensch Ereignisse, Situationen oder generell das Leben erlebt. Erleben kann sich auf das eigene Handeln, Umwelteindrücke, Körper, Seele und auf Zwischenmenschlichkeit beziehen. Ein Erlebnis ist ein außergewöhnliches Ereignis, das sich vom Alltag des Erlebenden so sehr unterscheidet, dass es ihm lange im Gedächtnis bleibt. Nahrstedt et al. sprechen hier auch von „erinnerbaren Gefühlszuständen" (2002: 89). Erlebnisse sind Bewusstseinsvorgänge (innengeleitet), sie haben eine emotionale bestimmende Dimension, aber auch eine kognitive und eine Handlungsdimension. Sie sind subjekt- und situationsbezogen und entziehen sich insofern einer zielgerichteten Selbst- oder Fremdsteuerung. Lediglich die Rahmenbedingungen lassen sich unterstützend gestalten (vgl. Müller 2003), wie es z. B. bei der Gestaltung von Lern-Erlebniswelten geschieht.

Auch Schulze (1992) betont die drei Komponenten des Erlebnisses. Er benennt vier „E's" des Erlebnisses: Ereignis, emotionales Erlebnis, Erkenntnis und Erfahrung. Der handlungsorientierte Ansatz der Erlebnispädagogik spiegelt ebenfalls diesen Prozess wider (vgl. Fischer/Ziegenspeck 2000). Frühe Vordenker von Rousseau über Dilthey bis Neubert lassen sich hier nennen, die die pädagogische Bedeutung des Erlebnisses bereits früh erkannt haben. Eine von Kurt Hahns Ansatz der „Erlebnistherapie" ausgehende Erlebnispädagogik wurde in den 1980er Jahren verstärkt in die Diskussion eingebracht. Erfahrungen in erlebnispädagogischen Kontexten können/sollen in den Alltag transferiert werden. In Anlehnung an Nahrstedt et al. lässt sich die Struktur des Erlebnisses folgendermaßen beschreiben: „Erlebnisse sind herausragende Episoden im Strom der bewussten Wahrnehmung eigener Empfindungen und Gefühlszustände. Sinneseindrücke und ihre Verarbeitung (z. B. von einer Fahrt auf einer Achterbahn) stimulieren und formen das Erlebnis. Zentral ist die emotionale Erregung (z. B. Freude, Angst, Zorn, Trauer). Zum Erlebnis wird ein Ereignis aber nicht zuletzt durch verstehendes Nachdenken über das Erleben und einem Ausdruck des Erlebnisses, z. B. in Form von Erzählungen. Das angezielte positive Erlebnis setzt [...] an Grundbedürfnissen der Menschen an und entspricht ihrem Wunsch nach Aneignung von Welt" (Nahrstedt et al. 2002: 88 f.).

Schober unterscheidet idealtypisch vier Erlebnisbereiche: exploratives Erleben, biotisches Erleben, soziales Erleben und optimierendes Erleben. Sein Ansatz bezieht sich zwar auf den Urlaub, er lässt sich jedoch ohne Probleme auf die Freizeit übertragen. Das Urlaubserleben erklärt er zum eigentlichen Urlaubsziel bzw. -motiv (vgl. Schober 1993: 138). Exploratives Erleben meint etwas Neues und Ungewohntes auszuprobieren und zu erleben, wie z B. der Besuch eines Events als Alternative zum Alltag. Biotisches Erleben bezieht sich auf das Erleben vergessener Körperreize (auch Gerüche), wie z. B. bei einer Gebirgswanderung oder beim Segeln. Soziales Erleben bezieht sich auf einen nicht zu verbindlichen Kontakt und Geselligkeit, wie z. B. beim Besuch eines Freizeitparks und optimierendes Erleben meint die soziale Verstärkung („sekundärer Erlebnisgewinn") der erlebnisreichen Freizeitaktivität durch das alltägliche soziale Umfeld. Wenn wir z. B. nach dem Wochenende unseren Kolleg:innen oder Freund:innen begeistert vom Besuch eines Festivals berichten oder Fotos unseres Segelausflugs präsentieren.

Eine besondere Form des Erlebens beschreibt Csikszentmihalyi (1975, 1987, 2000). Er wurde weltweit bekannt und wird als führender Glücksforscher bezeichnet, da er erstmals das so genannte Flow-Phänomen („flow experience") beschrieb. Flow-Erleben bezeichnet einen Zustand des Glücksgefühls, in den Menschen geraten, wenn sie gänzlich in einer Beschäftigung aufgehen bzw. von einer Aktivität erfüllt sind. Ein plastisches Beispiel ist das spielende Kind, das völlig im Spiel vertieft ist und um sich herum nichts mehr wahrnimmt. Doch nicht nur Kinder, sondern auch Erwachsene können solch ein Flow erleben. Basis sind Tätigkeiten, die intrinsisch motiviert sind. Die Ausführung der Tätigkeiten lassen bei einem Gleichgewicht von Anforderungen und Können den Menschen Selbstwirksamkeit und Eigenverantwortlichkeit erleben (vgl. Kap. 3.5). Im intensiven Flow erlebt er Momente der Erfüllung und des Glücks. Wesentliche Voraussetzung ist ein Gleichgewicht zwischen Anforderungen und eigenen Fähigkeiten. Bei Überforderung würde Angst und Sorge und bei Unterforderung Langeweile entstehen (vgl. Abb. 3.8).

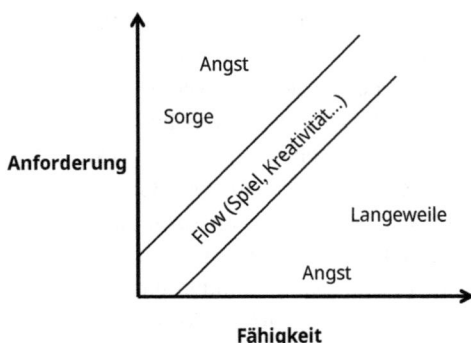

Abb. 3.8: Das Flow-Erleben (Quelle: Csikszentmihalyi 1975: 77 und 1987).

Um in den Flow-Zustand zu gelangen, muss die Tätigkeit bestimmten Strukturmerkmalen genügen:
- klare Aufgabenstruktur bzw. Handlungsanforderung (Regeln)
- klare Ziele
- unmittelbare Rückmeldung/Feedback
- Aufgabe höherer Komplexität/Herausforderung an Problemlösekompetenz
- Steigerungsfähigkeit der Schwierigkeit

Untersuchungen zum Flow-Erleben im Alltag zeigen, dass der Flow-Zustand sowohl im Arbeits- als auch im Freizeitkontext erlebt wird. Er wird durchweg von positiven Emotionen wie Glück, Freude und Erfüllung begleitet. Um selbst oder durch andere in den Flow-Zustand zu gelangen, sind die entsprechenden Merkmale zu fördern. Auf die Freizeit bezogen lassen sich vor allem Spiel- und Sportangebote anführen. Sie müssen einen bestimmten Herausforderungscharakter haben, die Regeln des Spiels müssen klar formuliert sein und eine direkte Rückmeldung des Erfolgs muss erfolgen. Damit keine Gewöhnung und damit Langeweile eintritt, muss das Spiel über Steigerungsmöglichkeiten verfügen (z. B. verschiedene Schwierigkeitslevel beim Computerspiel oder stärkere Gegner:innen beim Sport).

3.5.2 Zeiterleben – Zeitbewusstsein

Das Zeiterleben, wie z. B. von Langeweile oder auch Stress, ist die emotionale Komponente unseres Zeitbewusstseins. Das individuelle Zeitbewusstsein setzt sich aus drei Komponenten zusammen: Zeiterleben, Zeitperspektive und Umgang mit Zeit, die in einer engen Wechselbeziehung zueinanderstehen. Um Zeit erleben bzw. wahrnehmen zu können, bedarf es auch der Reflektion auf gelebte Zeit und damit auf Veränderung in der Zeit (vgl. Plattner 1990: 9 f.). Während sich das Zeiterleben schwerpunktmäßig auf die emotionale Wahrnehmung von Zeit bezieht, ist die Zeitperspektive die kognitive Wahrnehmung von Zeit. Sie umfasst das Denken in Vergangenheit, Gegenwart und Zukunft. Mit anderen Worten, unsere bisherigen Erfahrungen und unsere Ziele fließen in unser gegenwärtiges Handeln ein. Hier knüpft die aktionale Ebene des Zeitbewusstseins, das Handeln in der Zeit bzw. der Umgang mit Zeit, an. Gelingt es uns also, reflektierend auf unsere Erfahrungen und unsere gesteckten Ziele unter Berücksichtigung externer und interner Faktoren unsere Zeit zu strukturieren und zu planen, erleben wir unsere Zeit positiv (Teil individueller Zeitkompetenz; vgl. Kap 1.6.2). Das Zeitbewusstsein kann angesichts objektiver Bedingungsfaktoren (z. B. soziokulturelle/-ökonomische Gegebenheiten, externe Anforderungen) und subjektiven Voraussetzungen (z. B. erworbene Kompetenzen, subjektives Befinden) unterschiedlich ausgeprägt sein (vgl. Plattner 1990: 75). Zu berücksichtigen ist zudem die Verwobenheit mit der körpereigenen Zeit (Biorhythmus) und den Zeitstrukturen der Gesellschaft.

Die Klagen über Zeitnot und Zeitstress wurden in den letzten Jahren immer lauter. Selbst in der Freizeit wird mit der Hast nach immer neuen Angeboten über Freizeitstress geklagt. Beschleunigungstendenzen in unserer Gesellschaft, Zeitverdichtung und eine unüberschaubare Angebotsfülle auf dem Freizeitmarkt scheinen dieses Gefühl zu stärken. Das subjektive Erleben von Zeit ist von verschiedenen Faktoren abhängig. Zu den individuellen Faktoren gehören die Einstellung zum Ereignisinhalt, Interesse, Motivation, Erwartungshaltung, emotionale Empfindlichkeit, Stimmungslage usw. Je nach individueller Verfassung kann Zeit als langsam oder schnell vergehend erlebt werden. Es lassen sich in Anlehnung an Plattner (1990) und Freericks (1996) drei Formen des Zeiterlebens unterscheiden: Erfüllte Zeit, sie ist gekennzeichnet durch gesteigerte Erlebnisintensität, Zufriedenheit mit der Situation und ein Schwinden der Bewusstheit von Zeit (vgl. Abb. 3.8). Zeitknappheit bzw. Zeitstress ist gekennzeichnet durch das Erleben von zu schnell vergehender Zeit und Überforderung. Langeweile ist das Erleben von zu langsam vergehender Zeit und Unterforderung, von Leere und Interesselosigkeit. Bei den beiden letztgenannten kann die Bewältigung von Zeit zu einem Problem werden. Solange jedoch die Person in der Lage ist, nach Phasen des Stresses oder der Langeweile Phasen des Ausgleichs zu schaffen und erfüllte Zeit zu erleben, bestehen keine seelischen oder körperlichen Gesundheitsgefährdungen. Im Gegenteil, als Stress erlebte Herausforderungen können auch positiven Stress (Eustress statt Disstress) bewirken und die sprichwörtlich „lange Weile" kann auch positive Momente der Ruhe und Muße ermöglichen.

Das Problem der Langeweile wird im Vergleich zum Stress derzeit in unserer Gesellschaft kaum thematisiert, dabei wird Langeweile nach wie vor erlebt, und dies nicht nur bei Arbeitslosen oder Rentner:innen, die über ein höheres Maß an freier Zeit verfügen. Langeweile ist ein alt bekanntes Phänomen, das insbesondere zu Beginn der Industrialisierung, nämlich mit Zunahme der Freizeit für weite Bevölkerungskreise und vor dem Hintergrund der Diskussionen um die protestantische Arbeitsethik als Ausdruck der Verschwendung von Zeit und Faulheit besonders thematisiert wurde. Plattner (1990) unterscheidet zwei Formen von Langeweile, die latente und die manifeste Langeweile. Die latente Langeweile umschreibt den positiven Ausdruck von Langeweile. Nach Erreichen eines Ziels wird im Zuge des Selbstverwirklichungsdrangs, der in jedem Menschen vorhanden ist, ein neues Ziel angestrebt. Die manifeste Langeweile (Erlebnis zielloser Strebungen und Interesselosigkeit) unterteilt sich in gegenständliche Langeweile, etwas (bestimmtes) langweilt mich (inhaltliche Leere, Gegenstand uninteressant), und zuständliche Langeweile, ich (selbst) langweile mich, bin unfähig mein Leben angenehm zu gestalten. Im Erleben von manifester Langeweile erscheint die Gegenwart als nutzlos. Oftmals geht es mit dem Gefühl der Unterforderung einher oder auch dem unausgesprochenen Druck, etwas tun zu müssen (Norm des sinnvollen Umgangs mit Zeit). Wichtig erscheinen die Bereitschaft und Fähigkeit des mußevollen Umgangs mit Zeit.

Der Begriff Stress wurde erstmals 1936 von Hans Selye eingeführt (vgl. Selye 1957). Laut moderner Stressforschung umschreibt Stress eine Situation, in der der Einzelne merkt, dass die Anforderungen von außen mit den zur Verfügung stehenden Mitteln nicht bewältigt werden können (Empfindung von Hilflosigkeit, Abhängigkeit, Ausgeliefertsein). Bekannt ist mittlerweile, dass täglicher Kleinärger, chronische, ständig wiederholende Belastungen des täglichen Lebens eher Stress erzeugen und für die Gesundheit gefährlicher sind als große Schicksalsschläge (körperliche, seelische Erkrankungen). Als Beispiele werden genannt: Isolierung, Sinn- und Interesselosigkeit, Spannungen im Freundeskreis, Rollendruck in der Clique und Besuchspflichten, Qual der Wahl, „Zuviel-um-die-Ohren-haben" (vgl. Lazarus 1982). „So entsteht Dauerstress, ein gefährlicher Übergang vom Berufsstress in den Freizeitstress, ohne zur Ruhe und Entspannung zu kommen" (Opaschowski 1997: 232).

Beim Freizeitstress handelt es sich in der Regel um die Anhäufung vergleichsweise kleiner physischer und psychischer Belastungen, die durch ständiges Wiederholen und auf Dauer Stress verursachen. Erste Stressreaktionen sind oftmals Unruhe oder Nervosität, sie können aber auch in aggressivem Verhalten ihren Ausdruck finden. So kann z. B. der Besuch einer Erlebniswelt mit all ihren positiven Erlebnisreizen umschlagen in Streit und Weinen der Kinder. Oftmals sind aggressive Reaktionen bei Jugendlichen zu beobachten. Überreizung, Übersättigung führen statt zu Konsumlust zu Frust und Überdruss (Frustrations-Aggressions-Theorie, Berkowitz 1974). „Stressbelastungen sind [... in der Freizeit, sic!] subtiler und nicht selten selbst auferlegt" (Opaschowski 1997:232). Als Ursache für Freizeitstress wird vor allem die unüberschaubare Fülle und Vielfalt an Freizeitangeboten genannt, die zu Konsumstress, Erlebnisstress und zu Kontaktstress führt (z. B. soziale Verpflichtungen, Gedränge, Schlange stehen, Lärm, Erlebnisse am laufenden Band, Reizüberflutung, nichts verpassen wollen, Konsumwünsche kombinieren). Zeit ist neben Geld zu einem wichtigen Konsumgut geworden. Und auch die Freizeitanbietenden konkurrieren zunehmend um die Zeit der Konsument:innen.

Laut einer Studie der Stiftung für Zukunftsfragen geben 58 % der Deutschen ab 18 Jahren an, sich zu viel in der Freizeit vorzunehmen (Freizeitstress) (vgl. Abb. 3.9). Nur jede(r) zweite Deutsche ist zufrieden mit der eigenen Freizeitgestaltung (55 %). Insbesondere junge Menschen haben Angst etwas zu verpassen (Fear of missing out = FOMO), wodurch auch die Anzahl an Aktivitäten steigt und dabei die sozialen Medien als Begleiter eine große Rolle spielen. Erlebtes gilt es sogleich zu teilen. Eltern nennen als Grund vor allem die Rücksichtnahme auf Wünsche anderer und das Gefühl anderen gerecht werden zu müssen. Ältere Menschen verfügen im Vergleich hingegen über die höchste Freizeitzufriedenheit. Frei von Verpflichtungen, kaum in den Medien aktiv, scheinen sie genau zu wissen, mit wem und wie sie ihre Freizeit gestalten wollen (Joy of missing out = JOMO). Der bewusste Genuss, weniger statt mehr, könnte eine mögliche Lebensmaxime für Alle sein (vgl. Stiftung für Zukunftsfragen 2019).

Als das größte Manko in der Freizeit führt Opaschowski (1997) das Bedürfnis nach mehr Eigenzeit („zur Ruhe kommen wollen") an. Wir wünschen uns mehr Zeit für uns selbst, wollen Muße. Doch stattdessen begeben wir uns in Betriebsamkeit, machen aus Freizeit Pflichtzeit, Zeit für Programme, für Aktionen (Aktionismus). Selbst Kinder und Jugendliche stehen zunehmend unter Stress. Während bei den Jugendlichen vor allem die Überforderungen bzw. der Leistungsdruck im Schulkontext angeführt werden, wird bei Grundschulkindern insbesondere die verplante Freizeit thematisiert. Wenngleich Hobbys sowie der Besuch von Freizeitveranstaltungen positive Auswirkungen auf die Entwicklung und das Wohlbefinden von Kindern haben, so ist es doch wichtig, dass Kindern auch unverplante Freizeit für freies, kreatives Spiel und das Entdecken der Welt zur Verfügung steht (Rüppel 2020).

Viele Menschen haben Probleme mit der eigenen Zeit rational umzugehen, sich Grenzen zu setzen und auch mal nichts zu tun, zu faulenzen ohne schlechtes Gewissen. Wichtig ist daher der bewusste reflektierte Umgang mit Zeit (Zeitkompetenz), sich je nach Persönlichkeitstyp z. B. Eigenzeiten wie in einem „privaten Kalender" einzutragen, auch mal Nein zu sagen, sich kleine Auszeiten zu schaffen. Diese Beispiele können nur kleine Empfehlungen sein, um frühzeitig psychischen und physischen Erkrankungen als Folgen des Stresses (wie z. B. Burn-out) vorzubeugen. Der Wellness- und Gesundheitsboom der letzten Jahre knüpft hier direkt an. Wellnessangebote und Gesundheitsförderprogramme sollen Möglichkeiten der Entspannung und des Ausgleichs im (Schul- oder Berufs-)Alltag und im Urlaub bieten. Schule und Arbeitsort werden über die Freizeit hinaus zunehmend als Wohlfühlorte thematisiert. Well Being als Bildungserfolg ist ein zentrales Thema (DKJS 2019). In Wellnesscentern werden ganzheitliche Ansätze vertreten, naturmedizinische und fernöstliche Methoden werden meist kombiniert. Aber auch spezifische Ansätze zur Beratung und Fortbildung wie Zeitberatung und Zeitmanagementkurse sind in diesem Zusammenhang zu nennen.

Einschätzung der eigenen Freizeit
Nur etwa jeder zweite Bundesbürger ist
zufrieden

Von je 100 Befragten stimmen folgenden Aussagen zur
eigenen Freizeitgestaltung zu:

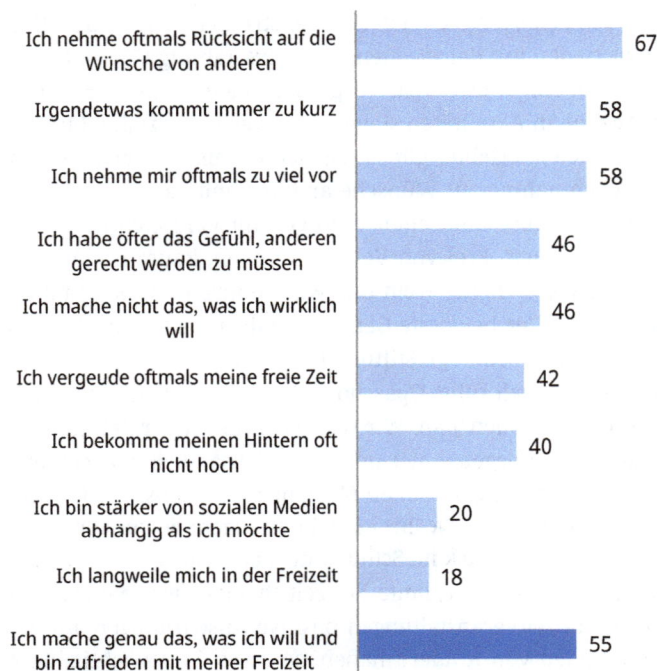

Ich nehme oftmals Rücksicht auf die Wünsche von anderen	67
Irgendetwas kommt immer zu kurz	58
Ich nehme mir oftmals zu viel vor	58
Ich habe öfter das Gefühl, anderen gerecht werden zu müssen	46
Ich mache nicht das, was ich wirklich will	46
Ich vergeude oftmals meine freie Zeit	42
Ich bekomme meinen Hintern oft nicht hoch	40
Ich bin stärker von sozialen Medien abhängig als ich möchte	20
Ich langweile mich in der Freizeit	18
Ich mache genau das, was ich will und bin zufrieden mit meiner Freizeit	55

Repräsentativbefragung von 2.000 Personen ab 14 Jahren in
Deutschland, 2019
www.stiftungfuerzukunftsfragen.de

Abb. 3.9: Gründe für Unzufriedenheit (Quelle: Stiftung für Zukunftsfragen 2019).

Kurse wie auch Bücher zum Zeitmanagement erleben seit einigen Jahren einen regelrechten Boom. Zeitmanagement bezieht sich längst nicht mehr nur auf das Berufsleben von
Manager:innen, wenngleich hier vor allem Tipps und Ratgeber zum ökonomischen Umgang mit Zeit (z. B. Prioritäten richtig setzen, sich der Ziele bewusst sein, unergiebigen
Ballast abwerfen, Zeitplanbücher führen etc.) am Arbeitsplatz überwiegen (vgl. Seiwert
1990). Es wird die gesamte Lebenszeit in den Blick genommen. Es sind ebenso die freien
Zeiten zu planen, der persönliche Biorhythmus soll Berücksichtigung finden und im
Sinne der „Zeitveredelung" soll auch Zeit für z. B. soziales Engagement genutzt werden,
mit dem Ziel der Steigerung des Lebenssinns und des Lebensglücks (vgl. Knoblauch/
Hüger/Mockler 2005). Die Zeitmanagement-Methoden, Strategien und Ratschläge sollen

den Einzelnen auf dem Weg zu einer erfüllten Zeit unterstützen. Die bewusste und erfüllte Gestaltung der Lebenszeit führt zu mehr persönlicher Lebensqualität.

Der Ansatz der individuumszentrierten Zeitberatung (vgl. Plattner 1992) grenzt sich von den Zeitmanagementansätzen ab. Zeit ist nicht für alle in gleicher Weise fassbar und verfügbar. Individuelle Besonderheiten des Zeiterlebens und des Umgangs mit Zeit sowie die jeweilige Lebenssituation sind zu berücksichtigen. Der/die Einzelne soll sensibilisiert werden für sein/ihr individuelles Zeitbewusstsein (vgl. Plattner 1990), um Ansatzmöglichkeiten (Lösungswege) für eine selbstbewusste und ausgeglichene Zeitgestaltung auszuloten, die in der persönlichen Lebenssituation umsetzbar sind. Nach Plattner (1992) reichen auch einfache „schlampige Listen" statt Zeitplanbücher. Was am schnellsten geht, wird zuerst erledigt, und Erledigtes wird durchgestrichen (verstärkt ein positives Gefühl). Das Zeitproblem wird nicht lediglich als persönliches Problem des Einzelnen gesehen, sondern die jeweilige Lebenssituation und die dortigen Anforderungen werden verstärkt in den Mittelpunkt gerückt. Zeitprobleme sind Probleme unserer Zeit, sie sind historisch und gesellschaftlich bedingt und erst in zweiter Linie individuelles Merkmal. Dies gilt nicht nur für den Zeitstress in unserer beschleunigten und reizüberfluteten Gesellschaft, sondern auch für das Problem der Langeweile.

Der Beratungsansatz von Plattner wie auch der ältere Ansatz der Freizeitberatung (vgl. Kap. 3.2) beruhen auf dem Ansatz der klientenzentrierten Beratung bzw. klientenzentrierten Gesprächsführung (vgl. Rogers 2003), dessen Ziel Lernen bzw. Veränderung beim Ratsuchenden ist. Andere Trainings- und Coaching-Methoden beruhen häufig auch auf NLP- oder systemischen Beratungsansätzen. Es lassen sich grundlegende Bedingungen für das Gespräch und die Fähigkeiten des Beratenden formulieren:

- Empathie (Verständnis für Probleme, Verstehen der Gefühle, keine Zweifel an dem, was Klient:innen meinen)
- Zuhören (genaues Hinhören, Wortwahl)
- Kongruenz (Real sein; Berater:in ist, was er/sie ist, keine Rolle/Vorstellung/Fassade)
- Bedingungslose positive Zuwendung
- Klient:in muss erste vier Bedingungen erfahren bzw. erfolgreich vermittelt bekommen

Konsequenz muss jedoch sein, dass nicht nur passende Beratungs- und Kursangebote zur Verfügung gestellt werden. Es bedarf auch einer Auseinandersetzung auf (zeit-)politischer Ebene, um neue Modelle der Entschleunigung und neue Lebensmodelle zu entwerfen und zu fördern (vgl. Deutsche Gesellschaft für Zeitpolitik). Für die Tätigkeit als Managementtrainer:in, (Zeit-)Berater:in oder Coach bedarf es entsprechender Beratungsfähigkeiten, die z. T. auch über Zusatzqualifikationen erworben werden müssen.

3.5.3 Erleben in der Gruppe

Nicht nur das eigene individuelle (Zeit-)Erleben sondern auch das gemeinsame Erleben und die Gemeinschaft mit anderen spielt eine große Rolle für das persönliche Wohlbefinden. Hierbei ist zunächst zu unterscheiden zwischen eher zufälligen und unverbindlichen Treffen sich fremder Personen, z. B. in einer Kneipe oder bei einem Event, und gemeinsamen Aktivitäten mit Freund:innen und Bekannten. Ersteres spiegelt eher Bedürfnisse wider, wie gern unter anderen Menschen sein, mal andere Personen sehen und hören wollen, sich unverbindlich austauschen, aber auch möglicherweise das Bedürfnis nicht allein sein zu wollen und den Wunsch nach Kontakt. In der Freizeitpraxis finden wir ein umfangreiches Angebot, dass die Kontaktbedürfnisse des Menschen zu befriedigen sucht. Dies können direkte Angebote wie Singlebörsen o. ä., erlebnis- und konsumorientierte Einrichtungen bzw. Veranstaltungen (Erlebnisrestaurants, Festivals, Kulturzentren u. a.) oder aktivitätsorientierte Angebote (Tanzschulen, Sportkurse etc.) sein.

Möglicherweise können sich über ein unverbindliches Kennenlernen hinaus durch häufigere Begegnungen und gemeinsame Aktionen bzw. Erlebnisse (Wandergruppe, Tanzgruppe, Workshops etc.) auch Freundschaften oder eine Gruppe bilden. Für die handlungsorientierte Freizeitwissenschaft ist das gemeinsame Erleben in der Gruppe ein relevanter Bereich. Wie kann dieser Prozess der Gruppenbildung unterstützt werden? Wie wird aus einzelnen Individuen eine Gruppe, damit eine schöne gemeinsame Zeit erlebt werden kann? Eine Gruppe besteht aus zwei oder mehreren Personen. In der Freizeitpraxis wird meist zwischen Klein- und Großgruppen unterschieden, in Abhängigkeit vom jeweiligen Angebot. Untersuchungen zeigen, dass normale Gruppen eine Art Standardabfolge von Interaktionsmustern durchlaufen. Der Prozess, in dessen Verlauf Fremde miteinander bekannt werden und sich zu einer neuen sozialen Einheit – einer Gruppe – zusammenschließen, stellt an die Interaktionskompetenzen besondere Anforderungen.

In der Psychologie werden vier Stadien bzw. **Phasen der Gruppenbildung** unterschieden, die Gruppen in der Regel vor ihrer endgültigen Konsolidierung durchlaufen (vgl. Tuckman 1965):
– Formierungsphase (Bekanntmachung)
– Sturmphase (Konflikte und individuelle Differenzen werden offenbar und es beginnt der Kampf um Status und Rollen)
– Normierungsphase (die Konflikte werden gelöst, indem man sich allseits akzeptierte Gruppennormen, Einstellungen und Rollendefinitionen schafft)
– Phase des Funktionierens (performing) (stabiles Muster persönlicher Beziehungen und aufgabenorientierter Funktionen, das der Gruppe erlaubt, „normale" Funktionen wahrzunehmen)

Dieser Prozess ist nicht starr, es kann auch mal eine Phase übersprungen werden (Gruppendynamik). Eine Gruppe zeichnet sich vor allem dadurch aus, dass sie in irgendeiner

Hinsicht über gemeinsame Normen verfügt. Über den zukünftigen Erfolg einer Gruppe entscheiden u. a. die Etablierung bestimmter Rollen (wer ist „Führer", wer „Spaßvogel", wer „Organisator") und eine stabile Gruppenstruktur (vgl. Forgas 1995). Deutlich wird, dass diese Prozesse nur in einer überschaubaren Gruppe möglich sind. Bei Großveranstaltungen geht der Prozess meist über das Kennenlernen nicht hinaus. Doch was geschieht in diesen Phasen nun konkret? Stellen wir uns eine Kinder- bzw. Jugendfreizeit vor oder den Aufbau einer Theatergruppe im Kulturzentrum oder eine Projektarbeit im Rahmen der Ferienpassaktion in den Sommerferien.

Menschen unterschiedlicher beruflicher und sozialer Herkunft treffen aufeinander. Gemeinsam erleben sie das Freizeitprogramm, gewinnen Einblicke in neue Inhalte (sachliche Ebene), aber auch in das Miteinander der Gruppe, das Aufeinandertreffen unterschiedlicher sozialer und beruflicher Vorerfahrungen (soziale Ebene). Werden die individuellen sozialen Bedürfnisse (nach Wertschätzung, Nähe, Distanz etc.) vernachlässigt, entstehen Frustration und Ärger. Um das Kennenlernen der einzelnen Gruppenmitglieder untereinander und der ganzen Gruppe mit den Leiter:innen zu fördern, sollten diese die Abläufe von Gruppenprozessen und deren Gestaltungsmöglichkeiten kennen:

Fremdheitsphase:
–   bisher keine gemeinsamen Erlebnisse der Teilnehmenden
–   stark gefühlsorientierter Zeitraum
–   Ängste/Unsicherheiten
–   Teilnehmer:innen schwanken oft zwischen Ablehnung und Interesse
–   große körperliche Distanz
–   von Leitenden werden Maßstäbe und Orientierungshilfen erwartet

Zur positiven Steuerung der Gruppenentwicklung in dieser Phase sollte über Rahmenbedingungen informiert und eine positive Atmosphäre geschaffen werden. Es sollte sich ein Überblick über die Wünsche und Erwartungen der Teilnehmer:innen verschafft werden. Bei Animation und Spiel sollte zunächst auf Körperkontakt verzichtet werden. Unsicherheit des Leitenden und unklare Kommunikation können zu Problemen führen.

Machtkampfphase:
–   Rollen sind unklar
–   Beziehungen werden geknüpft
–   Cliquenbildung
–   hervorgehobene Position der/des Leitenden
–   Normen werden getestet
–   Grenzen werden ausgetestet

Um Probleme in dieser Phase zu vermeiden, muss der/die Leitende konsequent sein und Autorität beweisen, Regeln wiederholen und kontrollieren. Schwache Teilnehmer:innen sind in den Gruppenbildungsprozess einzubinden. Ein Zusammengehörig-keitsgefühl kann durch gemeinsame Aktionen erzeugt werden.

Vertrautheitsphase:
– Entwicklung eines Wir-Gefühls und Eigenverantwortung
– Zugehörigkeit zur Gruppe wird akzeptiert
– Normen wurden gebildet
– Situation ist aufgeschlossen, auch für etwas Neues
– Rollen in der Gruppe sind verteilt
– Gruppe beginnt selbst zu planen und übernimmt Verantwortung

In dieser Phase besteht die Gefahr einer zu starken Abgrenzung von anderen Gruppen. Die Abgrenzung zu anderen ist daher auf faire Art und Weise zu fördern. Es sollten größere Freiräume für Selbstgestaltung gegeben und Anregungen aus der Gruppe aufgenommen werden. Es ist die schwierigste Zeit für ggf. bisher unerkannte Außenseiter:innen. Gezielte Aktionen zur Integration und Unterstützung sollten daher durchgeführt werden.

Differenzierungsphase:
– Jede:r wird mit seine/ihren Stärken und Schwächen akzeptiert
– Einzelne treten in den Vordergrund
– Gruppe hat eine gute und kooperative Beziehungsatmosphäre
– Gruppe ist offen für Kooperation mit anderen Gruppen
– gemeinsam können interne Konflikte bearbeitet werden

Andere Gruppen können in dieser Phase einen zu starken Einfluss nehmen. Die Gruppe kann sich in kleinere Cliquen zersplittern, dem ist entgegenzuwirken. Es ist viel Spontaneität möglich, Ideen von Teilnehmenden sollten aufgegriffen werden. Der/die Leitende muss kritikfähig sein und gezielte individuelle Gespräche zulassen. Zum Gruppenerhalt ist die Selbstverantwortung zu stärken. Und schließlich ist noch eine fünfte Phase zu ergänzen, denn die Freizeitaktionen und Gruppenerlebnisse sind selten auf Dauer gestellt.

Trennungsphase:
– Abschied
– Rückschau auf Gelaufenes
– neue Gruppe?

Diese Phase ist gekennzeichnet vom Abschlussfest, vielen letzten Aktionen, Adressaustausch, evtl. Vereinbarung eines Nachtreffens, Trösten und Auswertung des Programms. Für Leitende heißt es vermutlich: Ausblick auf die nächste Gruppe, Programmänderungen oder neues Programm.

3.5.4 Konflikte und Störungen

Das Freizeiterleben in der Gruppe wie auch der Gruppenbildungsprozess kann insbesondere durch Störungen in der Kommunikation und Konflikte in der Freizeitgruppe oder im Arbeits- und Kollegiumsteam beeinträchtigt werden. Kenntnis der Konfliktarten und verschiedenen Konfliktformen (vgl. Abb. 3.10) und möglicher Lösungsstrategien sind daher ebenso wichtig wie die Kenntnis grundlegender Kommunikationsstrukturen. Auf die in diesem Kontext notwendigen Gesprächs- und Beratungskompetenzen wurde bereits an anderer Stelle verwiesen (vgl. Kap. 3.2).

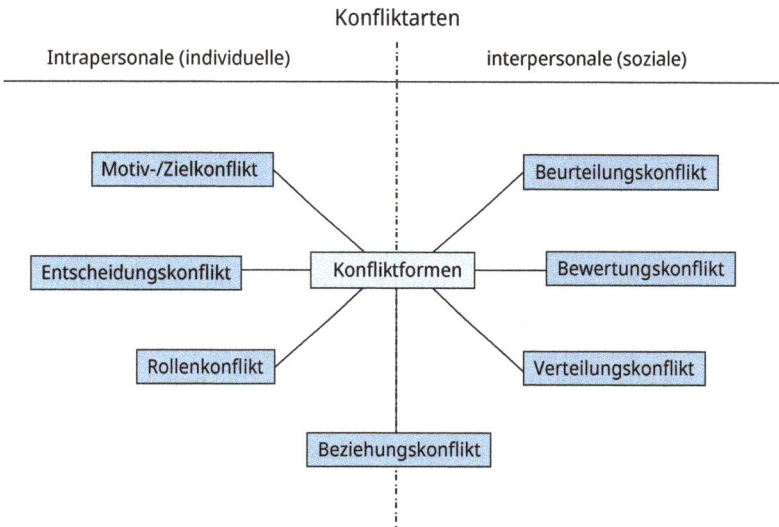

Konfliktarten

Intrapersonale (individuelle) | interpersonale (soziale)

Motiv-/Zielkonflikt — Beurteilungskonflikt

Entscheidungskonflikt — Konfliktformen — Bewertungskonflikt

Rollenkonflikt — Verteilungskonflikt

Beziehungskonflikt

Abb. 3.10: Konfliktarten und -formen (Quelle: Beck/Schwarz 2000: 28, zit. n. Ruschel 1990: 5).

In diesem Kapitel kann keine ausführliche Darlegung zum Konfliktmanagement (vgl. Beck/Schwarz 2000) oder zu den Kommunikationstheorien (vgl. Watzlawick/Beavis/Jackson 1972; Schulz von Thun 2006) erfolgen. Die Abb. 3.10 gibt jedoch einen Überblick über die sozialen und individuellen Konfliktarten und deren jeweilige Ausprägungsformen. Als Lösungsstrategien werden in der Literatur drei machtorientierte Konfliktstrategien und die Konfliktverschiebungsstrategie genannt. Zu den machtorientierten gehören die Gewinnenden-Verlierendenstrategie, die Verlierenden-Verlierendenstrategie und die Gewinnenden-Gewinnendenstrategie. Je nach Konflikt, personalem und situativem Kontext kann die eine oder andere Strategie angezeigt sein.

Die Kommunikationsansätze und -theorien verdeutlichen, dass in der sozialen Interaktion die Kommunikationsstörungen auf verschiedenen Ebenen liegen können. Störungen sind meist weniger auf verbale, sondern auf nonverbale Missdeutungen zurückzuführen. Auch sind Störungen oder Konflikte häufig auf der Beziehungsebene als auf der Inhaltsebene auszumachen. Watzlawick et al. (1972) nennen fünf grundlegende Axiome der Kommunikation:

- Man kann nicht nicht kommunizieren (nonverbale Kommunikation).
- Jede Kommunikation hat einen Inhalts- und einen Beziehungsaspekt.
- Es erfolgt eine Interpunktion von Ereignisfolgen.
- Kommunikation bedient sich digitaler und analoger Elemente.
- Es gibt symmetrische und komplementäre Interaktionen.

Metakommunikation bezeichnet die Kommunikation über die Kommunikation. Das heißt, Kommunikation über die Art wie wir miteinander reden und miteinander umgehen. Sie kann als Problemlösung dienen.

Schulz von Thun (2006) hat das so genannte „Vier-Ohren-Modell" entwickelt. Jede Nachricht hat vier Seiten. Sie beinhaltet einen Sachinhalt, Informationen zur Selbstoffenbarung und zur Beziehung und einen Appell. Empfangende sollten versuchen, alle vier Seiten der Nachricht wahrzunehmen. Einseitige Wahrnehmungen führen zu Kommunikationsstörungen. Wer nur auf den Sachinhalt hört, verpasst die oft auch wichtigen Botschaften auf den anderen Ebenen. Häufig werden Konflikte auf der Sachebene ausgetragen, obwohl es im Sachverhalt keine Probleme gibt. Wer zu empfindlich auf dem Beziehungsohr ist, nimmt die Nachrichten zu persönlich und fühlt sich deswegen oft beleidigt oder angegriffen. Es ist wichtig, ein gutes Selbstoffenbarungs-Ohr zu haben, um sich besser in andere hineinversetzen zu können und besser zu verstehen, was die andere Person fühlt. Bei einem zu stark ausgeprägten Appell-Ohr besteht die Gefahr, zu wenig auf das eigene Gefühl zu hören und es immer nur allen recht machen zu wollen. Allerdings ist es gut, einen Appell bewusst wahrzunehmen, um nicht manipuliert zu werden. Die Ausführungen machen deutlich, dass allein das Wissen um kommunikative Prozesse nicht ausreicht, denn kommunikative Kompetenzen sind ein wichtiger Teil der Sozial- und Selbstkompetenz in der Freizeitberufspraxis.

3.6 Freizeitmotive und Motivation

Es lassen sich in der Literatur vielfältige Definitionen der Begriffe Motiv und Motivation finden. Motivation umschreibt im Allgemeinen die Gesamtheit der Bedingungen, die zu einer Handlung (Verhalten, Aktivitäten, Präferenzen) führen (vgl. Krauß 1993). Auch andere spezifischere Konzepte werden damit assoziiert, wie Ziel, Bedürfnis, Wunsch, Intention, Zweck. Die Motivationspsychologie erforscht in diesem Sinne die Beweggründe, die einen Menschen antreiben, etwas zu tun. Motive sind hingegen individuelle Besonderheiten, die Bestandteil der Motivation sind. Sie sind individuell verschieden strukturiert und von der soziokulturellen Umgebung beeinflusst. Motive sind nicht unmittelbar beobachtbar. Sie sind Ursache bzw. Triebfeder des Wollens und Beweggründe des Handelns (vgl. Heckhausen 1980). Freizeitmotive lassen sich demzufolge als individuelle Beweggründe umschreiben, die dem Freizeithandeln bzw. den Freizeitaktivitäten zugrunde liegen. Die Gesamtheit aller Bedingungen (Strebungen, Wünsche, Bedürfnisse, Erwartungen) des Freizeitverhaltens beschreibt die Freizeitmotivation.

Heckhausen (1980) nennt vier motivbezogene Grundfragen der Motivforschung, die sich auf die Aufgaben der Freizeitmotivforschung übertragen lassen:
–   Motivklassifikation (Klassifikation von Freizeit-/Reisemotiven)
–   Motivgenese (Entstehung, Entwicklung, Veränderung von Freizeit-/Reisemotiven)
–   Motivmessung (Entwicklung von Verfahren zur Messung individueller Unterschiede in der Ausprägung einzelner Motive)
–   Motivanregung (Bestimmung, Differenzierung der Bedingungen der Situationen, die die Motive anregen)

Darüber hinaus lassen sich vier Motivgruppen klassifizieren (Braun 1993):
–   Erholungs-, Ruhebedürfnis
–   Bedürfnis nach Abwechslung und Ausgleich
–   Befreiung von Bindungen (frei sein, Zeit für sich)
–   Erlebnis- und Interessefaktoren (Neugierde, Interesse an Neuem, Kontaktneigung)

Sie wurden zwar ursprünglich für die Reisemotive auf Basis von empirischen Erhebungen (Selbsteinschätzung, Befragung, Motivlisten) formuliert, lassen sich aber mit Blick auf die Funktionen von Freizeit (vgl. Kap. 1.4) ebenso auf die Freizeitmotive beziehen.

Die repräsentativen Erhebungen der Stiftung für Zukunftsfragen erfassen regelmäßig die Freizeitaktivitäten der deutschen Bevölkerung ab 14 bzw. 18 Jahren. Eine Erhebung der Freizeitmotive erfolgt eher unregelmäßig, was darauf zurückzuführen ist, dass eine Änderung der Motivlage seltener festzustellen ist. Bekannt ist eine im Jahr 2006 veröffentlichte Erhebung des BAT-Freizeit-Forschungsinstituts zu den Freizeitmotiven, die mittels Motivlisten erhoben wurde (Befragte ab 14 Jahren) (vgl. Abb. 3.11).

In Abb. 3.11 wird deutlich, dass das allgemeine Motiv Spaß, ein Synonym für positives Erleben/Erlebnisse und Freude, bei weitem das Hauptmotiv für eine Freizeitaktivität ist. Vergleiche mit älteren Studien bestätigen die konstante Größe dieses Motivs (vgl. Opaschowski 1997). Die weiteren genannten Motive entsprechen den o. g. Motivklassifikationen. Es besteht ein Bedürfnis nach Zeit für sich selbst, nach Ruhe und Ausgleich wie auch nach Zeit mit anderen und Interesse an Neuem.

Das Spaßmotiv spiegelt sich auch bei einem Blick auf ausgewählte Freizeitaktivitäten wider. So zeigt sich bei den Sportmotiven, dass über das zentrale Gesundheitsmotiv hinaus vor allem der Spaß als Beweggrund genannt wird (vgl. Abb. 3.12). Bei den 40- bis 59-Jährigen wird es sogar mit 80 % am häufigsten genannt und rangiert damit nur knapp hinter dem Gesundheitsmotiv (vgl. Statistisches Bundesamt 2024).

Frage: Warum üben Sie diese Tätigkeit aus?

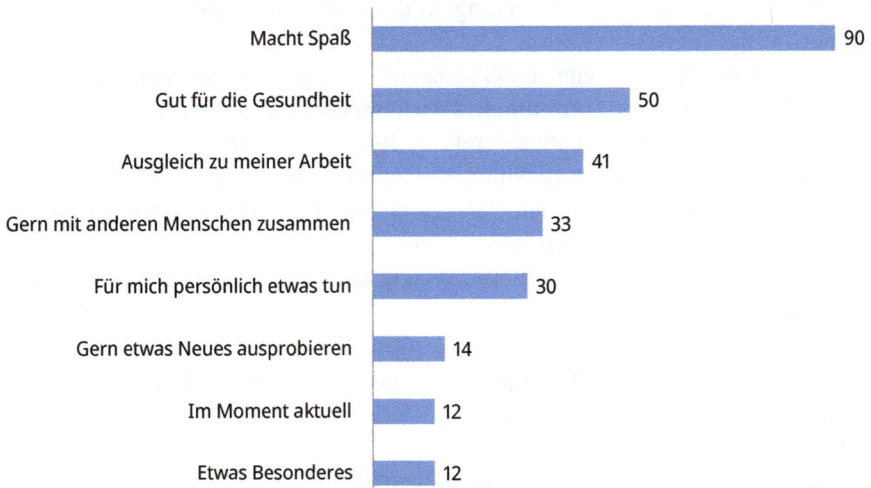

Macht Spaß	90
Gut für die Gesundheit	50
Ausgleich zu meiner Arbeit	41
Gern mit anderen Menschen zusammen	33
Für mich persönlich etwas tun	30
Gern etwas Neues ausprobieren	14
Im Moment aktuell	12
Etwas Besonderes	12

(Repräsentativbefragung von 2.000 Personen in Deutschland 2004)

Abb. 3.11: Freizeitmotive (Quelle: Opaschowski/Reinhardt/Pries 2006: 114).

Gründe für das Sporttreiben in Deutschland nach Altersgruppen im Jahr 2022

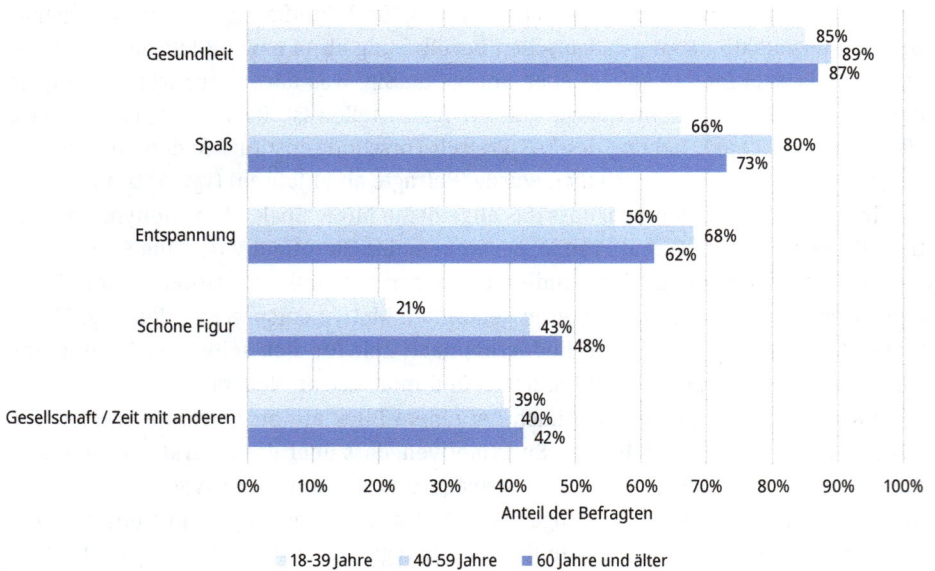

	18-39 Jahre	40-59 Jahre	60 Jahre und älter
Gesundheit	85%	89%	87%
Spaß	66%	80%	73%
Entspannung	56%	68%	62%
Schöne Figur	21%	43%	48%
Gesellschaft / Zeit mit anderen	39%	40%	42%

Anteil der Befragten

■ 18-39 Jahre   ■ 40-59 Jahre   ■ 60 Jahre und älter

Abb. 3.12: Sportmotive (Quelle: Statistisches Bundesamt 2024).

Von der Akademie für Sport und Gesundheit werden folgende Motivkategorien unterschieden (Bergmann 2024):
- Bewegungsmotiv (Sport macht Spaß)
- Spielmotiv (sehr ähnlich dem Bewegungsmotiv)
- Gesundheitsmotiv (Sport macht/ist gesund)
- Leistungsmotiv (man will etwas durch/im Sport erreichen)
- Anschlussmotiv (soziale Kontakte durch Sport)

Bei den Reisemotiven ist das Spaßmotiv mit 65 % nach dem Motiv „Abstand zum Alltag" ebenfalls von zentraler Bedeutung (vgl. Abb. 3.13). Das Ranking der Top-10 Motive ist recht stabil. Eine Bedeutungszunahme im Vergleich zur Zeit vor der Corona-Pandemie wird einerseits bei den Motiven Neugier, Austausch und Destinationsinteresse und anderseits bei Motiven mit Selbstbezug und Hedonismus konstatiert. Letzteres zeigt, dass das Spaßmotiv und das Motiv „sich selbst etwas Gutes tun" im Vergleich zu 2019 angestiegen sind.

Frage: Welche dieser Dinge sind für Sie persönlich besonders wichtig,
wenn Sie Urlaub machen?

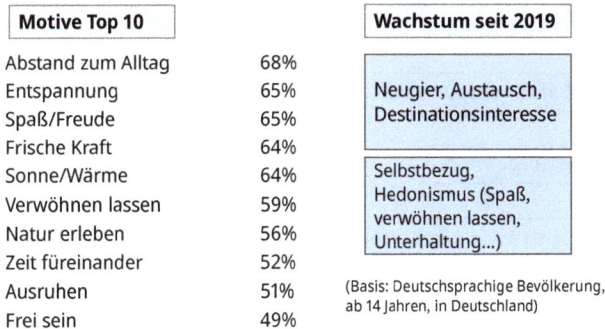

Motive Top 10		Wachstum seit 2019
Abstand zum Alltag	68%	
Entspannung	65%	Neugier, Austausch, Destinationsinteresse
Spaß/Freude	65%	
Frische Kraft	64%	
Sonne/Wärme	64%	Selbstbezug, Hedonismus (Spaß, verwöhnen lassen, Unterhaltung...)
Verwöhnen lassen	59%	
Natur erleben	56%	
Zeit füreinander	52%	
Ausruhen	51%	(Basis: Deutschsprachige Bevölkerung, ab 14 Jahren, in Deutschland)
Frei sein	49%	

Abb. 3.13: Reisemotive Top-10 (Quelle: F.U.R. Reiseanalyse 2024: 12).

Für den Bereich Kultur kann exemplarisch die Studie von Falk angeführt werden, der auf Basis umfangreicher Besuchendenstudien in Museen unterschiedliche Typen von Interessen und Profile der Besucher:innen differenziert: „Explorer", „Facilitator", „Experience Seeker", „Professional/Hobbyist" und „Recharger" (vgl. Falk 2009: 158). Er unterscheidet Typen von Nutzer:innen anhand ihrer verschiedenen identitätsorientierten Motivation. Das heißt, der Museumsbesuch und dessen Wahrnehmung kann gänzlich anders verlaufen, je nach grundlegender Motivstruktur. „Self-enrichment" und „self-actualisation" (vgl. Falk 2009: 45) im Sinne von Anregung und Unterhaltung werden gesucht. Zudem spricht er von der jeglichem Verhalten zugrundeliegenden Motivation des Wohlfühlens bzw. des Well Beings (vgl. Falk 2021). Während mit den empirischen

Erhebungen eher vordergründige Motive genannt und erfasst werden, hat Falk versucht eine grundlegende Motivation zu begründen.

Ebenso hat Maslow (1981) mit seiner „Bedürfnispyramide" die dahinterstehenden Grundbedürfnisse des Menschen als grundlegende Motivation des Verhaltens in einer Hierarchie dargelegt. Sie wirken in jedem Menschen, können individuell jedoch verschieden sein. Ein Grundbedürfnis ist geprägt von der Wahrnehmung eines Mangels und dem gleichzeitigen Wunsch, diesen zu beseitigen. In seiner Motivationstheorie stellt Maslow zwei Motivationsformen gegenüber: die Mangelmotivation (psychisches, physisches Gleichgewicht erneuern) und die Wachstumsmotivation (überschreiten, was man in der Vergangenheit getan hat). Erst wenn ein niederes Bedürfnis weitgehend (es muss nicht vollständig erfüllt sein) befriedigt wurde, wird das nächst höhere angestrebt (vgl. Abb. 3.14).

Selbstaktualisierung als Motivation – Bedürfnispyramide/-hierarchie

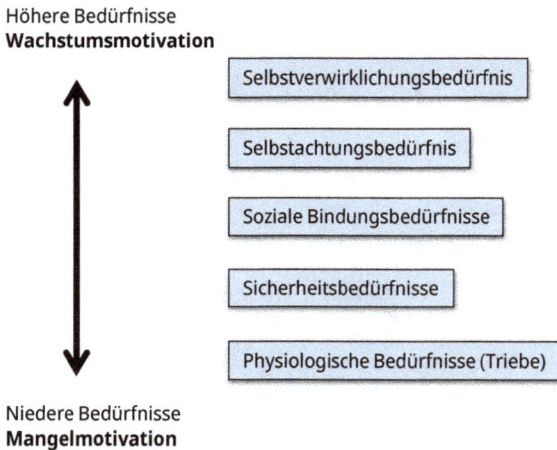

Höhere Bedürfnisse
Wachstumsmotivation

Selbstverwirklichungsbedürfnis

Selbstachtungsbedürfnis

Soziale Bindungsbedürfnisse

Sicherheitsbedürfnisse

Physiologische Bedürfnisse (Triebe)

Niedere Bedürfnisse
Mangelmotivation

Abb. 3.14: Bedürfnishierarchie von Maslow (Quelle: Heckhausen 1980: 105).

Die Motivation nach Selbstaktualisierung bzw. Selbstverwirklichung meint das Bedürfnis, sich selbst als Individuum und das eigene Verhalten als wirksam zu erleben. Mit Bezug zu Rosa (2016) ließe sich hier auch vom Bedürfnis nach Resonanzerleben sprechen. Es ist unter den vielen Bedürfnissen und Motiven, die Menschen haben, eine ganz besondere Motivation. Sie ist gekennzeichnet durch das Streben nach Autonomie und individueller Freiheit, Freude, Glück, Entfaltung und Selbstverantwortung (vgl. auch Müller 2002). Das Selbstaktualisierungsbedürfnis ist für die Gestaltung des Freizeitbereichs besonders wichtig. Insbesondere in der Freizeit werden die Möglichkeiten des Freiheits- und Selbstbestimmungserlebens gesehen (vgl. Krauß/Kagelmann 1993), wie auch bereits in Ausführungen im ersten Kapitel des Buches deutlich wurde. Im Unterschied zu Maslow vertritt Correl (2001) vor dem Hintergrund unserer sehr flexiblen und dynamisierten Gesellschaft ein dynamischeres Bedürfnismodell und postuliert ein Nebeneinanderstehen der Grundbedürfnisse statt einer hierarchischen Anordnung. Das Grundbedürfnis nach Glück und Selbstverwirklichung (höchste Stufe) kann somit sehr wohl einhergehen mit dem Bedürfnis nach Kontakt, Gruppenzugehörigkeit oder sozialer Anerkennung. Es sind zentrale Bedürfnisse des Menschen, die insbesondere in der Freizeit ihren Ausdruck finden. Sie sind grundlegende Faktoren unseres Wohlfühlens und Wohlbefindens und somit unserer individuellen Lebensqualität.

In der Literatur wird darüber hinaus zwischen so genannten Schub-Faktoren und Zug-Faktoren der Motivation unterschieden (vgl. Krauß 1993). Mit Schub-Faktoren sind diejenigen gemeint, die in der Person liegen und eine Person „von innen" zu einem Verhalten „schieben". Unterschieden wird hier zwischen angeborenen (primären) Trieben (Flucht, Hunger, Ermüdung, Fortpflanzung, Geselligkeit etc.) und erworbenen (sekundären), durch Konditionierung „gelernten" Bedürfnissen (Erkundungsdrang, Neugierde, Aktivitätsdrang, optimales Stimulationsniveau, Vermeiden psychischer Sättigung etc.). Sie haben eine lebenserhaltende bzw. arterhaltende Funktion. Als Erklärungsansatz wird in aller Regel das homöostatische und das hedonistische Modell (Vermeiden von Schmerz, Streben nach lustvollen Situationen) herangezogen. In späteren Forschungen wurden zudem persönlichkeitsbezogene und soziale Konstrukte, wie Ängstlichkeit, Leistungsmotiv und Anschluss, Macht, Hilfeleistungsbedürfnis ergänzt. Als Erklärungsgrundlage werden kognitive Ansätze (kognitive Balance/Dissonanz) einbezogen.

Mit den Zug-Faktoren der Motivation sind Anreizfaktoren durch die Umwelt gemeint. Hierzu gehören Bedingungen, die mit dem Ziel des Verhaltens zusammenhängen (Zielantizipation, Zielorientiertheit, Aufforderungscharakter). Anreiz besteht z. B. durch die Neuartigkeit einer Situation (Orientierungsreflex) oder Nachwirkung einer unerledigten Handlung. Es wurden vor allem Zusammenhänge zwischen Anreizstärke und Leistungs- bzw. Lernmotivation untersucht. Als Erklärungsmodell dienen lerntheoretische und kognitive Ansätze.

Die bereits im Kontext der Leistungs- und Lernmotivation (vgl. Kap. 3.4) erwähnte intrinsische Motivation gehört demnach zu den Schubfaktoren und die extrinsische Motivation aufgrund der äußeren Verstärker bzw. Belohnungen zu den Zugfaktoren. Für die Freizeitmotivation spielen die Schubfaktoren eine größere Rolle. Die Ausübung von Aktivitäten ist in der Regel freiwillig und nur bei Interesse und Neugier und der grundlegenden Motivation sich wohlzufühlen, erfolgt eine erste Aufnahme einer Aktivität bzw. der Besuch einer Freizeiteinrichtung. Mit einem positiven Aufforderungscharakter in der Situation kann jedoch zur weiteren Auseinandersetzung motiviert werden.

3.7 Freizeitverhalten

Nach Auseinandersetzung mit der Freizeitmotivation und dem Freizeiterleben soll nun das Freizeitverhalten im Fokus stehen. Dabei interessiert in Anknüpfung an das zentrale Spaßmotiv in der Freizeit zunächst die Frage, welche Freizeitaktivitäten gerne ausgeübt werden. Die folgende Abb. 3.15 zeigt die Freizeitaktivitäten, die in der jeweiligen Lebensphase[4] am meisten Spaß machen (Stiftung für Zukunftsfragen 2021).

Junge Erwachsene	Ledige	Paare	Familien	Jungsenioren	Ruheständler
Etwas mit Freunden unternehmen	Gemeinsame Zeit mit dem Partner	Sex	Gemeinsame Zeit mit dem Partner	Gemeinsame Zeit mit dem Partner	Gemeinsame Zeit mit dem Partner
In der Natur aufhalten	Sex	Gemeinsame Zeit mit dem Partner	Sex	Mit Tieren beschäftigen	Mit Enkeln/ Großeltern treffen
Musik hören	Freizeitpark besuchen	Tagesausflug machen	Tagesausflug machen	In der Natur aufhalten	Mit Tieren beschäftigen
Hobby nachgehen	Ausschlafen	Wochenendfahrt	Mit Kindern spielen	Sex	In der Natur aufhalten
Ausschlafen	Spontan sein	Mit Tieren beschäftigen	Ausschlafen	Spontan sein	Spontan sein
Tagesausflug machen	In der Natur aufhalten	Ausschlafen	Wochenendfahrt	Wochenendfahrt	Mit Kindern spielen
Gemeinsame Zeit mit dem Partner	Etwas mit Freunden unternehmen	Etwas mit Freunden unternehmen	In der Natur aufhalten	Essen gehen	Hobby nachgehen
Freunde zuhause treffen	Hobby nachgehen	Musik hören	Spontan sein	Mit Enkeln/ Großeltern treffen	Wochenendfahrt
Essen gehen	Freunde zuhause treffen	Essen gehen	Freunde zuhause treffen	Hobby nachgehen	Essen gehen
Spontan sein	Serien/Filme streamen	Hobby nachgehen	Freizeitpark besuchen	Ausschlafen	Tagesausflug machen

Repräsentativbefragung von 3.000 Personen ab 18 Jahren

Abb. 3.15: Top-10 der Aktivitäten, die Spaß machen (Quelle: Stiftung für Zukunftsfragen 2021).

---

4 Mit dem Ansatz der Lebensphasen werden die ab 18-Jährigen (Basis 3.000 Befragte) differenziert in Junge Erwachsene von 18-24 Jahre, Ledige/Paare/Familien von 25-49 Jahre, Jungsenioren von 50-64 Jahre und Ruheständler ab 65 Jahren.

Demnach machen soziale Aktivitäten, wie Zeit mit dem Partner/der Partnerin oder den Freund:innen zu verbringen, am meisten Spaß, aber auch Aufenthalte in der Natur, spontane Unternehmungen, Essen gehen, Ausschlafen und einem Hobby nachgehen werden genannt. Die Reihenfolge variiert leicht je nach Lebensphase. So macht „Freunde zuhause treffen" vor allem den jungen Erwachsenen und Ledigen Spaß. Bei den Ruheständler:innen macht das Treffen mit den Enkelkindern besonders Spaß, während das Ausschlafen unter den Top-10 nicht mehr genannt wird. Die Jungsenior:innen freuen sich vor allem über die Zeit mit Tieren. Mediale Aktivitäten tauchen kaum unter den Top-10 der Freizeitaktivitäten auf, lediglich von den Ledigen wird das Streamen von Serien/Filmen und von den jungen Erwachsenen und Paaren das Musikhören genannt.

Widersprüchlich mag hier erscheinen, dass die Aktivitäten, die Spaß machen, nicht die Tätigkeiten sind, die am häufigsten wöchentlich ausgeübt werden. So sind die Top-7 der regelmäßigen Beschäftigungen (mindestens einmal pro Woche) mediale Aktivitäten (vgl. Abb. 3.16). Erstmals hat im Jahr 2020 das Internet als Spitzenreiter das Fernsehen abgelöst. Das Fernsehen war 30 Jahre lang unangefochten die Nr. 1. Heute führt die Internetnutzung die Tabelle mit 97 % an. Doch werden auch von zwei Dritteln der Befragten (18 bis 74 Jahre alt) „gemeinsame Zeit mit Partner:in verbringen" genannt. Von mehr als der Hälfte der Befragten wird Ausschlafen, in der Natur aufhalten, einem Hobby nachgehen genannt und jede:r zweite Bundesbürger:in ab 18 Jahre treibt regelmäßig die Woche Sport.

Deutlich zeigt sich in den Freizeitaktivitäten die hohe Bedeutung der digitalen Medien, aber auch – möglicherweise als Ausgleich – das Bedürfnis nach Bewegung in der Natur und Sport. Spazierengehen und Sporttreiben haben in den letzten 10 Jahren um 17 bzw. 15 % zugenommen. Im Vergleich zum Jahr 2013 lassen sich zudem starke Zuwachsraten bei der Handy- und Social Media-Nutzung (plus 50 % bzw. plus 33 %) feststellen. 44 % der Deutschen sind täglich auf Instagram, TikTok, Facebook etc. unterwegs. 67 % nutzen mindestens einmal die Woche Social Media-Angebote, obgleich nur 32 % angeben, dass ihnen diese Aktivität Freude bereitet (vgl. Stiftung für Zukunftsfragen 2023a). Auch die älteren Bundesbürger:innen scheinen bei der Nutzung digitaler Medien spätestens seit der Corona-Pandemie aufzuholen, wenngleich immer noch ein deutlicher Unterschied zwischen Jung und Alt auszumachen ist (jede:r zweite über 50-Jährige vs. 85 % der unter 35-Jährigen) (vgl. Stiftung für Zukunftsfragen 2023). Die Digitalisierung der Gesellschaft fordert auch die älteren Menschen immer mehr heraus. Mit bundesweiten Förderprogrammen wie dem DigitalPakt Alter werden notwendige Unterstützungsbedarfe begleitet.

Auffällig ist zudem, dass der größte Teil der wöchentlichen Freizeit innerhäusig verbracht wird, was mit dem Zitat „das Sofa als Epizentrum unserer Freizeit" betont wird. Relativ neu erscheinen die hohen Werte beim Backen oder Kochen als Freizeitaktivität. 63 % der jungen Leute scheinen das Backen und Kochen für sich entdeckt zu haben (Stiftung für Zukunftsfragen 2022). Möglicherweise als eine Art Gegentrend zum Fast-Food-Konsum und als Ausdruck einer gesünderen Ernährung, vielleicht aber auch

Die beliebtesten Freizeitaktivitäten 2023
Das Sofa als Epizentrum unserer Freizeit

Von je 100 Befragten üben als regelmäßige Freizeitaktivität (<u>wenigstens einmal pro Woche</u>) aus:

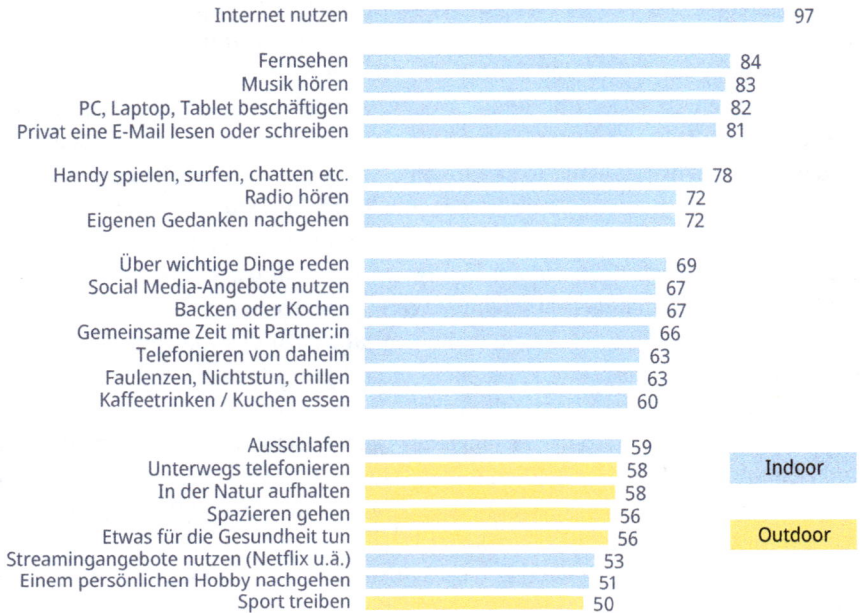

Aktivität	Wert
Internet nutzen	97
Fernsehen	84
Musik hören	83
PC, Laptop, Tablet beschäftigen	82
Privat eine E-Mail lesen oder schreiben	81
Handy spielen, surfen, chatten etc.	78
Radio hören	72
Eigenen Gedanken nachgehen	72
Über wichtige Dinge reden	69
Social Media-Angebote nutzen	67
Backen oder Kochen	67
Gemeinsame Zeit mit Partner:in	66
Telefonieren von daheim	63
Faulenzen, Nichtstun, chillen	63
Kaffeetrinken / Kuchen essen	60
Ausschlafen	59
Unterwegs telefonieren	58
In der Natur aufhalten	58
Spazieren gehen	56
Etwas für die Gesundheit tun	56
Streamingangebote nutzen (Netflix u.ä.)	53
Einem persönlichen Hobby nachgehen	51
Sport treiben	50

Indoor / Outdoor

Repräsentativbefragung von 2.000 Personen. ab 18 J. in Deutschland,
Jul. / Aug. 2023 www.stiftungfuerzukunftsfragen.de

Abb. 3.16: Freizeitaktivitäten (Quelle: Stiftung für Zukunftsfragen 2023).

beeinflusst durch die vielen Koch- und Backshows und die anregenden Foto-Likes in den (digitalen) Medien.

Wenngleich zahlreiche Aktivitäten innerhäusig stattfinden, lassen sich im 10-Jahresvergleich auch Zunahmen bei außerhäusigen Aktivitäten ausmachen, die mindestens einmal im Monat ausgeübt werden. Hier sind vor allem erlebnisorientierte und gesellige Aktivitäten wie Tagesausflüge (von 27 auf 41 %), Restaurantbesuche (von 47 auf 55 %), Flohmarktbesuche (von 11 auf 19 %) aber auch freiwilliges Engagement (von 20 auf 27 %) und Wochenendfahrten (von 8 auf 15 %) zu nennen (Stiftung für Zukunftsfragen 2023).

Zudem haben im 10-Jahresvergleich auch kulturelle Aktivitäten zugenommen (vgl. Abb. 3.17). Hierzu zählen der Besuch von Museen und Ausstellungen, aber auch der Besuch von Konzerten und Freizeitparks. Auch Theater, Opern und Kinos erfreuen sich einer verstärkten Nachfrage nach den Einschränkungen durch die Corona-Pandemie. Vom Kulturboom nicht profitiert haben hingegen Clubs und Diskotheken.

Dies mag auf einige Schließungen im Rahmen der Pandemie, aber auch auf das Älterwerden der Gesellschaft und die Konkurrenz anderer Freizeitveranstaltungen zurückzuführen sein.

Von je 100 Befragten üben als kulturelle Freizeitaktivität (<u>wenigstens einmal pro Jahr</u>) aus:

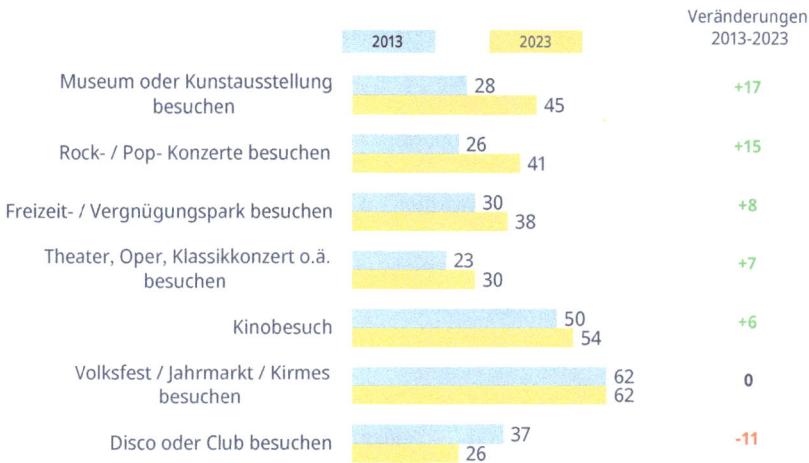

	2013	2023	Veränderungen 2013-2023
Museum oder Kunstausstellung besuchen	28	45	+17
Rock- / Pop- Konzerte besuchen	26	41	+15
Freizeit- / Vergnügungspark besuchen	30	38	+8
Theater, Oper, Klassikkonzert o.ä. besuchen	23	30	+7
Kinobesuch	50	54	+6
Volksfest / Jahrmarkt / Kirmes besuchen	62	62	0
Disco oder Club besuchen	37	26	-11

Repräsentativbefragung von 2.000 Personen. ab 18 J. in Deutschland,
Jul. / Aug. 2023 www.stiftungfuerzukunftsfragen.de

Abb. 3.17: Kulturelle Aktivitäten (Quelle: Stiftung für Zukunftsfragen 2023).

Bezogen auf das Freizeitkonsumverhalten wird in einer neueren Studie der Stiftung für Zukunftsfragen und dem ECE (2019) vor allem konstatiert, dass es digitaler, serviceorientierter und nachhaltiger wird. Der Einkaufsbummel besitzt zwar nach wie vor eine hohe Attraktivität und wird vor allem mit Genuss assoziiert. Jede:r Zweite geht mindestens einmal im Monat shoppen. Es hat eine vergleichbar hohe Relevanz wie Essengehen/Restaurantbesuche (55 %) oder Kinobesuche (54 %) (vgl. Stiftung für Zukunftsfragen 2023). Dennoch verändern sich das Einkaufsverhalten und die Konsumbedürfnisse. Der Online-Einkauf hat in den letzten Jahren stetig zugenommen. Als positiv wird vor allem die Bequemlichkeit (rund um die Uhr Einkauf von überall mit dem Smartphone möglich) und die Service-Orientierung genannt, wie beispielsweise keine zeitlichen Beschränkungen, Produktvergleichsmöglichkeiten, schnelle Lieferzeiten und Kaufempfehlungen. Dennoch wird das Online-Shopping den Besuch der Geschäfte vor Ort nicht gänzlich ablösen, wenn sie auch weiterhin ein Einkaufserlebnis bieten, wie „die Möglichkeit alle Sinne zu nutzen, Erlebnis und Einkauf zu verbinden sowie den persönlichen Kontakt zu Mitmenschen. Wenn dies weiterhin geboten wird, bleibt Online-Shopping auch zukünftig nur eine Ergänzung und kein Ersatz für den stationären Handel" (Reinhardt 2019). Zudem zeigt sich, dass der Konsum auch nachhaltiger wird. Gebrauchsgegenstände (z. B. Bohrmaschinen, Nähmaschinen, Rasenmäher) ausleihen, selbst verleihen oder tauschen ist keine allzu große Seltenheit mehr, ob angeboten von Öffentlichen Bibliotheken, Nachbarschaftsinitiativen oder Kreativ-Werkstätten. Gründe dafür sind sowohl die Nachhaltigkeit als auch das Geldsparen, Platzmangel oder einfach, weil es glücklicher macht. Diese „sanfte" Entwicklung kann/ darf jedoch nicht über den massenhaften Konsum hinwegtäuschen, der sich nicht nur positiv in den Chancen zum Erlebniskonsum äußert, sondern sich auch negativ in Müll- und Plastikbergen, steigendem Ressourcenverbrauch und CO_2-Anstieg deutlich zeigt. Ob der Konsum von Spielwaren, Sportgeräten, Büchern oder Ausflüge mit dem Pkw, unser Freizeitverhalten hat auch ökologische Auswirkungen. Ein umweltbewusstes Handeln gilt es weiterhin zu stärken (vgl. Kap. 2.2).

Ein kurzer Blick auf die privaten Konsumausgaben der Deutschen zeigt, dass rd. 8,30 € täglich für Freizeit ausgegeben werden, im Jahr sind es 3.060 € (vgl. Stiftung für Zukunftsfragen 2024). Im Vergleich dazu belaufen sich die privaten Wohnausgaben auf täglich rd. 31,80 € und jährlich auf 11.592 €. Schaut man auf die jährlichen Wirtschaftsberechnungen des Statistischen Bundesamts (2021), so zeigt sich folgende Struktur der Konsumausgaben privater Haushalte für 2020 (Basis 2.507 €): 10 % für Freizeit/Unterhaltung/ Kultur (entspricht 239 € mtl.), 37 % für Wohnen/Energie/Wohnungsinstandhaltung, 15 % für Nahrungsmittel/Getränke/Tabakwaren, 13 % für Verkehr, 4 % für Bekleidung/Schuhe und 22 % für sonstige Konsumausgaben (z. B. Telekommunikation/Post, Haushaltsgeräte/-gegenstände, Gaststätten-/Beherbergungsdienstleistungen, Gesundheit, Bildungswesen). Da ein Teil der privaten Konsumausgaben, wie im Bereich Verkehr, Gastronomie/Hotellerie und Telekommunikation auch der Freizeit zuzurechnen sind (vgl. Winde 2002), könnte nach eigenen Schätzungen auf Basis der laufenden Wirtschaftsrechnungen und gestiegenen Preise von rd. 300 € im Monat für Freizeit/Unterhaltung/Kultur ausgegangen werden. Hinzukämen mit einem geschätztem Freizeitanteil von 30 % am Verkehr, 80 % an Hotellerie/Gastronomie und 60 % an Telekommunikation 290 €, so dass sich die Freizeitausgaben insgesamt auf 590 € im Monat pro Haushalt belaufen. Hier zeigt sich die hohe wirtschaftliche Bedeutung der Freizeit für Arbeit, Einkommen und Wohlstand, die oftmals in wirtschaftspolitischen Debatten unterschätzt wird.

3.8 Literatur

BAT Freizeit-Forschungsinstitut (2001): Freizeit aktuell, 160, 22. Jg., 10.04.2001. Hamburg.

Beck, Reinhilde; Schwarz, Gotthart (2000): Konfliktmanagement. 2. Aufl., Augsburg: ZIEL Verlag.

Bergmann, Julian: Motive und Motivation im Sport: Definition & Beispiele. Hrsg. Von Akademie für Sport und Gesundheit. Abgerufen am 28.02.2024 von https://www.akademie-sport-gesundheit.de/maga zin/motive-und-motivation-im-sport.html.

Braun, Ottmar L. (1993): (Urlaubs-)Reisemotive. In: Hahn, Heinz; Kagelmann, H. Jürgen (Hrsg.): Tourismuspsychologie und Tourismussoziologie. Ein Handbuch zur Tourismuswissenschaft. München: Quintessenz, S. 199–207.

Brinkmann, Dieter (2022): Freizeitpädagogik in der entwickelten Erlebnisgesellschaft. In: Kiefer, Florian; Biermann, Ralf; Krefeld, Steffi (Hrsg.): Medien, Spiel und Bildung. Herausforderungen bildungswissenschaftlicher Reflexions- und Handlungsfelder. Festschrift für Johannes Fromme. Bd. 50, Themenhefte. Zürich: Zeitschrift MedienPädagogik. Sektion Medienpädagogik (DgfE). S. 233–250. https://doi.org/10.21240/mpaed/50/2022.12.10.X.

Brinkmann, Dieter; Freericks, Renate (2016): Informelles Lernen in der Freizeitpädagogik. In: Rohs, Matthias (Hrsg.): Handbuch informelles Lernen. Wiesbaden: Springer VS, S. 143–162.

Berkowitz, Leonard (1974): Aggression: A Social Psychological Analysis. New York: McGraw-Hill.

Beyer, Lena et al. (Hrsg.) (2020): Orte und Prozesse außerschulischen Lernens erforschen und weiterentwickeln. Tagungsband zur 6. Tagung Außerschulische Lernorte. Münster u. a.: LIT Verlag.

Buddrus, Volker (1985): Pädagogik in offenen Situationen. 1. Aufl. 1981. 2. Aufl., Bielefeld: Pfeffer.

Cantauw, Christiane (Hrsg.) (1995): Arbeit, Freizeit, Reisen. Münster: Waxmann.

Correll, Werner (2001): Menschen durchschauen und richtig behandeln. Psychologie für Beruf und Familie. Landsberg am Lech: mvg-Verlag.

Csikszentmihalyi, Mihalyi (1975): Beyond boredom and anxiety. San Francisco: Jossey-Bass.

Csikszentmihalyi, Mihalyi (1987): Das Flow Erlebnis: Jenseits von Angst und Langeweile: Im Tun aufgehen. 2. Aufl., Stuttgart: Klett Cotta.

Csikszentmihalyi, Mihalyi (2000): Das Flow- Erlebnis. Stuttgart: Klett-Cotta.

Deutsche Kinder- und Jugendstiftung (DKJS) (Hrsg.) (2019): Wellbeing als Faktor für Bildungserfolg. Diskurs, Studien und Praxisbeispiele. Berlin: DKJS.

Diederich, Jürgen (1988): Didaktisches Denken. München: Juventa Verlag.

Dohmen, Günther (2001): Das informelle Lernen. Die internationale Erschließung einer bisher vernachlässigten Grundform menschlichen Lernens für das lebenslange Lernen aller. Hrsg.: Bundesministerium für Bildung und Forschung. Bonn.

Dohmen, Günther (2002): Informelles Lernen in der Freizeit. In: Spektrum Freizeit, 24 (1), S. 18–27.

Dollase, Rainer; Hammerich, Kurt; Tokarski, Walter (Hrsg.) (2000): Temporale Muster. Die ideale Reihenfolge der Tätigkeiten. Wiesbaden: VS Verlag für Sozialwissenschaften.

Dollase, Rainer (2005): Kann man nachhaltiges Lernen attraktiv machen? In: Freericks et al. (Hrsg.): Nachhaltiges Lernen in Erlebniswelten? Modelle der Aktivierung und Qualifizierung. Tagungsdokumentation. Bremen: Institut für Freizeitwissenschaft und Kulturarbeit e.V. (IFKA), S. 133–142.

Edelmann, Walter (1986): Lernpsychologie – Eine Einführung. München: Urban & Schwarzenberg.

Falk, John H. (2009): Identity and the museum visitor experience. Walnut Creek, Calif: Left Coast Press.

Falk, John H. (2021): The Value of Museums: Enhancing Societal Well-Being. Lanham, Maryland U. S.: Rowman & Littlefield Publishers.

Fischer, Torsten; Ziegenspeck, Jörg W. (2000): Handbuch Erlebnispädagogik. Von den Ursprüngen bis zur Gegenwart. Bad Heilbrunn/Obb.: Klinkhardt.

Flechsig, Karl-Heinz (1996): Kleines Handbuch didaktischer Modelle. Eichenzell: Neuland, Verlag für Lebendiges Lernen.

Forgas, Joseph P. (1995): Soziale Interaktion und Kommunikation. Weinheim: Beltz.

Freericks, Renate (1996): Zeitkompetenz. Ein Beitrag zur theoretischen Grundlegung der Freizeitpädagogik. Baltmannsweiler: Schneider Verlag Hohengehren.

Freericks, Renate (2011): Außerschulische Lernorte: Typologie und Entwicklungsstand. In: Freericks, Renate; Brinkmann, Dieter (Hrsg.): Zukunftsfähige Freizeit. Analysen-Perspektiven-Projekte. 1. Bremer Freizeitkongress. Tagungsband. Bremen: IFKA, S. 11–22.

Freericks, Renate (2024): Wohlfühlen im Museum. In: Bundesverband der Museumspädagogik e.V. (Hrsg.): Standbein Spielbein, 121 (1), S. 10–18.

Freericks, Renate; Brinkmann, Dieter; Theile, Heike (Hrsg.) (2005): Nachhaltiges Lernen in Erlebniswelten? Modelle der Aktivierung und Qualifizierung. Tagungsdokumentation. Bremen: IFKA.

Freericks, Renate et al. (2005): Projekt Aquilo. Aktivierung und Qualifizierung erlebnisorientierter Lernorte. Bremen: IFKA.

Freericks, Renate; Brinkmann, Dieter (2005) (Hrsg.): Erlebnisorientierte Lernorte, Möglichkeiten und Grenzen. In: Freericks, Renate; Brinkmann, Dieter; Theile, Heike (Hrsg.): Nachhaltiges Lernen in Erlebniswelten? Modelle der Aktivierung und Qualifizierung. Tagungsdokumentation. Bremen: IFKA, S. 107–132.

Freericks, Renate; Brinkmann, Dieter (2005a): Freizeit und Bildung in inszenierten Erlebnisräumen. In: Popp, Reinhold (Hrsg.): Zukunft: Freizeit: Wissenschaft. Wien: LIT Verlag, S. 331–348.

Freericks, Renate; Brinkmann, Dieter (2017): Erlebnisbad 2030. In: Freericks, Renate; Brinkmann, Dieter (Hrsg.): Gesundheit in der entwickelten Erlebnisgesellschaft. Analysen-Perspektiven-Projekte. 4. Bremer Freizeitkongress. Tagungsband. Bremen: IFKA, S. 139–153.

Freericks, Renate; Hartmann, Rainer; Stecker, Bernd (2010): Freizeitwissenschaft. Handbuch für Pädagogik, Management und nachhaltige Entwicklung. München: Oldenbourg Verlag.

Freericks, Renate; Brinkmann, Dieter; Wulf, Denise (2017): Didaktische Modelle für außerschulische Lernorte. Bremen: IFKA.

Freericks, Renate; Brinkmann, Dieter; Theile Heike (2018): Wissenswelten 3.0: Eine explorative Untersuchung von Entwicklungsmöglichkeiten im Bereich der wissenschaftsorientierten Ausstellungs- und Bildungshäuser – mit besonderem Fokus auf Trends der Digitalisierung und einem Wandel des Lernverhaltens. Bremen: IFKA.

Fromme, Johannes (1997): Pädagogik als Sprachspiel. Zur Pluralisierung des Wissensformen im Zeichen der Postmoderne. Neuwied u. a.: Luchterhand.

Fromme, Johannes; Freericks, Renate (1997): Freizeit, Bildung und die Ästhetisierung des Alltagslebens. In: Fromme, Johannes; Freericks, Renate (Hrsg.): Freizeit zwischen Ethik und Ästhetik. Neuwied: Luchterhand, S. 79–94.

Fromme, Johannes (2001): Freizeitpädagogik. In: Otto, Hans-Uwe; Thiersch, Hans (Hrsg.): Handbuch Sozialarbeit/Sozialpädagogik. 2. Völlig neu überarbeitete Aufl. Neuwied/Kriftel: Luchterhand, S. 610–629.

F.U.R. (Hrsg.) (2024): Reiseanalyse 2024. Erste ausgewählte Ergebnisse der 54. Reiseanalyse. Kiel, S.1–17.

Gast-Gampe, Martina (1993): Einstellungsänderung. In: Hahn, Heinz; Kagelmann, H. Jürgen (Hrsg.): Tourismuspsychologie und Tourismussoziologie. Ein Handbuch der Tourismuswissenschaft. München: Quintessenz Verlag, S. 132–136.

Giesecke, Hermann (1983): Leben nach der Arbeit. München: Juventa Verlag.

Giesecke, Hermann (1997): Pädagogik als Beruf. Grundformen pädagogischen Handelns. 6. Aufl., Weinheim, München: Juventa Verlag.

Heckhausen, Heinz (1980): Motivation und Handeln. Berlin: Springer. Abgerufen am 17.03.2024 von https://timesandmore.com/portfolio/beratung/.

Kirchhöfer, Dieter (2002): Informelles Lernen in der Freizeit der Kinder. In: Spektrum Freizeit, 24 (1), S. 28–43.

Klatt, Fritz (1922): Die schöpferische Pause. Jena: Eugen Diederichs Verlag.

Klatt, Fritz (1971): Gestaltung der freien Zeit des arbeitenden Menschen (1929). In: Giesecke, Hermann (Hrsg.): Freizeit- und Konsumerziehung. 2. Aufl. Göttingen: Vandenhoek & Ruprecht, S. 178–187.

Knoblauch, Jörg; Hüger, Johannes; Mockler, Marcus (2005): Ein Meer an Zeit. Die neue Dimension des Zeitmanagements. Frankfurt/New York: Campus.

Krauß, Harald (1993): Motivationspsychologie. In: Hahn, Heinz; Kagelmann, H. Jürgen (Hrsg.): Tourismuspsychologie und Tourismussoziologie. Ein Handbuch zur Tourismuswissenschaft. München: Quintessenz, S. 85–91.

Krauß, Harald; Kagelmann, H. Jürgen (1993): Selbstaktualisierung. In: Hahn, Heinz; Kagelmann, H. Jürgen (Hrsg.): Tourismuspsychologie und Tourismussoziologie. Ein Handbuch zur Tourismuswissenschaft. München: Quintessenz, S. 208–211.

Lazarus, Richard S. (1982): Der täglich kleine Ärger, der krank macht. In: Psychologie heute, Heft 3, S. 46–49.

Lehr, Ursula (1983a): Psychologische Aspekte des Alterns. In: Reimann, Helga; Reimann, Horst (Hrsg.): Das Alter. Stuttgart: Enke, S. 140–163.

Lehr, Ursula (1983b) (Hrsg.): Altern – Tatsachen und Perspektiven. Bonn: Bouvier.

Maslow, Abraham H. (1981): Motivation und Persönlichkeit. Reinbek/Hamburg: Rowohlt.

Michels, Harald (1996): Animation im Freizeitsport. Rekonstruktion und Analyse freizeit- und sportwissenschaftlicher Theoriebildung. Edition Sport und Freizeit. Bd. 5. Aachen: Meyer & Meyer.

Mikunda, Christian (2005): Der verbotene Ort oder Die inszenierte Verführung. Unwiderstehliches Marketing durch strategische Dramaturgie. 2. Akt. U. erw. Aufl., Frankfurt: Redline Wirtschaft.

Müller, Hansruedi (2002): Freizeit und Tourismus. Eine Einführung in Theorie und Politik. Berner Studien zu Freizeit und Tourismus. Heft 41. 9. Aufl., Bern: FIF

Müller, Wolfgang (2003): Eventmarketing. Düsseldorf: VDM Verlag.

Nahrstedt, Wolfgang (1975): Freizeitberatung. Animation zur Emanzipation? Göttingen: Vandenhoeck & Ruprecht.

Nahrstedt, Wolfgang (1982): Freizeitberatung: Konzepte und Modelle. Baltmannsweiler: Päd. Verlag Burgbücherei Schneider.

Nahrstedt, Wolfgang (1982a): Der Freizeitpädagoge: Freizeitberatung, Animation, Freizeitadministration; neue Aufgaben für Sozialarbeiter, Erwachsenenbildner und Sportpädagogen. Opladen: Westdeutscher Verlag.

Nahrstedt, Wolfgang (1990): Leben in Freier Zeit. Darmstadt: Wiss. Buchgesellschaft.

Nahrstedt, Wolfgang; Brinkmann, Dieter; Kadel, Vera (Hrsg.) (1997): Neue Zeitfenster für Weiterbildung? Bielefeld: IFKA.

Nahrstedt, Wolfgang et al. (2002): Lernort Erlebniswelt. Neue Formen informeller Bildung in der Wissensgesellschaft. Bielefeld: IFKA

Opaschowski, Horst W. (1979): Einführung in die freizeit-kulturelle Breitenarbeit. Methoden und Modelle der Animation. Bad Heilbrunn/Obb.: Klinkhardt.

Opaschowski, Horst W. (1988): Soziologie und Psychologie der Freizeit. 1. Aufl. (2. Aufl. 1993). Opladen: Leske + Budrich.

Opaschowski, Horst W. (1990): Pädagogik und Didaktik der Freizeit. 2. Aufl., Opladen: Leske + Budrich.

Opaschowski, Horst W. (1993): Freizeitpsychologie: In: Hahn, Heinz; Kagelmann, H. Jürgen (Hrsg.): Tourismuspsychologie und Tourismussoziologie. Ein Handbuch der Tourismuswissenschaft. München: Quintessenz Verlag, 1993, S. 79–84.

Opaschowski, Horst W. (1997): Einführung in die Freizeitwissenschaft. 3. akt. u. erw. Aufl., Opladen: Leske + Budrich.

Opaschowski, Horst W.; Pries, Michael; Reinhardt, Ulrich (2006): Freizeitwirtschaft. Die Leitökonomie der Zukunft. Hamburg: LIT Verlag

Overwien, Bernd (2010): Zur Bedeutung informellen Lernens. In Neuber, Nils (Hrsg.): Informelles Lernen im Sport. Wiesbaden: VS Verlag. S. 35–51.

Paschen, Harm (1997): Pädagogiken. Weinheim: Deutscher Studienverlag.

Piaget, Jean (1974): Die Bildung des Zeitbegriffs beim Kinde (1955). Frankfurt a. M.: Suhrkamp.

Pine, B. Joseph; Gilmore, James H. (1999): The Experience Economy: Work Is Theatre & Every Business a Stage. Boston, Mass. Harvard Business School Press.

Plattner, Ilse (1990): Zeitbewusstsein und Lebensgeschichte – Theoretische und methodische Überlegungen zur Erfassung des Zeitbewusstseins. Heidelberg: Asanger Verlag.

Plattner, Ilse (1992): Zeitberatung. Die Alternative zu Zeitplantechniken. Landsberg am Lech: MVG-Verlag.

Popp, Reinhold; Schwab, Marianne (2005): Zur Zukunft der Pädagogik der Freizeit. In: Popp, Reinhold (Hrsg.): Zukunft: Freizeit: Wissenschaft. Wien: LIT Verlag, S. 233–253.

Reckwitz, Andreas (2018): Die Gesellschaft der Singularitäten: Zum Strukturwandel der Moderne. 5. Aufl., Berlin: Suhrkamp.

Reinhardt, Ulrich (2005): Edutainment: Zwischen Bildung und Unterhaltung. In: Popp, Reinhold (Hrsg.): Zukunft : Freizeit : Wissenschaft. Wien: LIT Verlag, S. 349–362.

Reinhardt, Ulrich (2019): Forschung Aktuell. Newsletter. Ausgabe 285. 40. Jahrgang. 26. Juni 2019. Hamburg: Stiftung für Zukunftsfragen.

Reulecke, Jürgen (1982): "Veredelung der Volkserholung" und "edle Geselligkeit". In: Huck, Gerhard (Hrsg.): Sozialgeschichte der Freizeit. 2. Aufl., Wuppertal: Hammer, S. 141–160.

Rogers, Carl R. (2003): Entwicklung der Persönlichkeit. Stuttgart: Klett-Cotta.

Rosa, Hartmut (2005): Beschleunigung. Die Veränderung der Zeitstrukturen in der Moderne. 1. Aufl., Berlin: Suhrkamp.

Rosa, Hartmut (2016): Resonanz. Eine Soziologie der Weltbeziehung. Berlin: Suhrkamp.

Ruschel, Adalbert (1990): Konfliktmanagement. In: Geißler, K. A./v. Landsberg, G./Reinartz, M. (Hrsg.): Handbuch Personalentwicklung und Training. Ein Leitfaden für die Praxis. Köln: Deutscher Wirtschaftsdienst.

Rüppel, Anna (2020): Stress und Burnout. Kinder brauchen Freizeit. In: EuroAkademie Magazin. Abgerufen am 23.03.2024 von https://www.euroakademie.de/magazin/kinder-brauchen-freizeit/.

Schmitz-Scherzer, Reinhard (1974): Sozialpsychologie der Freizeit. Stuttgart: Kohlhammer

Schober, Reinhard (1993): Atmosphäre. In: Hahn, Heinz; Kagelmann, H. Jürgen (Hrsg.): Tourismuspsychologie und Tourismussoziologie. Ein Handbuch zur Tourismuswissenschaft. München: Quintessenz, S. 119–121.

Schüßler, Ingeborg (2002): Nachhaltigkeit in der Weiterbildung. In: GdWZ, 13 (2), S. 108–111.

Schulz von Thun, Friedrich (2006): Miteinander Reden. Hamburg: Rowohlt.

Schulze, Gerhard (1992): Die Erlebnisgesellschaft. 2. Aufl., Frankfurt a. M.: Campus.

Schulze, Gerhard (2000): Die Erlebnisgesellschaft – Kultursoziologie der Gegenwart. 8. Aufl., Studienausgabe. Frankfurt a. M.: Campus.

Schwarz, Karl (1968): Die Kurzschulen Kurt Hahns. Ratingen: Henn.

Seiwert, Lothar J. (1990): Das 1 x 1 des Zeitmanagement. 13. Aufl., Speyer: Gabal.

Selye, Hans (1957): Stress beherrscht unser Leben. Düsseldorf: Econ Verlag.

Slavin, Robert E. (2003): Educational Psychology (7ed.). Boston u. a.: Allyn & Bacon (Pearson).

Spitzer, Manfred (2002): Lernen. Gehirnforschung und die Schule des Lebens. Heidelberg: Spektrum.

Statistisches Bundesamt (2021): Wirtschaftsrechnungen 2020. Bonn.

Stehr, Ilona (1992): Kompetenztransfer. Zur theoretischen Begründung einer Freizeitpädagogik mit älteren Erwachsenen. Baltmannsweiler: Schneider Verlag Hohengehren.

Stiftung für Zukunftsfragen (2019): Forschung aktuell. Newsletter. Ausgabe 286, 40. Jg., 12. September 2019. Hamburg.

Statistisches Bundesamt (2021): Wirtschaftsberechnungen. Konsumausgaben privater Haushalte 2019/20. Wiesbaden. Abgerufen am 28.02.2024 von https://de.statista.com.

Statista (2024): Gründe für das Sporttreiben in Deutschland nach Altersgruppen im Jahr 2022. Statista GmbH. Abgerufen am 28.02.24 von https://de.statista.com/statistik/daten/studie/539534/umfrage/anreize-fuer-antisportler-und-sportmuffel-sportlich-aktiv-zu-werden-in-deutschland/.

Stiftung für Zukunftsfragen (2021): Freizeit-Monitor 2021. Hamburg

Stiftung für Zukunftsfragen (2022): Freizeit-Monitor 2022. Hamburg.

Stiftung für Zukunftsfragen (2023): Freizeit-Monitor 2023. Hamburg.

Stiftung für Zukunftsfragen (2023a): Chart der Woche. Social Media – Wo der Spaß aufhört und der Stress beginnt. 6. April 2023. Hamburg.

Stiftung für Zukunftsfragen (2024): Sonderseiten. Die Welt in Fakten – Faktenautomat. Abgerufen am 29.02.2024 von https://faktenautomat.de/.

Theile, Heike (2005): Emotionales Lernen in FreizeitErlebniswelten. In: Popp, Reinhold (Hrsg.): Zukunft : Freizeit : Wissenschaft. Wien: LIT Verlag, S. 377–390.

Thomae, Hans (1983): Alternsstile und Altersschicksale? In: Lehr, Ursula (Hrsg.): Altern – Tatsachen und Perspektiven. Bonn: Bouvier, S. 147–160.

Tuckman, Bruce W. (1965): Developmental sequence in small groups. Psychological Bulletin, 63, S. 384–399.

Vester, H. Günther (1993): Authentizität. In: Hahn, Heinz; Kagelmann, H. Jürgen (Hrsg.): Tourismuspsychologie und Tourismussoziologie. Ein Handbuch zur Tourismuswissenschaft. München: Quintessenz, S. 122–124.

Vos, Aat (2017): How to create a relevant public space. Rotterdam: nai010 publishers.

Watzlawick, Paul; Beavis, Janet H.; Jackson, Don D. (1972): Menschliche Kommunikation. Bern: Verlag Hans Huber.

Winde, Mathias (2002): Wirtschaftsfaktor Freizeit. Typologie, Beschäftigung, Qualifikation. Institut der deutschen Wirtschaft Köln. Köln: Dt. Instituts-Verlag.

Zimbardo, Philipp G. (1995): Psychologie. 6. Aufl., Frankfurt, Heidelberg, New York: Springer Verlag.

4 Management und Marketing der Freizeit

Rainer Hartmann

Dieses Kapitel skizziert in der durch den Umfang dieses Buches und die Komplexität des Freizeit-Themas gebotenen Kürze die Grundlagen des Freizeitmanagements und -marketings.[1] Der Fokus liegt dabei auf den Bereichen der Freizeit, die außerhalb der Privatsphäre wahrgenommen und als Außerhausaktivitäten bezeichnet werden. Das Thema Tourismus, als ein wichtiger Bereich der Freizeitgestaltung, wird in diesem Buch weitgehend ausgeklammert, da es bereits eine ganze Reihe grundlegender Publikationen zum Tourismus gibt. Auf der Betrachtungsebene von touristischen Orten oder Destinationen fällt es allerdings schwer, Freizeitnutzer:innen, die sich noch im normalen Wohn- und Arbeitsbereich befinden und solche, die sich bereits außerhalb desselben bewegen – und damit per Definition innerhalb ihrer Freizeit zu Tourist:innen werden – zu differenzieren. Für die Steuerung von Unternehmen und Organisationen im sehr weit gefassten Bereich der Freizeit ist diese Unterscheidung auch nur in Einzelfällen relevant, wenn es sich um ausschließlich auf Ortsfremde ausgerichtete Leistungen handelt (z. B. Übernachtungsbetriebe oder Incoming-Reiseagenturen).

In Bezug auf das Management und Marketing können Freizeitaktivitäten in zwei Bereiche untergliedert werden, deren Übergänge fließend sind: Zum einen die Freizeitgestaltung, die der Selbstorganisation unterliegt und ohne Einbeziehung anderer Organisationen auskommt, z. B. private Mediennutzung, seinen Gedanken nachgehen, Faulenzen, Zeit mit Partner:in und Familie verbringen. Zum anderen das Freizeitangebot, das für (potenzielle) Nachfragende organisiert wird (z. B. Theater, Sportevent). Die Inhalte des folgenden Abschnitts beschränken sich vornehmlich auf diesen zweiten Bereich. Er konzentriert sich auf die Erstellung von institutionellen, rechtlichen, ökonomischen und organisatorischen Rahmenbedingungen, um Freizeit zu ermöglichen, sowie die Steuerung der Prozesse, die zu konkreten Freizeit-Dienstleistungen (z. B. Kulturprojekte, Sportangebote, Freizeitparks) führen. Das Ziel ist die Vermittlung dieser Leistungen an eine spezifische Kundschaft (vgl. das Kulturmanagement-Konzept von Heinrichs 2012).

---

[1] Die Ausführungen in diesem Kapitel basieren grundständig auf dem Buch „Marketing in Tourismus und Freizeit" von Rainer Hartmann (2018).

https://doi.org/10.1515/9783111337944-004

4.1 Grundlagen Management

Die Managementlehre wird als anwendungsorientierte Sozialwissenschaft verstanden, die sich mit Gestaltungs-, Lenkungs-, und Entwicklungsproblemen in organisationsbezogenen, d. h. sozialen und technischen Kontexten beschäftigt. In aller Kürze kann der Managementbegriff als das Gestalten, Lenken und Entwickeln von zweckorientierten sozialen Systemen beschrieben werden. Dabei ist Management als ein Arbeitsprozess zu verstehen, der Dinge erledigt, von Effektivität und Effizienz geprägt ist und mit Hilfe anderer Menschen abgewickelt wird. Bei der Effektivität geht es darum, die richtigen Dinge zu tun, das heißt einen möglichst hohen Grad der Zielerreichung anzustreben (Ist-Soll-Vergleich). Die Effizienz bezieht sich darauf, die Dinge richtig zu tun und dabei sparsam in der Mittelverwendung zu sein (Input-Output-Relation) (vgl. Rüegg-Stürm/Grand 2020: 113 f.).

Grundsätzlich kann Management aus zwei unterschiedlichen Perspektiven betrachtet werden, die institutionelle und die funktionale. Der institutionelle Ansatz betrachtet das Management als Institution, die alle Positionen der Unternehmenshierarchie, die mit Anweisungsbefugnis betraut sind, umfasst. Das bedeutet also eine Gruppe von Personen. Zentrales Motiv ist die Vorgesetztenfunktion, vom Meister bis zum Vorstandsvorsitzenden. Die funktionale Perspektive knüpft dagegen unmittelbar an den zu erfüllenden Aufgaben an, ist also losgelöst von Personen. Funktionales Managementverständnis ist wie folgt definiert: „Management ist ein Komplex von Steuerungsaufgaben, die bei der Leistungserstellung und -sicherung in arbeitsteiligen Organisationen erbracht werden müssen. Diese Aufgaben stellen sich ihrer Natur nach als immer wiederkehrende Probleme dar, die im Prinzip in jeder Leitungsposition zu lösen sind, und zwar unabhängig davon, in welchem Ressort, auf welcher Hierarchieebene und in welcher Organisation sie anfallen" (Schreyögg/Koch 2020: 6). Die Funktionen des Managements werden in der Regel in entsprechenden Leitungspositionen verankert. Allerdings erfüllen diese Personen oder Instanzen nicht ausschließlich Managementfunktionen, sondern immer auch in einem bestimmten Umfang Sachaufgaben. Diese beziehen sich z. B. auf Sachfunktionen wie den Einkauf, die Produktion, den Verkauf oder das Marketing von entsprechenden Produkten. Damit erfüllt das Management immer eine Querschnittsfunktion, denn die Managementfunktionen, wie z. B. Planung, Organisation oder Kontrolle, stehen zu den originären betrieblichen Sachfunktionen in einem komplementären Verhältnis (vgl. Schreyögg/Koch 2020: 6 ff.).

Doppler/Lauterburg (2019: 61 ff.) gehen davon aus, dass nicht nur die Managementfunktionen, sondern die gesamten Organisationsformen im Optimalfall auf eine Netzwerk-Struktur hinauslaufen. Diese zeichnen sich durch flache Hierarchien, eine hohe Selbständigkeit der einzelnen Organisationseinheiten, eine hohe Vielfalt lokal unterschiedlicher Organisationsformen sowie die Gesamtsteuerung über gemeinsame Ziele und Strategien aus. Nur so könnten die Unternehmen den Herausforderungen einer schnelleren und wirtschaftlicheren Bewältigung einer zunehmenden Vielfalt sich rasch ändernder Aufgaben gerecht werden – ganz im Sinne eines Change-Managements. Das

Netzwerk bezeichnen sie als von der Natur vorgegebene „Perfektion im Modell", das sich in Mio. von Jahren entwickelt und bewährt hat.

Im Kern gibt es fünf klassische Managementfunktionen, die sich zu einem Standard entwickelt haben und einer logisch geordneten Abfolge entsprechen. Sie laufen dynamisch als Phasen einer aufeinander aufbauenden Folge von Aufgaben ab: Planung (planning), Organisation (organizing), Personaleinsatz (staffing), Führung (directing) und Kontrolle (controlling) (vgl. Schreyögg/Koch 2020: 7 ff.):

–   **Planung:** Sie gilt im Rahmen des Managementprozesses als Primärfunktion. Der Ausgangspunkt aller Überlegungen ist die Frage, was erreicht werden soll (Ziele) und wie es am besten zu erreichen ist (Wege zur Zielerreichung). Bei der Bestimmung der Zielrichtung und zukünftiger Handlungsoptionen ist die Abfolge grundsätzlich von der langfristigen zur kurzfristigen Orientierung (Ziele – Strategien – Maßnahmen).

–   **Organisation:** Zur Realisierung der Planungen benötigt das Management ein Handlungsgefüge. Im Sinne des funktionalen Managements müssen alle notwendigen Aufgaben spezifiziert und prozessorientiert verbunden werden. Sodann werden überschaubare Aufgabeneinheiten (Stellen, Abteilungen etc.) geschaffen und sinnvoll miteinander verknüpft, um dann bestimmten Personen entsprechende Kompetenzen und Weisungsbefugnisse zuzuweisen. Zudem ist es die Aufgabe des Managements, ein Kommunikationssystem einzurichten.

–   **Personaleinsatz:** Das Management muss eine anforderungsgerechte Besetzung der Stellen mit Personal gewährleisten. Bei der entsprechenden Personalbeurteilung und Personalentwicklung ist es von größter Bedeutung die Human-Ressourcen (HR) fortwährend sicher zu stellen und zu erhalten. Dabei handelt es sich um das Wissen, die Fähigkeiten und die Motivation jedes einzelnen Mitarbeiters.

–   **Führung:** Im engeren Sinne bedeutet dies, den täglichen Arbeitsvollzug und seine Ausformung sicherzustellen. Zu den zentralen Führungsaufgaben gehören die permanente, konkrete Veranlassung der Arbeitsausführung und ihre zieladäquate Feinsteuerung. Manager:innen sind für die optimale Steuerung und Veranlassung der Arbeitshandlungen in ihrem Verantwortungsbereich zuständig. Dazu gehören als zentrale Themen die Kommunikation, die Motivation der Mitarbeitenden sowie die Lösung von Konflikten.

–   **Kontrolle:** Sie schließt den Kreis der Managementfunktionen. Die erreichten Ergebnisse werden registriert und mit den Plandaten verglichen (Soll/Ist-Vergleich). Bei Abweichungen gilt es entsprechende Korrekturmaßnahmen einzuleiten oder die Planungen ggf. grundsätzlich zu revidieren. Die Kontrolle gilt als Ausgangspunkt für die Neuplanung und damit gleichzeitig als Neubeginn des Managementprozesses. Aus diesem Grund werden Planung und Kontrolle auch als Zwillingsfunktionen verstanden, denn Kontrolle ist ohne Planung nicht möglich (fehlende Sollvorgaben) und anders herum ist eine sinnvolle (Neu-)Planung nicht ohne Kontrollinformationen über die Zielerreichung möglich.

4.1.1 Konzept des integrierten Managements

Das St. Galler Management-Modell, wurde bereits in den 1980er Jahren von Hans Ulrich wissenschaftlich etabliert und ist seitdem immer wieder an die Anforderungen des kontinuierlichen Wandels adaptiert worden. Ihm liegen drei Kernthesen zugrunde: (1) Das Plädoyer für ein ganzheitliches Denken und Handeln im Umgang mit der zunehmenden Komplexität unserer Welt, (2) die Bedeutung einer anwendungsorientierten Managementlehre für die Führungspraxis und -weiterbildung sowie (3) die integrative Ausgestaltung der normativen, strategischen und operativen Management-Ebenen im Rahmen eines umfassenden Gesamtkonzepts. Das Ziel der dem Modell zugrundliegenden Systemtheorie ist es, komplexe Zusammenhänge sinnvoll zu strukturieren und sie damit auch handhabbar für ein erfolgreiches Marketing-Management zu machen. Die einzelnen Management-Ebenen auf der vertikalen Ebene sind dabei wie folgt zu verstehen (vgl. Rüegg-Stürm/Grand 2020: 45 f. und Abb. 4.1):

Normatives Management beschäftigt sich mit den generellen Zielen der Unternehmen, mit Prinzipien, Normen und Spielregeln, die darauf ausgerichtet sind, die Lebens- und Entwicklungsfähigkeit der Unternehmen sicherzustellen. Hier geht es um die ethische Legitimation der unternehmerischen Tätigkeit angesichts unterschiedlicher Anliegen und Interessen der verschiedenen Anspruchsgruppen. Schließlich soll auf allen Ebenen der horizontalen Integration die Nutzenstiftung für alle Bezugsgruppen (Stakeholder) sichtbar werden. Das geschieht mit der Erarbeitung einer Vision (Leitidee), der Ausgestaltung der Unternehmenspolitik (generelle Ziele und Verhaltensnormen), der Festlegung einer Unternehmensverfassung (formale Rahmenordnung) sowie der Entwicklung einer spezifischen Unternehmenskultur (verhaltensbezogene Werte und Normen).

Auf der Ebene des **strategischen Managements** entwickelt eine Organisation Vorgehensweisen, um ihre im Normativen Management definierten Leitsätze zu verfolgen und Ziele zu erreichen. Es werden strategische Programme (Strategie, Konzept) entwickelt, Organisationsstrukturen geschaffen und Managementsysteme sowie das Problemverhalten werden formuliert. Das Ziel ist die Etablierung langfristiger Wettbewerbsvorteile durch eine im Vergleich zur Konkurrenz überlegene Grundkonfiguration der Unternehmen.

Im **operativen Management** erfolgt die Umsetzung der Strategien. Es befasst sich mit der Bestimmung und Kontrolle der laufenden und konkreten Aktivitäten eines Unternehmens. Auf dieser Ebene erfolgen die Führung der Mitarbeitenden und/ oder der Nachunternehmen, die Bereitstellung der Mittel (Ressourcen) sowie die Planung, Steuerung und Überwachung der Geschäftsprozesse. Die operative Planung setzt bestimmte Vorgaben um, sie ist kurzfristig angelegt (bis zu einem Jahr) und sie ist detailliert, relativ genau und enthält alle Einzelziele.

Normativ: Leitbild/Philosophie (=begründend)
– Generelle Ziele: Prinzipien, Normen, Spielregeln, um die
 Lebens- und Entwicklungsfähigkeit des Unternehmens
 sicher zu stellen
– Ethische Legitimation der unternehmerischen Tätigkeit
– Nutzenstiftung für alle Bezugsgruppen:
– Leitidee/Vision → Unternehmenspolitik (generelle Ziele,
 Verhaltensnormen) → Unternehmensverfassung
 (formale Rahmenordnung) → Unternehmenskultur
 (verhaltensbezogene Werte)

Strategisch: Konzept (=ausrichtend)
– Vorgehensweisen entwickeln, um Leitsätze zu verfolgen und
 Ziele zu erreichen.
– Formulierung von strategischen Programmen (Strategie,
 Konzept) und Schaffung von Organisationsstrukturen sowie
 Managementsystemen
– Langfristige Wettbewerbsvorteile schaffen

Operativ: Aktivitäten (=vollziehend)
– Umsetzung der Strategie
– Bestimmung und Kontrolle der laufenden konkreten Aktivitäten
– Führung der Mitarbeitenden Bereitstellung der Mittel (Ressourcen)
– Planung, Steuerung und Überwachung der Geschäftsprozesse

Abb. 4.1: Konzept des integrierten Managements (Quelle: eigene Darstellung).

4.1.2 Der Manager/die Managerin

Manager:innen sind verantwortlich für die Erfüllung der Funktionen im Rahmen des Management-Prozesses. Doch gegenüber dem Führungsanspruch von früher geht es inzwischen um die dezentrale Selbststeuerung der Mitarbeitenden. Die Ursachen dafür liegen an der höheren beruflichen Qualifikation derselben, in einer anderen Einstellung zur Arbeit und dem damit verbundenen Anspruch auf mehr Selbständigkeit und Handlungsspielräume. Zudem sind die Führungskräfte aufgrund von Überlastung nicht mehr in der Lage, sich persönlich einzelner Sachaufgaben anzunehmen. Das alles wird überlagert durch die fortschreitende technologische Entwicklung (vgl. Doppler/Lauterburg 2019: 71).

Manager:innen agieren nicht nur und geben wichtige Impulse (vgl. Textbox unten), sondern unterliegen zu einem großen Teil ihrer Zeit auch bestimmten Zwängen und Rahmenbedingungen. Daraus hat Lowe (2003: 195 ff.) das Tätigkeitsfeld von Manager:innen in drei Komponenten unterteilt, deren Intensität je nach Stellung in der Hierarchie und der jeweiligen Organisation ganz unterschiedlich ausgeprägt sein

---

Muster von Management-Aktivitäten (Schreyögg/Koch 2020: 13 ff.):

- Offene Zyklen: Arbeit ohne klar geschnittenen Anfang und Ende; Lösen immer wiederkehrender Probleme
- Arbeitsalltag ist zerstückelt: Vielzahl von Einzelaktivitäten und Ad hoc-Gesprächen; ständiges „Hin- und Herspringen" zwischen Aufgabenbereichen
- Mündliche Kommunikation: umfasst den größten Zeitanteil (70–90 %)
- Fragen und Zuhören: größter Kommunikationsanteil; es bleibt nur wenig Zeit für Anweisungen
- Reduktion von Komplexität: zu lösende Probleme sind zumeist neu und komplex, sie müssen von Mitarbeitenden reduziert werden; Entscheidungen erfolgen i. d. R. ohne Vorlage aller benötigten Informationen

---

können. Es sind dies Handlungszwänge (demands), d. h. eigen- oder fremdbestimmte Dienstpflichten und Termine, Restriktionen (constraints), im Sinne von externen Begrenzungen von innen oder außen (Budgetlimit, Technologien etc.) und schließlich die Eigengestaltung (choices), also frei gestaltbarer Aktivitätsraum, der durch ein spezifisches Führungsverhalten oder einen persönlichen Arbeitsstil zum Ausdruck kommt.

Bedingt durch den schnellen ökonomischen und gesellschaftlichen Wandel verändern sich auch die Anforderungen an das Management und die Manager:innen selbst. Der Trend geht zu dezentraler Selbststeuerung der Mitarbeitenden, denn diese sind in der Regel beruflich qualifizierter als früher und selbständiges Arbeiten gehört zu ihren wichtigsten Motivationsfaktoren. Dadurch verändern sich auch die Schwerpunkt-Funktionen der Manager:innen (vgl. Doppler/Lauterburg 2019: 67 ff.):

- Zukunftssicherung: Heute tun, was für die Erfüllung der zukünftigen Aufgaben notwendig ist; notwendige Infrastruktur und Ressourcen sicherstellen, mit geringst möglichem Kostenaufwand.
- Menschenführung: Ausbildung und Betreuung der Mitarbeitenden; Entwicklung funktionsfähiger Teams; Zielvereinbarung und Kontrolle der Zielerreichung; Beratung und Unterstützung bei speziellen Problemen.
- Management des permanenten organisatorischen Wandels: Koordination von Tagesgeschäft und Projektarbeit; Steuerung des Personaleinsatzes; Konfliktmanagement; Sicherstellung der internen und externen Kommunikation; sorgfältiges Personalmanagement.

Als entscheidende Anforderungen an Manager:innen des Wandels bezeichnen Doppler/ Lauterburg (2019) strategische Kompetenzen, soziale Kompetenzen und Persönlichkeitsformat. Die wesentliche Funktion von Führung bestehe darin, „Rahmenbedingungen zu schaffen, die es normal intelligenten Mitarbeiterinnen und Mitarbeitern ermöglichen, ihre Aufgaben selbständig und effizient zu erfüllen" (Doppler/Lauterburg 2019: 73). Entscheidend ist dabei Authentizität. Denn um ihre Mitarbeitenden zu überzeugen und zu motivieren, müssten Manager:innen es vielen Menschen recht machen. Die Kunst besteht darin, einerseits Erwartungen zu erfüllen und sich andererseits dennoch selbst treu zu bleiben. Erfolgreiche Führung steht demnach in sehr engem Zusammenhang mit Aufrichtigkeit, Ehrlichkeit und Integrität gegenüber den Mitarbeitenden. Wer authentisch führen möchte, muss über sich selbst und sein Gegenüber Bescheid wissen. Dazu gehört neben der Selbsterkenntnis unbedingt auch die Fähigkeit zur Selbstoffenbarung, und damit verbunden des Eingestehens von Stärken und Schwächen. Manager:innen müssen sich im Unternehmen richtig positionieren und durch eine authentische Persönlichkeit Respekt verschaffen (vgl. Goffee/Jones 2006: 58 ff.).

4.1.3 Dienstleistungen als Gegenstand von Management und Marketing

Der Freizeitbereich ist dadurch gekennzeichnet, dass es dort zum allergrößten Teil um Dienstleistungen geht. Diese bedürfen einer anderen Herangehensweise in Bezug auf das Management und Marketing als Sachgüter. Aufgrund der ausgeprägten Heterogenität dieses Wirtschaftssektors gibt es allerdings keine einheitliche Definition von Dienstleistungen. Hinzu kommt das Problem der klaren Abgrenzung zum Sachgut, denn die meisten Güter – auch in Tourismus und Freizeit – stellen eine Kombination beider Leistungsarten dar: Der Kauf von Freizeitbekleidung kann eine Beratung (als Dienstleistung) inkludieren und beim Restaurantbesuch (als Dienstleistung) bekommt man auch Sachleistungen in Form von Speisen und Getränken.

Als Ansatz für eine Definition von Dienstleistungen dient daher das Herausarbeiten der **Charakteristika** in Abgrenzung zu Sachgütern (vgl. Meffert/Bruhn/Hadwich 2018: 14 ff.):

– Immaterialität: Dienstleistungen kann man nicht sehen, hören, fühlen, riechen oder schmecken; sie erzeugen lediglich „Nutzen stiftende Wirkungen". Deshalb wird der Kauf von Dienstleistungen als risikoreicher empfunden als der von Sachgütern.

– Das „uno-actu"-Prinzip: Die Erstellung und Abgabe von Dienstleistungen sind identisch, d. h. eine Dienstleistung wird in dem Moment konsumiert, in dem sie produziert wird (Synchronisation von Produktion und Absatz). Das impliziert, dass sie in dem Moment vergeht, in dem sie entsteht und damit auch nicht lagerfähig ist. Zudem existiert bei Dienstleistungen kein Transferobjekt (Produkt), welches von Anbietenden zu Nachfragenden wechselt.

– Integration des externen Faktors: Die Produktion einer Dienstleistung findet nur statt, wenn entweder der/die Nachfragende oder ein ihm/ihr gehörendes Objekt am Prozess beteiligt ist. Doch die Objekte bleiben immer im Eigentum der Kundschaft. Zudem ist immer zumindest eine geringe Aktivität seitens der Kundschaft notwendig, woraus eine Abhängigkeit von dieser entsteht. Anbietende sind somit nicht mehr allein für die Leistungsqualität verantwortlich, denn die Güte des externen Faktors liegt außerhalb ihres Einflussbereichs. Insofern macht die Integration des externen Faktors die Standardisierung und Qualitätskontrolle von Dienstleistungen erkennbar schwierig.

Abgeleitet von den Charakteristika der Dienstleistungen können diese wie folgt definiert werden: Dienstleistungen sind selbständige, marktfähige Leistungen, die mit der Bereitstellung und/oder dem Einsatz von Leistungsfähigkeiten verbunden sind (Potenzialorientierung). Interne (z. B. Geschäftsräume, Personal, Ausstattung) und externe Faktoren (die nicht im Einflussbereich des Dienstleistenden liegen) werden im Rahmen des Erstellungsprozesses kombiniert (Prozessorientierung). Die Faktorenkombination des Dienstleistenden wird mit dem Ziel eingesetzt, an den externen Faktoren, an Menschen und deren Objekten Nutzen stiftende Wirkungen zu erzielen (Ergebnisorientierung) (vgl. Meffert/Bruhn/Hadwich 2018: 15).

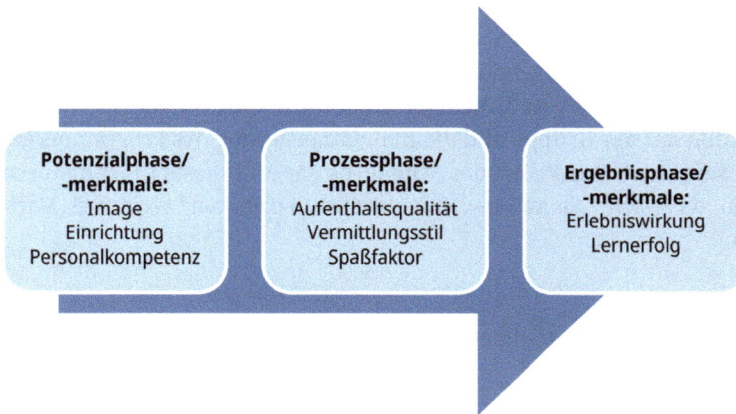

Abb. 4.2: Phasen des Dienstleistungsprozesses (Quelle: eigene Darstellung).

Die Orientierung auf bestimmte Leistungsfähigkeiten lässt sich in einer zeitlichen Betrachtung auf drei **Phasen des Dienstleistungsprozesses** übertragen (vgl. Abb. 4.2). Die Merkmale der einzelnen Dienstleistungsphasen sind gut an einem Beispiel aus der Freizeit, z. B. dem Besuch eines Science Centers, zu verdeutlichen: In der Potenzialphase wird die Fähigkeit und Bereitschaft zur Erbringung einer Dienstleistung deutlich gemacht: Wie modern und technisch einwandfrei ist mein Angebot, mache ich attraktive Werbung, strahlen meine Mitarbeitenden Vertrauen und Kompetenz aus? Wenn ja, entscheidet sich die Nachfrage evtl. für mein Angebot. Es kommt zur Prozessphase: Die Dienstleistung wird vollzogen, Kundschaft tritt ein und hantiert mit den Exponaten. Jetzt geht es darum, ob alles so funktioniert und wirkt, wie es die Kundschaft aufgrund meiner „Leistungsversprechen" erwartet. Sind meine Mitarbeitenden freundlich, klappt technisch alles, ist das Angebot beeindruckend, fühlen sich Kund:innen rundum wohl? Nach der Beendigung des Besuchs kennzeichnet die Ergebnisphase den Nachklang der Tätigkeit, d. h. die Frage, ob es Gästen gefallen hat oder nicht. Sprechen sie von einem positiven Erlebnis oder ist ihnen die Begeisterung anzusehen? (vgl. Hartmann 2018: 60 f.).

Die besondere **Problematik von Dienstleistungen** für Anbietende erschließt sich, wenn man sich die verschiedenen Betrachtungsebenen deutlich macht. Vor allem die weitgehende Immaterialität macht die Bedeutung eines differenzierten Marketings gegenüber der Vermarktung von Sachleistungen deutlich: Je höher der Grad der Immaterialität, desto höher ist die Verhaltensunsicherheit bei der Kundschaft: Was bekommt sie für ihr Geld und wie kann sie die zu erwartende Leistung bewerten? Doch die Konsequenzen der Immaterialität sind weitreichender. Sie hängen mit den Bewertungsunsicherheiten beider Marktseiten zusammen. Nicht nur die Kundschaft, auch die Anbietenden selbst haben häufig zu wenige Informationen (über Kund:innen). Diese unterschiedlichen Informationsstände sind ein latentes Problem. Auch die Integration der Kundschaft als (unkalkulierbarer) und individueller „externer Faktor" muss in alle Überlegungen des Marketing-Managements einbezogen werden. Wird z. B. eine individuelle Stadtführung für eine kleine Gruppe angeboten, auf deren Sonderwünsche explizit eingegangen werden soll, dann muss den Anbietenden klar sein, dass ihre Dienstleistung durch die Interaktion mit der Gruppe und die Individualisierung des Programms extrem störanfällig sein wird. Das Risiko des Scheiterns kann in diesem Fall dadurch minimiert werden, dass sich z. B. an einer Standardroute orientiert wird (vgl. Hartmann 2018: 57 ff.).

4.1.4 Non-Profit-Organisationen und deren Marketing im Freizeitbereich

Im Bereich der Freizeit bewegen sich Angebot und Nachfrage nicht mehr (nur) im kommerziellen Bereich, d. h. im Rahmen von „schlüssigen Austauschbeziehungen" (Leistung und direkte Gegenleistung), sondern auch im nicht kommerziellen oder auch Non-Profit-Bereich. Das macht eine weitere Differenzierung des Marketing-Managements notwendig. Non-Profit-Organisationen (NPO) entstehen als Folge eines Staats- bzw. Marktversagens (als erster bzw. zweiter Sektor): Nur wenn eine Leistung nicht in dem Umfang, nicht in der Qualität, nicht zu dem Zeitpunkt, nicht an einem Ort, nicht für jede Person bereitgestellt werden kann, wie dies als notwendig bzw. wünschenswert erachtet wird, d. h. die Institutionen der beiden ersten Sektoren „versagen", entsteht Bedarf für eine NPO als „dritter Sektor". Dieser grenzt sich damit von erwerbswirtschaftlichen Organisationen und vom Staat ab und wird von der Zivilgesellschaft getragen (als gemeinnützige Organisationen wie Vereine, Stiftungen oder Verbände).

Die Primärziele von NPO sind bedarfswirtschaftlich, sozial oder gesellschaftlich orientiert. Sie liegen in der nicht gewinnorientierten Bedürfnisbefriedigung und Versorgung verschiedener Anspruchsgruppen. Das Verfolgen zuvor definierter Interessen und Missionen steht im Vordergrund ihrer Arbeit. Meist gibt es dafür keine direkten Gegenleistungen (Marktpreise oder Entgelte), sondern es erfolgt eine Finanzierung über Steuern, Zuschüsse, Spenden oder Mitgliedsbeiträge. Es werden fünf **Charakteristika von NPO**, die sich auf grundlegende Strukturen und Arbeitsweisen beziehen, unterschieden. Erst wenn alle fünf Kennzeichen wenigstens in einem Mindestausmaß erfüllt sind, ist eine Organisation als NPO zu bezeichnen, unabhängig von ihren Zwecken oder ihrer Finanzierung: Sie sind formal organisiert, institutionell vom Staat getrennt, nicht gewinnorientiert, institutionell unabhängig und durch eine freiwillige Mitgliedschaft gekennzeichnet (vgl. Salamon/Anheier 1997).

Die **Besonderheiten von NPO** gegenüber kommerziellen Organisationen erfordern eine differenzierte Herangehensweise an das Marketing:

– Inhalte der Zielsetzungen: Es besteht eine große Heterogenität und Komplexität der angestrebten Ziele, die zumeist qualitativ sind. Globale Ziele wie „Bewahrung der biologischen Vielfalt" oder „Sport für alle" sind schwer umzusetzen und zu kontrollieren.
– Definition des Produktes bzw. der Leistung: Häufig sind es Beratungen oder andere Dienstleistungen, die zur Bedürfnisbefriedigung bei den Zielgruppen der NPO führen. Bei einigen Organisationen geht es auch um die Vermittlung bestimmter Werte, Interessen oder Ideen.
– Berücksichtigung unterschiedlicher Anspruchsgruppen: Im Zentrum der NPO steht eine umfassende Anspruchsgruppenorientierung, d. h. eine konsequente Ausrichtung sämtlicher Aktivitäten an den Erwartungen der verschiedenen internen und externen Beziehungspartner:innen (Stakeholder).
– Finanzierung der Marketingausgaben: NPO verfügen oft nur über sehr beschränkte Ressourcen für das Marketing. Spender:innen, Mitglieder und andere Geldgeber:innen betrachten großzügige Marketingbudgets häufig mit Missfallen.
– Mitarbeitenden- und Organisationsstrukturen: Häufig weisen NPO kaum formalisierte Organisationsstrukturen auf und es fehlen schriftlich festgelegte Regelungen. Aufgrund des Egalitätsprinzips ist das Zulassen formaler Macht oft schwer durchsetzbar – hauptberufliche und ehrenamtliche Kolleg:innen arbeiten oft eng zusammen.
– Konsequenz der Nachfrageorientierung: Es geht bei NPO nicht unbedingt um eine Erhöhung der Nachfrage durch eine konsequente Zielgruppenausrichtung, sondern um die Beeinflussung von Zielgruppen, so dass diese – auch gegen ihren Widerstand – bestimmte Verhaltensweisen oder Ideen verändern (z. B. Gesundheitsförderung, Integration durch Sport, politische oder religiöse Ideen) (vgl. Bruhn/Herbst 2024: 28 ff.).

Non-Profit-Marketing als Beziehungsmarketing

Aus den Abgrenzungen der NPO wird klar deutlich, dass der spezielle Fokus beim Non-Profit-Marketing auf der Anspruchsgruppenorientierung liegen muss. Diese Ausrichtung des Marketings wird auch als Beziehungs- oder Relationship-Marketing bezeichnet. Anhand eines integrativen Marketing-Managementprozesses sollen Beziehungsnetzwerke gesteuert und am Nutzen und den Erwartungen der Anspruchsgruppen ausgerichtet werden. Aufgrund der immer stärkeren Marktmacht der Nachfrage hat dieses

Grundprinzip (Outside-in-Perspektive) inzwischen auch im Zuge eines Paradigmen-wechsels im gewinnorientierten Marketing Fuß gefasst.

Die Bandbreite der Anspruchsgruppen von NPO ist sehr groß: Leistungsempfan-gende, Mitarbeitende, Geldgeber:innen (Spender:innen, Sponsor:innen, Mitglieder u. a.) sowie die allgemeine Öffentlichkeit und die Medien. Die Kunst einer anspruchs-gruppenorientierten Organisationsführung ist es, möglichst allen divergierenden Inte-ressen von Stakeholdern gerecht zu werden. Dazu bedarf es – vielleicht mehr als im kommerziellen Sektor – der Entwicklung von kreativen und innovativen Problemlö-sungen auf der Suche nach einer Alleinstellung auf dem relevanten Markt der NPO (vgl. Bruhn/Herbst 2024: 28 ff.).

4.1.5 Qualitätsmanagement

Das Qualitätsmanagement ist als ein ganzheitlich orientierter Ansatz zu verstehen, der zu den Kernaufgaben des Managements zählt. „Qualität heißt, Erwartungen erfül-len" (Müller 2004: 10). Der Siegeszug des Qualitätsmanagements steht in engem Zu-sammenhang mit den allgemeinen Trends auf dem Tourismus- und Freizeitmarkt: zunehmender Konkurrenzdruck, Übersättigung der Märkte mit sich gleichenden An-geboten sowie eine verstärkte Orientierung an den anspruchsvollen Gästebedürfnis-sen (vgl. Müller 2004: 12 f.).

Im Bereich der Freizeit geht es dabei überwiegend um Dienstleistungen. „Dienstleis-tungsqualität ist die Fähigkeit eines Anbieters, die Beschaffenheit einer primär intangi-blen und der Kundenbeteiligung bedürfenden Leistung gemäß den Kundenerwartungen auf einem bestimmten Anforderungsniveau zu erstellen" (Bruhn 2020: 32). Die Definition berücksichtigt alle Merkmale von Dienstleistungen (Integration des externen Faktors, Im-materialität, „uno-actu"-Prinzip). Denn diese stellen sich als besondere Herausforderun-gen für ein Qualitätsmanagement dar: Eine Endkontrolle der Leistung vor „Auslieferung" an die Kundschaft ist bei Services nicht möglich; das Verhalten der Kundschaft stellt eine mögliche zusätzliche Fehlerquelle bei der Leistungserstellung dar; ein einmal aufge-tretener Fehler ist nachträglich schwer zu beseitigen; das wahrgenommene Risiko bei Dienstleistungen erhöht die Bedeutung der eigenen Erfahrungen mit den angebotenen Leistungen.

Für die Kund:innen vollzieht sich die Beurteilung von Qualität meistens nach den-selben Kriterien. Gute Servicequalität bedeutet für sie, die eigenen Erwartungen zu übertreffen, d. h. es geht um die Differenz zwischen erwarteter und tatsächlich er-brachter oder wahrgenommener Leistung.

Dabei müssen bestimmte Eigenschaften erfüllt werden, um hervorragende Quali-tät zu kennzeichnen. Dieser Erklärungsansatz zur Messung der Dienstleistungsquali-tät wird auch als SERVQUAL-Modell (Kunstwort aus Service und Qualität) bezeichnet (vgl. Textbox unten).

Das SERVQUAL-Modell – Schlüsseldimensionen der Servicequalität (Zeithaml/Parasuraman/Berry 1992: 202):

- Die Zuverlässigkeit (Reliability) eines Betriebes, die versprochenen Leistungen zeitlich und qualitativ erfüllen zu können.
- Leistungs- und Fachkompetenz (Competence) als Versicherung, dass die in Aussicht gestellte Leistung fachgerecht und rasch erbracht werden kann.
- Freundlichkeit und Entgegenkommen (Responsiveness) als Fähigkeit der Mitarbeitenden eines Betriebes, auf Wünsche der Kundschaft einzugehen und diese zuvorkommend erfüllen zu können.
- Einfühlungsvermögen (Empathy) als Fähigkeit der Mitarbeitenden eines Betriebes, sich in die Kund:innen einzufühlen und deren Erwartungen und Bedürfnisse zu erkennen.
- Das materielle Umfeld (Tangibles) des Betriebes, bezüglich der technischen Ausstattung, angenehmer Einrichtung, der Kleidung der Mitarbeitenden bis zur Gestaltung der Kommunikationsmedien.

Das **GAP-Modell** eignet sich in besonderer Weise für die qualitätsbezogene Analyse und Bewertung von Dienstleistungsprozessen. Es erfasst und erklärt die möglichen Ursachen für nicht zufriedenstellende Qualität, d. h. an welcher Stelle des Serviceprozesses eine Differenz (engl.: gap) zwischen der erwarteten und der wahrgenommenen Leistung entsteht (vgl. Zeithaml/Parasuraman/Berry 1992; Hartmann 2018: 90 ff.).

Das Verfahren des Qualitätsmanagements ist auf die gesamte Organisation bezogen, im Bemühen um ständige Verbesserung, orientiert an den legitimen Bedürfnissen der Kundschaft. Es gibt formale Verfahren, bei denen sich Organisationen durch das Zertifikat einer unabhängigen und hierfür autorisierten Stelle bestätigen lassen, dass sie ein Qualitätssicherungssystem eingeführt haben und alles zur Erreichung der Qualitätsziele Notwendige tun und dokumentieren. Diesem Konzept folgt z. B. die Normenreihe DIN-EN 9000 ff.

Im Bereich der Freizeit und des Tourismus gibt es inzwischen sehr viele Beispiele für die Umsetzung des Qualitätsmanagements. Der Deutsche Tourismusverband hat eine Aufstellung zahlreicher Qualitätsinitiativen im Deutschlandtourismus vorgenommen (vgl. DTV 2023).

4.2 Grundlagen Marketing

Die konsequente Ausrichtung des gesamten Unternehmens an den Bedürfnissen des Marktes hat sich inzwischen als Grundgedanke des Marketings allgemein durchgesetzt. „Marketing ist eine unternehmerische Denkhaltung. Sie konkretisiert sich in der Analyse, Planung, Umsetzung und Kontrolle sämtlicher interner und externer Unternehmensaktivitäten, die durch eine Ausrichtung der Unternehmensleistungen am Kundennutzen im Sinne einer konsequenten Kundenorientierung darauf abzielen, absatzmarktorientierte Unternehmensziele zu erreichen" (Bruhn 2022: 2).

In der Definition wird der umfassende Charakter von Marketing deutlich. Es stellt damit einen dominanten Schwerpunkt der Unternehmensführung dar, nicht nur als gleichberechtigte Unternehmensfunktion (neben Produktion, Finanzierung oder Personalwirtschaft), sondern als umfassendes Leitkonzept des Managements und somit als ganzheitliche Unternehmensphilosophie. Meffert et al. (2024: 12) bezeichnen Marketing als duales Führungskonzept der marktorientierten Unternehmensführung, im Sinne einer unternehmerischen Funktion und gleichzeitig einer generellen Denkhaltung.

Vor der weiteren Betrachtung des spezifischen Marketings in der Freizeitbranche soll kurz der Begriff Markt reflektiert werden. Aus volkswirtschaftlicher Sicht bedeutet Markt ganz generell das Zusammentreffen von Angebot und Nachfrage. Beim Marketing, wie es zuvor definiert wurde, ist kaum einmal der Markt als Ganzes Gegenstand einer Betrachtung. Im Regelfall geht es um den relevanten Markt, der für jeden einzelnen Fall (jedes Produkt, jede Dienstleistung) zu identifizieren, abzugrenzen und näher zu beschreiben ist. Wenn z. B. Freizeitanbietende eine neue Attraktion konzipieren und auf „den Markt" bringen möchten, müssen sie sich darüber klar werden, mit welchen anderen Produkten und Anbietenden sie dadurch in Konkurrenz treten (sachliche Abgrenzung des relevanten Marktes), in welcher Region sie etwas anbieten möchten (räumliche Abgrenzung) und um welchen Zeitraum es sich handelt (zeitliche Abgrenzung). Zudem müssen sie sich Gedanken darüber machen, für welche Kund:innen und deren spezifische Bedürfnisse das Angebot geeignet ist. Damit wird die Abgrenzung des relevanten Marktes zu einem wichtigen Ausgangspunkt für alle weiteren marktbezogenen Unternehmensentscheidungen (vgl. Bruhn 2022: 7 ff.).

Marketing-Management als Prozess

Das Marketing ist, im Sinne einer unternehmerischen Denkhaltung, in ein ganzheitliches Managementkonzept eingebettet. Ein wichtiger Grundgedanke ist dabei die integrative Ausgestaltung der normativen, strategischen und operativen Management-Ebenen (vgl. Kap. 4.1). Betrachtet man Marketing im engeren Sinne als Managementfunktion, so wird dieses vorwiegend auf der strategischen und der operativen Ebene eingesetzt. Die Entwicklung eines Marketingplans als strategischem Programm impliziert dabei ein systematisches Entscheidungsverhalten. „Der Marketingplan ist das Kernstück des Marketing-Managementprozesses und Ausdruck eines entscheidungsorientierten Vorgehens" (Bruhn 2022: 32). In der praktischen Umsetzung hat sich hierfür ein klassischer Ablauf von Marketing-Managementprozessen etabliert. Diese prozessuale Abfolge ist auch als Vorgehensweise bzw. Instrument für die gesamte Unternehmensplanung in Bezug auf das Marketing zu verstehen (vgl. Abb. 4.3).

Es gibt allerdings eine Reihe von Anforderungen an eine erfolgreiche Marketingplanung: (1) Sie muss frühzeitig erfolgen und umfasst in der Regel einen Planungshorizont von einem Jahr. Entsprechende Planungszyklen sollten festgelegt und fest etabliert werden. (2) Um die inhaltliche Vollständigkeit des Marketingplans sicherzustellen, sollte dieser anhand einer festgelegten Struktur verfasst werden. (3) Die Planung muss einen gewissen Grad an Flexibilität aufweisen, um auf unerwartete Veränderungen reagieren zu können. (4) Der Marketingplan ist unbedingt schriftlich zu fixieren. Er kann damit den Anspruch der Verbindlichkeit erfüllen und als Grundlage für die interne Kommunikation dienen. (5) Die aus dem Marketingplan resultierenden Aufgabenbereiche („Pakete") und Verantwortlichkeiten sind eindeutig festzulegen – wer macht was bis wann mit wem? (vgl. Bruhn 2022: 32 ff.).

Die phasenweise Abfolge des Marketing-Managementprozesses dient auch als Grundlage für die weitere Gliederung dieses Kapitels.

Abb. 4.3: Marketing-Managementprozess (Quelle: eigene Darstellung).

4.3 Marketingforschung/Marketinganalyse

Die **Marketingforschung** befasst sich in Abgrenzung zur Marktforschung auch mit Informationen aus nicht marktbezogenen Bereichen der politisch-rechtlichen, technischen, soziokulturellen und natürlichen Umwelt sowie mit unternehmensinternen Informationen, sofern sie für Marketingentscheidungen relevant sind. Dagegen befasst sich die **Marktforschung** mit der systematischen und zielgerichteten Sammlung, Aufbereitung, Auswertung und Interpretation von Informationen über Märkte und Marktbeeinflussungsmöglichkeiten. Insgesamt geht es um die Bereitstellung relevanter Informationen für marketingpolitische Entscheidungen, die Absatz- und Beschaffungsmärkte betreffen (vgl. Fantapié Altobelli 2023: 16).

Informationsanalysen erfolgen aus zwei Perspektiven, mit dem Fokus auf das Unternehmen selbst (interne Analyse oder Betriebsanalyse) und mit dem Fokus auf die Umwelt (externe Analyse). Die **Marketinganalyse** findet schließlich auf drei Ebenen statt, der des Unternehmens, des relevanten Marktes (Mikroumwelt) als Marktanalyse sowie der allgemeinen Umwelt (Makroumwelt) als Umfeldanalyse. Bei der **internen Analyse** stehen die Überprüfung der eigenen Ressourcen und die Benennung der Kernkompetenzen im Mittelpunkt. Die **externe Analyse** beschäftigt sich mit der Abgrenzung des relevanten Marktes, indem potenzielle Kund:innen und Konkurrent:innen betrachtet werden, sowie mit der Erfassung übergeordneter Einflüsse auf das relevante Marktgeschehen (gesellschaftliche, ökonomische, politische, technologische und ökologische Rahmenbedingungen). In der Forschung wird zwischen eigens für eine Problemstellung erhobenen Primärdaten und bereits vorhandenen Sekundärdaten unterschieden. Grundsätzliche Fragen der Marketingforschung lauten z. B (vgl. Hartmann 2018: 85 ff.): Auf welchem Markt sind wir tätig? Wer sind unsere Kund:innen? Wer sind wir und welches sind unsere Stärken und Schwächen? Wie sieht unsere Wettbewerbssituation aus? Welche Entwicklungen der Umwelt müssen wir beachten?

4.3.1 Unternehmensanalyse

Im Rahmen der Unternehmensanalyse (oder auch internen Analyse) soll aufgezeigt werden, über welche Fähigkeiten und Potenziale der eigene Betrieb bzw. die Organisation verfügt. Sie stellt den engsten Betrachtungsbereich der Marketinganalyse dar. Grundsätzlich sind dabei zwei Ansätze für die weitere Betrachtung relevant. Zum einen die Bewertung nach Funktionen und Funktionsbereichen, als sog. **Ressourcenanalyse.** Im Zuge der Ressourcenanalyse wird anhand eines **Stärken-Schwächen-Profils** die Position des Unternehmens im Verhältnis zum Wettbewerb ermittelt. Zum anderen die prozessorientierte Bewertung als sog. **Wertkettenanalyse.** Bei der prozessorientierten Analyse geht es um eine zeit- und phasenorientierte Bewertung. Diese eignet sich, aufgrund des ausgesprochenen Dienstleistungscharakters der Branche, besonders für Freizeitunternehmen. Denn hier ist eine objektive, mit Kennzahlen zu belegende Bewertung der Leistungen häufig nicht möglich. Sehr wohl können Dienstleistungsprozesse jedoch einer qualitätsbezogenen Analyse und Bewertung unterzogen werden (vgl. Qualitätsmanagement) (vgl. Runia et al. 2019: 71 ff.).

4.3.2 Marktanalyse

Die Marktabgrenzung stellt den Ausgangspunkt aller weiteren strategischen Marketingentscheidungen wie der Marktsegmentierung (als Marktwahlstrategie) oder der Festlegung strategischer Geschäftseinheiten dar. Es geht darum, festzulegen anhand welcher Kriterien der relevante Markt von nicht relevanten Bereichen des Marktes gefiltert werden kann. Dazu ist es notwendig zu wissen, was für die Kauf- und Verkaufsentscheidung von Produkten und Dienstleistungen bedeutsam ist. Anbietende müssen aus der Fülle der Angebote diejenigen herausfiltern, die für das Unternehmen oder die aktuelle Aufgabe von Bedeutung sind – es gilt den Markt zu verkleinern.

Der Vorgang der Marktabgrenzung kann als **Makroabgrenzung** oder -segmentierung bezeichnet werden. Das Ergebnis, der relevante Markt, stellt die „Rohmasse" dar, die im weiteren Prozess des strategischen Marketings weiterbearbeitet werden muss (Mikroabgrenzung oder -segmentierung). Bei diesem Arbeitsschritt geht es um die zielgruppenbezogene Aufteilung des relevanten Marktes nach bestimmten Unterscheidungskriterien (vgl. Freyer 2011: 177).

Meffert et al. (2024: 60) unterscheiden grundsätzlich drei sich überlagernde Abgrenzungskriterien: sachlich (mit welchen Produkten/Leistungen trete ich in den Wettbewerb?), zeitlich (wann biete ich meine Leistungen an?) und räumlich (sollen meine Produkte/Leistungen auf einem lokalen, regionalen, internationalen Markt angeboten werden? – Welches ist mein potenzielles Einzugsgebiet?). Andere Ansätze zur Abgrenzung des relevanten Marktes basieren auf einer objektbezogenen Untergliederung (Anbietende, Güter/Dienstleistungen, Nachfragende) (vgl. Bruhn 2022: 9):

- Angebotsbezogen: Unternehmen einer bestimmten Angebotsgruppe oder Branche (z. B. Non-Profit-Sportangebote)
- Produkt- und leistungsbezogen: Produkte oder Produktgruppen als relevante Merkmale (z. B. Fitnessangebote)
- Bedürfnisorientiert bzw. auf den Nutzen der Kundschaft bezogen: Mit Produkten verbundene Bedürfnisse (z. B. Bildung)
- Auf die Kundschaft bezogen: soziodemografische Merkmale der Nachfragenden (z. B. Alter, Familiensituation).

Empirische Marktforschung

Hier lassen sich in Bezug auf die Form der Informationsgewinnung die Methoden der **Sekundärforschung**, die auf bereits existierende Informationsquellen zurückgreifen, von denen der **Primärforschung**, die mit der Erhebung von neuen Informationen verbunden sind, unterscheiden (vgl. Tab. 4.1). Bezogen auf das Erhebungsziel bzw. die Art der Messung können die quantitative und die qualitative Marktforschung unterschieden werden: Bei der **quantitativen Marktforschung** geht es um Zählbares, das sich auf einen abgeschlossenen Zeitraum bezieht, z. B. Häufigkeitsverteilungen. Hier werden überwiegend standardisierte Verfahren angewendet und auf die Repräsentativität (für eine bestimmte Bevölkerungsgruppe) geachtet. Die **qualitative Marktforschung** wird auch als psychologische Marktforschung bezeichnet und untersucht Einstellungen, Meinungen und Motive von Reisenden und Freizeitnutzer:innen. Methodisch werden hier spezifische, nicht standardisierte Verfahren angewendet (vgl. Hartmann 2018: 98 f.).

Tab. 4.1: Methoden der Marktforschung (Quelle: eigene Darstellung).

Primärforschung (Field Research)		Sekundärforschung (Desk Research)	
Institutsmarktforschung oder eigene Erhebung		Interne Quellen oder externe Quellen	
Beteiligungs- oder Exklusivuntersuchung			

↓

Befragung	Beobachtung	Experiment
Repräsentative Stichprobe oder nicht repräsentative Stichprobe	„Labor" (Testsituation) oder „Feld" (reales Umfeld)	„Labor" (Testsituation) oder „Feld" (gestelltes Umfeld)
Ad hoc-Studie (einmalig) oder Panel-Erhebung (wiederholt)		
Einzelbefragung oder Gruppendiskussion (nur persönlich oder online)		

↓

Schriftlich (Fragebogen)	Persönlich (Face to Face)	Telefonisch
Versendung oder Internetbefragung	Interview mit Fragebogen oder computergestützt/online	Interview mit Fragebogen oder computergestützt

Gütekriterien von Messungen

Die Gewinnung von Informationen im Rahmen der Marktforschung unterliegt immer den drei folgenden Gütekriterien für die Qualität von Messvorgängen: Reliabilität, Objektivität und Validität.

– Reliabilität beschreibt den Grad der Zuverlässigkeit, mit dem ein bestimmtes Merkmal gemessen wird, bzw. die Unabhängigkeit eines Ergebnisses von einem einzelnen Messvorgang. Eine Messung ist als reliabel zu bezeichnen, wenn sie bei nicht veränderten Messbedingungen wiederholbar ist.

– Validität (Gültigkeit) bezieht sich auf die materielle Genauigkeit einer Messung. Sie ist dann valide, wenn sie das Merkmal misst, welches sie messen soll (oder welches sie zu messen scheint).

– Objektivität einer Information bedeutet, dass diese frei von subjektiven Einflüssen ist. Sie ist gegeben, wenn unterschiedliche Personen unter Verwendung des gleichen Messinstrumentes zu den gleichen Ergebnissen gelangen. Das gilt sowohl für die Durchführung einer Untersuchung als auch die Auswertung der erhobenen Daten und die Interpretation der Ergebnisse.

Die Qualität von Informationen bzw. Analyseergebnissen ist von allen drei Kriterien abhängig, denn sie sind auch untereinander verbunden (vgl. Hartmann 2018: 99 f.).

Marktforschungsprozess

Die Ausgangsbasis einer empirischen Untersuchung im Rahmen der Marktforschung ist immer die Formulierung des **Marketingproblems** und einer entsprechenden **Zielsetzung** der Forschung. Im nächsten Schritt müssen der genaue Umfang und die Art des Informationsbedarfs festgelegt werden, um dann zu entscheiden, wie die weitere Vorgehensweise aussieht: Wer führt die Untersuchung durch (betriebliche vs. Institutsmarktforschung? – Welche sind die Informationsquellen?) Es folgt die Erarbeitung des **Untersuchungsdesigns**, mit der Art der Erhebung (z. B. Befragung), der Gestaltung des Erhebungsrahmens (z. B. Größe der Stichprobe, einmalige Befragung) sowie der Erhebungsmethode (z. B. mündliche Einzelbefragung). Schließlich werden die Daten erhoben, aufbereitet und ausgewertet. Dabei bedarf es genauer Überlegungen bezüglich des Zeitpunktes (ggf. zu verschiedenen Saisonzeiten), der Dauer (z. B. Tage, Wochen) und des Vorgehens (Orte der Befragung, Auswahl der Probanden etc.). Auch die Analyse- und Auswertungsverfahren (einfache Auszählung, Korrelationen, Clusterbildung etc.) müssen an die Zielsetzungen der Untersuchung angepasst werden. Am Ende des Prozesses steht ein Marktforschungsbericht und der Abgleich der gewonnenen Informationen mit dem Informationsbedarf (vgl. Hartmann 2018: 100 f.).

Sekundärforschung

Im Rahmen der Sekundärforschung (auch Desk Research) beginnt man, sich systematisch mit bereits vorhandenen Informationen zu beschäftigen, die eine Relevanz für die Ziele der eigenen Marketingforschung besitzen (vgl. Tab. 4.1). Diese sind entweder **intern** im eigenen Unternehmen verfügbar oder müssen **extern** beschafft werden. Sekundärforschung erfordert eine sehr akribische und kritische Auswahl von spezifisch relevanten und vor allem glaubwürdigen, d. h. nutzbaren Daten. Das betrifft auch die Datenquelle bzw. den/die Urheber:in einer Information: Aus welchen Motiven heraus wurden die Daten erhoben? Und verfolgt jemand mit der Publikation der Daten bestimmte Zwecke? Diese Fragen sollten bei jeder Informationsrecherche egal ob online oder offline mitschwingen – **traue keiner Statistik, die du nicht selbst gefälscht hast!** (vgl. Hartmann 2018: 101 ff.). Für viele wissenschaftliche bzw. marketingbezogene Fragestellungen kann es bereits ausreichen, eine intensive Sekundärforschung zu betreiben.

Um die Vielfalt der gewonnenen Sekundärdaten für die eigentliche Informationsgewinnung nutzbar zu machen, bedarf es der **empirischen Inhaltsanalyse**. Diese Auswertungsmethode beinhaltet die vorherige Festlegung von Merkmalskategorien, die in gefundenen Quellen identifiziert und für die weitere Analyse codiert werden (vgl. Kromrey/Roose/Strübing 2016: 322 ff.). Das Verfahren der empirischen Inhaltsanalyse wird sowohl in der Sekundär- als auch der Primärforschung zur Auswertung von Informationen verwendet.

Primärforschung

Wenn eine gegebene Fragestellung zu einem Marketingproblem nicht mittels vorhandener oder erreichbarer Sekundärdaten beantwortet werden kann, wird eine entsprechende Primärforschung notwendig. Die Methoden der Primärforschung im Freizeitbereich sind weitgehend aus der **empirischen Sozialforschung** entlehnt (vgl. Kromrey/Roose/Strübing 2016 und Tab. 4.1).

   Auswahlverfahren und Stichproben: Bei jeder Untersuchung muss zunächst die Frage beantwortet werden, ob es möglich bzw. gewünscht ist, alle Elemente einer Grundgesamtheit (Vollerhebung) oder nur eine Teilmenge der Grundgesamtheit (Teilerhebung) einzubeziehen. In der Marktforschungspraxis werden fast ausschließlich Teilerhebungen durchgeführt, weil die Grundgesamtheit entweder nicht exakt zu identifizieren ist oder eine Vollerhebung zu umfangreich bzw. kostenintensiv wäre. Als **Grundgesamtheit** gilt die Menge aller potenziellen Zielpersonen für eine Untersuchung. Sie bedarf einer exakten sachlichen, räumlichen und zeitlichen Abgrenzung. Bei Stichprobenverfahren ist die Grundgesamtheit der Gegenbegriff zur **Stichprobe** (Teilerhebung). Die Resultate der Stichprobe können auf die Grundgesamtheit übertragen werden, wenn eine repräsentative Stichprobe aus der Grundgesamtheit gezogen wurde. Die Ergebnisse können dann hochgerechnet bzw. mit einer hohen Sicherheit auf die Verhältnisse in der Gesamtpopulation übertragen werden (quantitative und qualitative Übertragung). „Repräsentativität heißt in diesem Zusammenhang: Es besteht Kongruenz zwischen theoretisch definierter (‚angestrebter') Gesamtheit und tatsächlich durch die Stichprobe repräsentierter Gesamtheit; oder: Die Stichprobe ist ein verkleinertes Abbild einer angebbaren Grundgesamtheit" (Kromrey/Roose/Strübing 2016: 264). Die **Fehlerwahrscheinlichkeit** einer Erhebung kann durch einen großen Umfang der Stichprobe und das Erreichen einer hohen Repräsentativität gesenkt werden. Bei quantitativen Untersuchungen mit bekannter Grundgesamtheit ist sie auch berechenbar.

   Grundsätzlich können drei Erhebungsmethoden unterschieden werden, die bei Marktforschungen in der Freizeit zum Einsatz kommen: die Befragung, die Beobachtung und das Experiment – als Variante der beiden ersten Formen (vgl. Kromrey/Roose/Strübing 2016: 253 ff.).

   Alle erhobenen Daten bzw. Informationen werden im Zuge der **Datenauswertung** geordnet, geprüft, analysiert und auf ein für die Entscheidungsfindung notwendiges und überschaubares Maß verdichtet (aussagekräftige und informative Kenngrößen). Die Methoden der modernen Statistik ermöglichen den Entscheidungsträger:innen, die Daten auf verschiedenen Wegen zu analysieren. Die übliche Zweiteilung in der Statistik unterscheidet die **deskriptive** (beschreibende) von der **induktiven** (schließende bzw. auf Repräsentanz prüfende) Statistik (vgl. Meffert et al. 2024: 202 ff.).

Konkurrenz-Marktforschung

Um auf den stark übersättigten Märkten der Freizeitbranche bestehen zu können, sind neben genauen Kenntnissen über potenzielle und tatsächliche Kund:innen auch spezifische Kenntnisse über die **Konkurrenzsituation** notwendig. Das bezieht sich v. a. auf Branchenkenntnisse, d. h. Unternehmen, die gleiche oder ähnliche Produkte anbieten (relevanter Markt). Damit werden gleichzeitig Informationen über den gesamten Markt bzw. das entsprechende Potenzial an Kundschaft gewonnen. Indem die Aktivitäten, Strategien und die Strukturen der Mitbewerbenden auf dem relevanten Markt analysiert werden, kann das Unternehmen Hinweise auf eigene Stärken und Schwächen erhalten.

Das **Benchmarking** ist ein inzwischen weit verbreitetes Instrument zur Analyse der Marktposition. Es wird auf verschiedenen Ebenen der strategischen Marketingplanung eingesetzt, von der anfänglichen Konkurrenzanalyse bis zum strategischen Controlling. Dabei sollen spezifische Kenntnisse über das Angebot oder die Performance in einem bestimmten Marktsegment erlangt werden. Die Ergebnisse dienen als Grundlage zur strategischen Weiterentwicklung des eigenen Leistungsprofils. Das Ziel eines Benchmarking-Prozesses ist es, durch den Vergleich mit den „Klassenbesten" der Branche eigene Leistungslücken systematisch zu schließen. Im Vergleichsverfahren werden entsprechende Unterschiede sowie deren Ursachen festgestellt und gleichzeitig nach bestehenden Verbesserungsmöglichkeiten gesucht. Es geht um das Lernen von anderen, die besser aufgestellt sind als man selbst, und die Nutzung des erlangten Wissens für seine eigenen Bedarfe (vgl. Töpfer 1997).

4.3.3 Umweltanalyse

Dem Konzept des integrierten Managements entsprechend müssen Unternehmen aus einer ganzheitlichen Perspektive betrachtet werden. Demnach bewegen sie sich mit ihrer Kundschaft, ihren Lieferant:innen, Absatzmittler:innen und dem Wettbewerb (als Mikroumwelt) in einem noch weiteren Umfeld, der Makroumwelt. Diese beinhaltet Strukturen, Prozesse und Menschen, die zumeist nicht vom Unternehmen gesteuert werden können. Doch durch die zunehmende Komplexität und Dynamik der Weltwirtschaft und -gesellschaft sowie weiterer Umweltkomponenten, ist es von großer Bedeutung, deren Chancen und Risiken frühzeitig zu erkennen und in das Marketing-Management einfließen zu lassen. Für den Freizeitbereich sind vor allem die Umweltsphären Wirtschaft, Gesellschaft, Politik, Ökologie und Technologie von Bedeutung (vgl. Kap. 1.5). Im Rahmen der Marketinganalyse sind diese Umweltsphären genau auf ihre Strukturen (statische Betrachtung) sowie auf Trends und Veränderungen (dynamische Betrachtung) hin zu beobachten (vgl. Hartmann 2018: 114 ff. und Kap. 2).

4.3.4 Strategische Analyse

In einem finalen Schritt müssen die Analysedaten miteinander in Beziehung gebracht werden. Eine sorgfältige Analyse und daraus abgeleitete Prognosen stellen den Ausgangspunkt für alle weiteren strategischen Entscheidungen dar. Dazu muss eine systematische Aufbereitung, Verdichtung und Verzahnung aller zur Verfügung stehenden Informationen erfolgen, um die Ist- und die Soll-Position des Unternehmens im Markt- und Wettbewerbsumfeld zu bestimmen (vgl. Meffert et al. 2024: 249 ff.). Damit hat die strategische Analyse eine Übergangsfunktion: Sie stellt den Abschluss der Marketinganalyse-Phase dar und ist durch die Ableitung erster strategischer Optionen bereits (vorbereitender) Teil der Phase des strategischen Marketings. Die grundlegenden strategischen Analyseinstrumente für den Freizeitbereich sind neben der SWOT-Analyse die Lebenszyklus- und die Portfolioanalyse.

SWOT-Analyse
Die SWOT-Analyse (engl.: **S**trength, **W**eakness, **O**pportunity, **T**hreat) ist ein Ansatz zur integrierten Betrachtung aller relevanten Unternehmens- und Umweltfaktoren, der in drei Schritten durchgeführt wird (vgl. Runia et al. 2019: 79 ff.). Im ersten Arbeitsschritt wird im Rahmen der Ressourcenanalyse anhand eines Stärken-Schwächen-Profils die gegenwärtige Position des Unternehmens im Verhältnis zum Wettbewerb ermittelt. Als zweiter Schritt werden die Ergebnisse der externen Analyse unter der Fragestellung gefiltert, welche Chancen die Umwelt bietet. Aber auch bestehende Risiken, die im Auge zu behalten sind, sollen aufgespürt werden. Chancen und Risiken resultieren dabei aus schwer vorhersagbaren Ereignissen allgemeiner Art (ökonomische, soziale oder ökologische Umwelt) oder Veränderungen auf dem relevanten Markt (steigende Nachfrage, stärkerer Wettbewerb u. a.). Im dritten Schritt werden die zentralen Stärken und Schwächen sowie Chancen und Risiken zueinander in Beziehung gesetzt. Die daraus entstehende SWOT- oder Key-Issue-Matrix enthält vier Gruppen von strategischen Optionen (vgl. Tab. 4.2). Ein zentrales Ziel ist dabei, **strategische Erfolgspositionen**, die zugleich eine Stärke und eine Chance darstellen, herauszufiltern. Sie bezeichnen überdurchschnittliche Fähigkeiten (Potenziale) gegenüber der Konkurrenz und münden schließlich in die Definition von strategischen Geschäftsfeldern.

Tab. 4.2: SWOT-/Key-Issue-Matrix (Quelle: eigene Darstellung in Anlehnung an Runia et al. 2019: 81).

SWOT	Stärken	Schwächen
Chancen	Stärken des Unternehmens verwenden, um Chancen im Umfeld wahrzunehmen.	An Chancen partizipieren, um Schwächen zu beseitigen oder zu mildern.
Risiken	Interne Stärken einsetzen, um externe Bedrohungen zu neutralisieren oder mildern.	Interne Schwächen abbauen, um Gefahren im Umfeld zu reduzieren.

Insgesamt ermöglicht die SWOT-Analyse eine deutliche Reduktion der Komplexität vorhandener Informationen und eine übersichtliche Darstellung derselben. Sie legt jedoch die Abhängigkeiten zwischen den untersuchten Einflussfaktoren nicht offen. Das kann zu Widersprüchen führen, die ggf. schwer aufzulösen sind.

Lebenszyklusanalyse

Das Konzept des Lebenszyklus stellt eine der gängigsten Erklärungen für die idealtypische Entwicklung von Produkten, Marken, Branchen oder Märkten dar. Als Tourist Area Cycle of Evolution hat Butler (1980) das Modell auch auf touristische Räume übertragen und damit für das Destinationsmanagement nutzbar gemacht. Es versucht auf der Basis zeitlicher Entwicklungsprozesse strategische Grundsatzentscheidungen zu fundieren und Schlussfolgerungen für den Einsatz von Marketinginstrumenten zu ziehen.

Das Konzept geht davon aus, dass Lebenszyklen von Produkten etc. genau wie natürliche Organismen nur eine begrenzte Lebensdauer besitzen und sich während dieser nach bestimmten Gesetzmäßigkeiten entwickeln. Dieser quasi-natürliche Ablauf ermöglicht es aus der Marketingperspektive, das eigene Analyseobjekt in den Lebenszyklus einzuordnen und daraus Schlussfolgerungen für die strategische Marktbearbeitung zu ziehen (vgl. Runia et al. 2019: 196 ff.).

So einfach und einleuchtend das Lebenszyklus-Konzept erscheint, so sehr steht es auch in der Kritik. Auch wenn es Anregungen gibt, sich über die eigene Produktpalette und Altersstruktur der angebotenen Leistungen Gedanken zu machen, darf der empirisch nachgewiesene Erklärungswert nicht überschätzt werden. Auch wenn Produkte etc. einen individuellen Lebenszyklus aufweisen, so ist zu bezweifeln, dass dieser einen idealtypischen Verlauf nimmt. Zur Fundierung strategischer Entscheidungen ist die Lebenszyklusanalyse somit nur sehr bedingt geeignet (vgl. Runia et al. 2019: 201).

Portfolioanalysen

Sie geben einen Überblick über die Marktsituation von Produkten, strategischen Geschäftseinheiten, Wettbewerb etc., um daraus Schlussfolgerungen für eine mögliche strategische Neuorientierung zu ziehen. Anhand bestimmter Erfolgsfaktoren werden hierbei z. B. Produkte auf einer zumeist zweidimensionalen Matrix dargestellt. Die Dimensionen des Portfolios beziehen sich dabei auf eine unternehmensinterne (beeinflussbare) Variable sowie eine externe (nur bedingt beeinflussbare) Variable. Damit erhält man einen Einblick in die aktuelle Marktsituation seiner Produkte und kann überprüfen, ob das gegenwärtige Produktportfolio ausgewogen ist.

Die meisten Portfolioanalysen basieren auf dem Marktanteils-Marktwachstums-Portfolio (vgl. Abb. 4.4). Je höher die beiden Variablen einzustufen sind, desto höher ist auch die anzunehmende Rentabilität der jeweiligen Produkte. Aus der Position der Produkte im Portfolio ergeben sich zu empfehlende „Normstrategien". Am bekanntesten sind hier die sog. Cash-Cows, Erfolgsprodukte, die bei hohem Marktanteil und geringem Marktwachstum dazu dienen, sichere Gewinne abzuschöpfen. Stars sind Produkte, die in wachsenden Märkten über eine gute Marktposition verfügen und in die deshalb investiert werden sollte. Die armen Hunde sind als Problemprodukte genau in der gegenteiligen Situation: geringes Marktwachstum, schwache Marktposition. Hier empfiehlt sich die Desinvestition, d. h. der Verkauf oder Marktaustritt. Die vierte Variante sind Nachwuchsprodukte, die als Fragezeichen eine Chance haben, in einem stark wachsenden Markt einen deutlich höheren Marktanteil zu erreichen, wenn eine offensive Markterschließungsstrategie eingeschlagen wird. Da die Erfolgschancen noch vage sind, könnten weitere Marktbeobachtungen aber auch zum Rückzug des Produktes führen (vgl. Hartmann 2018: 126 ff.).

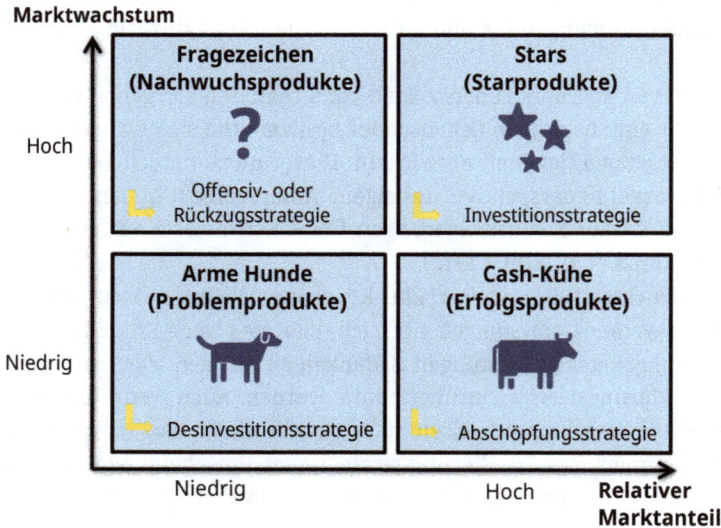

Abb. 4.4: Marktanteils-Marktwachstums-Portfolio (Quelle: eigene Darstellung).

Auch bei dieser strategischen Analysemethode sind die entsprechenden Vor- und Nachteile zu beachten. Als Vorteile gelten die leichte Anfertigung, der geringe Informationsbedarf und die gute Anschaulichkeit. Jedoch wird die Analyse auf nur zwei Faktoren beschränkt, was für weitreichende strategische Entscheidungen nicht ausreicht (vgl. Bruhn 2022: 56).

4.4 Strategisches Marketing

Die **Zielplanung** ist im Rahmen des strategischen Marketings als ein hierarchischer und mehrstufiger Entscheidungsprozess zu sehen. Dabei können übergeordnete Ziele, die das gesamte Unternehmen betreffen, von den Handlungszielen, die nur auf einzelne Funktionsbereiche bezogen sind, unterschieden werden. Dementsprechend werden die Unternehmensziele von den Marketingzielen unterschieden. Bezogen auf das

Konzept des integrierten Managements werden die Unternehmensziele auf der Ebene des normativen Managements definiert und die Marketingziele auf den Ebenen des strategischen und operativen Managements. Die Hierarchie von Zielebenen kann man sich als Pyramide vorstellen (vgl. Hartmann 2018: 135). Die Spitze der Pyramide bildet die Vision, als Business Mission und damit Grundrichtung des Unternehmens, die das gesamte Denken und Handeln lenken soll. Hier wird der eigentliche Unternehmenszweck definiert und die Fragen „Was ist der Gegenstand unseres Unternehmens?" und „Warum machen wir das überhaupt?" beantwortet.

Die **unternehmerische Vision** zeichnet ein konkretes Zukunftsbild, nahe genug, dass die Realisierung noch sichtbar ist, aber schon fern genug, um die Begeisterung der Organisatoren für eine neue Wirklichkeit zu erwecken. Auf Basis der Vision als Leitidee und der Definition des Unternehmenszwecks geht es bei der Festlegung von Unternehmensgrundsätzen um die generellen Ziele und Verhaltensnormen zur Sicherung der Lebens- und Entwicklungsfähigkeit der Unternehmen. Diese Ebene des normativen Managements wird auch als **Unternehmenspolitik** bezeichnet. Hier wird der allgemeine Kurs festgelegt, auf welchem sich das Unternehmen künftig entwickeln soll. Ziel ist, dass alle Unternehmensmitglieder am selben Strang in eine Richtung ziehen. Auch hier gilt als wesentliche Voraussetzung für den Erfolg: In den Augen der Stakeholder muss ein echter Nutzen erbracht werden. Dieser **Stakeholder-Ansatz** entspricht dem unternehmerischen Grundsatz einer pluralistisch gesellschaftsorientierten Zielausrichtung (sozial- und umweltverträglich) mit langfristiger Nutzenstiftung (regional- und lokalwirtschaftlicher Ansatz). Im Gegensatz dazu ist der Shareholder-Ansatz durch eine kurzfristig eindimensionale Ausrichtung auf die Interessen der Eigentümer:innen bzw. Anteilseigner:innen ausgerichtet (vgl. Hartmann 2018: 134 ff. und Runia et al. 2019: 87 ff.).

Der gesamte Prozess der Zielfindung wird sehr stark von der spezifischen **Unternehmenskultur** geprägt. Die Unternehmenskultur beinhaltet die Gesamtheit von Normen, Wertvorstellungen und Denkhaltungen, die das Verhalten der Mitarbeitenden aller Stufen und somit das Erscheinungsbild bzw. den Geist und die Persönlichkeit eines Unternehmens prägen (vgl. Doppler/Lauterburg 2019: 493). Sie ist als „weicher Faktor" im Rahmen des normativen Managements zu verstehen und hat eine äußerst hohe Bedeutung für die Unternehmensidentität und das Unternehmensimage.

Als Ergebnis eines komplexen und langwährenden sozialen Geschehens, lässt sich die Unternehmenskultur nur schwer fassen. Man kann diese „emotionalen Qualitäten" eines Unternehmens nur an bestimmten Ausdrucksformen erkennen (vgl. Doppler/Lauterburg 2019: 498 f.): Kommunikation (schriftlich und mündlich, Inhalte, Sprachstil, Tabuthemen), Verhalten (Führung, Entscheidungswege, Kooperation, geförderte Mitarbeitende), Strukturen (Gebäude, Anlagen, Raumgestaltung, Organisationsformen, Führungsinstrumente) und soziale Ereignisse (Veranstaltungen und Rituale abseits des Alltags, Formen von Zusammenkünften).

Demnach ist die Unternehmenskultur darauf ausgerichtet, das Mitarbeitendenpotenzial so gut wie möglich in Wert zu setzen. In einer Zeit höchster Wettbewerbsintensität hat jenes Unternehmen Vorteile, das begeisterte, motivierte Mitarbeitende einsetzen kann, die aus einer eigenen unternehmerischen Verantwortung heraus handeln. Gleichzeitig werden auch die Funktionen der Unternehmenskultur deutlich: Es geht um Identitätsstiftung (Erzeugen eines Wir-Gefühls), um Sinnvermittlung (Motivation nach innen, Legitimation nach außen), um Konsenssicherung (Basiskonsens über normative Grundfragen), um Orientierung für alle Stakeholder (klare Handlungsweisen) und nicht zuletzt um das Angebot von Lern- und Entwicklungsmöglichkeiten (Förderung des innovativen Potenzials) (vgl. Doppler/Lauterburg 2019: 67 ff.).

Der sichtbare Ausdruck der Unternehmenskultur ist die **Corporate Identity (CI)**. Über sie werden die Charaktereigenschaften des Unternehmens und damit alle unverwechselbaren Elemente des Denkens und Handelns, die das Selbstbild der Unternehmen prägen, nach außen kommuniziert. Die CI kann sich z. B. in der Architektur und Innengestaltung von Gebäuden (Theater, Restaurants etc.), im kommunikativen Auftritt (Corporate Design und Corporate Communications), in der Kleidung der Mitarbeitenden, in Ritualen, Symbolen oder spezifischen Strukturen (Corporate Behaviour) äußern. Das Ergebnis aus der Sicht der Stakeholder ist das Corporate Image. Es bezeichnet das Fremdbild des Unternehmens, d. h. seine Wahrnehmung in der Öffentlichkeit oder aus der Sicht anderer Anspruchsgruppen (vgl. Runia et al. 2019: 362 f.).

Basis für jede unternehmerische Tätigkeit sind die **Unternehmensziele**. Sie bilden damit in der Zielhierarchie als Oberziele den Übergang zu den konkreter werdenden Handlungszielen. Unternehmensziele „stellen Orientierungs- und Richtgrößen für unternehmerisches Handeln dar" und „sind zugleich Aussagen über anzustrebende Zustände, die mithilfe unternehmerischer Maßnahmen erreicht werden sollen" (Meffert et al. 2024: 264). In der Regel verfolgen Unternehmen eine Vielzahl von Zielen gleichzeitig, die zunächst in zwei Kategorien eingeteilt werden können: ökonomische und nicht ökonomische Ziele. Eine weitere Unterteilung von möglichen Unternehmenszielen umfasst folgende Basiskategorien (vgl. Meffert et al. 2024: 265):

- Ökonomisch orientiert: Finanzielle Ziele (z. B. Kreditwürdigkeit, Liquidität), Marktleistungsziele (z. B. Produkt- oder Servicequalität), Marktstellungsziele (z. B. Marktanteil, Marktgeltung), Rentabilitätsziele (z. B. Gewinn, Unternehmenswert), Macht- und Prestigeziele (z. B. Unabhängigkeit, Image, politischer und gesellschaftlicher Einfluss)
- Nicht ökonomisch orientiert: Soziale Ziele (z. B. Arbeitszufriedenheit, soziale Sicherheit, persönliche Entwicklung) oder Umweltschutzziele (z. B. Reduzierung von Emissionen und des Verbrauchs natürlicher Ressourcen).

Als finale Komponente des normativen Managements kann das **Unternehmensleitbild** bezeichnet werden. Es beinhaltet die unternehmenspolitischen Ziel- und Grundsatzentscheidungen in wenigen konzentrierten Aussagen. Gleichzeitig stellt es eine grundlegende Willensbekundung der Unternehmensleitung und damit eine allgemeine Führungsvorgabe für alle Mitarbeitenden dar. Das Leitbild klärt die Identität des Unternehmens (Wer sind wir?), seine Ziele (Was wollen wir?) sowie seine Werthaltungen (Wofür stehen wir?). Gleichzeitig werden mögliche Perspektiven der Entwicklung (Wie kommen wir dorthin?) aufgezeigt (vgl. Hartmann 2018: 141 ff.).

4.4.1 Marketingziele und -strategien

Die Marketingziele tragen zur Erfüllung der übergeordneten Unternehmensziele bei. Sie werden als Funktionsbereichsziele von parallel verlaufenden Zielvorgaben z. B. des Personal- oder Produktionsbereichs flankiert. „Marketingziele kennzeichnen die dem Marketingbereich gesetzten Imperative (Vorzugszustände), die durch den Einsatz der Marketinginstrumente erreicht werden" (Meffert et al. 2024: 272). Es erfolgt eine zunehmende Konkretisierung der Zielvorgaben von Oberzielen, über Bereichsziele bis zu Zwischen- und Unterzielen des Marketings. Für die spätere Erfolgskontrolle ist es von Bedeutung, die Ziele nachvollziehbar und messbar zu gestalten. Die Operationalisierung von Marketingzielen erfordert eine eindeutige inhaltliche Festlegung und eine klare Definition von Kriterien/Indikatoren der Operationalisierung, mit deren Hilfe ein Controlling erst möglich wird (vgl. Meffert et al. 2024: 272):

- Inhalt: angebotene Leistung definieren
- Ausmaß: Zielerreichungsgrad festlegen (Umfang in Quantität/Qualität)
- Zeitlicher Bezug: Zeitraum der Zielerreichung fixieren
- Marktsegmentbezug: Zielgruppe bestimmen

Im Anschluss an die Festlegung der Marketingziele erfolgt die Ableitung von Marketingstrategien. In Abgrenzung zu den Zielen haben die Strategien einen mittel- bis langfristigen Planungshorizont, d. h. auch Marketingstrategien im Freizeitbereich weisen eine Verbindlichkeit für mehrere Jahre auf. „Marketingstrategien sind bedingte, mehrere Planungsperioden umfassende, verbindliche Verhaltenspläne von Unternehmen für ausgewählte Planungsobjekte (z. B. Produkte, strategische Geschäftseinheiten oder Unternehmen als Ganzes). Sie beinhalten Entscheidungen zur Marktwahl und -bearbeitung und legen den Weg fest, wie strategische Marketingziele eines Unternehmens zu erreichen sind" (Bruhn 2022: 38).

Grundsätzlich kann eine einfache Unterscheidung nach Marktwahlstrategien und Marktbearbeitungsstrategien vorgenommen werden (vgl. Bruhn 2022: 40):

- **Marktwahlstrategien** entscheiden darüber, auf welchen Märkten das Unternehmen präsent sein will (Marktfeld, Marktareal). Dazu gehören die Definition von strategischen Geschäftsfeldern – als erstem Schritt der strategischen Unternehmensplanung – und die Bildung entsprechender strategischer Geschäftseinheiten (SGE). In den SGE erfolgt eine weitere Differenzierung nach Abnehmendengruppen. Der relevante Markt wird im Rahmen der Segmentierung in feinere Teileinheiten zerlegt.
- **Marktbearbeitungsstrategien** werden ebenfalls auf der Ebene der SGE festgelegt, nachdem die Marktwahl erfolgt ist. Hier geht es um die Definition des Ver-

haltens gegenüber anderen Marktteilnehmenden bzw. Stakeholdern (Nachfrage, Absatzmittlung, Konkurrenz etc.) sowie das Setzen von Schwerpunkten beim Einsatz der Marketinginstrumente.

Strategische Geschäftsfelder und -einheiten

„Die Bildung strategischer Geschäftsfelder bedeutet ein Aufbrechen des Gesamtmarktes in intern homogene Segmente, die sich [...] deutlich voneinander unterscheiden" (Meffert et al. 2024: 282). Sie stellen inhaltliche Betätigungsfelder dar. Das ist vor allem für größere Unternehmen oder solche, die eine große Produktvielfalt auf unterschiedlichen Märkten anbieten, von Bedeutung.

„Strategische Geschäftseinheiten (SGE) sind operativ unabhängige Planungseinheiten eines Unternehmens, die voneinander abgegrenzte heterogene Tätigkeitsfelder repräsentieren und eigenständige (Markt-)Aufgaben zu erfüllen haben" (Bruhn 2022: 57). Sie stellen organisatorische Einheiten dar, die u. a. durch eigene Management- und Personalstrukturen gekennzeichnet sind.

4.4.2 Strategien der Marktwahl und Segmentierung

Eine differenzierte Marktbearbeitung erfordert die weitere Zerlegung des relevanten Marktes in noch feinere Einheiten, im Sinne einer Mikroabgrenzung. In der Regel sind die dabei entstehenden Marktsegmente deckungsgleich mit den o. g. strategischen Geschäftsfeldern. Ein **Marktsegment** bezeichnet eine Gruppe von Abnehmer:innen mit gleichen und/oder ähnlichen Bedürfnissen und damit auch ähnlichen Reaktionen auf den Einsatz von spezifischen Marketinginstrumenten (vgl. Bieger 2010: 126).

Die Notwendigkeit einer **Marktsegmentierung** ergibt sich aus der Vielschichtigkeit der Bedürfnisse potenzieller Kund:innen im Freizeitbereich. Aus der Perspektive der Nachfrage werden Anbietende gewählt, die für die eigenen Bedürfnisse die optimalen Angebote bereithalten. Entsprechend kann ein Unternehmen seine Absatzchancen bei der entsprechenden Zielgruppe durch die Anpassung an individuelle Bedürfnisse verbessern. Dem Unternehmen entstehen bei der Ausrichtung auf individuelle Kund:innen jedoch auch Differenzierungskosten. Es wird also versuchen, sein Angebot nur so weit wie notwendig zu differenzieren, um sich einen Konkurrenzvorteil zu verschaffen, denn jede weitere Segmentierung erzeugt einen höheren Kostenaufwand, der nicht mehr durch entsprechende Mehreinnahmen gedeckt ist (vgl. Bieger 2010: 125 f.).

Der **optimale Segmentierungsgrad**, d. h. die Größe der optimalen Segmente, hängt von den Segmentierungskosten (für spezielle Produktvarianten, die entsprechende Marktbearbeitung etc.) sowie dem Segmentierungsnutzen (Zahlungsbereitschaft der Kund:innen für spezifische Produkte) ab (vgl. Abb. 4.5).

Je nach Branche und Charakter des Angebots wird die Segmentierung sehr intensiv oder eher verhalten vorangetrieben. Generell ermöglichen es die Prozess- und Informa-

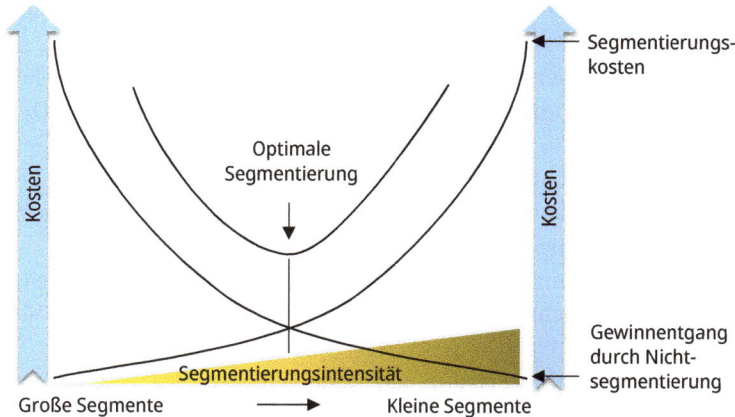

Abb. 4.5: Modell zur optimalen Segmentierung (Quelle: eigene Darstellung in Anlehnung an Bieger 2010: 126).

tiktechnologien heute, günstigere Produktanpassungen und -variationen zu erstellen. Das führt zu immer kleineren und individualisierten Marktsegmenten und für Anbietende bedeutet es ein Ansteigen der optimalen Segmentierungsintensität (vgl. Bieger 2010: 125 f.).

Analog zur Abgrenzung des relevanten Marktes, die in einem vergleichsweise groben Raster erfolgt, gibt es eine Reihe von möglichen Kriterien und damit verbundene Verfahren der Marktsegmentierung (vgl. Runia et al. 2019: 112 ff.):

– Geografische Segmentierung (von der Makroebene, Staaten oder Bundesländer, bis zur Mikroebene, als Stadtteile),
– Demografische Segmentierung (nach Alter, Geschlecht, sozioökonomischen Kriterien, Nationalität oder Religion),
– Psychografische Segmentierung (nach Einstellungen, Werten, Lifestyle, z. B. nach den Sinus-Milieus),
– Verhaltensbezogene Segmentierung (nach Reiseanlässen, Nutzen, Preisverhalten oder Markenwahl).

Marktabdeckungsstrategien
Im Rahmen der Segmentierung, wird auch die Frage beantwortet, wie differenziert bei der weiteren Marktbearbeitung vorgegangen werden soll: Welche Teilmärkte bleiben im „Suchraster" und werden bearbeitet und auf welche verzichtet man. Grundsätzlich stehen einem Unternehmen zwei Optionen zur Verfügung: Gesamtmarktabdeckung oder Spezialisierung auf ausgewählte Geschäftsfelder. In einer weiter differenzierten Betrachtung stehen fünf Grundformen von Marktbearbeitungsstrategien zur Verfügung, um den Grad der Marktabdeckung festzulegen (vgl. Bruhn 2022: 62 f. und Abb. 4.6):

– Nischenspezialisierung: Konzentration auf ein bestimmtes, kleines Marktsegment (z. B. das JUMP House für Kinder oder OASE Reisen für Abenteurer).
– Produktspezialisierung: Schwerpunktsetzung auf einen Leistungsbereich; die Produkte werden sämtlichen Gruppen der potenziellen Kundschaft angeboten (z. B. AIDA Cruises).
– Marktspezialisierung: Auswahl eines Marktsegmentes, das mit vielfältigen Produkten abgedeckt wird; Voraussetzung ist die genaue Kenntnis der Bedürfnisse eines Zielmarktes (z. B. RUF Jugendreisen, Studiosus Studienreisen).
– Selektive Spezialisierung: Konzentration auf mehrere kleine Marktsegmente/Nischen (die DLRG bietet Aufsichtsdienste, aber auch Seniorenschwimmkurse oder Kinderfreizeiten).
– Gesamtmarktabdeckung: Marktbearbeitung mit einer Vielzahl von Produkten für sämtliche Marktsegmente (Vollsortimenter wie der Disney-Konzern).

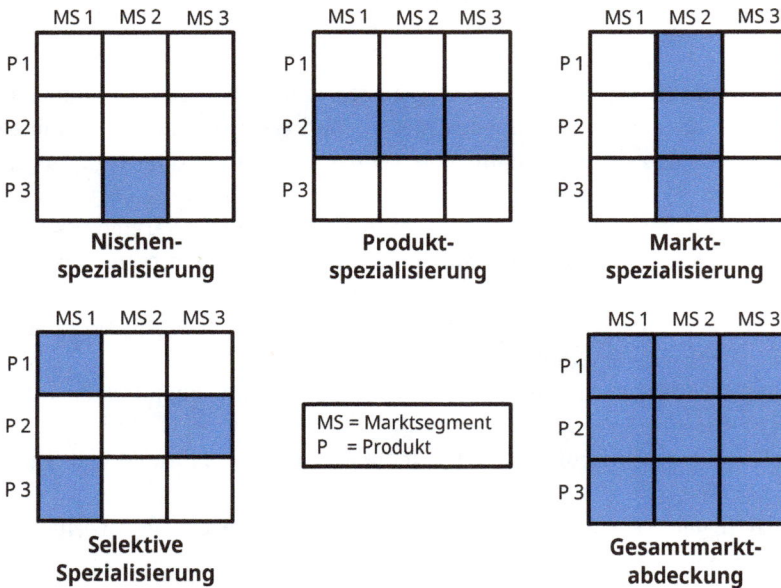

Abb. 4.6: Marktabdeckungsstrategien (Quelle: Hartmann 2018: 155).

Marktfeldstrategien

Nachdem der Grad der Marktabdeckung durch die Auswahl der zu bearbeitenden Geschäftsfelder bzw. Marktsegmente festgelegt wurde, ist nun die grobe Entwicklungsrichtung der einzelnen SGE – im Sinne der Marktfeldstrategie – zu bestimmen. Die **Produkt-Markt-Matrix** nach Ansoff stellt dafür eine Strukturierungshilfe dar. Als Optionen stehen die Marktdurchdringung, die Markterschließung, die Sortimentserweiterung oder die Diversifikation zur Verfügung. Sie unterscheiden sich danach, ob ein vorhandenes oder neues Produkt auf einem bestehenden oder neuen Markt angeboten wird (vgl. Tab. 4.3).

Tab. 4.3: Produkt-Markt-Matrix (Quelle: Hartmann 2018: 56).

	Markt vorhanden	**Neuer Markt**
Produkt vorhanden	Marktdurchdringung	Markterschließung
Neues Produkt	Sortimentserweiterung	Diversifikation

In der Praxis werden die vier Grundstrategien nach Ansoff gemeinsam oder nacheinander umgesetzt. Ausgegangen wird dabei zumeist aus Gründen der Rentabilität von der Marktdurchdringung, da der vorhandene Markt zunächst mit bekannten Produkten ausgeschöpft wird. Wenn der Markt erschöpft oder stark gesättigt ist, bietet sich als Erstes an, für die vorhandenen Produkte neue Märkte zu erschließen (neue Zielgruppen bewerben, auf neue geografische Märkte ausweichen). Das würde der sog. **Z-Strategie** entsprechen (vgl. Becker 2019: 177). Sie legt zugrunde, dass erst die Märkte ausgeschöpft werden und dann im nächsten Schritt eine Produktinnovation bzw. Sortimentserweiterung erfolgt. Erst im letzten Schritt würde dann eine meist mit höheren Investitionen verbundene Diversifikation erfolgen, d. h. neue Produkte auf neuen Märkten anzubieten.

Grundsätzlich ist ein Unternehmen gefordert, sich über die beabsichtigte Größenordnung seiner Aktivitäten Gedanken zu machen. Entsprechende **wachstumsbezogene Strategien** nehmen Bezug auf das Geschäftsvolumen bzw. die Größe von Unternehmen (vgl. Hartmann 2018: 159):

- Wachstumsstrategien (z. B. bei Produktneueinführungen oder der Ausweitung der Angebotspalette)
- Konsolidierungsstrategien (beim Schließen von Ertragslücken durch mehr Effizienz; können in Maßnahmen zur Kostenreduktion münden
- Schrumpfungsstrategien (Abstoßen defizitärer Angebote, z. B. Schließen unrentabler Betriebe/Bereiche)
- Haltestrategien (keine wesentlichen Veränderungen in Bezug auf die Unternehmensgröße vorzunehmen)

4.4.3 Strategien der Marktbearbeitung

Hier können zwei Typen unterschieden werden: **Marktteilnehmendenstrategien**, die sich auf die Nachfrage, die Absatzmittlung, die Konkurrenz und die Anspruchsgruppen beziehen, sowie **Instrumentalstrategien**, die Schwerpunkte für den Einsatz der Marketinginstrumente festlegen. Der zweite Typ wird im folgenden Kapitel zum operativen Marketing näher betrachtet.

Neben dem klassischen Preiswettbewerb hat der Qualitätswettbewerb für die Kaufentscheidung der Konsument:innen eine immer größere Bedeutung erlangt. Das ist vor allem auf die deutlichen Sättigungserscheinungen auf dem Absatzmarkt zurückzuführen. Daraus ergeben sich für das Marketing bzw. die mögliche **Positionierung** zwei grundsätzliche Alternative (vgl. Meffert et al. 2024: 315 f.):

– Die Präferenzstrategie zielt darauf ab, durch den Einsatz von nicht preislichen Parametern (z. B. Qualität, Image, Marke) mehrdimensionale Präferenzen bei der Nachfrage aufzubauen, um damit überdurchschnittliche Preise zu erzielen. Das eigene Produkt erhält aus der Sicht der Nachfrage eine Vorzugsstellung gegenüber Mitbewerber:innen. Starke Freizeitmarken wie z. B. Madame Tussauds oder Disney sind hier gute Beispiele.

– Die Preis-Mengen-Strategie zielt dagegen eindimensional auf preisliche Präferenzen bei der Nachfrage ab (z. B. Ryanair). Sie spielt bei Freizeitangeboten eine untergeordnete Rolle.

Die **abnehmergerichteten Strategien** beziehen sich auf die Realisierung von Wettbewerbsvorteilen in der Wahrnehmung der Kund:innen. Jedes Unternehmen muss eine Kernkompetenz aufweisen und damit einen deutlich sichtbaren Vorteil gegenüber dem Wettbewerb erzielen. Nach Porter (2014: 33 ff.) beruhen diese entweder auf einem Qualitätsvorteil (Strategie der Qualitätsführerschaft) oder einem Kostenvorteil (Strategie der Kostenführerschaft). Des Weiteren kann die Strategie danach differenziert werden, ob sich Anbietende auf dem Gesamtmarkt oder nur auf einem Teilmarkt bewegen. Bei Teilmärkten spricht man von selektiver Qualitäts- oder Kostenführerschaft.

Bei den **konkurrenzgerichteten Strategien** geht es darum, sich in der Realisierung des Nutzens für die Kundschaft sichtbar vom Wettbewerb abzugrenzen. Auf der Basis einer gründlichen Konkurrenzanalyse kann das künftige Verhalten des Unternehmens gegenüber dem Wettbewerb und damit die Stellung im Wettbewerbsumfeld festgelegt werden. Grundsätzlich lassen sich zwei Richtungen für konkurrenzgerichtete Strategien unterscheiden: friedliche oder kooperative sowie konfliktäre oder aggressive. Meffert et al. (2024: 325 ff.) gliedern vier konkurrenzgerichtete Strategien aus, die ein aktives Verhalten des Unternehmens voraussetzen:

– Konfliktstrategien, z. B. bei starker Marktstellung und starker Konkurrenz (Preiskrieg u. a.)

– Ausweichstrategien, z. B. durch das Angebot besonders innovativer, schwer zu imitierender Leistungen (Absicherung durch Markteintrittsbarrieren)

– Anpassungsstrategien, d. h. Abstimmung des eigenen Verhaltens auf die Aktionen des Wettbewerbs, unter Beobachtung und Beibehaltung der eigenen Marktposition

– Kooperationsstrategien, z. B. bei fehlenden Ressourcen oder undeutlichen Wettbewerbsvorteilen (Lösungen sind z. B. Lizenzverträge oder Joint Ventures)

4.4.4 Strategien der Markenführung

Ein wichtiger Bestandteil des strategischen Marketings ist es, eine starke Marke zu entwickeln. Denn die Marke bietet der Nachfrage eine Zusatzleistung (Added Value) zur eigentlichen Grundleistung eines Produkts. Im Rahmen der Marktbearbeitung kann die Markierung des Unternehmens und/oder seiner Produkte als Differenzierungs- und Positionierungsstrategie bezeichnet werden. „Eine Marke ist ein Objekt (Produkt, Dienstleistung, Institution etc.) mit zusätzlich hinzugefügten Eigenschaften (z. B. spezielle Kommunikation, Services, Innovationen), die dafür sorgen, dass sich dieses Objekt aus Sicht relevanter Nachfragender gegenüber anderen Objekten, welche dieselben Basisbedürfnisse erfüllen, differenziert und gleichzeitig über einen längeren Zeitraum im Markt in einer im Kern gleich bleibenden Art und Weise erfolgreich angeboten wird" (Burmann/Nitschke 2004: 72).

In vielen Bereichen des gewerblichen Marketings ist die Marke inzwischen unabhängig vom Produkt zu sehen, sie ist die **Idee der Kund:innen vom Produkt**. Marken übernehmen eine wichtige Identifikations- und Differenzierungsfunktion, damit die Nachfrage sich leichter zwischen mehreren Angeboten entscheiden kann. Das Differenzierungsmerkmal einer Marke muss für Kund:innen wichtig, sichtbar und/oder fühlbar sein, es muss Emotionen auslösen. Als wichtiger Ausgangspunkt zur Entwicklung und Führung einer Marke gilt die Identität (vgl. Esch 2018: 77 ff.).

Der Ansatz des **identitätsbasierten Markenmanagements** geht davon aus, dass das Leben echter Marken bei den Mitarbeitenden beginnt. Nur was von ihnen – im Sinne einer Gruppenidentität – mit Überzeugung gelebt wird, kann auch überzeugend nach außen kommuniziert werden. Infolgedessen resultiert die Stärke einer Marke aus der vertrauensvollen und stabilen Beziehung zu ihren Kund:innen. Die Voraussetzung dafür ist eine klare und verlässliche Vorstellung (Image) über die Persönlichkeit des Produktes, der Dienstleistung oder der Institution, d. h. seiner Identität (vgl. Burmann et al. 2015: 35 ff.).

Im Zuge der Marketingkonzeption muss ein Unternehmen daran arbeiten, ein Profil und damit verbunden eine einmalige Werbeaussage (USP) bzw. ein unverwechselbares Alleinstellungsmerkmal zu definieren. Gelingt die Profilierung und Positionierung, dann ist das Branding, die „Markierung", der nächste Schritt der Markenbildung. Es soll dem Unternehmen und seinem Angebot ein einzigartiges, nachfragerelevantes Image verleihen. Das Branding umfasst alle konkreten Maßnahmen zum Aufbau einer Marke, die dazu geeignet sind, das Angebot eines Unternehmens aus der Masse gleichartiger Angebote herauszuheben, und die eindeutige Zuordnung zu einer bestimmten Marke zu ermöglichen. Das ist vor allem die Entwicklung von Markenzeichen (Slogans und Logos) und die Namensgebung als operative Marketingtools zur Umsetzung der Markenkommunikation im Rahmen einer Corporate Identity bzw. eines Corporate Design (vgl. Esch 2018: 307 ff.).

Für größere Unternehmen, die über mehrere Geschäftsfelder oder Unternehmenszweige verfügen, stellt sich die Frage nach der **strategischen Ausrichtung** verschiedener Marken. Hier können grundsätzlich sechs Basisstrategien unterschieden werden, die in großen Konzernen durchaus auch in Kombination auftreten (vgl. Runia et al. 2019: 215 ff.):

- Einzelmarkenstrategie: jedes Produkt wird unter einer eigenen Marke angeboten (z. B. Universum® Bremen und Klimahaus® Bremerhaven 8° Ost).
- Familienmarkenstrategie: mehrere verwandte Produkte werden unter einer Marke angeboten (ohne Bezugnahme auf den Unternehmensnamen), z. B. SEA LIFE Speyer, München, Oberhausen etc.
- Mehrmarkenstrategie: Produkte im gleichen Segment erhalten einen eigenen Markennamen; verschiedene Marken dienen zur Marktsegmentierung bzw. differenzierten Marktbearbeitung, z. B. Merlin Entertainments Group mit SEA LIFE, Madame Tussauds, Legoland etc.
- Dachmarkenstrategie: verbinden von Einzel- oder Untermarken mit übergreifender Markenbezeichnung; die Dachmarke fasst alle Leistungsangebote eines Unternehmens unter einem Namen zusammen (z. B. Disney); diese Strategie ist auch für Tourismus-Destinationen relevant (z. B. Lüneburger Heide).
- Markentransferstrategie: positive Imagekomponenten einer Hauptmarke werden auf ein Transferprodukt übertragen (z. B. Lego-Bausteine auf Freizeitpark Legoland).
- Co-Branding: Markenallianz, bei der eine Leistung durch zwei oder mehr Marken markiert wird (z. B. Volvo Cars und Legoland).

4.4.5 Strategiebewertung und -profil

Als abschließenden Schritt der Phase des strategischen Marketings sind alle strategischen Optionen noch einmal im Vergleich zu überprüfen und ihr Stellenwert für eine konkrete Entscheidung zu ermitteln. Eine Möglichkeit der vergleichenden Darstellung von Strategieoptionen in drei Dimensionen stellt der **strategische Würfel** dar. Er wird den Anforderungen eines sich dynamisch verändernden Marktes gerecht, indem er folgende Dimension berücksichtigt: den Schwerpunkt des Wettbewerbs, den Ort des Wettbewerbs (vgl. den Ansatz von Porter) und zudem die Frage, inwieweit eine Innovation vorliegt (vgl. den Ansatz von Ansoff). Diese strategischen Grundüberlegungen werden im strategischen Würfel integriert und erlauben eine grundsätzliche Markteinordnung und damit Positionierung des Unternehmens oder seiner Produkte (vgl. Schreyögg/Koch 2020: 215).

4.5 Operatives Marketing

In dieser Phase sind die einzelnen Marketinginstrumente festzulegen und in ihrer Intensität sowie ihrem gegenseitigen Wirkungsgefüge aufeinander abzustimmen. Im Rahmen des Marketing-Mix können die verschiedenen Marketinginstrumente den Bereichen Produkt-, Preis-, Vertriebs- und Kommunikationspolitik zugeordnet werden. Diese Systematisierung hat sich in Wissenschaft und Praxis auch als die „4 P's" durchgesetzt: Product = Produkt, Price = Preis, Place = Vertrieb, Promotion = Kommunikation.

Da die Immaterialität von Dienstleistungen eine andere Herangehensweise an das Marketing erfordert als dies für Konsumgüter der Fall ist, soll hier eine weitere Differenzierung des Marketing-Mix vorgenommen werden. Daher können die Instrumente aus den „4 P's" des Marketing um drei Kategorien ergänzt werden, zum 7 P-Ansatz des Dienstleistungsmarketings. Die drei zusätzlichen P's sind: People (Personal), Process (Prozess) und Physical Facilities (Ausstattung) (vgl. Meffert et al. 2024: 22).

Der Aspekt Personal fokussiert die besondere Rolle der Mitarbeitenden bei der Erstellung von Dienstleistungen. Durch die Immaterialität und das Zusammenfallen von Erstellung und Konsum der Leistung steht das Personal in allen Phasen der Dienstleistung im Mittelpunkt. Das Kaufrisiko ist deutlich höher als bei Sachleistungen. Deshalb kommt der Potenzialphase eine besondere Bedeutung zu. Hier bedarf es besonderer vertrauensbildender Maßnahmen von Seiten des Personals.

Der Prozess-Aspekt befasst sich mit dem Erstellungsprozess der Dienstleistung. Es muss versucht werden, diesen stets zu optimieren und attraktiv für die Kundschaft zu gestalten. Hierbei besteht ein sehr enger Bezug zum Phasenmodell von Dienstleistungen, das die Potenzial- von der Prozess- und der Ergebnisphase trennt. Für jede der Phasen bestehen ganz spezifische Anforderungen an das Marketing.

Die Physical Facilities betreffen die Ausstattung bzw. die physisch erfassbaren Leistungspotenziale Anbietender. Diese spielen ebenfalls in der Potenzialphase eine besondere Rolle, wenn es um die Minimierung des wahrgenommenen Kaufrisikos seitens der Nachfragenden geht. Wichtige Aspekte sind z. B. die Architektur und Attraktivität von Gebäuden, das Ambiente in Geschäftsräumen (Akustik, Optik, Geruch, Stil etc.), die verwendeten Arbeitsmittel (in gutem Zustand und technisch aktuell) und – nicht zuletzt – das Aussehen der Mitarbeitenden (Kleidung, Körperpflege etc.) (vgl. Freyer 2011: 425 f.).

Die Planung des Marketing-Mix stellt sich als eine immer neue Herausforderung dar. Je nach Aufgabenstellung, Produkten, Unternehmen oder relevantem Markt ist eine jeweils neue Betrachtungsweise und damit auch eine neue Kombination der Marketinginstrumente erforderlich.

4.5.1 Produktpolitik

Die Produktpolitik umfasst die Entwicklung bzw. Gestaltung der Produkte oder Dienstleistungen, die von einem Unternehmen auf dem Markt angeboten werden sollen. In der Regel handelt es sich dabei um eine Vielzahl von Leistungen, also einen spezifischen Produkt-Mix. Dem Nachfragenden ist zu vermitteln, dass die angebotenen Produkte einen besonderen Nutzen für ihn stiften, entweder als Grundnutzen (z. B. besondere Funktionalität) oder als Zusatznutzen (z. B. Prestigewert). Diese spiegeln sich im Produkt entweder als Kern- oder als Zusatzleistung wider.

Als Entscheidungsbereiche der Produktpolitik gelten die Festlegung der Qualität sowie der Quantität. Dazu gehören die Gestaltung des Leistungsprogramms und das Produktmanagement. Zum entsprechenden Leistungsprogramm zählen physische Kaufobjekte (enger Produktbegriff) und Dienstleistungen, die auch in einem direkten Zusammenhang mit dem Kaufobjekt stehen können (erweiterter Produktbegriff). Im Freizeitbereich ist fast ausschließlich von einem erweiterten Produktbegriff auszugehen, der immaterielle Dienstleistungen und ggf. auch Anteile von materiellen Sachleistungen beinhaltet (vgl. Hartmann 2018: 183 f.).

Festlegung des Leistungsprogramms

Die Entscheidungsbereiche in Bezug auf die Festlegung des Leistungsprogramms erstrecken sich generell auf drei Aspekte (vgl. Bruhn 2022: 118 ff.):

[1] Die Definition der Einzigartigkeit des Produkts beantwortet die Frage, welches der einzigartige Nutzen für die Kundschaft bzw. das Alleinstellungsmerkmal sein soll. Dazu gehört die Entwicklung eines einzigartigen Verkaufsarguments, der Unique Selling Proposition (USP).

[2] Die Gestaltung des Produktes ist der nächste Entscheidungsbereich. Hierbei soll der spezifische Nutzen für die Nachfrage sichergestellt werden. Es geht vor allem um die Produktbeschaffenheit, -qualität und Markenbezeichnung. Dieser Aspekt kann direkt aus den Strategien der Marktbearbeitung abgeleitet werden. Eine klare Positionierung und ein angemessenes Preis-Leistungsverhältnis sind dabei entscheidend. Aufgrund der fehlenden Verpackungsmöglichkeiten und der Intangibilität der Leistungen im Freizeitbereich sind an dieser Stelle die drei zusätzlichen P's von großer Bedeutung.

[3] Das Festlegen von Serviceleistungen, die als zusätzliche Leistungsmerkmale dienen und den Nutzen für die Nachfrage steigern, ist der dritte Entscheidungsbereich. Zusätzliche Leistungsmerkmale zur Steigerung des Nutzens unterliegen einem schnelleren Wandlungsprozess (vgl. Kern- und Zusatzleistungen weiter unten).

Produktmanagement

Zu den Aufgaben des Produktmanagements zählen auf drei unterschiedlichen Ebenen die folgenden Entscheidungsbereiche (vgl. Bruhn 2022: 120 f.):

– Programmentscheidungen (höchste Ebene) über Veränderungen aller Produktlinien und einzelnen Produkte. Hier wird entschieden, wie und anhand welcher Kriterien die Programmstruktur ausgerichtet werden soll und welche Beziehungen zwischen den einzelnen Verbundpartner:innen herrschen. Dabei geht es um die grundsätzliche Ausrichtung des Programms sowie die Programmbreite (Anzahl der Produktlinien) und die Programmtiefe (Zahl der Produkte innerhalb einer Produktlinie).

- Produktlinienentscheidungen (mittlere Ebene) beziehen sich auf Veränderungen innerhalb einer Produktlinie. Die Entscheidungen auf dieser Ebene werden auch als Sortimentspolitik bezeichnet. „Die Sortimentspolitik umfasst sämtliche Entscheidungen, die mit der Erstellung und Umstrukturierung (Erweiterung oder Eliminierung) von Leistungsangeboten in einem Gesamtsystem verbunden sind" (Bruhn 2022: 150). Im Rahmen der Sortimentserweiterung gibt es grundsätzlich die beiden Möglichkeiten der Ausdehnung innerhalb einer Produktlinie (Differenzierung) oder der Einführung neuer Produktlinien (Diversifikation). Die Sortimentsbereinigung bezieht sich auf verschiedene Entscheidungsoptionen, die mit der Eliminierung von Produkten oder Produktlinien bzw. deren Modifikation zusammenhängen (vgl. Bruhn 2022: 150 ff.).
- Produktentscheidungen beinhalten Festlegungen für das einzelne Produkt. Das Produktprogramm weiterzuentwickeln und zu verändern ist die grundständige, tägliche Aufgabe des Produktmanagements. Das können Produktinnovationen sein, die für den Markt oder das Unternehmen völlig neuartig sind, Produktverbesserungen oder Differenzierungen eines Produktes, als zusätzliche Variante für ein spezielles Marktsegment (vgl. Bruhn 2022: 121).

Produktmanager:innen im Bereich der Tourismus- und der Freizeitangebote stehen permanent vor der Aufgabe, solche Produktentscheidungen zu treffen und nehmen dabei Bezug auf die zuvor erarbeitete Marketingstrategie. Die Marktwahlstrategien und die strategischen Analysen geben ihnen Auskunft darüber, welches der geeignete Zeitpunkt, das richtige Marktfeld und Marktareal und die geeignete Stoßrichtung für z. B. die Einführung eines neu entwickelten Produktes ist.

Kern- und Zusatzleistungen

Ganz wesentlich für die Zufriedenheit der Nachfragenden ist die Bereitstellung der Leistung zum richtigen Zeitpunkt, im vereinbarten Umfang, in der zugesicherten Qualität (Funktionalität der Geräte, Ambiente der Einrichtung, freundliches Personal etc.). Dabei ist die Performance besonders wichtig, denn zunehmend erwarten die Kund:innen neben der reinen Kernleistung entsprechende Zusatzleistungen (Value added-Services). Kernleistungen stellen im Sinne der Wettbewerbsorientierung das „Leistungsübliche" in der jeweiligen Branche dar. Aus der Sicht Anbietender kann es auch als Grundversion bezeichnet werden. Zusatzleistungen dienen im Rahmen der Produktpolitik der Differenzierung und sind Ansatzpunkte für Wettbewerbsvorteile (vgl. Freyer 2011: 452 ff.).

Zu beachten ist allerdings, dass sich das Leistungsübliche auf dem Markt in ständiger Veränderung befindet: Was vor Kurzem noch zu den Zusatzleistungen zählte, wird im Zeitverlauf schrittweise zu einem Element des Kernprodukts. Das führt in der Produktpolitik zur Unterscheidung von drei Vermarktungsebenen (vgl. Abb. 4.7):

– Die Ebene des funktionalen Marketings, auf der die Basisleistung oder das „Leistungsübliche" vermarktet wird (Gewichtung in der Praxis nimmt tendenziell ab).

– Die Ebene des Wahrnehmungsmarketings, die das „Leistungsäußere" (Performance, Design), d. h. kognitive Faktoren, die erkennbar und sinnlich wahrnehmbar sind, vermarktet (zunehmende Gewichtung).

– Die Ebene des Vorstellungsmarketings, bei der affektive Faktoren und Emotionen (Erlebniswerte, Wünsche, Träume) eingesetzt werden (stark zunehmende Gewichtung).

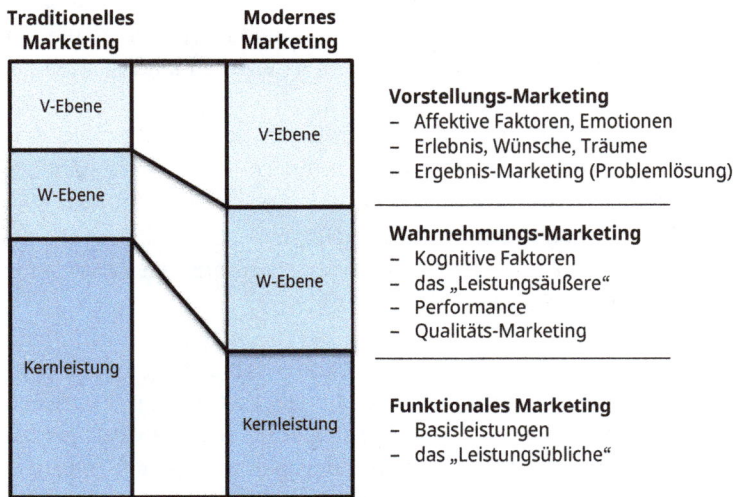

Abb. 4.7: Kern- und Zusatzleistungen (Quelle: Hartmann 2018: 191).

4.5.2 Preispolitik

Im Rahmen der Preispolitik erfolgt die Festlegung und Gestaltung von Verkaufspreisen. Hier sind es vor allem die Marktteilnehmendenstrategien, die in operative Programme umgesetzt werden müssen. Je nach Ausrichtung der Ziel- und Strategieebene dient die Preispolitik entweder internen Zielen, wie z. B. der Kostenoptimierung, oder externen Zielen, wie z. B. der Preis- oder Qualitätsführerschaft. Basis für alle preispolitischen Entscheidungen ist immer die Betrachtung der internen Unternehmenssituation und der externen Marktsituation sowie der daraus resultierenden Bestimmung des Zielmarktes und strategischen Positionierung des jeweiligen Produktes.

Die strategische Preispolitik verfolgt das Ziel der Positionierung eines Angebots im Preis-/Qualitätsraum auf einem entsprechenden Markt. Sie ist ein wichtiges Element der konkurrenzorientierten Strategie. Die Aufgaben der taktischen Preispolitik umfassen dagegen die Beeinflussung der kurzfristigen Auslastung, des kurzfristigen Buchungsverhaltens oder des Cash-Flows (vgl. Freyer 2011: 478 ff.).

Preisfestlegung

Im Zuge der Preisfestlegung können drei Einflussfaktoren unterschieden werden, die idealerweise simultan in preispolitische Entscheidungen einbezogen werden (vgl. Runia et al. 2019: 240 ff.):

[1] Die kostenorientierte Preisfestlegung, die mittels Kostenrechnung erfolgt und sich aus fixen und variablen Kosten zusammensetzt, bildet zumeist die Basis für die Preisbestimmung. Fixe Kosten sind unabhängig von der Leistungsmenge und fallen regelmäßig an (zeitabhängige Kosten), variable Kosten sind abhängig von der betrachteten Bezugsgröße (mengenabhängige Kosten).

[2] Die nachfrageorientierte Preisfestlegung geht von den Preisvorstellungen der Verbraucher:innen aus bzw. bezieht diese in die Überlegungen mit ein. Dabei ist zu beachten, dass jede Preisvariation gleichzeitig zu einem anderen Nachfrageniveau führt. Je nachdem wie elastisch die Nachfrage ist, können Anbietende auch höhere Preise generieren. Freizeitangebote zeichnen sich eher durch eine geringe Elastizität aus, da die Preissensibilität der Nachfrage hier relativ hoch ist. Es sei denn, es handelt sich um ein Angebot mit sehr hohem Prestigewert, das ggf. (für Einzelne) zeitlich nur begrenzt wahrnehmbar ist (z. B. Besuch des Empire State Buildings während einer New York-Reise). Entscheidend für die nachfrageorientierte Preisfestlegung ist der Wert, den die Kund:innen der jeweiligen Leistung beimessen.

[3] Die konkurrenzorientierte Preisfestlegung kann grundsätzlich in drei Ausrichtungen erfolgen, die abhängig vom Marktgeschehen und den darauf aufbauenden konkurrenzgerichteten Strategien sind:
   – Aggressive Preispolitik zielt auf einen scharfen Preiswettbewerb ab, bei dem die Konkurrenz durch niedrige Preise unterboten wird, um ihm Marktanteile abzunehmen (Konfliktstrategie).
   – Initiative Preispolitik zielt auf die Preisführerschaft ab und darauf, die Konkurrenz und den Wettbewerb auf ein bestimmtes Preisniveau zu zwingen (Konfliktstrategie).
   – Adaptive Preispolitik bedeutet den Verzicht auf eine aktive Preisfestlegung auf einem friedlichen Markt (Anpassungsstrategie).

Als Preisobergrenze ist der Preis zu sehen, den die Nachfragenden bereit sind für eine Leistung maximal zu zahlen. Die Preisuntergrenze markieren die Kosten der Leistungserstellung. In Ausnahmefällen können sowohl Ober- als auch Untergrenze aus strategischen Überlegungen verschoben werden, z. B. bei einer extrem guten Nachfragesituation (Mangelwirtschaft) nach oben oder bei großen Absatzschwierigkeiten zeitweise nach unten.

Preisdifferenzierung

Hier werden für identische Produkte oder Dienstleistungen unterschiedlich hohe Preise von der Nachfrage gefordert. Es ist damit ein Instrument der differenzierten Marktbearbeitung zur Steigerung der Gewinne durch maximale Abschöpfung der individuellen Preisbereitschaft der Kundschaft. In der Freizeit- und Tourismusbranche sind verschiedene Formen der Preisdifferenzierung zu finden (vgl. Meffert et al. 2024: 476):

– zeitlich (in Abhängigkeit vom Kaufzeitpunkt, z. B. Flüge, Mietwagen)
– räumlich (nach geografisch abgegrenzten Teilmärkten, z. B. durch Kaufkraftunterschiede in verschiedenen Ländern)
– personell (nach soziodemografischen Merkmalen, z. B. Sonderpreise für Kinder)
– quantitativ (Gewährung von Mengenrabatten, z. B. Vielfliegerbonus bei Airlines)
– Mehr-Personen-Preisdifferenzierung (z. B. Gruppentarife bei der Bahn)
– Preisbündelung (Bündelung mehrerer Produkte zu einem Angebot, z. B. Verbundnetztarife oder Kombi-Tickets im Freizeitbereich)
– spezifische Preisdifferenzierung bei Dienstleistungen (z. B. Yield Management).

Voraussetzung für die Preisdifferenzierung ist eine fundierte Nachfrageanalyse und Segmentierung des relevanten Marktes. Neben der Kundschaft, die bereit ist einen Einheitspreis zu zahlen, können damit Nachfragesegmente erschlossen werden, die bereit sind einen höheren Preis zu zahlen und solche, deren Preisbereitschaft unterhalb des Einheitspreises liegt. Das heißt es müssen von Seiten des Angebots sowohl Nutzen- als auch Kostenwirkungen berücksichtigt werden. Im Idealfall kann somit durch ein „Aushandeln wie auf dem Basar" eine Win-win-Situation entstehen und letztendlich der Gewinn Anbietender vergrößert werden (vgl. Meffert et al. 2024: 498 ff.).

4.5.3 Vertriebspolitik

Im Zuge der Vertriebs- oder auch Distributionspolitik werden Maßnahmen ergriffen, damit die Kundschaft die angebotenen Leistungen wirklich beziehen bzw. wahrnehmen kann. Sie beschäftigt sich mit der Überbrückung der räumlichen und zeitlichen Distanz zwischen der Erstellung und dem Kauf des Produktes bzw. der Dienstleistung. Das Ziel der Vertriebspolitik ist es, eine optimale Verbindung zwischen dem Angebot und der potenziellen Nachfrage herzustellen. Im Vergleich zum Vertrieb von Sachgütern, bei denen es um die Frage geht, wie die Produkte am besten vom Produzierenden zum Konsumierenden gebracht werden können (physische Distribution oder Marketing-Logistik), konzentriert sich der Vertrieb bei Dienstleistungen auf die akquisitorische Distribution. Dabei geht es um die Wahl der Absatzwege und -organe (vgl. Freyer 2011: 516).

Da im Freizeitbereich immaterielle Dienstleistungen gehandelt werden, müssen zudem zwei Besonderheiten beachtet werden: Erstens wird kein Produkt zur Kundschaft gebracht, sondern die Leistung wird im unmittelbaren Kontakt zwischen Anbietenden und Kund:innen erbracht („uno-actu"-Prinzip). Das bedeutet, beim vorherigen Kauf erwirbt die Kundschaft ein Anrecht auf eine Leistung, die später an einem anderen Ort (z. B. im Museum) erbracht wird. Zweitens wird die Leistung nicht unbedingt am Wohnort der Kundschaft konsumiert, sondern am Ort der Produzierenden (Theater, Freizeitpark etc.). Somit muss nicht das Produkt zur Kundschaft, sondern diese zum Ort der Dienstleistung gebracht werden (vgl. Freyer 2011: 518 f.).

Grundsätzlich existieren zwei Vertriebswege, um Freizeitangebote zu vermarkten: der direkte und der indirekte Weg. Der direkte Weg erfolgt heute in der Regel über die Tageskasse (Freizeit-/Kulturbereich), Direktbuchungen bei Leistungsersteller:innen (Hotel, Schwimmbad etc.) oder über das Medium Internet. Der indirekte Vertrieb kann auf unterschiedlichen Wegen beschritten werden. Klassisch für den Vertrieb von Tourismusleistungen ist der indirekte Weg über die Reisemittlung (mit stationären Reisebüros). Neben der Entscheidung, welcher Anteil der Leistungen über direkte oder indirekte Wege an die Nachfrage herangetragen werden soll, gilt es darüber hinaus zu entscheiden, ob dies über den eigenen Vertrieb oder den Fremdvertrieb geschehen soll. Während im Tourismus der Vertrieb über eigene Verkaufsstellen (Reisebüros) sehr verbreitet ist, gibt es im Freizeitbereich selten eigene Vertriebsstellen, die vom Betrieb losgelöst sind (vgl. Freyer 2011: 516 ff.).

Die Bedeutung von E-Commerce als Distributionsweg (gleichbedeutend mit Online-Distribution) für Freizeitleistungen hat in den letzten Jahren analog zum gesamten Markt stark zugenommen. Grundlage dieser Entwicklung ist die wachsende Verfügbarkeit des Internets. Besonders Internetplattformen, die den Verkauf von Tickets ermöglichen, fungieren als indirekte Vertriebspartner:innen für Freizeitunternehmen.

4.5.4 Kommunikationspolitik

Der Instrumentenkoffer für die Kommunikation ist in die Bereiche (klassische) Werbung, Verkaufsförderung, Öffentlichkeitsarbeit/Public Relations (PR) und persönlicher Verkauf gegliedert, die vielfältige Überschneidungen aufweisen. Die bereits beschriebene Corporate Identity kann als strategisches Dach für alle weiteren Aktivitäten im Rahmen der Kommunikation verstanden werden. Die Bildung von Schubladen für Kommunikationsinstrumente ist allerdings ein rein theoretischer Vorgang. In der Praxis wirken die einzelnen Instrumente über die theoretischen Grenzen hinaus bzw. werden diese immer komplementär eingesetzt (vgl. Runia et al. 2019: 305 ff.):
- Werbung konzentriert sich auf die Ansprache spezifischer Zielgruppen, die zum Kauf bewegt werden sollen. Sie weist fließende Übergänge zur Verkaufsförderung und PR auf.

- Verkaufsförderung aktiviert die Vertriebswege (eigene oder fremde Verkaufsstellen), es handelt sich also um einen indirekten Kontakt mit der Kundschaft.
- Öffentlichkeitsarbeit/Public Relations (PR) bedeutet die Kommunikation mit der gesamten (für das Unternehmen oder die jeweilige Leistung relevanten) Öffentlichkeit. Dabei geht es primär um die Vermittlung und Förderung eines positiven Images.
- Persönlicher Verkauf stellt – gleichzeitig als eine Form des Direktmarketings – das zentrale Bindeglied zwischen dem Unternehmen und seiner Kundschaft dar. Er zielt auf die Information und Überzeugung der Kundschaft über den Nutzen und die Qualität der angebotenen Leistungen ab, bis zum Abschluss des Verkaufs.

Klassische und moderne Kommunikationsinstrumente

Verbunden mit dem bereits beschriebenen Paradigmenwechsel und natürlich bedingt durch die ständige Weiterentwicklung der Marketinginstrumente aus der Praxis heraus, haben sich moderne und für das gegenwärtige Medienzeitalter äußerst effiziente Kommunikationsinstrumente entwickelt. Deren Einsatzgebiete werden auch als „below the line" bezeichnet, wobei diese Benennung als Abgrenzung zu den traditionellen Instrumenten („above the line"), die bereits seit langer Zeit gebräuchlich sind, zu verstehen ist. Damit die folgende Betrachtung der einzelnen Bereiche nicht zu kleinteilig und damit auch unscharf wird, ist die Direktkommunikation in die klassische Werbung und die Online-Kommunikation integriert, Messen und Ausstellungen werden als Instrumente des Eventmarketings betrachtet und das Product-Placement wird als Spezialform von Werbung verstanden.

Egal welche Schublade bedient wird, für eine erfolgreiche Kommunikation ist es inzwischen von höchster Bedeutung, alle verfügbaren Instrumente und Techniken intelligent miteinander zu vernetzen (Megatrend Connectivity): das klassische Werbeplakat mit dem Smartphone (z. B. durch den Einsatz von QR-Codes) oder das Fernsehen mit dem Internet. Dazu kommen die permanente Verfügbarkeit von Informationen und die umfassende Ausnutzung aller Lebensbereiche für kommerzielle Kommunikation.

Werbung

Die Werbung hat die Aufgabe, eine zielgruppenspezifische Kommunikation aufzubauen. Zu diesem Zweck wird als Konzept ein Werbe-Mix erstellt, dessen Ziele genau mit den generellen Unternehmenszielen und den daraus abgeleiteten Strategien abgestimmt sein müssen. Zu entscheiden ist ferner, ob die Werbung dazu dient, das Unternehmen/das Produkt bekannt zu machen, darüber zu informieren, Kaufimpulse zu setzen oder generell zur Imagewirkung beizutragen. Wie sich die Werbung letztendlich gestaltet, hängt ganz von den entsprechenden Zielgruppen, den Werbemitteln und den Werbeträgern ab. Dabei können diverse Werbemittel- und formen unterschieden werden, z. B. in Zeitungen, Zeitschriften, Fernsehen, Radio, Film oder Plakat (vgl. Runia et al. 2019: 305 ff.).

Besonders im Rahmen der Werbung wird die Bedeutung des **Corporate Design** ganz deutlich. Das visuelle Erscheinungsbild einer Organisation soll die Persönlichkeit und Identität des Unternehmens, der Marke, nach außen kennzeichnen. Dabei ist es von Bedeutung, alle Instrumente der Kommunikationspolitik die gleiche „Sprache" sprechen zu lassen. Das bedeutet, visuelles und akustisches Design stehen dauerhaft miteinander in Einklang, um der Kundschaft Sicherheit zu geben, was sie von der jeweiligen Marke erwarten kann. In den meisten professionell arbeitenden Unternehmen der Freizeitbranche existieren entsprechende Corporate Design-Manuals, in denen genau festgelegt ist, wie das Erscheinungsbild jeweils aussehen soll.

Das **Direktmarketing** ist eine Mischform aus gezielt eingesetzten klassischen Instrumenten, vor allem dem direkten Verkauf, und solchen, die unter der Rubrik Online-Kommunikation aufgeführt werden. Es fasst alle Maßnahmen zusammen, die einen direkten und individuellen Dialog zwischen dem Unternehmen und seinen Zielgruppen ermöglichen und ist damit ein wesentlicher Bestandteil des Beziehungsmarketings. Als Varianten der klassischen Medien werden Direct Mails (Werbesendungen), Telefonmarketing, Couponanzeigen/Beilagen oder interaktives Fernsehen und Radio für das Direktmarketing eingesetzt. Zudem treten Anbietende über Internet und Mobile Marketing in Dialog mit der Kundschaft. Es zielt auf die Gewinnung von Kund:innen sowie die langfristige Bindung im Sinne des Beziehungsmarketings ab (vgl. Runia et al. 2019: 334 ff.).

Werbung below the line: Product-Placement und Ambient Media
Das Product-Placement kann ebenfalls als Spezialform der Werbung betrachtet werden, bei der eine gezielte Darstellung eines Produktes/einer Dienstleistung als dramaturgischer Bestandteil einer Video- oder Filmproduktion mit finanziellen oder sachlichen Gegenleistungen erfolgt. Es bestehen neben der Werbung auch deutliche Überschneidungen mit den Instrumenten des Sponsorings und der PR. Der Markt für Product-Placement hat sich von Kino- und Fernsehfilmen inzwischen auch auf Musikvideos und Videospiele ausgeweitet. Dabei erfolgt die Darstellung von Marken, ohne dass die Nachfragenden die Beeinflussung bewusst wahrnimmt. Kommerzielle Filme mit hohen Produktionsbudgets sind häufig mit Markenbotschaften gespickt: Die Nutzung von elektronischen Geräten, der Konsum von Getränken, die Verfolgungsjagd mit den neusten Modellen der Sportwagenhersteller oder der Transport mit bestimmten Airlines gehören zum Standard. Für eine optimale und authentische Wirkung der Marke ist es von Bedeutung, dass die Handlung, in der sie eingesetzt wird, zu ihr passt und in einer emotional positiven Situation erfolgt (vgl. Meffert et al. 2024: 711 ff.).

Verkaufsförderung
Im Bereich der Verkaufsförderung geht es darum, die Vertriebswege zu aktivieren bzw. zu fördern. Das können eigene oder fremde Verkaufsstellen sein, die auf direktem oder indirektem Weg die Leistungen des Unternehmens vermarkten. Die Verkaufsförderung ist grundsätzlich auf den indirekten Kontakt mit der Kundschaft

ausgerichtet, jedoch werden viele Instrumente des direkten Kontakts ebenfalls in diese Kategorie einbezogen (vgl. Runia et al. 2019: 323 ff.).

Zur Förderung der Bekanntheit von Tourismus- und Freizeitangeboten – und damit auch zur Verkaufsförderung – werden häufig Reiseveranstalter:innen bzw. Repräsentant:innen bestimmter Zielgruppen zu Informationsveranstaltungen eingeladen. Auch die Verkaufsförderung auf Messen oder am Telefon wird sehr stark eingesetzt. Hier sind die Übergänge zu Werbung und Öffentlichkeitsarbeit fließend.

Öffentlichkeitsarbeit/Public Relations (PR)
Die Öffentlichkeitsarbeit umfasst eine Reihe von Instrumenten, die sich auf die gesamte (relevante) Öffentlichkeit beziehen. Das zentrale Ziel der PR ist die Vermittlung und Förderung eines positiven Images, das über entsprechende Multiplikator:innen und Medien verbreitet werden soll. Neben dem Binnen-Marketing, das entscheidend zur Bildung der Corporate Identity beiträgt, sowie der formellen und informellen Kontaktaufnahme zu relevanten Stakeholdern, kann die PR auch durch die Teilnahme an Messen oder intensive Pressearbeit aufgenommen und verbessert werden. Als weitere PR-Maßnahmen bieten sich Veranstaltungen an, die an bestimmte Stakeholder-Gruppen auf den Nachfragemärkten gerichtet sind, z. B. Vereine oder Bildungseinrichtungen. Als wichtigste Instrumente der PR gelten (vgl. Runia et al. 2019: 329 ff.): Pressekonferenzen und -gespräche, Pressemitteilungen für Journalist:innen, redaktionelle Beiträge von Mitarbeitenden in fremden Medien, PR-Veranstaltungen (z. B. Vorträge, Tage der offenen Tür), Erstellen von eigenem Bild- und Tonmaterial, Wettbewerbe und Aktionen sowie Sponsoring und Events (s. u.).

Guerilla-Marketing
Als Guerilla-Marketing werden Methoden bezeichnet, die auch below the line ungewöhnlich sind und sich jenseits aller Lehrbuchmethoden befinden. Mit einem kleinen Etat wird das Medium oder der Absatzkanal gewählt, der jeweils günstig zu erhalten ist. Unkonventionelle Ideen sollen für eine überproportionale Aufmerksamkeit sorgen und damit Erfolg bringen (vgl. Levinson 2018). Da die eingesetzten Instrumente sich in die übrigen Kategorien eingliedern lassen, wird das Guerilla-Marketing hier lediglich als Variante derselben verstanden.

Das Ambush-Marketing (engl. Ambush: Hinterhalt) ist als Spezialform des Guerilla-Marketing zu betrachten. Hierunter fallen Marketing-Aktivitäten von Trittbrettfahrer:innen, die die Aufmerksamkeit der Medien z. B. bei einem Großereignis für das eigene Unternehmen ausnutzen – und zwar ohne die Übernahme eigener Sponsoring-Aktivitäten. Dabei geht es um eine bewusst irreführende Absicht, denn die Zuschauer:innen erkennen die Unterschiede zwischen echten Sponsor:innen und Betrüger:innen in der Regel nicht (vgl. Nufer 2018). Im Zuge von Fußball-Weltmeisterschaften haben z. B. viele Unternehmen WM-Brote, WM-Sparabonnements etc. angeboten ohne offizielle Sponsor:innen der FIFA zu sein.

Online-Kommunikation

Aufgrund der Möglichkeiten neuer Medien und Technologien gibt es inzwischen sehr viele kreative Varianten der Kommunikation, die sich unter der Rubrik **digitales Tourismusmarketing** einordnen lassen (vgl. Horster 2022). Online-Marketing umfasst dabei die Übertragung von klassischen auf Online-Instrumente im Rahmen des gesamten Marketing-Managementprozesses. Dabei hat sich die Online-Kommunikation inzwischen im Kommunikationsmix fest etabliert und weist deutliche Überschneidungen mit allen „klassischen" und auch „modernen" Kommunikationsinstrumenten auf. „Als Online-Kommunikation werden alle Kommunikationsaktivitäten zwischen Unternehmen und Nachfragenden sowie zwischen Nachfragenden untereinander verstanden, welche die Erreichung der Marketing- und Unternehmensziele beeinflussen und die über das Internet Protocol (IP) abgewickelt werden" (Meffert et al. 2024: 644).

Häufig werden Multiplikator:innen bzw. Hebeleffekte genutzt, um die Wirkung einer Marketing-Kampagne zu verstärken. Beim **Viral-Marketing** – als Variante der Online-Kommunikation – werden existierende soziale Netzwerke genutzt, um Aufmerksamkeit auf Marken, Produkte oder Kampagnen zu lenken, indem Nachrichten sich epidemisch, wie ein Virus ausbreiten. Die Verbreitung der Nachrichten basiert dabei auf Mund-zu-Mund-Empfehlungen (Empfehlungsmarketing) und ist für die Kundschaft oft nicht als Werbung sichtbar. Vor allem im Internet funktioniert die virale Verbreitung von Marketingbotschaften äußerst gut (vgl. Langner 2009).

Ein zentraler Faktor, der die Online-Kommunikation grundlegend von klassischen Instrumenten unterscheidet, ist die endgültige Ablösung vom Push- zum Pull-Prinzip. Im klassischen System waren Werbende primäre Initiatoren des Kommunikationsprozesses, der weitestgehend unabhängig von der Zustimmung des Beworbenen war (Push-Prinzip). Beim Pull-Effekt tritt die Kundschaft eigeninitiativ in den Dialog mit dem Unternehmen und hat damit eine unmittelbare und direkte Feedback-Möglichkeit. Auf diese Art lässt sich der Interessenaustausch zwischen Unternehmen und Kundschaft auf ein effektiveres Niveau heben.

Darüber hinaus schafft das Internet eine Vielzahl neuer Möglichkeiten für das Marketing. Ein wesentlicher Faktor ist dabei die permanente, zeitlich aktuelle und globale Verfügbarkeit von Informationen. Das World Wide Web ermöglicht die Schaffung virtueller Marktplätze für Unternehmen, auf denen weltweit Informationen vermittelt, Transaktionen unmittelbar ausgeführt werden können und eine direkte Kommunikation mit den Interessengruppen stattfinden kann.

Die Möglichkeit für Nutzende, große Datenmengen mit Informationen, Bildern oder Videos binnen kürzester Zeit und ohne merklichen Qualitätsverlust zu verbreiten, zu bearbeiten und zu empfangen, schafft eine Fülle neuer Ansätze und Instrumente zur Kommunikation (vgl. Kollmann 2019: 51 ff.).

Wichtigster Schritt des Online-Marketings – als „Nukleus der gesamten Online-Kommunikation" und zentraler Anlaufpunkt bei kommunikativen Multi-Channel-Kampagnen – ist der Aufbau einer eigenen Internet-Präsenz durch eine Corporate

Website. Sie weist die größte Reichweite auf und kann weltweit angesteuert werden (vgl. Kreutzer 2021: 58).

Die Instrumente des **digitalen Freizeit- und Tourismusmarketings** können nach Horster (2022: IX) in vier Kategorien unterteilt werden:
– Suchmaschinen-Marketing (Suchmaschinenwerbung und -optimierung): Aktivitäten, die dazu führen, dass die eigenen Online-Angebote eine bessere Platzierung in den Trefferlisten der Suchmaschinen erzielen, sei es durch bezahlte Werbung oder das „organische" Auffinden mittels eines Suchalgorithmus (vgl. Horster 2022: 77 ff.).
– User-Experience-Design: Schaffung von positiven Erlebnissen der Kund:innen bei der Informationssuche und Buchung von Reise- und Freizeitangeboten. Dazu zählen der barrierefreie Zugang zu digitalen Informationen (Accessibility), der Nutzwert (Utility), die Benutzendenfreundlichkeit (Usability) und die Freude an der Benutzung (Joy of Use) (vgl. Horster 2022: 202 ff.).
– Social-Media-Marketing (s. u.).
– Mobile Marketing (s. u.).

Social Media Marketing

Social Media sind „persönlich erstellte, auf Interaktion abzielende Beiträge, die in Form von Text, Bildern, Video oder Audio über Onlinemedien für einen ausgewählten Adressatenkreis einer virtuellen Gemeinschaft oder für die Allgemeinheit veröffentlicht werden, sowie zugrunde liegende und unterstützende Dienste und Werkzeuge des Web 2.0" (Hettler 2010: 14). Sie verknüpfen technologische, inhaltliche und gestalterische Perspektiven für die Kommunikation in virtuellen Gemeinschaften. Es ermöglicht das öffentlichkeitswirksame Verfassen von nutzergenerierten Inhalten in verschiedensten Onlinemedien und -kanälen. Gleichzeitig haben andere Nutzer:innen die Chance, spontan zu reagieren und damit in eine soziale Interaktion einzusteigen. Das Spektrum der Beiträge ist dabei sehr breit, von textbasierten Informationen (Empfehlungen oder Links, Wikis, Foren oder Bewertungsportalen (inkl. dem Influence-Marketing) über Fotos, Videos und Hörbeiträgen (u. a. Podcasts) bis zu Applikationen (Apps).

Auf dem Weg des Social Media Marketings sollen durch die Nutzung von und die Beteiligung an sozialen Kommunikationsprozessen mittels Web 2.0-Applikationen und Technologien bestimmte Vermarktungsziele erreicht werden. Die Erfolgsgeschichte der Social Media hat zu einem komplett neuen Netzwerkdenken und Nutzungsverhalten im Internet geführt, das sich die Unternehmen zunutze machen möchten. Insbesondere die Einführung der Smartphones und die rasante Verbreitung mobiler Endgeräte wie Notebooks oder Tablet-PCs schaffen die Möglichkeit, jederzeit und ortsunabhängig online und erreichbar zu sein (vgl. Hettler 2010: 14 f.).

Mobile Marketing

Das Smartphone kann als Katalysator für das Mobile Marketing gesehen werden. Dieses bezieht sich auf Marketinginstrumente, die – analog zum Onlinemarketing – unter Verwendung drahtloser Telekommunikation und Mobilgeräten angewendet werden. Über 80 % der Deutschen besitzen ein Smartphone (vgl. Bitcom Research 2023). Diese Entwicklung führt dazu, dass Menschen zunehmend ständig und überall erreichbar sind. Aus Marketingsicht ist das ein unvergleichbar hohes Potenzial der Zielgruppenzugänglichkeit und somit ein Kanal für mobiles, direktes Marketing.

Eventmarketing

Events sind „Veranstaltungen aller Art, die durch Inszenierung, Interaktion zwischen Veranstalter, Teilnehmer und Dienstleistern sowie multisensorische Ansprache erlebnisorientierte Kommunikationsbotschaften an die Zielgruppe herantragen. Der Begriff Veranstaltung bezeichnet ein organisiertes, zweckbestimmtes, zeitlich begrenztes Ereignis, an dem eine Gruppe von Menschen vor Ort und/oder über Medien teilnimmt" (Rück 2018). Mit dieser Definition werden Events – als Gegenstand der Marketing-Kommunikation – von einfachen Verkaufsveranstaltungen („Kaffeefahrten") und nichtkommerziellen Veranstaltungen (z. B. religiöse Veranstaltungen) abgegrenzt. Zudem lassen sich Events dadurch von dauerhaften Freizeitangeboten (z. B. Museen, Fitnesscenter) abgrenzen, da sie nur eine begrenzte Dauer haben. Dies kann von wenigen Minuten (z. B. Aktionskunst, Flashmob) bis zu mehreren Wochen (z. B. Olympische Spiele, Gartenschau) alles umfassen. Aus der Sicht von Unternehmen soll Eventmarketing zu einer positiven Verankerung von Anliegen und daraus resultierend zu entsprechenden Einstellungsänderungen und/oder Handlungen (z. B. Kaufentscheidungen) führen.

Differenziert man Events nach dem Zweck und der Zielgruppe, dann können grundsätzlich Marketing- und Public-Events unterschieden werden. Erstere sind durch eine enge, meist via Einladung definierte Zielgruppe (B2B-Ebene oder VIP-Ebene) gekennzeichnet, zumeist unter Ausschluss der Öffentlichkeit. Public-Events sind dagegen ans breite Publikum gerichtet (B2C-Ebene). Darüber hinaus können Kultur-, Sport-, Wirtschafts- oder Gesellschafts-Events unterschieden werden (vgl. Hartmann 2018: 233 ff.).

Sponsoring

„Sponsoring bedeutet die Planung, Durchführung und Kontrolle sämtlicher Aktivitäten, die mit der Bereitstellung von Geld, Sachmitteln, Dienstleistungen oder Knowhow durch Unternehmen und Institutionen zur Förderung von Personen und/oder Organisationen in den Bereichen Sport, Kultur, Soziales, Umwelt und/oder den Medien verbunden sind, um damit gleichzeitig Ziele der Unternehmenskommunikation zu erreichen" (Bruhn 2017: 5). Dieses hat sich in Deutschland zu einem sehr bedeutenden Kommunikationsinstrument entwickelt. Lange Zeit war das Mäzenatentum oder später das Spendenwesen die gängige Form der Förderung von zumeist Non-Profit-

Organisationen. Die Motive der Fördernden waren eine gewisse Selbstverpflichtung oder gesellschaftspolitische Verantwortung. Doch im Gegensatz zu diesen beiden Formen verbinden Unternehmen, die als Sponsoren auftreten, ihr Engagement mit eigenen Kommunikationszielen.

Allen voran bleiben Image- und Bekanntheitsziele die primären Treiber für ein Sponsoring-Engagement. Daneben ist vor allem in den Bereichen des Kultur- und des Public-Sponsorings die gesellschaftliche Verantwortung ein wichtiges Ziel für Sponsor:innen. Der große Vorteil eines Sponsorings, im Vergleich zu anderen Kommunikations- und Werbemöglichkeiten, ist die Emotionalisierung von Marken. Damit einher geht das Potenzial für einen positiven Imagetransfer und die Möglichkeit, Zielgruppen zu erreichen, die über klassische Medien nur noch schwer erreicht werden können. Mit der zunehmenden Ausweitung des Sponsorings steigt auch der Grad der Professionalisierung. Neben dem Profisport erfreuen sich auch Breitensport, Musik und Festivals sowie Bereiche des Kultur-Sponsorings großer Beliebtheit unter den Werbetreibenden. Zentrales Sponsoringfeld ist für Unternehmen nach wie vor das Sport-Sponsoring, gefolgt vom Kultur-Sponsoring, dem Public-Sponsoring (Sozio-/Öko-/Schulsponsoring) und dem Medien-Sponsoring.

Die Instrumente Sponsoring, PR und Event bilden eine Kommunikations-Plattform. Moderne Sportarenen und Kulturfestivals haben sich bereits mit Logen, Business-Sitzen, Konferenzräumen und hochwertigen Hotel-Infrastrukturen auf die Sponsoring-Kundschaft eingestellt. Alles entscheidend bleibt die Frage nach der richtigen Auswahl von Events für das eigene Sponsoring. Als Trend zeichnet sich ab, dass die Vernetzung des Sponsorings mit Online- und Web-2.0-Instrumenten (Social Media-Plattformen) sowie klassischer Werbung steigt. Hierbei nutzen die Unternehmen vor allem die eigene Homepage, Sponsoren-Links und Werbebanner zur Kommunikation (vgl. Hartmann 2018: 242 f.).

Marketing-Mix-Profil
Analog zur Erstellung eines Strategieprofils, als Synthese aus allen Überlegungen zum strategischen Marketing, ist es an dieser Stelle des Marketing-Managementprozesses zielführend, ein Marketing-Mix-Profil zu entwickeln. Nachdem von Seiten des Unternehmens alle relevanten Optionen für den Einsatz der verschiedenen Marketinginstrumente durchgespielt worden sind und ein entsprechender Marketing-Mix erstellt wurde, sollten diese noch einmal überprüft werden. Im Fokus stehen bei dieser Koordinationsaufgabe die Wirkungsbeziehungen der Instrumente untereinander sowie ihr Stellenwert für die Zielerreichung bzw. die Umsetzung vorgegebener Strategien. Dieser Arbeitsschritt ist zudem ein fließender Übergang in die Implementierungsphase. Zu beachten sind dabei funktionale Abhängigkeiten (Wirkungen verschiedener Instrumente beeinflussen sich positiv oder negativ), zeitliche Abhängigkeiten (Wirkungen von Elementen bauen aufeinander auf oder treten erst verzögert ein) sowie hierarchische Abhängigkeiten (Instrumente werden je nach Priorität in einer Rangfolge eingesetzt) (vgl. Hartmann 2018: 247).

4.6 Marketingimplementierung und Controlling

Die Marketingimplementierung ist ein Prozess, bei dem die Marketingstrategie in aktionsfähige Aufgaben umgewandelt wird und der sicherstellt, dass diese Aufgaben zur Zielerfüllung der Strategie durchgeführt werden. Ein wesentlicher Aufgabenbereich ist dabei, eventuelle Barrieren in Form von unternehmensinternen Widerständen oder Konflikten zu überwinden. Dabei sind rationale (auf logisch nachvollziehbaren Argumentationen beruhend), politische (Angst vor Machtverlust) und emotionale (Angst vor Veränderungen, subjektive Empfindungen) Widerstände zu unterscheiden. Solche verhaltensbezogenen Widerstände lassen sich in der Regel durch Informationen über die Inhalte der Strategie, durch die strategiebezogene Qualifikation der Mitarbeitenden und durch die Motivation der betroffenen Mitarbeitenden abbauen. Im Idealfall sind alle relevanten Mitarbeitenden bereits frühzeitig in den Prozess der Strategieentwicklung einbezogen (vgl. Hartmann 2018: 254 f.).

Eine weitere Implementierungsbarriere sind Konflikte, die aufgrund von Veränderungen im Unternehmen auftreten können. Das kann eine heterogene Zusammensetzung des betroffenen Personals sein, ein Rollenkonflikt von Mitarbeitenden, ein Verteilungskonflikt um Ressourcen etc. (vgl. Kap. 3.5). In diesem Zusammenhang spielt auch die Auswahl des **Implementierungsstils** eine wichtige Rolle:
– Top-down bedeutet, dass die Formulierung der Strategie auf höchster Führungsebene erfolgt und dann nach und nach auf die nächsten Hierarchieebenen als „Vorgabe von oben" weitergeleitet wird.
– Bottom-up meint, dass die Strategieentwicklung unter Einbeziehung aller relevanten Mitarbeitenden von der operativen Basis aus erfolgt und ggf. von der jeweils höheren Ebene genehmigt und modifiziert wird.

Da beide Varianten mit gewissen Risiken verbunden sind, was mögliche Widerstände oder Konflikte im Unternehmen angeht, werden in der Praxis häufig Mischformen angewendet – bekannt als Down-up oder Gegenstromprinzip (vgl. Meffert et al. 2024: 777 f.).

Für die Erarbeitung und Implementierung von Marketingstrategien können verschiedene **Typen von Erarbeitungsprozessen** genutzt werden. Die Auswahl ist abhängig vom Grad der Kreativität und der Intensität der Einbeziehung von Stakeholdern: Typ 1 ist durch eine reine Expert:innenarbeit, die sehr analytisch und sequenziell erfolgt, gekennzeichnet. Typ 2 stellt eine Mischform aus Expert:innenarbeit und kreativer Gruppenarbeit dar. Typ 3 ist ein völlig offener, kreativer Prozess, in den alle relevanten Stakeholder eingebunden werden. Typ 4 ist eine denkbare Spezialform, z. B. die kreative Erstellung eines Markenkonzepts durch externe Berater:innen.

Ein wesentlicher Aspekt im Rahmen der Marketingorganisation ist der Einsatz von zeitlichen, personellen und finanziellen Ressourcen. Er beinhaltet die Übertragung der gesamten strategischen und operativen Vorüberlegungen in ein konkretes Maßnahmenkonzept. Die Aufgabe von Marketing-Manager:innen ist es dabei, die zur Verfügung stehenden Ressourcen möglichst effektiv (hoher Zielerreichungsgrad) und effizient (optimaler Mitteleinsatz) einzusetzen. Nachdem die Strategieoptionen auf ihre Machbarkeit in Bezug auf die zur Verfügung stehenden Ressourcen nochmalig überprüft wurden, erfolgt die systematische Zusammenstellung aller geplanten Maßnahmen, mit dem Ziel, diese gegeneinander abzuwägen und anschließend ein kontrolliertes Projektmanagement zu ermöglichen. Dabei spielen verschiedene **Ordnungsmomente** eine Rolle (vgl. Hartmann 2018: 259 f.):

- Priorisierung der Maßnahmen: Die Priorität (hoch, mittel, niedrig) wird je nach Stellenwert der Maßnahme für das Gesamtkonzept bzw. ihrer Voraussetzung für die Realisierung weiterer Maßnahmen definiert.
- Zeitplanung (Beginn und Fristigkeit der Maßnahmen): Die Umsetzung kann kurzfristig (innerhalb weniger Wochen umsetzbar), mittelfristig (mind. sechs Monate bis zu einem Jahr) oder langfristig (mehr als 12 Monate) erfolgen.
- Finanzplanung (Abschätzung oder zumindest Kategorisierung der Kosten): Die Kategorien sind nur schwer allgemeingültig festzulegen; je nach Finanzrahmen der Kostenträger:innen können die Kosten als hoch, mittel oder gering eingestuft werden.
- Personalplanung (Personalbedarf und Zuständigkeit): Hier erfolgt die Adressierung der Maßnahme und ggf. auch der Kooperationspartner:innen.

Marketing-Controlling

Auf der Basis des Marketing-Managementprozesses als Kreislauf und eines entsprechenden funktionalen Managementverständnisses wird das Controlling zu einem unverzichtbaren Führungsinstrument des Marketings. Es bezeichnet ein Konzept der Planung, Steuerung und Erfolgskontrolle des Unternehmens in seiner Gesamtheit. Es arbeitet sowohl gegenwarts- als auch zukunftsorientiert. Das **operative Controlling** betrachtet gegenwarts- und vergangenheitsorientierte Informationen und ist auf kurz- und mittelfristige Planungen bezogen. Beim **strategischen Controlling** geht es um die Zukunftsorientierung, d. h. die Ist-Daten der aktuellen Unternehmensentwicklung dienen als langfristige Planungsgrundlage, aus denen das Controlling zukünftige Entscheidungsempfehlungen ableitet (vgl. Schreyögg/Koch 2020: 241 ff.).

Die **strategische Kontrolle** ist als korrespondierender Prozess der gesamten Planung zu verstehen. Mit der ersten Entscheidung im Unternehmen, d. h. dem ersten Selektionsschritt im Planungsverfahren, geht das Management auch das erste Risiko einer möglichen Fehlentscheidung ein. Die strategische Kontrolle begrenzt das Risiko und ist damit ein Gegengewicht zur Selektivität der Planung. Fortlaufend wird die Strategie und deren Umsetzung auf ihre weitere Tragfähigkeit überprüft und das Controlling signalisiert ggf. Bedrohungen und dadurch notwendige Veränderungen des strategischen Kurses (vgl. Hartmann 2018: 263 f.).

Um allen genannten Anforderungen gerecht zu werden, sind drei **Typen strategischer Kontrolle** zu differenzieren: die strategische Überwachung als globale Kernfunktion, die strategische Prämissenkontrolle und die strategische Durchführungskontrolle (vgl. Schreyögg/Koch 2020: 245 ff. und Abb. 4.8):

[1] Die strategische Überwachung ist ein unspezifisches, globales Monitoring und dient als „Auffangnetz". Die beiden anderen Kontrollaktivitäten sind dort eingebettet. Strategische Überwachung ist nicht grundsätzlich auf ein konkretes Kontrollobjekt gerichtet. Als Maßstab für die Bewährung der gewählten Strategie dient die potenzielle Bestandsbedrohung des Unternehmens und diese kann sich durch eine konkrete Situation in der Umwelt des Unternehmens (Energiekrise, Krieg etc.), auf dem Markt (z. B. Fusionen bei der Konkurrenz) oder im Unternehmen selbst (z. B. Kündigung wichtiger Mitarbeitender) in Form einer Krise bemerkbar machen.

[2] Die Prämissenkontrolle bezieht sich darauf, dass im Zuge der Strategieformulierung Planungsprämissen (Zielsetzungen mit Priorität) gesetzt werden. Diese Priorisierung beinhaltet automatisch Ausschlüsse, wodurch auch ein kontrollbedürftiges Risiko entsteht. Zum Zeitpunkt einer strategischen Entscheidung wird die Frage aufgeworfen, ob die gesetzten Prämissen weiterhin gültig sind. Deshalb deckt die strategische Kontrolle sowohl die priorisierten Bereiche als auch alle weiteren relevanten Entwicklungen auf dem Markt oder im Unternehmen ab.

[3] Die Durchführungskontrolle beginnt mit dem Zeitpunkt der Umsetzung der Strategie. Sie beinhaltet die Sammlung von Informationen über registrierbare Ergebnisse. Anhand von Störungen oder Abweichungen von ausgewiesenen strategischen Zwischenzielen kann festgestellt werden, ob der gewählte Kurs gefährdet ist. Solche Zwischenziele werden auch als Meilensteine bezeichnet. Die **Meilensteinkontrolle** (oder Planfortschrittskontrolle) registriert fortlaufend Abweichungen des „Ist" vom „Soll" und gibt ein entsprechendes Feedback, um eine rechtzeitige Anpassung des „Ist" an das „Soll" zu gewährleisten. Die Gültigkeit des „Soll" (als strategische Entscheidung) ist dabei kein Thema.

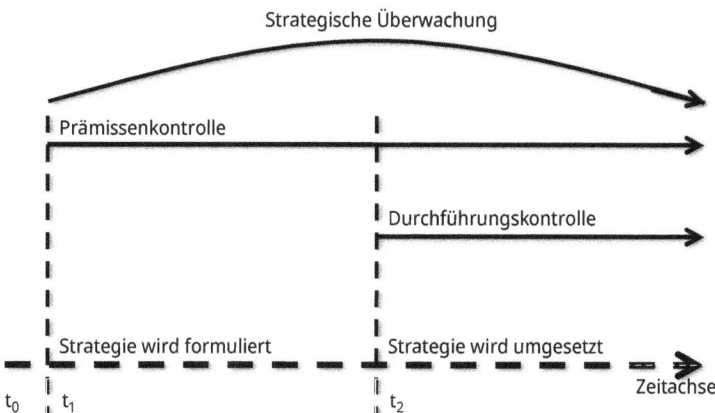

Abb. 4.8: Typen strategischer Kontrolle (Quelle: Hartmann 2018: 264).

Umsetzung des Controllings

Als Informationsquellen für das Controlling dienen alle Arten von Veröffentlichungen, Informationen und Beobachtungen von Personen, die im Wettbewerbsumfeld tätig sind. Zur Gewinnung von Informationen kommen letztlich alle Methoden der Primär- und Sekundäranalyse im Rahmen der empirischen Sozialforschung sowie der Marktforschung zum Tragen. Eine wichtige Voraussetzung für jede effektive strategische Kontrolle ist eine kritikfähige Organisation. Ihre Merkmale sind durchlässige Kommunikationsstrukturen (geringe Schwellenängste, unkomplizierte Meldewege wie E-Mail), die Akzeptanz von Neinsager:innen (wenig Konformitätsdruck, Ermunterung zur Zivilcourage) und der Mut, eingeschliffene Denkmuster in Frage zu stellen („Querdenken" erlaubt).

Die Probleme für eine effektive strategische Kontrolle sind jedoch nicht zu unterschätzen. Die Weitergabe strategischer Kontrollinformationen bereitet häufig größere Schwierigkeiten, denn dies sind oft unangenehme Informationen, besonders für die oberen Entscheidungsträger:innen. Zudem können bürokratische Hemmnisse und (ungeklärte) Machtfragen einer regen Kontrollaktivität entgegenwirken. Eine weitere Barriere ist die Solidarität unter den Mitarbeitenden, die zu gegenseitiger Rücksichtnahme führt oder auch die Furcht vor Vergeltungsschlägen von Kolleg:innen. Soziale Spannungsfelder in Organisationen durch Gruppen, Allianzen etc. sind die „natürlichen Feinde" einer optimalen strategischen Kontrolle (vgl. Schreyögg/Koch 2020: 251 ff.).

Mit dem Abschluss der Marketing-Kontrolle beginnt ein neuer Zyklus des Marketing-Management-Prozesses (vgl. Abb. 4.1).

4.7 Literatur

Becker, Jochen (2019): Marketing-Konzeption: Grundlagen des zielstrategischen und operativen Marketing-Managements. 11. Aufl., München: Vahlen.

Bieger, Thomas (2010): Tourismuslehre – Ein Grundriss. 3. Aufl., Bern: Haupt (UTB).

Bitkom Research (2023): Smartphone-Markt: Konjunktur und Trends. Abgerufen am 23.02.2024 von https://www.bitkom-research.de/smartphone-markt-2023.

Bruhn, Manfred (2017): Sponsoring. Systematische Planung und integrativer Einsatz. 6. Aufl. Wiesbaden: Springer Gabler.

Bruhn, Manfred (2020): Qualitätsmanagement für Dienstleistungen. Grundlagen, Konzepte, Methoden. 12. Aufl., Berlin: Springer Gabler.

Bruhn, Manfred (2022): Marketing. Grundlagen für Studium und Praxis. 15. Aufl., Berlin: Springer Gabler.

Bruhn, Manfred; Herbst, Uta (2024): Marketing für Nonprofit-Organisationen. Grundlagen – Konzepte – Instrumente. 3. überarb. Aufl., Stuttgart: Kohlhammer.

Burmann, Christoph; Nitschke, Axel (2004): Events als Bestandteile eines modernen Markenmanagements. In: Hosang, Michael (Hrsg.): Event und Marketing 2. Konzepte, Beispiele, Trends. Frankfurt a. M.: Deutscher Fachverlag, S. 71–82.

Burmann, Christoph; Halaszovich, Tilo; Schade, Michael; Hemmann, Frank (2015): Identitätsbasierte Markenführung. 2. Aufl., Wiesbaden: Springer, Gabler.
Doppler, Klaus; Lauterburg, Christoph (2019): Change Management. 14. Aufl., Frankfurt/New York: Campus.
DTV – Deutscher Tourismusverband (2023): Qualität. Abgerufen am 23.12.2023 von https://www.deutsch ertourismusverband.de/themen/qualitaet.
Esch, Franz-Rudolf (2018): Strategie und Technik der Markenführung. 9. Aufl., München: Vahlen.
Fantapié Altobelli, Claudia (2023): Marktforschung. Methoden – Anwendungen – Praxisbeispiele. 4. überarb. u. erw. Aufl., München: UVK Verlag.
Freyer, Walter (2011): Tourismus-Marketing. Marktorientiertes Management im Mikro- und Makrobereich der Tourismuswirtschaft. 7. Aufl., München: Oldenbourg.
Goffee, Rob; Jones, Gareth (2006): Führen mit Charakter. In: Harvard Business Manager. März 2006, S. 58–68.
Hartmann, Rainer (2018): Marketing in Tourismus und Freizeit. 2. überarb. Aufl., München: UVK Verlag.
Heinrichs, Werner (2012): Kulturmanagement. Eine praxisorientierte Einführung. 3. Aufl., Darmstadt: Wissenschaftliche Buchgesellschaft.
Hettler, Uwe (2010): Social Media Marketing. Marketing mit Blogs, Sozialen Netzwerken und weiteren Anwendungen des Web 2.0. München: Oldenbourg.
Horster, Eric (2022): Digitales Tourismusmarketing: Grundlagen, Suchmaschinenmarketing, User-Experience-Design, Social-Media-Marketing und Mobile Marketing. Wiesbaden: Springer Gabler.
Kollmann, Tobias (2019): Digital Marketing. Grundlagen der Absatzpolitik in der Digitalen Wirtschaft. 3. Aufl., Stuttgart: Kohlhammer.
Kreutzer, Ralf T. (2021): Online-Marketing. Studienwissen kompakt. 3. Aufl., Wiesbaden: Springer Gabler.
Kromrey, Helmut; Roose, Jochen; Strübing, Jörg (2016): Empirische Sozialforschung: Modelle und Methoden der standardisierten Datenerhebung und Datenauswertung. 13. Aufl., Konstanz/München: UVK (UTB).
Langner, Sascha (2009): Viral Marketing: Wie Sie Mundpropaganda gezielt auslösen und Gewinn bringend nutzen. 3. Aufl., Wiesbaden: Gabler Springer.
Levinson, Jay C. (2018): Guerilla Marketing des 21. Jahrhunderts. Clever werben mit jedem Budget. 3. Aufl., Frankfurt a. M.: Campus.
Lowe, Kevin. B. (2003): Demands, Constraints, Choices and Discretion: An Introduction to the Work of Rosemarie Stewart. In: The Leadership Quarterly, 14, S. 193–238.
Meffert, Heribert; Bruhn, Manfred; Hadwich, Karsten (2018): Dienstleistungsmarketing. Grundlagen – Konzepte – Methoden. 9. Aufl., Wiesbaden: Springer Gabler.
Meffert, Heribert; Burmann, Christoph; Kirchgeorg, Manfred; Eisenbeiß, Maik (2024): Marketing. Grundlagen marktorientierter Unternehmensführung. Konzepte – Instrumente – Praxisbeispiele. 14. Aufl., Wiesbaden: Springer Gabler.
Müller, Hansruedi (2004): Qualitätsorientiertes Tourismus-Management. Bern: Haupt (UTB).
Nielsen Sports (2017): Sponsor-Trend 2017. Abgerufen am 28.11.2017 von http://nielsensports.com/de/spon sor-trend-2017/.
Nufer, Gerd (2018): Ambush-Marketing im Sport: Grundlagen – Best Practice – Evaluation. Sportmanagement, Bd. 3. Berlin: ESV.
Porter, Michael E. (2014): Wettbewerbsvorteile. Spitzenleistungen erreichen und behaupten. 8. Aufl., Frankfurt a. M.: Campus.
Rück, Hans (2018): Event. Gabler Wirtschaftslexikon. Abgerufen am 28.06.2024 von https://wirtschaftslexi kon.gabler.de/definition/event-34760/version-258256.
Rüegg-Stürm, Johannes; Grand, Simon (2020): Das St. Galler Management-Modell. Management in einer komplexen Welt. 2. aktual. Aufl., Stuttgart: Haupt (UTB).

Runia, Peter; Wahl, Frank; Geyer, Olaf; Thewißen, Christian (2019): Marketing. Prozess- und praxisorientierte Grundlagen. 5. Aufl., München: De Gruyter Oldenbourg.

Salamon, Lester M.; Anheier, Helmut K. (1997): Defining the nonprofit sector: A cross-national analysis. Manchester University Press.

Schreyögg, Georg; Koch, Jochen (2020): Management. Grundlagen der Unternehmensführung. 8. Aufl., Wiesbaden: Springer Nature.

Töpfer, Armin (Hrsg.) (1997): Benchmarking. Der Weg zu Best Practice. Berlin/Heidelberg: Springer.

Zeithaml, Valarie A.; Parasuraman, A.; Berry, Leonard L. (1992): Qualitätsservice. Was Ihre Kunden erwarten – was Sie leisten müssen. Frankfurt a. M.: Campus.

5 Politik und Planung der Freizeit

Eine Gemeinsamkeit der beiden Themenbereiche dieses Kapitels ist es, dass sie auf keine expliziten, eigenständigen Politik- oder Planungsgrundlagen zurückgreifen können. Der Freizeitbegriff wird auf keiner Politikebene vom lokalen bis zum nationalen Level als Ordnungsbegriff für Ministerien, Ausschüsse oder Amtsbezeichnungen verwendet. Es finden sich dort jedoch sehr wohl die wichtigsten Felder von Freizeitnutzungen oder -betätigungen (Kultur, Sport, Tourismus, Bildung, Gesundheit etc.). Die Freizeitpolitik selbst kann daher als Querschnittsaufgabe verstanden werden. Im Rahmen der Begriffsbestimmung derselben hat von Beginn an die planende Vorsorge für die Freizeit des Einzelnen eine zentrale Rolle eingenommen. Daher liegt eine gemeinsame Betrachtung von Politik und Planung der Freizeit in diesem Buch sehr nah. Doch ähnlich wie in der Politik existiert auch keine spezifische Planung und keine spezifischen planerischen Rechtsnormen, Planungsarten oder -instrumente für die Freizeit. Der folgende Text beinhaltet somit eine Annäherung des Freizeitbegriffs an die Themenbereiche Politik und Planung.

5.1 Freizeit als Gegenstand der Politik

Rainer Hartmann

Das Verständnis von Freizeitpolitik hat sich seit den 1950er Jahren immer wieder verändert bzw. wurde es schrittweise erweitert. In der ersten Phase ging es primär um die Bereitstellung von funktionsspezifischer Freizeitinfrastruktur, wie z. B. Sportanlagen, Spielplätze, öffentliche Parks, Bibliotheken, Theater u. v. m. (vgl. Müller 2008: 184 f.). Das Ziel der Versorgung der Bevölkerung mit Freizeitinfrastruktur ist bis heute ein wesentliches Feld der Stadtentwicklungspolitik im Zuge der Daseinsvorsorge. Der Freizeitwert einer Stadt ist ein wichtiger weicher Standortfaktor, wenn es um die Anwerbung von hochqualifizierten Arbeitskräften und der sog. Creative Class geht (vgl. Florida 2002).

Seit den 1970er Jahren hat sich ein breiteres, auf den Menschen bezogenes Verständnis von Freizeitpolitik durchgesetzt. Freizeit wurde im Sinne einer **Querschnittsaufgabe** zum Bestandteil verschiedenster Politikbereiche, wie z. B. Raumordnungs-, Wohnungs-, Verkehrs-, Städtebau-, Familien-, Jugend-, Kultur-, Sport-, Gesundheits- und Medienpolitik. Im Zentrum dieser gesellschaftspolitischen Aufgabe steht ebenfalls bis heute die Verbesserung der Freizeitsituation für die gesamte Bevölkerung. Es geht darum, die Bedürfnisse und das Wohlbefinden der Menschen in alle politischen Überlegungen einfließen zu lassen. Müller (2008: 185) konstatiert, dass Freizeitpolitik als Querschnittsaufgabe bislang nicht über den Infrastrukturansatz hinausgekommen und von einer konzeptionellen Freizeitpolitik noch weit entfernt sei. Das liege daran, dass es auf keiner Politikebene übergeordnete Freizeitzielsetzungen oder -konzeptionen gibt.

https://doi.org/10.1515/9783111337944-005

Im Zusammenhang mit der Arbeitszeitdiskussion der 1980er-Jahre wurde Freizeitpolitik zum Bestandteil einer übergeordneten Zeitpolitik, bei der es vor allem um Zeitflexibilität und -souveränität ging. Die festen Zeitmuster der Arbeitszeit wurden seitdem bezüglich Dauer und Lage immer flexibler und es stellten sich neue Fragen zur Zeiteinteilung und -verwendung in der kontinuierlich zunehmenden freien Zeit (vgl. Müller 2008: 185 f.). Schlagworte der Arbeitszeitpolitik sind neben der Arbeitszeitverkürzung und Teilzeitarbeit auch Urlaubsverlängerung oder flexible Altersgrenzen für den Übergang in den Ruhestand (vgl. Tokarski 2000 und Kap. 1).

Durch die Zunahme der Freizeit im Vergleich zur Arbeitszeit und der länger werdenden Phase der Freizeit im Alter als Ergebnis des demografischen Wandels ist es notwendig, diesen sozialen Wandel stärker in freizeitpolitisch relevanten Konzepten zu berücksichtigen. Die gesellschaftlichen Megatrends der letzten Jahre und Jahrzehnte, allen voran die Digitalisierung und die damit verbundene schwerpunktmäßige Verwendung der Freizeit für Mediennutzung in vielfältiger Art und Weise, stellt die Medienpolitik in den Fokus freizeitpolitischer Anforderungen.

Unter der Prämisse, dass Freizeit als eine Zeitkategorie mit einem hohen Grad an individueller Entscheidungs- und Handlungsfreiheit verstanden wird (vgl. Kap. 1), hat Kramer (1990: 38) „Freizeitpolitik als all jene Maßnahmen und Bestrebungen von öffentlichen und privaten Trägern, die auf die Gewährleistung möglichst weitgehender Zeitautonomie und Zeitsouveränität von Menschen gerichtet sind", definiert. Müller (2008: 186) ergänzt, dass es dabei um die Verbesserung des Freizeitumfeldes für alle Gesellschaftsschichten geht.

Die Begriffe Zeitautonomie und Zeitsouveränität bedürfen dabei einer weiteren Definition: Bei der Zeitautonomie geht es um den gesellschaftlichen Rahmen für eine weitgehend individuelle Lebensgestaltung, d. h. die Chance, über einen möglichst großen Teil der Lebenszeit weitgehend selbst bestimmen zu können. Die Zeitsouveränität meint die Fähigkeit des Einzelnen, „mit der ihm gewährten Zeitautonomie subjektiv befriedigend sowie eigen-, sozial und umweltverantwortlich umgehen zu können" (Müller 2008: 186).

Im Lexikon der Psychologie wird der Begriff stärker aus der planerischen Perspektive betrachtet und auf staatliche Intervention fokussiert:

> Freizeitpolitik [...] umfasst im weiteren Sinne alle diejenigen Initiativen gesellschaftlicher Gruppen, Organisationen und Institutionen, d. h. also Sozialpartner, Kirchen, Verbände, Parteien sowie Privaten und Öffentlichen Hände, die das Ziel der planenden Vorsorge für die Freizeit des Einzelnen verfolgen. Im engeren Sinne bezeichnet Freizeitpolitik das Engagement des Staates, zeitliche und soziale Benachteiligungen abzubauen und die freien Wahlmöglichkeiten in der Gestaltung der Freizeit zu vergrößern. Ziel ist es u. a., neben die zunehmenden Angebote der kommerziellen Anbieter öffentliche Angebote zu stellen (Tokarski 2000).

Die Träger:innen der Freizeitpolitik können entsprechend der o. g. Definitionen sowohl öffentliche als auch private Institutionen sowie Privat-Öffentliche-Partnerschaften (PPP) sein.

Auf der **öffentlichen Seite** ist die Freizeitpolitik als ein Teilbereich der Mehrebenen-Politik in ganz unterschiedlichen Ressorts angesiedelt. Zumeist werden Freizeitthemen im Rahmen der Kultur- und Medien-, Sport- oder Tourismuspolitik mitbehandelt und in entsprechenden Ressorts oder Ausschüssen verortet. Die Rahmenbedingungen für die Freizeit (Arbeitszeit, Infrastruktur, Verkehr etc.) werden entsprechend der Querschnittsaufgabe der Freizeitpolitik in wieder anderen Ressorts oder Ausschüssen diskutiert. Öffentliche Träger:innen finden sich auf der Bundesebene (Bundesministerien, Bundesämter, Parlamentsausschüsse sowie weitere bundeseigene Institutionen), der Landesebene (Landesministerien und Landesämter, Ausschüsse etc.) sowie der kommunalen Ebene (Ämter, Abteilungen, Ausschüsse und Institutionen von Landkreisen, Städten und Gemeinden).

Da Freizeit nicht als eigenständiger und damit expliziter Politikbereich verstanden wird, gibt es auf den verschiedenen Ebenen der Politik auch kein insgesamt schlüssiges Konzept für die Freizeitpolitik. Im momentan gültigen Koalitionsvertrag zwischen SPD, BÜNDNIS 90/DIE GRÜNEN und FDP (2021) kommt der Begriff Freizeit nicht vor. Dem Tourismus ist immerhin ein Abschnitt gewidmet und das Thema Kultur- und Medienpolitik wird auf sechs Seiten dargelegt. Auch der Sport wird explizit als Politikfeld angeführt sowie in verschiedenen Themenbereichen mitgenannt.

Die meisten freizeitrelevanten Politikfelder in Deutschland sind im Sinne des **Subsidaritätsprinzips** (Prinzip der Nachrangigkeit) auf der kommunalen und der Landesebene angesiedelt. Auf der Bundesebene werden durch gesetzliche Vorgaben, Regierungsprogramme oder Modellprojekte Rahmenbedingungen geschaffen. Die weitere Umsetzung und zumeist auch Finanzierung erfolgen auf den anderen Ebenen. Damit ist gewährleistet, dass die spezifischen Bedarfe der Menschen vor Ort besser berücksichtigt werden und die öffentliche Hand private Initiativen direkt unterstützen kann. Dazu gehören sowohl Angebote für spezielle Zielgruppen (Kinder, Jugendliche, Senior:innen etc.) als auch die Bereitstellung von Ressourcen oder Flächen für den Bau von Freizeit-, Kultur- oder Sporteinrichtungen.

Die im deutschen Grundgesetz festgehaltene freie Entfaltung der Persönlichkeit, die sich auch in der autonomen Gestaltung der Freizeit manifestiert, wird durch den Staat erst dann ideell oder materiell gefördert, wenn die eigenen Kräfte von institutionalisierten Freizeitakteur:innen (z. B. Vereinen, Verbänden, Stiftungen) nicht ausreichen, deren gesellschaftliche Aufgaben zu erfüllen. Zunächst müssen die eigenen Finanzierungsmöglichkeiten ausgeschöpft werden, bevor eine öffentliche Förderung in Anspruch genommen werden kann, ganz im Sinne einer Hilfe zur Selbsthilfe (vgl. Mändle 2024).

Da die Unterstützungen der meisten Freizeitaktivitäten und -angebote (Kultur, Sport, Erholungs- und Grünflächen, Vereine etc.) nicht zu den Pflichtaufgaben der Kommunal- oder Landespolitik zählen, sondern freiwillige Aufgaben darstellen, sind die Bürger:innen zunächst auf sich selbst angewiesen. Damit sind die meisten Freizeitangebote dem sog. „dritten Sektor" oder Non-Profit-Bereich zuzurechnen. Sie unterliegen weder der Erfüllung hoheitlicher Aufgaben durch die primäre Finanzierung über Steuern und Abgaben noch sind sie gewinnorientiert und werden über den Markt finanziert (Staats- und Marktversagen) (vgl. Hartmann 2018: 63 ff.).

Bei den **privaten Träger:innen** der Freizeitpolitik können drei Akteursgruppen unterschieden werden. Erstens Institutionen mit öffentlichem Auftrag (z. B. Stiftungen, Gesellschaften, öffentliche Bibliotheken, Museen und Theater, Volkshochschulen, Bürgerhäuser, Jugendzentren u. v. m.), die entsprechend mit öffentlichen Mitteln unterstützt werden. Zweitens privatrechtliche Organisationen (politische Vereinigungen/ Parteien, Sozialverbände, kirchliche, sportliche, soziale oder kulturelle Vereinigungen u. v. m.), die nicht gewinnorientiert und unabhängig vom Staat agieren und sich zumeist aus unterschiedlichen Quellen finanzieren. Als drittes agieren kommerzielle, private Unternehmungen auf dem Freizeitmarkt (Kino, Fitnessstudio, Gastronomie, Reiseveranstalter:innen u. v. m.) (vgl. Müller 2008: 187). Aufgrund der Begrenztheit der Mittel im Non-Profit-Bereich der Freizeit entstehen innovative Angebote für die Freizeitnutzung meist in der Privatwirtschaft und sind vorwiegend konsumorientiert (vgl. Wolf 2021).

Bei einer Untersuchung von politischen Parteien und Organisationen aus dem Freizeitumfeld hat Kramer (1990: 43 f.) einige Teilbereiche der Politik herausgearbeitet, die freizeitpolitische Überlegungen enthalten. Sie verdeutlichen den o. g. Querschnittscharakter:

- Arbeitszeitpolitik (u. a. Flexibilisierung und Verkürzung der Arbeitszeit für mehr Zeitautonomie und eine Verbesserung der Lebensqualität)
- Kulturpolitik (u. a. Schaffung von Rahmenbedingungen für freie kulturelle Entfaltung, Förderung der Alltagskultur)
- Sportpolitik (u. a. Gesundheitsförderung durch Sport, Förderung des Breiten- und Freizeitsports)
- Jugendpolitik (u. a. Unterstützung von Organisationen, die eine abwechslungsreiche Freizeitgestaltung anbieten)
- Tourismuspolitik (u. a. Förderung des Tourismus, aber auch Beachtung der Sozial- und Umweltverträglichkeit)
- Verkehrs- und Siedlungspolitik (u. a. Verkehrsberuhigung zugunsten von mehr Wohn- und Lebensqualität, Förderung des Rad- und Fußverkehrs)
- Bildungspolitik (u. a. Förderung der Erwachsenenbildung, sinnstiftende Freizeitangebote für Kinder und Jugendliche).

Müller (2008: 189) mahnt an, die Freizeit im Sinne der o. g. Definition im Zuge der Freizeitpolitik nicht „wieder in Beschlag zu nehmen", d. h. die Zeitautonomie durch Verplanung, Reglementierung oder Animation zu manipulieren. Sie müsse daher immer auf den Prinzipien der Freiwilligkeit und Zwanglosigkeit beruhen. Das gilt natürlich nur solange, wie die Interessen des Einzelnen nicht mit denen anderer oder dem langfristigen Interesse der Gesellschaft zuwiderlaufen (z. B. Bau eines Golfplatzes vs. Naturschutz). Auch im Rahmen der Freizeitpolitik ist demnach Ordnungspolitik notwendig.

Es gibt eine Reihe von Erfordernissen der gegenwärtigen Freizeitgestaltung, die eine verstärkte politische Auseinandersetzung mit dem Thema Freizeit legitimieren (vgl. Müller 2008: 190 f. Kramer 1990: 123 ff.):

– Auf allen Ebenen der Politik werden öffentliche Gelder für freizeitbezogene Maßnahmen ausgegeben, ohne dass diese als solche benannt werden (z. B. Sport- und Kulturförderung, Freizeit- und Erholungseinrichtungen).
– Die zunehmende Freizeit des Einzelnen trägt immer mehr zur sozialen Identitätsfindung der Menschen bei (und löst damit die Erwerbsarbeit oder den Beruf als primäres identitätsstiftendes Merkmal ab).
– Die räumlichen und konzeptionellen Ansprüche an eine freizeitgerechtere Gestaltung des Wohnumfeldes steigt.
– Die Eigeninitiative und das freiwillige soziale und politische Engagement bedürfen einer Aufwertung und Belebung. Dazu gehört auch die Förderung des Vereinswesens in Bezug auf die Freizeit.
– Den kommerzialisierten Freizeitangeboten und entsprechenden medialen Einflüssen muss ein sinn- und niveauvolles Angebot für die persönliche Lebensgestaltung und kulturelle Entfaltung entgegengestellt werden.
– Der immer weiter zunehmende Freizeit- und Urlaubsverkehr muss besser gelenkt und an die Erfordernisse einer verantwortungsvollen Klimapolitik angepasst werden.
– Die Entwicklung von Freizeitangeboten muss dem Gebot der nachhaltigen Entwicklung entsprechen und auf ihre Sozial- und Umweltverträglichkeit geprüft werden.

Daher formuliert Müller (2008: 193 f.) als Zielsetzung einer öffentlichen Freizeitpolitik, sie ziele „als Teil einer lebensqualitäts-orientierten Gesellschaftspolitik auf Verbesserung des Freizeitumfeldes und die Gewährleistung möglichst weitgehender Zeitautonomie des Individuums ab und fördert gleichzeitig eine eigen-, sozial- und umweltverantwortliche Zeitgestaltung aller Menschen."

Auf der **institutionellen Ebene** spiegelt sich der Querschnittscharakter der Freizeitpolitik deutlich wider. Aufgrund der Multipolarität der Freizeitthemen existiert kein gemeinsamer konzeptioneller Ansatz und keine durchschlagkräftige Lobby- oder Branchenvertretung. Auf der globalen Ebene hat sich seit 1952 die World Leisure Organization etabliert (vgl. Textfeld unten). Doch sowohl auf europäischer als auch nationaler Ebene konnten sich keine entsprechenden Institutionen langfristig etablieren. Die European Leisure and Recreation Association (ELRA) zeigt seit 2012 keine Aktivitäten mehr (vgl. UIA 2022) und die Deutsche Gesellschaft für Freizeit (DGF) wurde 2001 aufgelöst (vgl. Carius/Gernig 2010: 68).

World Leisure Organization (vgl. WLO 2024)

Die World Leisure Organization wurde 1952 gegründet und ist eine gemeinnützige, nicht staatliche Organisation von Einzelpersonen und Organisationen aus der ganzen Welt. Als beratende Organisation pflegt sie eine Partnerschaft mit dem Wirtschafts- und Sozialrat der Vereinten Nationen. Das bietet der WLO eine Plattform, um die Arbeit der Vereinten Nationen zu unterstützen, indem sie ihre Ziele in den Programmen und Dienstleistungen der Organisation widerspiegelt. Die Mitglieder kommen aus allen Teilen der Welt und aus den verschiedensten Interessensgebieten wie Reisen und Tourismus, Freizeitparks und -dienstleistungen, Kunst und Kultur, Sport, Gesundheit und Fitness sowie Bildungseinrichtungen.

Die World Leisure Organization fördert Freizeit als integralen Bestandteil der sozialen, kulturellen, wirtschaftlichen und nachhaltigen Entwicklung. Als weltweite Interessenvertretung und wissensbasierte Mitgliederorganisation setzt sie sich dafür ein, Freizeit zu verstehen, die Lebensqualität und das Wohlergehen von Einzelpersonen, Gemeinschaften und Nationen durch Freizeit zu verbessern, die Vorteile von Freizeit zu fördern und zu verstehen und den Zugang und die Inklusion für alle zu fördern.

5.2 Freizeitwissenschaft und Planung

Martin Mencke

Die nachfolgenden Darlegungen geben einen knappen Überblick über das Thema Planung und die möglichen Bezugspunkte zur Freizeitwissenschaft bzw. zu Freizeitnutzungen. Die genannten Planungsarten und Planungsinstrumente können aufgrund der stark reduzierten Form nicht in all ihren fachlichen und rechtlichen Details behandelt werden.

Planen heißt werten

Planung kann jeder, Planung ist alltäglich. Ganz so einfach ist es jedoch nicht. Denn von der alltäglichen Planung (z. B. des Urlaubs oder der Abendgestaltung) und der in diesem Kapitel behandelten Planung gibt es zwei grundlegende Unterscheidungen, denn Grundlage jeder Planung sind i. d. R. Wertungen. Hier unterscheidet man zwischen sog. „individualistischen Wertungen" und „Werturteilen" (vgl. Bechmann 1981). Die individualistischen Wertungen der alltäglichen Planung drücken Werthaltungen aus, die ein Individuum zu einer bestimmten Zeit bestimmten Werttragenden gegenüber einnimmt. Sie haben keinen Anspruch auf allgemeine Gültigkeit. Die Werturteile jedoch beanspruchen Gültigkeit und besitzen häufig einen Forderungscharakter. Werturteile haben Geltung, indem sie verbindlich sind (sein sollen), befolgt werden sollen oder müssen und Verhalten steuern oder bestimmen sollen. Wenn nachfolgend somit von Planung gesprochen wird, so handelt es sich um Planungen, denen Werturteile zugrunde liegen bzw. liegen müssen.

Grundmuster von Planungen

Für Planung bedarf es i. d. R. eines Planungsanlasses. So kann es erforderlich sein, Entscheidungen zu treffen oder Problemstellungen lösen zu müssen (z. B. zur Konfliktvermeidung oder Schadensabwehr). Denkbare Planungsanlässe sind aber auch der Auftrag oder der Wunsch zu gestalten (z. B. Räume, Landschaften). Nicht zuletzt geht es in der Planungspraxis auch oft darum, z. B. Nutzungen im Raum zu steuern oder zu koordinieren (vgl. Abb. 5.1).

All diese Planungsanlässe können durch eine Planung bearbeitet werden. Dabei ist zu unterscheiden, ob die jeweils erforderliche Planung durch Rechtsvorgaben (Gesetze, Verordnungen oder Satzungen) normiert ist oder ob sie unabhängig von Rechtsvorgaben lediglich informellen Charakter haben soll. Die rechtlich normierten Planungen sind dabei oft mit Rechtsfolgen, also Verpflichtungen gegenüber Bürgern oder Verwaltungen verbunden. Die informellen Planungen dienen lediglich als Diskussions- oder Informationsgrundlage. Wenn nachfolgend Planungen dargelegt werden, so handelt es sich um eine rechtlich normierte Planung. Informelle Arten von Planungen werden nicht behandelt.

Der Planungsanlass ist verknüpft mit einer bestimmten Ausgangssituation, die planerisch bewältigt werden soll. Planende, die für eine Planung zuständig sind, müssen zunächst den Bestand der Ausgangssituation erfassen und bewerten und ggf. vorhandene oder zu erwartende Konflikte erkennen und beschreiben. Hierfür ist ein ausreichender Sachverstand sowie die Kenntnis von geeigneten Methoden und den einschlägigen Rechtsvorgaben unbedingt erforderlich. Erst nach der Analyse der Ausgangssituation beginnt die eigentliche Planung. Planende erarbeiten mit dem jeweiligen Planungsinstrument oft erst eine übergeordnete Idee, das Leitbild. Dieses wird i. d. R. durch Ziele konkretisiert. Die Ziele wiederum werden schließlich durch konkrete Maßnahmen oder Erfordernisse weiter präzisiert.

Mittels der Planung soll dann eine Zukunftssituation erreicht werden, die den jeweiligen Planungsanlass bewältigt. Inwiefern eine Planung jedoch auch umgesetzt wird, ist sehr vom jeweiligen Planungsinstrument abhängig.

In wenigen rechtlich normierten Planungsverfahren ist noch eine Art Beobachtung vorgesehen, inwiefern die Planung umgesetzt wurde und auf den Planungsanlass wirkt (Monitoring) oder gar eine genaue Überprüfung der Wirksamkeit von Planung (Evaluation).

Abb. 5.1 zeigt ein abstraktes Grundmuster von normierten Planungen, welches von Planungsfall zu Planungsfall aufgrund unterschiedlicher Planungsanlässe verschieden ausfallen kann. Bei manchen Planungen steht die Analyse des Status quo im Vordergrund, bei anderen wiederum die Herleitung ganz konkreter Maßnahmen.

Planungsabläufe unterscheiden sich auch innerhalb verschiedener Bundesländer, innerhalb der EU oder gar weltweit. Wenn nachfolgend von Planung gesprochen wird, so handelt es sich um deutsche Arten von Planung und in Teilen um Planungen, die aufgrund EU-rechtlicher Vorschriften durchgeführt werden.

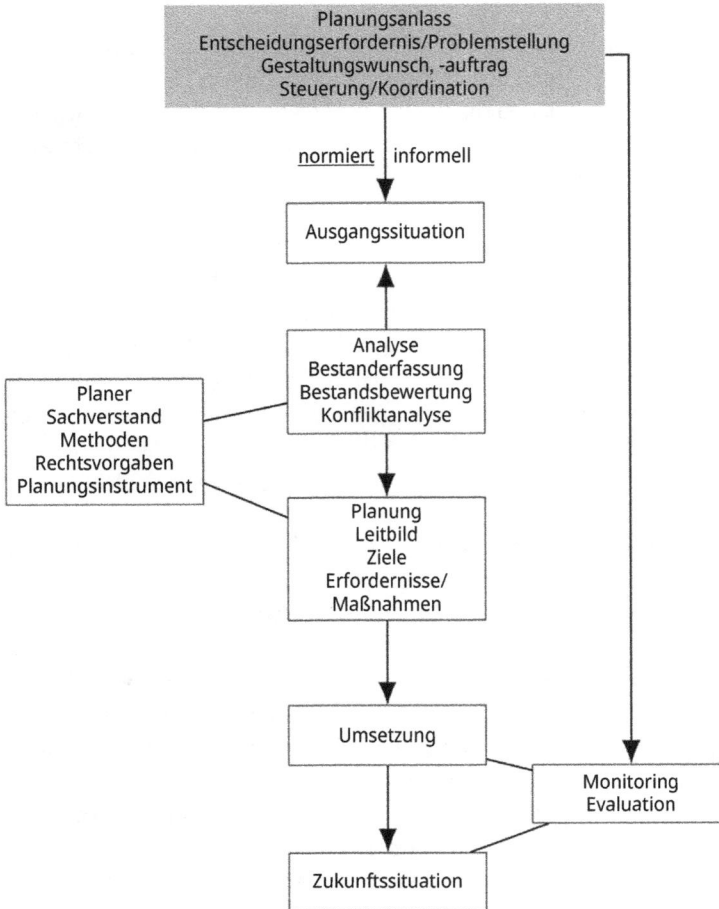

Abb. 5.1: Grundmuster vieler Planungsabläufe (Quelle: eigene Darstellung).

Ausgewählte Planungsarten und -instrumente

Zahlreiche Freizeitnutzungen sind an das Vorhandensein bestimmter Infrastruktureinrichtungen gebunden. So erfordern Freizeitreisen z. B. Verkehrswege und Beherber-
gungsstätten. Die Ausübung von Sport ist oft an das Vorhandensein von Sportstätten
geknüpft. Aber auch kulturelle und soziale Tätigkeiten in der Freizeit sind i. d. R. auf entsprechende Einrichtungen angewiesen. All diese möglichen Infrastruktureinrichtungen
müssen geplant, koordiniert, überprüft und gebaut werden.

Für den großen **Themenbereich Freizeit** gibt es **keine spezifische Planung** und
keine spezifischen planerischen Rechtsnormen. Die Tätigkeiten, die Individuen in ihrer
Freizeit ausüben, sind hierfür zu verschieden. Bedeutung für die Freizeit(wissenschaft)

können aber Planungen haben, die bestimmte Freizeitnutzungen lenken, ermöglichen oder einschränken. Hierunter fallen vor allem Planungen, die eine räumliche Entwicklung steuern, relevante Infrastrukturvorhaben ermöglichen sowie Planungen aus dem Umweltbereich.

Die Auswahl der nachfolgenden Planungen stellt lediglich einen Teil gängiger Planungsarten und -instrumente dar, die Bedeutung für bestimmte Freizeitnutzungen haben oder haben können. Diese Auswahl erhebt nicht den Anspruch auf Vollständigkeit. Die ausgewählten Planungsarten und Planungsinstrumentarien beschränken sich

– auf Rechtsnormen basierende Planungen, unberücksichtigt bleiben sog. informelle Planungen,
– auf in Deutschland rechtlich normierte Planungen,
– Planungsarten der räumlichen Gesamtplanung und der Umweltplanungen sowie der Landschaftsplanung.

Kategorisierung rechtlich normierter Planungen
In der deutschen Planungswelt gibt es zahlreiche rechtlich normierte Planungsarten. Um hier eine bestimmte Kategorisierung vorzunehmen, können diese Planungen anhand des Planungsanlasses grob gegliedert werden. Der Anlass von Planung kann darin bestehen

– räumliche Entwicklungen insgesamt zu steuern oder zu lenken (Gesamtplanung, Landschaftsplanung),
– bauliche Projekte oder sonstige Vorhaben zu prüfen und/oder zu optimieren (Prüfplanungen),
– bestimmte bauliche Vorhaben zu realisieren oder bestimmte Nutzungen zu lenken (Fachplanungen)
– oder Mischformen hieraus (Querschnittsplanung).

Abb. 5.2 zeigt die nachfolgend ausgewählten Planungsarten. Neben der Einteilung in die o. g. Planungsanlässe werden die übergeordneten Rechtsbegriffe und die jeweiligen Planungsinstrumente aufgezeigt. Die genannten Arten von Planungen werden in den nachfolgenden Kapiteln näher beleuchtet. Einzelne Planungsinstrumente werden dabei in einem **Steckbrief** vorgestellt. Bezüge zu anderen Instrumenten werden durch GROSSSCHREIBUNG hervorgehoben.

5.2.1 Die räumliche Gesamtplanung

Unter dem Begriff der räumlichen Gesamtplanung werden Planungen verstanden, die sich mit räumlicher Entwicklung insgesamt befassen. Hiervon werden bauliche Nutzungen genauso umfasst wie auch andere Nutzungen (z. B. für Freizeitzwecke). Auch der

Gesamtplanung	Prüfplanung	Fachplanung	Querschnitts-planung
Umfasst alle Arten von Nutzungen und den Schutz der Ressourcen	Prüft die (Umwelt-) Folgen von Planungen oder Projekten	Umfasst spezifische Arten von Nutzungen und baulichen Projekten	Hat sowohl den Charakter von Fach- als auch von Prüfplanung und Koordinations-aufgaben
Rechtsbegriff Planungsinstrumente: **Raumordnung/ Landschaftsplanung** Landesraumordnungs-programm; Landesentwicklungs-plan* **Regionalplanung** Regionalplan **Bauleitplanung** Flächennutzungsplan; Bebauungsplan	**Rechtsbegriff** Planungsinstrumente: **Strategische Umwelt-prüfung (SUP)/ Umweltprüfung (UP)** Umweltbericht (UB) **Eingriffsregelung (ER)** Landschaftspflegerischer Begleitplan (LBP) **FFH-Verträglichkeits-prüfung** FFH-Verträglichkeits-studie (FFH-VS) **Umweltverträglichkeits-prüfung (UVP)** UVP-Bericht **Besonderer Artenschutz** Artenschutzbeitrag (ASB); Artenschutzrechtlicher Fachbeitrag (AFB)	**Bauen** In spezifischen Fachgesetzen ist die Planung und Zulassung geregelt, z. B. Bundesfern-straßen, Wasser-straßen, Flughäfen, Abfallbeseitigungs-anlagen, Kraftwerke, Leitungstrassen	**Steuern** In spezifischen Fachgesetzen ist die Planung und Zulassung geregelt, z. B. Agrar- Forst- und wasserwirt-schaftliche Planungen

Rechtsbegriff Planungsin-strumente: – Landschafts-planung – Landschafts-programm – Landschafts-rahmenplan – Landschafts-plan – Grünord-nungsplan

* Begrifflichkeiten sind in den Bundesländern verschieden

Abb. 5.2: Räumliche Gesamtplanungen und deren Bezug zu den Instrumenten des Umwelt- und Naturschutzes (eigene Darstellung).

Schutz der natürlichen Ressourcen ist Gegenstand der räumlichen Gesamtplanung. Je nachdem auf welcher räumlichen Ebene die Gesamtplanung stattfindet, unterscheidet man die Raumordnung und Landesplanung, die Regionalplanung und die Bauleitpla-nung.

Raumordnung und Landesplanung, Regionalplanung

Die Grundlage der Raumordnung und Landesplanung bilden die übergeordneten Ge-sichtspunkte der „Gleichwertigkeit der Lebensverhältnisse und die sparsame Verwen-dung der Ressourcen" aus dem Bundesraumordnungsgesetz (ROG). Das ROG legt die

Grundsätze fest, nach denen sich die nachfolgende Landesplanung zu richten hat (vgl. Schmidt-Eichstädt 1993). Vereinfacht ausgedrückt, hat die Raumordnung und Landesplanung die Aufgabe, sowohl die Ausstattung eines Bundeslandes mit Infrastruktur für die soziale, kulturelle und ökonomische Entwicklung als auch die nachhaltige Nutzung der natürlichen Ressourcen zu steuern.

Die Raumordnung und Landesplanung findet auf der Ebene der Bundesrepublik (in Leitbildern der räumlichen Entwicklung), in den Bundesländern (in Landesraumordnungsprogrammen) und in Teilräumen der Bundesländer (Landesentwicklungspläne, Regionalpläne oder Regionale Raumordnungsprogramme) statt. In den Raumordnungsprogrammen und -plänen sowie Regionalplänen werden Grundsätze und Ziele festgeschrieben. Die Grundsätze müssen bei allen anderen Planungen berücksichtigt werden. Die Ziele sind zwingend zu beachten und dürfen nicht abgewogen, d. h. zugunsten anderer Interessen zurückgestellt, werden.

Für die Koordinierung bestimmter FACHPLANUNGEN in Bezug zu den Zielen und Grundsätzen der Raumordnung und Landesplanung wird die sog. Raumverträglichkeitsprüfung (RVP) eingesetzt. In ihr werden die öffentlichen Interessen abgewogen. Für welche Fachplanungen eine RVP durchzuführen ist, wird in einer Bundesverordnung (RoV) bestimmt.

Bezug zu Freizeitnutzungen:
Konkrete Aussagen oder Festlegungen zu Freizeitnutzungen sind aufgrund der Maßstabsebene nicht zu erwarten. Dennoch geben die Raumordnung und Landesplanung sowie Regionalplanung Grundlagen vor, die vor allem in der BAULEITPLANUNG zu berücksichtigen sind. Insbesondere hier sind wesentliche Aussagen und Festlegungen zu Freizeitnutzungen möglich. Daneben ist bei der Planung von bestimmten freizeitrelevanten Bauprojekten, wie der Errichtung von Feriendörfern, Hotelkomplexen und sonstigen großen Einrichtungen für die Beherbergung sowie von großen Freizeitanlagen, eine RVP durchzuführen.

Bauleitplanung

Die Bauleitplanung hat die Aufgabe, die bauliche und sonstige Nutzung der Grundstücke in der Gemeinde nach Maßgabe des Baugesetzbuches (BauGB) vorzubereiten und zu leiten.

Somit werden sämtliche bauliche und sonstige Vorhaben, die gemeindliche Grundstücke und gemeindliche Aufgaben berühren über die Bauleitplanung geregelt. Hierunter fallen z. B. die Ausweisung von Wohnbauflächen, innerstädtische Grünanlagen oder die Ausweisung von Gewerbeflächen. Andere Vorhaben, die nicht primär in den Aufgaben- und Kompetenzbereich der Kommunen fallen, werden in einzelnen Fachgesetzen geregelt und fallen unter das sog. FACHPLANUNGSRECHT. Wenn z. B. eine Fernstraße oder eine Abfallverbrennungsanlage geplant und gebaut werden soll, so geschieht dies i. d. R nicht nach den Vorgaben der Bauleitplanung, sondern nach den Vorgaben des jeweiligen Fachgesetzes (Bundesfernstraßengesetz, Abfallgesetz).

Die Bauleitplanung kennt zwei Planungsinstrumente: den Flächennutzungsplan (FNP) und den Bebauungsplan (B-Plan), die nachfolgend als Steckbrief erläutert sind (vgl. Tab. 5.1 und 5.2):

Tab. 5.1: Steckbrief Flächennutzungsplan (FNP) (Quelle: eigene Darstellung).

Rechtsbegriff/ Rechtsgrundlage	Bauleitplanung/Baugesetzbuch (BauGB)
Planungsinstrument	Flächennutzungsplan (FNP), auch vorbereitender Bauleitplan
Zuständigkeit	Gemeinde
Planungsanlass	Die bauliche oder sonstige Nutzung in einer Kommune soll vorbereitet werden. Dient als Grundlage für den BEBAUUNGSPLAN.
Aufgabe/Funktion	Darstellung der baulichen Nutzung, z. B.: für die Bebauung vorgesehene Flächen, allgemeine Art der Bebauung: z. B. Wohnungs- oder Gewerbeflächen, Flächen für den überörtlichen Verkehr und örtliche Hauptverkehrszüge Darstellungen der sonstigen Nutzung, z. B.: Grünflächen, u. a. Parkanlagen, Kleingärten, Zelt- und Badeplätze Flächen für die Forst- oder Landwirtschaft, Wasserflächen Flächen für den Naturschutz
Wesentliche Inhalte	FNP als Planzeichnung; Textfassung als Begründung des FNP
Räumliche Ebene	Gesamtfläche einer Gemeinde
Rechtsfolgen	In der gesamten Bundesrepublik hat der FNP lediglich für die Behörden eine gewisse Bindungspflicht, konkrete Rechtsverbindlichkeit erlangt er nicht. Im Verfahren sind die Öffentlichkeit und die Träger:innen öffentlicher Belange (TÖB) zu beteiligen.

Tab. 5.2: Steckbrief Bebauungsplan (Quelle: eigene Darstellung).

Rechtsbegriff/ Rechtsgrundlage	Bauleitplanung/Baugesetzbuch (BauGB)
Planungsinstrument	Bebauungsplan (B-Plan), auch verbindlicher Bauleitplan
Zuständigkeit	Gemeinde
Planungsanlass	Die bauliche oder sonstige Nutzung in einer Kommune soll, abgeleitet aus dem FLÄCHENNUTZUNGSPLAN (FNP), konkret rechtlich festgeschrieben werden. Dient als Rechtsgrundlage für die Baugenehmigung.

Tab. 5.2 (fortgesetzt)

Rechtsbegriff/ Rechtsgrundlage	Bauleitplanung/Baugesetzbuch (BauGB)
Aufgabe/Funktion	Festsetzung der baulichen Nutzung, z. B.: Art der Bebauung: z. B. Wohnungs-, Gewerbe- oder Industriebau, Maß der Bebauung: z. B. Breite, Höhe, oder Dichte der Bebauung, Dimension und Lage von Verkehrsflächen Festsetzung der sonstigen Nutzung, z. B.: Grünflächen, u. a. Spiel-, Sport, Zelt- und Badeplätze, Flächen für die Forst- oder Landwirtschaft, Wasserflächen, Flächen für den Naturschutz
Wesentliche Inhalte	Die Planzeichnung als Satzung. Eine Textfassung als Begründung.
Räumliche Ebene	Teilfläche einer Gemeinde
Rechtsfolgen	In der gesamten Bundesrepublik werden die B-Pläne als Satzung für alle Bürger:innen rechtsverbindlich. Im Verfahren sind die Öffentlichkeit und die Träger:innen öffentlicher Belange (TÖB) zu beteiligen.

Bezug zu Freizeitnutzungen:

Da die Bauleitplanung die bauliche und sonstige Nutzung der gemeindlichen Flächen regelt, können eine Vielzahl von Einrichtungen und Nutzungen für Freizeittätigkeiten im kommunalen Bereich hierüber gelenkt oder ermöglicht werden. Denkbar sind z. B. Festlegungen für Sport- und Spielstätten, Kultureinrichtungen oder für eine Vielzahl von Nutzungen auf Freiflächen (Parkanlagen, Zeltplätze, Golfplätze usw.). Somit kann die Bauleitplanung eine ganz zentrale Funktion bei der Steuerung und Festlegung von Flächenfunktionen für Freizeitnutzungen in den Gemeinden erfüllen.

5.2.2 Prüfplanungen

Der Begriff Prüfplanung ist in der Fachwelt und den einschlägigen Rechtsvorschriften nicht eingeführt oder näher definiert. Er soll hier lediglich diejenigen Arten von Planungen umschreiben, deren Aufgabe es ist, die Folgen von anderen Planungen und baulichen Projekten abzuschätzen. Solche Planungen werden i. d. R. nur dann durchgeführt, wenn bestimmte andere Planungen oder spezielle bauliche Vorhaben umgesetzt werden sollen.

Strategische Umweltprüfung/Umweltprüfung

Die Strategische Umweltprüfung (SUP) bzw. Umweltprüfung (UP) wurde aufgrund einer EU-Richtlinie in deutsches Recht integriert. Einmal in das Baugesetzbuch (BauGB) – dort spricht man von Umweltprüfung – und einmal in das Gesetz über die Umweltverträglichkeitsprüfung (UVPG) – dort ist der Begriff Strategische Umweltprüfung enthalten. Beide Begriffe meinen aber fachlich-inhaltlich das Gleiche. Das Planungsinstrument der SUP wie auch der UP ist der Umweltbericht (vgl. Tab. 5.3).

Die Aufgabe der Prüfplanung besteht darin, bereits bei Planungen die möglichen Umweltfolgen abzuschätzen. Zwar entstehen Folgen für die Umwelt erst wenn z. B. eine Autobahn real gebaut wird, bis der Bau aber erfolgt, sind bereits verschiedene Planungsebenen durchlaufen worden, die z. B. die Lage und auch Dimensionierung der Straße bestimmt haben. Diese Aspekte haben aber mitunter schon erheblichen Einfluss auf die Umwelt. Eine Prüfung der Umweltfolgen für Planungsebenen ist daher sinnvoll. Die SUP oder UP ist dementsprechend eine Umweltverträglichkeitsprüfung für Pläne und Programme.

Tab. 5.3: Steckbrief Umweltbericht (Quelle: eigene Darstellung).

Rechtsbegriff/ Rechtsgrundlage	Strategische Umweltprüfung (SUP)/Umweltprüfung (UP) Umweltverträglichkeitsprüfungsgesetz (UVPG), Baugesetzbuch (BauGB)
Planungsinstrument	Umweltbericht (UB)
Zuständigkeit	Die für die jeweilige Planung zuständige Stelle ist auch für die SUP zuständig. Für die UP ist die Gemeinde zuständig.
Planungsanlass	Für Planungen, die in der Anlage 5 des UVPG aufgelistet sind, ist eine SUP durchzuführen. Für die meisten BAULEITPLÄNE ist eine UP durchzuführen
Aufgabe/Funktion	Abschätzung der möglichen erheblichen Auswirkungen einer Planung auf die Umwelt
Wesentliche Inhalte	Prognose der Umweltauswirkungen einer Planung Prüfung von Planungsalternativen Maßnahmen zur Vermeidung und zur Kompensation erheblicher Umweltauswirkungen Überwachung der Prognose, um unvorhergesehene erhebliche Auswirkungen zu erkennen
Räumliche Ebene	Abhängig von der räumlichen Ebene der zu prüfenden Planung
Rechtsfolgen	Die UP mit dem UB dient lediglich als Entscheidungsgrundlage, Rechtsverbindlichkeit erlangt der UB nicht. Im jeweiligen Verfahren sind i. d. R. die Öffentlichkeit und die Träger:innen öffentlicher Belange (TÖB) zu beteiligen.

Bezug zu Freizeitnutzungen:
Die SUP wird für spezifische Planungen durchgeführt, die Auswirkungen auf die Umwelt haben können. Welche Planungen einer SUP unterzogen werden müssen, regelt der Anhang des UVP-Gesetzes. Da es keine spezifischen Planungen für Freizeitnutzungen gibt, sondern diese über andere Instrumentarien beplant werden, muss im Einzelfall geprüft werden, ob eine SUP-Pflicht für eine Planung mit Freizeitbezug besteht. Dies kann z. B. bei BAULEITPLÄNEN der Fall sein.

Umweltverträglichkeitsprüfung

Die Umweltverträglichkeitsprüfung (UVP) wurde aufgrund einer EU-Richtlinie in deutsches Recht – in das Gesetz über die Umweltverträglichkeitsprüfung (UVPG) – integriert. Hier sind diejenigen Bauvorhaben aufgelistet, für die eine UVP durchzuführen ist (z. B. Autobahnen, Deponien). Anders als die SUP/UP hat die UVP also bestimmte Bauprojekte und nicht die Planung zu diesen als Prüfgegenstand. Das Planungsinstrument ist der UVP-Bericht (vgl. Tab. 5.4).

Tab. 5.4: Steckbrief Umweltverträglichkeitsstudie (Quelle: eigene Darstellung).

Rechtsbegriff/ Rechtsgrundlage	Umweltverträglichkeitsprüfung Umweltverträglichkeitsprüfungsgesetz (UVPG) und die UVP-Gesetze der einzelnen Bundesländer
Planungsinstrument	UVP-Bericht
Zuständigkeit	Die für die Genehmigung des jeweiligen Bauprojektes zuständige Stelle ist auch für die UVP zuständig.
Planungsanlass	Für Projekte, die in der Anlage 1 des UVPG aufgelistet sind, ist eine UVP durchzuführen.
Aufgabe/Funktion	Abschätzung der möglichen erheblichen Auswirkungen eines Bauprojektes auf die Umwelt.
Wesentliche Inhalte	– Prognose der Umweltauswirkungen eines Bauprojektes – Prüfung von Planungsalternativen Maßnahmen zur Vermeidung und zur Kompensation erheblicher Umweltauswirkungen
Räumliche Ebene	Meistens auf der Zulassungsebene eines Bauprojektes. In bestimmten Fällen auch schon auf vorgelagerten Ebenen (z. B. Raumverträglichkeitsprüfung).
Rechtsfolgen	Die UVP mit dem UVP-Bericht dient lediglich als Entscheidungsgrundlage ohne Rechtsverbindlichkeit. Im Verfahren sind die Öffentlichkeit und die Träger:innen öffentlicher Belange (TÖB) zu beteiligen.

Bezug zu Freizeitnutzungen:

Im Rahmen der UVP werden bestimmte Bauprojekte auf ihre Auswirkungen auf die Umwelt untersucht. Welche freizeitbezogenen Projekte im Einzelnen einer UVP zu unterziehen sind, regelt der Anhang des UVP-Gesetzes. Hier enthalten sind u. a. Bauvorhaben wie Feriendörfer, Hotelanlagen, Campingplätze, Freizeitparks, große Parkplätze oder auch bestimmte Verkehrswege. Für einige Bauprojekte von Freizeiteinrichtungen ist somit eine UVP durchzuführen. Im Rahmen der Genehmigung dieser Einrichtungen dienen die Ergebnisse der UVP als Entscheidungsgrundlage.

FFH-Verträglichkeitsprüfung

Die FFH-Verträglichkeitsprüfung (FFH-VP) wurde aufgrund einer EU-Richtlinie in deutsches Recht – in das Bundesnaturschutzgesetz (BNatSchG) – integriert. FFH steht für Fauna – Flora – Habitat, so der Name der EU-Richtlinie.

Grundlage der FFH-VP ist das europaweite Netz von Schutzgebieten **Natura 2000**. Von den EU-Mitgliedstaaten wurden FFH-Gebiete und auch Vogelschutzgebiete (aufgrund der EU-Vogelschutzrichtlinie) nach Brüssel gemeldet, die dann das Schutzgebietssystem Natura 2000 bilden.

Sowohl in den EU-Richtlinien als auch im BNatSchG ist geregelt, dass Planungen oder Projekte in oder in der Nähe von FFH- oder Vogelschutzgebieten nur durchgeführt werden dürfen, wenn vorher ihre Verträglichkeit mit den Schutzzielen des jeweiligen FFH- oder Vogelschutzgebietes nachgewiesen ist. Planungs- bzw. Prüfinstrument hierfür ist die FFH-Verträglichkeitsstudie (FFH-VS) (vgl. Tab. 5.5).

Tab. 5.5: Steckbrief FFH-Verträglichkeitsstudie (Quelle: eigene Darstellung).

Rechtsbegriff/ Rechtsgrundlage	FFH-Verträglichkeitsprüfung Bundesnaturschutzgesetz (BNatSchG)
Planungsinstrument	FFH-Verträglichkeitsstudie (FFH-VS)
Zuständigkeit	Die für die Genehmigung des jeweilige Bauprojektes oder für eine Planung zuständige Stelle ist auch für die FFH-VP zuständig.
Planungsanlass	Für jedes Projekt oder jede Planung, welches ein FFH-Gebiet oder ein Vogelschutzgebiet negativ beeinflussen kann, ist eine FFH-VP durchzuführen.
Aufgabe/Funktion	Prognose der möglichen erheblichen Beeinträchtigungen eines Bauprojektes oder einer Planung auf ein FFH- oder Vogelschutzgebiet.
Wesentliche Inhalte	Prognose der Auswirkungen eines Bauprojektes oder einer Planung auf – die dort geschützten Lebensräume oder – die dort geschützten Arten. – Ableitung von Maßnahmen zur Schadensbegrenzung.
Räumliche Ebene	Auf der Zulassungsebene eines Bauprojektes Auf verschiedenen Planungsebenen
Rechtsfolgen	Die Ergebnisse der FFH-VP sind mit strengen Rechtsverbindlichkeiten verbunden: – Wird durch eine Planung oder ein Projekt ein FFH- oder Vogelschutzgebiet negativ beeinflusst ist sie/es unzulässig. – Ausnahmen sind an sehr strenge Vorgaben gebunden.

Bezug zu Freizeitnutzungen:
Einer FFH-Verträglichkeitsprüfung sind sämtliche Planungen oder Bauprojekte zu unterziehen, die ein FFH- oder Vogelschutzgebiet beeinflussen können. Als relevante Planungen kommen insbesondere die BAULEITPLÄNE in Betracht. Ein Bauleitplan mit

freizeitrelevanten Inhalten, der ein FFH-Gebiet tangiert, fällt damit unter die Prüf-pflicht. Als relevantes Bauprojekt für Freizeitnutzungen kann beispielsweise der Bau von Rad-, Reit- oder Wanderwegen eine Prüfpflicht auslösen, wenn durch den Bau oder den Betrieb ein FFH-Gebiet negativ beeinflusst werden kann. Wenn im Ergebnis der FFH-Verträglichkeitsprüfung festgestellt wird, dass eine Planung oder ein Baupro-jekt zu erheblichen Beeinträchtigungen in einem FFH- Schutzgebiet führen kann, dann ist die Planung oder das Projekt unzulässig. Ausnahmen sind im Einzelfall an sehr strenge Auflagen gebunden.

Eingriffsregelung

Die Eingriffsregelung (ER) des Bundesnaturschutzgesetzes (BNatSchG) und der einzel-nen Ländernaturschutzgesetze befasst sich mit erheblichen Eingriffen in Natur und Landschaft. Erhebliche Eingriffe liegen z. B. vor, wenn Boden versiegelt, Biotope zerstört oder das Landschaftsbild stark überprägt wird. Bei vorliegenden Eingriffen verpflichtet die ER den Verursachenden eines Eingriffs dazu, vermeidbare Beeinträchtigungen zu unterlassen und die unvermeidbaren Beeinträchtigungen durch bestimmte Maßnahmen zu kompensieren.

Die Eingriffsregelung hat zwei Anwendungsfelder: Eingriffe durch Pläne der BAU-LEITPLANUNG und durch Vorhaben des FACHPLANUNGSRECHTES. Im Rahmen der Bauleitplanung wird die Eingriffsregelung i. d. R. über die UMWELTPRÜFUNG mit dem Umweltbericht oder die LANDSCHAFTSPLANUNG mit dem LANDSCHAFTSPLAN oder GRÜNORDNUNGSPLAN bewältigt. Im Fachplanungsrecht gibt es ein eigenständiges In-strument: den Landschaftspflegerischen Begleitplan (LBP) (vgl. Tab. 5.6).

Tab. 5.6: Steckbrief Landschaftspflegerischer Begleitplan (Quelle: eigene Darstellung).

Rechtsbegriff/ Rechtsgrundlage	Eingriffsregelung Bundesnaturschutzgesetz (BNatSchG)
Planungsinstrument	Landschaftspflegerischer Begleitplan (LBP)
Zuständigkeit	Die für die Genehmigung des jeweilige Bauprojektes zuständige Stelle ist auch für die Eingriffsregelung zuständig.
Planungsanlass	Für Bauprojekte, welche Natur und Landschaft erheblich beeinträchtigen können, ist die Eingriffsregelung anzuwenden.
Aufgabe/Funktion	Ermittlung der erheblichen Beeinträchtigungen eines Bauprojektes auf Natur und Landschaft. Ableitung von Maßnahmen zur Vermeidung u. zur Kompensation erheblicher Beeinträchtigungen.

Tab. 5.6 (fortgesetzt)

Rechtsbegriff/ Rechtsgrundlage	Eingriffsregelung Bundesnaturschutzgesetz (BNatSchG)
Wesentliche Inhalte	Ermittlung der bau-, anlage- und betriebsbedingten Beeinträchtigungen; Ableitung von Maßnahmen zur Vermeidung erheblicher Beeinträchtigungen; Ableitung von Ausgleichs- und Ersatzmaßnahmen; Bilanzierung von Eingriff und Kompensation.
Räumliche Ebene	Auf der Zulassungsebene eines Bauprojektes
Rechtsfolgen	Der LBP mit seinen Maßnahmen zur Vermeidung und zur Kompensation wird im Rahmen der PLANFESTSTELLUNG rechtsverbindlich.

Bezug zu Freizeitnutzungen:
Eingriffe in Natur und Landschaft können durch BAULEITPLÄNE oder durch bestimmte Bauprojekte (FACHPLANUNGSRECHT) hervorgerufen werden. Folglich sind bestimmte Bauleitpläne mit freizeitrelevanten Regelungen (z. B. Campingplätze, Kultureinrichtungen) und bauliche Vorhaben (z. B. Gewässerausbau für Wassersportanlagen) der Eingriffsregelung zu unterziehen.

Besonderer Artenschutz
Nach dem Bundesnaturschutzgesetz (BNatSchG) genießen alle wildlebenden Tiere und Pflanzen den Schutz des Gesetzes. Neben diesem allgemeinen Artenschutz sind einige Arten besonders geschützt (besonderer Artenschutz). Von diesen besonders geschützten Arten ist eine Teilmenge darüber hinaus auch noch „streng geschützt". In § 7 Absatz 2 Nr. 13 BNatSchG ist definiert, welche Arten besonders und welche streng geschützt sind. Und § 44 Absatz 1 BNatSchG enthält einzelne Verbotstatbestände. So ist es z. B. verboten, besonders geschützte Tierarten zu verletzen oder zu töten und die streng geschützten Tierarten sowie alle europäischen Vogelarten während bestimmter Zeiten zu stören.

Die am häufigsten bei diesen Verbotstatbeständen durch Planungen betroffenen Artengruppen sind Vögel, Fledermäuse, Fischotter, Biber sowie Amphibien und Reptilien. So sind bei fast allen Planungen und Baugenehmigungsverfahren die artenschutzrechtlichen Verbote zu prüfen.

Dies wird i. d. R. durch die Erarbeitung eines Artenschutzgutachtens (Artenschutzbeitrag, ASB) gewährleistet, zu dem auch häufig die Erfassung (Kartierungen) der möglicherweise betroffenen Arten gehört. Im ASB werden auch Maßnahmen zur Vermeidung oder zum Ausgleich festgelegt. Können die Verbote nicht vermieden oder ausgeglichen werden, so ist das Vorhaben unzulässig. Ausnahmen sind nur unter sehr strengen Bedingungen möglich (vgl. Tab. 5.7).

Tab. 5.7: Steckbrief besonderer Artenschutz (Quelle: eigene Darstellung).

Rechtsbegriff/ Rechtsgrundlage	Artenschutz Bundesnaturschutzgesetz (BNatSchG)
Planungsinstrument	Artenschutzbeitrag (ASB), Artenschutzfachbeitrag (AFB) o. ä.
Zuständigkeit	Die für die Genehmigung des jeweiligen Bauprojektes oder für eine Planung zuständige Stelle ist auch für den Artenschutz zuständig; Naturschutzbehörden.
Planungsanlass	Immer wenn europarechtlich oder streng geschützte Arten betroffen sein können.
Aufgabe/Funktion	Abschätzung der möglichen Betroffenheit artenschutzrechtlicher Verbote (§ 44 BNatSchG). Ziel: Vermeidung von Verbotstatbeständen.
Wesentliche Inhalte	Prüfen der jeweils betroffenen Arten; Konfliktanalyse Kartierung von Arten Maßnahmen zur Vermeidung und zum Ausgleich Ggf. Ausnahmeprüfung
Räumliche Ebene	Meistens auf der örtlichen Planungs- bzw. Zulassungsebene eines Vorhabens.
Rechtsfolgen	Die Ergebnisse des ASB sind mit strengen Rechtsverbindlichkeiten verbunden. Werden durch eine Planung oder ein Vorhaben Verbotstatbestände ausgelöst, ist es unzulässig. Ausnahmen sind an sehr strenge Vorgaben gebunden.

Bezug zu Freizeitnutzungen:

Einer Artenschutzprüfung sind sämtliche Planungen oder Bauprojekte zu unterziehen, die artenschutzrechtliche Verbotstatbestände auslösen können. Als mögliche Planungen kommen insbesondere die BAULEITPLÄNE in Betracht. Ein Bauleitplan mit freizeitrelevanten Inhalten, der relevante Arten tangiert, fällt z. B. unter die Prüfpflicht. Aber auch konkrete Bauprojekte für Freizeitnutzungen wie z. B. der Bau von Rad-, Reit- und Wanderwegen oder Einrichtungen zum Klettersport an Felswänden können eine Prüfpflicht auslösen. Wenn im Ergebnis der Artenschutzprüfung festgestellt wird, dass eine Planung oder ein Bauprojekt zu Verbotstatbeständen führen kann, dann ist die Planung oder das Projekt unzulässig. Ausnahmen sind im Einzelfall an sehr strenge Auflagen gebunden.

5.2.3 Fachplanungen

Anders als die Arten der Gesamtplanung behandeln die sog. Fachplanungen eine ganz spezifische Art von Nutzung. Dabei können grob zwei Formen von Fachplanungen unterschieden werden. Zum einen existieren Fachplanungen für bestimmte bauliche Vorhaben, wie z. B. Bundesfernstraßen, Abfallbeseitigungsanlagen, Kraftwerke usw. (bauende Fachplanungen). Wie diese baulichen Vorhaben geplant und zugelassen werden, steht im jeweiligen Fachgesetz, daher auch der Name Fachplanungsrecht. Zum anderen haben bestimmte Fachgebiete wie z. B. die Land-, Forst- und Wasserwirtschaft eigene Fachplanungen, mit denen diese Nutzungen insbesondere gesteuert werden (steuernde Fachplanungen).

Bauende Fachplanungen/Planfeststellung

Neben den baulichen Vorhaben, für die die Kommunen im Rahmen der BAULEITPLANUNG zuständig sind (z. B. Wohn- und Gewerbegebiete), gibt es zahlreiche bauliche Vorhaben mit ortsübergreifender Bedeutung, die nicht über die Bauleitplanung geregelt sind. Hierunter fallen z. B. Fernstraßen, Bahnstrecken, Flughäfen, Wasserstraßen, für die jeweils einzelne Fachgesetze die Planung und die Zulassung regeln. Solche baulichen Vorhaben werden unter dem Begriff des Fachplanungsrechtes zusammengefasst. All diesen Gesetzen des Fachplanungsrechtes ist gemeinsam, dass sie für die Genehmigung der Planung ein eigenes Zulassungsvorhaben vorsehen: das Planfeststellungsverfahren. Neben diesem Verfahren gibt es auch immissionsschutzrechtliche Genehmigungsverfahren nach dem Bundesimmissionsschutzgesetz (BImSchG), auf das nicht näher eingegangen wird, da es sich bei Projekten zu Freizeitnutzungen i. d. R. nicht um genehmigungsbedürftige Anlagen nach BImSchG handelt.

Das Planfeststellungsverfahren ist im Verwaltungsverfahrensgesetz geregelt und besteht aus zwei Verfahrensschritten. Dem Anhörungs- und dem Beschlussverfahren. Im Anhörungsverfahren werden sämtliche für ein Bauprojekt erarbeiteten Unterlagen (Baubeschreibungen, Bauzeichnungen, Gutachten usw.) für die Öffentlichkeit ausgelegt und Behörden beteiligt. Die Beteiligten können Einwendungen gegen die Planung vorbringen, die dann in einem Erörterungstermin besprochen werden. Über die eingebrachten Einwendungen, für die keine Einigung in der Erörterung erzielt werden konnte, entscheidet dann die zuständige Behörde im Beschlussverfahren. Am Ende des Verfahrens steht der Planfeststellungsbeschluss. Dieser Beschluss hat die Funktion einer Baugenehmigung nach der Projektträger:innen mit dem Bau beginnen können.

Im Bereich der Freizeitnutzungen sind bauliche Vorhaben wie z. B. Gewässer- und Gewässeruferausbau, Radwegebau oder Freizeitparks außerhalb der Ortschaften im Fachplanungsrecht geregelt.

Steuernde Fachplanungen

Als steuernde Fachplanungen sind hier beispielhaft die Planungen aus der Land-, Forst- und Wasserwirtschaft angeführt (verkürzt nach Jessel/ Tobias 2002).

Agrarplanungen: In den Bundesländern werden über die sog. Agrarstrukturelle Vorplanung (AVP) landwirtschaftliche Flächenfunktionen ausgewiesen, Nutzungseignungen bestimmt, landwirtschaftlicher Entwicklungsbedarf ausgewiesen und Handlungskonzepte entwickelt. An die Stelle der AVP sind in manchen Bundesländern sog. Agrarstrukturelle Entwicklungsplanungen (AEP) getreten. Die Flurneuordnung (auch

Flurbereinigung) hat die Aufgabe, den ländlichen Grundbesitz neu zu ordnen. Die Dorferneuerungs- und -entwicklungspläne bieten vor allem Gestaltungsmöglichkeiten für das ländliche Siedlungsbild.

Forstliche Planungen: Die sog. Forstlichen Rahmenpläne haben die Aufgabe, die Nutz-, Schutz- und Erholungsfunktion von Wald zu sichern. Sie werden von den Forstbehörden für eine Landesgebiet (bei kleinen Bundesländern) oder für Teilflächen eines Bundeslandes aufgestellt. Als Beitrag zur Rahmenplanung fungieren häufig die Waldfunktionenkartierung und die daraus abgeleitete Waldfunktionsplanung, welche eine räumliche Darstellung und Zuweisung der einzelnen Waldfunktionen enthalten. Auf der örtlichen Ebene der Forstplanung existiert die sog. Forsteinrichtung. Auf Basis der Forsteinrichtung werden für den Forstbetrieb jährliche Wirtschaftspläne erstellt.

Wasserwirtschaftliche Planungen: Planungen der Wasserwirtschaft werden seit 2000 durch die europarechtliche Wasserrahmenrichtlinie bestimmt. Der Schwerpunkt der Regelungen dieser Richtlinie zielt auf eine Verbesserung der Gewässergüte ab. Die Umsetzung der Richtlinie führt zu Auswirkungen auf das in Deutschland existierende wasserwirtschaftliche Planungsinstrumentarium. Bisher existieren in Deutschland die Abwasserbeseitigungspläne, die den Ausbau der Abwasserbehandlungsanlagen regeln und die Wasserwirtschaftlichen Rahmenpläne, die sich auf die Flussgebiete als Wirtschaftsräume beziehen.

5.2.4 Querschnittsplanung/Landschaftsplanung

Die Landschaftsplanung wird als Querschnittsplanung bezeichnet, weil sie ganz verschiedene Funktionen zu erfüllen hat. Insbesondere die Aufgabe, für andere Fachplanungen und die Gesamtplanung Informationsgrundlagen zu liefern hat Querschnittscharakter. Neben dieser Funktion erfüllt die Landschaftsplanung auch noch die Funktion einer Fachplanung für Natur und Landschaft (vgl. Tab. 5.8).

Die Landschaftsplanung ist im Bundesnaturschutzgesetz (BNatSchG) geregelt. Darüber hinaus haben die Bundesländer mit ihren Landesnaturschutzgesetzen zahlreiche Gestaltungsmöglichkeiten. Entsprechend vielfältig sind die einzelnen Modelle von Landschaftsplanung. Sie findet wie die Gesamtplanung auf verschiedenen räumlichen Ebenen statt (vgl. Tab. 5.9).

Als Beispiel für ein Planungsinstrument der Landschaftsplanung wird nachfolgend der Landschaftsplan in Form des Steckbriefes vorgestellt (vgl. Tab. 5.10).

Bezug zu Freizeitnutzungen:

Eine wichtige inhaltliche Aufgabe der Landschaftsplanung umfasst den Aspekt des Natur- und Landschaftserlebens sowie die Erholung in Natur und Landschaft. Viele denkbare Freizeitaktivitäten werden in Natur und Landschaft vollzogen und auch die Erholung ist ein wichtiger Gesichtspunkt in der Freizeit. Insofern kann die Landschaftsplanung hier wichtige planerische Aussagen liefern. Die Bestimmtheit sowie

Tab. 5.8: Funktionen der Landschaftsplanung (Quelle: eigene Darstellung).

Hauptfunktion	Funktion	Teilfunktionen/Teilaufgaben
Landschaftsplanung als sektorale Fachplanung	Fachplanung für Naturschutz und Landschaftspflege	– Planung für Arten- und Lebensgemeinschaften – Planung für die Regulation und Regeneration von Boden, Gewässern, Luft und Klima – Planung für Natur- und Landschaftserleben und die Erholung in Natur und Landschaft
Landschaftsplanung als Beitrag zu anderen Fachplanungen	Beitrag zur räumlichen Gesamtplanung	– Lieferung von Material für den planerischen Abwägungsprozess.
	Querschnittsorientierte Mitwirkungsplanung gegenüber anderen raumbedeutsamen Planungen	Entscheidungsgrundlagen für – die Prüfung der Umweltverträglichkeit von Nutzungen; – die sachgerechte Abwägung in Fachplanungsverfahren (Planfeststellung); – die etwaige Versagung eines Vorhabens bzw. für die Bemessung von Ausgleichs- und Ersatzmaßnahmen im Rahmen der Eingriffsregelung; – ressortspezifische Aktivitäten wie z. B. der Extensivierung in der Landwirtschaft.

Tab. 5.9: Planungsebenen der Landschaftsplanung (Quelle: eigene Darstellung).

Planungsraum	Gesamtplanung	Landschaftsplanung	Maßstab
Land	Landesraumordnungsprogramm*	Landschaftsprogramm*	1:500.000 bis 1:200.000
Region; Reg. Bez. Kreis	Regionalplan*	Landschaftsrahmenplan*	1:50.000 bis 1:25.000
Gemeinde	Flächennutzungsplan	Landschaftsplan	1:10.000 bis 1:5.000
Teil des Gemeindegebietes	Bebauungsplan	Grünordnungsplan	1:2.500 bis 1:1.000

*Die Planwerke werden in den Bundesländern z. T. anders bezeichnet

Tab. 5.10: Steckbrief Landschaftsplan (Quelle: eigene Darstellung).

Rechtsbegriff/ Rechtsgrundlage	Landschaftsplanung Bundesnaturschutzgesetz (BNatSchG) und die Landesnaturschutzgesetze
Planungsinstrument	Landschaftsplan
Planungsanlass	In den einzelnen Bundesländern sehr verschieden. Oft wird er parallel zum FNP aufgestellt.
Aufgabe/Funktion	Fachplanung Naturschutz: was ist aus Sicht des Naturschutzes erforderlich, – um wertvolle und funktionsfähige Bereiche und Strukturen zu erhalten und zu schützen, – um in ihrer Funktionsfähigkeit eingeschränkte Bereiche und Strukturen zu verbessern, zu entwickeln? Beitrag zu anderen Planungen: welche Inhalte sind aus Sicht des Naturschutzes – für die Abwägung beim FNP von Bedeutung – für andere Fachplanungen, die sich auf Natur und Landschaft beziehen (z. B. Agrarplanungen, Eingriffsfolgenabschätzung bei der Vorhabenszulassung (Fachplanung) von Bedeutung?
Wesentliche Inhalte	Texte und Karten über den derzeitigen und zu erwartenden Zustand – von Boden, Wasser, Klima/Luft, – der Tier- und Pflanzenwelt, – sowie vom Landschaftsbild und dem Erholungswert der Landschaft.
Räumliche Ebene	Gemeindeebene
Rechtsfolgen	In den meisten Bundesländern hat der Landschaftsplan keine Rechtsverbindlichkeit. In NRW und den Stadtstaaten wird der Landschaftsplan als Satzung oder Rechtsverordnung rechtsverbindlich.

der Konkretisierungsgrad solcher Aussagen ist jedoch abhängig von der räumlichen Ebene (Land, Region, Gemeinde), den rechtlichen und fachlichen Vorgaben des Bundeslandes sowie den spezifischen Gegebenheiten des Planungsraumes.

5.2.5 Ein mögliches Praxisbeispiel

In einer Gemeinde soll ein großer Freizeitpark (10 ha) errichtet werden. Bevor dieser gebaut werden kann, müssen zahlreiche Planungsschritte durchlaufen werden.

Zunächst muss für das Vorhaben eine Raumverträglichkeitsprüfung (RVP) durchgeführt werden. Dies schreibt § 1 Ziffer 15 der Raumordnungsverordnung des Bundes vor. Im der RVP wird geprüft, wie sich das Vorhaben auf die Raumentwicklung auswirkt und ob es mit den Vorgaben der Raumordnung und anderen großen raumbedeutsamen Vorhaben vereinbar ist. Im Rahmen des RVP werden auch die Auswirkungen auf die Umwelt untersucht. Hierzu wird i. d. R. eine UMWELTVERTRÄGLICHKEITSPRÜFUNG

(UVP) durchgeführt, bei der auch verschiedene Standortalternativen hinsichtlich Ihrer Umweltauswirkungen untersucht werden.

Als nächster Schritt muss ein Bebauungsplan (B-Plan) erarbeitet werden, der aus dem FLÄCHENNUTZUNGSPLAN (FNP) der Gemeinde entwickelt wird. Da die in Frage kommende Fläche aber bisher nur landwirtschaftlich genutzt wurde, stellt der FNP diese als „Fläche für Landwirtschaft" dar. Daher muss zunächst der FNP geändert werden, bevor der B-Plan erarbeitet werden kann.

Das Verfahren zur Änderung oder Aufstellung eines FNP durchläuft verschiedene Verfahrensstufen. Zunächst beschließt die Gemeinde, dass der FNP geändert oder neu aufgestellt werden soll. Dann wird ein erster Vorentwurf der Planung erarbeitet und den Bürger:innen, Behörden und anderen wichtigen Institutionen (die Träger:innen öffentlicher Belange [TÖB]) zur Kenntnis und Diskussion gegeben. Die ggf. vorgebrachten Anregungen und Bedenken aus dieser ersten Beteiligungsstufe werden abgewogen und fließen ggf. in die weitere Planung ein. Auf dieser Basis wird dann ein weiterer Entwurf des FNP erarbeitet. Dieser wird in einer zweiten Beteiligungsstufe noch einmal für die Bürger:innen, Behörden und TÖB öffentlich gemacht. Auch in dieser Beteiligungsstufe können wieder Anregungen und Bedenken geäußert werden, die dann wieder abgewogen werden und ggf. in die endgültige Fassung des FNP einfließen. Am Ende des Verfahrens beschließt die Gemeinde den FNP, der dann noch von der höheren Verwaltungsbehörde genehmigt werden muss. Ist dies geschehen wird der FNP öffentlich bekannt gemacht und ist wirksam.

Im Rahmen der Änderung oder Aufstellung des FNP müssen auch die möglichen Auswirkungen der Planung auf die Umwelt untersucht werden. Hierzu wird parallel zum FNP eine UMWELTPRÜFUNG (UP) durchgeführt. Im Rahmen der Umweltprüfung werden die möglichen Umweltfolgen erfasst und bewertet und es werden Hinweise gegeben, wie diese nach Möglichkeit vermieden, gemindert oder kompensiert werden können (EINGRIFFSREGELUNG, ER). Auch die Ergebnisse der Umweltprüfung werden den Bürger:innen, Behörden und TÖB zur Kenntnis gegeben und diese haben das Recht, sich auch hierzu zu äußern.

Wenn nun der geänderte oder neu gefassten FNP wirksam ist, kann die Gemeinde den erforderlichen BEBAUUNGSPLAN (B-Plan) aufstellen. Das Aufstellungsverfahren ist dasselbe wie beim FNP. Auch muss wie im FNP-Verfahren wieder eine UMWELTPRÜFUNG durchgeführt werden. Darüber hinaus muss sichergestellt sein, dass der B-Plan nicht zu artenschutzrechtlichen Verboten führen kann. Daher ist auch ein Artenschutzbeitrag (ASB) mit artenschutzrechtlichen Vermeidungs- und Ausgleichsmaßnahmen zu erstellen. Am Ende des Verfahrens beschließt die Gemeinde den B-Plan als Satzung. Damit werden sämtliche zeichnerischen und textlichen Festsetzungen des B-Plans rechtsverbindlich.

Sollte sich die für den Freizeitpark vorgesehene Fläche in der Nähe oder gar innerhalb eines europäischen Schutzgebietes (FFH- oder Vogelschutzgebiet) befinden, so ist spätestens parallel zum B-Planverfahren auch noch eine FFH-Verträglichkeitsprüfung durchzuführen. Dabei wird untersucht, ob die Planung möglicherweise zu erheblichen

Beeinträchtigungen der Schutzziele eines solchen Gebietes führt. Ist eine solche Beeinträchtigung nicht auszuschließen, ist die Planung und damit das Bauprojekt unzulässig. Besteht diese Gefahr nicht, so kann das Projekt weiterverfolgt werden.

Nun kann der/die Eigentümer:in des Grundstücks bei der Baugenehmigungsbehörde einen Bauantrag für den Freizeitpark einreichen. Stimmen die Angaben des Bauantrags mit den Festsetzungen des B-Plans überein, muss dem Bauantrag stattgegeben werden und es könnte gebaut werden. Da das Gesetz über die Umweltverträglichkeitsprüfung (UVPG, Anlage 1, Nr. 18.3.1) nun aber verpflichtend vorsieht, für einen großen Freizeitpark eine UMWELTVERTRÄGLICHKEITSPRÜFUNG (UVP) durchzuführen, muss zunächst dieser Verpflichtung nachgekommen werden. Auch auf der Ebene des Bauantragsverfahrens ist ggf. noch einmal der besondere Artenschutz zu untersuchen.

Dabei ist zu beachten, dass bereits bei jedem der o. g. Planungsschritte jeweils mögliche Umweltfolgen abgeschätzt wurden. Bei der Raumverträglichkeitsprüfung war es die UVP, beim FNP und beim B-Plan wurde eine Umweltprüfung durchgeführt und auf der Baugenehmigungsebene ist wieder eine UVP zu erarbeiten. Dabei ist auf jeder Planungsstufe zu beachten, dass nicht jedes Mal die Umweltfolgenprüfung des vorangegangenen Planungsschrittes wiederholt wird. Nur das, was in der nachfolgenden Stufe konkreter oder aktueller abprüfbar ist, ist auch zu untersuchen. Wenn nun bereits auf der B-Plan-Ebene die Umweltprüfung sehr genau vorgenommen wurde und der Bauantrag zeitnah zum B-Plan eingereicht wird, kann im Einzelfall auch auf die UVP im Baugenehmigungsverfahren verzichtet und mit dem Bau des Freizeitparks begonnen werden. Andernfalls, wenn z. B. zwischen dem B-Planverfahren und dem Bauantragsverfahren sehr lange Zeit verstrichen ist, muss vor Baubeginn noch eine UVP durchgeführt werden.

5.2.6 Zusammenfassende Übersicht

In der Abb. 5.3 sind die Planungsinstrumente der Gesamtplanung verschiedenen Prüfplanungen gegenübergestellt. Es wird deutlich, dass die Eingriffsregelung (ER) lediglich in der Bauleitplanung beim Flächennutzungsplan und beim Bebauungsplan zur Anwendung kommt [großes X]. Die FFH-Verträglichkeitsprüfung (FFH-VP) kommt auf jeder Planungsstufe zur Anwendung, vorausgesetzt es besteht die Möglichkeit des Einwirkens in ein FFH- oder Vogelschutzgebiet [kleines x]. Die Strategische Umweltprüfung (SUP) bzw. Umweltprüfung (UP) ist i. d. R. für sämtliche Planungsinstrumente der Gesamtplanung durchzuführen [großes X]. Der besondere Artenschutz (AS) ist i. d. R. beim Flächennutzungsplan lediglich überschlägig [kleines x] und beim Bebauungsplan zu bearbeiten [großes X].

In der Abb. 5.4 sind die Planungsinstrumente des Fachplanungsrechtes verschiedenen Prüfplanungen gegenübergestellt. Es wird deutlich, dass die Eingriffsregelung (ER) lediglich auf der Ebene der Planfeststellung zur Anwendung kommt [großes X]. Die Strategische Umweltprüfung ist für die Planungsstufe auf Bundesebene des Beispiels

		ROG Gesamtplanung	BNatSchG ER	BNatSchG FFH	UVPG (BauGB) SUP (UP)	BNatSchG AS
Raumordnung, Landes- und Regionalplanung	Land	Landschaftsentwicklungsprogramm; Landschaftsentwicklungspläne		x	X	
	Region/Kreis	Regionalplan		x	X	
Bauleitplanung	Gemeinde	BauGB; Flächennutzungsplan	X	x	X	x
	Gemeindeteil	Bebauungsplan	X	x	X	X

Abb. 5.3: Räumliche Gesamtplanungen und deren Bezug zu den Instrumenten des Umwelt- und Naturschutzes.

	Planungsstufe	BNatSchG ER	UVPG SUP	UVPG UVP	BNatSchG FFH	BNatSchG AS
BRD	Bundesverkehrswegeplan		X			
„Region"	Linienbestimmungsverfahren			X	x	
„Bereich"	Raumverträglichkeitsprüfung (RVP)			X	x	
Strecke	Planfeststellungsverfahren (VwVfG):	X		X	x	X
	1. Anhörungsverfahren TÖB; Bürger:innen 2. Beschlussverfahren Entscheidung Beschluss (rechtsverbindlich)					

Abb. 5.4: Vorhabenplanungen (Verkehr, Abfall usw.) und deren Bezug zu den Instrumenten des Umwelt- und Naturschutzes (am Beispiel der Straßenplanung).

Straßenplanung durchzuführen [großes X]. In den weiteren Planungsebenen kommt dann die Umweltverträglichkeitsprüfung (UVP) zum Einsatz. Die FFH-Verträglichkeitsprüfung (FFH-VP) kommt auf fast jeder Planungsstufe zur Anwendung, vorausgesetzt es besteht die Möglichkeit des Einwirkens in ein FFH- oder Vogelschutzgebiet [kleines x]. Der Artenschutz (AS) wird i. d. R. erst auf der Ebene der Planfeststellung geprüft [großes X].

5.3 Literatur

BauGB (2017): Baugesetzbuch in der Fassung der Bekanntmachung vom 3. November 2017 (BGBl.
I S. 3634), das zuletzt durch Artikel 3 des Gesetzes vom 20. Dezember 2023 (BGBl. 2023 I Nr. 394)
geändert worden ist.

Bechmann, Arnim (1981): Grundlagen der Planungstheorie und Planungsmethodik, Bern und Stuttgart:
Haupt Verlag (UTB).

BNatSchG (2009): Bundesnaturschutzgesetz vom 29. Juli 2009 (BGBl. I S. 2542), das zuletzt durch Artikel 3
des Gesetzes vom 8. Dezember 2022 (BGBl. I S. 2240) geändert worden ist.

Carius, Florian; Gernig, Björn (2010): Was ist Freizeitwissenschaft. Konzeption – Entwicklungsstand –
weltweiter Vergleich. Aachen: Shaker Verlag.

Florida, Richard (2002): The Rise of the Creative Class. Basic Books, New York: Basic Books.

Hartmann, Rainer (2018): Marketing in Tourismus und Freizeit. München: UVK Verlag.

Jessel, Beate; Tobias, Kai (2002): Ökologisch orientierte Planung. Eine Einführung in Theorien, Daten und
Methoden. Stuttgart: Eugen Ulmer.

Kramer, Bernhard (1990): Freizeit – Politik – Perspektiven. Berner Studien zu Freizeit und Tourismus 27,
Universität Bern.

Mändle, Markus: (2024): Subsidiarität. Abgerufen am 04.03.2024 von https://wirtschaftslexikon.gabler.de/
definition/subsidiaritaet-44920.

Müller, Hansruedi (2008): Freizeit und Tourismus. Eine Einführung in Theorie und Politik. Berner Studien
zu Freizeit und Tourismus 41, Universität Bern.

Rat der Europäischen Gemeinschaften (1992): Richtlinie 92/43/EWG des Rates vom 21. Mai 1992 zur
Erhaltung der natürlichen Lebensräume sowie der wildlebenden Tiere und Pflanzen. Amtsblatt der
Europäischen Gemeinschaften Nr. L 206, 35. Jg., 22. Juli 1992.

Rat der Europäischen Union (1997): Richtlinie 97/62/EWG des Rates vom 27. Oktober 1997 zur Anpassung
der Richtlinie 92/43/EWG zur Erhaltung der natürlichen Lebensräume sowie der wildlebenden Tiere
und Pflanzen an den technischen und wissenschaftlichen Fortschritt. Amtsblatt der Europäischen
Gemeinschaften Nr. L 305, 40. Jg., 8. November 1997.

ROG (2008): Raumordnungsgesetz vom 22. Dezember 2008 (BGBl. I S. 2986), das zuletzt durch Artikel 1
des Gesetzes vom 22. März 2023 (BGBl. 2023 I Nr. 88) geändert worden ist. Abgerufen am
04.05.2024 von https://www.gesetze-im-internet.de/rog_2008/ROG.pdf.

RoV (2002): Raumordnungsverordnung vom 13. Dezember 1990 (BGBl. I S. 2766), die zuletzt durch Artikel
12 des Gesetzes vom 22. März 2023 (BGBl. 2023 I Nr. 88) geändert worden ist.

Schmidt-Eichstädt, Gerd (1993): Städtebaurecht, Einführung und Handhabung mit den Sonderregelungen für
die fünf neuen Bundesländer der Bundesrepublik Deutschland. 2. Aufl., Berlin: Verlag W. Kohlhammer.

SPD, BÜNDNIS 90/DIE GRÜNEN UND FDP (2021): Koalitionsvertrag 2021. Abgerufen am 04.12.2023 von
https://www.bundesregierung.de/breg-de/service/gesetzesvorhaben/koalitionsvertrag-2021-1990800.

Tokarski, Walter (2000): Freizeitpolitik. In: Lexikon der Psychologie. Abgerufen am 04.12.2023 von
https://www.spektrum.de/lexikon/psychologie/freizeitpolitik/5291.

UIA – Union of International Associations (2022): European Leisure and Recreation Association (ELRA).
Abgerufen am 04.12.2023 von https://uia.org/s/or/en/1100005818.

UVPG (2023): Gesetz über die Umweltverträglichkeitsprüfung in der Fassung der Bekanntmachung vom
18. März 2021 (BGBl. I S. 540), das zuletzt durch Artikel 10 des Gesetzes vom 22. Dezember 2023
(BGBl. 2023 I Nr. 409) geändert worden ist.

WLO – World Leisure Organization (2024): About us. Abgerufen am 04.03.2024 von https://www.worldlei
sure.org/about-us/.

Wolf, Klaus (2021): Freizeitpolitik. In: Lexikon der Geographie. Abgerufen am 01.12.2023 unter
https://www.spektrum.de/lexikon/geographie/freizeitpolitik/2688.

6 Handlungsfelder der Freizeitwissenschaft

Auf der Basis der vorigen Kapitel, die disziplingeschichtliche Aspekte der Freizeitwissenschaft, gesellschaftliche Rahmenbedingungen und Einführungen in weitere Bezugswissenschaften und -disziplinen thematisiert haben, werden an dieser Stelle die wichtigsten Handlungsfelder der Freizeitwissenschaft für die Praxis – vorwiegend im Außerhaus-Bereich – betrachtet. Diese treten häufig in einer Kombination miteinander auf, z. B. wenn es um die Mediennutzung in der Freizeit bzw. beim Reisen, im Kulturbereich oder in der Natur geht. Die Handlungsfelder orientieren sich an den häufigsten Freizeitaktivitäten der Deutschen (vgl. Kap. 3).

6.1 Freizeit und Medien

Christopher Könitz

Nicht nur in der Arbeitswelt, sondern insbesondere auch in der Freizeit haben sich (digitale) Medien in den letzten Jahrzehnten etabliert. Hierbei haben vor allem das mobile Internet und die inzwischen relativ günstigen Smartphones zu einer Durchdringung fast aller Freizeitaktivitäten geführt. Mit Blick auf empirische Erhebungen zur Medienausstattung und -nutzung scheint dieser Trend bisher ungebrochen (vgl. Kap. 2.3). Insofern ist es notwendig, sich mit Medien in der Freizeit als Struktur und Situation auseinanderzusetzen (vgl. Krotz 2012: 44). Hierbei soll der Frage nachgegangen werden, in welchen Formen sich Medien in der Freizeit finden lassen. Ein weiteres wichtiges Merkmal medialer Strukturen in der Freizeit sind die damit verwobenen ökonomischen Strukturen, welche Teil und Voraussetzung medialer Freizeitangebote sind. Aus der Verwobenheit dieser Aspekte werden abschließend Phänomene medialer Freizeit skizziert. Hierbei sollen vor allem Auswirkungen auf Berufsfelder der Freizeit sowie mediale und damit verbundene ökonomische Phänomene der Freizeit in den Blick genommen werden.

6.1.1 Formen medialer Freizeit: In welcher Form lassen sich Medien in der Freizeit finden?

Dass Medien viele Bereiche der Freizeit durchdrungen haben, bedeutet nicht, dass klassische Tätigkeiten wie ein Buch lesen oder Wandern gehen durch digitale Äquivalente ersetzt werden. Vielmehr lassen sich unterschiedliche Grade der Integration ausmachen. Hierbei wird es zunehmend schwieriger das Verhältnis zwischen Offline und Online im Kontext einer Mediatisierung zu bestimmen (vgl. Kapitel 2.3). Selbst das gelesene Buch kann Ergebnis einer Nutzer:innenempfehlung auf einer Webplattform sein, die dieses Buch auch gleich verkauft. Insofern kann Online auch als Katalysator für Offline-Aktivitäten dienen. Dieser Umstand wird vor allem auch

https://doi.org/10.1515/9783111337944-006

im Diskurs des Postdigitalen erörtert. Hierbei werden auch Offline-Aktivitäten durch digitale Mechanismen geprägt (vgl. Ackermann/Egger 2021). Im Folgenden sollen daher die unterschiedlichen Formen von Medien in der Freizeit hinsichtlich ihres Grades der Integration bzw. Konstitution für Freizeitaktivitäten vorgestellt werden. Mit Blick auf die Mediatisierung als Wandlungsprozess unterscheidet Schulz (2004: 88 ff.) vier Formen von Wandlungsprozessen, welche für die Einordnung der Formen medialer Freizeit genutzt werden sollen:

- Extension: Medien dienen als Erweiterung von menschlichen Möglichkeiten
- Amalgamation: Medien verschmelzen mit Aktivitäten
- Substitution: Medien substituieren teilweise oder vollständig die Aktivität
- Accommodation: Akteure und Aktivitäten passen sich der Medienlogik an

Diese Einordnung soll mit Blick auf die Substitution dahingehend erweitert werden, dass Medien eben auch eine Eigenlogik bzw. mediale Strukturen haben können, die keine bestehende Aktivität substituieren, sondern auch neue hervorbringen. Die Accommodation als Wandlungsprozess wird vor allem hinsichtlich der Phänomene medialer Freizeit separat betrachtet werden.

Medien als Erweiterung (Extension)

Häufig sind digitale Medien als Zusatz zu klassischen Freizeitaktivitäten und Angeboten zu finden. Diese werden entweder von Freizeitsuchenden selbst eingebracht oder von Anbietenden von Freizeitaktivitäten integriert, um das Angebot für bestimmte Zielgruppen attraktiver zu machen.

Beispielsweise setzen immer mehr Menschen Smartwatches und Fitnesstracker bei Freizeitaktivitäten ein. Hierbei bleibt das Wandern als Freizeittätigkeit bestehen, jedoch geben die Tracking-Geräte Rückschlüsse über Puls, Strecke oder Steigung. Dies wurde vor allem in der Diskussion um das Phänomen „Quantified Self" diskutiert (vgl. Damberger/Iske 2017).

Auch Gamification-Elemente können als mediales Add-on in bestehende Freizeitaktivitäten einfließen. Hierbei werden Elemente von Spielen, wie Ranglisten, Achievements oder digitale Belohnungen genutzt, um die Motivation für bestimmte Aktivitäten zu steigern (vgl. Stampfl 2016). Durch digitale Gamification-Elemente können diese Aspekte besser skaliert und automatisch koordiniert werden. Zudem spart es auch Kosten, weil weniger Material und Personal notwendig ist für die Durchführung. Ein Beispiel hierfür ist das Lego House in Billund. Mittels eines „magischen Armbands" kann man sich digitale Stempel und Andenken holen (u. a. Bilder und Videos von eigenen Kreationen) und wird damit motiviert alle Bereiche des Lego House zu absolvieren (https://legohouse.com/de-de/erkunden/memories/).

Auch im Bereich der Museen zeigt sich schon lange ein Trend, dass Medien für Vermittlungsprozesse zusätzlich eingesetzt werden, um Ausstellungsstücke besser zu kontextualisieren. Hierbei lässt sich aber auch zunehmend erkennen, dass Medien in diesem Kontext nicht mehr nur Zusatz sind, sondern (im Sinne einer Amalgamation) immer mehr Teil der Freizeiterfahrung (vgl. Kapitel 2.3.1).

Hybride Formate (Amalgamation)

Medien können auch mit Freizeitaktivitäten verschmelzen. Damit werden diese obligatorischer Bestandteil von Offline-Aktivitäten und anders herum – die Grenzen zwischen Online und Offline verschwimmen. Ein bereits etabliertes Beispiel hierfür sind Online Communities, die es bereits in der Frühzeit des Internets in Form von Interest Groups gab (vgl. Iske & Marotzki 2010). Heutzutage gibt es zwar immer noch Foren, doch diese werden im zunehmenden Maße über Web-Plattformen wie bspw. Facebook abgebildet. Hier lassen sich Fandoms oder Hobbycommunities wie z. B. die Cosplay-Szene, Retro-Gaming-Enthusiasten oder Communities um das Thema Heimwerken finden.

Neben den generalistischen Plattformen gibt es zunehmend auch sehr spezifische Plattformen und Apps, die sich auf eine oder wenige Freizeitaktivitäten spezialisiert haben. Hier ist beispielhaft die Plattform Komoot (www.komoot.com) zu nennen, auf der Nutzer:innen auf der einen Seite Wanderstrecken integrieren können und auf der anderen Seite Nutzer:innen diese finden und ablaufen können. Der Fortschritt wird in der App gespeichert. Ähnliches ist auch im Bereich des Kochens zu finden (z. B. chefkoch.de). Diese Plattformen setzen letztlich auf das Konzept der Folksonomy, also Geschäftsmodelle, welche durch Nutzende erweitert und bereichert werden (vgl. O'Reilly 2005).

Im Bereich der Videospiele lassen sich auch Beispiele für eine Amalgamation finden. Ein bekanntes Beispiel hier ist Pokémon GO. Dieses Spiel erfordert ein Smartphone, da es auf Geolocation und physische Bewegung setzt, um wichtige Teile des Gameplays umzusetzen. Hierbei müssen sich Spieler:innen an bestimmte Orte bewegen, um an Pokéstops und Arenen zu gelangen. In den Arenen wird zeitversetzt mit gegnerischen Teams gekämpft, um diese Arenen zu erobern. Zudem gibt es auch Raid-Events, in denen sich mehrere Spieler:innen zusammenschließen, um ein besonders starkes Pokémon zu besiegen. Die Bewegung im physischen Raum wird getrackt und genutzt, um Pokémon-Eier auszubrüten. Daneben gibt es regelmäßige Events, welche global aber auch lokal in Form des Pokémon GO Fests (https://gofest.pokemongolive.com) stattfinden. Dieses wurde 2023 an den Standorten London, Osaka und New York City veranstaltet und brachte für jene, die ein Ticket für dieses Event erwarben, zusätzliche und exklusive Spielerfahrungen und Pokémon.

Im Bereich des Theaters und der Oper lassen sich auch neue hybride, mediale Formen finden. Ein Beispiel hierfür sind Opernübertragung der Metropolitan Opera in Kinos. Damit wird das lokale Event Oper global und relativ erschwinglich. Teil dieser Transformation ist auch, dass diese Inszenierungen durch verschiedene Kameraeinstellungen eingefangen und dargestellt werden, so dass Zuschauer:innen der Bühneninszenierung besser auf der Kinoleinwand folgen können.

Ein weiterer Bereich für Amalgamation sind Messen. Durch die mediale Bekanntheit von Schauspieler:innen, fiktiven Figuren oder YouTuber:innen haben sich Messen wie die „Comic Con" (www.comiccon.de) entwickelt. Hier haben Fans die Möglichkeit, Stars, Erschaffer:innen von bestimmten Figuren und Gegenständen oder entsprechende Cosplayer:innen zu treffen. Dieses Beispiel zeigt auch, dass der Ausgangspunkt nicht klar offline oder online ist. Jedoch werden die Eventerfahrungen häufig auch in Form von Livestreams und Videos medial anderen Interessierten zur Verfügung gestellt.

Reine Medienangebote (Substitution)

Medien können auch als alleinstehende Freizeitangebote stehen. Hierbei findet die Aktivität in einem ausschließlich medialen Rahmen statt, so dass die Umgebung keine große bzw. konstitutive Rolle spielt. Insbesondere digitale Medien lassen sich seit mehreren Jahren auf Grund ihrer Konstitution sowie ständiger Optimierung und Verkleinerung mobil nutzen. Hierbei lassen sich grundsätzlich konsumierbare Medien und interaktiv-partizipative Medien unterscheiden. Erstere sind vor allem für das Anschauen oder Zuhören gedacht. Neben Filmen und Musik, welche neben Fernsehen und Radio heutzutage vor allem über Streamingdienste angeboten werden, haben sich auch Podcasts in Bild und Ton etabliert. Diese Medien können auch als Nebenbeimedien genutzt werden, während man einer anderen primären Freizeittätigkeit oder Arbeit nachgeht. Hiermit ist auch das Phänomen des Second Screen verbunden (vgl. Kap. 2.3.1). Der Medienkonsum ist hier nicht nur als passive Tätigkeit zu verstehen. Denn letztlich müssen Zuschauer:innen und Hörer:innen aktiv Sinn erzeugen auf Basis der visuellen und auditiven Eindrücke. Insofern findet eine aktive Rekonstruktion statt.

Interaktive Medien, wie Social Media oder Videospiele, hingegen erfordern mehr Engagement von den Nutzer:innen. Diese müssen aktiv scrollen, klicken oder steuern, um beispielsweise an neue Inhalte zu gelangen, diese selbst zu erschaffen oder Spielsituationen zu meistern (vgl. Könitz 2022: 45). Mit Blick auf Social Media steht die Interaktion zwischen unterschiedlichen Menschen im Vordergrund. Diese Interaktionen reichen von Likes und Kommentaren bis hin zu Livechats und Videokonferenzen. Letztlich bieten diese Plattformen auch die Möglichkeit, selbst Inhalte zu erstellen, was mit Blick auf die Konsummedien wohl der weitreichendste Unterschied ist. Hierbei lässt sich jedoch auch beobachten, dass die Trennung zwischen Konsummedien und interaktiv partizipativen Medien nicht scharf ist und auch kritisch gesehen werden kann (vgl. Sützl 2018: 8). So findet sich auf YouTube neben der Möglichkeit eigene Videos hochzuladen und andere Videos zu kommentieren[1] auch die Möglichkeit über YouTube Filme zu kaufen und über „YouTube Music" Musik zu streamen.

Computer- und Videospiele sind konstitutiv interaktiv. Hierbei gibt es Ähnlichkeiten zu den anthropologischen Spielformen, wie dem Rollenspiel, dem Wettkampf oder

---

1 In diesen Formen der medialen Artikulation liegt ein besonderes Bildungspotenzial (vgl. Jörissen/ Marotzki 2009: 39 f.).

dem Glücksspiel (vgl. Caillois 1961: 36). Jedoch unterscheiden sich die Spielstrukturen bzw. die Medialität des digitalen Spiels von traditionellen Spielen. Mit Blick auf die von Huizinga (1956: 16 ff.) formulierten Merkmale des Spiels, wie die Freiwilligkeit, Abgeschlossenheit und dem Heraustreten aus dem gewöhnlichen Leben, lässt sich feststellen, dass Computerspiele diese Kriterien erfüllen können, aber nicht müssen (Könitz 2022: 43 ff.). Durch die Möglichkeit mit Computerspielen Geld als professionelle:r Gamer:in oder (prekärer) als Goldfarmer:in zu verdienen und/oder Reichweite mittels Let's Plays und Livestreams von Spielen zu gewinnen, sind die Grenzen zwischen Freizeitaktivität und Erwerbsarbeit nicht trennscharf. So werden Streaming Services immer enger an Spieleservices (z. B. Steam) und -plattformen (z. B. Playstation 5) gebunden, so dass Spieler:innen relativ einfach ihr Gameplay mit Freund:innen und allen anderen Mitgliedern auf den Plattformen teilen können. Computerspiele schaffen aber auch neue Räume für Auftritte und Konzerte. So gibt es im populären Spiel Fortnite regelmäßig Fortnite Festivals, auf denen bekannte Künstler:innen ihre Lieder mit dem Spiel verbinden. Spieler:innen können hierbei interaktiv und spielerisch an diesen Konzerten mit anderen Spieler:innen teilnehmen. Dieser Aspekt verweist auf das Phänomen einer zunehmenden Verbundenheit von medialen Inhalten, Geschichten, Marken und Persönlichkeiten (vgl. Kracke 2001 sowie Jenkins 2008). So lassen sich im Spiel „Forza Horizon 4" verschiedene Automarken und -modelle finden, welche von den Herstellern lizensiert wurden. Zudem gibt es im Spiel eine kostenpflichtige Erweiterung von LEGO Speed Champions, in der man mit Lego-Modellen bestimmter Automodelle über Lego-Strecken fahren kann und welche auf eine gleichnamige Spielzeugreihe des Klemmbausteinherstellers verweist.

Neben Computer- und Videospielen gibt es hinsichtlich reiner Medienangebote viele interaktive Web-Anwendungen und Apps, welche sich dem Bereich der Freizeitbildung zuordnen lassen. Wikipedia ist hierbei ein bekanntes Beispiel für eine kollaborative Online-Enzyklopädie (vgl. Marotzki/Jörissen 2008). Diese substituiert klassische gedruckte Enzyklopädien und kann einfacher auf aktuelle Entwicklungen eingehen. Grundsätzlich kann jede:r Nutzer:in auch einen Beitrag leisten, damit die verfügbaren Informationen wachsen. Daher kann Wikipedia selbst zu einer rezeptiven, aber auch partizipativen Freizeitaktivität werden. Ein anderes Feld sind Sprachlernapps wie beispielsweise Duolingo oder Babbel. Diese können klassische Selbstlernangebote wie Bücher oder CDs zum Sprachenlernen ersetzen und erweitern. Häufig werden Gamificationelemente genutzt, um die Nutzer:innen zum regelmäßigen Üben zu motivieren.

Mit Blick auf die vorgestellten Formen und Beispiele medialer Freizeit lässt sich in allen (teil-)kommerziellen Formen eine ökonomische Ebene ausmachen. Wenn also von medialer Freizeit gesprochen wird, dann sind damit häufig auch Geschäftsmodelle verbunden, welche die Formen der Freizeitaktivitäten beeinflussen können.

6.1.2 Geschäftsmodelle medialer Freizeit

Neben den Formen der Medien in der Freizeit sind auch die damit verbundenen ökonomischen Strukturen wichtig, um Mechanismen wie die Reichweite oder die Nutzungserfahrung mit den Plattformen und Medien zu verstehen. Diese Perspektive schließt an O'Reillys Skizzierung des Web 2.0 an, das er vor allem aus einer ökomischen Perspektive betrachtet und die kommerziellen Unterschiede zum Web 1.0 darstellt (vgl. O'Reilly 2005). In der Medienpädagogik hat das Thema der Ökonomisierung der Medien unter dem Schlagwort des Datenkapitalismus Eingang gefunden (vgl. Meder 2020; Dander 2020). Hierbei geht es vor allem auch um die kritische Auseinandersetzung mit scheinbar kostenfreien Nutzungsmodellen, deren Kern die Aggregation von Daten ist, welche kommerziell weiterverwertet werden, ohne dass die Nutzer:innen wissen was wie von den eigenen Daten verarbeitet werden soll. Auf der anderen Seite ermöglichen diese Modelle auch einen Raum für die mediale Artikulation und damit für Lern- und Bildungspotenziale (vgl. Kap. 2.3.2). Im Folgenden sollen daher aktuelle digitale Geschäftsmodelle und deren Einsatz in der Freizeit dargestellt werden.

Freemium-Modelle

Bei dieser Art von Geschäftsmodell lassen sich Basisfunktionen einer Plattform oder eines Dienstes kostenfrei nutzen. Dadurch soll vor allem eine breite Nutzerschaft erzeugt werden. Damit sich dieses Geschäftsmodell trägt, gibt es Premiumfunktionen oder höhere Nutzungskontingente, welche kostenpflichtig sind. Bekannte Beispiele hierfür sind Social Media-Plattformen wie Facebook oder YouTube. Diese wurden in den letzten Jahren zu werbefinanzierten Modellen ausgebaut, bei denen man eine Abogebühr bezahlen muss, damit man ein werbefreies Erlebnis hat. Im Gamingbereich lassen sich diese Geschäftsmodelle im Free2Play-Bereich finden. Hierbei ist das Grundspiel kostenfrei und Spieler:innen müssen für Items, In-Game-Währungen oder zeitlich begrenzte Boni Geld bezahlen. Im Bereich der Video- und Handyspiele ist dieses Konzept so erfolgreich, dass dort inzwischen der meiste Umsatz in der Gaming-Branche generiert wird (vgl. game 2023).

Werbefinanzierte Modelle

Werbefinanzierte Modelle sind heutzutage häufig mit den Freemium-Modellen verbunden. Die Idee ist, dass mittels geschalteter Werbung Dienste für Nutzer:innen kostenfrei bleiben. Hierbei haben sich Meta und Alphabet, welche mit einem reinen Freemium-Angebot starteten, zu den größten Datenhändlern und gleichzeitig Werbeplattformen entwickelt. Andere Plattformen wie X oder TikTok sind inzwischen ähnliche Wege gegangen. Die Besonderheit hierbei ist, dass nicht nur große Marken bzw. Firmen Werbung machen, sondern auch Privatleute und kleinere Unternehmen. Durch Geolokalisierung und Nutzer:innenpräferenzen können Zielgruppen gezielt erreicht werden. Gleichzeitig können Privatpersonen und Unternehmen auf eigenen Seiten durch Dienste wie Google AdSense Werbeflächen und Plattformen zur Verfügung stellen und dadurch selbst Einnahmen erzielen, um Betriebskosten zu reduzieren.

Im Bereich der Videospiele sind werbefinanzierte Modelle vor allem im Bereich der Handyspiele zu finden. Hierbei müssen Nutzer:innen nach einer gewissen Spielzeit Videos oder interaktive Werbung für Produkte und andere Spiele anschauen bzw. spielen, um im eigentlichen Spiel weitermachen zu können.

Auch bei den Videostreamings haben sich in den letzten Jahren werbefinanzierte Modelle entwickelt. FreeVee von Amazon ist ein rein werbefinanziertes Modell, bei dem eine Serie oder ein Film von Werbepausen unterbrochen wird. Netflix dagegen hat ein Abomodell eingeführt, dass durch Werbung vor oder während Serien und Filmen günstiger wird.

Digitale Inhalte mieten und kaufen

Das Mieten und Kaufen von Filmen hat seit der Einführung von VHS eine lange Tradition. Auch heutzutage wird dieses Geschäftsmodell in verschiedenen Bereichen eingesetzt. Hierbei besteht der Unterschied zum klassischen Mieten und Kaufen darin, dass man ein Nutzungsrecht und kein physisches Objekt bekommt. Dies mag beim Mieten von Filmen relativ unproblematisch sein, jedoch kann es beim Kauf von Filmen dazu führen, dass diese nicht für alle Zeit den Nutzer:innen gehören. Im Bereich der PC- und Videospiele haben sich in den letzten Jahrzehnten Plattformen durchgesetzt, auf denen man Spiele digital kaufen kann. Im PC-Bereich ist die Plattform Steam die mit Abstand größte Plattform. Das Geschäftsmodell ist, wie auch in anderen App- und Game-Stores, dass Betreibende für jeden Verkauf eine Gebühr nehmen. Gleichzeitig ermöglichen diese digitalen Stores für Spiele und Apps Zusatzkäufe zu tätigen. Insbesondere im Spielbereich haben sich hier DLC (digitale Spielerweiterungen), Season Passes (für eine bestimmte Zeit erhalten Spieler:innen Updates, Boni und aktuelle Inhalte) und Loot-Boxen[2] durchgesetzt.

Abo-Modelle

Abo-Modelle sind nicht neu. Im Bereich der Zeitschriften oder in Fitnessstudios hat dieses Geschäftsmodell eine lange Tradition. In den letzten Jahren hat dieses Modell auch in den digitalen Medien durchgesetzt. Hierbei sind vor allem Videostreamingdienste wie Netflix bekannt. Dieses Modell hat vor allem den Vorteil eines konstanten Cashflows, da Nutzer:innen über einen längeren Zeitraum Geld bezahlen. Auf der anderen Seite können Nutzer:innen im Vergleich zu einer einmaligen Nutzung oder Einzelkäufen Geld sparen. Daher lässt sich dieses Geschäftsmodell in immer mehr Bereichen fin-

---

[2] Loot-Boxen sind in einem Computerspiel gegen Echtgeld kaufbare Pakete, deren Inhalt sich meist zufallsbasiert erst beim Öffnen zeigt. Auf Grund des Glücksspielcharakters ist dieses Geschäftsmodell in einigen Ländern bereits verboten worden (vgl. Nemitz 2024).

den. Im Bereich der Social Media wird auf Plattformen wie Facebook, X oder YouTube ein Abo angeboten, mit dem man die Werbung ausblenden lassen kann. Im Bereich der Computerspiele gibt es Angebote, wie den Xbox GamePass, Playstation Online oder Nintendo Online, mit denen man auf eine Spielbibliothek zugreifen kann und zudem auf Konsolen den Online-Multiplayer nutzen kann. Daneben gibt es auch App-Abos. Die Nutzung eines Programms oder einer App ist hierbei an ein Abo gebunden, wie z. B. bei Office 365 oder der Meditations-App headspace.

Spendenbasierte Modelle

Auch spendenbasierte Geschäftsmodelle sind keineswegs neu. Hierbei können Nutzer:innen andere Nutzer:innen, Einrichtungen und Unternehmen unterstützen. Hinsichtlich digitaler Geschäftsmodelle und Medien haben sich zwei Formen etabliert. Einerseits bieten Plattformen wie YouTube und Twitch eine Spendenfunktion für Content Creator an. Hierbei behalten die Anbieter:innen der Plattform meist einen Anteil der Einnahmen als Gebühr ein. Andererseits haben sich in den letzten Jahren auch spendenbasierte Plattformen wie buymeacoffee etabliert, mit welchen man auch außerhalb großer Plattformen jemanden Spenden zukommen lassen kann. Dieses Crowdfunding ist auch in Verbindung mit regelmäßigen Zahlungen zu finden. Plattformen wie Patreon ermöglichen hier sogar gestaffelte Unterstützungsmodelle (tiers), welche den Unterstützer:innen sog. perks, meist exklusive Inhalte, Mitbestimmung bei neuen Projekten und Inhalten oder einen Blick hinter die Kulissen bieten.

Letztlich lassen sich die verschiedenen Geschäftsmodelle in der Praxis meist nicht scharf trennen, da diese in unterschiedlichen Kombinationen eingesetzt werden. Es zeigt jedoch, dass sich in den letzten Jahrzehnten tragfähige Geschäftsmodelle entwickelt haben, welche auch einzelnen Nutzer:innen und kleineren Unternehmen die Möglichkeit bieten Zielgruppen zu erreichen und Einnahmen für diese Angebote zu erzielen.

6.1.3 Phänomene medialer Freizeit

Die Formen und Geschäftsmodelle medialer Freizeit bringen unterschiedliche Phänomene hervor, die Handlungs- und Forschungsfelder der Freizeitwissenschaft sind bzw. werden. Ohne Anspruch auf Vollständigkeit, auf Grund der internationalen und kulturellen Vielfalt dieser medialen Phänomene, sollen abschließend mit Blick auf die mediale Freizeit drei Felder skizziert werden.

Neue Handlungs- und Berufsfelder im Kontext Medien und Freizeit

Der plattformbasierte Ansatz des Web 2.0 brachte ein neues Freizeit- sowie Berufsfeld hervor: Content Creator (vgl. Albiez 2022). Hierunter fallen Personen, die Bilder, Podcasts, Videos oder Livestreams produzieren. „YouTuber:innen" und „Streamer:innen" sind gängige Bezeichnungen für diese neue Form der Freizeitaktivität, die durch die ökonomischen Möglichkeiten der Plattformen auch als Beruf ausgeführt werden können. Damit verbunden ist auch das Aufkommen von Influencer:innen, welche über produzierte mediale Inhalte Produkte direkt oder indirekt bewerben. Denn mit der Reichweite einzelner Personen und Netzwerke, werden Influencer:innen auch für Herstellende von Produkten interessant. Dabei werden nicht nur fremde Produkte und Ideen, sondern im zunehmenden Maße auch eigene Produkte wie Merchandise-Artikel oder eigene Marken verbreitet.

Ein weiterer Trend, der durch die Digitalisierung von Arbeitsplätzen bisherige Berufsfelder verändert, ist die sog. Workation (vgl. Domke 2023). Hierbei gehen Personen weiter ihrem Beruf nach, während sie sich an einem anderen (Urlaubs-)Ort aufhalten. Dies hat eine Entgrenzung von Arbeit und Freizeit zur Folge, wie sie auch aus dem Homeoffice bekannt ist (vgl. Kap. 1 und 3). Es lässt sich daher konstatieren, dass die Grenzen von Freizeit und Arbeit durch die Mediatisierung und neuen medialen Formen unscharf werden, indem hybride Formen auftreten, die man je nach Ausgangspunkt als mediale arbeitsorientierte Freizeit oder mediale freizeitorientierte Arbeit bezeichnen könnte.

Phänomene der Mediennutzung

Hinsichtlich der Mediennutzung lassen sich auf Grund zunehmender persistenter Medienwelten unterschiedliche Phänomene ausmachen. Eines hiervon ist Freizeitstress, welcher durch häufige Mediennutzung und Erreichbarkeit entstehen kann (vgl. ZDF 2023). Im Kontext von Computerspielen kann eine Computerspielsucht als exzessive Freizeitnutzung entstehen, welche andere Aktivitäten und Verpflichtungen wie Arbeit oder Schule nur noch wenig Platz einräumt. Durch die wachsende Anzahl von unterschiedlichen Endgeräten hat sich zudem das Phänomen des Second Screen entwickelt. Hinsichtlich der Nutzungsmodi dieses Phänomens haben Siebenaler/Hasebrink (2017: 80 ff.) in einer explorativen Studie 13 Modi ausmachen können, z. B. „Beschäftigung mit Hintergrundkulisse" oder „gemeinsames Fernsehritual mit Ausweichmedium". Mediale Freizeit wird damit zu einem komplexen Nutzungsphänomen. Gleichzeitig entwickeln sich auch Gegentrends, welche sich ebenfalls über Social Media verbreiten. Dazu zählen der digitale Minimalismus oder der komplette Verzicht auf smarte Geräte (z. B. Nutzung von Dumb Phones) mit dem Ziel, mehr Achtsamkeit zu erreichen. Diese Phänomene verweisen auf das Konzept der Postdigitalität, welche die durch die Digitalisierung hervorgebrachten Unsicherheiten und das konkrete Wirken dieser reflektieren (vgl. Ackermann/Egger 2021: 6).

Ökonomische Phänomene

Letztlich verweisen die Handlungs- und Berufsfelder sowie die Nutzung von Medien in der Freizeit auch auf ökonomische Phänomene. Zentral ist die damit verbundene Dichotomie zwischen Zugänglichkeit und Exklusivität von Freizeiterfahrungen. Viele

Angebote sind in einer Basisversion relativ einfach zugänglich. Bestimmte Funktionen und Features werden jedoch nur gegen Bezahlung angeboten. Exklusivität ist in diesem Feld jedoch ein vager Begriff. Im Bereich der Computer- und Videospiele gibt es beispielsweise physische Editionen von Spielen, wie „Collectors Editions", welche physikalische Sammelgegenstände beinhalten. Jedoch sind diese nicht zwangsläufig limitiert. Gleiches gilt auch für „Day One" oder „Ultimate Editions" von Spielen, die bestimmte digitale Boni und Gegenstände in Spielen beinhalten. Hier ist ebenfalls nicht zwingend alles exklusiv und kann nachgekauft werden. Vielmehr liegt das Exklusive in der finanziellen Ausstattung der Spieler:innen. Dies trifft auch auf Crowdfunding-Plattformen wie onlyfans zu, bei denen zahlende Mitglieder exklusive Inhalte bekommen. Ein weiteres Phänomen finanzieller Exklusivität sind NPC. Dies sind streamende Menschen, die gegen einen Betrag eine bestimmte Geste oder ein Wort wiederholen. Der Begriff NPC verweist hierbei auf einen „non playable character" in Videospielen, welcher bei einer Interaktion häufig gleiche Aussagen macht.

Ein Blick auf diese skizzierten Felder zeigt bereits, dass die Phänomene medialer Freizeit auf Grund der Verwobenheit von medialen, sozialen und ökonomischen Phänomenen und Effekten komplex sind. Die mit der Mediatisierung verbundene modernisierungstheoretische Feststellung einer Beschleunigung, Entbettung und Individualisierung (vgl. Kap. 2.3.1) trifft letztlich auch die mediale Freizeit. Die Fülle an möglichen Freizeitangeboten und -konfigurationen steigt. Gleichzeitig verschwimmen die Grenzen zwischen Freizeit und Arbeit durch digitale Medien. Für die Freizeitwissenschaft werden damit medial geprägte Strukturen und Situationen zu einem wichtigen Ausgangspunkt.

6.1.4 Literatur

Ackermann, Judith; Egger, Benjamin (2021): Postdigitale Kulturelle Bildung: Zur Einführung. In: Ackermann, Judith; Egger, Benjamin (Hrsg.): Transdisziplinäre Begegnungen zwischen postdigitaler Kunst und Kultureller Bildung: Perspektiven aus Wissenschaft, Kunst und Vermittlung. Wiesbaden: Springer Fachmedien, S. 1–14. https://doi.org/10.1007/978-3-658-32079-9_1.

Albiez, Milena (2022): Der Algorithmus, meine Arbeit und Ich – Einfluss von Algorithmen auf Content Creator:innen der Video Plattform YouTube. In: Gruppe. Interaktion. Organisation. Zeitschrift für Angewandte Organisationspsychologie (GIO), 53 (1), S. 63–71. https://doi.org/10.1007/s11612-021-00616-3.

Caillois, Roger (1961): Man, Play, and Games. University of Illinois Press.

Damberger, Thomas; Iske, Stefan (2017): Quantified Self aus bildungstheoretischer Perspektive. In: Biermann, Ralf; Verständig, Dan (Hrsg.): Das umkämpfte Netz. Wiesbaden: Springer Fachmedien, S. 17–36. https://doi.org/10.1007/978-3-658-15011-2_2.

Dander, Valentin (2020): Grundzüge einer Kritischen Politischen Ökonomie von Big Data Analytics – und ihre bildungstheoretischen Implikationen. In: Iske, Stefan; Fromme, Johannes; Verständig, Dan; Wilde, Kathrin (Hrsg.): Big Data, Datafizierung und digitale Artefakte. Wiesbaden: Springer Fachmedien, S. 75–95. https://doi.org/10.1007/978-3-658-28398-8_5.

Domke, Friedrun (2023): Arbeiten, wo andere Urlaub machen – „Workation" ein Modell mit Zukunft? In: Knappertsbusch, Inka; Wisskirchen, Gerlind (Hrsg.): Die Zukunft der Arbeit: New Work mit Flexibilität

und Rechtssicherheit gestalten. Wiesbaden: Springer Fachmedien, S. 81–88. https://doi.org/10.1007/
978-3-658-42232-5_10.

game (2023): Meistgenutzte Gaming-Plattformen in Deutschland: Smartphone an der Spitze,
Spielekonsole immer beliebter. Abgerufen am 18.03.2024 von https://www.game.de/meistgenutzte-
gaming-plattformen-in-deutschland-smartphone-an-der-spitze-spielekonsole-immer-beliebter/.

Huizinga, Johan (1956): Homo ludens: Vom Ursprung der Kultur im Spiel. Rowohl Taschenbuch-Verlag.

Iske, Stefan; Marotzki, Winfried (2010): Wikis: Reflexivität, Prozessualität und Partizipation. In: Bachmair,
Ben (Hrsg.): Medienbildung in neuen Kulturräumen. Wiesbaden: VS Verlag für Sozialwissenschaften,
S. 141–151.

Jenkins, Henry (2008): Convergence culture: Where old and new media collide (Updated and with a new
afterword). New York Univ. Press.

Jörissen, Benjamin; Marotzki, Winfried (2009): Medienbildung – Eine Einführung: Theorie – Methoden –
Analysen. 1. Aufl., Stuttgart: UTB.

Könitz, Christopher (2022): Die Darstellung von künstlichem Leben im Computerspiel:
Konstruktionsprinzipien von Bildungspotenzialen im Kontext einer komparativen Methodologie.
MedienPädagogik: Zeitschrift für Theorie und Praxis der Medienbildung. https://doi.org/10.21240/
mpaed/diss.ck.X.

Kracke, Bernd (2001): Crossmedia – Dialog über alle Medien. In: Kracke, Bernd (Hrsg.): Crossmedia-
Strategien: Dialog über alle Medien. Wiesbaden: Gabler Verlag, S. 7–13. https://doi.org/10.1007/978-
3-322-82355-7_1.

Krotz, Friedrich (2012): Von der Entdeckung der Zentralperspektive zur Augmented Reality: Wie
Mediatisierung funktioniert. In: Krotz, Friedrich; Hepp, Andreas (Hrsg.): Mediatisierte Welten:
Forschungsfelder und Beschreibungsansätze. Wiesbaden: VS Verlag für Sozialwissenschaften,
S. 27–55. https://doi.org/10.1007/978-3-531-94332-9_2.

Marotzki, Winfried; Jörissen, Benjamin (2008): Wissen, Artikulation und Biographie: Theoretische Aspekte
einer Strukturalen Medienbildung. In: Fromme, Johannes; Sesink, Werner (Hrsg): Pädagogische
Medientheorie. Wiesbaden: VS Verlag für Sozialwissenschaften. S. 51–70. https://doi.org/10.1007/978-
3-531-90971-4_4.

Meder, Norbert (2020): Bildung und Daten-Kapitalismus. In: Iske, Stefan; Fromme, Johannes; Verständig,
Dan; Wilde, Kathrin (Hrsg.): Big Data, Datafizierung und digitale Artefakte. Wiesbaden: Springer
Fachmedien, S. 99–113. https://doi.org/10.1007/978-3-658-28398-8_6.

Nemitz, Nora (2024): Warum Lootboxen in Deutschland (noch) kein Glücksspiel sind. Abgerufen am
18.02.2024 von https://netzpolitik.org/2024/gaming-warum-lootboxen-in-deutschland-noch-kein-
glueckspiel-sind/.

O'Reilly, Tim (2005): What Is Web 2.0. Abgerufen am 18.03.2024 von https://www.oreilly.com/pub/a/web2/
archive/what-is-web-20.html.

Schulz, Winfried (2004): Reconstructing Mediatization as an Analytical Concept. European Journal of
Communication, 19(1), 87–101. https://doi.org/10.1177/0267323104040696.

Siebenaler, Anouk; Hasebrink, Uwe (2017): Modi der Multiscreen-Nutzung. Eine Untersuchung von
Praktiken der Kombination verschiedener Bildschirme. In: Göttlich, Udo; Heinz, Luise; Herbers,
Martin (Hrsg.): Ko-Orientierung in der Medienrezeption: Praktiken der Second Screen-Nutzung.
Wiesbaden: Springer Fachmedien ,S. 69–88. https://doi.org/10.1007/978-3-658-14929-1_5.

Stampfl, Nora (2016): Die verspielte Gesellschaft. Heise Verlag.

Sützl, Wolfgang (2018): Medien und Partizipation: Zwischen Distributionsapparat und partizipativer
Propaganda. kommunikation@gesellschaft, 19 (3).

ZDF (2023): Deutsche verbringen Freizeit vermehrt alleine. Abgerufen am 18.02.2024 von https://www.zdf.
de/nachrichten/panorama/freizeit-monitor-deutsche-mehr-allein-100.html.

6.2 Freizeit und Reisen

Rainer Hartmann

Der Begriff Tourismus umfasst „die Gesamtheit der Beziehungen und Erscheinungen, die sich aus dem Reisen und dem Aufenthalt von Personen ergeben, für die der Aufenthaltsort weder hauptsächlicher und dauernder Wohn- noch Arbeitsort ist" (Bieger 2010: 35). Die Welttourismus-Organisation der Vereinten Nationen vertritt diese Definition sinngemäß: "Tourism is a social, cultural and economic phenomenon which entails the movement of people to countries or places outside their usual environment for personal or business/professional purposes. These people are called visitors (which may be either tourists or excursionists; residents or non-residents) and tourism has to do with their activities, some of which involve tourism expenditure" (UNWTO 2024a).

Beide Tourismus-Definitionen beinhalten die Abgrenzung, ob die Mobilität innerhalb oder außerhalb des normalen Wohn- und Arbeitsbereichs stattfindet. Damit ist eine grobe Abgrenzung gegenüber der Freizeit gegeben. Die Freizeit-Definition von Opaschowski zugrunde legend (vgl. Kap. 1), muss jedoch weiter differenziert werden. Denn die Mobilität im normalen Wohn- und Arbeitsbereich ist nicht mit dem Begriff Freizeit gleichzusetzen. Es ist eine weitere Untergliederung nach dem Grad der Zeitautonomie notwendig (vgl. Kap. 1). Daraus ergibt sich ein fließender Übergang verschiedenster Formen von Reisen unter Berücksichtigung des räumlichen Aspekts, des zeitlichen Aspekts (Länge der Reise) und des Selbstbestimmungsgrades der Reiseentscheidung (Motiv oder Zweck der Reise) (vgl. Abb. 6.1). Auf der einen Seite beinhaltet dieses Modell z. B. den verordneten, kurzen „Botengang" von Angestellten im Quartier, auf der anderen Seite wäre z. B. die selbstorganisierte Reise von Studierenden durch Südostasien über einen Zeitraum von drei Monaten. Die Begriffe Tourismus und auch Freizeit (als Außerhaus-Aktivität) beinhalten folglich eine sehr große Bandbreite von Erscheinungsformen der Mobilität.[3]

6.2.1 Struktur der touristischen Nachfrage

Es gibt verschiedene Gliederungsentwürfe für die Erscheinungsformen des Tourismus bezüglich der **Reisemotive oder -anlässe**. Die einfachste Variante ist eine Dreier-Gliederung, die u. a. den Selbstbestimmungsgrad der Reise berücksichtigt:
- Urlaubsreisende = meist selbstbestimmt
- Besuchsreisende (Freund:innen, Verwandte) = primär zweckbestimmt
- Beruflich Reisende = sehr häufig fremdbestimmt

[3] Die Ausführungen in diesem Kapitel basieren grundständig auf dem Buch „Marketing in Tourismus und Freizeit" von Rainer Hartmann (2018: 23-39).

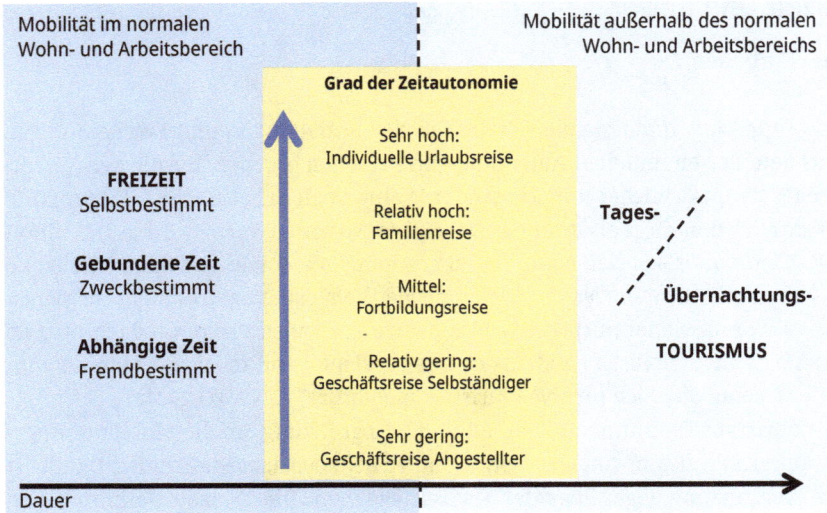

Abb. 6.1: Abgrenzung der Begriffe Freizeit und Tourismus (Quelle: Hartmann 2018: 24).

Diese drei grundsätzlichen Hauptmotive des Reisens bedingen zudem eine sehr unterschiedliche Nutzung der touristischen Infra- und Suprastruktur bei der Anreise und in der Destination, der Reiseorganisation sowie der Reisedauer. Auch wenn es die Möglichkeit der Überschneidung oder Doppelmotive gibt, – z. B. eine Geschäftsreise mit anschließendem Urlaubsanteil – ist eines der drei Hauptreisemotive meist dominant (vgl. Hartmann 2018: 25).

Die UNWTO unterscheidet neun Kategorien von Haupt-Reiseanlässen („main purposes of a tourism trip"), die noch einmal in persönliche (Holidays/Leisure and Recreation, Visiting Friends and Relatives, Education and Training, Health and Medical Care, Religion/Pilgrimages, Shopping, Transit, Other) und geschäftliche bzw. berufliche Anlässe untergliedert werden (UNWTO 2008: 24a). Hier wird deutlich, dass mit steigender Anzahl von möglichen Reisemotiven bzw. -anlässen auch die Doppel- oder Mehrfachmotive zunehmen. Es ist zunehmend schwieriger, die einzelnen Motive sauber voneinander abzugrenzen. Damit wird nicht zuletzt eine klare Kategorisierung oder auch Typisierung von Reisenden in einem Zielgebiet erschwert.

Neben dem Anlass der Reise gibt es eine Reihe weiterer **Untergliederungsmöglichkeiten** des Tourismus. Sie sind für die spätere Segmentierung des Marktes von großer Bedeutung (vgl. Kap. 4):

– Reiseformen (nach demografischen Merkmalen, wie z. B. Jugendreise oder Familienreise; nach verhaltensorientierten Merkmalen, wie Rundreise, Luxusreise, Badereise etc.)

– Dauer der Reise (Tages- vs. Übernachtungstourismus, Reisedauer, Aufenthaltsdauer in der Destination etc.)

- Transportmittel (Auto-, Flug-, Bus-, Bahn-, Schiffsreise etc.)
- Art der Unterkunft (Hotel, Pension, Campingplatz, Resort etc.)
- Grad der Pauschalisierung (vollpauschal, teilpauschal, individuell organisiert)
- Herkunfts- und Zielgebiet (Binnenreiseverkehr, Einreiseverkehr und Ausreiseverkehr)

Die UNWTO (2008: 15) differenziert allgemein drei **Grundformen des Tourismus** (vgl. Abb. 6.2):
- den internationalen Tourismus (International Tourism = Einreiseverkehr und Ausreiseverkehr)
- den Inlandstourismus (Internal Tourism = Binnenreise- und Einreiseverkehr)
- den nationalen Tourismus (National Tourism = Binnenreiseverkehr und Ausreiseverkehr)

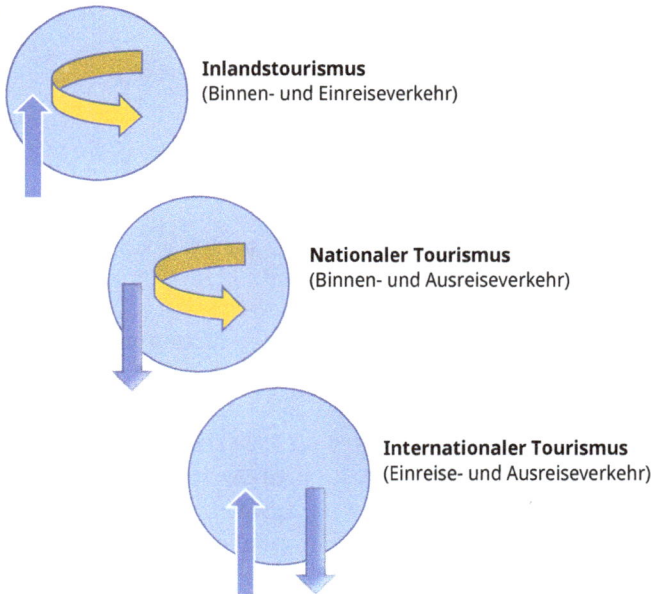

Inlandstourismus
(Binnen- und Einreiseverkehr)

Nationaler Tourismus
(Binnen- und Ausreiseverkehr)

Internationaler Tourismus
(Einreise- und Ausreiseverkehr)

Abb. 6.2: Grundformen des Tourismus und Reiseverkehrsströme (Quelle: eigene Darstellung).

Der **internationale Tourismus** wächst auf globaler Ebene seit Jahrzehnten stetig an, kurz unterbrochen von den Folgen des Anschlags auf das World Trade Center in New York 2001, der weltweiten Finanz- und Wirtschaftskrise 2008/09 und der Corona-Pandemie, die einen fundamentalen, nie dagewesenen Einbruch des weltweiten Tourismus um mehr als 70 % mit sich brachte. Im Jahr 2011 wurde erstmalig die Schallgrenze von einer Milliarde internationalen Tourist:innenankünften gebrochen, bis 2019 waren es dann fast 1,5 Mrd. Die Pandemie hat die Zahl der internationalen Ankünfte dann auf ca. 400 Mio. reduziert. Doch das kontinuierliche Wachstum des weltweiten Tourismus lässt sich nicht aufhalten: Schon 2023 war das Vorkrisenniveau fast wieder erreicht (vgl. UNWTO 2024b) (vgl. Abb. 6.3).

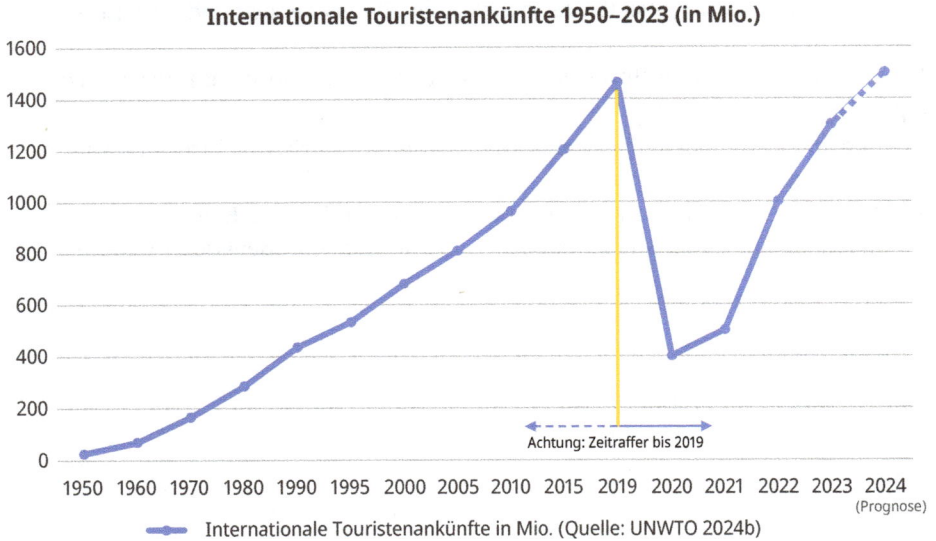

Abb. 6.3: Anzahl der globalen Tourismusankünfte 1950–2023 (Quelle: eigene Darstellung in Anlehnung an UNWTO 2024b).

Die beliebtesten Reiseziele aller Nationen nach internationalen Ankünften waren in den 2010er Jahren recht stabil im Ranking. Die Top-10 im Jahr 2019 sind Abb. 6.4 zu entnehmen.

Die größten Verlierer:innen der Corona-Krise waren bis 2022 die asiatischen Destinationen, allen voran China, Thailand und Malaysia. Relative Gewinner:innen waren arabische Länder wie die Vereinigten Arabischen Emirate, Ägypten und Saudi-Arabien sowie einige europäische Ziele, wie z. B. Griechenland, Portugal und Dänemark. Abgesehen von der Corona-Krise sind die langfristigen Wachstumsmotoren der touristischen Entwicklung vor allem die Region Asien/Pazifik, der Nahe Osten und Afrika. Die tragenden Kräfte des Wachstums bis in die 1990er Jahre, Europa und Nordamerika, werden zukünftig nur noch unterdurchschnittlich wachsen und damit Stück für Stück Marktanteile verlieren. Die Darstellung der Top-10-Reiseziele verdeutlicht, dass die größten Marktanteile gegenwärtig zwar noch im globalen Norden liegen, eine Reihe von Ländern des globalen Südens jedoch nach vorne drängen (vgl. UNWTO 2024b).

Der **Inlandstourismus am Beispiel Deutschlands** setzt sich aus zwei Erscheinungsformen zusammen, deren Größenordnung aufgrund der Fokussierung der meisten Touristiker:innen – und damit auch der Medien – auf die Zahlen der amtlichen Statistik häufig falsch eingeschätzt wird: Den statistisch erfassten 487 Mio. Übernachtungen im Jahr 2023 (16,6 % davon aus dem Ausland) stehen ca. 3 Mrd. Tagesreisen (pri-

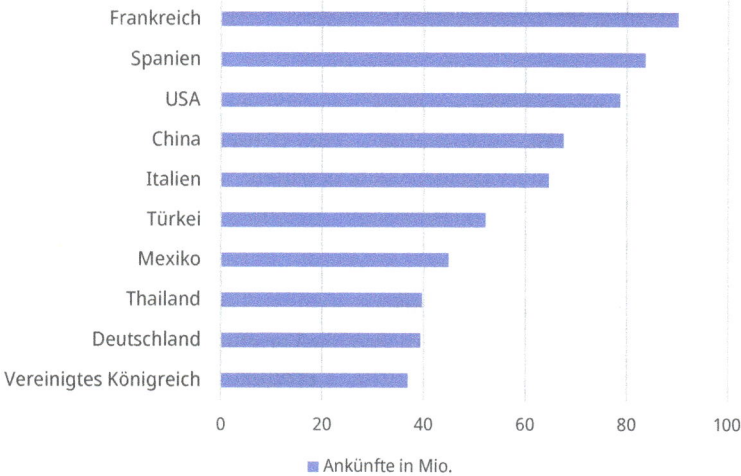

Abb. 6.4: Internationale Touristenankünfte 2019 (Quelle: UNWTO 2024b).

vat und beruflich bedingt) gegenüber. Das Nachfragevolumen untergliedert sich also im Verhältnis 6:1 zugunsten der **Tagesreisen**. Allerdings erfasst die amtliche Statistik nur Ankünfte und Übernachtungen in gewerblichen Betrieben mit mehr als acht Betten einschließlich Touristik-Camping. Die Ankünfte und Übernachtungen in privaten Ferienhäusern/-wohnungen und bei Privatvermietenden mit bis zu acht Betten sowie Besuche bei Befreundeten und Verwandten werden nicht erfasst. Dieser „graue Markt", der u. a. aufgrund diverser Online-Plattformen – allen voran Airbnb – stetig wächst, umfasst in etwa 8 % des Nachfragevolumens in Deutschland.

Die meisten ausländischen Übernachtungsgäste in Deutschland kommen aus den Niederlanden (2023: 11,5 Mio.), der Schweiz (6,9 Mio.), den USA (6,5 Mio.) und Großbritannien (4,8 Mio.), es folgen weitere europäische (Nachbar-)Länder wie Österreich, Polen und Frankreich (vgl. Statistisches Bundesamt 2024; DRV 2024).

Der **nationale Tourismus** – hier am Beispiel der touristischen Nachfrage in Deutschland dargestellt – bewegt sich seit Mitte der 1990er Jahre auf einem sehr hohen Niveau: Seitdem liegt die Reiseintensität der Deutschen um die 75 %, d. h. drei Viertel der Deutschen (ab 14 Jahren) haben in dieser Zeit wenigstens eine Urlaubsreise (5 Tage +) gemacht. 2023 waren das ca. 55 Mio. Menschen. Auch die Reiseziele der Deutschen weisen grundsätzlich eine sehr hohe Kontinuität auf: 2023 blieben 22 % in Deutschland (v. a. Bayern und die Nord- und Ostseeanrainerländer), ein gutes Drittel bevorzugte Mittelmeer-Destinationen und die Übrigen bereisten den Rest Europas bzw. der Welt. Fernreiseziele machten dabei 9 % aus. Die wichtigsten Auslandsreiseziele der Deutschen waren 2023: Spanien (14 % aller Reisen), Italien und die Türkei (jeweils 8 %), Kroatien, Griechenland und Österreich (jeweils ca. 4 %) (vgl. FUR 2024).

6.2.2 Wirtschaftsfaktor Tourismus

Bei der konkreten Abgrenzung für z. B. Wirtschaftlichkeitsberechnungen des Tourismussektors sind die Berechnungsgrundlagen häufig unterschiedlich. Wer mag im Einzelfall beurteilen, zu welchem Anteil das Restaurant „Zum Ochsen" in Rosenheim ein Tourismus-Betrieb ist? Oder wie kann ich zuverlässig ermitteln, welche Besuchenden einer öffentlichen Veranstaltung von auswärts sind und welche einheimisch? Dazu bedarf es Untersuchungen, deren Methodik zumindest auf dem nationalen Level, besser noch international, aufeinander abgestimmt ist. Ein Problem dabei bleibt, dass die Beurteilung des Tourismus als Wirtschaftsfaktor immer eng verzahnt mit wirtschaftspolitischen Maßnahmen, Interessen von Stakeholdern und der Verteilung von Budgets ist.

Da sich Tourismusbetriebe nicht durch spezifische Produktionsbedingungen abgrenzen lassen, wie bei anderen Wirtschaftsbereichen üblich, bleibt ihr gemeinsamer Nenner der Konsum durch Reisende. Dabei kann eine stufenweise Strukturierung der Tourismuswirtschaft vorgenommen werden, abhängig davon wie hoch der jeweilige Tourismus-Anteil am Umsatz ist. Das bedeutet, dass dieser Ansatz indirekt auch bei der Nachfrage ansetzt (vgl. Bieger 2010: 33 f.).

Touristische Aktivitäten finden in verschiedensten Wirtschaftsbereichen statt und die Güter und Dienstleistungen für den Tourismus werden in diversen Bereichen produziert. Um die reale Bedeutung des Tourismus als Wirtschaftsfaktor darstellen zu können, wurde die sog. TSA-Methode (**Tourism Satellite Account**) entwickelt. Diese wendet auch die UNWTO seit dem Jahr 2000 an. Dabei wird der Tourismus als nachfragedefiniert aufgefasst und alle Effekte berücksichtigt, die aus den direkten wirtschaftlichen Beziehungen zwischen Konsument:innen (Tourist:innen) und Produzent:innen resultieren (vgl. Smeral 2008: 78).

Bei der TSA-Methode erfolgt eine grundlegende Aufgliederung in „tourismusspezifische", „tourismusverwandte" und „nicht tourismusspezifische" Güter und Dienstleistungen. Das größte Problem bei der Berechnung der touristischen Wertschöpfung im Rahmen der volkswirtschaftlichen Gesamtrechnung bleibt, dass der Konsum touristischer Produkte nicht eindeutig gemessen werden kann. Es muss demnach für jedes Produkt ein spezifisches „touristisches Gewicht" definiert werden, d. h. der touristische Anteil an den Gütern und Dienstleistungen wird herausgerechnet. Berücksichtigt werden der touristische Konsum (privat und betrieblich), alle staatlichen Leistungen (Subventionen u. a.) sowie im Inland getätigte Ausgaben der ausreisenden Tourist:innen. Abgezogen werden Ausgaben für Vorleistungen und Importe (vgl. Smeral 2008: 81 ff.).

Globale Bedeutung des Tourismus: In der weltweiten Betrachtung leistete der Tourismus 2023 insgesamt einen Beitrag von 9,2 % zum globalen BIP (2019 waren es noch 10,4 %). Dieser Wert hat sich in den letzten Jahren aufgrund der Corona-Pandemie verringert, steuert jedoch wieder auf den Wert von 2019 zu. Diese Zahlen sind als weit gefasste Auswirkungen des Tourismus, also als Gesamtbeitrag, zu verstehen (vgl. die

TSA-Methode), sie implizieren seine direkten (ca. 30 %), indirekten (ca. 50 %) und induzierten (ca. 20 %) Effekte (vgl. WTTC 2023).

Als direkte Effekte, im Sinne einer ersten Umsatzstufe, wirken Steuern, staatliche Transferleistungen und Einkommen durch touristische Ausgaben, z. B. in der Beherbergung. Indirekt wirken auf den weiteren Umsatzstufen alle vor- und nachgelagerten Leistungen zur Erstellung, Durchführung und Nachbereitung des touristischen Angebotes (Versorgung mit Ausstattungsmaterial, Entsorgung von Müll etc.). Als induzierte Effekte wirken Ausgaben, die auf der zusätzlich generierten Kaufkraft durch den Tourismus beruhen. Das sind z. B. die privaten Konsumausgaben von Angestellten und Selbständigen im Gastgewerbe (vgl. Schmude/Namberger 2015: 87 f.).

Etwa 80 % dieser Wirtschaftsleistung resultierten 2022 aus privaten Reisen, 20 % aus beruflich bedingten Reisen. Die Ausgaben für Inlandsreisen machten 52 % des weltweiten, direkten tourismusbezogenen BIP aus, verglichen mit 48 % aus dem internationalen Tourismus. Vor der Corona-Pandemie lag der Anteil für Inlandsreisen deutlich höher. Der Gesamtbeitrag des Tourismus zur weltweiten Beschäftigung betrug 2023 über 320 Mio. Arbeitsplätze, was einem Anteil von ca. 10 % entspricht und damit das Niveau von 2019 fast wieder erreicht hat (vgl. WTTC 2023).

Die Staaten mit dem größten Beitrag des Tourismus zum BIP – und damit der weltweit höchsten Abhängigkeit vom Tourismus – waren 2019 vorwiegend Insel- oder Kleinstaaten mit einer wenig diversifizierten Wirtschaftsstruktur: Macau/China (85 % Beitrag zum BIP), Antigua und Barbuda (83 %), Aruba/Niederlande (68 %), St. Lucia (60 %) und die Malediven (54 %). In Europa weisen Montenegro, Albanien, Kroatien, Griechenland, Island und Zypern besonders hohe Beiträge des Tourismus zum BIP auf (15-30 %). Absolut gesehen sind die Hauptprofiteure des Tourismus allerdings die Wirtschaftsmächte USA, China, Deutschland, Japan, Großbritannien und Frankreich (vgl. WTTC 2022: 27 ff.).

Wirtschaftsfaktor Tourismus in Deutschland: Die direkte und indirekte Bruttowertschöpfung des Tourismus in Deutschland betrug 2019 ca. 7 % (216 Mrd. €). 9 % der Erwerbstätigen hingen vom Tourismus ab (ca. 4 Mio.) (vgl. Statistisches Bundesamt 2021).

6.2.3 Strukturen und Akteure des Tourismus-Angebots

Die Akteure der Tourismuswirtschaft können auf zwei Ebenen unterteilt werden (vgl. Freyer 2011): horizontal nach dem Grad der touristischen Zuordnung und vertikal nach der Position der jeweiligen Akteur:innen in der touristischen Dienstleistungskette (vgl. Abb. 6.4 und 6.5).

Produzierende: Die touristische Leistung ist immer als ein Bündel von sach- und personenbezogenen Einzelbestandteilen zu verstehen. Auf der Anbietendenseite ist eine

Reihe von Produzierenden damit beschäftigt, diese Leistung zusammenzustellen. Zu den wichtigsten zählen die Transport- oder Verkehrsbetriebe, die in den meisten Fällen eine Ortsveränderung der Reisenden erst ermöglichen, sowie das Beherbergungsgewerbe, das Reisenden in der Destination (dem Zielort der Reise) eine Unterkunft bereitstellt. Transport und Unterbringung werden dementsprechend auch als Hauptreiseleistungen einer Pauschalreise verstanden. Alle weiteren Teilleistungen werden – je nach Art der Nachfrage – aus den verschiedenen Kern-, ergänzenden oder Randbereichen der Tourismuswirtschaft hinzugefügt.

Reiseveranstaltende und -mittelnde: Sofern Reisende die Bündelung nicht selbst vornehmen, treten an dieser Stelle die Reiseveranstaltenden auf. Sie erstellen pauschale oder teilpauschale Reiseangebote. Dabei werden einzelne Leistungen zu komplementären Leistungen zusammengesetzt, d. h. es gibt eine enge Abhängigkeit untereinander. So wird sichergestellt, dass die Kundschaft ihre Reise reibungslos, ohne Wartezeiten oder Angebotslücken, wahrnehmen kann. Im klassischen Reisemittlungssystem fungieren die Reiseveranstaltenden als „Großhandel" und vertreiben ihre Produkte über die Mittelnden (Reisebüros als „Einzelhandel") an die Kundschaft. Die Reaktion auf die Abhängigkeit der verschiedenen Produzierenden voneinander hat seit den 1970er Jahren dazu geführt, dass sich neben der Strategie der Kooperation eine starke Konzentration in der Tourismuswirtschaft vollzogen hat. Es sind immer größer werdende Konzerne entstanden, die sowohl auf der horizontalen als auch der vertikalen Ebene eine **Integrationsstrategie** verfolgen:

- Vertikale Integration meint im ökonomischen Bereich das Zusammenfassen von Betrieben unterschiedlicher Produktionsstufen (vor- und nachgelagerte Bereiche) unter einer einheitlichen Unternehmensführung. Reiseveranstaltende stellen nicht mehr nur Produkte anderer Herstellender zu einer Pauschalreise zusammen, sie diversifizieren ihr Angebot, indem sie Fluggesellschaften, Incoming-Agenturen (vorgelagert) und Reisebüros (nachgelagert) kaufen oder sich Anteile sichern (z. B. TUI, DER Touristik).
- Horizontale Integration bedeutet das Zusammenfassen von Betrieben gleicher Produktionsstufe unter einem einheitlichen Management. Mit der horizontalen Integration versuchen die Veranstaltenden, die gesamte Breite des Angebots zu bündeln: Erschließen neuer Marktsegmente oder geografischer Märkte auf der Ebene von Hotels/Hotelketten, Fluggesellschaften und Incomingagenturen oder Reisebüros (vgl. Bieger 2010: 202 f.).

Ein zunehmender Wettbewerb der technologischen Systeme (v. a. Computer-Reservierungs-Systeme, später das Internet) und der damit verbundene Eintritt neuer Anbieter:innen auf dem Markt hat in den letzten Jahren zu einer weitgehenden Transformation des Systems der Reisemittlung geführt. Die bis in die 1990er Jahre gültigen „traditionellen" Kommunikations-, Vermittlungs- und Verkaufswege sind durch „neue Wege" ergänzt worden. Durch die Konzentrationstendenz der Reiseunternehmen haben sich zudem die ehemaligen Grenzen zwischen den Subbranchen (Reisebüro → Tour Operator → Incoming Operator → lokale/regionale Tourismusorganisation → Produzierende) weitgehend aufgelöst – heute geht alles für jede:n (vgl. Abb. 6.5). Es hat sich ein freier Wettbewerb der Kommunikations- und Vertriebskanäle entwickelt. Die Kundschaft ist in der Lage, sich auf allen Ebenen der touristischen Dienstleistungskette selbst „einzuloggen". Sie kann je nach Bedarf Teilleistungen der gewünschten Reise selbst organisieren oder ggf. spezifische Pauschalen bei Reisemittlern buchen. Auf diese Entwicklung haben die Reiseveranstaltenden bereits sehr früh mit individuell zusammenstellbaren Modulen reagiert (dynamic packaging) (vgl. Bieger 2010: 200 ff.).

Entsprechend dieser Entwicklung lässt sich der Markt der **Reiseveranstaltenden** heute prinzipiell in drei Segmente gliedern: Allein ca. 10 Mrd. € Umsatz konzentriert sich auf die beiden Branchenführenden TUI (inkl. TUI Cruises) und DER Touristik. Sie sind als maximal integrierte Vollsortimenter der Reisebranche zu sehen und an große Konzerne gebunden. Es folgt eine Reihe von größeren, z. T. mittelständischen Veranstaltenden mit einer sehr breiten Angebotspalette, konzentriert auf Badeurlaub am Mittelmeer (u. a. Alltours, Schauinsland). Die dritte Gruppe wird schließlich von zunehmend kleineren Veranstaltenden geprägt, die sich auf eines oder wenige Segmente des Tourismus spezialisiert haben. Im Jahr 2022 gab es ca. 2.300 Reiseveranstaltende in Deutschland. Einzig die Kreuzfahrtunternehmen haben die Marktstrukturen in den letzten 20 Jahren deutlich zu ihren Gunsten verändert. AIDA Cruises hat es 2023 bis auf Rang 4 im deutschsprachigen Veranstaltendenmarkt geschafft (vgl. DRV 2024; FVW/Travel Talk 2024).

Destination: Die Akteur:innen und Organisationen in der Destination treten sowohl als Produzierende von Leistungen (Unterkünfte, Verkehrsbetriebe etc.), als Mittler:innen (Tourist-Information vermittelt pauschale Angebote) als auch Veranstaltende (Hotel oder Tourismusorganisation erstellt eigene Reisepauschalen) auf. Genau genommen sind die Einheimischen auch potenzielle Nachfragende, z. B. für geführte Touren durch den Ort oder die Nutzung von Seilbahnen.

Die Destination ist ein „geographischer Raum (Ort, Region, Weiler), den der jeweilige Gast (oder ein Gästesegment) als Reiseziel auswählt. Sie enthält sämtliche für einen Aufenthalt notwendigen Einrichtungen für Beherbergung, Verpflegung, Unterhaltung, Beschäftigung. Sie ist damit die Wettbewerbseinheit im Incoming-Tourismus, die als strategische Geschäftseinheit geführt werden muss" (Bieger/Beritelli 2013: 54).

Betrachtet man das touristische Angebot auf der Ebene der Destination, kann zwischen einzelnen Leistungselementen unterschieden werden. Diese sind grundsätzlich in das ursprüngliche und das abgeleitete Angebot gegliedert (vgl. Bieger 2010: 153 f.).

Das ursprüngliche Angebot besteht aus den natürlichen Gegebenheiten, wie der geografischen Lage, dem damit verbundenen Klima, dem Landschaftsbild, der Vegetation und der Tierwelt; den soziokulturellen Verhältnissen, d. h. dem gebauten und gelebten Kulturerbe (Traditionen, Sprache, Architektur, Mentalität); der allgemeinen

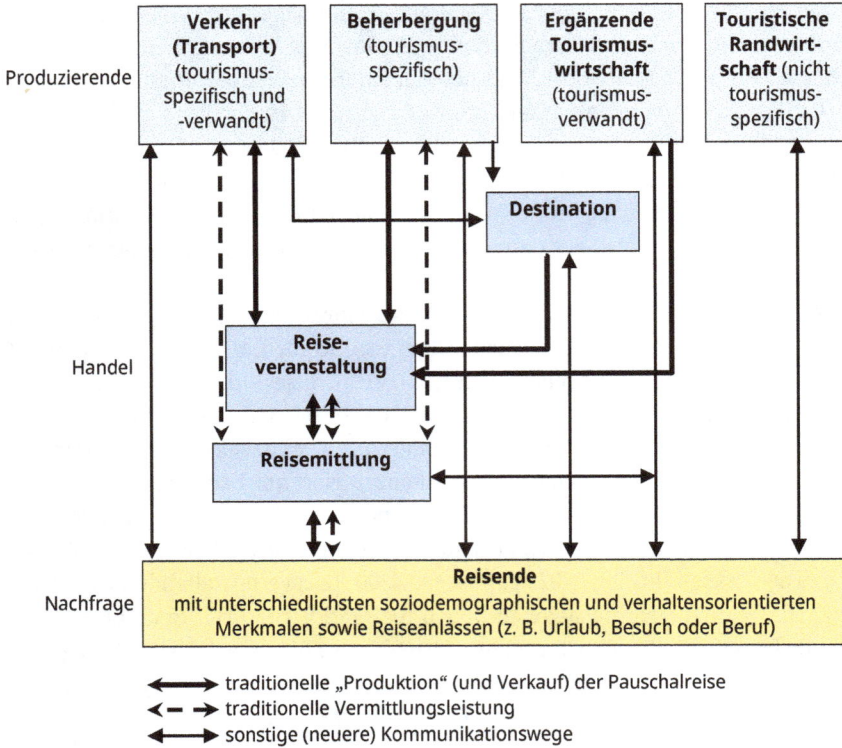

Abb. 6.5: Akteure der Tourismuswirtschaft (Quelle: Hartmann 2018: 33).

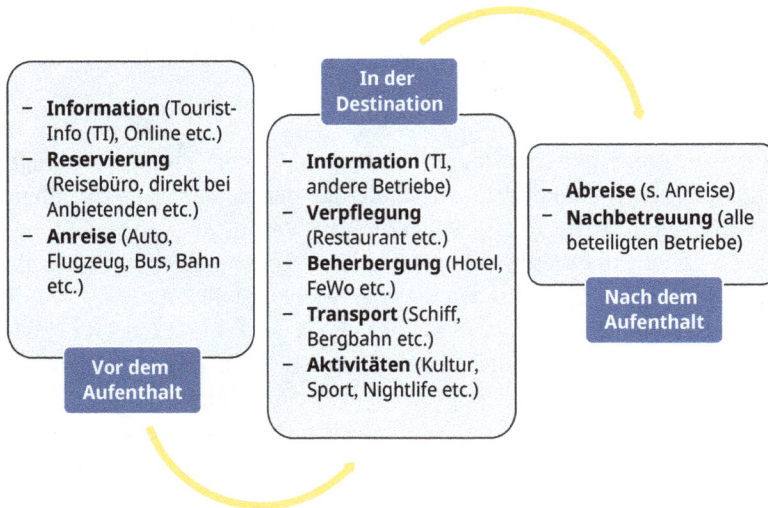

Abb. 6.6: Touristische Dienstleistungskette (Quelle: Hartmann 2018: 34).

Infrastruktur als Grundausstattung an allgemein nutzbaren Einrichtungen zur Entfaltung wirtschaftlicher und gesellschaftlicher Aktivitäten (Ver- und Entsorgung, Kommunikation, Verkehr). Dieser Teil des Angebots ist unabhängig vom Tourismus in der Destination vorhanden, kann jedoch ebenfalls von Tourist:innen genutzt werden bzw. muss als Ausgangsbasis für die touristische Entwicklung betrachtet werden.

Das abgeleitete Angebot wird dagegen explizit für die touristische Nutzung erbaut bzw. bereitgestellt und kann grundsätzlich auch von den Einheimischen genutzt werden. Hierzu zählen Einrichtungen zur Ortsveränderung (z. B. Seilbahnen); Einrichtungen des Aufenthaltes (Beherbergung, Erholungs- und Sporteinrichtungen, Kongresszentren, Attraktionen etc.) sowie Einrichtungen der Vermittlung (Reiseagenturen, Tourismusorganisationen etc.). Es wird weiter unterteilt in die touristische Infrastruktur, die als über das Richtmaß für Einheimische hinausgehende Infrastruktur beschrieben wird, jedoch für alle öffentlich nutzbar ist, und die touristische Suprastruktur, die lediglich Beherbergungs- und Verpflegungsleistungen als besonderes touristisches Kernangebot umfasst.

6.2.4 Literatur

Bieger, Thomas (2010): Tourismuslehre – Ein Grundriss.3. Aufl., Bern: Haupt (UTB).

Bieger, Thomas; Beritelli, Pietro (2013): Management von Destinationen. 8. Aufl., München: Oldenbourg.

DRV (2024): Der deutsche Reisemarkt. Zahlen, Daten, Fakten 2023. Abgerufen am 27.03.2024 von https://www.drv.de/public/Downloads_2024/24-03-04_DRV_ZahlenFakten_Digital_2023_DE-kleiner.pdf.

Freyer, Walter (2011): Tourismus-Marketing. Marktorientiertes Management im Mikro- und Makrobereich der Tourismuswirtschaft. 7. Aufl., München: Oldenbourg.

FUR (2024): Erste Ergebnisse der RA 2024. Abgerufen am 27.03.2024 von http://reiseanalyse.de/download bereich/erste-ergebnisse/.

FVW/Travel Talk (2024): Dossier Veranstalter. Heft 4/2024. Hamburg. S. 22–31.

Hartmann, Rainer (2018): Marketing in Tourismus und Freizeit. 2. Aufl. Konstanz/München: UVK Lucius (UTB).

Schmude, Jürgen; Namberger, Philipp (2015): Tourismusgeographie. 2. Aufl., Darmstadt: Wissenschaftliche Buchgesellschaft.

Smeral, Egon (2008): Tourismus: Ein unterschätzter Wirtschaftsfaktor. Eine kritische Analyse der Anwendung von Tourismus-Satellitenkonten. In: Freyer, Walter; Naumann, Michaela; Schuler, Alexander (Hrsg.): Standortfaktor Tourismus und Wissenschaft – Herausforderungen und Chancen für Destinationen. Schriften zu Tourismus und Freizeit. Bd. 8. Berlin: ESV, S. 77–91.

Statistisches Bundesamt (2021): Aktuelle Daten zur Tourismuswirtschaft, Wirtschaftliche Bedeutung und Nachhaltigkeit. Abgerufen am 27.03.2024 von https://www.destatis.de/DE/Themen/Wirtschaft/Volks wirtschaftliche-Gesamtrechnungen-Inlandsprodukt/Publikationen/Downloads-Input-Output-Rechnung/aktuelle-daten-tourismuswirtschaft.pdf?__blob=publicationFile.

Statistisches Bundesamt (2024): Tourismus in Deutschland im Jahr 2023. Abgerufen am 27.03.2024 von https://www.destatis.de/DE/Presse/Pressemitteilungen/2024/02/PD24_053_45.html.

UNWTO (2008): International Recommendations for Tourism Statistics 2008. Abgerufen am 27.03.2024 von https://unstats.un.org/unsd/publication/Seriesm/SeriesM_83rev1e.pdf#page=35.

UNWTO (2024a): Glossary of tourism terms. Abgerufen am 27.03.2024 von https://www.unwto.org/glos sary-tourism-terms.

UNWTO (2024b): UN Tourism Recovery Tracker. Abgerufen am 27.03.2024 von https://www.unwto.org/tourism-data/unwto-tourism-recovery-tracker.

WTTC – World Travel & Tourism Council (2022): Travel & Tourism Economic Impact 2022. Global Trends. Abgerufen am 27.03.2024 von https://wttc.org/Portals/0/Documents/Reports/2022/EIR2022-Global%20Trends.pdf.

WTTC – World Travel & Tourism Council (2023): Travel & Tourism Economic Impact 2023. APEC. Abgerufen am 27.03.2024 von https://assets-global.website-files.com/6329bc97af73223b575983ac/647df24b7c4bf560880560f9_EIR2023-APEC.pdf.

6.3 Sport und Gesundheit

Richard Krull

Sport gilt als „die schönste Nebensache der Welt", so beschreiben es nicht nur der Sportphilosoph Volker Schürmann (2006) oder der Sportpublizist Marcus Bölz (2015: 15). Diese Erkenntnis wird auch oftmals im Kontext weit um sich greifender Sportbegeisterung, vor allem innerhalb ihrer spezifischen Ausprägung namens Fußballromantik, jedoch mit der leichten Abänderung „Fußball ist die schönste Nebensache der Welt", laut kundgetan. Ein zweiseitiger Zugang zum Sport wird bei derartigen Liebesgeständnissen schnell ersichtlich, entweder durch das eigene Betreiben oder durch das Zuschauen. Beide Möglichkeiten, aktiver und passiver Zugang, betten sich, wie das für eine „Nebensache" so üblich ist, für gewöhnlich in die Freizeit ein (ausgenommen ist der Profisport, wo aus der „Nebensache" eine „Hauptsache" geworden ist), einem Bereich, welcher von Pluralität und Heterogenität geprägt ist. Dem gerecht zu werden, ist nicht leicht und erschwert eine tiefere Auseinandersetzung.

Die Frage nach den Beweggründen der Menschen dafür, warum sie dem Sport so große Teile ihrer Zeit widmen, kann helfen, sich dieser Komplexität anzunähern. Mittag und Wendland (2015) versuchten sich hierzu an einer Kategorisierung und identifizieren auf der Basis von Kurz (1990) vier **Hauptmotivkategorien** für dessen Betreiben, die auch für das Zuschauen gelten können:

– Leistung und Wettkampf, die als Motive durchaus auch im Freizeitsport präsent sind
– Wagnis und Spannung, welche gut zum Konzept der Erlebnisgesellschaft nach Schulze (1995) passen
– Geselligkeit und gesellschaftliche Einbindung, die als Motiv der Sozialisierungs- und Integrationsfunktion des Sports folgen
– Gesundheit und Fitness als zentrales Motiv, welches seit jeher unzertrennlich mit dem Sporttreiben verbunden ist

Doch wird richtigerweise angemerkt, dass „Sport nicht zwingend mit Gesundheit einhergehen muss" (vgl. Mittag/Wendland 2015: 396). Er ist also eigentlich nur so lange eine schöne „Nebensache", wie er ohne negative **gesundheitliche Konsequenzen** auskommt. Verletzungen oder (chronische) Krankheitsbilder infolge zu vieler oder falscher Sportausübung stellen ein potenzielles Risiko dar, welches aufgrund der Komplexität sportlicher Bewegungsmuster und diverser anderer äußerer sowie innerer Einflüsse nicht immer vermeidbar ist. Nun bewegt sich der Sport durch seine eigene Öffnung für eine breitere Masse vermehrt in den Mittelpunkt unserer Freizeit und wurde mit der Zeit von einer „Nebensache" zu einem immer allgegenwärtigeren Phänomen. Mithilfe diverser technischer Entwicklungen und einer zunehmenden ökonomischen Kaufkraft der Konsument:innen, setzen sich unweigerlich mehr Menschen der potenziellen Gefahr einer Verletzung oder Erkrankung aus. Schnell kann gerade jene so beliebte freizeitliche Betätigung, die an sich den Ruf hat gesundheitsfördernd zu sein, ebenso Ursache eines gesundheitsschädigenden Prozesses oder Ereignisses sein. Gleiches gilt selbstverständlich, wenn auch in anderer Form, für das genaue Gegenteil, die zu große Vernachlässigung sportlicher Betätigung. Die negativen Auswirkungen sind nicht nur auf physischer Ebene offenkundig, auch die mentale Gesundheit rückt inzwischen immer weiter in den Vordergrund. Hinzu kommt, dass die Konsequenzen daraus sich nicht allein auf die betroffenen Personen beschränken, sondern ebenfalls im sozialen Umfeld jener Person spürbar sind. In ihrer Masse sind sie aufgrund der von unserem Gesundheitssystem zu tragenden, hohen Kosten ja sogar zu einem gesellschaftlich relevanten Thema geworden. Nun gibt es auch andere Ursachen für Erkrankungen und Verletzungen, doch unterliegen Sport und Gesundheit einer besonders intensiven Wechselbeziehung. Diese ist nicht nur inhaltlicher Natur, sondern lässt sich auch in puncto ihrer Märkte durch eine enge Verzahnung charakterisieren und erfährt über die Zeit eine tiefgreifende Dynamik. Es lohnt sich demnach beide Handlungsfelder vor allem im Hinblick auf ihre Bedeutung für unser Freizeitverhalten genauer zu betrachten.

6.3.1 Handlungsfeld Sport

Begriffsbestimmungen
Wer sich auf die Suche nach einer allgemeingültigen Definition des Phänomens Sport begibt, wird schnell enttäuscht werden. Zu vielfältig sind die möglichen Zugänge und zu diffus sind die Trennlinien, wenn darüber diskutiert wird, welcher Akt der Bewegung als Sport gilt oder nicht. Individuelle Erfahrungen und Gewohnheiten sind in der Debatte genauso relevant wie gesellschaftliche Maßstäbe und kulturelle Haltungen. Dass diese keinerlei Statik unterliegen, macht die Konsensfindung umso schwieriger. So weist z. B. Decker (2010) auf den ständigen Wandel hin, dem sich der Sport aus historischer Sicht inhaltlich unterwerfen muss und mahnt hinsichtlich einer potenziellen Definition an, dass es interdisziplinärer Herangehensweisen sowohl aus geistes- als auch naturwissenschaftlicher Sicht bedarf. Diese Vielschichtigkeit spiegelt sich auch in der modernen Betrachtung des Phänomens Sport wider, bei der oftmals von **Sport als Querschnittswissenschaft** die Rede ist (vgl. Krüger 2022). Angesichts

dessen und der hohen Ausdifferenzierung, die der moderne Sport erfährt, wird an dieser Stelle auf eine Formulierung einer eigenen Definition verzichtet. Allerdings sei wenigstens auf andere Versuche hingewiesen, wie etwa die von Röthig/Prohl (2003) und Tiedemann (2023). Letzterer definiert Sport z. B. allgemein als „ein kulturelles Tätigkeitsfeld, in dem Menschen sich freiwillig in eine Beziehung zu anderen Menschen begeben, um ihre jeweiligen Fähigkeiten und Fertigkeiten in der Bewegungskunst zu vergleichen – nach selbst gesetzten oder übernommenen Regeln und auf Grundlage der gesellschaftlich akzeptierten ethischen Werte."

Die dennoch bestehende Schwierigkeit einer Konsensfindung in der Sportwissenschaft, inwiefern etwas zum Sport zählt oder nicht, überträgt sich interessanterweise auch in die Debatte nach einer Abgrenzung des Sportmarktes.

Sportmarkt

Um den Sportmarkt zu benennen, lohnt sich eingangs auf die hierzulande vorherrschenden, überaus heterogenen Strukturen hinzuweisen. Denn in Deutschland lässt sich der Sport in Bezug auf seine Organisationstypologien in **vier Sektoren** unterteilen. Diese haben unterschiedlichste Eigenschaften und beeinflussen den Markt und somit unsere Freizeit auf ihre eigene Art und Weise.

Zum ersten Sektor gehören alle **nicht staatlichen und Non-Profit-Organisationen**, die keinen Erwerbszwecken, sondern der Selbstverwaltung dienen. Zwar dürfen sie durchaus Gewinne erwirtschaften, müssen diese allerdings für die „Mission" der Organisation verwenden. Steuerrechtlich fallen sie demnach unter den Terminus „gemeinnützig" und ihre Tätigkeiten sind darauf ausgerichtet „die Allgemeinheit auf materiellem, geistigem oder sittlichem Gebiet selbstlos zu fördern" (vgl. § 52 Absatz 1 Abgabenordnung (AO)). Zu ihnen sind typischerweise Vereine und Verbände zu zählen, im weiteren Sinne gilt es noch Stiftungen zu berücksichtigen, auf die an dieser Stelle jedoch nicht weiter eingegangen wird. Ihre Hauptfunktion ist die Sportausübung, in dieser sie sich als Dienstleistende positionieren und fünf idealtypische Strukturbesonderheiten aufweisen:
- Freiwilligkeit der Mitgliedschaft
- Autonomie
- Interessenidentität
- Demokratie
- Ehrenamtlichkeit

(Sport-)Verbände übernehmen zusätzlich als überparteiliche Instanz noch weitere Aufgaben, wie beispielsweise Regelaufstellung, Interessenvertretung, Ausbildung sowie Wettkampforganisation. Ihnen werden dementsprechend monopolistische Stellungen zugeschrieben. Als oberstes Organ gilt in Deutschland der Deutsche Olympische Sportbund (DOSB). Ihm werden mehr als 86.000 Vereine und fast 28 Mio. Mitgliedschaften zugerechnet (vgl. DOSB 2023).

Neben der Sportselbstverwaltung gilt in Deutschland zudem die **staatliche Sportverwaltung**, welche ebenfalls einen Sektor darstellt. Diesem sind öffentliche Verwaltungen von der kommunalen bis hin zur Bundesebene sowie öffentliche Einrichtungen wie (Hoch-)Schulen, Gefängnisse oder das Militär zuzuordnen. Zentrale Aufgabe des Staates ist die Subventionierung von Vereinen und Verbänden durch Geldzuwendungen (Sportförderung), der Zurverfügungstellung von Sportstätten (in Form von Verwaltung, Planung und Bau) sowie die Bereitstellung von Sachmitteln. Die Sportförderung orientiert sich dabei an den Prinzipien Autonomie des Sports, der Subsidiarität[4] der Sportförderung sowie der partnerschaftlichen Zusammenarbeit mit den Organisationen des Sports (vgl. Bundesregierung 2006). Zuständig für die Förderung des Spitzensports ist hierzulande das Bundesministerium des Innern, welches diesen gerne im eigenen Dienstbereich ansiedelt (etwa bei der Bundespolizei, Bundeswehr und dem Zoll). Bei Angelegenheiten, die den Breitensport betreffen, liegt die Zuständigkeit der Gesetzgebung, der Verwaltung und Finanzierung jedoch bei den Ländern und Kommunen. Denn Artikel 30 des Grundgesetzes sieht vor, dass „die Ausübung staatlicher Befugnisse und die Erfüllung staatlicher Aufgaben Sache der Länder ist, soweit dieses Grundgesetz keine andere Regelung trifft oder zulässt". Diese Aufgabenteilung ist durch die Verankerung im Grundgesetz demnach sehr klar geregelt. Dennoch verläuft eine Trennung der jeweiligen Aufgabenbereiche nicht immer so eindeutig, wie es beispielsweise das System der 16 deutschen Olympiastützpunkte (Stand 2024) zeigt. Diese Betreuungs- und Serviceeinrichtungen für Kaderathlet:innen und deren Trainer:innen für olympische, paralympische und deaflympische[5] Sportarten, sind erkennbar dem Leistungssport und somit dem Kompetenzbereich des Bundes zuzuordnen. Dieser tritt hier als Förderer auf. Träger des niedersächsischen Olympiastützpunktes z. B. ist allerdings der Landessportbund Niedersachsen, welcher einen Großteil seiner Finanzhilfe wiederum vom Land Niedersachsen erhält. Hinzu kommt die Stadt Hannover, welche als Eigentümerin über das Grundstück des Olympiastützpunkts (und somit seiner Trainingsstätten) verfügt. Nicht zu vergessen sind zudem die relevanten Spitzensportverbände, Landesfachverbände und Sportvereine, die das administrative Grundgerüst der jeweiligen Sportarten stellen, in denen die Athlet:innen aktiv sind. Ohne hier noch weiter ins Detail zu gehen, wird schnell deutlich, dass etliche Strukturen im organisierten Sport zusammenlaufen können.

Als dritter Sektor gilt die **Erwerbswirtschaft**, zu dem alle (privaten) Unternehmen gehören, die dem Erwerbszweck dienen. Diese Sportbetriebe können nach Woratschek (1998) in Sportgüterproduzierende und Sportdienstleistungen unterschieden werden. Erstere unterteilen sich in Investitionsgüterherstellende, welche sich dem Sportstättenbau oder der Herstellung von Sportgeräten widmen, und Konsumgüterherstellende, mit

---

4 Subsidiarität beschreibt in diesem Kontext die ergänzende Finanzierung, wenn eigene Mittel nicht ausreichen.
5 Wettbewerb im Gehörlosensport.

denen besonders Sportartikelherstellende oder Sporternährungsproduzierende gemeint sind. Sportdienstleistungen hingegeben beschreiben im Allgemeinen Dienstleistungen mit aktivem und passivem Sportkonsum. Die Unterscheidung in den **aktiven und passiven Sportmarkt** macht den Sport im Vergleich zu anderen Märkten so besonders.

Ein oftmals unbeachteter Sektor – nicht selten wird in nur drei Sektoren unterteilt – ist der **unorganisierte Sport**, wenngleich er einen überwältigen Anteil an der Art, wie sich sportlich betätigt wird, ausmacht. Gemeint ist das informelle Sporttreiben, welches in jeglicher Form ohne groß auferlegte Verbindlichkeiten auskommt, laut Thieme (2019) dennoch ein gewisses Maß an (Selbst-)Organisation benötigt. Charakteristisch sind hierbei nach Renout (2015: 619) „spontane, kurzzeitig bestehende und netzwerkartige Verbindungen", bei denen die Aktiven die Rolle der Organisator:innen selbst übernehmen, indem sie sich beispielsweise untereinander verabreden oder sich die benötigte, meist öffentlich zugängliche Infrastruktur zu Eigen machen. Genaue Zahlen zum sportlichen Organisationsgrad in Deutschland sind schwer zu beziffern, folgt man allerdings der Bestandserhebung vom DOSB sind es 33 % der Bevölkerung (vgl. DOSB 2023: 16). Unterschiede bestehen demnach in den Bundesländern, was durch den Sportausschuss bestätigt wird (vgl. Bundestag 2023), und bezogen auf die Altersstruktur, wonach gerade Jugendliche organisiert Sport treiben (vgl. Thieme/Wallrodt 2022). Repenning et al. (2019: 3) sprechen von 72 %, die ausschließlich selbstorganisiert Sport betreiben. Weitere Hinweise zum Anteil der informell Sporttreibenden geben z. B. Studien von Krankenkassen zum Bewegungsverhalten. Laut Techniker-Krankenkasse (2022) sind Fahrrad fahren, Laufen und Wandern die drei beliebtesten Sportarten in Deutschland. Alle drei weisen traditionell einen erkennbar niedrigen Organisationsgrad auf.

Mit dieser Ergänzung wird eine Unterteilung der **Dienstleistungen**, die den **aktiven Sportkonsum** betreffen, leichter. Offensichtlich jedenfalls ist die in den Non-Profit und Profit-Bereich. Ersterer wurde schon durch die Beschreibung des ersten Sektors (Sportvereine und -verbände) näher beleuchtet, dessen Hauptfunktion ja das (gemeinnützige) Anbieten von Sportgelegenheiten ist. Der Profit-Bereich, welcher sich im dritten Sektor (privatwirtschaftliche Akteur:innen) wiederfindet, umfasst eher gewerbliche Einrichtungen wie Fitnessstudios, Sportschulen (z. B. Tanz-, Kampfsport-, Reit- und Segelschulen), private Sportanlagen und -stätten (z. B. Tennis- oder Squashhallen und Kegel- oder Bowlingbahnen) oder den Sportfachhandel. Ebenfalls dazu zu zählen sind selbständige Trainer:innen und diverse Angebote rund um den Bereich Aus- und Weiterbildung.

Ferner sind Reiseunternehmen zu nennen, die es durchaus gelernt haben, den Sport in ihre Angebotsvielfalt zu integrieren. Exemplarisch für diese Vielfalt kann Schwark (2016) herangezogen werden, der vier Formen des Sporttourismus unterscheidet, welche alle in unterschiedliche Dienstleistungen resultieren können:

- Sporttourismus im engen Sinn (Betreiben eines entweder nicht bekannten Sports oder eines bekannten Sports in einem unbekannten Kontext)
- Sporttourismus im weiten Sinn (Betreiben eines bekannten Sports)

- Sport im Urlaub (Ohne Bezug zur umgebenden Destination)
- Sportinduzierter Tourismus (passiver oder rein theoretischer Sportkonsum)

Beim Reisen kommt es während des Sporttreibens zu einer Auseinandersetzung mit der Umwelt des bereisten Ortes, die er als Aneignung versteht. Diese kann auf kultureller, sozialer und landschaftsbezogener Ebene stattfinden. Kapteina (2004) benennt hier ergänzend theoretische (Erkennen soziokultureller und historischer Hintergründe), praktische (konkrete Handlungen), ethische (Aneignung der Werte und Normen) und ästhetische (nach Schwark die höchste Form der Aneignung, verbunden mit adäquater Reflexion und ästhetisch-sinnlicher Erfahrung) Formen der subjektiven Aneignung, die ebenfalls Auswirkungen auf die Angebotskultur haben.

Die **Dienstleistungen im passiven Sportmarkt** sind nicht weniger facettenreich und logischerweise mit dem aktiven Sportgeschehen verbunden. Nicht grundlos wird in diesem Kontext vom **Zuschauendenmarkt** gesprochen. Eine weitere Unterteilung in Folge- bzw. Nachbarmärkte ist möglich, wird der Einfachheit halber jedoch in diesem Kapitel vernachlässigt. Hält man sich weiter an die Gliederung von Woratschek (1998), dann sind zunächst die **Unternehmensberatungen** zu nennen, die ihre Kompetenzen (Knowhow, Netzwerke usw.) als Dienstleistung in zahlreiche Bereiche des Sportgeschehens einfließen lassen. Allerlei Unternehmen bieten sich hierbei als Spezialist:innen für bestimmte Thematiken (z. B. Mitgliedergewinnung, Öffentlichkeitsarbeit), Prozesse (z. B. strategische Neuausrichtung, Organisationsentwicklung) oder komplexe Szenarien (z. B. Compliance-Verfahren, Insolvenz) an.

Darüber hinaus gibt Woratschek (1998) **Sportunterhaltungsbetriebe** wie Veranstaltungsagenturen als Mitwirkende im passivem Sportmarkt an. Bei deren Kerngeschäft, der Ausrichtung von Sportveranstaltungen, wird ebenfalls eine enge Verzahnung in der Sportbranche deutlich. Vor allem bei der näheren Beschäftigung mit den Zielen, die mit einer Ausrichtung von Sportevents einhergehen. Neben dem monetären Nutzen ergeben sich weitere ökonomische Effekte, einerseits auf Mikroebene für beteiligte Produzent:innen und Konsument:innen und unbeteiligte Dritte (direkte und externe Effekte), andererseits auf Makroebene (BIP, Arbeitslosenquote, Preis- und Zinsniveau, Außenhandel). Gerade letztere sind für staatliche Institutionen von Interesse, weshalb sie sich regelmäßig in die Diskussion rund um die Ausrichtung von Sportgroßveranstaltungen einschalten. Genauso bedeutsam sind für sie potenzielle intangible Effekte. Zu ihnen gehören klassischerweise die Imageverbesserung, eine stärkere Identifikation der Bevölkerung mit ihrer Region, (innen-)politische Stabilität und Machtdemonstration und werden demnach als erklärte Ziele ausgerufen. Preuss (2012) liefert noch weitere Beispiele von Zielen, so stand 1992 in Barcelona mit der Ausrichtung der Olympischen Spiele etwa die Bedeutungssteigerung der Stadt innerhalb des Ausrichterlandes, die Stadtentwicklung verbunden mit Investitionssteigerungen und die Steigerung des Tourismus im Vordergrund. Nowak (2019) weist darauf hin, dass das Erreichen derartiger Veränderungen davon abhängig ist, inwiefern bestimmte Emotionen bei einem Besuch solcher Sportevents spürbar sind und verweist auf die von Holzbauer et al. (2010) genannten Aspekte:

„Erinnerungswert, Positivität, Einmaligkeit, Aktivierung der Teilnehmer:innen, Gestaltung, Organisation, Inszenierung, Medien, Verbindung von Eindrücken und Symbolik" (Nowak 2019: 264).

Sportakteur:innen aus unterschiedlichen Sektoren kooperieren bei der Finanzierung der mit einem Sportgroßereignis verbundenen Kosten. Private (Hotels, Kongresszentren, ...) und staatliche (Sportstätten, Verkehrsinfrastruktur, ...) Investitionen sowie öffentliche Ausgaben (Sicherheit, Polizeieinsätze, ...) sind nötig für deren Ausrichtung. Nicht monetäre Kosten wie Lärm- und Umweltbelastungen oder soziale Ausbeutung und Diskriminierung können aufgrund ihrer Dimensionen ebenfalls nur von mehreren und geschlossen auftretenden Akteur:innen gering gehalten werden. Infolge vergangener, diesbezüglich weniger erfolgreicher Sportveranstaltungen hat das Innenministerium in Zusammenarbeit mit dem DOSB mittlerweile einen strategischen Rahmen für kommende Ausrichtungen festgelegt. Künftige Maßnahmen und Entscheidungen orientieren sich an einem Zielsystem, welches sich in sechs strategische Ziele gliedert:

– Impulse im Breiten- und Spitzensport zur Nachwuchs- und Athlet:innen-Entwicklung setzen.
– Werte des Sports in die Mitte der Gesellschaft tragen und aktive Lebensweisen unterstützen.
– Ansehen und die internationale Wahrnehmung Deutschlands positiv prägen.
– Vielfalt des Sports und Rolle unserer Sportverbände stärken und diese weiterentwickeln.
– Sportgroßveranstaltungen nutzen, um Nachhaltigkeitsziele zu unterstützen.
– Zukunftstechnologien nutzen, um Impulse für Innovation zu setzen (vgl. BMI/ DOSB 2021: 17).

Als nächstes sind die **Sportkommunikationsbetriebe** zu nennen. Gemeint sind Unternehmen, die sich auf die mediale Verbreitung und Verwertung von (Spitzen-)Sport spezialisiert haben und die aufgrund der Wertigkeit entsprechender Rechte um die Übertragungslizenzen buhlen. Der hohe Spannungsgrad des Sports verbunden mit seiner hohen Emotionalität führt zu einer unvergleichbaren Attraktivität für ein breites Publikum. Die modernen Massenmedien nutzen dies für unterschiedlichste Formate, mit denen sie die Menschen nicht nur Live, sondern auch während der Vor- und Nachbereitung von Spielen und Veranstaltungen an sich binden. Sie beeinflussen so den Zuschauendenmarkt maßgeblich (vgl. Fahrner 2014). Auch der Einfluss auf den aktiven Sportmarkt ist immens, da sie gleichzeitig anderen zahlungskräftigen Unternehmen eine Plattform bieten, auf der sie sich präsentieren können (Sponsoring). Dadurch fließt zusätzliches Geld in den Verkauf verschiedener Übertragungsrechte, die entweder von einzelnen Akteur:innen dezentral (einzeln) oder von Organisationen (Ligen oder Verbänden) zentral vermarktet werden. Die gegenseitigen Abhängigkeiten sind inzwischen enorm und Quirling, Kainz und Haupt (2017:4) sprechen deshalb vom „Sport-Medien-Wirtschaft-Komplex".

Schließlich sind jene Dienstleistungen im Zuschauendenmarkt zu nennen, die im Bereich der **Sportwerbung und des Sponsorings** angeboten werden. Hierbei bietet sich eine Annäherung über die Marketingperspektive an. Unterschieden wird zwischen Marketing im Sport, was Vermarktung von Sportprodukten durch Sportakteur:innen meint, und Marketing mit Sport, was sportbezogene Themen oder Elemente für eigene Zwecke nutzt (vgl. Bruhn/Rohlmann 2022). Anders als die Sportkommunikationsbetriebe nutzen diese Unternehmen die Emotionalität im Sport zur Erreichung eigener und ihnen aufgetragener Kommunikationsziele. Werbung und Sponsoring sind hier Kommunikationsinstrumente innerhalb der Kommunikationspolitik im Marketing. Während Ersteres die Absatzaktivierung und die Kund:innenbeziehungen im unspezifischen Kontext gezielt anvisiert, geht es beim Sponsoring um die systematische Förderung von Sportakteur:innen, Sportorganisationen und Sportveranstaltungen mithilfe von Geld, Sachmitteln, Dienstleistungen oder Know-how. Walzel und Schubert (2018: 67 ff.) z. B. benennen elf Ziele des Sportsponsorings:

– ein positiver Imagetransfer vom Gesponserten auf den/die Sponsor:in
– die Steigerung des Bekanntheitsgrads eines Unternehmens bzw. einer bestimmten Marke
– eine Steigerung der Beziehungsqualität
– eine Kund:innenbindung bzw. Markenloyalität, sei es in Bezug auf Endkonsument:innen oder Geschäftspartner:innen
– um seiner gesellschaftlichen Verantwortung nachzukommen
– Erreichung unmittelbarer Absatz- und Umsatzziele
– Erschließung neuer Zielgruppen
– Kontaktpflege mit Medienvertreter:innen und anderen Multiplikator:innen bzw. Entscheidungsträger:innen
– Erschließung neuer Vertriebswege
– Erreichen der Ziele des Produktmarketings
– Mitarbeitendenmotivation und Personalrekrutierung

Wichtig bei entsprechenden Maßnahmen ist angesichts involvierter Emotionalität, dass sponserndes Unternehmen und gesponsorter Verein oder Athlet:in zusammenpassen. Negative Begleiterscheinungen wie „Dopingvergehen, Korruption auf Funktionärsebene, Gewaltausschreitungen im Umfeld von Fangruppierungen, verschiedenste Formen der Diskriminierung, Spiel- und Wettkampfmanipulationen, Steuerhinterziehungen und kaum nachvollziehbare ‚Exzesse' bei den Ablösesummen und Jahresgehältern von Spitzensportler:innen und den Zahlungen an ihre Berater:innen" können zur Zielverfehlung beitragen und schnell in Fehlinvestitionen enden (Walzel/Schubert 2018: 263). Dies ist in den meisten Fällen für das sponsernde Unternehmen und die gesponsorten Akteur:innen gleichermaßen schädlich. Ein Imageverlust, verbunden mit finanziellen Einbußen, kann beide Seiten treffen, wobei Sponsor:innen eine hochrentable Bühne und Gesponsorte nicht selten ihre Finanzierungs- und sogar Existenzgrundlage verlieren.

Zuletzt lassen sich neben den schon aufgeführten Eigenschaften des Sportmarkts noch allgemeine Besonderheiten nach Horch, Schubert und Walzel (2014) darlegen. Diese sind einerseits in der **Güterstruktur** zu finden, welche durch potenzielle Ausschließbarkeit und Rivalität in der Nutzung gekennzeichnet ist. Zwar sind öffentliche Güter (wie lokale Identität) hier zu exkludieren, bei ihnen greift keines der beiden Kriterien; bei Allmendegütern (Rivalität in der Nutzung: öffentlicher Bolzplatz) und bei Clubgütern (Ausschließbarkeit: Sportanlage eines Vereins) greift jeweils ein Kriterium. Bei Privatgütern (eigene Sportgeräte) fassen sogar beide Kriterien. Andererseits lassen sich im Vergleich zu „herkömmlichen" Märkten Besonderheiten in der Angebotsstruktur identifizieren. So sind Produkte auf dem Zuschauer:innenmarkt gekennzeichnet von Kooperenz, welche die Gleichzeitigkeit von Kooperation und Konkurrenz meint: Um ein spannendes Spiel zu gewinnen, braucht es Gegner:innen. Eine weitere Besonderheit ist, dass im Gegensatz zur gängigen Ökonomie im Sport die Nutzenmaximierung (oder Siegmaximierung) über der Profitmaximierung steht. Titel zählen mehr als Gewinne. Zudem greift im Zuschauer:innenmarkt das Prinzip von Co-Creation (gemeinsame Wertschöpfung), das heißt viele Beteiligte haben möglicherweise einen entscheidenden Einfluss auf die Qualität des Endprodukts (eine tolle Atmosphäre im Stadion etwa ist abhängig von den Fans[6]).

Weitere Besonderheiten betreffen die Nachfragestruktur. Im Sport ergibt sich die Nachfrage z. B. größtenteils vor einem sozialen Hintergrund, weshalb von sozialem Konsum gesprochen wird. Verbunden damit ist das Stimulation-Seeking-Behavoir, welches die Befriedigung des Bedürfnisses anstrebt, das entsteht, wenn das Erregungsniveau einer Person über- sowie unterschritten wird und im Sport besonders häufig auftritt. Außerdem wirkt die Verfügung über Zeit und Konsumfähigkeit restriktiv auf die Nachfrage (Haushaltsproduktion) und sie beinhaltet im Sport einen steigenden Grenznutzen, der sich sogar unelastisch und invers verhält. Übersetzt: Für eine mir anfänglich eher unbekannte, aber besonders attraktive Sportart bin ich mit der Zeit bereit immer höhere Preise zu bezahlen, da sich meine Konsumfähigkeit erhöht (z. B. in Form von Verständnis der Gewinnstrategie). Nebenbei kaufe ich mir das dazugehörige Güterbündel, bestehend aus Ausrüstung, Kleidung und Trainingsmöglichkeit. In diesem Fall wird eine weitere Besonderheit sichtbar, das starke Bedürfnis nach Komplementär- und Substitutionsgütern. Damit einher geht das überdurchschnittliche Gewicht sachlicher (für Markenprodukte geltende) und persönlicher Präferenzen, die nur bestimmte Personen und Clubs zulassen.

Entwicklungen

Das Handlungsfeld Sport als solches ist ein überaus dynamisches. Dies wird in der Betrachtung der jüngeren Entwicklungen auf mehreren Ebenen deutlich. Ein Phäno-

---

6 Einen entscheidenden Einfluss hatten Fans u. a. auf das „Produkt" Bundesliga, als sie Anfang 2024 die Investorenpläne der DFL durch anhaltende Proteste zunichte machten.

men, das Veränderungen auf der sporttechnischen Ebene gut veranschaulicht, ist die hohe Ausdifferenzierung in den Sportarten, von denen einige gemeinhin als Trendsportarten betitelt werden. Sie bezeichnen alternative Formen des Sich-Bewegens und überschreiten nicht selten das konventionelle Sportverständnis und kennzeichnen daher „jene Veränderungstendenzen des Sports, die mit bewegungskultureller Erneuerung und Innovation einhergehen" (Schwier 2003: 18). Eine Abgrenzung zu konventionellen Sportarten kann sowohl aus quantitativer Sicht z. B. im Hinblick auf das Nachfragewachstum der „neuen Sportart" als auch aus qualitativer Sicht, etwa das Anderssein zum traditionellen, etablierten Sport, erfolgen. Bezogen auf letzteres hat Schildmacher (1998: 16 ff.) klare Bewegungsrichtungen identifiziert:

- vom Indoor-Sport zur Outdoor-Variante (z. B. Beachvolleyball)
- vom normierten zum unnormierten Sport (z. B. vom Basketball zum Streetball)
- vom großen Mannschafts- zum kleinen Gruppensport (Sportspielvarianten)
- vom geschützten zum risikoreicheren Sport (Extrem- und Risikosport)
- vom verbindlichen zum unverbindlichen Sport (z. B. vom Verein zur Szene)

Die Gründe für das Aufkommen dieser neuartigen Ausprägungen sind vielschichtig, werden jedoch vorwiegend aus Sicht der **Sportsoziologie** erklärt. Diese erkennt relevante gesellschaftliche Entwicklungen wie den verbreiteten Wunsch nach Abgrenzung und Individualisierung als maßgebliche Treiber, andererseits werden die fortschreitende Technologisierung und Globalisierung verantwortlich gemacht (vgl. Kap. 2). Schwier (2008) liefert drei Gründe für die Verbreitung von Trendsportarten: Zum einen nennt er die Ökonomisierung innovativer Bewegungsformen, die letztlich durch Normierungs- und Bürokratisierungsprozesse in ein etabliertes Sportsystem integriert werden, zum anderen macht er einen durch soziale Anforderungen geprägten neo-liberalistischen Zeitgeist sowie die Transformation des Sieges- und Überbietungscodes in eine vermehrte Erlebnis- und Spaßorientierung verantwortlich.

Aus soziologischer Sicht sind auch andere, positive Fortschritte im Sport zu beobachten, wenngleich sich diese schwerfälliger ereignen und nicht immer direkt spürbar sind. So ermöglicht die gesellschaftliche Öffnung ein neues Maß an **Integration und Inklusion**. Dies resultiert in einem stetigen Barriereabbau. Bauliche (z. B. Rampen anstatt Treppen), technische (z. B. Prothesen), technologische (z. B. Eye-able-Webseiten), strukturelle (z. B. Wettbewerbe), physische (z. B. unterstützende Akustik oder Haptik) und mentale (z. B. durch Sensibilität) Barrierefreiheiten werden immer mehr zur Regel. Auch im Bereich der geschlechtlichen Gleichberechtigung sind diese Fortschritte wahrnehmbar, jedoch bleiben Frauen sowie andere Geschlechtsidentitäten allgemein in vielerlei Hinsicht unterrepräsentiert (vgl. Späing et al. 2022). An anderer Stelle wird ebenfalls deutlich, wie sehr soziokulturelle Wertvorstellungen den sportlichen Alltag prägen. So ist beispielsweise eSport als alternative Ausprägung in anderen Ländern vollständig anerkannt und in das Sportsystem integriert, hierzulande gilt das bis dato nicht.

Es ist erkennbar, dass sich der Sport auch auf der **ökonomischen Ebene** schnell weiterentwickelt. Bedingt durch die schon thematisierte, hohe Attraktivität für ein breites Publikum und das damit verbundene Interesse der Medien und Wirtschaftsunternehmen, versucht der Sport nicht mehr nur die eigenen sportlichen Ziele zu erreichen, sondern auch den finanziellen Gewinn zu maximieren, um sich im Hinblick auf die eigene Strahlkraft breiter aufstellen zu können. Kommerzialisierung und Professionalisierung gehen hier Hand in Hand. Unter anderem sehen Bruhn/Rohlmann (2022: 7) eine Transformation vom Sportverein zum Sportunternehmen, vom Fan zur Kundschaft, vom Sponsoring zur Geschäftspartnerschaft, von der Klubaktivität zum Geschäftsmodell. Und tatsächlich ist die beträchtliche Mehrheit der Profivereine oder -teams mittlerweile als GmbH, GmbH & Co KG oder AG bei den Ligen gelistet und hat sich von ihren Mutterorganisationen (üblicherweise ein e. V.) ausgegliedert. Für viele Ligaorganisationen wie die Deutsche Fußball Liga, Handball-Bundesliga oder Basketball-Bundesliga gilt das gleiche. So verwundert es kaum, dass Sportfunktionär:innen für ihre angebliche emotionale Distanz zur Basis kritisiert werden. Gleichzeitig engagieren sich an der Basis immer weniger Menschen ehrenamtlich. Eine Gegebenheit, die im jährlich erscheinenden Sportentwicklungsbericht als mit Abstand größtes und wirklich existenzbedrohendes Problem deutscher Sportvereine benannt wird.

Exkurs: Bäder

Innerhalb des Sports zählt das Schwimmen zu den Kernsportarten, nimmt dementsprechend eine besondere Rolle ein und wird in einem kurzen Exkurs gesondert behandelt.

Aus sporthistorischer Sicht hat der Bewegungsraum Wasser und das Schwimmenkönnen als eigenerzeugte Fortbewegung immer eine Bedeutung gespielt, „denn sich ‚über Wasser' halten können, kann Leben retten", argumentieren Ungerechts/Grüne (2022: 501). Außerdem galten Bäder schon früh als zentrale Orte für Begegnung, Kommunikation und nicht zuletzt Erholung, Hygiene und Gesundheitsvorsorge. Schon in antiken Hochkulturen wie denen der Griechen und Römer, aber auch in Asien, stellten Reisen zu diesen (Heil-)Bädern frühzeitige Formen des (Gesundheits-)Tourismus dar (vgl. Batz 2017; Köhler 2008). Auch heute werden Bäder aufgrund ihrer sozialen Funktion und vielfältigen Möglichkeiten zur Freizeitgestaltung als weit mehr als nur eine Sportstätte angesehen und nehmen einen hohen Stellenwert im gesellschaftlichen Zusammenleben ein (vgl. Thieme/Post/Schneider 2023). Doch leider gehören Bäder zu den unwirtschaftlichsten Sporteinrichtungen überhaupt, da ihr Heiz- und Energieverbrauch immens ist und sich diese Kosten in den seltensten Fällen allein durch Einnahmen, etwa aus Kursangeboten oder dem Ticketverkauf stemmen lassen. Öffentliche Träger:innen wie Kommunen steuern deshalb oft Subventionen in Millionenhöhe bei, weil sie sich der Bedeutung der Bäder für die Lebensqualität ihrer Stadt bewusst sind. Medial wird dieser Tatsache seit Längerem Rechnung getragen, indem der in der öffentlichen Wahrnehmung zu beobachtende Rückgang der Bäderanzahl oftmals mit dem drastisch konnotierten Begriff „Bädersterben" angeprangert wird. Angesichts der sinkenden Schwimmfähigkeit deutscher Kinder – laut DLRG (2023) hat sich der Anteil der Nichtschwimmer:innen unter Kindern von 2017 bis 2022 verdoppelt – werden Stimmen lauter, die die Wichtigkeit des Erhalts der Bäder betonen. Gleiches gilt für den Sanierungsstau der nachweislich und mehrheitlich in die Jahre gekommenen Bäder. Die Schwierigkeit liegt hierbei allerdings in den Daten: Bisher waren sie bundesweit nicht einheitlich vorhanden. Vorangegangene Studien wurden dem wissenschaftlichen Anspruch nicht ausreichend gerecht. Allein an der Definition, was als Bad gilt und was nicht (etwa in der Diskussion um Naturbäder) gab es unterschiedliche Ansichten, geschweige denn wie sie zu kategorisieren waren (Freibad, Hallenbad, Freizeitbad, ...). In einer bundesweit angelegten Studie aus dem Jahr 2023 wurden nun erstmalig einheitliche Merkmale definiert und die Anzahl der Bäder in einem mehrstufigen Verfahren erhoben. Thieme, Post und Schneider (2023) identifizierten in diesem Zuge bundesweit 9.332 Bäder mit insgesamt 18.351 Becken. Eine Ballung der Bäder zeigt sich in dicht besiedelten Städten und in Gebieten, die über viele Seen und Strandabschnitte verfügen.

Die Daten ermöglichen eine genauere Bezifferung des Sanierungsbedarfs und können künftig deutlich detaillierter Veränderungen in der Bäderinfrastruktur identifizieren. Eine strukturiertere und effizientere Herangehensweise zur Verbesserung der Bädersituation wird somit einfacher sein. Zukünftige Anforderungen an die Bäderlandschaft werden dabei zu beachten sein. Beispielsweise illustriert Batz (2017: 129) „die Wünsche der Gäste nach Erlebnis im Sinne von Unterhaltung als Entertainment und Unterhaltung als Kommunikation [...] (sowie) als Selbst-Erlebnis und Selbst-Erfahrung". Freericks und Brinkmann (2017: 148) definieren Erlebnisbäder darüber hinaus als Bildungsraum und unterscheiden diesen in die funktionale Freizeitbildung (Schwimmen, Tauchen), Gesundheitsbildung (Aquafitness), ästhetisch-kulturelle Bildung (Architektur, Symbole, Geschichte) sowie seelisch-spirituelle Bildung (Meditation, Zeremonien).

6.3.2 Handlungsfeld Gesundheit

Begriffsbestimmungen

Ähnlich wie beim Sport kennzeichnet auch die Gesundheit als freizeitliches Handlungsfeld eine hohe Dynamik, da die Auffassungen, was den Betrachtungsgegenstand von Gesundheit ausmacht, veränderbar sind. Die Weltgesundheitsorganisation (2023) definiert sie als „Zustand des vollständigen körperlichen, geistigen und sozialen Wohlergehens und nicht nur das Fehlen von Krankheit und Gebrechen". Doch ist zu beachten, dass historische, politische, ökonomische und vor allem soziokulturelle Kontexte die jeweiligen Deutungen beeinflussen und die Gesundheit als solches zu einem sozialen Konstrukt machen. Als Beispiel erlebte das Gesundheitsverständnis mit dem in den 1980er Jahren vollzogenen Paradigmenwechsel von Pathogenese, und der Wendung hin zu der Frage, was die Menschen krank macht, zur Salutogenese, also der

Fokussierung auf das, was sie gesund macht, einen dramatischen Wandel. Der Einfluss auf den Gesundheitsmarkt ist durch die positive Konnotation heute immer noch spürbar und mittlerweile zu einem verkaufsfördernden Etikett geworden.

Gesundheitsmarkt

Im deutschen Versorgungssystem gibt es eine Vielzahl an Leistungserbringer:innen. Meier/Kast/Schöffski (2020) unterscheiden jene im ambulanten Sektor, Arztpraxen, Apotheken, ambulante Pflege und Therapieeinrichtungen, von denen im stationären Sektor, Krankenhäuser, Rehabilitationseinrichtungen und Pflegeeinrichtungen. Zu diesen erweitern andere zahlreiche Akteur:innen das Gesundheitssystem, sodass sich ein Zugang über eine Marktbeschreibung lohnt. Der Gesundheitsmarkt wird grundsätzlich in zwei Bereiche unterschieden. Zum einen der Kernbereich oder auch der Erste Gesundheitsmarkt genannt, der die „klassische" Gesundheitsversorgung umfasst. Diese wird größtenteils durch die gesetzlichen Krankenversicherungen, die privaten Krankenversicherungen sowie die Pflegeversicherung finanziert. Zum anderen gibt es noch den erweiterten Bereich, den **Zweiten Gesundheitsmarkt**, dem alle privat finanzierten Produkte und Dienstleistungen rund um die Gesundheit zuzuordnen sind. Der Bezug zur Gesundheit, den die Güter für sich beanspruchen, ist dabei nicht immer klar und dementsprechend umstritten. Neben individuellen Gesundheitsleistungen wie Dienstleistungen die Ernährung betreffend oder der (Gesundheits-)Tourismus, zählen zum Teil auch die Bereiche Freizeit und Sport, sowie Wellness und Fitness dazu. Die hier vorherrschende Nachfrage trifft auf eine beeindruckende Angebotsvielfalt. Gerade das macht den erweiterten Bereich so interessant für die Freizeitwissenschaft, auch wenn anzumerken ist, dass dieser nur mit etwas mehr als einem Viertel einen vergleichsweise kleinen Anteil an der gesamten Bruttowertschöpfung hat (vgl. BMWK 2023).

Entwicklungen

In der Vergangenheit nicht immer angemessen gewichtet, erfreut sich das Thema Gesundheit in unserer heutigen Wohlstandsgesellschaft zweifellos an immer steigender Aufmerksamkeit. Dem Think Tank Zukunftsinstitut zufolge definiert diese Entwicklung ganze Lebensstile und durchdringt inzwischen alle Bereiche unseres Alltags (vgl. Zukunftsinstitut 2023). Das klassische Gesundheitsverständnis ist drastisch erweitert worden, wofür es mehrere Beweggründe geben mag. Ein wesentlicher davon ist das Resultat der Übernahme eines neoliberalen Narrativs, in dem die Suche nach der Verantwortung für die eigene Gesundheit klar dem Individuum zugeschrieben wird. Daraus hat sich ein Paradigma der Selbstoptimierung entwickelt, welches sich gut in die Arbeits- und noch mehr in die Freizeit transferieren lässt. Nach Duttweiler (2016: 27) geht es vor allem um einen kontinuierlichen Veränderungsprozess in verschiedenen Bereichen des Lebens, wodurch sich dieses als „ewige Baustelle" entpuppt, um sich an veränderte Umweltbedingungen anzupassen. Die Verbesserung der eigenen Fähigkeiten, des eigenen Wohlbefindens und somit des eigenen Lebens steht neben anderen persönlichen oder beruflichen Zielen im Vordergrund – Schwark (2017: 51) spricht in diesem Kontext vom „Arbeitskraftunternehmer". Leider können bei diesem Wettbewerb um die Gesundheit nicht alle mithalten, was jedoch nicht immer nur am Individuum liegt. Je nach Alter und Lebenslage begünstigen laut Robert-Koch-Institut (2016) sozioökonomische Faktoren, Umweltfaktoren, pränatale Faktoren sowie verhaltensbedingte und physiologische Risikofaktoren das Aufkommen von Krankheiten. Dem Markt erschließen sich also viele Anknüpfpunkte, weswegen dieser darauf im Sinne der Gesundheitsförderung dankend mit diversen Angeboten reagiert. Diese fokussieren sich primär auf individuelle Lebensweisen und vernachlässigen oftmals die sozialen oder kulturellen Determinanten von Gesundheit. Eine Folge ist beispielsweise eine üppige Fitnesslandschaft, in der Individuen ihren Drang nach Gesunderhaltung durch Bewegung in den vielen Studios befriedigen können. Vor allem im Hinblick auf den demografischen Wandel eröffnet die wachsende Anzahl gesundheitsbewusster Älterer (Silver Society) dem Markt neue Chancen.

Einen deutlichen Einfluss auf die Entwicklung der Angebotslandschaft haben ebenfalls gesetzliche Änderungen. Dies ist vor allem bei den Heilbädern und Kurorten der 1990er Jahre erkennbar gewesen. So waren Kuren vor dem Gesundheitsreformgesetz (1989) und dem Gesundheitsstrukturgesetz (1993) Teil der Sozialversicherungsleistung. Seitdem Gesetzliche Krankenversicherungen Kuraufenthalte nicht mehr in vollem Umfang tragen, sind private Zuzahlungen gängig (vgl. Becher 2018). Der Markt reagierte aufgrund weiterer gesetzlich angestoßener Sparmaßnahmen Mitte der 1990er Jahre zunächst mit einem enormen Einbruch – damals als „Kurkrise" (Bühring 2001: 122) tituliert. Dieser konnte sich mit der Zeit dank privatwirtschaftlicher Unterstützung und Fokussierung auf selbstzahlende Kundschaft vor allem im Bereich Gesundheitstourismus rehabilitieren. Aufgefallen ist dieser durch die schnell geschehene Ausdifferenzierung in der Angebotspalette, die seither weiter voranschreitet. So existiert neben dem klassischen Kurtourismus noch ein Markt für Wellnesstourismus und für Medizintourismus, dem eine wohnortfremde Behandlung vorausgeht. Rulle, Hoffmann und Kraft (2010) benennen zudem noch den Medical-Wellness-Tourismus, der eine Kombination aus medizinischen Leistungen und klassischer Wellness darstellt, und den gesundheitsorientierten Urlaub, in dem Gesundheit kein primäres Reisemotiv ist, dennoch entsprechende Angebote miteinschließt. Die Grenzen innerhalb der nicht indikationsorientierten (etwa in den Bereichen Primärprävention, Leistungsfähigkeit oder Attraktivität) und indikationsorientierten (Sekundär- bzw. Tertiärprävention, Rehabilitation oder Heilung) Angebote verschwimmen jedoch stetig mehr. Diese allgemeine Fortentwicklung der Angebotsvielfalt speziell im zweiten Gesundheitsbereich konnte auch die Corona-Pandemie letztlich nicht aufhalten. Indem Individuen immer neue, innovativere Leistungen in Anspruch nehmen können, beeinflusst dies unser Freizeitverhalten enorm.

Andere Angebote werden durch Fortschritte im medizinisch-technischen Bereich ermöglicht und umfassen u. a. erwerbbare Gadgets, beispielsweise erfreuen sich Wearables erhöhter Beliebtheit. Sie erlauben die Benutzung des eigenen Körpers zur Datengenerierung (der Begriff stammt von Wearable Computing und meint tragbare Datenverarbeitung). Eine erhöhte Integration in den Alltag findet dadurch meistens von ganz alleine statt. Vorteile dieses Self-Trackings sind u. a. Daten über die Herzfrequenz, den Blutdruck, den Blutzuckerspiegel oder den Kalorienverbrauch, mithilfe derer sich das Schlaf-, Ess- und Bewegungsverhalten analysieren und letztendlich optimieren lässt. Diese Verschmelzung von Sportlichkeit als Lebensstil und medizinischer Vorsorge führt zu einer stärkeren Vermischung der beiden, in diesem Kapitel beschriebenen Handlungsfelder.

Weiterhin ergibt sich auch auf anderen Ebenen eine stetig enger werdende Verzahnung zwischen Gesundheits- und Sportthematiken. Diese kann aus zweierlei Richtungen geschehen. Im Leistungssport etwa offenbaren sich in der Vergangenheit immer mehr die Gefahren, die mit dem Streben nach Selbstoptimierung verbunden sind, u. a. durch wiederkehrende Diskussionen um vermeintliche Essstörungen bei Spitzenathlet:innen, beispielsweise Relativer Energiemangel im Sport (kurz: RED-S). Oder durch die wahrnehmbare Tendenz zu extremeren Sportpraktiken, sei es in Form von extremer Distanz (z. B. bei Ultraläufen), extremen Temperaturen (Hitze oder Kälte), extremer Geschwindigkeit (z. B. bei Wingsuit-Flügen, Skydiving) oder extremen Orten (Wüste, Gebirge, Schnee, gefährliche Gewässer).

Doch viele Individuen verfügen nicht über die gleichen Ressourcen, um der propagierten Selbstoptimierung nachzukommen und können die ihnen von der Gesellschaft auferlegten Verantwortung nicht erfüllen. Für sie wird Sport und Bewegung jedoch als eine Art gesundheitliches Allheilmittel angepriesen. Der Zusammenhang zwischen Lebensstilen und Gesundheit ist naheliegend, wobei in der Wissenschaft gerade die Frage nach der jeweiligen sozialen Lage des Individuums viel Beachtung erfährt, z. B. inwieweit sich soziale Unterschiede auf das Gesundheitsverhalten auswirken (vgl. Rapp/Klein 2020; Lampert 2011). Die Gründe für Rauchen, Alkoholkonsum, falsche Ernährungsweisen oder Übergewicht mögen verschiedenartig sein, doch begünstigen auch sie wiederum die Pluralität vorhandener Präventions- und Gesundheitsdienstleistungen. Trotzdem verfehlen weite Teile der Bevölkerung immer noch die Empfehlungen der WHO für Bewegung und körperliche Aktivität (vgl. Repenning et al. 2019). Dem zweiten Gesundheitsmarkt wird hier eine wichtige Bedeutung im Kampf gegen den Bewegungsmangel zuteil.

Schlussendlich prägen allerdings ein steigender Wettbewerbsdruck und eine hohe Zuspitzung bezogen auf Indikations- und Zielgruppenspezialisierung die Entwicklung im Gesundheitsmarkt. In Kombination mit dem Anspruch der Nachfragenden nach Qualität wirkt dies auf die anbietenden Akteur:innen wie ein Sieb, durch das viele nicht passen. Nur die, die es tatsächlich tun, werden sich in diesem umkämpften Markt durchsetzen können.

6.3.3 Literatur

Batz, Klaus (2017): Die Bäderlandschaft der Zukunft im Schnittfeld von Erlebnis und Gesundheit. In: Freericks, Renate; Brinkmann, Dieter (Hrsg.): Gesundheit in der entwickelten Erlebnisgesellschaft: Analysen – Perspektiven – Projekte. 4. Bremer Freizeitkongress. Bremen: Institut für Freizeitwissenschaft und Kulturarbeit e.V. (IFKA), S. 119–132.

Becher, Manuel (2018): Das Urlaubsmotiv Gesundheit als Weichensteller für Destinationsmanager. In: Heise, Pamela; Axt-Gadermann, Michaela: Sport- und Gesundheitstourismus 2030: Wie die „Generation plus" den Markt verändert. Wiesbaden: Springer Fachmedien, S. 301–315.

BMWK – Bundesministerium für Wirtschaft & Klimaschutz (2023): Gesundheitswirtschaft – Fakten & Zahlen. Ergebnisse der Gesundheitswirtschaftlichen Gesamtrechnung, Daten 2022. Berlin.

Bölz, Marcus (2015): Sport- und Vereinsmanagement. Stuttgart: Schäffer-Poeschel Verlag.

Bruhn, Manfred; Rohlmann, Peter (2022): Sportmarketing. Heidelberg: Springer Gabler.

Bühring, Petra (2001): Medizinische Tradition als Wettbewerbsvorteil. In: Deutsches Ärzteblatt, 98 (3), S. 122–123.

BMI – Bundesministerium des Innern, für Bau und Heimat; DOSB – Deutscher Olympischer Sportbund e. V. (2021): Nationale Strategie Sportgroßveranstaltungen. Berlin.

Bundesregierung (2006): 11. Sportbericht der Bundesregierung (Unterrichtung durch die Bundesregierung, 04.12.2006, BT-Drs.16/3750). Berlin: Deutscher Bundestag.

Deutscher Bundestag (2023): Kurzmeldungen (heute im Bundestag). Unterschiede im Ost-West-Vergleich beim organisierten Sport. Abgerufen am 27.12.2023 von: https://www.bundestag.de/presse/hib/kurz meldungen-972922.

Decker, Wolfgang (2010): Theorien zum Ursprung des Sports. In: Krüger, Michael; Langenfeld, Hans: Handbuch Sportgeschichte. Schorndorf: Hofmann-Verlag, S. 62–68.

DOSB – Deutscher Olympischer Sportbund e. V. (2023): Bestandserhebung 2023. Frankfurt a. M.

DLRG – Deutsche Lebens-Rettungs-Gesellschaft (2023): Schwimmfähigkeit. Abgerufen am 27.12.2023 von https://www.dlrg.de/informieren/die-dlrg/presse/schwimmfaehigkeit/.

Duttweiler, Stefanie (2016): Nicht neu, aber bestmöglich. Alltägliche (Selbst)Optimierung in neoliberalen Gesellschaften. Der Neue Mensch. aus Politik und Zeitgeschichte (APuZ 37–38/2016), S. 27–32.

Fahrner, Marcel (2014): Grundlagen des Sportmanagements. München: De Gruyter Oldenbourg.

Freericks, Renate; Brinkmann, Dieter (2017): Erlebnisbad 2030. In: Freericks, Renate; Brinkmann, Dieter (Hrsg.): Gesundheit in der entwickelten Erlebnisgesellschaft. Analysen – Perspektiven – Projekte. 4. Bremer Freizeitkongress. Bremen: IFKA, S. 139–153.

Holzbauer, Ulrich; Jettinger, Edwin; Knauß, Bernhard; Moser, Ralf; Zeller, Markus (2010): Eventmanagement: Veranstaltungen professionell zum Erfolg führen. Wiesbaden: Springer.

Horch, Heinz-Dieter; Schubert, Manfred; Walzel, Stefan (2014): Besonderheiten der Sportbetriebslehre. Heidelberg: Springer Gabler.

Kapteina, Hartmut (2004): Ästhetische Aneignung als Selbstverwirklichung des Individuums. In: Marchal, Peter (Hrsg.): Ästhetik und Kommunikation heute. Beiträge zu einem Studienfach und seinen Teilbereichen. Siegen: FB 3 Universität Siegen.

Köhler, Karlheinz (2008): Gesund durch Gesundheitstourismus? Strategische Herausforderungen und Anforderungen an Tourismusdestinationen. In: Spektrum Freizeit, Heft 1/2, S. 85–104. Abgerufen am 27.12.2023 von https://nbn-resolving.org/urn:nbn:de:hbz:464-20160620-155315-4.

Krüger, Michael (2022): Sportwissenschaft: Zur Geschichte einer Querschnittswissenschaft. In Krüger, Michael; Güllich, Arne: Grundlagen von Sport und Sportwissenschaft. Heidelberg: Springer Spektrum Berlin, S. 39–57.

Kurz, Dietrich (1990): Elemente des Schulsports. Grundlagen einer pragmatischen Fachdidaktik. 3. überarb. Aufl. Schorndorf: Hofmann.

Lampert, Thomas (2011): Armut und Gesundheit. In: Schott, Thomas; Hornberg, Claudia (Hrsg.): Die Gesellschaft und ihre Gesundheit. Wiesbaden: VS Verlag für Sozialwissenschaften, S. 575–597.

Meier, Florian; Kast, Kristina; Schöffski, Oliver (2020): Leistungserbringer im deutschen Gesundheitswesen. In: Kriwy, Peter; Jungbauer-Gans, Monika (Hrsg.): Handbuch Gesundheitssoziologie. Wiesbaden: Springer VS. S. 723–748.

Mittag, Jürgen; Wendland, Diana (2015): Freizeitsport – Sport und Bewegung in der Freizeit. In: Freericks, Renate; Brinkmann, Dieter (Hrsg.): Handbuch Freizeitsoziologie. Wiesbaden: Springer VS, S. 384–414.

Nowak, Gerhard (2019): Angewandte Sportökonomie des 21. Jahrhunderts. Wesentliche Aspekte des Sportmanagements aus Expertensicht. Wiesbaden: Springer Gabler.

Preuss, Holger (2012): Olympische Spiele der Neuzeit als Wirtschaftsfaktor – Wer profitiert von den Olympischen Spielen? Working Paper Series Mainzer Papers on Sports Economics & Management. Mainz: Institut für Sportwissenschaft, Johannes Gutenberg-Universität Mainz.

Quirling, Christian; Kainz, Florian; Haupt, Tobias (2017): Sportmanagement. München: Verlag Franz Vahlen.

Rapp, Ingmar; Klein, Thomas (2020): Lebensstil und Gesundheit – Trends und soziale Unterschiede des Gesundheitsverhaltens und Folgen für die Gesundheit. In: Kriwy, Peter; Jungbauer-Gans, Monika (Hrsg.): Handbuch Gesundheitssoziologie. Wiesbaden: Springer VS, S. 192–211.

Renout, Gilles (2015): Sportliche Aktivitäten in und jenseits von Verein und Fitnessstudio. In Freericks, Renate; Brinkmann, Dieter (Hrsg.): Handbuch Freizeitsoziologie. Wiesbaden: Springer-Verlag, S. 619–638.

Repenning, Sven; Meyrahn, Frank; An der Heiden, Iris; Ahlert, Gerd; Preuß, Holger (2019): Der Beitrag des Sports zur Erfüllung der WHO-Empfehlungen für körperliche Aktivität. Aktuelle Daten zur Sportwirtschaft. Berlin & Bonn: 2HMforum. GmbH, GWS mbH, Universität Mainz. Herausgegeben vom Bundesministerium für Wirtschaft und Energie (BMWi) & Bundesinstitut für Sportwissenschaft (BISp).

Repenning, Sven; Meyrahn, Frank; An der Heiden, Iris; Ahlert, Gerd; Preuß, Holger; (2019): Sport inner- oder außerhalb des Sportvereins: Sportaktivität und Sportkonsum nach Organisationsform. Aktuelle Daten zur Sportwirtschaft. Berlin & Bonn: 2HMforum. GmbH, GWS mbH, Universität Mainz. Herausgegeben vom Bundesministerium für Wirtschaft und Energie (BMWi) & Bundesinstitut für Sportwissenschaft (BISp).

Robert-Koch-Institut. (2016): Gesundheit in Deutschland – die wichtigsten Entwicklungen. Gesundheitsberichterstattung des Bundes. Berlin: RKI.

Röthig, Peter; Prohl, Robert (2003): Sportwissenschaftliches Lexikon (Beiträge zur Lehre und Forschung im Sport), Bd. 49/50, 7. völlig neu bearb. Aufl., Schorndorf: Hofmann Verlag.

Rulle, Monika; Hoffmann, Wolfgang; Kraft, Karin (2010): Erfolgsstrategien im Gesundheitstourismus: Analyse zur Erwartung und Zufriedenheit von Gästen. Berlin: Erich Schmidt Verlag GmbH & Co KG.

Schildmacher, Anne (1998): Trends und Moden im Jugendsport. In: Schwier Jürgen (Hrsg.): Jugend – Sport – Kultur. Zeichen und Codes jugendlicher Sportszenen. Hamburg: Feldhaus, S. 63–76.

Schulze, Gerhard (1995): Die Erlebnisgesellschaft. Kultursoziologie Der Gegenwart. 5. überarb. Aufl. Frankfurt a. M.: Campus.

Schürrmann, Volker (2006): "Die schönste Nebensache der Welt". Sport als Inszenierung des Citoyen. Deutsche Zeitschrift für Philosophie (54/3), S. 363–382.

Schwark, Jürgen (2016): Handbuch Sporttourismus. Konstanz: UVK Verlagsgesellschaft mBh.

Schwark, Jürgen (2017): Fitness und Wellness – reparative Gesundheit für marktkonforme Arbeitskraftunternehmer. In: Freericks, Renate; Brinkmann, Dieter (Hrsg.): Gesundheit in der entwickelten Erlebnisgesellschaft. Analysen – Perspektiven – Projekte. 4. Bremer Freizeitkongress. Bremen: IFKA, S. 47–66.

Schwier, Jürgen (2003): Trendsport: Modelle, Orientierungen und Konsequenzen. Aachen: Meyer & Meyer.

Schwier, Jürgen (2008): Soziologie des Trendsports. In: Weis Kurt; Gugutzer, Robert (Hrsg.): Handbuch Sportsoziologie. Schorndorf: Hofmann Verlag, S. 349–357.

Späing, Marcel; Repenning, Sven; Meyrahn, Frank; An der Heiden, Iris; Ahlert, Gerd; Preuß, Holger (2022): Sportaktivität und Sportkonsum: Eine Frage des Geschlechts? Aktuelle Daten zur Sportwirtschaft, November 2022. Berlin & Bonn: 2HMforum. GmbH, GWS mbH, Universität Mainz. Herausgegeben vom Bundesministerium für Wirtschaft und Klimaschutz (BMWK) & Bundesinstitut für Sportwissenschaft (BISp).

Techniker Krankenkasse (2022): Beweg dich Deutschland. Hamburg.

Thieme, Lutz (2019): Nicht organisierter Sport. In: Bezold, Thomas; Thieme, Lutz; Trosien, Gerhard; Wadsack, Roland (Hrsg.): Handwörterbuch des Sportmanagements. Frankfurt a. M.: Peter Lang, S. 315–319.

Thieme, Lutz; Wallrodt, Sören (2022): Zur Mitgliederentwicklung im organisierten Sport und der Abschätzung von pandemiebedingten Folgen. German Journal of Exercise and Sport Research (52), S. 179–185.

Thieme, Lutz; Post, Carina; Schneider, Sebastian (2023): Bäderleben. Bonn: Bundesinstitut für Sportwissenschaft (BISp).

Tiedemann, Claus (2023): „Sport" – Vorschlag einer Definition. Abgerufen am 10.12.2023 von http://sport-geschichte.de/tiedemann/documents/DefinitionSport.pdf.

Ungerechts, Bodo; Grüne, Anna (2022): Schwimmen. In: Krüger, Michael; Güllich, Arne (Hrsg.): Grundlagen von Sport und Sportwissenschaft. Heidelberg: Springer Spektrum Berlin, S. 501–532.

Walzel, Stefan; Schubert, Manfred (2018): Sportsponsoring. Heidelberg: Springer Gabler.

WHO – World Health Organization (2020): Verfassung der Weltgesundheitsorganisation. Abgerufen am 14.01.2024 von https://fedlex.data.admin.ch/filestore/fedlex.data.admin.ch/eli/cc/1948/1015_1002_976/20200706/de/pdf-a/fedlex-data-admin-ch-eli-cc-1948-1015_1002_976-20200706-de-pdf-a.pdf.

Woratschek, Horst (1998): Sportdienstleistungen aus ökonomischer Sicht. Sportwissenschaft 28 (3–4), S. 344–357.

Zukunftsinstitut (2023): Megatrend Gesundheit. Abgerufen am 06.10.2023 von https://www.zukunftsinstitut.de/zukunftsthemen/megatrend-gesundheit

6.4 Freizeitökologie

Florian Carius

Die Freizeitökologie befasst sich mit der Rolle der Freizeit für die Wechselbeziehungen zwischen Lebewesen und ihrer Umwelt (vgl. Opaschowski 1991). Dieses Kapitel bietet einen Überblick und Einblicke in die vielfältigen Bezüge zwischen Natur und Freizeit.

6.4.1 Natur: begriffliche und konzeptionelle Grundlagen

Der Begriff **Natur** hat einen lateinischen Ursprung und bedeutet entspringen, entstehen, wachsen, gedeihen. Wenn sich auch der Mensch als Teil der Natur begreifen lässt, wird alles durch ihn Geschaffene mit dem Begriff Kultur im weiteren Sinne üblicherweise davon abgegrenzt. Essenziell ist die Unterscheidung beim Erkenntnisgegenstand der Naturwissenschaften von belebter (das Organische, also Lebewesen und ihre Überreste) und unbelebter Natur (anorganische Materie). In diesem Sinne schließen natürliche Ressourcen bspw. Erdöl oder Erdgas mit ein, während biologische Ressourcen sich auf Bakterien, Viren, Pflanzen, Pilze und Tiere beschränken.

In diesem Kontext von ähnlicher Relevanz ist der Begriff **Landschaft**, der sich auf die Beschaffenheit einer Gegend bezieht mit ihren geografischen Merkmalen und auch marine Räume einschließt. Sie ist wesentlich charakterisiert durch die Umweltmedien Wasser, Klima, Luft und Boden. Sie ist die zentrale Kulisse für Natur und Kultur mit vielschichtiger Bedeutung für die Freizeit und wesentlicher Identitätsfaktor für Heimat. Nach biogeografischen Gesichtspunkten lässt sich Deutschland in die auch EU-naturschutzrechtlich maßgebliche atlantische, kontinentale und alpine Region gliedern. Nach naturräumlichen Haupteinheiten unterscheidet man hierzulande Meeresgebiete, norddeutsches Tiefland mit Küsten, zentraleuropäisches Mittelgebirgsland, südwestdeutsches Mittelgebirgs-/Stufenland, Alpenvorland und Alpen mit ihren jeweils unterschiedlichen Voraussetzungen hinsichtlich Geländerelief, Arteninventar uvm. für naturraumspezifische Freizeitangebote.

Nach dem Grad der **Hemerobie** (Ursprünglichkeit vs. Kultivierung) und der ökosystemaren Selbstregulationsfähigkeit lässt sich auf einem Gradienten differenzieren zwischen Naturlandschaft (in natürlichem Zustand) und Kulturlandschaft (menschlich überprägt) – dies gilt auch auf Ebene von einzelnen Landschaftsbestandteilen. So führt auch Natur nach über tausendjähriger Geschichte im deutschen Sprachgebrauch zu einem sehr unterschiedlichen Begriffsverständnis von der Wildnis im Großen wie im Kleinen bis hin zum Löwenzahn, der durch den Asphalt drängt – wie es der Vorspann der gleichnamigen TV-Kinderserie seit 1981 Vielen eindrucksvoll vor Augen geführt hat.

Für die Operationalisierung des Natur-Begriffs im wissenschaftlichen und fachlichen Gebrauch haben sich in den letzten Jahrzehnten zwei grundverschiedene Konzepte etabliert:

1. **Biodiversität** umfasst die biologische Vielfalt auf Ebene der Lebensräume, der Arten und der Populationen (genetische Vielfalt innerhalb der Arten) sowie die Beziehungen dazwischen.
2. Was die Natur dem Menschen Gutes tut, lässt sich gliedern in unterstützende, versorgende, regulierende und kulturelle **Ökosystemleistungen**. Sie bilden die natürliche Lebensgrundlage des Menschen und ermöglichen sein Wohlergehen mit der gewohnten Entscheidungs- und Handlungsfreiheit (vgl. Abb. 6.7).

Während Biodiversität aus umweltethischer Perspektive einen zu schützenden Eigenwert hat, steht bei Ökosystemleistungen ihr Nutzen aus anthropozentrischer Perspektive im Vordergrund.

ÖKOSYSTEMLEISTUNGEN BESTANDTEILE MENSCHLICHEN WOHLERGEHENS

Basisleistungen
– Nährstoff-
  kreislauf
– Boden-
  bildung
– Primär-
  produktion
– ...

**Versorgungs-
leistungen**
– Nahrung
– Trinkwasser
– Holz und Fasern
– Brennstoffe
– ...

**Regulierungs
leistungen**
– Klima-
  regulierung
– Hochwasser-
  regulierung
– Krankheits-
  regulierung
– Wasser-
  reinigung
– ...

**Kulturelle
Leistungen**
– Ästhetik
– Spiritualität
– Bildung
– Erholung
– ...

Sicherheit
– persönliche Sicherheit
– gesicherter Zugang zu
  Ressourcen
– Sicherheit vor
  Katastrophen

**Materielle
Grundversorgung**
– angemessene
  Lebensgrundlagen
– ausreichende
  Versorgung mit
  Nahrung/Nährstoffen
– Unterkunft
– Zugang zu Gütern

**Gute soziale
Beziehungen**
– sozialer
  Zusammenhalt
– Gegenseitiger Respekt
– Fähigkeit, anderen zu
  helfen

Gesundheit
– Lebenskraft
– Wohlbefinden
– Zugang zu sauberer
  Luft und sauberem
  Trinkwasser

**Entscheidungs-
und
Handlungs-
freiheit**
– Möglichkeit,
  ein selbst-
  bestimmtes
  Leben zu
  führen

LEBEN – BIOLOGISCHE VIELFALT

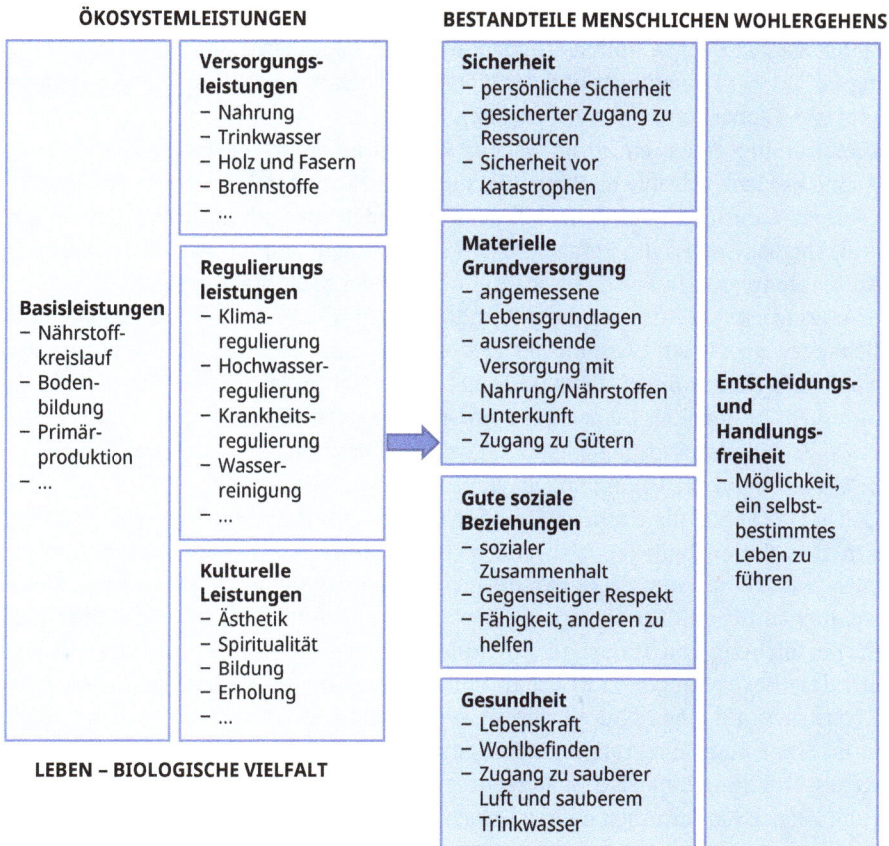

Abb. 6.7: Ökosystemleistungen und ihr Einfluss auf menschliches Wohlergehen (Quelle: TEEB-DE 2012: 23).

6.4.2 Übernutzung vs. Erhalt der Natur

Mit der Industrialisierung der zuvor agrardominierten Wirtschaftsstrukturen Deutsch-lands und anderer sog. Industrieländer ab etwa dem Jahr 1800 nahm ein technologi-scher Strukturwandel seinen Lauf mit wachsenden negativen Auswirkungen auf die Natur. Etwa synchron mit dem Beginn des Atomzeitalters um das Jahr 1950 spricht man vom **Anthropozän** als geochronologischer Epoche (obwohl die Internationale Union der Geowissenschaften den Begriff ablehnt), in welcher der Mensch biologische, geolo-gische und atmosphärische Prozesse wesentlich beeinflusst. Seit Anfang der 1970er Jahre lebt der Mensch global betrachtet über seine Verhältnisse: Der Verbrauch biologi-scher Ressourcen übersteigt die Biokapazität der Erde solche herzustellen, gemessen am ökologischen Fußabdruck. Der Erdüberlastungstag markiert jenes Datum im Jahres-verlauf, an dem die Menschheit nicht mehr vom Ertrag lebt, sondern von der Substanz und damit nachwachsende Rohstoffe systematisch übernutzt. Er hat sich in 50 Jahren vom Jahresende auf Ende Juli verschoben, während im selben Zeitraum die Erdbevölkerung um 121 % zugenommen und der globale Wirbeltier-Bestand um 68 % abgenommen hat (vgl. Global Footprint Network 2024).

Damit einher gehen ein dramatischer **Verlust an Biodiversität und Biomasse** sowie eine existenzbedrohliche **Degradierung von Ökosystemleistungen.** Die intensiver genutzte Landschaft wurde zunehmend zersiedelt und mit anthropogener Infrastruktur übersät, sodass die Refugien der Natur weniger und fragmentierter werden, der Kultivierungsgrad in der Landschaft ein Überleben nicht mehr ermöglicht und der Anpassungsdruck von Arten an die prägende menschliche Koexistenz die biologischen Möglichkeiten übersteigt. Wesentlicher Faktor des Biodiversitätsverlusts ist zudem der anthropogene Klimawandel. Primärwildnis (historisch nutzungsfreie Areale) findet man im dicht besiedelten Deutschland nur noch im UNESCO-Weltnaturerbe Wattenmeer, Deutschlands ursprünglichster und größter zusammenhängender Naturlandschaft, wo aufgrund der Landschaftsdynamik stetig Neuland entsteht.

„Alles was gegen die Natur ist, hat auf Dauer keinen Bestand" (Charles Darwin, britischer Evolutionsbiologe). Während menschliches Wirken in der Neuzeit darauf ausgelegt war, Naturdynamik zu bändigen und sich Untertan zu machen (bspw. Flussbegradigungen für den Schiffsverkehr, Trockenlegung von Mooren für die Landwirtschaft, Eindeichung von Marschen zur Besiedlung), ist in vielen Köpfen die Einsicht gereift, dass Bestrebungen zum Erhalt von Biodiversität und Ökosystemleistungen (d. h. **Naturschutz**) eine höhere Priorität eingeräumt werden muss als bislang. Diese fußen im Sinne eines integrativen Managements auf dem ökosystemaren Ansatz, der Schutz und Nutzung biologischer Ressourcen ausbalanciert unter angemessener Beteiligung lokaler Akteur:innen an den Entscheidungen und dem Nutzen.

Rote Listen gefährdeter Arten und Biotope geben für verschiedene taxonomische Gruppen differenziert Aufschluss, welche Taxa bereits ausgestorben, vom Aussterben bedroht, wie stark gefährdet sind oder auf der Vorwarnliste stehen. Die **Gefährdungsursachen** sind vielfältig (vgl. Abb. 6.8), hier ist jedoch an vorderer Front die Industrialisierung der Landwirtschaft zu nennen, welche bei Arten der Offenlandschaft zu großen Bestandsverlusten im Verhältnis zu anderen Lebensräumen führt. Die Dimension verdeutlicht sich, hält man sich vor Augen, dass gut die Hälfte der Fläche Deutschlands landwirtschaftlich genutzt wird.

Natur ist ein Kollektivgut unabhängig vom Eigentum der Flächen und gehört damit der Allgemeinheit, ihr Schutz liegt daher im öffentlichen Interesse und wird grundlegend durch den Staat wahrgenommen. Der Schutz der Natur liefert über seinen offensichtlichen ökologischen einen sozialen (bspw. über kulturelle Ökosystemleistungen) und ökonomischen Mehrwert (bspw. touristische Wertschöpfung in Großschutzgebieten). Die **umweltethischen Argumentationslinien** zum Naturschutz lassen sich auf drei Aspekte fokussieren (vgl. Eser et al. 2011):

HAUPTTREIBER DES ARTENVERLUSTS

Schätzugen des IPBES zufolge gehen insgesamt 55 Prozent der Gefährdungen auf eine veränderte Land- und Meeresnutzung sowie auf direkte Übernutzung zurück. Die Schäden durch Umweltverschmutzung und Klimawandel werden allerdings immer größer. Die fünf Treiber des Biodiversitätsverlusts können sich wechselseitig verstärken und in ihrer Wirkung auf die Arten variieren.

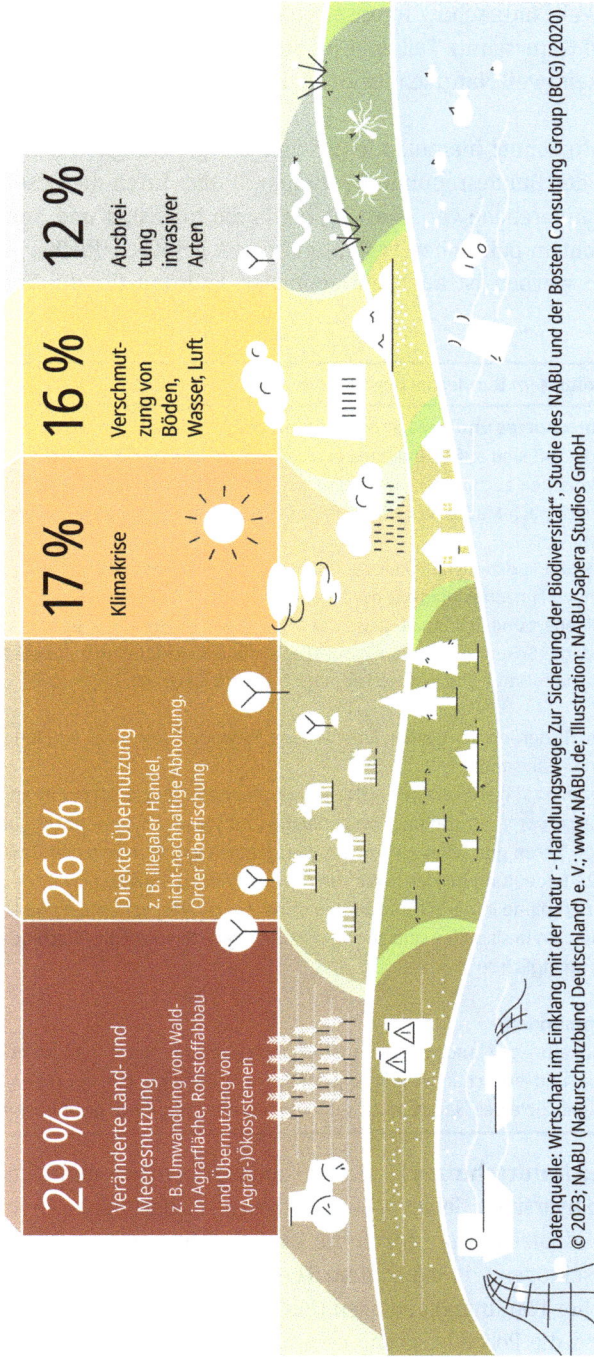

29 %	26 %	17 %	16 %	12 %
Veränderte Land- und Meeresnutzung z. B. Umwandlung von Wald- in Agrarfläche, Rohstoffabbau und Übernutzung von (Agrar-)Ökosystemen	Direkte Übernutzung z. B. illegaler Handel, nicht-nachhaltige Abholzung, Order Überfischung	Klimakrise	Verschmutzung von Böden, Wasser, Luft	Ausbreitung invasiver Arten

Datenquelle: Wirtschaft im Einklang mit der Natur - Handlungswege Zur Sicherung der Biodiversität", Studie des NABU und der Bosten Consulting Group (BCG) (2020) © 2023; NABU (Naturschutzbund Deutschland) e. V.; www.NABU.de; Illustration: NABU/Sapera Studios GmbH

Abb. 6.8: Haupttreiber des Biodiversitätsverlustes (Quelle: NABU 2020).

1. Klugheit (weil Naturschutz in unserem eigenen Interesse ist)
2. Glück (weil Naturschutz Teil unseres Strebens nach einem guten Leben ist)
3. Gerechtigkeit (weil Naturschutz aus Achtung vor Anderen geboten ist)

Auch wenn Naturschutz hierzulande inzwischen Verfassungsrang hat (Artikel 20a des Grundgesetzes der Bundesrepublik Deutschland) und durch die Gesetzgebung auf EU-, Bundes- und Länderebene verankert ist, bleibt die Intensität und Konsequenz von Naturschutz von einem politischen Willen und damit gesellschaftlicher Akzeptanz abhängig. Hierfür zu werben ist auch ein zentrales Anliegen für die Freizeit-Sphäre der Bürger:innen.

Die Rolle der Erholung im Bundesnaturschutzgesetz

§ 1 Ziele des Naturschutzes und der Landschaftspflege
(1) Natur und Landschaft sind auf Grund ihres eigenen Wertes und als Grundlage für Leben und Gesundheit des Menschen auch in Verantwortung für die künftigen Generationen im besiedelten und unbesiedelten Bereich nach Maßgabe der nachfolgenden Absätze so zu schützen, dass
1. die biologische Vielfalt,
2. die Leistungs- und Funktionsfähigkeit des Naturhaushalts einschließlich der Regenerationsfähigkeit und nachhaltigen Nutzungsfähigkeit der Naturgüter sowie
3. die Vielfalt, Eigenart und Schönheit sowie der Erholungswert von Natur und Landschaft auf Dauer gesichert sind; der Schutz umfasst auch die Pflege, die Entwicklung und, soweit erforderlich, die Wiederherstellung von Natur und Landschaft (allgemeiner Grundsatz). [...]

(4) Zur dauerhaften Sicherung der Vielfalt, Eigenart und Schönheit sowie des Erholungswertes von Natur und Landschaft sind insbesondere
– Naturlandschaften und historisch gewachsene Kulturlandschaften, auch mit ihren Kultur-, Bau- und Bodendenkmälern, vor Verunstaltung, Zersiedelung und sonstigen Beeinträchtigungen zu bewahren,
– Vorkommen von Tieren und Pflanzen sowie Ausprägungen von Biotopen und Gewässern auch im Hinblick auf ihre Bedeutung für das Natur- und Landschaftserlebnis zu bewahren und zu entwickeln,
– zum Zweck der Erholung in der freien Landschaft nach ihrer Beschaffenheit und Lage geeignete Flächen vor allem im besiedelten und siedlungsnahen Bereich sowie großflächige Erholungsräume zu schützen und zugänglich zu machen. [...]

§ 7 Begriffsbestimmungen
(1) Nr. 3: Erholung: natur- und landschaftsverträglich ausgestaltetes Natur- und Freizeiterleben einschließlich natur- und landschaftsverträglicher sportlicher Betätigung in der freien Landschaft, soweit dadurch die sonstigen Ziele des Naturschutzes und der Landschaftspflege nicht beeinträchtigt werden.

Die **Ansätze des Naturschutzes** lassen sich gliedern in Arten- und Biotopschutz (auf den Ebenen der Biodiversität), Gebietsschutz (rechtliche Sicherung durch Schutzgebiete) und Biodiversity Mainstreaming (durch die Berücksichtigung der Naturschutz-Belange in Wirtschaftssektoren wie bspw. dem Tourismus). Daneben haben die Erarbeitung wissenschaftlicher Planungsgrundlagen (insbesondere Umwelt- und sozioökonomisches Monitoring) und die Politikberatung neben Öffentlichkeitsarbeit, Umweltbildung und naturbasierten Impulsen für nachhaltige Regionalentwicklung ihren festen Platz in Naturschutzbemühungen (vgl. Kap. 5).

Die **Akteur:innen** lassen sich nach üblichem Schema differenzieren nach Staat, Privatwirtschaft, Zivilgesellschaft und den einzelnen Bürger:innen. Staatlicherseits gibt es auf kommunaler Ebene die Untere Naturschutzbehörde, auf Landes- und Bundesebene die Obere und Oberste Naturschutzbehörde (letztere sind das jeweilige Landes- bzw. das Bundesumweltministerium), auf EU-Ebene die Generaldirektion Umwelt der Europäischen Kommission und auf UN-Ebene das Umweltprogramm (UNEP). Auf der unteren politischen Ebene gibt es Zusammenschlüsse wie bspw. das Bündnis Kommunen für biologische Vielfalt e. V. Privatwirtschaftlich aufgestellt sind insbesondere viele Naturschutz- und Umweltstiftungen, die einschlägige Projekte fördern. Aus der Zivilgesellschaft sind viele Umweltvereine entstanden, die sich über politische Ebenen hinweg zu Verbänden zusammengeschlossen haben und als Naturschutzvereinigungen nach dem Umwelt-Rechtsbehelfsgesetz anerkannt sind mit besonderen Beteiligungs- und Klagerechten. Der Deutsche Naturschutzring e. V. als Dachverband vereint rd. 100 Organisationen mit 11 Mio. Mitgliedern. Im 1899 gegründeten Naturschutzbund (NABU) als größtem Umweltverband bspw. sind von 940.000 Mitgliedern und Fördernden rd. 77.000 aktiv in etwa 2.000 Orts- und Fachgruppen, die jährlich etwa 3 Mio. Stunden ehrenamtlich tätig sind. Vieles Weitere bleibt jedoch auch im Naturschutz jenseits von Institutionen der Initiative einzelner Bürger:innen und ihrem privaten Wirkungsfeld überlassen (bspw. eine biodiverse Gartengestaltung).

Naturschutzstrategien gibt es auf unterschiedlichen politischen Ebenen mit verschiedenen Implikationen für den Freizeitbereich. Auf globaler Ebene unter dem Dach des Übereinkommens über die biologische Vielfalt (Biodiversitätskonvention) beinhaltet das Global Biodiversity Framework 23 handlungsorientierte Ziele bis 2030, u. a. mehr grüne und blaue Infrastruktur zur Steigerung von Gesundheit und Wohlbefinden, die Stärkung von nachhaltigem Konsum und Wertschätzung sowie 30 % der Land- und Meeresflächen unter Schutz zu stellen. Letzteres Ziel ist auch neben weiterer Renaturierung in der EU-Biodiversitätsstrategie verankert, die auf der EU-Vogelschutzrichtlinie und der EU-Flora-Fauna-Habitat-Richtlinie fußt, mit dem Zusatz, dass ein Drittel der Schutzgebiete streng geschützt werden. Daran orientiert sich auch die Konkretisierung Deutschlands Nationaler Strategie zur Biologischen Vielfalt mit Blick auf 2030, bei der im Handlungsfeld Tourismus die Chancen von erhöhtem Umweltbewusstsein durch Naturerleben und die Notwendigkeit naturverträglicher Ausgestaltung des Tourismus und von Freizeitaktivitäten adressiert werden. Zudem haben die Bundesländer Naturschutzstrategien (Bremen will 2024 eine Biodiversitätsstrategie entwickeln): Die Niedersächsische Naturschutzstrategie sieht bspw. die Bewahrung von Naturräumen in ihrer Erlebnis- und Erholungsfunktion, die Entwicklung grüner und blauer Infrastruktur in Siedlungen als Faktor der Lebensqualität, die Förderung des Naturerlebens und der Bildung sowie die Steigerung von freiwilligem Engagement und der Akzeptanz für Naturschutzmaßnahmen als Leitziele vor. Darüber hinaus haben auch einzelne Kommunen für ihr Stadt- oder Kreisgebiet lokale Biodiversitätsstrategien entwickelt.

6.4.3 Ökologische Raumplanung und Freizeit

Leitvorstellung der **Raumordnung** als hoheitliche (staatliche) Aufgabe „ist eine nachhaltige Raumentwicklung, die die sozialen und wirtschaftlichen Ansprüche an den Raum mit seinen ökologischen Funktionen in Einklang bringt" (§ 1 Raumordnungsgesetz). Über die verschiedenen Ebenen der Raumplanung werden die teils gegensätzlichen Nutzungsansprüche wie bspw. Erholung an einen bestimmten administrativen Raum auch unter Berücksichtigung von Belangen des Naturschutzes harmonisiert. Die Planungshoheit liegt i. d. R. auf kommunaler Ebene, wo im Rahmen der Bauleitplanung Flächennutzungs- und Bebauungspläne aufgestellt werden, in denen die konkretesten bzw. verbindlichsten Planungsziele und Aussagen zu Freizeit und Natur zu finden sind (vgl. Kap. 5).

Der Aufstellung neuer Raumpläne geht eine Beschlussfassung in parlamentarischen Gremien voraus (bspw. im Planungsausschuss und final im Rat einer Kommune), deren Sitzungen öffentlich stattfinden. Zudem sind **Öffentlichkeitsbeteiligungen** zu Planentwürfen vorgesehen (für Bauleitpläne vgl. § 3 Baugesetzbuch), in deren Rahmen umweltbezogene Informationen verfügbar gemacht werden müssen, um neben der Information der Öffentlichkeit die von der Planung berührten Belange vollständig zu ermitteln und zutreffend zu bewerten. Innerhalb einer gesetzten Frist haben betroffene Bürger:innen und anerkannte Naturschutzvereinigungen die Gelegenheit, Stellungnahmen abzugeben, die verwaltungsseitig geprüft und in berechtigten Punkten berücksichtigt werden müssen. Somit sind Freizeit und Natur nicht bloß Gegenstand der Planung, sondern Bürger:innen sind eingeladen, in ihrer Freizeit aktiv an politischer Willensbildung bzw. Entscheidungsfindung mitzuwirken. Dies macht die Freizeitsphäre der Bürger:innen auch zu einem Erfahrungsraum für unsere Demokratie mit verbindlichem Gestaltungsspielraum für Freizeitinfrastruktur sowie Refugien der Natur in Siedlungen und der freien Landschaft.

Als essenzieller Baustein einer Landschaftsarchitektur wird über solche Planungen gewährleistet, dass ein Netzwerk an **grüner und blauer Infrastruktur** neben ihrer Relevanz für den Erhalt der Biodiversität auch Ökosystemleistungen erbringt wie bspw. die Erholungsfunktion im Wohnumfeld. Grüne Infrastruktur umfasst im Sinne des gleichnamigen Bundeskonzepts (im Idealfall zusammenhängende) natürliche bzw. naturnahe Flächen von Grünachsen im Siedlungsbereich (bspw. Neustadts-/ Wallanlagen in Bremen, „Grüner Ring" in Hamburg) bis hin zum länderübergreifenden Biotopverbund, welcher die durch Verkehrstrassen (Autobahnen, Schienen etc.) fragmentierten Biotopinseln für mobile Arten (bspw. Wildkatze) wieder vernetzt und damit einen genetischen Austausch innerhalb einer Population ermöglicht. Blaue Infrastruktur bezieht sich auf offene Fließ- und Stillgewässer sowie die verborgeneren Wasserkreisläufe, wo bspw. das Bundesprogramm Blaues Band Deutschland neben der Renaturierung von Flussauen auch Akzente für Freizeit und Erholung setzt. Wald kann zu Erholungswald erklärt werden, wenn es das Wohl der Allgemeinheit erfordert (§ 13 Bundeswaldgesetz).

Ein **Schutzgebiet** ist „ein klar definierter geografischer Raum, der durch rechtliche oder andere wirksame Mittel anerkannt, ausgewiesen und verwaltet wird, um eine langfristige Erhaltung der Natur und der damit verbundenen Ökosystemleistungen und kulturellen Werte zu erreichen" (Leung et al. 2019). Auf Grundlage des Bundesnaturschutzgesetzes und der Naturschutzgesetze der deutschen Bundesländer lassen sich Teile von Natur und Landschaft rechtlich schützen als Naturschutzgebiete, Nationalparke, Nationale Naturmonumente, Biosphärenreservate, Landschaftsschutzgebiete, Naturparke, Naturdenkmäler oder geschützte Landschaftsbestandteile. Darüber hinaus gibt es besondere Biotope, die grundsätzlich auch ohne Schutzgebietsstatus gesetzlich geschützt sind und daher weder zerstört noch erheblich beeinträchtigt werden dürfen. Nicht zuletzt gibt es Gebietsstatuten unter dem Dach der Vereinten Nationen wie UNESCO-Weltnaturerbe, UNESCO-Biosphärenreservat, Feuchtgebiet von internationaler Bedeutung nach der Ramsar-Konvention, die jedoch alle über die vorgenannten Kategorien rechtlich gesichert werden müssen. Gleiches gilt in der EU für die Besonderen Erhaltungsgebiete nach der Flora-Fauna-Habitat-Richtlinie („FFH-Gebiete") und die Besonderen Schutzgebiete nach der Vogelschutzrichtlinie („Vogelschutzgebiete"), welche zusammen das Schutzgebiets-Netz „Natura 2000" bilden.

Die International Union for the Conservation of Nature (IUCN) als globaler Naturschutz-Dachverband hat **Managementkategorien für Schutzgebiete** definiert, um die unterschiedlichen nationalen Standards international vergleichbar zu machen. Diese bieten u. a. eine Einordnung von Erholungsnutzung und Freizeitaktivitäten, welche in den jeweiligen Schutzgebieten zulässig sind (vgl. Tab. 6.1). Bis auf wenige Ausnahmen dienen Schutzgebiete auch der Erholung und dem Naturerlebnis der Bevölkerung mit den damit verbundenen Chancen für Information und Bildung.

Freizeit bietet einen Raum für die Suche nach Authentizität im Erleben von sich selbst und seiner Umgebung. Vor diesem Hintergrund werden Naturräume sehnsüchtig aufgesucht, da sie vielerorts eine authentische Erlebniswelt bieten. Dies wird umso relevanter, je urbaner und damit meist von Natur entfremdeter der eigene Lebensstil geprägt ist. Die Lage der Ballungsräume und die Attraktivität der Landschaft bestimmen die Nachfrage hinsichtlich **Naherholung und touristischer Erholungsnutzung**. Das Landschaftsbild mit seiner jeweiligen Empfindlichkeit gegenüber bzw. Belastung mit ästhetisch störender anthropogener Infrastruktur und die zugängliche Freizeitinfrastruktur bestimmen den Erholungswert eines Aufenthalts in der Natur.

In der naturschutzrechtlichen Eingriffsregelung (betrifft die Veränderungen der Gestalt oder Nutzung von Grundflächen oder Veränderungen des mit der belebten Bodenschicht in Verbindung stehenden Grundwasserspiegels) wird das Landschaftsbild ebenfalls als gleichrangiges Schutzgut neben der Leistungs- und Funktionsfähigkeit des Naturhaushaltes berücksichtigt (§ 14 Absatz 1 Bundesnaturschutzgesetz). Demnach sollen „die Vielfalt, Eigenart und Schönheit in ihrer jeweiligen naturraum- und standorttypischen Ausprägung vor Beeinträchtigungen geschützt oder nach erheblichen Beeinträchtigungen wiederhergestellt werden" (Harms 2024). Diese Rechtsnorm entfaltet daher Implikationen für den ästhetischen **Erholungswert der Landschaft**

Tab. 6.1: Managementkategorien für Schutzgebiete und ihre Möglichkeiten für Freizeitnutzung (Quelle: eigens ergänzte Zusammenstellung aus Leung et al. 2019; Jedicke 2015; EUROPARC Deutschland 2010; UNEP-WCMC 2024; BfN 2024).

Schutzgebiets-kategorie	Zielsetzung und Schutzgüter	Umsetzung in Deutschland	Möglichkeiten für Freizeitnutzung
Ia) Strenges Naturreservat	Schutz der Biodiversität oder des geologischen Erbes (Werte: Ökologie und Wissenschaft)	Einzelne Naturschutzgebiete (s. u.)	Zugang für die Öffentlichkeit nur im Rahmen organisierter Forschungs-, Bürgerwissenschafts- oder Ehrenamtsprogramme
Ib) Wildnisgebiet	Schutz des Naturcharakters und des natürlichen Zustandes ursprünglicher oder nur leicht veränderter Gebiete (Werte: Wildnis und Ökologie)	3 Wildnisgebiete	Autonome Besuchendennutzung mit niedriger Nutzungsdichte gehört häufig zu den Managementzielen; Zugang für die Öffentlichkeit beschränkt in Bezug auf Nutzung, Gruppengröße, Aktivität, etc.; Tourismusaktivität begrenzt und stark reglementiert (z. B. durch Sondernutzungserlaubnis)
II) Nationalpark	Schutz eines Ökosystems und seiner großräumigen ökologischen Prozesse (Werte: Ökologie, Erholung und Gemeinschaft)	16 Nationalparke, 0,6 % der terrestrischen Landesfläche zzgl. Meeresflächen	Besuchendennutzung und -erlebnis gehört häufig zu den Managementzielen; Eine Reihe von Freizeit-möglichkeiten wird in der Regel durch Zonierung, Erschließung und Dienstleistungen für Besucher:innen angeboten (Länder haben deutliche Unterschiede in ihrer Einstellung zu Touristenunterkünften in Schutzgebieten)

Tab. 6.1 (fortgesetzt)

Schutzgebiets-kategorie	Zielsetzung und Schutzgüter	Umsetzung in Deutschland	Möglichkeiten für Freizeitnutzung
III) Naturdenkmal oder -erscheinung	Erhaltung spezifischer natürlicher Merkmale (Werte: Ökologie, Erholung und Gemeinschaft)	8 Nationale Naturmonumente	Besuchendennutzung und -erlebnis gehört häufig zu den Managementzielen; Freizeitmöglichkeiten werden meistens angeboten, um Merkmale zu schützen und das Verständnis der Öffentlichkeit zu fördern
IV) Biotop/ Artenschutzgebiet mit Management	Naturschutz durch Managementintervention (Werte: Ökologie, Gemeinschaft und Erholung)	8.957 Naturschutzgebiete (Stand: 2021) mit 2.706.265 ha (davon 1.459.308 ha terrestrische Fläche), entspricht 6,5 % der Gesamtfläche bzw. 4,1 % der Landfläche	Besuche zur Erholung und kommerzieller Tourismus sind gewöhnlich Managementziele; Eine Reihe von Freizeitmöglichkeiten wird mit dazugehörigen Anlagen und Dienstleistungen bereitgestellt; Kommerzieller Tourismus ist bei der Beobachtung von Wildtieren häufig
V) Geschützte Landschaft/ geschütztes Meeresgebiet	Schutz von Landschaften/ Meeresgebieten (Werte: Gemeinschaft, Ökologie, Erholung)	104 Naturparke mit 10,26 Mio. ha, entspricht 28,7 % der Landesfläche. 8.903 Landschaftsschutz-gebiete (Stand 2019) mit einer Gesamtfläche von 10,1 Mio. ha (inkl. Meeres-flächen), entspricht 27 % der Gesamtfläche	Tourismus ist in der Regel ein Managementziel; Eine Reihe von Freizeitmöglichkeiten wird mit dazugehörigen Anlagen und Dienstleistungen bereitgestellt; Kommerzieller Tourismus ist häufig
VI) Schutzgebiete mit nachhaltiger Nutzung natürlicher Ressourcen	Nachhaltige Nutzung natürlicher Ökosysteme (Werte: Gemeinschaft, Erholung, Ökologie)	18 Biosphärenreservate (davon 16 von der UNESCO anerkannt) mit 2.028.346 ha (terrestrisch 666.046 ha), entspricht 3,9 % der Landfläche	Besuche zur Erholung und kommerzieller Tourismus können Hauptziele sein; Eine Reihe von Freizeitmöglichkeiten wird mit dazugehörigen Anlagen und Dienstleistungen bereitgestellt; Kommerzieller Tourismus ist häufig

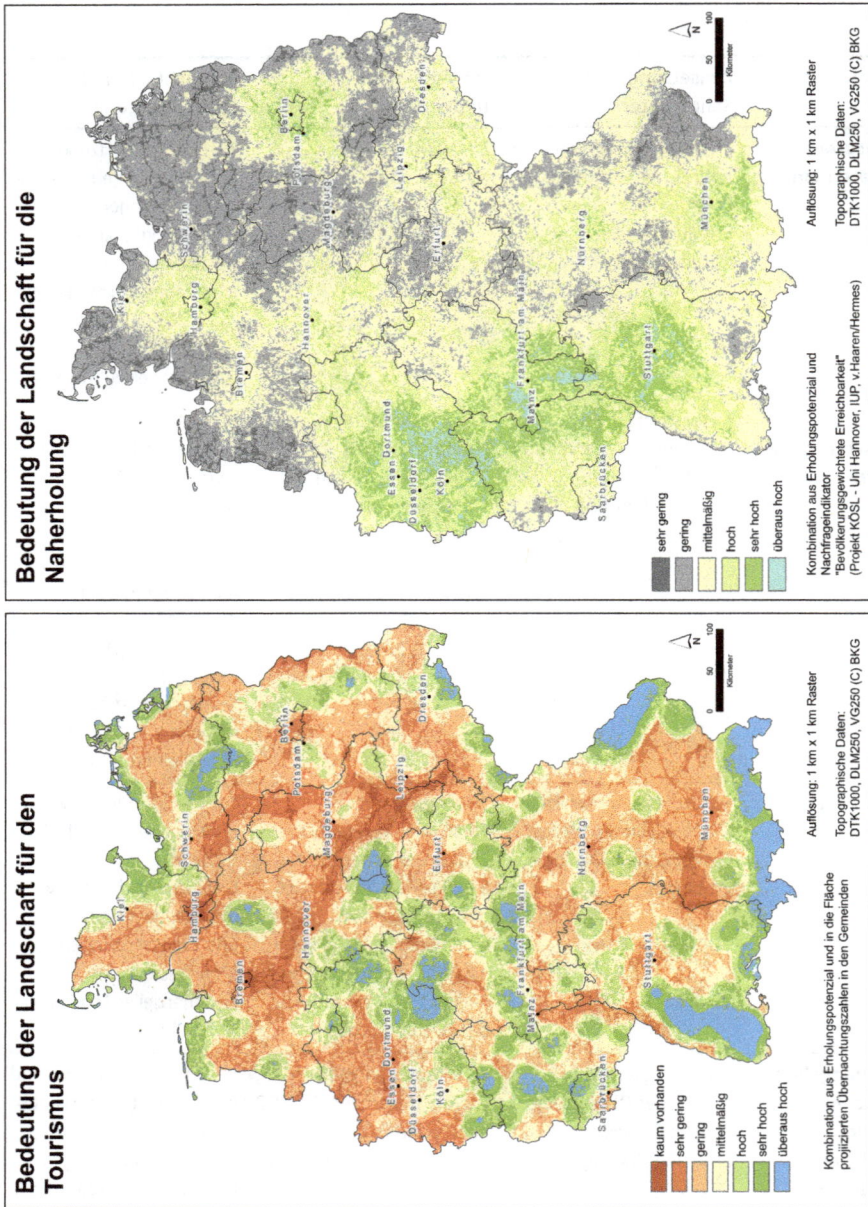

Abb. 6.9: Bedeutung der Landschaft für Naherholung und Tourismus (Quelle: Roth et al. 2021).

(vgl. Abb. 6.9). Angesichts des gesundheitlichen Nutzens wird die Nähe, Zugänglichkeit und Erreichbarkeit von grüner Infrastruktur im Wohnumfeld zu einer Gerechtigkeitsfrage und damit Aufgabe insbesondere der Stadtplanung.

6.4.4 Erholung als kulturelle Ökosystemleistung

Im Rahmen der Naturbewusstseinsstudie wurden die Deutschen repräsentativ nach den wichtigsten Leistungen der Natur befragt: „Entspannung und Erholung" wurde an dritter Stelle von 26 % der Befragten genannt und „Erlebnis- und Freizeitmöglichkeiten" von 6 % (vgl. BMU/BfN 2012). Auf der linken Seite der **Analyse-Kaskade** (vgl. Abb. 6.10) steht ein Angebot von Biodiversität und Ökosystemen, auf der rechten (Nachfrage-) Seite der Nutzen für den Menschen und dessen Wertschätzung im Hinblick auf Wohlergehen und Lebensqualität. Erst wenn das Angebot tatsächlich in Anspruch genommen wird, wird die Leistung erbracht, in diesem Beispiel die Raumnutzung für einen Waldspaziergang. Der Umfang der Inanspruchnahme ergibt sich aus der Nachfrage nach erholungsrelevanten Leistungen. Sie hängt u. a. ab von der Bevölkerungsdichte, der demografischen Zusammensetzung und individuellen Erholungspräferenzen, die sich in unterschiedlichen Kulturen deutlich unterscheiden können.

Die genannten Elemente der Kaskade werden mit unterschiedlichsten **Methoden erfasst**. Die Angebotsseite wird über diverse Methoden hinsichtlich des Erholungspotenzials und der -kapazität des Ökosystems untersucht, die über einfache Vielfaltsindizes bis hin zur komplexen Analyse konkreter Sichtbeziehungen während eines Spaziergangs reichen. Die Inanspruchnahme der Ökosystemleistung wird vor allem über klassische Besuchsstatistiken erhoben. Der Erholungseffekt lässt sich über Befragungen zur Gästezufriedenheit oder über medizinische Untersuchungen auf neurologischer Ebene nachweisen. Der monetäre Wert der Erholungsleistung wird vornehmlich über die Reisekostenmethode oder eine Abfrage der Zahlungsbereitschaft abgeschätzt, während der soziokulturelle Wert über den Human Well Being Index abgebildet werden kann.

Eine Ökosystemleistung entsteht, wenn eine ökosystemare Struktur oder Funktion direkt oder indirekt ein menschliches Bedürfnis stillt (vgl. Daniel et al. 2012). Das **Modell** ermöglicht das Verständnis von (bisher wenig erforschten) Zusammenhängen zwischen ökosystemaren Strukturen bzw. Prozessen im biophysikalischen Bereich und der Befriedigung menschlicher Bedürfnisse im somatischen, psychischen, sozialen und seelischen Bereich (vgl. Carius 2013).

6.4.5 Naturnutzung und -nutzen in der Freizeit

Eine natürliche Umgebung bindet unsere Aufmerksamkeit ohne sie zu überfordern, da uns natürliche Reize vertrauter sind als künstliche und diese als stimmig empfunden werden. Sofern wir uns überwiegend inhäusig aufhalten bzw. im bebauten Siedlungs-

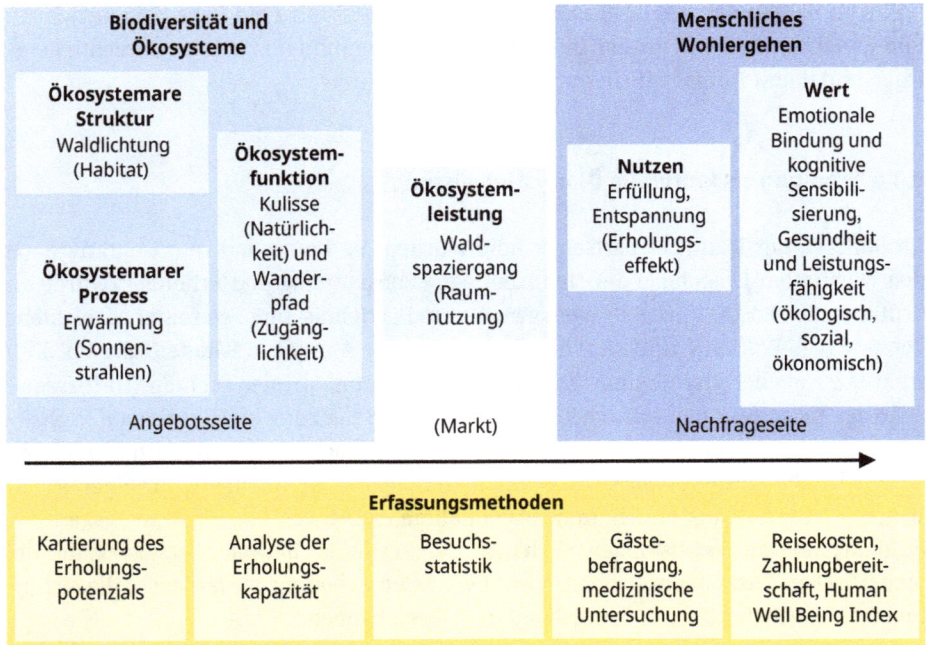

Abb. 6.10: Kaskade zur Analyse der Ökosystemleistung Erholung (Quelle: Carius 2013 in Anlehnung an PEER 2012; TEEB 2010; Haines-Young/Potschin 2010).

bereich bietet sie uns eine Abwechslung durch Abstand vom Arbeitsalltag, regt die Sinne an und ermöglicht erbauliche Naturerlebnisse (vgl. Ensinger 2016). Bereits das bloße Betrachten von „grün" aus dem Fenster heraus hat eine entspannende Wirkung (vgl. Hartig et al. 2003). Daher wirkt Natur heilend, also erholsam (vgl. Blasche 2010) mit positiven Implikationen für physische, psychische, soziale und seelische Komponenten von Gesundheit (vgl. Kleinhückelkotten 2013). Natur ist damit ein wesentlicher Faktor für die Rolle der Freizeit hinsichtlich der Wiederherstellung der allgemeinen Arbeitsfähigkeit der Bevölkerung und damit ein grundlegender Wirtschaftsfaktor. Daraus ergibt sich auch die Bedeutung der Freizeitsphäre als Bildungsfaktor der Gesundheitsökologie.

Naturexposition ist im Sinne der Salutogenese ein Ansatz vor allem der **Gesundheitsvorsorge**, sie wirkt jedoch weit über die Steigerung des Wohlbefindens hinaus. Das Konzept therapeutische Landschaften fokussiert auf deren gesundheitsfördernde Eigenschaften (vgl. Gebhard und Kistemann 2016). Die japanische Kultur des Waldbadens, also des bewussten Eintauchens in die Waldatmosphäre, findet hierzulande zunehmend Verbreitung, denn sie stärkt das Immunsystem, senkt den Blutdruck, verringert das Ausschütten von Cortisol und Adrenalin, kann Burnout vorbeugen, senkt den Blutzuckerspiegel, reduziert Stress und Anspannung, verringert chronische Schmerzen, wirkt sich positiv auf Angststörungen und Depressionen aus, beugt vielen Krankheiten vor, aktiviert mehr Killerzellen gegen Krebs oder Viren, verbessert die Schlafqualität und stärkt die Gefühle von Ruhe, Geborgenheit, Wohlbefinden, Entspannung (vgl. Hansen et al. 2017). Am Wattenmeer wurde die Praxis als Wattbaden in Verbindung mit dem chinesischen QiGong (Meditation, Konzentration und Bewegung zur Kultivierung von Geist und Körper) unter Einbezug des Elements Wasser adaptiert.

Bewusstes Naturerleben fördert auch die **Achtsamkeit**, die in der Psychotherapie als Faktor für Wohlbefinden und Gesundheit gilt. Achtsamkeit als gerichtete Aufmerksamkeitslenkung bedingt eine mentale Präsenz im Hier und Jetzt, betrifft Kopf (das Denken), Herz (das Fühlen) und Hand (das Tun) und lässt uns die Facetten einer Situation vielschichtiger wahrnehmen. Dies kann durch Naturaufenthalte mit bewusstem Wahrnehmen mit allen Sinnen der Hintergrundgeräusche durch Wind (bspw. Blätterrauschen) oder Wasser (bspw. Bachplätschern oder Brandungsrauschen), der Vogelstimmen, von Tier-Pflanze-Interaktionen (bspw. Bestäuber an Blüten), Geruch (bspw. Bärlauch als Frühlingsbote) oder Tasten der Vegetation bzw. Substrate (bspw. Baumrinde, Fels, Moos) gezielt geschult werden. Achtsamkeit kann zu einer spirituellen Grundhaltung ausgebaut werden und Spiritualität ist eine weitere kulturelle Ökosystemleistung. Als Freizeitpraxis kann Achtsamkeitstraining in der Natur die Selbstwahrnehmungsfähigkeit erhöhen, Wertschätzung für und Verbundenheit mit der Natur stärken sowie ungesunde Gefühlsmuster, Denk- und Verhaltensweisen bewusst machen und im Idealfall abstellen (vgl. Ensinger 2016).

Es konnte belegt werden, dass Biodiversität und die Qualität der Erholungsleistung positiv korrelieren (vgl. Fuller et al. 2007). Vogelartenvielfalt hat ähnlich wie ein höheres Einkommen einen positiven Effekt auf die Lebenszufriedenheit (vgl. Methorst et al. 2021). Auch für Bewohner:innen von Pflegeheimen führten angeleitete Vogelbeobachtungen mittels Futterstellen zu einer gesteigerten **Lebensqualität**. So verbinden zunehmend Menschen insbesondere Vogelbeobachtung mit Glücksmomenten (vgl. Krumenacker 2019). Spielen draußen in der Natur macht Kinder mutiger, kreativer, verantwortungsbewusster, verhilft ihnen zu einem aktiveren Lebensstil, stärkt die Selbstwirksamkeit und lässt sie später Erholung dort empfinden (vgl. Warden 2014; Hunziker et al. 2012). In der sozialen Arbeit hat Wildnispädagogik als Ansatz der Suchtprävention einen Platz gefunden, um Resilienz (Widerstandsfähigkeit) bei Teilnehmer:innen meist freizeitbezogener Angebote zu fördern (vgl. Mohra et al. 2021).

Erholung in der Natur ist nicht nur ein Weg zu anhaltender Gesundheit, sondern auch ein Instrument für Naturschutz. Indem die Landschaftsplanung eine Fläche der Erholung widmet und diese damit in Wert gesetzt wird, kann das Ökosystem vor sonstiger Nutzung verschont bleiben (vgl. Trepl 2012). Insbesondere durch Tourismus findet zudem eine monetäre **Wertschöpfung** statt, indem Tages- und Übernachtungsgäste Ausgaben tätigen während ihres Urlaubs. Diese direkte, indirekte und induzierte Bruttowertschöpfung abzüglich der Mehrwertsteuer bringt also Kapital in eine Destination, bei denen es sich oft um strukturschwache Regionen in der ländlichen Peripherie handelt. Über die Mehrwertsteuer, die Mineralölsteuer bei einer Pkw-Anreise, die Kurtaxe sowie die Einkommenssteuer der Jobs im Tourismus wird zudem Geld in öffentliche Kassen gespült. Ein spezifischer Anteil geht davon auf den Status als Schutzgebiet zurück, das von bestimmten Zielgruppen nur deswegen aufgesucht wird (vgl. Job et al. 2016). Auch Einnahmen von Besucher:innen in Schutzgebieten werden oft in den Schutz der Natur (re-)investiert (vgl. Carius/Job 2019). Somit kann über die Erholungsleistung der Natur (Zahlungen für Ökosystemleistungen, engl.: Payments for Ecosystem Services (PES)) auch zum Erhalt weiterer Ökosystemleistungen beigetragen werden. Dies kann als Synergieeffekt von Freizeit und Naturschutz gewertet werden, der ohne eine entsprechende Gestaltung der Freizeit nicht zustande kommt.

Auf der anderen Seite können aus einem Erholungsaufenthalt in der Natur auch negative gesundheitliche Folgen für den Menschen erwachsen, vom Sonnenbrand oder Mückenstiche bis zu Haiangriffen beim Surfen oder am Strand von einer herabfallenden Kokosnuss erschlagen zu werden. Je schwerwiegender die „ökosystemare **Fehlleistung**" (ecosystem disservice), desto seltener meist ihr Auftreten.

6.4.6 Spannungsfelder der Freizeitökologie

Negative Folgen der Freizeitnutzung entstehen für ein Ökosystem sowohl durch ökologisch schädliche Verhaltensweisen als auch durch Infrastruktur. Dies umfasst Schädigungen der Vegetation und der Bodensubstrate, Störungen der Tierwelt durch menschliche Anwesenheit, Lärm-, Licht- oder Schallemissionen oder Übernutzung biologischer Ressourcen. Jedoch sind diese non-konsumtiven Nutzungen im Vergleich zu anderen konsumtiven Nutzungsformen wie Fischerei, Land- oder Forstwirtschaft i. d. R. weniger dauerhaft schädlich, können durch geeignete Maßnahmen größtenteils vermieden werden und werden teilweise überbewertet (vgl. Strasdas 2007).

Natur und Landschaft sind in Deutschland weitgehend frei **zugänglich**. Zu Erholungszwecken dürfen die freie Landschaft auf Straßen und Wegen sowie auf ungenutzten Grundflächen (vgl. § 59 Bundesnaturschutzgesetz) und der Wald betreten werden (vgl. § 14 Bundeswaldgesetz). In den Gesetzen der Bundesländer ist dies meist konkreter geregelt. Jeder darf Bundeswasserstraßen binnen- und seeseitig auch im Rahmen der Freizeitschifffahrt mit Wasserfahrzeugen befahren (vgl. § 5 Bundeswasserstraßengesetz). Das Luftverkehrsrecht für den Freizeitflugverkehr ist deutlich komplexer. Jedes Schutzgebiet hat jedoch rechtlich fixierte Regeln, Großschutzgebiete meist auch eine spezifische Zonierung von Kern- und Pufferzonen, in denen meist Wegegebote, räumliche oder zeitliche Einschränkungen der Zugänglichkeit sowie das erlaubte Nutzungsspektrum auch für Freizeitaktivitäten festgelegt sind, um den Schutzzweck zu priorisieren und zu wahren.

Zum allgemeinen **Artenschutz** ist es in Deutschland ohne vernünftigen Grund verboten, wild lebende Tiere mutwillig zu beunruhigen oder zu fangen, zu verletzen oder zu töten, wild lebende Pflanzen und Pilze von ihrem Standort zu entnehmen oder zu nutzen (außer in geringen Mengen für den persönlichen Bedarf) und Lebensstätten wild lebender Tiere und Pflanzen zu beeinträchtigen oder zu zerstören. Zum besonderen Artenschutz gelten für besonders und streng geschützte Arten (vgl. www.wisia.de) weitergehende Zugriffs-, Besitz- und Vermarktungsverbote. Zudem ist es verboten, zwischen März und September Gehölze außerhalb des Waldes sowie Gebüsche über schonende Pflegeschnitte hinaus abzuschneiden. Das Ausbringen nicht-heimischer Tiere und Pflanzen (bspw. unliebsam gewordene Haustiere) in die freie Natur ist genehmigungspflichtig (vgl. §§ 39–44 Bundesnaturschutzgesetz). Verstöße bilden Ordnungswidrigkeiten und sind mit Verwarn- und Bußgeldern teils in fünfstelligen Beträgen belegt. Hier sind also gerade in der Freizeitsphäre Kenntnis und Rücksichtnahme auf Belange und Rechte der Natur gefragt, um illegales und illegitimes Fehlverhalten zu vermeiden.

In der **Störungsökologie** gilt es grundlegend einen „Effekt des ersten Störers" zu verstehen. So kann bspw. der/die erste Kitesurfer:in an einem Spot am Wattenmeer einen rastenden Schwarm von tausend Eiderenten hochscheuchen, der aus dem Blickfeld verschwindet und sich andernorts niederlässt. Die folgenden 99 Kitesurfer:innen an jenem Tag finden in ihrem Revier keine nennenswerten Ansammlungen rastender Wasservögel mehr vor und kommen zu dem Eindruck, dass ihre Sportausübung dort unproblematisch ist. Ein solches Szenario führt zum einen zu einem verzerrten Eindruck der ökologischen Problematik der eigenen Freizeitaktivität und kann bei wiederholtem Auftreten zu Gewöhnungseffekten bei der Tierwelt führen. Somit ist es aufgrund ihres Einzelfallcharakters methodisch schwierig, Störungseffekte aussagekräftig zu dokumentieren, auch aufgrund der fehlenden Nullvariante einer störungsfreien Landschaft als Referenz. Eine solche Situation ergab sich lediglich temporär mal während der Corona-Pandemie durch Lockdowns mit Ausgangssperren bzw. Zuhausebleiben-Geboten 2020/21. Dies nutzten bspw. Austernfischer in Schillig (niedersächsische Nordseeküste), um auf einem Strandkorbdach zu brüten, was im üblichen touristischen Gewimmel sonst nicht zustande kommt (vgl. Menke 2021).

Folgende **typische Beispiele** veranschaulichen das Spektrum der Negativwirkungen auf die Natur, die überwiegend bzw. teilweise durch Freizeitverhalten bedingt sind: Geschützte Pflanzen werden illegal entnommen, Speisepilze auf gesperrten Flächen gesammelt, durch Verbreiterung von Trampelpfaden nimmt die Vegetation Schaden, Vogelnester bodenbrütender Arten werden versehentlich zertreten (bspw. am Strand), Altvögel werden vom Nest aufgescheucht und können so ihr Gelege bzw. ihre geschlüpften Küken nicht schützen, manche Vogelarten benötigen als Brutrevier großräumig störungsfreie Flächen ohne Wegenetz, mausernde Wasservögel sind im Sommer zeitweise flugunfähig und besonders störungsanfällig gegenüber Bootsverkehr, Robben werden an Liegeplätzen gestört, Drachen (auch von Kitesurfer:innen) scheuchen Vögel bei der Nahrungssuche oder Rast auf, maschinelle Reinigung an touristischen Stränden beseitigt mit dem Spülsaum ein Mikrohabitat für Tiere und Pflanzen, Müll zersetzt sich und wird mit der Nahrung aufgenommen und in der Nahrungskette angereichert, Feuerwerke zu Silvester versetzen mit enormen Schall-, Licht und Feinstaub-Emissionen vor allem Vögel und Säugetiere in Angst und Schrecken.

Wichtig ist beim Aufenthalt in der Natur ein gewisses Niveau an Achtsamkeit. Viele Arten zeigen eine Störung an: Robben heben den Kopf, Altvögel in Nestnähe warnen auffällig, verleiten (stellen sich flügellahm, um eine leichte Beute zu simulieren und damit Fressfeinde vom Nest weg zu locken) oder attackieren (Seeschwalben machen Angriffsflüge Richtung Kopf eines Menschen, Möwen fliegen Kot-Attacken). In solchen Situationen ist dringender Rückzug angesagt. Umgekehrt bietet die Freizeitsphäre auch einen Raum für die bildungsorientierte Auseinandersetzung damit und für die Erarbeitung von **Lösungsansätzen bzw. Vermeidungsstrategien** (für sportliche Betätigung in Natur und Landschaft lohnt ein Blick in das Webportal www.NaturSport.info).

Wesentlich für den Naturschutz ist ein Besuchsmanagement in der freien Landschaft, auch außerhalb von Schutzgebieten. Grundlage dessen sind **Monitoring-Daten** zum Besuchsaufkommen: Wie viele Menschen sind wann zu erwarten? Determinanten sind hier die Jahres- und Tageszeit, am Wattenmeer die Gezeiten, Feiertage, Wochenend- und Ferienzeiten sowie das aktuelle Wetter (v. a. hinsichtlich Temperatur und Niederschlag). Zählgeräte können je nach Stand der Technik unterschiedlich komplex Besuchendenströme messen. Die Sensorik reicht von Infrarot-Schranken, Druckplatten, WLAN-Tracker bis zu 3D-Laserscannern, womit sich teils auch Bewegungsrichtungen und Mobilitätsmodi (Fußgänger:innen, Radfahrer:innen, Auto etc.) erkennen lassen. Eine technische Herausforderung bei Zählgeräten im Gelände ist stets deren Stromversorgung, wobei es inzwischen auch kostspielige Ansätze gibt mit autarker Energieversorgung durch Solar- und Windkraft an Ort und Stelle. Die Stromversorgung entscheidet zudem über die Datenlieferung: Müssen Speicherkarten nach gewisser Zeit an Ort und Stelle ausgelesen werden erfordert dies Personalaufwand, während eine autonome Datenlieferung Strom und Netzwerk bedingt, aber dafür in Echtzeit wertvollere Daten liefert. Auf einer solchen Grundlage lassen sich über Dashboards auch Prognosemodelle etablieren, die Daten aus Vorjahren mit den o. g. Einflussfaktoren in Beziehung setzt.

Weitere Säule des Besuchsmanagements ist neben dem vorgenannten Monitoring die **Besuchendenlenkung und -information**. Prämisse ist hierbei, attraktive Naturerlebnis-Angebote zu machen, wo die Natur dies ohne Schaden vertragen kann, und Besuchsverkehr an ökologisch sensiblen Orten zu vermeiden. Dazu gibt es verschiedene Ansätze (vgl. das Toolkit für das Besuchsmanagement auf www.natkit.org), die sowohl analog als auch digital gedacht werden müssen:

1. Angebote, die in der Fläche Besuchendenströme bündeln: Wegeführung und Ausbaugrad (Barrierefreiheit) des Wegenetzes (Wegesicherungspflichten beachten), öffentliches Verkehrsnetz, Parkplätze, geführte Touren (und ähnliche Veranstaltungen), Sitzgelegenheiten, Aussichtspunkte
2. Informationsinfrastruktur/-architektur in der Fläche: Ranger, Infostellen, Informationstafeln, Lehrpfade, Beschilderungssystem (inkl. digital) etc.
3. Information zum Mitnehmen unterwegs: kostenloses oder kostenpflichtiges Kartenmaterial, eigene bzw. empfohlene native oder progressive Web-Apps, Routenführung über Navigations- (Google Maps, OpenStreetMap) oder Tourenportale (Komoot, OutdoorActive etc.)

4. Informationen vorab zur Sensibilisierung für die Maßnahmen in der Fläche über verschiedene Kommunikationskanäle: Infoveranstaltungen, Website, Newsletter, soziale Medien, Faltblätter und Broschüren

Gebietsinfos von Drittanbietenden erfordern einen zusätzlichen Pflegeaufwand. Über das vorgenannte Monitoring lassen sich die Ansätze von Besuchendenlenkung und -information evaluieren.

6.4.7 Der Umgang mit Tieren und Pflanzen in der Freizeit

Die Urbanisierung hat mit der Industrialisierung eine gesellschaftliche **Entfremdung von der Natur** befördert, auch wenn es von manchen Teilgruppen weiterhin einen starken Bezug zur Natur gibt. Naturschutz stützt sich auch heute weitgehend auf das Paradigma: „Man schützt nur, was man liebt – man liebt nur, was man kennt" (Konrad Lorenz). Insofern ist neben der emotionalen Bindung an die Natur auch eine kognitive Naturkunde wichtig. Hierbei spielt die Freizeit eine wesentliche Rolle, da Artenkenntnis in der Schule kaum noch vermittelt wird. Bildungsträger:innen wie die Naturschutzakademien der Bundesländer, Kampagnen der Naturschutzverbände oder Projekte bieten Angebote zur Weiterentwicklung der Artenkenntnis.

Während die Vogelbeobachtung als Hobby weiter an Popularität gewinnt, stehen andere Artengruppen mit deutlich weniger **Artenkundigen** da. Nur solche können das Wissen auch weitergeben. Allerdings bieten auch Bestimmungs-Apps auf Basis künstlicher Intelligenz inzwischen die Möglichkeit, Arten auf Grundlage von Fotos oder Vogelstimmen auf Grundlage von Tonaufnahmen zu bestimmen. Solche Ansätze der Naturbeobachtung und -dokumentation bspw. über Apps in Online-Portalen werden vielfach als Bürgerwissenschaft (Citizen-Science) betrieben, worüber sich Hobbys kultivieren lassen und Freizeitkarrieren (so erfolgt bspw. die Plausibilitätskontrolle eingehender Meldungen vielfach auf ehrenamtlicher Basis) ermöglichen.

Viele Hobbys nutzen die Landschaft vornehmlich als Kulisse, insbesondere sog. **Natursportarten** wie Mountainbiken, Reiten oder Segeln, bei denen es kaum um Biodiversität geht. Andere erfordern ein prüfungsrelevantes Wissen in Naturkunde und Naturschutz, das jedoch regelmäßig in der letalen Entnahme wilder Wirbeltiere endet: Jagen und Angeln. In der öffentlichen Verwaltung sind die Jagd- und Fischereibehörden oft im Landwirtschafts-Ressort verortet und nicht im Umwelt-Ressort, auch ergibt sich für beides eine eigene Rechtslage, die nicht vom Naturschutz her konzipiert wurde. So sind zwar Jagd- und Angelverbände meist anerkannte Naturschutzvereinigen und die Synergien in vielerlei Hinsicht vorhanden, doch gibt es auch zuwiderlaufende Interessen mit dem Naturschutz (bspw. hinsichtlich des Spektrums jagdbarer bzw. fischbarer Arten) und die Affinität der Jäger- und Anglerschaft dazu ist individuell sehr unterschiedlich ausgeprägt.

Über Ansätze der Wildnispädagogik, **Umweltbildung** oder als Part einer Bildung für nachhaltige Entwicklung lässt sich Natur insbesondere in der Freizeit mit Angeboten verschiedenster Bildungsträger:innen tiefer erschließen. Hervorzuheben sind Programme der Pfadfinder:innen, Junior-Ranger (der deutschen Großschutzgebiete) oder die Jugendabteilungen der Umweltverbände, die Kindern und Jugendlichen Natur ans Herz legen. So werden Menschen im jungen Alter an einen vertrauten Umgang mit Natur herangeführt. Somit können naturfreundliche Werte, Einstellungen und Normen in der Persönlichkeitsstruktur angelegt und die Diskrepanz zwischen Naturbewusstsein und naturverträglichem Verhalten weiter geschlossen werden. Dies ist aufgrund der Dynamik und in Teilen Unberechenbarkeit der Natur wichtig, um gewisse Risiken kompetent einzuschätzen und Freizeit-Unfälle in der Natur zu vermeiden.

Eine andere, meist freizeitorientierte Herangehensweise, der Entfremdung von der Natur entgegenzuwirken, ist, sie sich in den privaten Wirkungsbereich zurückzuholen: Angefangen vom „grünen Daumen" mit Schnittblumen und Topfpflanzen in der Wohnung oder auf Terrasse bzw. Balkon über Hobby-**Gärtnern** im Vor-/Hinterhof oder einer Schrebergarten-Parzelle bis zu ambitionierteren Ansätzen des Urban Farming. Sofern Torf in der „Blumenerde" zum Einsatz kommt, ist dies ökologisch bedenklich, da dieser in ehemaligen Mooren abgebaut wird, deren Trockenlegung nicht nur einen Lebensraumverlust für massiv bedrohte Offenlandarten nach sich zieht, sondern auch Treibhausgase freisetzt, die wasserbedingt in der Pflanzenbiomasse zuvor unter Verschluss waren. 95 % der Moorflächen Deutschlands sind zerstört bzw. degradiert und die Freisetzung aus Mooren macht 5 % der globalen Treibhausgasemissionen aus, das ist mehr als der Flugverkehr. Neuere technische Errungenschaften wie Mähroboter sind ein zunehmendes ökologisches Problem, da sie viel zu oft eingesetzt werden, damit nicht nur viel Energie verbrauchen, sondern Rasenflächen permanent kurz halten, sodass die Grasnarbe insbesondere in klimawandelbedingt zunehmenden Hitzewellen schneller austrocknet, aber auch kaum noch Insekten im Gras Lebensraum finden, Blumen keine Blüten mehr austreiben können die Bestäuber anlocken und Igel des Öfteren geschreddert werden. Auch ist es wichtig, Laub über den Winter liegen zu lassen und nicht zu entsorgen, da es den Boden vor übermäßiger Kälte isoliert und sowohl im Laub selbst als auch im Boden zahlreiche Insekten überwintern.

Die Domestizierung von Wildtieren wie Hühner, Rinder, Pferde, Schafe und Wölfe war ein wesentlicher Erfolgsfaktor der kulturellen Evolution des Menschen und solche Nutztiere finden in der Fleisch- und Milchproduktion, zur Beweidung, in Therapien oder als Hüte-, Blinden- oder Rettungshunde weiterhin vielfach lebenserhaltenden oder -rettenden Einsatz bis hin zur Massenhaltung. Aus ethischer Perspektive stellt sich die grundsätzliche Frage, mit welchem Recht wir **Lebewesen als Hobby halten**, wie das bei den meisten Haus-/Heimtieren der Fall ist. Gerade Kinder haben eine ausgeprägte Affinität zu einem flauschigen Streichelzoo, doch vermittelt dies kein erstrebenswertes Bild von Naturnähe im Sinne des Naturschutzes. Bezeichnungen wie Ziervögel oder -fische suggerieren, dass derlei Arten ihre Funktion in unserer persönlichen Erbauung hätten und kaschieren ihre Freiheitsberaubung. Bei vielen Arten stellt sich auch die Frage, ob man sie überhaupt artgerecht halten kann, was nicht zuletzt die entsprechende Expertise und geeignete Haltungsbedingungen voraussetzt. Exotischen Arten (bspw. Reptilien, Vögel) werden zur Haltung als Haustiere vielfach illegal gehandelt und u. U. in ihren Herkunftsländern bereits illegal entnommen. Über das Washingtoner Artenschutzübereinkommen (CITES) ist der internationale Handel mit 5.600 Tierarten und 30.000 Pflanzenarten eingeschränkt, weshalb der Zoll auch mit der Kontrolle von Urlaubsreisenden alle Hände voll zu tun hat.

In Deutschland leben über 15 Mio. Hauskatzen in knapp einem Viertel aller Haushalte sowie über 10 Mio. Haushunde in über einem Fünftel aller Haushalte, Tendenz steigend (vgl. IVH/ZFF 2023). Freilaufende **Haushunde und -katzen** mit ihrem Jagdinstinkt sind eine Gefahr insbesondere zur Brut- und Setzzeit von Vögeln und Säugetieren, von denen viele ihren Nachwuchs am Boden zur Welt bringen. Schätzungen zufolge fallen allein in Deutschland 200 Mio. Vögel pro Jahr Hauskatzen zum Opfer (durchschnittlich erlegen Hauskatzen also etwas mehr als einen Vogel pro Monat), die damit häufiger ihren Spieltrieb als ihren Hunger befriedigen (vgl. Samson 2019). Allein die Präsenz eines sogar angeleinten Hundes ist ein Störfaktor für viele Wildtiere, die lediglich den Fressfeind und nicht die Leine einordnen können. Der ökologische Pfotenabdruck für einen Haushund für Futtermittel und die Umweltauswirkungen und Beseitigung der 1 t Kot und knapp 2.000 L Urin liegt in Deutschland bei 8,2 t CO_2 über dessen Lebensspanne, was etwa 13 Hin- und Rückflügen von Berlin nach Barcelona entspricht (vgl. Yavor et al. 2020). Die Haltung einer Hauskatze über ein Jahr entspricht den CO_2-Emissionen einer Autofahrdistanz über 1.164 km bzw. 1.363 Personenkilometer einer Flugreise (vgl. Annaheim et al. 2019).

Botanische und zoologische Gärten bieten neben Naturkunde-Museen als außerschule Lernorte und inszenierte Erlebniswelten klassische **Freizeitangebote, um Menschen an Natur- und Artenkenntnis heranzuführen**. Viele Naturfreunde erfreuen sich der zahlreichen Naturdokus, die meist im öffentlich-rechtlichen Rundfunk gesendet werden und in Mediatheken länger frei bereitstehen; manche davon sogar kinotauglich. Somit bieten sich mit fortschreitender Digitalisierung zahlreiche Möglichkeiten für ein authentisches oder ein inszeniertes Naturerlebnis, deren Wert nicht zuletzt in ihrer Kombination liegt. Auch ohne Vereinszugehörigkeit packen jährlich zahlreiche Freiwillige bei Müllsammelaktionen mit an, die oft von den Kommunen als Abfallbehörden organisiert werden.

6.4.8 Synopse

Die Beziehungen zwischen Freizeit und Natur sind vielfältig: So wird die Landschaft als Kulisse von Freizeitaktivitäten und die Lebensraum- und Artenvielfalt als Objekt von Freizeitaktivitäten genutzt. Vor allem bestimmte kulturelle Ökosystemleistungen werden überwiegend für Freizeitzwecke beansprucht. Allerdings werden Biodiversität und Ökosystemleistungen auch durch ehrenamtliches Engagement oder Bildung für eine nachhaltige Entwicklung in der Freizeit geschützt. Beide tragen auch über die Freizeit zur Lebensqualität bei. Von Beeinträchtigungen auch für Freizeitzwecke gehen Bedrohungen für die Natur aus, wie z. B. störungsbedingte Fitnessminderungen von Tieren und Pflanzen. Andererseits können auch Gefahren für die Nutzer:innen entstehen, wie z. B. überraschende Situationsveränderungen (Lawinen, Fluten usw.) oder Verletzungen durch Kontakt mit bestimmten Arten (Schlangenbiss, Pilzvergiftung). Freizeit und Naturschutz stehen grundsätzlich in einem gegenseitigen Abhängigkeitsverhältnis.

6.4.9 Literatur

Annaheim, Jasmin; Jungbluth, Niels; Meili, Christoph (2019): Ökobilanz von Haus- und Heimtieren. Überarbeiteter und ergänzter Bericht. Schaffhausen: ESU-services GmbH. https://doi.org/10.13140/RG.2.2.35878.98882/1.

Blasche, Gerhard (2010): Psychologie der Erholung unter besonderer Berücksichtigung des Tourismus. In: Psychologie in Österreich, 30 (1), S. 38–44.

BMU – Bundesministerium für Umwelt, Naturschutz und Reaktorsicherheit; BfN – Bundesamt für Naturschutz (2012): Naturbewusstsein 2011. Bevölkerungsumfrage zu Natur und biologischer Vielfalt. Reihe Umweltpolitik. Berlin und Bonn.

BfN – Bundesamt für Naturschutz (2024): Ausgewählte Schutzgebietskategorien in Deutschland. Abgerufen am 31.03.2024 von https://www.bfn.de/daten-und-fakten/ausgewaehlte-schutzgebietskategorien-deutschland.

Carius, Florian (2013): Erholung als kulturelle Ökosystemleistung. In: Freericks, Renate; Brinkmann, Dieter (Hrsg.): Lebensqualität durch Nachhaltigkeit? Analysen – Perspektiven – Projekte. 2. Bremer Freizeitkongress. Bremen: Institut für Freizeitwissenschaft und Kulturarbeit (IFKA), S. 37–54.

Carius, Florian; Job, Hubert (2019): Community involvement and tourism revenue sharing as contributing factors to the UN Sustainable Development Goals in Jozani–Chwaka Bay National Park and Biosphere Reserve, Zanzibar. In: Journal of Sustainable Tourism, 27 (6): 826–846. https://www.tandfonline.com/doi/full/10.1080/09669582.2018.1560457

Daniel, Terry C. et al. (2012): Contributions of cultural services to the ecosystem services agenda. In: Proceedings of the National Academy of Sciences, 23 (109), S. 8812–8819.

Ensinger, Kerstin (2016): Achtsamkeit, Naturerleben und die Erfahrung von Erholung. In: Umweltpsychologie, 20 (2), S. 95–111.

Eser, Uta; Neureuther, Ann-Kathrin; Müller, Albrecht (2011): Klugheit, Glück, Gerechtigkeit. Ethische Argumentationslinien in der Nationalen Strategie zur biologischen Vielfalt. NaBiV Heft 107. Bonn: BfN.

EUROPARC Deutschland (2010): Richtlinien für die Anwendung der IUCN-Managementkategorien für Schutzgebiete. Berlin/Gland: IUCN/EUROPARC.

Fuller, Richard A. et al. (2007): Psychological benefits of greenspace increase with biodiversity. In: Biology Letters, 3 (4), S. 390–394.

Gebhard, Ulrich; Kistemann, Thomas (Hrsg.) (2016): Landschaft, Identität und Gesundheit. Zum Konzept der Therapeutischen Landschaften. Springer VS: Wiesbaden.

Global Footprint Network (2024): Earth Overshoot Day. Abgerufen am 31.03.2024 von https://overshoot.footprintnetwork.org/.

Haines-Young, Roy; Potschin, Marion (2010): The links between biodiversity, ecosystem services and human well-being. In: Raffelli, David G.; Frid, Christopher L. J. (Hrsg.): Ecosystem ecology: a new synthesis. Ecological reviews. Cambridge: Cambridge Univ. Press. S. 110–139.

Hansen, Margaret M.; Jones, Reo; Tocchini, Kirsten (2017): Shinrin-Yoku (Forest Bathing) and Nature Therapy: A State-of-the-Art Review. Int. J. Environ. Res. Public Health, 14 (8): 851. https://doi.org/10.3390/ijerph14080851.

Harms, Alexander (2024): Berücksichtigung des Landschaftsbildes in der Eingriffsregelung. Abgerufen am 31.03.2024 von https://www.nlwkn.niedersachsen.de/naturschutz/landschaftsplanung_beitrage_zu_anderen_planungen/landschaftsplanung/landschaftsbild/landschaftsbild_und_eingriffsregelung/-46179.html.

Hartig, Terry; Evans, Gary W.; Jamner, Larry D.; Davis, Deborag S.; Gärling, Tommy (2003): Tracking restoration in natural and urban field settings. Journal of Environmental Psychology, 23(2), 109–123.

Hunziker, Marcel; von Lindern, Eike; Bauer, Nicole; Frick, Jacqueline (2012): Das Verhältnis der Schweizer Bevölkerung zum Wald. Waldmonitoring soziokulturell: Weiterentwicklung und zweite Erhebung – WaMos 2. Birmensdorf: Eidg. Forschungsanstalt für Wald, Schnee und Landschaft WSL.

IVH – Industrieverband Heimtierbedarf; ZFF – Zentralverband Zoologischer Fachbetriebe (2023): Heimtiere in Deutschland weiterhin beliebt: Hunde, Katzen und Co. in fast jedem zweiten Haushalt / Gesamtzahl der Tiere weitgehend unverändert. Abgerufen am 31.03.2024 von https://www.ivh-online.de/der-verband/daten-fakten/anzahl-der-heimtiere-in-deutschland.html.

Jedicke, Eckhard (2015): Schutzgebietskategorien und ihre Ausweisung im Rahmen der Landschaftsplanung. In: Riedel, Wolfgang; Lange, Horst; Jedicke, Eckhard; Reinke, Markus (Hrsg.): Landschaftsplanung. Springer NachschlageWissen. Springer Spektrum, Berlin, Heidelberg. https://doi.org/10.1007/978-3-642-40456-6_24-1.

Job, Hubert; Merlin, Cornelius; Metzler, Daniel; Schamel, Johannes; Woltering, Manuel (2016): Regionalwirtschaftliche Effekte durch Naturtourismus. BfN Skripten 431. Bonn: BfN.

Kleinhückelkotten, Silke (2013): Die Bedeutung von Naturerfahrung und Naturerlebnis für Lebensqualität und Wohlbefinden. In: Freericks, Renate; Brinkmann, Dieter (Hrsg.): Lebensqualität durch Nachhaltigkeit? Analysen – Perspektiven – Projekte. 2. Bremer Freizeitkongress. Bremen: IFKA, S. 55–67.

Krumenacker, Thomas (2019): Vom Glück des Birdwatching. Wissenschaftler erforschen die heilsame Kraft des Vogelbeobachtens. Der Falke 9/2019: 8.

Leung, Yu-Fai; Spenceley, Anna; Hvenegaard, Glen; Buckley, Ralf (Hrsg.) (2019): Tourismus- und Besuchermanagement in Schutzgebieten: Leitlinien zur Nachhaltigkeit. Schriftenreihe Best-Practice-Leitlinien für Schutzgebiete Nr. 27, Übersetzung aus dem Englischen: Birgit Kühn, Gland: IUCN.

Menke, Werner (2021): Ungewöhnlicher Austernfischerbrutplatz in Schillig. In: Natur- und Umweltschutz – Zeitschrift des Mellumrat, 20 (2), S. 37.

Methorst, Joel; Rehdanz, Katrin; Mueller, Thomas; Hansjürgens, Bernd; Bonn, Aletta; Böhning-Gaese, Katrin (2021): The importance of species diversity for human well-being in Europe. Ecological Economics 181, 106917.

Mohra, Stefanie; Linnenberger, Jürgen; Carius, Roland (2021): Suchtprävention und Soziale Arbeit mit der Natur. Wildnispädagogik als Impuls für die Arbeit mit Kindern, Jugendlichen und Familien. 2. aktual. Aufl. Luxembourg: cnapa.

NABU – Naturschutzbund Deutschland e. V. (2020): Haupttreiber des Artenverlusts. Abgerufen am 31.03.2024 von https://www.nabu.de/imperia/md/nabu/images/sonstiges/grafik/20221215-nabu-gp-artenvielfalt-haupttreiber-artenverlust.jpeg.

Naturkapital Deutschland – TEEB DE (2012): Der Wert der Natur für Wirtschaft und Gesellschaft – Eine Einführung. München, ifuplan; Leipzig, Helmholtz-Zentrum für Umweltforschung – UFZ; Bonn, Bundesamt für Naturschutz.

Opaschowski, Horst W. (1991): Ökologie von Freizeit und Tourismus. Opladen: Leske + Budrich.

Roth, Michael et al. (2021): Entwicklung eines Bewertungsmodells zum Landschaftsbild beim Stromnetzausbau. BfN-Skripten 597. Bonn: BfN. https://doi.org/10.19217/skr597.

PEER (2012): A spatial assessment of ecosystem services in Europe: Methods, case studies and policy analysis – phase 2. PEER Report Bd. 4. Ispra: Partnership for Eu-ropean Environmental Research.

Samson, Oliver (2019): Katze frisst Vögel: Was tun, damit die Katze nicht zum Killer wird. Abgerufen am 31.03.2024 von https://blog.wwf.de/katze-frisst-voegel/.

Strasdas, Wolfgang (2007): Tourismus und Naturschutz – Duell oder Duett? Vortrag auf Tagung „Chancen der Kooperation: Tourismus in Naturlandschaften" in Düsseldorf. Bonn: ÖTE. Abgerufen am 15.11.2012 von http://www.oete.de/dokumente/docs%20zukunft-reisen/1_Strasdas.pdf.

TEEB (2010): The economics of ecosystems and biodiversity: ecological and economic foundations. London: Earthscan.

Trepl, Ludwig (2012): Das Fliegen gelingt nicht mehr: Über Motive und Grenzen der Sinnsuche in der Natur. In: Kirchhoff, Thomas; Vicenzotti, Vera; Voigt, Annette (Hrsg.): Sehnsucht nach Natur: Über den Drang nach draußen in der heutigen Freizeitkultur. Edition Kulturwissenschaft Bd. 15. Bielefeld: transcript, S. 21–31.

UNEP-WCMC (2024): Protected Area Profile for Germany from the World Database on Protected Areas. Abgerufen am 31.03.2024 von https://www.protectedplanet.net/country/DEU.

Warden, Claire (2014): Learning with Nature – Embedding Outdoor Practice. London: SAGE Publication.

Renz-Polster, Herbert; Hüther, Gerald (2013): Wie Kinder heute wachsen. Natur als Entwicklungsraum. Ein neuer Blick auf das kindliche Lernen, Denken und Fühlen. Weinheim, Basel: Beltz Verlag.

Yavor, Kim M.; Lehmann, Annekatrin; Finkbeiner, Matthias (2020): Environmental Impacts of a Pet Dog: An LCA Case Study. Sustainability 2020, 12 (8), 3394. https://doi.org/10.3390/su12083394.

6.5 Kultur und Freizeit

Dieter Brinkmann

„Kultur hat Konjunktur" schreibt Hilmar Hoffmann in seinem wegweisenden Buch zur neuen Kulturpolitik Ende der 1970er Jahre. Der Titel „Kultur für alle" wird zum tragenden Motiv eines kulturellen Aufbruchs in der alten Bundesrepublik (Hoffmann 1981: 7). Das Handlungsfeld Kultur blüht auf, erkennbar in ganz unterschiedlichen Feldern: Museen, Theater, Soziokultur und kulturelle Bildung. Eine Demokratisierung der Kulturpolitik, eine Öffnung von Kulturinstitutionen für ein breites Publikum zeichnet sich ab, und nicht zuletzt spielt die Erweiterung des Kulturbegriffs, eine umfassende Orientierung an Lebensqualität und individuellen Entfaltungsmöglichkeiten, eine wichtige Rolle.

Ein neues Verständnis von „Soziokultur" öffnet den Kulturbegriff für ein weites Tätigkeitsfeld in der Freizeit, ermöglicht eine Beteiligung von mehr Menschen an kulturellen Prozessen. Die Entwicklung der Stadtteilkultur wird ein wichtiges Thema. Zusammen mit Hermann Glaser, ebenfalls ein Vordenker der neuen Kulturpolitik, und weiteren Akteuren entwickelt Hoffmann die tragenden utopischen Modelle und schärft die Perspektiven für eine teilhabeorientierte, demokratische Kulturpolitik und viele praktische Experimente zur Umsetzung: Stadtteilprojekte, Kulturläden, neue Museums- und Theaterkonzepte. Der Abbau von Barrieren für die Nutzung von Kultur wird zum bleibenden Anspruch. „Jeder Bürger muß grundsätzlich in die Lage versetzt werden, Angebote in allen Sparten und mit allen Spezialisierungsgraden wahrzunehmen, und zwar mit zeitlichem Aufwand und einer finanziellen Beteiligung, die so bemessen sein muß, daß keine einkommensspezifischen Schranken errichtet werden" (Hoffmann 1981: 29).

Das Handlungsfeld „Kultur und Freizeit" ist vielfältig und umfasst die Arbeit klassischer Kulturinstitutionen der Hochkultur wie Museen, Theater und Bibliotheken ebenso wie Ansätze der Soziokultur und der kulturellen Bildung. Es hat Bezüge zur Jugendarbeit und zu Konzepten der partizipativen Stadtentwicklung und muss sich heute auch wachsenden Ansprüchen an eine Integration unterschiedlicher gesellschaftlichen Gruppen und Milieus stellen. Zugleich wird im Zusammenhang mit dem Konzept „Kultur- und Kreativwirtschaft" die ökonomische Wirksamkeit des Feldes für eine postmoderne Dienstleistungsgesellschaft betont. Im Rahmen von kulturtouristischen Aktivitäten und bei der Entwicklung von attraktiven Destinationen spielen nicht zuletzt das kulturelle Erbe und Kulturevents unterschiedlicher Formate eine ganz wesentliche Rolle. Auf politischer Ebene war für die Entwicklung des Feldes in Deutschland die Etablierung einer „neuen Kulturpolitik" ab den 1970er Jahren von herausragender Bedeutung. Sie trug zur Anerkennung eines weiten Kulturbegriffs, einer Öffnung klassischer Kulturinstitute und zu einer breiten Entfaltung von Konzepten der Soziokultur bei. Kulturmanagement statt Kulturverwaltung ist kennzeichnend für den Umschwung von Konzepten der Steuerung kultureller Prozesse und der Entwicklung eines lebendigen Gemeinwesens.

Weiter Kulturbegriff

Als Basis für die erstarkende soziokulturelle Bewegung erschien ein weiter Kulturbegriff, der über die Künste im engeren Sinne hinausweist, gerade passend. Ein weiter Kulturbegriff in Anlehnung an die Bestimmung der UNESCO (1982) bezieht sich darauf, dass „die Kultur in ihrem weitesten Sinne als die Gesamtheit der einzigartigen geistigen, materiellen, intellektuellen und emotionalen Aspekte angesehen werden kann, die eine Gesellschaft oder eine soziale Gruppe kennzeichnen. Dies schließt nicht nur Kunst und Literatur ein, sondern auch Lebensformen und Grundrechte des Menschen, Wertesysteme, Traditionen und Glaubensrichtungen" (Abschlusserklärung der Weltkonferenz über Kulturpolitik 1982).

6.5.1 Vielfältige Kulturlandschaft

Eine umfangreiche Bestandsaufnahme zur „Kultur in Deutschland" und zu Ansätzen für eine Förderung hat im Jahr 2007 die Enquete-Kommission des Deutschen Bundestages vorgelegt. Museen, Theater, Bibliotheken und Soziokultur waren dabei im Blick, ebenso wie die Lage der Künstlerinnen und Künstler und die Bedeutung der kulturellen Bildung. In der Präambel des Berichts heißt es übergreifend: „Deutschland verfügt über eine einmalige und vielfältige Kulturlandschaft. Deren Erhalt und Entwicklung fühlen sich viele Menschen und Institutionen in unserem Land verpflichtet. Die Bundesrepublik Deutschland versteht sich als Kulturnation und Kulturstaat" (Deutscher Bundestag 2007: 43).

Kommunen, Länder und der Bund tragen gemeinsam Verantwortung für die Kulturförderung. Zugleich wäre der Kulturbereich undenkbar ohne ein breites bürgerschaftliches Engagement. „Die Kultur in Deutschland wird geprägt von den Künstlern, von öffentlichen Institutionen und privaten Kulturbetrieben, von privatem und zivilgesellschaftlichem Engagement, von den Kirchen und Religionsgemeinschaften, von Vereinen, Verbänden und Interessengruppen" (Deutscher Bundestag 2007: 43).

Verwiesen wird auf die Zahl der Kulturinstitutionen und die hohe öffentliche Förderung für Kultur (vgl. Mandel 2015). In Deutschland gibt es etwa 6.000 Museen, viele in öffentlicher Trägerschaft oder öffentlich unterstützt, sowie Ausstellungshäuser ohne eigene Sammlung. Hinzu kommen 140 öffentlich getragene Theater und zahlreiche private, oft teilweise subventionierte Häuser. Zum Spektrum der Kulturinstitutionen gehören weiter 130 öffentliche Symphonie- und Kammerorchester, ca. 8.000 öffentliche Bibliotheken und mehr als 500 Soziokulturelle Zentren in großen und kleinen Städten des Landes (vgl. Deutscher Bundestag 2007). Darüber hinaus gibt es zahlreiche Musikschulen, Jugendkunstschulen, Festivals, soziokulturelle Projekte und kulturelle Bildungsangebote vieler Träger:innen der Erwachsenenbildung. Deutschland verfügt über eine vielfältige und dichte Kulturlandschaft. Dies hängt auch mit der föderalistischen Struktur und dem Engagement von Kommunen und Regionen zusammen. Die entwickelte Angebotslage sollte jedoch nicht über eine Gefährdung durch aktuelle Finanzkrisen und einen Strukturwandel hinwegtäuschen.

Der Kulturfinanzbericht 2022 weist für das Jahr 2020 Kulturausgaben für Bund, Länder und Gemeinden in Höhe von 14,5 Mrd. € aus. Den größten Anteil davon bestreiten die Gemeinden (39,1 %) und die Länder (38,6 %). Der Bund übernimmt einen Anteil von 22,4 %. Sein Anteil hat sich durch die Corona-Hilfsmaßnahmen gegenüber den letzten Jahren leicht erhöht und ist insbesondere in die „sonstige Kulturpflege" geflossen. Insgesamt machen die Kulturausgaben einen Anteil von 1,89 % am Gesamthaushalt der öffentlichen Hand in Deutschland aus. In Relation zur Bevölkerung ergibt sich ein Wert von 174,51 € je Einwohner:in. Auch hier ist gegenüber früheren Jahren ein Anstieg zu erkennen. Die Auswertung nach Kulturbereichen zeigt, dass fast ein Drittel der Ausgaben auf den Sektor Theater und Musik entfällt (31,4 %). Insbesondere das Kulturbudget der Gemeinden ist hier stark gebunden. Auf Museen Sammlungen und Ausstellungen entfallen 18,7 %. Bibliotheken haben einen Anteil von 12,1 %. Die übergreifende Kulturstatistik geht insgesamt von acht großen Bereichen der öffentlichen Kulturausgaben aus. Weitere Spartenberichte, u. a. zu Museen, Theater und Soziokultur, ergänzen inzwischen die statistische Abbildung des Kulturbereichs (vgl. Statistische Ämter des Bundes und der Länder 2022: 21 ff.).

Differenzierte Museumslandschaft
Der Spartenbericht des Statistischen Bundesamtes zum Museumssektor stützt sich auf Daten aus dem Berichtsjahr 2015. Er zeigt die starke Verbreitung von kleinen Museumseinrichtungen mit einem orts-, regionalgeschichtlichen, volkskundlichen und hei-

matkundlichen Sammlungsschwerpunkt. Volks- und Heimatkundemuseen haben mit 2.900 Einrichtungen einen Anteil von 44 % an der Museumslandschaft in Deutschland, aber nur einen Anteil von 13 % an den Besuchen insgesamt (vgl. Statistisches Bundesamt 2017: 27). Weitere stark besetzte Sparten mit vielen Einrichtungen sind „Kulturgeschichtliche Spezialmuseen" (z. B. Spielzeug, Brauerei und Weinbau oder Musikgeschichte) (15 %), „Naturwissenschaftliche und technische Museen" (12 %), „Kunstmuseen" (11 %) und „historische und archäologische Museen" (7 %). Betrachtet man die Besuchszahlen, zeigt sich ein etwas anderes Bild. Sehr stark nachgefragt sind die historischen und archäologischen Museen mit einem Anteil von 19 % an den Besucher:innen. Ebenfalls stark besucht erscheinen Kunstmuseen und naturwissenschaftliche Museen.

Sammeln, Bewahren, Erforschen, Ausstellen und Vermitteln gehören zu den klassischen Aufgaben im Museumssektor. In den letzten Jahren ist, auch durch große Sonderausstellungen gestützt, die Aufmerksamkeit für Museen deutlich angestiegen. Museumsbesuche spielen in touristischen Zusammenhängen eine wichtige Rolle, und einzelne Ausstellungen werden als besondere Events kommuniziert und wahrgenommen. Im Jahr 2015 lagen die Besuchszahlen insgesamt bei 114 Mio. Besuchen. Die letzte Datenerhebung des Instituts für Museumsforschung vor der Corona-Pandemie aus dem Jahr 2019 zeigt eine Stabilisierung der Besuchszahlen auf hohem Niveau (vgl. IfM 2021). Als eine Sonderausstellung mit hohem Publikumszuspruch wird für das Jahr 2019 u. a. die Ausstellung „Tizian und die Renaissance in Venedig" im Städelmuseum in Frankfurt a. M. hervorgehoben. Interessante Projekte gibt es vielfach im Bereich der Museumspädagogik, und auch eine Digitalisierung der Bestände, der Erlebnismöglichkeiten im Museum und der Kommunikation spielt eine Rolle (vgl. Freericks/ Brinkmann/Theile 2018).

Vielfältiges Theaterangebot

Für die Spielzeit 2018/2019 wurden vom Deutschen Bühnenverein, der die Theaterstatistik führt, 142 öffentliche Theaterunternehmen (Stadt-, Staats- und Landestheater) mit insgesamt 809 Spielstätten erfasst. Sie boten dem theaterinteressierten Publikum fast 260.000 Plätze. Angeboten wurden knapp 64.000 Veranstaltungen (ohne Konzerte, theaternahes Rahmenprogramm und Gastspiele). Die meisten Veranstaltungen entfielen auf den Bereich Schauspiel (34 %), gefolgt vom Kinder- und Jugendtheater (23 %) und dem Musiktheater (14 %). Erfasst wurden insgesamt ca. 18,7 Mio. Besuche. Die meisten entfielen auf die Bereiche Musiktheater (31 %) und Schauspiel (27 %). Die höchste Platzauslastung erreichten das Kinder- und Jugendtheater sowie Musicals. Starke regionale Unterschiede sind erkennbar, und besonders nachgefragt sind populäre Musicals, Opern und einzelne Schauspielproduktionen. Den größten Publikumszuspruch erhielt die Produktion „Starlight Express" (vgl. Statistisches Bundesamt 2021: 44 ff.). Angebote der kulturellen Bildung im Theater, wie Workshops und soziokulturelle Theaterprojekte, sollen ein jüngeres Publikum an das Theater heranführen und binden. Theater kooperieren in diesem Zusammenhang mit vielen Partner:innen, mit Schulen, Kindergärten oder Einrichtungen der bildenden Kunst.

Breite Soziokultur

Soziokultur als vielfältige Praxis in den Städten umfasst vor allem die aus den neuen sozialen Bewegungen entstandenen Kommunikations- und Kulturzentren mit starker politischer und zunächst gegenkultureller, milieuspezifischer Ausrichtung. Sie wurden nicht selten von engagierten Bürgerschaftsinitiativen gegründet, die sich für einen Erhalt und die Umnutzung ehemals industriell belegter Funktionsbauten, wie Lagerhallen, Fabriken und Bahnhöfe, einsetzten. Sie wollten, vergleichbar den historischen Vorläufern (z. B. den Nachbarschaftshäusern), der Begegnung von Menschen, der Identitätsstiftung und dem gemeinschaftlichen Engagement für lebenswerte Stadtquartiere dienen (vgl. von Borstel 2015).

In Bremen sind hier neben den kleineren Begegnungsorten der „Schlachthof" und das „Lagerhaus" zu nennen. Soziokulturelle Zentren offerieren ein Konzept aus Veranstaltungsräumen und Gastronomie, bieten ein breites Kulturprogramm mit einer Nähe zu verschiedenen Sparten der Jugendkultur, geben darüber hinaus politischen Initiativen eine Heimat und laden zu einer aktiven, kreativen Aneignung von Kultur und Medien ein. Eine gewisse Autonomie von staatlichen Strukturen ist für die hauptamtlichen und ehrenamtlichen Akteur:innen nach wie vor wichtig. Eine zunehmende pragmatische Orientierung in der Kulturarbeit hat diesen Typ von Begegnungsstätten in Deutschland überaus erfolgreich gemacht.

Der Bundesverband Soziokultur weist für 2019 in seiner Statistik 566 Mitgliedseinrichtungen aus. In eigenen Veranstaltungen wurden 12,5 Mio. Besuche gezählt. Das vielfältige und umfangreiche Programm umfasst Veranstaltungen in den Bereichen Theater, Musik, Literatur, Festivals und Märkte sowie regelmäßige Workshops und Kurse. Gemeinsam mit den sozialversicherungspflichtig Beschäftigten gestalten zahlreiche freiwillig Engagierte das soziokulturelle Angebot in den Einrichtungen (vgl. Bundesverband Soziokultur e.V. 2019; Statistisches Bundesamt 2020). Typisch ist eine Mischfinanzierung aus öffentlicher Förderung und eigenen Einnahmen durch Gastronomie und Veranstaltungen. Wie in vielen kommunal getragenen Begegnungsstätten gibt es eine breite Vielfalt an kulturpädagogischer und soziokultureller Arbeit, bestimmt vom jeweiligen sozialen Umfeld der Einrichtungen und getragen von einem spezifischen Wertekontext (Partizipation, Förderung von Benachteiligten, Stützung demokratischer Prozesse). Eine Kooperation mit anderen Stadtteileinrichtungen wird vielfach praktiziert. Soziokulturelle Zentren sehen sich auch als originäre, kooperationsoffene „dritte Orte" (vgl. Kap. 1.6.3) im Spektrum einer dynamischen Stadtteilkultur (vgl. Bangert 2020).

Fallbeispiel Nachbarschaftshaus

Vor 70 Jahren wurde im Bremer Stadtteil Gröpelingen das „Nachbarschaftshaus Helene Kaisen" gegründet. Es ist eines von neun Begegnungsstätten in Bremen und bietet einen niedrigschwelligen Treffpunkt, vielfältige Programmangebote, wie Musik, Vorträge, Fuß-ballübertragungen, Gesprächskreise mit prominenten Gästen unter dem Motto „schnack mit", Kreativgruppen zum Töpfern und Nähen sowie thematische Partyveranstaltungen im Bereich Pop- und Rockmusik. Darüber hinaus gibt es im selben Gebäude ein Begegnungszentrum für ältere Menschen, eine Geschichtswerkstatt, die Sozialberatung der AWO mit verschiedenen Projekten und eine Kita für unterschiedliche Altersgruppen (vgl. Nachbarschaftshaus Bremen e.V. 2022). Das „Na", wie es auch bezeichnet wird, versteht sich als „Treffpunkt für die Menschen im Stadtteil Gröpelingen und darüber hinaus", für Jung und Alt und Menschen mit unterschiedlichem soziokulturellen Hintergrund. Das Begegnungszentrum lebt von einem starken ehrenamtlichen Engagement und ist bestrebt, „Nachbarschaften im Stadtteil" zu erhalten und zu stärken, die Probleme im Zusammenleben aufzugreifen und moderiert durch das hauptamtliche Personal vielfältige Beteiligungsmöglichkeiten anzubieten.

6.5.2 Kulturnutzung in der Diskussion

Überaus optimistisch zeigt sich der „Freizeitmonitor" bei der Analyse von kulturellen Freizeitaktivitäten im Zehnjahresvergleich (2013 und 2023). Danach besuchen aktuell viele Menschen mindestens einmal jährlich ein Museum, ein Theater, eine Oper oder ein Klassikkonzert, Rock- und Popkonzerte oder ein Kino (vgl. Stiftung für Zukunftsfragen 2023 und Kap. 3.7). Steigerungen haben sich insbesondere beim Besuch von Museen und der Wahrnehmung von Rock- und Popkonzerten ergeben. Andere Analysen weisen darauf hin, dass große Teile der Bevölkerung die Einrichtungen der Hochkultur gar nicht wahrnehmen und nur eine Minderheit die Angebote intensiv nutzt (Theater, Oper, Klassikkonzert) (vgl. Mandel 2015; Klein 2015). Birgit Mandel geht in ihrer kultursoziologischen Analyse der „Entwicklung der Kulturinstitutionen und des Kulturbetriebs in Deutschland" von einer Angebotsförderung im Sinne einer „kulturellen Grundversorgung" aus, dem aber nicht unbedingt eine starke Nachfrage in allen Sektoren entspricht (vgl. Mandel 2015: 558). Für viele Menschen sind die klassischen Kulturinstitutionen erhaltenswert, aber sie gehen selbst nicht hin, oder nur gelegentlich, z. B. wenn sie selbst als Tourist:innen unterwegs sind. Dabei fließt ein großer Teil der öffentlichen Mittel in den Erhalt und den Betrieb der klassischen Kulturinstitutionen. Müssen Prioritäten anders gesetzt werden, wenn nicht alles an allen Orten erhalten werden kann? Die Diskussion, begonnen vor mehr als zehn Jahren, dauert bis heute an. Neue Konzepte für eine Öffnung klassischer Institutionen erscheinen gefordert, um ein jüngeres Publikum anzusprechen. Um in einer stärkeren Konkurrenzsituation als Kulturbetrieb bestehen zu können, sind flexiblere Organisationsformen und vielleicht auch andere publikumsnahe Angebote gefragt.

„Das könnte etwa dazu führen, dass ein ‚klassisches' städtisches Theater zu einer vielfältig genutzten Bühne mit einem interdisziplinären, interkulturellen Kulturhaus wird, wo verschiedenste Gruppen und Akteure Kunst und Kultur produzieren, prä-

sentieren und diskutieren und sich unterschiedliche Teilöffentlichkeiten einer Stadt-
bevölkerung an einem nicht kommerziellen Ort treffen können" (Mandel 2015: 567).
Armin Klein spricht die Problematik der „zukunftsfähigen Kulturinstitutionen" ebenfalls deutlich an. Die Herausforderungen liegen in einer Krise der öffentlichen Haushalte, einer Digitalisierung der Kulturnutzung und der Kulturproduktion über das
Internet durch viele sowie einer agilen Kultur- und Kreativwirtschaft. Die Zeit des
Wachstums im öffentlich geförderten Kulturbereich scheinen vorbei zu sein und er-
schweren eine „kumulative Kulturpolitik" etwa in dem Sinne, dass neben den klassischen Kultureinrichtungen immer weitere Bereiche in die öffentliche Förderung
hineingenommen werden (Kulturelle Bildung, neue Musiksparten oder Soziokultur).
Klein plädiert dafür, anhand von Kriterien stärker darauf zu schauen, ob eine öffentliche Förderung des Bereichs notwendig und sinnvoll ist und auch das „unternehmerische Denken" in Kulturbetrieben zu stärken (vgl. Klein 2015: 33 ff.).

6.5.3 Kulturpädagogik und Kulturelle Bildung

Das Handlungsfeld Kultur umfasst heute einen weiten Bereich der „Kulturellen Bildung". Aus einer musisch-ästhetischen Erziehung aller Art und frühen Formen der
Kulturpädagogik hat sich, inspiriert durch die Emanzipationsbewegungen der 1970er
Jahre, parallel zur Öffnung klassischer Kulturinstitutionen ein breites Feld der Kulturellen Bildung entwickelt (vgl. Fuchs 2023). Typisch für diesen Querschnittsbereich ist
eine Arbeit in Projekten mit Kindern, Jugendlichen und jungen Erwachsenen sowie
der Bezug zu vielen Künsten und Medien. Ästhetisches Lernen mit allen Sinnen wird
zum Programm zahlreicher Initiativen. Neue Felder, wie Spielpädagogik, Zirkuspäd-
agogik oder Museumspädagogik, gewinnen an Bedeutung. Und es zeichnet sich eine
spezielle Ausrichtung der Freizeitpädagogik mit kulturellen Inhalten und den Künsten
als Medium einer allgemeinen Bildung ab. Insbesondere der außerschulische Sektor
hat sich stark entwickelt. Projekte der Kulturellen Bildung zielen auf ein breites Publi-
kumsspektrum, sollen zu einer Selbstentfaltung und Selbstverwirklichung beitragen
und einen Beitrag zur Inklusion leisten.

    Im Sinne eines weiten Kulturbegriffs geht es nicht nur um die Arbeit von Musik-
schulen, sondern um vielfältige Maßnahmen zur Lese- und Sprachförderung, um Tanz-,
Theater und Zirkusprojekte, Angebote der Soziokultur in klassischen Kulturinstitutionen sowie der Medienpädagogik und der bildenden Kunst. Nicht immer finanziell gut
ausgestattet leisten die Projekte mit großem Engagement der Akteur:innen einen Beitrag zur gesellschaftlichen Integration, nutzen vielfältige Medien und Künste, um den
Beteiligten Möglichkeiten der Selbstfindung, der Selbstverwirklichung und des individuellen Ausdrucks von Bedürfnissen zu bieten. Die Bundesvereinigung Kulturelle Kin-
der- und Jugendbildung (BKJ) schreibt dazu in einer Selbstdarstellungsbroschüre:
„Kulturelle Bildung ist Persönlichkeitsbildung mit kulturellen Ausdrucksformen, mit
Künsten und im Spiel. Sie ist Voraussetzung für kulturelle Teilhabe. Sie ist Allgemeinbil-

dung, weil sie Kinder und Jugendliche dazu befähigt, sich mit Spiel, Kunst und Kultur zu sich selbst und zur Welt zu verhalten" (BKJ 2020: 5).

Die Bezüge zu einer neuen Kulturpolitik in Deutschland sind auch heute noch deutlich auszumachen. Nicht nur „Kultur für alle", sondern auch „Kultur von allen" erscheint als ein adäquates Programm für die Erlebnis-Gesellschaft, auch wenn der Begriff der Kulturellen Bildung aus wissenschaftlicher Sicht unscharf bleibt und ihre möglichen Wirkungen noch genauer untersucht werden sollten. Für die Kulturelle Bildung gilt wie für andere Kulturbereiche: Die Kulturpolitik setzt die Rahmenbedingungen, fördert die kulturelle Infrastruktur und ermöglicht eine Selbstorganisation der Bürger:innen in einem weiten Rahmen (vgl. Kramer 2012 und Kap. 5). Mit der Kulturellen Bildung stehen auch die jüngeren Nutzer:innen als Akteur:innen im Zentrum des angestrebten „kulturellen Lebens". Typisch sind Prinzipien für eine außerschulische Didaktik. Die Angebote haben idealerweise einen spielerischen Charakter, die Beteiligung ist freiwillig und soll Spaß beim gemeinsamen Tun vermitteln. Nicht zuletzt ruhen die Hoffnungen einer integrativen Bildungspolitik auf dem Ansatz der Kulturellen Bildung. Betont wird die Förderung von benachteiligten Gruppen, wie Förderprogramme und Forschungsvorhaben deutlich machen.

> Die kulturelle Bildung hat in den vergangenen Jahren wachsende Aufmerksamkeit erfahren. Kulturelle Bildung befähigt zum schöpferischen Arbeiten und ebenso zur aktiven Rezeption von Kunst und Kultur. Sie ist sowohl Teil der Persönlichkeitsbildung wie auch der beruflichen Aus- und Weiterbildung. Sie verbindet neben kognitiven auch emotionale und gestalterische Handlungsprozesse. Zugleich wird der gesellschaftliche Zusammenhalt ganz wesentlich durch ein gemeinsames kulturelles Verständnis gefestigt. Daher ist es von besonderer Bedeutung, den Zugang zu und die Partizipation an kulturellen Angeboten für alle – und insbesondere für die benachteiligten – Kinder und Jugendlichen mit und ohne Migrationshintergrund sicherzustellen (BMBF 2024).

Die politische Würdigung der Kulturellen Bildung im außerschulischen Bereich hat zu Förderprogrammen auf Bundesebene wie „Kultur macht Stark. Bündnisse für Bildung" und zu einer Unterstützung der Kulturellen Bildung im ländlichen Raum beigetragen. Kulturelle Bildung gehört heute zu einem erwartbaren Angebot einer lebendigen Freizeitlandschaft, gestaltet einen nicht kommerziellen Raum der kreativen und produktiven Auseinandersetzung mit Kunst und Kultur und fördert die Auseinandersetzung mit gesellschaftlich relevanten Problemen und Zukunftsthemen.

6.5.4 Kultur und Stadtentwicklung

Eine entwickelte Freizeitkultur ist wichtig für die Lebensqualität in Städten und Gemeinden. Dieses Motiv in der Kulturpolitik kam bereits in den 1960er Jahren auf und mündete in eine Stellungnahme des Deutschen Städtetages und einem Appell „Rettet unsere Städte jetzt". Im Modernisierungsprozess der Großstädte drohte für eine breite Bevölkerung die Lebensqualität zu schwinden. Verkehr, Ökologie, soziale

Integration und Teilhabe an demokratischen Prozessen wurden Themen einer breiten soziokulturellen Bewegung. Weitere politische Positionsbestimmungen zur Verbindung von Stadtentwicklung, Bildung und Kultur setzten vor 50 Jahren den Startpunkt einer urbanen Modernisierung über Freizeit und Kultur (vgl. Sievers 2023).

„Kulturpolitik ist Gesellschaftspolitik" wurde zu einer der tragenden Grundsätze einer Modernisierung des Kulturbereichs und einer Öffnung für die Stadtentwicklung in der Bundesrepublik der 1970er und 1980er Jahre. „Kultur ist konstitutiv für unser Zusammenleben und bietet wesentliche Reflexions-, Diskussions- und Vergewisserungsmöglichkeiten" (Knoblich/Sievers/Mohr 2021: 186 f.). Sie geht über das schöne Freizeiterlebnis, das Spaß und Freude bereitet, weit hinaus.

Der erweiterte Kulturbegriff bleibt in diesem Sinne eine wichtige Perspektive für das Handlungsfeld Kultur und Freizeit, und eine zunehmende Diversität der Gesellschaft spielt heute mit hinein. Zugleich geht es um eine pragmatische Wendung mit Blick auf eine soziokulturelle Infrastruktur in der Freizeit. Nicht nur die klassischen Kulturinstitute, sondern Begegnungsstätten ganz unterschiedlicher Art, Parkanlagen in der Stadt, Zoos, Spielangebote u. v. m. schaffen einen Rahmen für eine aktive Freizeitkultur.

Soziokultur als urbanes Reformkonzept
Soziokultur kann nicht nur als vielfältige Praxis gelesen werden, sondern auch als ein ambitioniertes kulturpolitisches Reformkonzept der 1970er Jahre. Wegweisend für diesen Ansatz einer Öffnung der Kulturpolitik der „alten Bundesrepublik" für die alltägliche Lebensgestaltung und einen zukunftsorientierten, spielerischen Umgang mit neuen Möglichkeiten zur Entwicklung lokaler Lebensqualität ist immer noch das Buch „Die Wiedergewinnung des Ästhetischen" (Glaser/Stahl 1974). Entworfen wird ein kulturpolitisches Programm zur Abkehr von einer „affirmativen Kultur", die nur der Verbrämung und Bestätigung bestehender gesellschaftlicher Verhältnisse diente. „Perspektiven und Modelle einer neuen Soziokultur" sollten dagegen zu einer Aktivierung und breiten Beteiligung von Menschen an der Gestaltung ihrer unmittelbaren Lebensbedingungen, an der Verbesserung über Kultur und einer Demokratisierung des Zugangs zu Kultur und Bildung beitragen. Es ging den Akteur:innen um eine Identitätsfindung angesichts starker Kommerzialisierungsprozesse im Wirtschaftswunderland Westdeutschland und einer tendenziellen Verödung von Stadtquartieren eines funktionalistischen Wohnungsbaus; um eine kritische Gesellschaftsanalyse, die streckenweise auch heute noch als aktuell identifiziert werden kann – erweitert vielleicht durch die Verwerfungen einer ungezügelten Globalisierung und einer krisenhaften Digitalisierung in vielen Lebensbereichen.

Kultur wird dabei als „gesellschaftlicher Spielraum" konzipiert, mit Bezügen zu einer „kritischen Öffentlichkeit" und einem Rekurs auf die ästhetischen Potenziale von Kunst und kultureller Eigentätigkeit. Eine Revitalisierung der „Stadt als Kulturlandschaft" ist die programmatische Perspektive. Konkret wird der Entwurf von Glaser und

Stahl (1974) bei der Diskussion über neue „Kulturzentren" in den Quartieren. Dabei gerät eine Verschränkung von traditionellen Kulturorten und Funktionen in den Blick und übergreifende Konzepte der Aktivierung werden interessant: „Bildungsort, Lese-Ort, Studio, Kulturladen, Spielort". Für den Wandel klassischer Kulturinstitutionen, wie den öffentlichen Bibliotheken, spielen diese Ansätze heute eine prominente Rolle. Man kann fast von einer soziokulturellen Wende sprechen. Neuere Bibliothekskonzepte gehen angesichts eines Funktionsverlustes durch die Digitalisierung beispielsweise von einer steigenden Bedeutung als Begegnungsraum und als multifunktionales Kulturzentrum mit sozialer Ausrichtung für das Gemeinwesen aus (vgl. Freericks/Brinkmann 2023).

Das kulturpolitische Programm „Soziokultur" setzt insgesamt auf eine „Wiedergewinnung urbaner Lebensqualität" und ist auch 50 Jahre nach der Ausarbeitung erster Konzepte von kulturpolitischer Relevanz (vgl. Sievers 2023). Kommunikation erscheint als Schlüsselkonzept in ganz verschiedenen Örtlichkeiten einer diversen, Identität vermittelnden städtischen Kulturlandschaft. Eine Wiederentdeckung der Soziokultur – theoretisch, wie praktisch – steht noch aus.

Kultur als Standortfaktor

Aus der Sicht des Deutschen Städtetages ist Kultur ein wichtiger Standortfaktor: „Die kulturelle Infrastruktur und ein attraktives kulturelles Angebot einer Stadt und der Region sind ein bedeutender Standortfaktor. Kulturförderung ist deshalb als strategisches Element der Stadtpolitik und der Stadtentwicklung zu verstehen" (Hebborn 2015: 18).

Vermutet wird eine „Umwegrentabilität" von Investitionen in den Kultursektor mit Ausstrahlung auf die Attraktivität einer Region auf potenzielle Arbeitskräfte, die Steuereinnahmen von Kommunen und die Auswirkungen auf die Kultur- und Kreativwirtschaft. Auch die Möglichkeiten der Kulturellen Bildung erscheinen wichtig für die Dynamik und die Lebensqualität in der Stadt und eine Integration der Stadtgesellschaft. Langfristig gilt es daher, die kulturelle Infrastruktur zu erhalten und weiter zu entwickeln. Gerade in Zeiten knapper Kassen erscheinen Investitionen in die Nachhaltigkeit der kulturellen Infrastruktur gefordert. Bürgerschaftliches Engagement gilt es einzubinden und als wesentliches Element der Stadtkultur anzuerkennen.

Unterschieden werden können drei unterschiedliche Bereiche des Kulturbetriebs (vgl. Mandel 2015: 559):
– der öffentliche Sektor: z. B. klassische Theater und Museen und ein Netz öffentlicher Kulturverwaltungen
– der gemeinnützige Sektor mit geförderten, aber rechtlich selbständigen Einrichtungen und Projekten (z. B. Soziokultur, Kulturpädagogik)
– die Kulturwirtschaft mit Profit-Unternehmen im Bereich Kunst und Kultur (z. B. Buchhandel und Verlagswesen, Tonträger, Film, Kunsthandel oder auch Musicalbetriebe und private Medien)

6.5.5 Kultur- und Kreativwirtschaft

Seit Anfang des 21. Jh. geht der Blick stärker auf die wirtschaftliche Bedeutung kreativer Prozesse: Design, Medien, elektronische Spiele, Kunst, Literatur und anderes mehr. Kreatives Schaffen stützt eine Singularisierung innerhalb der Erlebnisökonomie und ist die Basis für einen neuen Querschnittsbereich im Dienstleistungssektor. Der „schöpferische Prozess", die kulturelle und künstlerische Produktion und der Vertrieb gelten neben der gewerblichen Ausrichtung als Abgrenzungskriterium für diesen heterogenen Sektor der Freizeitwirtschaft im weitesten Sinne.

Mit internationalen Entwicklungen abgestimmte Bilanzierungen auf Regional-, Landes- und Bundesebene wurden inzwischen vielfach unternommen und die Bedeutung der Arbeitgeber:in Kultur, weit über die Freizeiteinrichtungen hinaus, wurde erkennbar. Der regelmäßige Monitoringbericht des Bundesministeriums für Wirtschaft und Klimaschutz (2022) gibt Einblick in die Dynamik einer Wachstumsbranche, die sich nach einem deutlichen Einbruch in einigen Teilmärkten durch die Corona-Pandemie insgesamt wieder erholt. Im Blick sind folgende Teilmärkte: Musikwirtschaft, Buchmarkt, Kunstmarkt, Filmwirtschaft, Rundfunkwirtschaft, Markt für Darstellende Künste, Designwirtschaft, Architekturmarkt, Pressemarkt, Werbemarkt und Software-/Games-Industrie sowie sonstige Unternehmungen. Insgesamt weist der Bericht einen Umsatz der Kultur- und Kreativwirtschaft für das Jahr 2020 von 160,4 Mrd. € aus. Die Bruttowertschöpfung beläuft sich auf 94,6 Mrd. € und liegt mit einem Anteil von 2,8 % am BIP etwas über der Größenordnung für den Maschinenbau und deutlich höher als Finanzdienstleistung, Energieversorgung und chemische Industrie. In der Kultur- und Kreativwirtschaft sind ca. 1,8 Mio. Menschen tätig. Neben sozialversicherungspflichtig Beschäftigten (54,6 %) gibt es viele Selbständige (14,3 %) und geringfügig Beschäftigte (31,1 %). Mit integriert in diese Betrachtung sind Festivalveranstalter:innen, freie Theater und Konzerthäuser sowie viele selbständige Künstler:innen. Der größte Teilmarkt der Kultur- und Kreativwirtschaft ist heute die Software-/Games-Industrie mit einem Jahresumsatz von 50,2 Mrd. €. Besonders von der Corona-Pandemie betroffen waren die Darstellenden Künste, die Musikwirtschaft, die Filmwirtschaft und der Kunstmarkt.

Mit dem Konzept „Kultur- und Kreativwirtschaft" verbinden sich Hoffnungen auf ein innovationsfreundliches, kreatives Klima in der Stadtgesellschaft. Neue postmoderne Milieus entwickeln sich, so die Erwartung, und tragen zu einem wirtschaftlichen Aufschwung durch Kultur und ihre Produkte bei. Kritisch ist eine stärkere Indienstnahme von Kultur für wirtschaftliche Unternehmungen zu sehen. Zu befürchten scheint eine Funktionalisierung und Kommerzialisierung, beispielsweise über die Ausweitung von kulturellen Events und bestimmte Formen des Kulturkonsums.

Freizeitwirtschaft mit starken kulturellen Bezügen

Nicht im Kernbereich der Kultur- und Kreativwirtschaft sind offenbar Freizeitunternehmen wie die Freizeit- und Themenparks angesiedelt. Gleichwohl können sie auch zur Freizeitwirtschaft mit starken kulturellen Bezügen gerechnet werden. Sie präsentieren sich heute als überaus komplexe Anlagen mit thematisierten Fahrgeschäften, hochkarätigen Shows, elaborierter Gastronomie und ganz individuell gestalteten Beherbergungsbetrieben. Hinzu kommen viele Spielplätze für Kinder und Familien, immer noch eine der Hauptzielgruppen für Freizeit- und Themenparks. Freizeitparks arbeiten als Themenwelten an der Schnittstelle von Konsum, Unterhaltung und Kultur. Und sie können auch in einem weiten Sinne als Orte eines entgrenzten Kulturtourismus verstanden werden (vgl. Brinkmann 2017).

Insgesamt gibt es in Deutschland ca. 50 große Freizeit- und Themenparks. Hinzu kommen die großen Erlebniszoos mit einer ähnlichen Struktur und viele kleine Einrichtungen. Eine Übersicht des Verbandes der Freizeitparks und Freizeitunternehmen in Deutschland (VDFU) weist für 2017 eine Anzahl von 79 Mitgliedseinrichtungen aus, darunter 27 Abenteuer- und Erlebnisparks, 19 Themenparks, 10 Natur- und Tierparks, zwei Filmparks und 21 Indoorattraktionen (vgl. Freericks/Brinkmann/Theile 2019: 13). Viele Einrichtungen werden als Familienbetriebe geführt und haben sich seit der Gründungszeit in den 1970er und 1980er Jahren stark weiterentwickelt und den Interessen der Besucher:innen immer wieder neu angepasst. Für das Jahr 2017 wurden ca. 39 Mio. Besuchende festgehalten. Marktführer in Deutschland ist der Europa-Park in Rust mit mehr als 6 Mio. Besuchenden im Jahr 2022 (vgl. EuroAmusement 2023).

Auch Freizeit- und Themenparks waren durch Schließungen und Einschränkungen, wie der gesamte Freizeit- und Kultursektor, stark von der Corona-Pandemie betroffen. Inzwischen blicken viele Freizeitparks in Europa wieder optimistisch in die Zukunft und setzen auf ein wiederkehrendes Stammpublikum. Die Parkumfrage der Fachzeitschrift „EuroAmusement Professional" zeigt, dass 60 % der befragten Freizeit-, Themen- und Tierparks im Jahr 2023 über steigende Besuchszahlen berichten konnten. Die Erwartungen für das laufende Jahr 2024 sind optimistisch. 18 % erwarten einen deutlichen Aufwärtstrend und 52 % einen leichten Aufwärtstrend. Eine Stabilisierung bei den Besuchszahlen sehen 26 % voraus. Mehr Ausflüge und Kurzreisen in Deutschland könnten den Freizeitparks insgesamt zu Gute kommen. Eine durch die wirtschaftlichen Einbrüche und politische Unsicherheiten ausgelöste Krise scheint nicht erkennbar (EuroAmusement 2024: 11 f.).

Eventisierung der Freizeitkultur

Eine kritische Freizeitsoziologie begleitet die Entwicklung von immer mehr Events und eine Verbindung von Anlässen für Feste und Feiern mit unterschiedlichen Anliegen einer Unternehmenskommunikation, einem touristischen Marketing oder der Stabilisierung der Stadtkultur und der Bildung von Gemeinschaften auf Zeit (vgl. Gebhardt 2015). Erkennbar ist eine Transformation des Festlichen zu (post-)modernen Events. Heute sind es „planmäßig erzeugte Ereignisse", hinter denen ein professionelles Eventmanagement steht. Sie sollen aber zugleich als „einzigartige Erlebnisse" wahrgenommen werden, die die Muster des Alltags durchbrechen. Die Planung von Events bedient sich dabei vieler ästhetischer Ausdrucksformen. Musik, Tanz, Theater, bildende Kunst und Ambiente bilden ein einheitliches Gesamtkunstwerk. Wenn es gelingt, haben Events eine sinnstiftende Tiefe über die alltägliche Existenz hinaus und vermitteln das Gefühl von „exklusiver Gemeinschaft". Sie wirken stabilisierend für bestimmte Szenen und sind eher „monothematisch" fokussiert (vgl. Gebhardt 2015: 416 f.). Auffällig erscheint eine Multiplizierung und Ökonomisierung von Festen und Feiern. Zugleich werden sie profaner. Im Mittelpunkt steht das individuelle Vergnügen. Sie verwandeln sich zu ideologie- und weltanschauungsarmen Veranstaltungen, in denen die Unterhaltungsaspekte im Vordergrund stehen. Eine Deinstitutionalisierung zeigt zudem den Rückgang einer demonstrativ politischen Bedeutung an und eine Entstrukturierung verweist auf eine größere Breite des Teilnehmendenkreises über typische Klassen-, Schicht- und Milieugrenzen hinweg.

6.5.6 Hoffnungsträger Kulturtourismus

Viele Destinationen und auch kulturelle Einrichtungen setzen inzwischen auf ein mobiles, erlebnisorientiertes Publikum und erhoffen sich von einer kulturtouristischen Ausrichtung eine Steigerung der Attraktivität und einen Aufschwung in den Besuchszahlen. Erkennbar sind „Leuchtturmprojekte", wie große publikumswirksame Ausstellungen oder Musik- und Theaterfestivals.

Durch eine Verschränkung von lokaler Kultur und touristischer Attraktion in einer mobilen, globalisierten Welt können bestimmte Kulturprogramme und Einrichtungen erhalten werden. Auf der anderen Seite droht für einige attraktive Orte eine Überlastung durch zu viele kulturinteressierte Reisende. Gefragt erscheint ein nachhaltiger Kulturtourismus, der nicht zur Übernutzung lokaler Strukturen führt.

Zugleich erscheint das Bild von Kulturtourist:innen noch relativ unscharf zu sein, wie Yvonne Pröbstle in ihrer qualitativen Studie zu Kulturtourist:innen herausstellt (vgl. Pröbstle 2014). Zu unterscheiden sind verschiedene Idealtypen. „Passionierte Spezialisten" besuchen auch im Alltag vielfach kulturelle Einrichtungen, haben ein hohes Bildungsniveau und reisen gezielt und gut vorbereitet zu bestimmten Festivals. „Kenntnisreiche Traditionalisten" umfassen ein älteres, kultur- und reiseerfahrenes Publikum, das eher auf klassische Künste und eine Kontemplation als Rezeptionsmuster ausgerichtet erscheint. Die „aufgeschlossenen Entdecker" sind eher an Selbsterfahrung und besonderen Erlebnissen im Kontext von kulturtouristischen Angeboten auf Reisen interessiert. Im Alltag gehören auch einige von ihnen zu den Nichtnutzenden kultureller Angebote. Die „pflichtbewussten Sightseeker" suchen auf Städtereisen vor allem baukulturelle Sehenswürdigkeiten auf und haben im Alltag eher ein unterhaltungsorientiertes Verhältnis zu kulturellen Angeboten. Die „unterhaltungsorientierten Ausflügler" sind im Alltag Nichtbesuchende von kulturellen Angeboten. Sie sehen die Beschäftigung mit Kunst und Kultur als eine abwechslungsreiche Reiseaktivität und sind stark an Sehenswürdigkeiten orientiert. Folgerungen aus der Typologie können für niedrigschwellige kulturelle Vermittlungsangebote abgeleitet werden. Ebenso wichtig erscheint ein differenziertes Programm mit Spezialthemen und eine wissenschaftlich fundierte Vermittlung für kenntnisreiche Traditionalisten oder passionierte Spezialisten (vgl. Pröbstle 2015: 163 ff.).

6.5.7 Ausblick

Das Handlungsfeld Kultur ist gekennzeichnet durch einen starken öffentlichen Sektor mit den klassischen Kulturinstituten, einen relevanten Bereich der kulturell orientierten Freizeitwirtschaft und einen Sektor der soziokulturellen Einrichtungen und Projekte mit einer starken Selbstorganisation sowie Strukturen zwischen Staat und Markt. Kultur spielt in vielen Varianten heute eine wichtige Rolle für Freizeitaktivitäten, Freizeiterlebnisse und eine aktive Beteiligung am gesellschaftlichen Leben. Ein klassisches Verständnis von Kunst und Kultur und damit eine Engführung auf die Institutionen der Hochkultur hat sich im Zuge der emanzipatorischen Bewegungen der 1970er und 1980er Jahre und der damit verbundenen „neuen Kulturpolitik" aufgelöst. Bezüge zur Lebensqualität in Städten und Kommunen, einer Soziokultur mit vielen Akteur:innen und neuen Begegnungsräumen und zur Entwicklung von neuen Standortfaktoren für ein kreatives Lebensumfeld sind zu würdigen. Darüber hinaus spielt Kultur heute auch für die mobile Freizeit auf Reisen eine wichtige Rolle und trägt zu einer attraktiven Positionierung von Destinationen bei. Herausforderungen sind in einer Berücksichtigung von Nachhaltigkeitsaspekten für den Betrieb von Kultureinrichtungen, einem diverser werdenden Publikum und einer weitergehenden Digitalisierung zu sehen.

6.5.8 Literatur

Bangert, Hanne (2020): Soziokultur und "Dritte Orte". In: Sievers, Nobert; Blumenreich, Ulrike; Dengel, Sabine; Wingert, Christine (Hrsg.): Jahrbuch für Kulturpolitik 2019/20. Thema: Kultur. Macht. Heimaten. Heimat als kulturpolitische Herausforderung. Bielefeld: transcript Verlag (Jahrbuch für Kulturpolitik, 17), S. 373–377.

Borstel, Hans-Jürgen von (2015): Entwicklung soziokultureller Einrichtungen in Deutschland. In: Freericks, Renate; Brinkmann, Dieter (Hrsg.): Handbuch Freizeitsoziologie. Wiesbaden: Springer VS, S. 571–586.

Brinkmann, Dieter (2017): Freizeit- und Themenparks als Kulturdestinationen? In: Klein, Armin; Pröbstle, Yvonne; Schmidt-Ott, Thomas (Hrsg.): Kulturtourismus für alle? Neue Strategien für einen Wachstumsmarkt. Bielefeld: transcript, S. 255–271.

Bundesministerium für Bildung und Forschung – BMBF (Hrsg.) (2024): Kulturelle Bildung. Abgerufen am 21.03.2024 von https://www.bmbf.de/bmbf/de/bildung/kulturelle-bildung/kulturelle-bildung_node.

BMWK – Bundesministerium für Wirtschaft und Klimaschutz (Hrsg.) (2022): Monitoringbericht Kultur- und Kreativwirtschaft. Abgerufen am 12.02.2024 von https://www.kultur-kreativ-wirtschaft.de/KUK/Redak tion/DE/Publikationen/2022/monitoringbericht-kultur-und-kreativwirtschaft-2022.html.

Bundesvereinigung Kulturelle Kinder- und Jugendbildung (Hrsg.) (2020): Kulturelle Bildung. Abgerufen am 12.02.2024 von https://www.bkj.de/digital/wissensbasis/beitrag/kulturelle-bildung/.

Bundesvereinigung Soziokultur e.V. (Hrsg.) (2019): Was braucht's? Soziokulturelle Zentren in Zahlen 2019. Abgerufen am 12.02.2024 von https://soziokultur.de/kulturpolitik/statistische-berichte/.
Deutscher Bundestag (Hrsg.) (2007): Schlussbericht der Enquete-Kommission "Kultur in Deutschland". Drucksache 16/7000. Abgerufen am 12.02.2024 von https://dserver.bundestag.de/btd/16/070/1607000.pdf.
EuroAmusement (2023): Parkreport 2022/23. In: EuroAmusement Professional, Heft 2, S. 10–27.
EuroAmusement (2024): Parkreport 2023/24. In: EuroAmusement Professional, Heft 2, S. 10–27.
Freericks, Renate; Brinkmann, Dieter (Hrsg.) (2015): Die Stadt als Kultur- und Erlebnisraum. Analysen, Perspektiven, Projekte. 3. Bremer Freizeitkongress. Bremen: IFKA.
Freericks, Renate; Brinkmann, Dieter; Theile, Heike (2018): Wissenswelten 3.0. Eine explorative Untersuchung von Entwicklungsmöglichkeiten im Bereich der wissenschaftsorientierten Ausstellungs- und Bildungshäuser – mit besonderem Fokus auf Trends der Digitalisierung und einem Wandel des Lernverhaltens. Bremen: IFKA.
Freericks, Renate; Brinkmann, Dieter; Theile, Heike (2019): Freizeit- und Themenparks im Umbruch: Berufsfeldorientierte Fallstudien zu den Herausforderungen im 21. Jahrhundert. Bremen: IFKA.
Freericks, Renate; Brinkmann, Dieter; Herfort, Jana (2023): Die Bibliothek als soziokulturelles Zentrum der erlebnisorientierten Wissensgesellschaft. Bremen: IFKA.
Fuchs, Max (2023): Entwicklungen und Paradigmenwechsel in der Kulturellen Bildung. Abgerufen am 12.02.2024 von https://www.kubi-online.de/artikel/entwicklungen-paradigmenwechsel-kulturellen-bildung.
Glaser, Hermann; Stahl, Karl H. (1974): Die Wiedergewinnung des Ästhetischen: Perspektiven und Modelle einer neuen Soziokultur. München: Juventa Verlag.
Gebhardt, Winfried (2015): Feste, Feiern und Events. Die etwas andere Freizeit. In: Freericks, Renate; Brinkmann, Dieter (Hrsg.): Handbuch Freizeitsoziologie. Wiesbaden: Springer VS, S. 415–429.
Hebborn, Klaus (2015): Kultur als Standortfaktor. In: Freericks, Renate; Brinkmann, Dieter (Hrsg.): Die Stadt als Kultur- und Erlebnisraum. Analysen, Perspektiven, Projekte; 3. Bremer Freizeitkongress. Bremen: IFKA, S. 13–24.
Hoffmann, Hilmar (1981): Kultur für alle. Perspektiven und Modelle. erw. und aktual. Aufl., Frankfurt a. M.: Fischer.
Institut für Museumsforschung – Staatliche Museen zu Berlin (Hrsg.) (2021): Statistische Gesamterhebung an den Museen der Bundesrepublik Deutschland 2019. Abgerufen am 12.02.2024 von https://www.smb.museum/museen-einrichtungen/institut-fuer-museumsforschung/forschung/publikationen/zahlen-und-materialien-aus-dem-institut-fuer-museumsforschung/.
Keuchel, Susanne (2015): Zur Soziologie kultureller und künstlerisch-kreativer Freizeitaktivitäten. In: Freericks, Renate; Brinkmann, Dieter (Hrsg.): Handbuch Freizeitsoziologie. Wiesbaden: Springer VS., S. 299–323.
Klein, Armin (2015): Wie sieht eine zukunftsfähige Entwicklung von Kulturinstitutionen in der Stadt aus? In: Freericks, Renate; Brinkmann, Dieter (Hrsg.): Die Stadt als Kultur- und Erlebnisraum. Analysen, Perspektiven, Projekte; 3. Bremer Freizeitkongress: IFKA, S. 25–38.
Klein, Armin; Pröbstle, Yvonne; Schmidt-Ott, Thomas (Hrsg.) (2017): Kulturtourismus für alle? Neue Strategien für einen Wachstumsmarkt. Bielefeld: transcript.
Knoblich, Tobias J.; Sievers, Norbert; Mohr, Henning (Hrsg.) (2021): Kulturpolitik neu denken. Festschrift zum 85. Geburtstag von Olaf Schwencke: frühe Prioritäten – neue Relevanzen. Bonn: Kulturpolitische Gesellschaft e.V. Abgerufen am 12.02.2024 von https://kupoge.de/wp-content/uploads/2021/10/Festschrift-fuer-Olaf-Schwencke-Kulturpolitik-neu-denken.pdf.
Kramer, Dieter (2012): Kulturpolitik neu erfinden. Die Bürger als Nutzer und Akteure im Zentrum des kulturellen Lebens. Bonn, Essen: Kulturpolitische Ges; Klartext.

Mandel, Birgit (2015): Entwicklung der Kulturinstitutionen und des Kulturbetriebs in Deutschland und neue kulturpolitische Herausforderungen. In: Freericks, Renate; Brinkmann, Dieter (Hrsg.): Handbuch Freizeitsoziologie. Wiesbaden: Springer VS, S. 557–569.

Nachbarschaftshaus Bremen e.V. (2022): Homepage: Nachbarschaftshaus Helene Kaisen. Abgerufen am 13.09.2022 von https://www.nachbarschaftshaus-bremen.de/.

Pröbstle, Yvonne (2014): Kulturtouristen. Eine Typologie. Wiesbaden: Springer VS.

Pröbstle, Yvonne (2015): Wenn das Kulturpublikum eine Reise tut: Kulturtouristen im empirischen Vergleich. In: Freericks, Renate; Brinkmann, Dieter (Hrsg.): Die Stadt als Kultur- und Erlebnisraum. Analysen, Perspektiven, Projekte; 3. Bremer Freizeitkongress. Bremen: IFKA, S. 155–173.

Sievers, Norbert (2023): 50 Jahre Soziokultur und Neue Kulturpolitik. In: Kulturpolitische Mitteilungen, Heft 181 (2), S. 35–37.

Statistische Ämter des Bundes und der Länder (Hrsg.) (2022): Kulturfinanzbericht 2022. Wiesbaden. Abgerufen am 12.02.2024 von https://www.destatis.de/DE/Themen/Gesellschaft-Umwelt/Bildung-Forschung-Kultur/Kultur/Publikationen/Downloads-Kultur/kulturfinanzbericht-1023002229004.pdf?__blob=publicationFile.

Statistisches Bundesamt (Hrsg.) (2017): Bildung und Kultur: Spartenbericht Museen, Bibliotheken, Archive. Wiesbaden. Abgerufen am 12.02.2024 von https://www.destatis.de/DE/Themen/Gesellschaft-Umwelt/Bildung-Forschung-Kultur/Kultur/Publikationen/_publikationen-innen-spartenberichte.html.

Statistisches Bundesamt (Hrsg.) (2020): Bildung und Kultur: Spartenbericht Soziokultur und Kulturelle Bildung. Wiesbaden. Abgerufen am 12.02.2024 von https://www.destatis.de/DE/Themen/Gesellschaft-Umwelt/Bildung-Forschung-Kultur/Kultur/Publikationen/_publikationen-innen-spartenberichte.html.

Statistisches Bundesamt (Hrsg.) (2021): Bildung und Kultur: Spartenbericht Darstellende Kunst. Abgerufen am 12.02.2024 von https://www.destatis.de/DE/Themen/Gesellschaft-Umwelt/Bildung-Forschung-Kultur/Kultur/Publikationen/_publikationen-innen-spartenberichte.html.

Stiftung für Zukunftsfragen (2023): Freizeit-Monitor. Hamburg. Abgerufen am 12.02.2024 von https://www.freizeitmonitor.de/.

6.6 Shopping und Gastronomie als Handlungsfelder der Freizeit

Rainer Hartmann

Trotz der grundlegenden Veränderungen in der Einzelhandels- und Gastronomiebranche (Online-Shopping, Lieferservice, Take-away etc.) stehen das Shopping bzw. Einkaufen gehen und das zum Essen ausgehen weiterhin unter den Top-4 auf der Beliebtheitsskala der Hobbys und Freizeitaktivitäten der Deutschen (vgl. IfD Allensbach 2023). Allerdings ist auf der Angebotsseite die Anzahl der Einzelhandelsbetriebe (ca. minus 20 %) und die der Gastronomiebetriebe (Restaurants ca. minus 30 %) in den letzten zwei Jahrzehnten kontinuierlich gesunken. Es finden dort eine Marktbereinigung und eine gleichzeitige Konzentration der Betriebe statt (vgl. Destatis 2023 und 2024).

6.6.1 Shopping als Freizeitaktivität

Der Begriff Shopping ist als Gegenbegriff zum Einkaufen im engeren Sinn zu verstehen. Gerhard (1998: 27) unterscheidet hierbei zwischen dem Versorgungs- und dem Erlebniseinkauf: Der Versorgungskonsum (engl.: purchasing) ist durch den Erwerb lebensnotwendiger Güter gekennzeichnet, der aufgrund rationaler Entscheidungsprozesse geschieht. Beim Erlebniseinkauf (engl.: shopping) hingegen steht der Vergnügungsaspekt im Vordergrund, es ist eine Freizeitbeschäftigung, die Spaß bereitet und nicht versorgungsrelevant ist. Widmann (2006: 16) gibt zu bedenken, dass die Übergänge zwischen den beiden Einkaufsarten fließend sind und es beim Einkauf zumeist zu einer Überlappung verschiedener Motive kommt. Trotzdem lässt sich Shopping aus der Sicht der Nachfrage offensichtlich als Freizeitaktivität charakterisieren, unabhängig von möglichen Abgrenzungsproblemen bei der Zuordnung von Umsätzen im Einzelhandel. Besondere Merkmale des Shoppings sind z. B. Spontaneität beim Einkauf, Ziellosigkeit und sich treiben lassen. Auch sind eine attraktive Umgebung, eine besonders gute Atmosphäre, eine große Produktpalette sowie die Vielfalt im gastronomischen Bereich zentrale Argumente für die Gestaltung eines Erlebniseinkaufs und die entsprechende Auswahl einer Destination. Kenning (2024) versteht unter Convenience-Shopping eine „Form des Einkaufs zwischen Versorgungshandel und Erlebnishandel, bei der Konsumenten Bequemlichkeit sowohl beim Einkauf von Gütern des täglichen Bedarfs als auch bei Dienstleistungen (Reinigung, Foto-, Postservice, Geldautomaten) und gastronomischen Angeboten (Imbiss, Trinkhalle, Bistro, Getränkeautomaten) suchen." Dafür bedürfe es einer Reihe von Voraussetzungen: einen hochfrequentierten Standort, professionelle Logistik, persönliches Engagement von Shopbetreibenden, neue und intelligente Convenience-Produkte und eine konsequente Kund:innenorientierung. Wichtige Aspekte aus Sicht der Nachfrage seien die Nähe zur Kundschaft, Freundlichkeit, eine schnelle Erreichbarkeit, die One-Stop-Versorgung, überschaubare Sortimente, Möglichkeiten zum Schnellverzehr, Stressvermeidung, Zeitgewinn und lange Öffnungszeiten (vgl. Kenning 2024).

Die **Orte des Erlebniseinkaufs** oder auch Shopping-Destinationen können in zwei Kategorien untergliedert werden (vgl. Widmann 2006: 26 ff.): klassische Orte des Erlebniseinkaufs und neue Orte des Erlebniseinkaufs. Als klassische Orte des Erlebniseinkaufs in Deutschland gelten Innenstädte mit einer gewissen Einzelhandelsagglomeration (v. a. Mittel- und Oberzentren), die mit ihren historisch gewachsenen Stadtkernen permanent versuchen, gegen die neuen Destinationen und vor allem den immer weiter fortschreitenden Onlinehandel zu bestehen (vgl. Tab. 6.2). Daneben sind es kleine Städte im ländlichen Raum mit endogenem shopping-touristischem Potenzial. Dieses Potenzial kann aus typischen landwirtschaftlichen Produkten, einer Handwerkstradition oder spezifischen Industrien resultieren.

Als dritte Ausprägung zählen auch **Shopping-Center** zu den klassischen Orten des Erlebniseinkaufs. Allerdings sind die Überschneidungen zu den sog. „neuen Destinationen" vielfältig. Das EHI (2024) definiert Shopping-Center als „aufgrund zentraler Planung errichtete großflächige Versorgungseinheiten, die unter einem einheitlichen

Tab. 6.2: Top 10 Einkaufsstraßen in Deutschland 2023 (nach Passantenfrequenz) (Quelle: EHI 2023a).

Straße	Ort	Anzahl Passant:innen (Mio.)
Neuhauser Straße (Ost)	München	28,6
Kaufinger Straße	München	28,6
Zeil (Mitte)	Frankfurt/M.	23,3
Georgstraße	Hannover	22,2
Schildergasse (West)	Köln	21,7
Theatiner Straße	München	17,0
Westhellenweg (Mitte)	Dortmund	16,0
Hohe Straße (Mitte)	Köln	16,0
Spitalerstraße	Hamburg	15,2
Schadowstraße (West)	Düsseldorf	15,0

Management stehen und eine Retail-Mietfläche von mindestens 10.000 qm aufweisen. Sie verfügen über eine Vielzahl von Mietern aus den Branchen Einzelhandel, Gastronomie und/oder einzelhandelsnahe Dienstleistungen." Häufige Charakteristika von Shopping-Centern sind

- die räumliche Konzentration von Einzelhandelsflächen unterschiedlicher Größe,
- eine Vielzahl von Fachgeschäften unterschiedlicher Branchen, in der Regel in Kombination mit einem oder mehreren dominanten Anbietenden (Ankermieter:innen wie z. B. SB-Warenhaus, Textilkaufhaus, Elektronik-Fachmarkt),
- ein großzügig bemessenes Angebot an Pkw-Stellplätzen und
- die Wahrnehmung bestimmter Funktionen durch alle Mieter:innen (z. B. Marketingmaßnahmen) (vgl. EHI 2024).

Neue Orte des Erlebniseinkaufs sind z. B. Shopping-Malls, die allerdings in Deutschland nicht die Dimensionen wie in Nordamerika oder in Asien erreicht haben, oder Urban-Entertainment-Center (UEC), als großflächige Einkaufszentren mit angeschlossenen Freizeit- und Vergnügungsparks, die eine hohe Anziehungskraft als eigenständige Freizeit-Destination entwickeln (z. B. das CentrO Oberhausen oder das SI-Centrum in Stuttgart). Zudem gelten Brand Lands, als Orte der Image-Kommunikationen von Unternehmen (z. B. die BMW-Welt in München oder das Legoland Günzburg), Flagship-Stores, als markenbezogene „Vorzeige-Läden" einzelner Unternehmen (z. B. „Nike-Town" oder das legendäre „Prada" in New York) sowie Factory-Outlet Center, als gemeinsame Verkaufsstätte vieler Herstellender zum (meist) verbilligten Absatz von Markenartikeln (z. B. „Ingolstadt Village" oder „Wertheim Village") als solche neuen Orte des Erlebniseinkaufs (vgl. Widmann 2006: 37 ff.).

Bei aller Schwierigkeit der klaren Abgrenzung klassischer oder neuer Orte des Erlebniskonsums, gibt es doch einige zentrale Merkmale, die bei vielen Formen – abgesehen von den gewachsenen Innenstädten – anzutreffen sind: (1) Multifunktionalität, d. h. die Schaffung einer Mischung unterschiedlicher Angebotselemente aus den o. g. Bereichen, die jeweils verschiedene Schwerpunkte haben können; (2) die stark ausgeprägte Freizeitorientierung mit einer Betonung des Erlebnischarakters; (3) Convenience, d. h. die aufgrund der einheitlichen Steuerung und Vernetzung der Einzelangebote gegebene Möglichkeit der bequemen Inanspruchnahme der jeweiligen Elemente (vgl. Quack 2001: 30).

Entwicklung der Shopping-Center in Deutschland 1965 - 2023

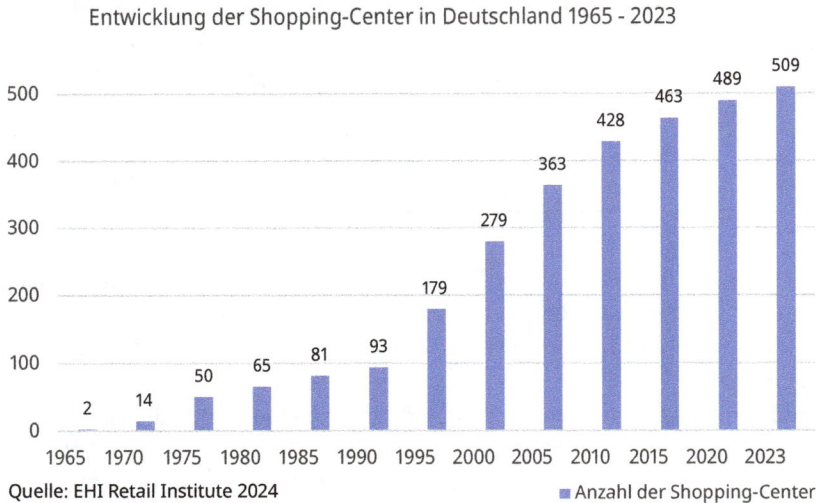

Quelle: EHI Retail Institute 2024 ■ Anzahl der Shopping-Center

Abb. 6.11: Entwicklung Anzahl der Shopping-Center (Quelle: EHI Retail Institute 2024).

In der Marktforschung und der entsprechenden statistischen Betrachtung der o. g. Einkaufs-Destinationen hat sich aufgrund der schweren Abgrenzbarkeit vieler Typen der Begriff **Shopping-Center** als Sammelbezeichnung für eine Vielzahl von Angebotsformen etabliert. Die Entwicklung von Shopping-Centern in Deutschland hat seit 1964 (Ruhrpark in Bochum und Main-Taunus-Zentrum in Sulzbach) ganz verschiedene Typen oder Generationen hervorgebracht: 1964–1975 eingeschossige Großobjekte auf der grünen Wiese; 1970–1980 mehrgeschossige, überwiegend städtische Standorte; 1980–1990 innerstädtische Passagen für umfassenden Tagesbedarf; 1990–1997 Fachmarktzentren in den neuen Bundesländern und schließlich seit 1998 kleinere, mehrgeschossige City-Galerien (vgl. Groner/Pittroff 2007). Im Zeitraum von 1995 bis 2000 wurden in Deutschland rd. 100 neue Shopping-Center eröffnet. Seit den 2000er Jahren werden in Deutschland immer weniger neue Shopping-Center geplant und errichtet. Für das Jahr 2021 waren lediglich zwei neue Einkaufszentren geplant. Insgesamt spiegelt diese Entwicklung den Umbruch vom stationären Geschäft hin zum digitalen Handel wider (vgl. Statista 2021b). Zu Beginn des Jahres 2023 gab es in Deutschland erstmals mehr als 500 großflächige Shopping-Center (vgl. EHI 2024 und Abb. 6.11).

Bei der räumlichen Verteilung der größten Center liegt vor allem bei den neueren Centern ein deutlicher Schwerpunkt auf den neuen Bundesländern und Berlin (vgl. Tab. 6.3).

Tab. 6.3: Shopping-Center in Deutschland (Quelle: Capital 2020).

Shopping-Center	Ort	Eröffnung	Mietfläche (qm)
Westfield CentrO	Oberhausen	1996	120.000
Ruhr Park	Bochum	1964	117.000
Paunsdorf Center	Leipzig	1994	115.000
Chemnitz Center	Rohrsdorf	1992	95.500
Main-Taunus-Zentrum	Sulzbach	1964	91.000
NordWestZentrum	Frankfurt/M.	1968	90.500
Gropius Passagen	Berlin	1999	85.500
Mall of Berlin	Berlin	2014	85.000
Boulevard Berlin	Berlin	2012	80.000
Nova Eventis	Leuna	2006	76.000

Knapp die Hälfte der deutschen Shopping-Center befand sich 2023 in Innenstädten, ein Drittel liegt in anderen Stadtteilen und nur etwa 15 % am Stadtrand oder auf der grünen Wiese. Die Center auf der grünen Wiese und in den Stadtteilen hatten ihre Blütezeit vor allem in den 1990er Jahren mit einem Schwerpunkt im Osten Deutschlands. Seit den 2000er Jahren tendierten die Eröffnungen stark in die Innenstädte bis sich zur Mitte der 2010er Jahre ein Flächenüberangebot einstellte. Seitdem wurden nur noch einzelne Neueröffnungen realisiert, die sich zu drei Vierteln auf die Innenstädte konzentrierten (vgl. EHI 2023b).

Die Shopping-Center der neueren Generation und jene, die eine Revitalisierung durchlaufen haben, leben davon, ein einzigartiges Image zu erzeugen. Es geht weg von eher funktionalen Centern hin zu einer **„Third Place"-Ausrichtung**, d. h. Design, Bauqualität und ein vielfältiges Freizeitangebot sind entscheidende Erfolgsfaktoren für Shopping-Center. Geplant werden unverwechselbare soziale Umgebungen, die neben dem Zuhause und dem Arbeitsplatz zum Lebensstil der Zielgruppen passen (vgl. Jones Lang LaSalle 2008). Diese Strategien müssen auch von den einzelnen Shops mitgetragen werden, damit der Aufenthalt zu einem Erlebnis werden kann. Dabei geht es um die Aufenthaltsqualität, Bequemlichkeit und soziale Interaktion. Neben einem ansprechenden Shop-Design ist es erstrebenswert, im Rahmen des Einkaufs möglichst alle Sinne der Kundschaft anzusprechen. Der Erlebnis-Einzelhandel „schafft einzigartige und teilbare Erlebnisse für Kunden, stimuliert die Sinne der Kunden, geht auf die Bedürfnisse der Kunden ein und befriedigt die Erwartungen der Kunden und bietet Dienstleistungen im stationären Geschäft" (Wolfram 2022). Im Idealfall schafft der Erlebnis-Einzelhandel Räume, die gar nicht wie Geschäfte aussehen oder funktionieren. Er konzentriert sich kaum auf den direkten Verkauf, sondern auf die Schaffung von Erlebnissen für die Kundschaft (vgl. Wolfram 2022).

Auch wenn der Umsatz durch **E-Commerce** in Deutschland bis 2023 kontinuierlich auf ca. 90 Mrd. € angestiegen ist, betrug der Marktanteil von Versand- und Online-Handel (interaktiver Handel) im Einzelhandel in Deutschland 2022 nur ca. 10 % (vgl. Statista 2024a und 2024b). Die drei wichtigsten Motive der Kundschaft für den Online-Einkauf sind die Unabhängigkeit von Öffnungszeiten, die Lieferung der Waren nach Hause und das größere Angebot im Internet. Dazu werden die günstigeren Preise und das Fehlen von Geschäften in der Nähe angeführt. Die wichtigsten Warengruppen, die online eingekauft werden, sind Kleidung/Schuhe/Accessoires, Elektronik-Zubehör und Bücher/Hörbücher (vgl. Statista 2021a: 37). Allerdings besitzt der **stationäre Handel** durchaus eine Reihe von Vorteilen gegenüber dem Online-Shopping: Neben der Beratung und dem Service vor Ort, gelten die Möglichkeiten, Waren anzufassen/auszuprobieren und diese sofort nutzen zu können als wichtigste Vorteile. Dazu kommt ein explizit freizeitrelevanter Aspekt: den Einkauf als kleinen Ausflug/Abwechslung vom normalen Alltag zu nutzen (vgl. Statista 2024c).

Die rasante Umsatzentwicklung des E-Commerce gilt häufig als Hauptgrund dafür, dass der stationäre Einzelhandel mit Umsatzeinbußen zu kämpfen hat und insgesamt die Frequenz der Kund:innen abnimmt. Viele Händler:innen verfolgen deshalb heute Multi-, Cross- oder Omni-Channel Strategien, um nicht nur auf das stationäre Geschäft zurückgeworfen zu werden. Bei Multi-Channel vertreiben sie ihre Waren über mehrere Kanäle, die unabhängig voneinander fungieren (Ladengeschäft und Online-Geschäft). Cross-Channel ist dadurch gekennzeichnet, dass eine Verbindung zwischen den Kanälen besteht, die von der Kundschaft auch wahrgenommen wird. Bei der Omni-Channel-Strategie müssen alle Kanäle miteinander verbunden sein, um der Kundschaft ein lückenloses Einkaufserlebnis zu bieten, ohne dass es dieser bewusst wird. Die starke Verknüpfung der einzelnen Vertriebskanäle führt zur Entgrenzung von stationärem Einzelhandel und Online-Handel. Besonders erfolgreich sind das Prinzip „Click & Collect" (Waren online kaufen und im Laden abholen) oder „Reserve & Collect" (Warenverfügbarkeit online prüfen, Waren reservieren und stationär bezahlen) (vgl. Bauer und Rock 2019: 12 f.).

6.6.2 Gastronomie als Ort für die Freizeit

Das Gastgewerbe umfasst alle Angebotsformen einer entgeltlichen Bewirtung und Beherbergung von Gästen. Die Gastronomie ist – neben der Beherbergung – der zweite Teilbereich des Gastgewerbes, welcher sich mit der Verköstigung zahlender Gäste in Gaststätten befasst. Bei der Verteilung der Betriebsarten im Gastgewerbe wird zwischen fünf Gruppen unterschieden, die eine ganz unterschiedliche Relevanz für den Bereich der Freizeit haben (vgl. Dehoga 2024):

- Klassische Beherbergungsbetriebe mit und ohne Speisenangeboten für externe Gäste: Hotels und Gasthöfe sind offen für externe Gäste, Hotel garnis und Pensionen bieten nur Verpflegung für eigene Gäste, sind demnach nur für den Übernachtungstourismus relevant
- Sonstige Beherbergungsbetriebe (Parahotellerie): s. o.
- Speisengeprägte Gastronomie (Restaurants, Cafés, Eisdielen, Imbisshallen): 100 % relevant
- Getränkegeprägte Gastronomie (Schankwirtschaften, Bars und Vergnügungslokale, Diskotheken und Tanzlokale, Trinkhallen): 100 % relevant
- Kantinen und Caterer: abgesehen von betriebsinternen Kantinen sind diese relevant für den Freizeitbereich

Bei der Verteilung der Betriebsarten innerhalb der Gastronomie lag der Schwerpunkt 2022 mit 44 % aller Betriebe ganz deutlich auf den Restaurants, gefolgt von den Imbissstuben mit 24 %. Trotz eines kontinuierlichen Rückgangs der Betriebe insgesamt, konnten sich neben den beiden erstgenannten auch Cafés und Eissalons sowie Bars und Vergnügungslokale am Markt behaupten. Verlierer:innen des letzten Jahrzehnts waren die Schankwirtschaften/Kneipen und Diskotheken, bei denen jeweils mehr als 30 % der Unternehmen vom Markt verschwunden sind. Trotz eines deutlichen Rückgangs der Betriebe in der Gastronomie (minus 10 % von 2015 bis 2022) sind in der gleichen Zeit die Umsätze um 23 % gestiegen. Es ist demnach eine Konzentration auf dem Markt zu beobachten, der stark von der Systemgastronomie getragen wird (Restaurant-, Imbiss- und Caféhaus-Ketten) (vgl. Dehoga Bundesverband 2024).

Wittersheim (2004: 52) schlägt für die Gastronomie eine dreigeteilte Betriebstypologie vor: Individualgastronomie (Einzelbetriebe oder mehrere Betriebsstätten mit uneinheitlichen Leistungen), Systemgastronomie und Sonderformen (Verkehrsgastronomie oder Gemeinschaftsverpflegung). Auf die beiden letztgenannten Typen wird im Folgenden eingegangen.

Die **Systemgastronomie** gilt als eine der wichtigsten Branchen in der Gastronomie, die in den letzten Jahrzehnten alle o. g. Teilmärkte enorm verändert hat. Insgesamt entsprach der Umsatz in der Systemgastronomie in Deutschland im Jahr 2022 37 % der gesamten Außerhausgastronomie. Die Systemgastronomie verfolgt ein klar definiertes Konzept, das auf zentrale Steuerung, Standardisierung und Multiplikation ausgerichtet ist. Zentrale Steuerung heißt, dass alle wesentlichen Prozesse durch eine Stelle koordiniert werden. Standardisierung bedeutet, dass diese Prozesse inhaltlich vereinheitlicht festgelegt sind. Die Multiplikation ist die Folge und das Ziel der zentralen Steuerung und Standardisierung (vgl. BdS 2024a).

Die größten Systemgastronomie-Anbieter in Deutschland sind gleichzeitig die am Umsatz gemessenen Top-10 Gastronomie-Unternehmen (vgl. Tab. 6.4).

Unterteilt werden kann die Systemgastronomie in die Quickservice-Systemgastronomie (McDonald's als Marktführer), die Fullservice-Systemgastronomie (L'Osteria als umsatzstärkstes Unternehmen) und die freizeit- und standortspezifische Systemgastronomie, ge-

Tab. 6.4: Top 10 Unternehmen der Systemgastronomie in Deutschland 2022 (Quelle: Statista 2024d).

Unternehmen	Marken	Umsatz (Mio. €)
Mc Donalds's Deutschland LLC	–	4.200
Burger King Deutschland GmbH	–	1.160
Autobahn Tank & Rast GmbH	–	510
YUM! Brands Restaurants Int. Ltd. & Co. KG	KFC, Pizza Hut u. a.	397
Domino's Pizza Deutschland GmbH	–	369
FR L'Osteria GmbH	–	321
Subway GmbH	–	320
Valora Foodservice Deutschland GmbH	Back-Factory, Backwerk, Ditsch u. a.	300
Edeka Zentrale AG & Co. KG	–	290
SSP Deutschland GmbH	Franchise-Betreiber an Verkehrsknotenpunkten (Airports, Bahnhöfe)	260

gliedert in Handels- und Verkehrsgastronomie sowie Events-, Messe- und Sportcatering. Außer-Haus-Service-Dienste gelten als eigene Kategorie (vgl. BdS 2024a). Die Handelsgastronomie eignet sich sehr gut, um Trend- und Erlebnisakzente zu setzen: Gastronomie im Handel als Differenzierungsstrategie bzw. Fusions-Konzept (Snack im Lebensmitteleinzelhandel, Fooderia im Baumarkt, Erlebnisrestaurant in Möbelmärkten, Trend-Bar im Warenhaus u. a.). Die Verkehrsgastronomie befindet sich an Verkehrsknotenpunkten (Flughafen, Bahnhof) oder -linien (Autobahn). Marktführerin hier ist die Autobahn Tank und Rast GmbH.

Auf dem Foodservice-Markt in Deutschland sind verschiedene **Trends** erkennbar, die häufig auf Änderungen oder Beschleunigungen aufgrund der Corona-Pandemie 2020/2021 zurückzuführen sind (vgl. BdS 2024b):

– Take Away/Home Consumption: Die Mitnahme von Speisen aus Restaurants, die zu Hause verzehrt werden. Servicemodi wie Lieferung und Drive-thru, aber auch Click & Collect werden von diesem Trend profitieren. Sie gelten als Marktsegmente mit den höchsten Wachstumschancen in der Systemgastronomie.

– Digitalisierung/Click & Collect: Digitale Bestellungen wuchsen während der Pandemie, werden aber auch danach weiter bevorzugt. Verbraucher:innen haben die Vorteile dieser Serviceart schätzen gelernt und Gastronomen sehen darin aufgrund des Mangels an Mitarbeitenden eine Chance. Insbesondere Click & Collect-Bestellungen verdreifachten sich von 2019 bis 2022.

– Sozialisierende Momente: Vor allem nach den Lockdowns gab es eine stärkere Verlagerung und Fokussierung auf Treffen mit Freund:innen, Verwandten und Kolleg:innen in Restaurants und Cafés, die weiter anhält.

– Well Being: Gesundheit und Wohlbefinden gewinnen immer mehr an Bedeutung. Das bezieht sich auf den Verzehr von gesünderen Produkten und weniger Fleischkonsum sowie insgesamt auf einen größeren Fokus auf Nachhaltigkeit in der Gastronomie.

Angesichts der gesellschaftlichen Rahmenbedingungen (vgl. Kap. 2.1) und unter Berücksichtigung der sich daraus ergebenden Marktentwicklungen hat die Foodtrend-Expertin Hanni Rützler verschiedene Essens-Trends herausgearbeitet die sich in der Gastronomie wiederfinden und sich vielfach überschneidend an den folgenden Kernthemen orientieren (vgl. Zukunftsinstitut 2023): Glokal (lokale Produkte, Saisonalität, Transparenz etc.), Genuss (Do-it-yourself, Geschmackserlebnisse, Küchenchefs etc.), Qualität (faires, ethisches, natürliches Essen), Nachhaltigkeit (Abfallvermeidung, Kreislaufwirtschaft etc.), Beyond Food (Ersatzprodukte wie z. B. pflanzliche als Ersatz tierischer Produkte), Gesundheit (pflanzliche Kost, ohne Zusatzstoffe etc.) und Alltag („Snacking", essen immer und überall etc.).

Die Trendforscherin Karin Tischer hat ebenfalls globale **Food-Trends**, die einen prägenden Einfluss auf den Außer-Haus-Markt besitzen und sich weitgehend bei Hanni Rützler wiederfinden herausgearbeitet (vgl. Gastrospiegel 2024):

–   Proteine im Fokus: pflanzenbasierte Ernährung mit alternativen Proteinen wie pflanzlichen Fleisch-, Geflügel-, Fisch-, Ei- und Molkereialternativen, die ein nachhaltiges, klimaschonendes Verhalten unterstützt.
–   Nachhaltigkeit als Strategie für Betriebe, die verantwortungsbewusst handeln und gleichzeitig ihr Image und ihre Position im Markt verbessern wollen (vgl. Kap. 2).
–   Veränderte Ernährungsgewohnheiten, neue Geschmäcker: Hier sind vor allem Trends wie Snacking, To-go- oder Mini-Portionen-Konsum relevant. Sie gehen einher mit neuen Anforderungen an die Speisensensorik, -würzung und den Genussfaktor beim Essen.
–   Gesunde Ernährung in Kombination mit einer zunehmenden Individualisierung.
–   Eatertainment als Reaktion auf die Neugierde der Gäste auf neue internationale Konzepte und kulinarische Erfahrungen.

Wie der letztgenannte Trend schon unterstreicht, dienen Essen und Trinken schon längst nicht mehr nur der Selbsterhaltung des Lebens, sondern vor allem der Sicherung unsere Lebensqualität bzw. des Aufbaus unseres Lebensstils. So werden bestimmte Speisen oder Getränke nur zu sich genommen, um die Zugehörigkeit zu einer Szene zu untermauern und/oder um einen zufriedeneren Zustand zu erreichen (vgl. Kap. 2.4).

Im Rahmen der **Erlebnisgastronomie** wird neben der Dienstleistung der Verköstigung von Gästen (als Grundnutzen) ein besonderes Augenmerk auf den Zusatznutzen der Kundschaft gelegt. Neben dem Essen und Trinken soll der Besuch des Lokals attraktiv und reizvoll sein, indem z. B. ein besonderes Ambiente oder aber besondere Attraktionen geboten werden. Es entsteht eine Verbindung von Essen und Unterhaltung, die Gäste werden direkt in ein Thema mit einbezogen und es entsteht eine Interaktion zwischen Gästen und Thema. Ziel der Erlebnisgastronomie ist die Vermittlung von Genuss, Lebensfreude, Spaß, Geselligkeit, Vielfalt, Behaglichkeit, Stimulanz und Abwechslung. Erlebnisgastronomie ist deshalb zumeist qualitativ sehr hochwertig und individuell (vgl. Wittersheim 2004: 67).

Eine Sonderform der Erlebnisgastronomie ist die **Themengastronomie**, bei der spezielle Erlebniskonzepte neben der Gastronomie besonderen Einfluss auf das gesamte Erscheinungsbild eines Unternehmens haben. Von der Architektur und dem Ambiente bis zu den angebotenen Produkten und Serviceleistungen ist alles möglichst authentisch auf ein Thema abgestimmt. In der Themengastronomie findet – in Abgrenzung zur Erlebnisgastronomie – weniger Show und Animation statt und es gibt kein festes Programm. Somit sind die entsprechenden Lokale ohne Anmeldung für Gäste offen. Sie sind zumeist auch der Systemgastronomie zuzuordnen. Als eine Vorreiterin gilt die seit den 1970er Jahren bestehende Kette der Hard Rock Cafés. Kagelmann et al. (2004: 195 ff.) haben verschiedene Formen der Erlebnis- und Themengastronomie differenziert:

- Theme Eatery: Umsetzung eines Mottos oder Themas in allen Bereichen des Unternehmens (z. B. Hard Rock Café oder Planet Hollywood). Oder spezielle Design-Bars, z. B. Cocktailbars mit kubanischem Flair, Art-Bars oder Erlebnisbrauereien.
- Character Meals: Themengastronomie in Erlebniswelten/Freizeitparks. Während die Gäste im Lokal speisen, erscheinen berühmte Figuren und posieren für Erinnerungsfotos. Oder thematische Events und Volksfeste, wie z. B. das Oktoberfest in München.
- Brand Lands in der Lebensmittel-Branche: Markenwelt eines Unternehmens in einer Erlebnisinszenierung dargestellt (Beispiele hierfür sind die Kellogg's Cereal City oder die Maggi Kochstudios).
- Dinner Events: Shows mit Bewirtung in einem thematisierten Ambiente (z. B. Ritterspektakel, Wildwest-Mythen, 1001-Nacht-Motive). Die Gäste können auch aktiv in die Events einbezogen werden (Krimi-Dinner).

Die **Freizeitgastronomie** – als weitere Begrifflichkeit im Rahmen der Themengastronomie – ist eine Bezeichnung für Gastronomiebetriebe, in denen der Verzehr im Hintergrund steht. Der Schwerpunkt des Angebots liegt in der Kommunikation und Unterhaltung bzw. im Aufenthaltserlebnis. Die umsatzstärksten Unternehmen in dieser Teilbranche sind Enchilada (mexikanische Küche), Europa-Park Rust, Mitchells & Butlers (u. a. „Alex" und „Brasserie"), CE Franchise („Café Extrablatt"), Cineplex Kinos sowie „Café und Bar Celona" (Foodservice 2019 und Statista 2024e).

Insgesamt betrachtet weisen die verschiedenen Trends und die entsprechenden Formen von Erlebnis- und Themengastronomie vielfältige Überschneidungen auf. Zudem haben wir es mit einem sehr kreativen und innovativen Markt zu tun, der sich ständig neu erfindet. Kein aufkeimender gesellschaftlicher Trend wird lange auf seine Entsprechung in der Gastronomie warten müssen.

6.6.3 Literatur

Bauer, Christine; Rock, Verena (2019): Die Revitalisierung von Shopping-Centern in Deutschland: Auswirkungen aktueller Trends auf das Shopping-Center Konzept, IIWM-Paper, No. 5, Hochschule Aschaffenburg, Institut für Immobilienwirtschaft und -management (IIWM). Aschaffenburg.

BdS – Bundesverband der Systemgastronomie e.V. (2024a) Was ist Systemgastronomie? Abgerufen am 25.03.2024 von https://www.bundesverband-systemgastronomie.de/de/ueber-den-bds/das-ist-die-systemgastronomie.html.

BdS (2024b): Branchendaten. Abgerufen am 25.03.2024 von https://www.bundesverband-systemgastronomie.de/de/politik/branchendaten.html.

Capital (2020): Das sind die größten deutschen Shopping-Malls. Abgerufen am 25.03.2024 von https://www.capital.de/wirtschaft-politik/die-zehn-groessten-deutschen-shopping-center.

Dehoga Bundesverband (2024): Zahlen und Fakten. Abgerufen am 25.03.2024 von https://www.dehoga-bundesverband.de/zahlen-fakten/.

Destatis (2023): Anzahl der umsatzsteuerpflichtigen Restaurants seit 2022. Abgerufen am 25.03.2024 von https://de.statista.com/statistik/daten/studie/155685/umfrage/anzahl-der-umsatzsteuerpflichtigen-restaurants-seit-2002/.

Destatis (2024): Anzahl der steuerpflichtigen Unternehmen des Einzelhandels seit 2002. Abgerufen am 25.03.2024 von https://de.statista.com/statistik/daten/studie/162118/umfrage/anzahl-der-steuerpflichtigen-unternehmen-des-einzelhandels-seit-2002/.

EHI (2023a): Passantenfrequenz der TOP 10 Einkaufsstraßen in Deutschland. Abgerufen am 25.03.2024 von https://www.handelsdaten.de/deutschsprachiger-einzelhandel/passantenfrequenz-top-10-einkaufsstrassen-deutschland-jahr-2023.

EHI (2023b): EHI Shopping-Center Report 2023. Köln.

EHI Retail Institute (2024): Entwicklung der Anzahl der Shopping-Center in Deutschland 1965 bis 2023. Abgerufen am 25.03.2024 von https://www.handelsdaten.de/shopping-center/anzahl-der-shopping-center-deutschland-zeitreihe.

Gastrospiegel (2024): Lösungen, die den Außer-Haus-Markt prägen. Abgerufen am 25.03.2024 von https://www.gastrospiegel.de/news/branche/2458-23-02-24-internorga-food-zoom-2024-loesungen-die-den-ausser-haus-markt-praegen.

Gerhard, Ulrike (1998): Erlebnis-Shopping oder Versorgungseinkauf? Eine Untersuchung über den Zusammenhang von Freizeit und Einzelhandel am Beispiel der Stadt Edmonton, Kanada. Marburger Geographische Schriften 133. Marburg.

Groner, B.; Pittroff, R. (2007): Keine Sättigung in Sicht. In: Stores & Shops 01/07, EHI Research, Entwicklung der Shopping-Center, S. 6-12.

IfD Allensbach (2023): Beliebteste Hobbys, Freizeitaktivitäten und Sportarten in Deutschland nach häufiger Ausübung in den Jahren 2021 bis 2023. Abgerufen am 25.03.2024 von https://de.statista.com/statistik/daten/studie/171168/umfrage/haeufig-betriebene-freizeitaktivitaeten/.

Jones Lang LaSalle (2008): Presseinformation vom 19.08.2008: Europäische Shopping Center. Abgerufen am 11.09.2008 von http://www.joneslanglasalle.de (20.03.2024 nicht mehr abrufbar).

Kagelmann, Hans J.; Friedrichs-Schmidt, Silke; Sauer, Roman (2004): Erlebnisgastronomie. In: Kagelmann, Hans J.; Bachleitner, Reinhard; Rieder, Max (Hrsg.) (2004): Erlebniswelten: Zum Erlebnisboom in der Postmoderne. München: Profil Verlag.

Kenning, Peter (2024): Convenience Shopping. Abgerufen am 25.03.2024 von https://wirtschaftslexikon.gabler.de/definition/convenience-shopping-30167.

Quack, Heinz-Dieter (2001): Freizeit und Konsum im inszenierten Raum. Eine Untersuchung räumlicher Implikationen neuer Orte des Konsums, dargestellt am Beispiel des Centro Oberhausen. Paderborner Geographische Studien 14. Paderborn.

Statista (2021a): Trends im Einkaufsverhalten in Deutschland. Abgerufen am 25.03.2024 von https://de.sta
tista.com/statistik/studie/id/6796/dokument/einkaufen-verhalten-und-produkte–statista-dossier/.
Statista (2021b): Anzahl neuer Shopping-Center in Deutschland. Abgerufen am 25.03.2024 von https://de.
statista.com/statistik/daten/studie/1238321/umfrage/anzahl-neuer-shopping-center-in-deutschland/.
Statista (2024a): E-Commerce-Umsatz in Deutschland. Abgerufen am 25.03.2024 von https://de.statista.
com/statistik/daten/studie/3979/umfrage/e-commerce-umsatz-in-deutschland-seit-1999/.
Statista (2024b): Marktanteil des interaktiven Handels im Einzelhandel in Deutschland. Abgerufen am
25.03.2024 von https://de.statista.com/statistik/daten/studie/452891/umfrage/marktanteil-des-
interaktiven-handels-im-einzelhandel-in-deutschland/.
Statista (2024c): Motivatoren für den Einkauf stationär vs. online. Abgerufen am 25.03.2024 von
https://de.statista.com/statistik/daten/studie/1169469/umfrage/motivatoren-fuer-den-einkauf-
stationaer-vs-online/).
Statista (2024d): Umsatzstärkste Unternehmen der Systemgastronomie in Deutschland. Abgerufen am
25.03.2024 von https://de.statista.com/statistik/daten/studie/267934/umfrage/umsatzstaerkste-
unternehmen-der-systemgastronomie-in-deutschland/.
Statista (2024e): Top-Unternehmen im Segment Freizeitgastronomie. Abgerufen am 25.03.2024 von
https://de.statista.com/statistik/daten/studie/161739/umfrage/top-unternehmen-im-segment-
freizeitgastronomie-nach-umsatz/.
Widmann, Torsten (2006): Shoppingtourismus. Wachstumsimpulse für Tourismus und Einzelhandel in
Deutschland. Materialen zur Fremdenverkehrsgeographie, Heft 64. Selbstverlag der Geographischen
Gesellschaft Trier.
Wittersheim, Nicole (2004): Erlebnisgastronomie in Deutschland. Materialen zur
Fremdenverkehrsgeographie, Heft 61. Selbstverlag der Geographischen Gesellschaft Trier.
Wolfram, Gerd (2022): Erlebnis-Shopping – Lust in einer komplexen Welt (2). Abgerufen am 25.03.2024
von https://www.digitalconnection.de/praxisbeispiele-und-cases/erlebnis-shopping-lust-in-einer-
komplexen-welt-2/.
Zukunftsinstitut (2023): Food-Trend-Update 2024: Was und wie wir in Zukunft essen werden. Abgerufen
am 25.03.2024 von https://www.zukunftsinstitut.de/zukunftsthemen/food-trends-hanni-ruetzler

7 Ausblick: Die Zukunft der Freizeitwissenschaft

Renate Freericks, Rainer Hartmann und Dieter Brinkmann

Eine integrierte Betrachtung des Phänomens Freizeit mit seinen Voraussetzungen, Strukturen und Folgen ist aus der singulären Analyse soziologischer, pädagogischer und wirtschaftlicher Fragestellungen hervorgegangen. Sie trägt seit einigen Jahren bestehende Studienangebote in den Bereichen Kultur, Freizeit und Tourismus. Welche Bedeutung wird eine ganzheitliche Freizeitwissenschaft zukünftig haben? Welchen Stellenwert hat der Ansatz für eine Qualifizierung von Hochschulabsolvent:innen mit Blick auf eine vielfältige Freizeitwirtschaft? Und welche neuen gesellschaftlichen Entwicklungen gilt es zu berücksichtigen? Das letzte Kapitel des Handbuchs Freizeitwissenschaft wagt einen Ausblick. Diskutiert werden aktuelle Herausforderungen an die Freizeitwissenschaft, Anforderungen an eine wissenschaftlich fundierte Ausbildung und die Chancen von Absolvent:innen auf dem Arbeitsmarkt.

7.1 Freizeitgesellschaft 4.0

Die Digitalisierung der Gesellschaft durchzieht als ein „Totalphänomen" alle Lebensbereiche und wird auch für die Entwicklung der Freizeitwissenschaft bestimmend sein. Die digitale Gesellschaft (oder Freizeitgesellschaft 4.0) trägt ein Doppelgesicht. Sie bietet mit der Zunahme an freier Zeit und individueller Selbstbestimmung Chancen für ein erfülltes Leben in einer freiheitlichen und humanen Gesellschaft. Vorausgesetzt, die anderen globalen Risiken, wie Klimawandel, Bevölkerungsentwicklung und globale Konflikte, ließen sich im Zaum halten, könnte die Welt mit künstlicher Intelligenz (KI) und dem Internet der Dinge ein Stück besser werden: mehr Raum für selbstbestimmte Tätigkeit, die Pflege von Gemeinschaft und Familie oder die Entwicklung individueller Fähigkeiten und Interessen. Ein alter Traum.

Der drohende Überwachungs- und Informationskapitalismus, der mit der weiteren digitalen Durchdringung unserer Lebenswelt heraufzieht, ist die düstere Seite der digitalen Gesellschaft (Freizeitgesellschaft 4.0). Eine alles dominierende Konsumwelt mit weitreichenden Manipulationsmöglichkeiten durch global vernetzte Akteur:innen stellt das Schreckgespenst einer digitalisierten Zukunft dar, mit unübersehbar negativen Folgen für eine demokratische Kultur. Die Freizeit als grenzenlos virtualisierte und fremdbestimmte Konsumzeit, als betäubende Bespaßung und mit sozialer Ausgrenzung und Vereinzelung gilt es mit allen Kräften zu vermeiden.

Fest steht, die digitalen Geschäfts- und Produktionsmodelle werden die Arbeitsorganisation in der Wirtschaft grundlegend verändern. Eine Entgrenzung von Arbeit und Freizeit durch Flexibilisierung von Arbeitszeit und Arbeitsort erscheint offensichtlich. Mögliche negative Folgen wie die Vermischung von Privat- und Arbeitszeit, aber auch mögliche positive Effekte wie neue Freiheiten zeichnen sich ab. Hohe Ver-

https://doi.org/10.1515/9783111337944-007

änderungsdynamiken stellen neue Anforderungen an eine flexible Arbeitsweise und schlagen sich unmittelbar auf die Arbeitsbedingungen nieder. So wird durch digitale Arbeitsprozesse das Arbeitsverhalten zunehmend transparent. Die Einführung von Mitarbeitenden Feedback-Apps in Unternehmen mag hier nur als ein Beispiel dienen. Durch sich rasch ändernde Anforderungsprofile werden formale Qualifikationen zunehmend entwertet. Für das Berufsleben, aber auch für die gesellschaftliche Teilhabe, werden digitale Kompetenzen zu einem wichtigen Faktor.

Laut einer aktuellen Studie des Stifterverbands für die deutsche Wissenschaft (2018) zum Thema „Future Skills in Wirtschaft und Gesellschaft" zählen zu den aktuellen Kompetenzbedarfen zum einen technologische Fähigkeiten. Zum anderen geht es aber auch um grundsätzliche digitale und nicht-digitale Schlüsselqualifikationen. Die digitalen Grundfähigkeiten, wie die digital literacy (routinierter Umgang mit elektronischen Daten, Grundkenntnisse in Datenschutz, Kollaboration mit anderen über örtliche und kulturelle Grenzen hinweg etc.) und Soft Skills wie Kreativität und zwischenmenschliche Interaktion erscheinen besonders wichtig, und zwar nicht nur für das Berufsleben, sondern auch um die gesellschaftliche Teilhabe zu gewährleisten.

Eine neue digitale Arbeitskultur zeichnet sich ab. Wesentlich erscheint auf der einen Seite, Mitarbeitende vor Überforderung durch eine Entgrenzung der Arbeit zu schützen und auf der anderen Seite, die Chancen eines selbstbestimmten Lebens durch individuelle Zeit- und Ortssouveränität insbesondere im Hinblick auf eine neue Qualität der Vereinbarkeit von Arbeit und Freizeit zu wahren (vgl. Riess/Wintermann 2017). Je nachdem wie Wirtschaft und vor allem auch Politik diese digitale Transformation gestalten und die Gesellschaft dabei mitnehmen, wird sich entscheiden, was gute Arbeit und vor allem ein gutes Leben im digitalen Zeitalter ausmacht.

In einer digitalisierten Dienstleistungsgesellschaft werden jedoch immer mehr **kreative Kompetenzen** gefragt sein. Viele einfache, routinisierte Service-Tätigkeiten, auch in der Freizeitwirtschaft, können automatisiert werden. „Es bilden sich Arbeitsbereiche und Berufe heraus, die geprägt sind von ureigenen menschlichen Fähigkeiten wie Empathie oder Kreativität" (Daheim/Wintermann 2016: 10). Doch so eindeutig sind die Zukunftsprognosen nicht, sie sind auch nur vage Abschätzungen. Welche Jobs könnten durch KI wegfallen? Welche werden neu entstehen? Und was machen diejenigen, deren Arbeitsplatz verloren geht? Werden sie frühzeitig in Rente gehen oder zwangsweise in die Freizeit geschickt?

Freizeitwissenschaft als Transferwissenschaft

Wolfgang Nahrstedt formulierte mit Blick auf die Umbrüche der 1980er Jahre in seinem Buch „Leben in freier Zeit" (1990: 204 f.), dass es u. a. eine zentrale Aufgabe der Freizeitpädagogik sei, das entstehende Selbstverständnis einer Freizeitgesellschaft mit dem überkommenen Selbstverständnis der Arbeitsgesellschaft zu vermitteln: „Freizeitpädagogik wird zur Transferpädagogik". Selbstbestimmung und Emanzipation wurden als zentrale Leitziele einer demokratischen Freizeitpädagogik formuliert. Frei Leben, frei Denken und solidarisches Handeln wurden als Werte formuliert. An eine Verfügbarkeit über Zeit für alle waren diese Hoffnungen geknüpft. Hier gilt es neu anzuknüpfen. Die emanzipativen Potenziale einer neuen, digitalisierten Arbeitsgesellschaft und die Chancen für eine nachhaltige Entwicklung scheinen keineswegs ausgelotet. Freizeitwissenschaft als ein übergreifender Querschnittsbereich wird ein Stück weit Transferwissenschaft.

Wichtig für die Freizeitwissenschaft 4.0 werden daher:

– Die Förderung der „Digitalkompetenz" in der Freizeit und für die Freizeit, um eine gesellschaftliche Teilhabe zu stärken und soziale Risiken zu minimieren.
– Die Stärkung eines reflexiven Umgangs mit neuen Digitalprodukten und die Ausrichtung an lebensweltlichen Bedürfnissen einer subjektiv wertvollen Freizeit.
– Die Unterstützung neuer gemeinschaftsbildender Prozesse und einer demokratischen Kultur der Freizeit im Kontext hybrider Netzwerke und Vergesellschaftungsprozesse.

Nicht zuletzt wird die freie, selbstbestimmte Zeit über die Lebensqualität einer digitalisierten Gesellschaft mitentscheiden. Ihre Bedeutung für die „Smart Cities" der Zukunft anzuerkennen, ist ein noch einzulösendes Programm für Politik und Wirtschaft, Bildungs- und Sozialsysteme. Es gilt die Rahmenbedingungen für ein sinnstiftendes und erfülltes Leben zu klären. Freizeitwissenschaft agiert dabei als ein kritisches Gewissen, das auf die Verluste durch die Digitalisierung, aber auch auf die Chancen der digitalen Welt hinweist. Die noch kommenden digitalen Herausforderungen eröffnen eine schon lange abgelegte Debatte um die Zukunft der Arbeitsgesellschaft neu. Sie gilt es produktiv zu nutzen. „Wie wollen wir in Zukunft leben?" bleibt eine noch zu beantwortende Frage.

Globalisierung und Individualisierung

Die Freizeitgesellschaft 4.0 wird nicht nur digital sein, sondern in viel stärkerem Maße als bisher von globalen Aspekten bestimmt werden. Mit der Globalisierung entsteht ein neuer Referenzrahmen für die Freizeit und ihre Erlebnisangebote, der Blick muss über die lokalen und regionalen Grenzen hinaus auf weltweite Entwicklungen gerichtet werden. Wenngleich sich auch gegenläufige Tendenzen im Sinne von Regionalisierung und Rückbesinnung auf das Lokale und Regionale zeigen. Die ökonomische Globalisierung nimmt insbesondere Einfluss auf die Unternehmensstrukturen. Sie erhöht den Wettbewerb und die Konkurrenz der Arbeitnehmenden auf dem Arbeitsmarkt, sie stärkt bei internationaler Ausrichtung aber auch die Chancen auf dem internationalen Freizeitarbeitsmarkt. Flexibilität, Mobilität und Medienkompetenz der Arbeitnehmenden wird als selbstverständlich vorausgesetzt. Mit der Globalisierung wird unsere Gesellschaft immer mehr zu einer Informationsgesellschaft. Die weltweiten Informationsströme führen zu einer Verbreitung von Bedürfnisstrukturen und -mustern und erhöhen die Anforderungen an die soziokulturelle bzw. interkulturelle Orientierung, und Fragen der Gerechtigkeit der Ressourcennutzung und der Chancenverteilung werden zentral. Die ökologische Dimension der Globalisierung tritt augenscheinlich mit dem Klimawandel hervor und erfordert engagiertes Handeln auf verschiedenen gesellschaftlichen Ebenen zur Begrenzung der dramatischen Folgen. Insgesamt verweisen die Globalisierungstendenzen auf die Notwendigkeit einer nachhaltigen Freizeitentwicklung.

Durch die ökonomischen, kulturellen, sozialen und ökologischen Dimensionen der Globalisierung wird die Freizeit auf vielfältige Weise beeinflusst. Die kulturelle Globalisierung führt zu einer Vielzahl kultureller Freizeit- und Erlebnisangebote, die trotz der Vielfalt auch wieder eine gewisse Standardisierung aufweisen. Wesentlich erscheint es, angesichts der Konkurrenz auf dem Freizeitmarkt, besondere, unvergessliche Erlebnisse zu bieten. Die Entwicklung bzw. Inszenierung neuer Erlebnisangebote im Überschneidungsbereich von Unterhaltung, Konsum und Bildung ist gefordert.

Die Freizeitbranche selbst trägt vor allem mit den Sektoren Medien, Tourismus und Events zu einer Beschleunigung der Globalisierung bei. So sind als Folge der Globalisierung nicht nur höhere Anforderungen an die Service- und Erlebnisqualität zu konstatieren, sondern vor allem mit Blick auf die globale Medienwelt eine Ausweitung der digitalen Freizeit und einer **digitalen Arbeitswelt**. Digitale Kompetenzen erscheinen daher von hoher Relevanz für den zukünftigen Arbeitsmarkt. So gilt es u. a. neue digitale Kommunikationsmedien (Podcasts, Social Media etc.) in die Marketingmaßnahmen einzubinden. Sie können zur Einbindung weiterer Zielgruppen gestaltet (z. B. Online-Lernmodule) und Besuchserlebnisse durch neue digitale Technologien (digitale Szenografie) intensiviert werden. Zudem wird sich der Markt reiner Online-Marketing-Agenturen ausweiten und entsprechende E-Marketing-Kenntnisse fordern.

Insbesondere in dem hier im Fokus stehenden Freizeitdienstleistungsbereich werden mit Blick auf die zunehmende Individualisierung der Lebensmodelle und die demografische Entwicklung in der Gesellschaft, den damit zusammenhängenden Migrationsbewegungen und den steigenden Ansprüchen an die nachhaltige Entwicklung vieler Lebensbereiche höhere Anforderungen an **Professionalität** und **Qualifizierung** gestellt. Die Tendenz zur Individualisierung und differenzierten Ansprüchen führt zu spezifischeren Zielgruppen, die von den Freizeitanbietenden jeweils unterschiedlich angesprochen werden müssen. Selbst die am meisten zu beachtende Gruppe der älteren Menschen, denn jede:r Dritte wird angesichts der längeren Lebenserwartung und des Geburtenrückgangs im Jahr 2050 60 Jahre oder älter sein, stellt keine homogene Zielgruppe dar. Ältere sind heute bereits aktiver, gesünder und verfügen über bessere Bildungsabschlüsse als alle Generationen zuvor. Und die Gruppe der Älteren wird zunehmend „bunter". Mit der Ausweitung und Ausdifferenzierung des Freizeitmarktes einerseits und den zunehmenden Ansprüchen der Konsument:innen und ihrer pluralen Freizeit- und Lebensstile andererseits wächst der Bedarf an qualifiziertem Personal und damit auch die Anforderungen an die **Service- und Erlebnis-**

qualität. Integrative Konzepte, die die Teilhabe aller an Kultur und Tourismus sowie das Streben nach Lebensqualität unterstützen, gilt es zu entwickeln.

Die wenigen skizzierten Entwicklungen zeigen: Eine integrierte Freizeitwissenschaft als spartenübergreifende Transferwissenschaft wird auch in Zukunft gefragt sein. Und sie ist nach wie vor eine wichtige Grundlage einer breiten Qualifikation für den Arbeitsmarkt Freizeit.

7.2 Chancen von Freizeitwissenschaftler:innen auf dem Arbeitsmarkt

Dieser Abschnitt beschäftigt sich mit möglichen Berufsfeldern von Freizeitwissenschaftler:innen. Er basiert auf Befragungen von Absolvent:innen des einzigen Internationalen Studiengangs der Freizeitwissenschaft Deutschlands in Bremen. Der Versuch, alle Facetten der möglichen Nutzung von freier Zeit abzubilden und daraus „die Freizeitbranche" abzuleiten ist so gut wie unmöglich. Daher soll eine Eingrenzung vorgenommen werden, um zumindest die wichtigsten Bereiche der Freizeit und damit auch mögliche Berufsfelder zu betrachten.

Potenzielle Berufsfelder aus der Nachfrageperspektive

Da es keine spezifischen Produktionsbedingungen zur Abgrenzung von Freizeitanbietenden gibt, bleibt als gemeinsamer Nenner nur die Betrachtung von Freizeitaktivitäten der Menschen. Aus der Perspektive der Marktforschung gibt es seit vielen Jahren eine hohe Kontinuität der wichtigsten Bereiche von Freizeitaktivitäten der Bundesbürger:innen (vgl. Kap. 3). Im Zentrum stehen ganz deutlich mediale Freizeitaktivitäten, die im Prinzip keiner Organisation durch Dritte bedürfen. Ganz ähnlich sieht es mit den meisten sog. regenerativen und sozialen Freizeitaktivitäten aus, sie unterliegen weitestgehend der Selbstorganisation. Erst im Rahmen der aktiven Beschäftigungen, vornehmlich der Außerhaus-Aktivitäten, ist es möglich oder auch notwendig ein Freizeitangebot für die jeweilige Nachfrage zu organisieren. Hier entstehen Berufsfelder zur Erstellung von institutionellen, rechtlichen, ökonomischen und organisatorischen Rahmenbedingungen, die Freizeitaktivitäten ermöglichen sowie solche, die Prozesse, die zu konkreten Freizeit-Dienstleistungen führen, steuern (z. B. Kulturveranstaltungen, Sportangebote, Freizeitparks) (vgl. Kap. 4). Bei der Betrachtung von Freizeitaktivitäten, die außerhalb der Privatsphäre wahrgenommen und als Außerhaus-Aktivitäten bezeichnet werden können, stehen ebenfalls kontinuierlich die gleichen Aktivitäten ganz vorne (vgl. Stiftung für Zukunftsfragen 2023).

Zusammenfassend lassen sich die wichtigsten Märkte herausarbeiten, die den engeren Gegenstand des organisierten Freizeitangebotes ausmachen: Kultur und Natur erleben, Sport treiben und die Gesundheit pflegen, Shopping und Gastronomie wahrnehmen sowie Tourismus betreiben. Diese können im Kontext zu möglichen Berufsfeldern weiter differenziert bzw. segmentiert werden (vgl. Tab. 7.1):

Tab. 7.1: Märkte im Bereich der Freizeit (Quelle: eigene Darstellung).

Kultur- und Naturerlebnis	Tourismus
– Bühnenbetriebe	– Organisierte Ausflüge, Tagesreisen
– Museen, Ausstellungshäuser	– Kurzreisen (max. 4 Tage)
– Kulturerbestätten	– Urlaubsreisen (ab 5 Tagen)
– Naturlandschaften	
– Kinos	
– Events, Märkte	
– Freizeit- und Erlebniswelten (Park, Zoo etc.)	
Sport und Gesundheit	**Shopping und Gastronomie**
– Sportler:innenmarkt (Vereine, Fitnessstudios etc.)	– Klassische und neue Orte des Erlebniseinkaufs/Shoppings (Shopping-Malls etc.)
– Zuschauer:innensport (Arenen etc.)	– Klassische und Erlebnisgastronomie
– Zweiter Gesundheitsmarkt (private Gesundheitsausgaben)	

Innerhalb dieser Märkte sind verschiedenste Tätigkeiten auf unterschiedlichen Hierarchieebenen für Hochschulabsolvent:innen denkbar. Davon ausgehend, dass es sich um höher qualifizierte Aufgaben handelt, sind diese u. a. in den Bereichen Marketing und Management, Bildung und Beratung, Forschung und Lehre sowie Kommunikation denkbar. Zudem existieren unterschiedlichste Fachrichtungen, die sich mit diesen Themen beschäftigen: Kultur- und Theaterwissenschaften, Landschaftsplanung, Ökologie, Betriebswirtschaft bzw. Wirtschaftswissenschaften, Sport- und Gesundheitswissenschaften, Tourismuswissenschaft/-management, Eventmanagement u. v. m. Freizeit als solche bzw. Freizeitwissenschaft zu studieren ist demnach nur ein möglicher Zugang, der Studierende vergleichsweise breit auf dieses Phänomen vorbereitet. Das birgt aber auch die Gefahr, nicht spezifisch genug ausgebildet zu sein, um z. B. im Kultur-, Gesundheits- oder Gastronomiebereich arbeiten zu können.

Freizeit(wissenschaft) studieren

Nachdem die Gegenstandsbereiche der Freizeit entlang der Nachfrage strukturiert wurden, stellt sich die Frage, welche Freizeit-Studiengänge diesen explizit gegenüberstehen. Entsprechend folgt ein kurzer Überblick entsprechender Studienangebote auf dem deutschen Markt. Zunächst gibt es eine Reihe von Studiengängen, die einen direkten Bezug zum Thema Freizeit aufweisen und den Begriff Freizeit auch im Titel tragen (vgl. HRK 2024):

- Hochschule Bremen: Internationaler Studiengang Angewandte Freizeitwissenschaft B. A.
- Hochschule Bremen: Internationaler Studiengang nachhaltige Freizeit- und Tourismusentwicklung M. A.
- Hochschule Stralsund: Leisure and Tourism Management B. A. (englisch; Double Degree möglich)
- Duale Hochschule Baden-Württemberg, Ravensburg: BWL – Tourismus, Hotellerie und Gastronomie/Freizeitwirtschaft B. A. (duales Studium)
- Hochschule Heilbronn: Betriebswirtschaft und Kultur-, Freizeit-, Sportmanagement B. A. und M. A.
- Hochschule für Technik und Wirtschaft des Saarlandes: Freizeit-, Sport-, Tourismus-Management M. A.

Zudem existieren weitere Studienangebote in Deutschland, die beim Stichwort „Freizeit" auf der Seite des HRK-Hochschulkompass angezeigt werden und ebenfalls einen Bezug zum Thema Freizeit aufweisen, wie z. B. Sport-Gesundheit-Freizeitbildung (Pädagogische Hochschule Karlsruhe) oder Sport- und Bewegungsvermittlung in Freizeit- und Breitensport (Deutsche Sporthochschule Köln) (vgl. HRK 2024).

Der sehr weit gefasste Gegenstandsbereich und die Multidisziplinarität der Freizeitwissenschaft führen dazu, dass es zu ihren einzelnen Teilbereichen und Berufsfeldern sehr spezifische Zugangswege gibt. So integrieren verschiedenste Sozialwissenschaften und auch die Wirtschaftswissenschaften das Thema Freizeit bzw. beschäftigen sich mit freizeitrelevanten Fragestellungen. Im Vordergrund steht dabei das Überschneidungsfeld der mobilen Freizeit (im Wohnumfeld) und des Tourismus (außerhalb des Wohnumfeldes), das sehr häufig aus einer betriebswirtschaftlichen oder Management-Perspektive betrachtet wird. Daneben beziehen sich viele Studienangebote auf einzelne Felder der Freizeit, vor allem den Sport und die Gesundheit. Hinzu kommen Studienangebote, die sich auf Kulturpädagogik, Kulturmanagement und Eventmanagement spezialisiert haben. Auch der Bezug zur Natur bzw. Ökologie und Nachhaltigkeit wird vereinzelt hergestellt. Aufgrund des Mangels an verfügbaren Daten zum Verbleib der Absolvent:innen aller angeführten freizeitrelevanten Studiengänge, soll im folgenden Abschnitt an einem Fallbeispiel dargestellt werden, in welche Berufsfelder die Absolvent:innen der Freizeitwissenschaft tendieren.

Berufsfelder von Freizeitwissenschaftler:innen – empirische Befunde
Das Profil des Internationalen Studiengangs Angewandte Freizeitwissenschaft (ISAF) B. A. an der Hochschule Bremen ist durch einige Besonderheiten geprägt, die ihn in mehrfacher Hinsicht einzigartig machen: Er bietet eine fundierte wissenschaftliche

Qualifikation in internationaler Dimension und orientiert an den Bedarfen der Freizeit- und Tourismusbranche. Ins Studium sind sowohl ein Auslands- als auch ein Praxissemester integriert. Er verfolgt einen ganzheitlichen Ansatz durch die Integration von gesellschaftswissenschaftlichen, ökologischen und ökonomischen Studieninhalten. In den drei Schwerpunkten erfolgt eine breite, interdisziplinäre Betrachtung der Phänomene Freizeit und Tourismus (inkl. der Betrachtung der Bereiche Pädagogik, Nachhaltigkeit, Kultur, Medien, Sport und Gesundheit).

Die Befragung von Absolvent:innen des Studiengangs ISAF (Diplom und Bachelor) findet regelmäßig seit 2014 statt. Die Grundgesamtheit aller Absolvent:innen wird dank der nahezu vollständigen Erfassung der Kontakte am Ende des Studiums in einer Datenbank weitgehend abgebildet. Dementsprechend erfolgen die Befragungen online durch Zusendung eines Links an alle erfassten Absolvent:innen. Die Rücklaufquoten sind durchgängig sehr hoch und die Stichproben entsprechend groß (vgl. Tab. 7.2).

Tab. 7.2: Daten zu den ISAF-Absolvent:innenbefragungen (Quelle: eigene Erhebungen).

Jahr	Sample (Datenbank)	Stichprobe	Rücklaufquote
2014	420	179	43 %
2017	570	186	35 %
2020	707	244	35 %
2024	856	266	31 %

Im Folgenden werden die für den beruflichen Einstieg bzw. die Berufsfelder relevanten Fragen beleuchtet. Dabei steht das Jahr 2024 im Fokus:
- Die befragten ISAF-Absolvent:innen haben ihren Abschluss zwischen 2003 und 2024 gemacht und sind zu 85 % weiblich, was der realen Verteilung der Geschlechter im Studiengang entspricht.
- Sie verfügen über sehr unterschiedliche Zeiten der Berufserfahrung nach dem Studium, von wenigen Monaten bis zu 20 Jahren. Auch vor dem Studium haben 41 % der ISAF-Absolvent:innen bereits eine Ausbildung absolviert und 49 % waren zuvor berufstätig, der größte Teil im kaufmännischen Bereich.
- Nach dem Studium nahmen 45 % der Absolvent:innen eine Weiterbildung wahr, darunter sind vor allem die Bereiche Projektmanagement, Social Media/Kommunikation, Marketing und BWL zu nennen.
- Von den beruflich Tätigen arbeiten 79 % als Angestellte und 6 % als Selbständige oder Freiberufler:innen. Drei Viertel haben ein unbefristetes Arbeitsverhältnis und 47 % arbeiten Vollzeit.
- Etwa ein Drittel der ISAF-Absolvent:innen arbeitet nach dem Studium in Bremen und ein weiteres Drittel in Niedersachsen, Hamburg oder Schleswig-Holstein. Allerdings kamen auch die meisten von ihnen aus diesen Regionen zum Studium

nach Bremen bzw. lebten bereits in der Stadt. Demgegenüber gingen 10 % der Absolvent:innen nach dem Studium ins Ausland, vorwiegend innerhalb Europas.

–   Laut eigener Auskunft, haben 2024 nur 48 % aller ISAF-Absolvent:innen einen Arbeitsplatz in der Freizeit- und Tourismusbranche (2020 waren es noch 88 %, 2017 zumindest 72 %), davon 29 % in leitender Position. Das könnte auf die Abwanderung von Arbeitskräften aus dem Freizeit- und Tourismusbereich während der Corona-Pandemie zurückzuführen sein. Die Berufsfelder sind in Tab. 7.3 dargestellt.

Tab. 7.3: Berufsfelder von ISAF-Absolvent:innen (Quelle: eigene Erhebungen).

Berufsfelder	Ø	2024	2020	2017	2014
Tourismusunternehmen/-wirtschaft (inkl. Reiseveranstaltende)	25 %	19 %	34 %	27 %	22 %
Kultur-/Freizeit-/Erlebniseinrichtungen	19 %	17 %	23 %	19 %	17 %
Eventmanagement/Messe/Kommunikation	19 %	13 %	18 %	24 %	21 %
Tourismusorganisationen/-politik (inkl. Destinationsmanagement)	16 %	22 %	11 %	8 %	23 %
Bildung/Forschung/Beratung	9 %	11 %	7 %	6 %	11 %
Unternehmen/Organisationen im Sportbereich	5 %	4 %	4 %	8 %	5 %
andere	7 %	14 %	3 %	9 %	1 %

Die Verteilung auf Unternehmensgrößen ist breit gefächert, mit 39 % arbeitet der größte Teil der Absolvent:innen in großen Unternehmen (≥ 250 Beschäftige) und jeweils etwa 20–25 % arbeiten in kleinen und mittleren Unternehmen. In Kleinstunternehmen (≤ 9 Beschäftigte) sind 15 % tätig.

Unter Berücksichtigung ihrer akademischen Ausbildung schätzen die meisten Absolvent:innen ihre Arbeitsaufgaben in hohem Maße als angemessen ein, den entsprechenden Status im Unternehmen ebenfalls, das Einkommen wird am wenigsten als angemessen bewertet.

Der Zeitpunkt des Berufseinstiegs liegt bei 71 % der Absolvent:innen maximal drei Monate nach dem Abschluss des Studiums. Ein Drittel hat bereits vor dem Abschluss einen Job in Aussicht. Der Weg zum Job ist dabei ganz unterschiedlich: 63 % der ISAF-Absolvent:innen hatte sich auf eine ausgeschriebene Stelle beworben, 12 % durch persönliche, private oder hochschulbezogene Vermittlung und 12 % durch eine Initiativbewerbung.

Resümee

Die Befragung der ISAF-Absolvent:innen zeigt, dass das Studium der Freizeitwissenschaft für ein sehr breites Spektrum an möglichen Berufen im Bereich der Freizeit qualifiziert. Vergleicht man diese mit den Berufsfeldern aus Tab. 7.2 zeigt sich ein deutlicher Schwerpunkt im Bereich Tourismus und dort insbesondere bei Reiseveranstaltenden und im Destinationsmanagement. Der Tourismus stellt auch einen inhaltlichen Schwerpunkt des ISAF-Studiums dar. Daneben finden viele Absolvent:innen einen Job im Bereich Kultur und Erlebnis, mit einem Schwerpunkt auf neue Freizeit- und Erlebnisangebote sowie das Eventmanagement. Die klassische Kultur steht nicht in deren Fokus. Dort ist die Konkurrenz z. B. durch Kulturwissenschaftler:innen sehr stark ausgeprägt. Durch den Schwerpunkt Ökologie und Nachhaltigkeit im ISAF-Studium finden einige Absolvent:innen den Weg in den Natur- und Klimaschutz.

Nur wenig vertreten sind bei den ISAF-Absolvent:innen die Freizeitbereiche Shopping und Gastronomie, die im ISAF-Studium auch nur am Rande thematisiert werden. Hier gibt es zudem eine starke Konkurrenz von Seiten der Wirtschaftswissenschaften. Ähnlich sieht es im Gesundheitsbereich aus, der durch verschiedenste Gesundheitsberufe abgedeckt wird. Der zweite Gesundheitsmarkt ist neben medizinischen Anwendungen zudem durch Ernährung, Bekleidung, Medien und Sportangebote geprägt. Hier ergaben sich bislang eher wenige Anknüpfungspunkte für die ISAF-Absolvent:innen.

Insgesamt bleibt eine sehr große Bandbreite von beruflichen Betätigungsmöglichkeiten für Freizeitwissenschaftler:innen, die viele Perspektiven bietet und in denen die Interdisziplinarität und Praxisnähe des international ausgerichteten Studiums zum Einsatz gebracht werden können.

7.3 Freizeitwissenschaftliche Hochschulausbildung

Die gesellschaftlichen Herausforderungen können nicht ohne Folgen für die Ausbildung im Freizeitbereich bleiben. Die Freizeitwirtschaft ist der größte Arbeitgeber in Deutschland. Die Wachstumsbranchen Tourismus, Kultur, Sport und Gesundheit sowie Medien und Unterhaltung erfordern zunehmend nicht nur mehr, sondern auch höherqualifizierte Arbeitnehmer:innen. Durch die Verknüpfung lokaler und mobiler Freizeit (z. B. im Event- oder Gesundheitstourismus) entstehen zudem neue Schnittmengen zwischen Freizeit, Gesundheit, Kultur und Tourismus. Die Freizeitexpert:innen müssen über ein breites Verständnis verfügen und die Kenntnisse einzelner Branchen miteinander verknüpfen können.

Aufgabe und Ziel der freizeitwissenschaftlichen Hochschulausbildung muss es sein, sich auf gesellschaftliche Entwicklungen und Veränderungen einzustellen und die Studierenden mit einem entsprechenden Spektrum von Kompetenzen auszustatten.

Die praktischen Anforderungen im Freizeitsektor zeichnen sich weniger durch Arbeitsteiligkeit als vielmehr durch eine große Bandbreite von Aufgaben, Zuständigkeiten und Verantwortlichkeiten aus. Gefragt sind qualifizierte Fachkräfte, die interdisziplinär arbeiten und verschiedene Kompetenzen aufweisen.

Daraus leiten sich als **Ausbildungsziele** für die zukünftigen Absolvent:innen der Freizeitwissenschaft ab, dass

– sich ihr Wissen und Verstehen des Freizeitsektors auf einem Niveau befindet, das auf wissenschaftlichen Lehrbüchern, aktuellen wissenschaftlichen Debatten des Faches und kritischem Denken basiert;

– sie ihr Wissen auf eine Art und Weise anwenden können, die auf einen professionellen Ansatz hinweist und sie über Kompetenzen verfügen, die bei der Argumentation und bei der Lösung von Problemen im Freizeitbereich zur Geltung kommen;

– sie in der Lage sind, Daten zu sammeln und auszuwerten, die für eine Urteilsbildung, bei der auch relevante soziale, wissenschaftliche oder ethische Fragen berücksichtigt werden, von Bedeutung sind;

– sie die Informationen, Ideen, Probleme und Lösungen zielgruppenorientiert und unter Beachtung der Nachhaltigkeitsziele vermitteln können;

– sie Lernstrategien entwickelt haben, die für eine Fortsetzung der Studientätigkeit auf höherem Niveau (Master, Promotion) und mit einem hohen Grad an Selbständigkeit erforderlich sind.

Diese Ziele sollen die Absolvent:innen auch in Zukunft befähigen, spezielle Funktionen im Berufsfeld Freizeit und Tourismus wahrnehmen zu können und zu einer nachhaltigen Entwicklung der Gesellschaft beizutragen.

7.4 Literatur

Daheim, Cornelia; Wintermann, Ole (2016): 2050: Die Zukunft der Arbeit. Ergebnisse einer internationalen Delphi-Studie des Millennium Project. Gütersloh: Bertelsmannstiftung.

Hochschulrektorenkonferenz (HRK) (2024): Hochschulkompass. Abgerufen am 18.04.2024 von https://www.hochschulkompass.de/home.html.

Nahrstedt, Wolfgang (1990): Leben in freier Zeit. Grundlagen und Aufgabe der Freizeitpädagogik. Darmstadt: Wiss. Buchgesellschaft.

Riess, Birgit; Wintermann, Ole (2017): Digitalisierung: Betriebliche Transformation der Arbeitswelt ist eine gesamtgesellschaftliche Aufgabe. Bertelsmannstiftung. Abgerufen am 13.11.2018 von https://www.zu kunftderarbeit.de/2017/09/06/digitalisierung-betriebliche-transformation-der-arbeitswelt-ist-eine-gesamtgesellschaftliche-aufgabe/.

Stifterverband für die deutsche Wissenschaft e.V. (Hrsg.) (2018): Future Skills: Welche Kompetenzen in Deutschland fehlen. Diskussionspapier 1. In Kooperation mit McKinsey&Company. Essen: Stifterverband.

Stiftung für Zukunftsfragen (2023): Freizeitmonitor 2023. Abgerufen am 18.04.2024 von https://www.frei zeitmonitor.de/.

Abbildungen

https://doi.org/10.1515/9783111337944-008

Tabellen

https://doi.org/10.1515/9783111337944-009

Autor:innen

Dr. Dieter Brinkmann arbeitet seit 1999 an der Hochschule Bremen. Er ist als Lektor in den internationalen Studiengängen Angewandte Freizeitwissenschaft (B. A.) und Nachhaltige Freizeit- und Tourismusentwicklung (M. A.) tätig. Seine Schwerpunkte in Forschung und Lehre sind angewandte Freizeitforschung, informelle Bildung und erlebnisorientierte Lernorte. Er hat an der Universität Bielefeld in Erziehungswissenschaft promoviert und ist Mitglied im Leitungsteam des Instituts für Freizeitwissenschaft und Kulturarbeit e. V. und des Bremer Instituts für Freizeit und Tourismusforschung (BITF) an der Hochschule Bremen. Im Rahmen des Clusters Lebensqualität an der Hochschule Bremen hat er u. a. an Studien zum Funktionswandel von Bibliotheken, der Digitalisierung von Museen und zu didaktischen Modellen für außerschulische Lernorte mitgewirkt. Er ist im Vorstand der Kommission pädagogische Freizeitforschung der Deutschen Gesellschaft für Erziehungswissenschaft (DGfE).

Florian Carius hat ein Studium der Freizeitwissenschaft (FH-Diplom) in Bremen und der Entwicklungszusammenarbeit (Master of Arts) in Kaiserslautern erfolgreich abgeschlossen. Studien- und Forschungsaufenthalte als DAAD-Stipendiat führten ihn nach Mauritius und Tansania. Für acht Jahre war er beim Bundesamt für Naturschutz in der internationalen Zusammenarbeit tätig und hat u. a. die Tourismusstrategie der Karpaten und die Ökotourismus-Entwicklung in äthiopischen Biosphärenreservaten fachlich begleitet. Seit 2018 ist er Dezernent in der Nationalparkverwaltung Niedersächsisches Wattenmeer. Seit 2013 ist er zudem Lehrbeauftragter für zunächst Freizeit-/Tourismuspolitik und seit 2019 für Schutzgebietstourismus an der Hochschule Bremen.

Prof. Dr. Renate Freericks arbeitet seit 2002 als Professorin für Freizeitwissenschaft an der Hochschule Bremen. Sie leitet dort den Internationalen Studiengang Angewandte Freizeitwissenschaft und das Forschungsinstitut für Freizeitwissenschaft und Kulturarbeit e. V. (IFKA). 1996 erfolgte die Promotion an der Universität Bielefeld. Die Berufung an die Hochschule Bremen erfolgte mit dem Kompetenzschwerpunkt Pädagogische Freizeitwissenschaft. Sie verfügt über mehr als 30 Jahre Lehr- und Forschungserfahrung in der Freizeit. Neben dem IFKA e. V. leitet sie gemeinsam mit Dr. Brinkmann das Bremer Institut für Freizeit- und Tourismusforschung (BITF) an der Hochschule Bremen. Zudem ist sie Vorsitzende der Kommission Pädagogische Freizeitforschung der Deutschen Gesellschaft für Erziehungswissenschaft und Mitglied in der Deutschen Gesellschaft für Tourismuswissenschaft (DGT) sowie der Deutschen Gesellschaft für Zeitpolitik. Lehr- und Forschungsschwerpunkte sind neben grundlegender Freizeit- und Zeitforschung insbesondere informelle Bildung in Freizeit und Tourismus sowie die Entwicklung neuer Konzepte für Freizeiteinrichtungen. Die Auswirkungen der Digitalisierung auf Freizeit, Kultur und Tourismus sowie der Wandel klassischer Kultureinrichtungen sind ein aktuelles Thema in Studien, Vorträgen ud Publikationen.

Prof. Dr. Rainer Hartmann arbeitet seit 2005 als Professor für Marketing und Management in Tourismus und Freizeit an der Hochschule Bremen. Er leitet dort u. a. den Masterstudiengang für nachhaltige Freizeit- und Tourismusentwicklung. Seine Arbeitsfelder sind Regionalstudien zum nachhaltigen Tourismus, Städte- und Kulturtourismus sowie der Tourismus in Afrika. Nach dem Studium der Geographie (1989-94) und Sportwissenschaften (1987-92) an der Universität Heidelberg und einer Tätigkeit als Wissenschaftlicher Mitarbeiter am Institut für Geographie der Universität Erlangen-Nürnberg hat er 1998 mit einer Dissertation über den Tourismus in Eritrea promoviert. Von 1999-2004 war er Senior

https://doi.org/10.1515/9783111337944-010

Consultant (Kommunal- und Unternehmensberatung) bei der CIMA Beratung + Management GmbH in Lübeck. Er ist Mitglied der Deutschen Gesellschaft für Tourismuswissenschaft (DGT) e. V. sowie Mitglied des Prüfungsausschusses für das Reiseleiterzertifikat des Bundesverbandes der Deutschen Tourismuswirtschaft (BTW) e. V. Seit 1994 organisiert und leitet er Studienreisen sowie studentische Exkursionen in Europa, Afrika und Asien.

Dr. Christopher Könitz ist an der Hochschule Wismar tätig und verantwortlich für Medien- und Hochschuldidaktik. Er promovierte an der Otto-von-Guericke-Universität über die Bildungspotenziale von Computerspielen. Er forscht zu Lern- und Bildungspotenzialen von Computerspielen und Social Media und untersucht die Auswirkungen der fortschreitenden Mediatisierung und Ökonomisierung auf Lern- und Bildungsprozesse.

Richard Krull absolvierte sein Studium an der Deutschen Sporthochschule Köln mit den Schwerpunkten Outdoor Sport und Tourismus. Als wissenschaftlicher Mitarbeiter am Institut für Outdoor Sport und Umweltforschung setzte er sich dort vor allem mit der naturbezogenen Naherholung und dem Tagestourismus im Hinblick auf das durch die Corona-Pandemie ausgelöste veränderte Freizeitverhalten auseinander und leitete mehrere Lehrveranstaltungen. Neben weiteren Stationen als Lehrbeauftragter an der Hochschule Bremen und der Hochschule Hannover im Bereich Sport und Freizeit arbeitet er mittlerweile in der Sportentwicklungsplanung der Landeshauptstadt Hannover.

Martin Mencke hat ein Studium der Landschaftsplanung an der Technischen Universität Berlin abgeschlossen (1988–1994). Anschließend nahm er freiberufliche Tätigkeiten in verschiedenen Planungsbüros wahr, mit Fokus auf kommunale und regionale Landschaftsplanung. 1995 war er Mitarbeiter im Landesumweltamt Brandenburg mit Aufgabenschwerpunkten in der Fachbehördlichen Prüfung von Grünordnungs- und Landschaftsplänen sowie einer Trägerbeteiligung im Rahmen der Bauleitplanung. Er bearbeitete Flächennutzungspläne, Bebauungs- sowie Vorhaben- und Erschließungspläne. 1996-1999 war er Referent im Umweltministerium Brandenburg, Abteilung Naturschutz und Landschaftspflege. Seit 1996 ist er Geschäftsführender Gesellschafter der trias Planungsgruppe GbR und von 1999–2022 war er Lehrbeauftragter an verschiedenen Hochschulen (Berliner Hochschule für Technik, Hochschule für nachhaltige Entwicklung Eberswalde, Hochschule Bremen). Er ist Mitglied in der UVP Gesellschaft und im Bund Deutscher Landschaftsarchitekten (BDLA).

Prof. Dr. Bernd Stecker (Emeritus) arbeitete in Lehre und Forschung an der Hochschule Bremen, Fakultät Gesellschaftswissenschaften, in den internationalen Studiengängen „Angewandte Freizeitwissenschaft B. A." und „Nachhaltige Freizeit- und Tourismusentwicklung M. A." mit den Schwerpunkten Ökologie und nachhaltige Entwicklung in der Freizeit sowie Tourismus in Naturlandschaften. Er nahm Gastprofessuren u. a. an den Universitäten KwaZulu-Natal/Durban (Südafrika), Bangkok (Thailand), Santa Elena (Ecuador) und Msida (Malta) wahr und ist Mitglied im wissenschaftlichen Beirat des Waldnationalparks Eifel (NRW). Er arbeitete an diversen Publikationen und Forschungsprojekten zur Nachhaltigkeitsbilanzierung im Tourismus sowie zur wirtschaftlichen Regionalentwicklung durch nachhaltigen Tourismus in Schutzgebieten.

Register

https://doi.org/10.1515/9783111337944-011

www.ingramcontent.com/pod-product-compliance
Lightning Source LLC
Chambersburg PA
CBHW081045220326
41598CB00038B/6989